행정언어론

행정과학과 행정철학 및 인문주의 주제와 접근법

이 광 석

도서출판 대영문화사

머리말

독일 철학자 헤겔(G. W. F. Hegel)은 "미네르바의 부엉이는 황혼에 난다"는 명언을 남겼다. 그 명언이 의미하는 바는 어떤 한 시대의 평가는 그 시대가 완성될 때에라야 가능하다는 함축이다. 이제 저자에게도 한 시대가 마무리되어, 행정이나 행정학을 바라보는 관점을 정리할 때가 왔다. 그 기본 방향은 행정은 인간공동체와 함께하는 것이고, 인간은 무의식과 의식 및 행동으로 이루어진 존재라는 관점이다. 학문적으로도 언어공동체를 기반으로 하는 후기 비트겐슈타인 철학, 무의식에 관심을 둔 구조주의, 의식에 연구초점을 둔 현상학, 행위를 위주로 살펴보는 행태주의 및 인문과학의 방법론을 지향하는 해석학은 이들 중에서 한 영역을 천착(穿鑿)한 것으로 이해할 수 있다. 사회적 관점으로는 사회공동체와 그 구조, 시대정신과 같은 사회적 의식, 사회적 행위 양식으로 이들을 확장할 수도 있겠다.

현재 행정학 주류의 접근법은 행태주의로, 이는 전기 비트겐슈타인 철학을 해석한(또는 오해한) 비엔나 학단(Vienna Circle)에 뿌리를 둔 논리실증주의가 심리학에서의 영향과 섞인 흐름이다. 이 접근법을 행정학에서 완전히 이해하고 응용하는가 하는 논의와는 별개로, 어떤 하나의 흐름에 압도되는 현상은 바람직하지 못함은 역사의 많은 사례가 보여주고 있다.

저자는 행정학의 과학화를 지향하는 논리실증주의와 행태주의의 의미와 이상(理想)을 이해하므로 이에 경의를 표한다. 그렇지만 행태주의 행정학의 이상 중에서 행정과학의 확립에는 동의하지만 행정철학의 해체에는 동의하지 않는다. 오히려 행정철학의 복권(復權)과 아울러, 인문주의의 도입이 절실하다고 주장한다. 그 근거는 인간을 효용성으로 바라보는 것을 넘어서, 인간다운 삶이라는 가치의 실현이 행정의 핵심이기 때문이다. 이를 위해 다른 사회과학에서 유래한 개념들을 발전시키거나,

인문학이나 철학의 사상을 응용하거나, 아니면 이들을 포괄할 수 있는 개념을 창안하여 어떤 새로운 길을 찾아야 한다는 견해를 저자는 갖고 있다. 그 까닭은 하나의 흐름에 압도되어 있는 현상에서 벗어나야 할 뿐만 아니라, 현재의 행정학 접근법은 행정과 인간다운 삶의 관계가 대칭이 되도록 이끌지 못하기 때문이다.

이 책에서는 후기 비트겐슈타인 철학에서 비롯한 생활양식(Lebensform: form of life)과 언어게임이론을 뼈대로 하는데, 이를 파머(David Farmer)에 힘입어 행정언어(the language of public administration)라고 부르고 있다. 즉, 심층(深層)에는 다양한 생활양식이 존재하는데, 이는 언어게임(language game)으로 표층(表層)에 나타나며, 가족유사성(family resemblance)이라는 개념으로 실제행정에 통합된다. 다시 말해서 실제행정은 다양한 생활양식의 조율이나 변화의 유도이다.

한편 행정학은 이들의 분석명제와 종합명제와 같은 언어체계로, 행정과학과 행정철학 및 인문주의를 포괄한다. 따라서 큰 틀로 범주화하면 현재 3 유형의 행정학이 있다고 할 수 있다. 이들 각기 다른 행정학의 흐름은 나름의 주제와 접근법을 가지는데 이를 방언(方言)으로 보았다. 즉, 행정과학은 주로 객관주의(실증주의) 방언, 행정철학은 주로 주관주의 방언, 또 인문주의 방언으로 정리된다. 이들 방언들이 행정언어를 구성하는데, 이 행정언어를 통해 현재의 행정학 접근법을 수정하거나 보완하여, 더 발전된 행정과학의 확립에 발맞추어 더 향상된 행정(과학)철학의 정립에도 이바지할 수 있기를 바란다. 더 나아가면 행정이나 행정학에서 문제해결(problem-solving)을 넘어서, 사이비(似而非) 문제를 제거하는 문제해소(problem-dissolving)를 추구할 수 있을 것이다. 그렇게 하려면 행정학은 접근법에 튼튼한 뿌리를 가지는 방향으로 재편되어야 하고, 다중의 패러다임(multiple paradigms)을 지닌 학문으로 나아가야 한다는 의미가 함축되어 있다. 이 책에서 보여주려는 바는 바로 그것이다.

그동안 다양한 흐름이 있는지도 모르는 이들로부터의 따가운 눈초리에 움츠리기도 하였고, 또는 알더라도 이들 흐름의 도입에 비판적인 이들과 함께 공부하며 어떤 문제가 있는지 검토해 왔다. 그 결과가 이 책으로 응축되었다.

이 책은 그동안 발표한 논문을 체계화하였는데 전체 5부로 구성하였다. 제1부는 행정언어란 무엇인가?라는 제목으로, 3개의 장으로 이루어졌다. 제1장에서는 행정과 행정학의 의미를 새로이 제시하고자 하였는데, 행정이란 생활양식의 조율이나 변화를 유도하기 위한 것으로 보았다. 또 행정학은 그 대상인 행정과 어떤 관계를 맺는가를 탐구하는 대응성과, 행정학 그 자체의 체계를 연구하는 정합성으로 이루어짐을 밝힌다. 대응성을 과학적 방법에 기초하여 탐구하는 것이 행정과학이고, 행정과학철학이란 정합성을 체계적으로 연구하는 것이다. 제2장은 행정학사(行政學史)를 논의한 글인데, 근대성(modernity), 근대성에 대한 회의(懷疑, modernist opposition), 탈근대성(post-modernity)으로 시기를 구획(區劃)하여 전개된다. 이들의 시대는 나름의 언어를 가지고 있는데, 객관주의(실증주의) 방언, 주관주의 방언, 인문주의 방언들이 그것들이다. 이들 언어 자원을 통해 그 시대를 이해하고 그 시대의 특징들을 설명하였다. 제3장에는 행정학의 언어적 전회와 행정언어 모형을 탐구하였다. 이를 다루는 의미는 행정학에서도 엄밀함을 추구하여야 하고 이를 위해서 명제와 논리형태 및 논증 등에 관심을 기울인 전기 비트겐슈타인 철학에 기초한다. 또 다른 의미는 객관주의 방언과 주관주의 방언 및 인문주의 방언으로의 이행에 징검다리 역할을 수행함에 있다.

제2부와 제3부 및 제4부는 행정학 방언들을 탐구하였는데, 이들은 주제와 접근법에 따라 분류되었다. 제2부는 객관주의(실증주의) 방언을 다루었다. 객관주의 방언의 기초는 행태주의이고 이에 대한 이해가 필요하므로 제4장에 행정학에서의 행태주의 접근법을 행정언어이론과의 비교를 통해 정리하였다. 객관주의 방언에 입각한 연구는 주로 그 기법으로 설문지에 의존하는데, 제5장에서는 설문지 작성에서의 행정언어를 논의하였다. 제6장은 과학주의 지향과 과학주의 극복의 흐름들 사이의 대립과 대립 넘어서기에 관해 연구한 장이다. 그 의미는 객관주의(실증주의) 방언의 중심 주제는 과학화라는 뜻이다.

제3부는 행정학에서의 주관주의 방언을 다루었다. 주관주의 방언의 개요를 제7장에서 소개하였고, 제8장은 주관주의 방언의 핵심으로 기능하는 현상학적 접근법을 다루었고, 제9장은 이를 구체적으로 적용할 수 있는 해석현상학적 분석(interpretative phenomenological analysis: IPA)을 논의하였다. 특히 IPA는 질적 연구방법론의 기초로 작용할 가능성이 높다. 제10장은 분석적 해석학을 통하여 소통의 중요성과 소

통연구에서 분석적 방법을 활용한 해석을 제시하였다. 즉, 주관주의 방언의 중심 주제는 소통이라는 뜻이다.

제4부는 행정학에서의 인문주의 방언을 다루었는데, 인문주의가 주관주의와 뚜렷이 구별되지 않는 측면도 있지만 주관주의가 근대철학에서 유래하는 문제의식이라면, 인문주의는 언어학, 인지과학, 문화인류학, 심리학 등 인문학이나 인문학적 사회과학에서 유래한 이론들을 행정학에 알맞게 재정립한 방언이다. 예컨대, 의식의 흐름은 현상학과도 유사하기도 하지만 인문학에서도 유용한 방법론임이 입증되었다. 또 인정투쟁은 헤겔 철학이나 비판이론과 그 맥락을 같이하지만 탈근대성의 핵심 개념인 타자성이나 다문화 현상에서 유용한 설명방식이다. 따라서 인문주의 방언의 중심 주제는 다양성 속에서 정체성 인정이라는 의미이다. 장별(章別) 구성을 보면 제11장은 인정투쟁을 논의하였고, 제12장은 구조주의 접근법, 제13장은 의식의 흐름, 제14장은 질적 평가, 제15장은 프레임을 다루었다.

제5부 제16장은 결론으로 행정의 개념에 다양성이 있음이 특색이므로 가족유사성이라 정의하였고 행정학은 행정에 관한 언어체계이므로 이들에 대한 다양한 접근법이 필요함을 주장하였다.

이 책에서 전개한 연구지향은 저자가 행정학에 입문하면서부터 지녀왔던 오랜 질문인 행정이란 무엇인가?와 행정학이란 무엇인가?에 대한 저자 나름의 답변이다. 저자 나름의 답변은 인간이 인식하는 세계는 문화적이고 언어적 구성물(cultural and linguistic constructs)에 의해 형성되고 구체화된다는 전제에 서 있다. 그렇지만 이 답변은 많은 분들의 가르침에 힘입었다. 특히 저자에게 행정언어를 펼치는 것이 행정학에 이바지하리라고 용기를 북돋아주시고 자료를 제공해 주셨던 김종술 교수님(전 전남대 행정학과)께 감사드린다. 또 행정학의 연구논리를 가르쳐 주시고 파머의 책을 『행정학의 언어』라는 이름으로 번역하셨던 강신택 교수님(전 서울대 행정대학원)께도 감사드린다. 행정언어연구회에서 현상학 강의를 해 주셨던 김홍우 교수님(전 서울대 정치학과), 주관주의에 대해 정리할 기회를 주셨던 정용덕 교수님(전 서울대 행정대학원), 저자의 학문에 의미를 부여하고 격려해 주시는 오열근 교수님(전 단국대 행정학과), 대학원 박사과정의 현상학 강좌 청강을 허락하고 친절하게 설명해 주신 김재철 교수님(경북대 철학과), 해석학을 지도해 주신 박순영 교수님(전 연세대 철학과), 비판이론과 관련된 주제들에 대해 조언해 주신 이상형 교수님(경상대 철학과), 프레임에 대해 자료제공과 함께 인지언어학적 관점을 자세히 설명해 주신 나익주 박사님(광주 지산중학교장), 영국을 방문할 때에 행정철학을 함께 논의했던 Edoardo Ongaro 교수님(영국 Open University; 전 유럽행정학회장), 과학철학으로 안내해 주신 구본혁 박사님(영국 Bristol University), 학교 안의 생활에 도움을 주셨던 김윤상 교수님(전 경북대 행정학과), 그리고 이 책을 구성하는 일부 논문에서 공저자로 함께 해 주신 분들께도 감사드린다.

이 책은 주체와 대상 사이에 매체인 언어의 체계(방언들)를 도입하는 것이 가장 큰 특징이다. 즉, 주체와 대상 사이의 2항관계가 아니라, 주체와 대상 및 렌즈로서의 언어 사이라는 3항관계 관점이다. 이를 통해 행정이나 행정학에 새로운 시각을 제공하고 행정학의 저변을 한 뼘이라도 넓히기를 바란다. 그렇게 된다면 행정학에 나름으로 공헌한 바가 있다는 안도감과 자부심을 느끼게 될 것이다. 또 이 책은 이론과 그 응용을 묶어서 펴냈으므로 향후 질적 연구방법론으로 안내하는 기능도 수행할 수 있을 것이다. 특히 현재 행정학의 연구나 강의에서 전공 또는 각론에 치중하고 이들의 초석(礎石)이 되어야만 할 것에는 소홀한 듯하다. 이 책이 해석학적 순환을 통해 튼튼한 초석을 놓는 데 든든한 우군(友軍)이 되리라 믿는다. 아무쪼록 행정언어를 통한 행정과학과 행정(과학)철학의 정립이라는 저자의 꿈이 행정학을 풍요롭게 하고, 이러한 행정학은 인간다운 삶을 실현시키는 행정이 되도록 이끄는 데 이바지하기를 바란다.

2019년 12월

저자 이광석

차 례

제2부 행정학에서의 객관주의(실증주의) 방언

제3부 행정학에서의 주관주의 방언

제4부 행정학에서의 인문주의 방언

제14장 행정학에서의 질적 평가 417

제 1 부

행정언어란 무엇인가?

제1장

제1부 행정언어란 무엇인가?

행정과 행정학 의미의 새로운 탐구

제1절 | 행정 의미 탐구의 방법

"행정이란 무엇인가?"라는 질문에 대한 응답이 어려운데, 그 이유는 첫째로 행정의 한계가 분명히 그어져 있지 않으며, 둘째로 근래에 계속 행정의 내용이 확대되고 있다는 것을 들고 있다(박동서, 2005: 66). 대체로 행정에 관한 개념규정을 보면 "정치권력을 배경으로 공공정책의 형성 및 구체화"로 정의하거나(박동서, 2005), "정부가 사회의 공공가치를 실현하기 위하여 인적·물적 자원을 확보하고 관리해서 국민에게 재화와 서비스를 제공하는 활동"으로 정의하기도 하고(유민봉, 2012), 요즘은 신공공관리론과 신국정관리론이라는 이론에 입각하여 논의하기도 한다(정정길, 2003). 이러한 시도에도 불구하고 행정의 성격 파악이나 자리매김이 마땅하지는 않다. 그럼에도 더 나아간 행정 개념을 찾으려는 시도는 접근법에 기초한 행정으로 이어져서, 국가의 일부로서의 행정, 조직관리로서의 행정, 공공성의 구현방식으로서의 행정으로 자리매김한다(정용덕, 2001: 4-13).

이 접근법에 기초한 행정 개념의 탐색이나 행정연구가 더 나은 방향이며, 이를 위해서는 더 다양한 새로운 시각이 필요하다. 더 다양한 새로운 시각 중에 하나가 이 책에서 전개되는데, 그 시각은 대체로 주제와 접근법에 따라 행정을 바라보는 관점이다. 지금까지의 행정 개념은 정책을 행정의 중심에 놓고 행정 내부를 향한 탐구인데, 이를 넘어서서 생활양식이나 언어게임, 행정체계와 생활세계와 같은 새로운 개념들에 기초하고 이들 사이의 관계도 아우르는 지향으로 나아가야 한다는 관점이다. 이 관점은 현재 행정학에서 압도적 지위를 차지하는 흐름과는 결이 다르다.

행정학의 탄생 이래 행정의 본질을 정치로부터 독립한 관계에서 찾으려 하였으므로 정치행정이원론이 주류를 이루었다. 또 행정학의 성격을 정부학(the science of government)과 관리학(the science of management)을 통합하려는데 두었는데,[1] 그 의미는 행정의 본질을 관리작용으로 보아 왔음을 뜻한다. 그 이후 정치행정일원론과 흐름을 같이하는 통치기능설이 득세하기도 하였고, 행정학의 과학화를 지향하는 행정행태설이 주류를 이루기도 하였다. 1980년대에는 신자유주의를 기초로 신공공관리론이 등장하였고, 최근에는 정부, 민간기업, 지역주민 등이 업무를 분담하는 민·관 협치를 지향하는 신국정관리론(New Governance)이 대세를 이루기도 하였다.

그동안 행정에 관한 논의를 살펴보면 행정의 개념이나 범위를 알 수 있는데, 그것은 크게 세 가지로 정리할 수 있다(이광석 외, 2009).

첫째, 헌법과 관련된 성격이나 제도에 관한 연구이다. 이는 행정현상의 핵심 행위자에 관한 연구라 할 수 있고, 달리 말해서 통치능력(governability)의 문제이다. 통치자–피통치자의 관계에서 경제적·사회적·정치적 맥락에 따라 통치체제의 능력을 확립하고 제고하기 위한 시도였으며, 이는 고전적 행정학의 논의라 할 수 있다. 이 때문에 이 개념은 통치양식이나 통치성과 같은 개념들과 연계하여 이해할 필요가 있다(Janin, 2007: 364).

둘째, 정부 관료제의 한계가 노출되면서 통치양식(governance) 자체를 재조명하기 시작했다. 이는 행정현상에서 이뤄지는 관계의 문제, 즉 상호작용에 관한 연구라 할 수 있다. 최근에는 새로운 통치양식의 등장에 대한 경험적 분석은 물론, 규범적 논의로까지 이어지고 있다.

---

1) 화이트(Leonard D. White)의 『행정학 입문(*Introduction to the Study of Public Administration*)』에서 그렇게 노력하였다고 한다. 이는 행정학 분야에서 나타난 최초의 저서이다(Frederickson, 1980: 1).

셋째, 새롭게 조명되는 것으로서 권력에 관한 연구이다. 지금까지 권력의 문제는 공식적인 지위나 권한의 문제였으나, 여기서 더 나아가 공식·비공식적으로 우리의 일상생활을 규율·규제하는 권력의 문제를 다루는 것이다. 즉, 통치성(governmentality)의 문제이다.2) 푸코(M. Foucault)에 따르면, 근대의 합리성에 기초한 통치성은 개별화 차원과 전체적 성격 차원(individualizing and totalizing)으로 나누어 볼 수 있다. 전자는 양치기 게임(shepherd game)으로 특징지을 수 있는데, 이는 목자(牧者)가 하나하나의 양의 복지에 관심을 갖는 방식으로 정당화된다. 후자는 도시 게임(city game)으로 명명하는데, 이는 법률을 만들고 집단에 대해서 법률들을 집행하는 것을 의미한다(Farmer, 1995: 174-177). 여기서 보편성(universal aspect)과 특수성(particular aspect)이라는 행정의 두 차원을 구별할 수 있고, 이는 이 책에서 말하는 바처럼 보편성과 매개변인의 작용으로 인한 행정현상의 표출로 이해된다.3)

서구사회에서는 1970년대 이후 정부 정책의 효과성과 피통치자와의 합의라는 관계에 초점이 맞춰지면서 통치능력의 문제가 조망되었고, 1980년대의 경우 통치에 대한 효율성과 정당성 문제가 제기되면서 통치양식에 대한 모색이 이뤄졌다. 그리고 그동안 거의 주목되지 못했던 것으로서 통치자와 피통치자 간의 공식적인 관계 이면의 권력관계를 다루고자 하는 통치성 개념이 제기되고 있다(이광석 외, 2009).

이 통치성을 기반으로 한 통치능력과 통치양식 논의를 통합적으로 접근함으로써4)

---

2) governmentality를 강신택 교수는 정부성으로 번역하였다(Farmer, 1995: 115). 이 책에서는 이를 통치성으로 번역하고 정부성은 governmentalness에 대응하는 번역어로 한다. 번역어를 달리하는 까닭은 본문에서 기술한 바처럼 두 개념을 달리 보기 때문이다.

3) 그런데 푸코에 따르면, 정치권력은 언어 안에서 언어를 통한 지식의 형태로 행사된다(한상진·오생근, 1990: 29). 좀 더 상세히 말하자면 첫째로 사회조직의 인식론적 기반이 지식이라는 점, 둘째로 지식은 부단히 실천으로서의 언어(말하고 쓰고 논쟁하는 행위)를 통해 생산되고 재생산되는 점, 셋째로 언어는 단순히 말해진 것 또는 씌어진 것 그 자체만을 가리키지 않고 이것이 이해되고 사회적으로 통용되도록 해 주는, 암암리에 이미 전제된 포괄적 해석의 체계들을 포함한다는 점, 넷째로 언어 뒤에 감추어져 있다고 상상하는 것(즉, 숨겨진 동기나 무의식 등)이 언어 밖에서가 아니고 언어 안에서 형성된다는 점, 다섯째로 따라서 의식적이거나 무의식적인 사회의 인식도 모두 언어의 흐름 안에서 구성됨을 의미한다(한상진·오생근, 1990: 29). 여기서 통치성은 언어와 밀접한 관련성을 확인할 수 있다.

4) 따라서 이들을 접근법으로 전환하여 세 가지 유형으로 행정연구에 활용할 수도 있을 것이다. 덧붙여 통치능력·통치양식·통치성을 통합적으로 접근하는 개념으로 정부성을 제시하나, 세 가지 유형으로 행정연구에 활용한다 함은 아직 이 개념의 연구가 만족스럽지 않다는 징표로 볼 수 있다. 그러나 행정의 전제가 정부성이며, 공공성은 정부성과 관련된 범위 내에서의 논의라는 것이

이 행정현상이 무엇이고 어떻게 구성되고 나타나며, 그와 관련된 주체나 대상의 정당성은 어떻게 확보되는지를 핵심적으로 연구할 필요가 있다. 이것을 정부성(政府性, governmentalness)이라고 할 수 있는데(이광석 외, 2009), 그 의미는 행정학의 연구대상으로 공공성(publicness)을 설정하여 논의를 하였으나, 공공성에 대해서 다양한 학문들이 이에 관심을 기울이므로 행정학이 연구대상을 공공성으로 하는 것은 그 특색을 살릴 수 없다는 뜻이다. 더욱이 공공성의 개념과 정부성의 개념은 분리가 능하고 서로 다른 기능을 하고 있다는 점이다.[5] 따라서 행정학이 공공성의 개념에 주목해 왔으나, 정부성이라는 개념이 행정학의 중심이라고 본다. 물론 실제행정이 다루어야 할 것은 정부성 외에 공공성도 중요한 영역이다.

하지만 정부성도 문제는 있다. 즉, 각국에 따라서 그 범위가 일정하지 않다는 점이다. 예컨대, 한국의 중앙은행인 한국은행은 정부기관이지만, 미국의 중앙은행인 연방준비제도이사회(Federal Reserve Board)는 민간기관이다. 이러한 사례를 살펴보면 정부성과 관련 속에서 정부의 역할, 정부와 그 상대방과의 관계와 상호작용, 정부 성격의 범위 및 발휘되는 조건과 영향, 그리고 이들 간의 상호작용 등을 검토하는 데 초점을 두어야 할 것이다. 달리 말하자면 정부성을 구체화하는 행정체계, 그 행정체계가 하는 역할인 기본재(primary goods)의 공급(및 이를 통한 시민의 욕구충족), 그 행정체계가 생활세계에 미치는 영향 관계 등이 행정을 구성하는 요소로, 이들은 후술하는 바처럼 매개변인(parameter)으로 작용한다.

행정의 근거는 미시에서 거시로 이성 → 언어 → 행위 → 사회 → 정부로 진행된다(Habermas, 1972a; 장춘익 외, 1996)(행위에 대해서는 제13장 [그림 13−3]을 참고하고, 사회에 대해서는 제8장 <표 8−7>을 참조하라). 그런데 전통적으로 행정학이 다루는 것은 행위와 사회를 배경으로 한 정부의 행정이었다. 즉, 사회적 모순 상태나 정당성이 취약한 상태에서 위기가 발생하고 이에 대한 대응을 어떻게 할 것인가? 하는 점이 제7장에서 논의하는 바처럼 행정의 주제였다. 행정언어(the language of public administration: PA language)에서는 그 배경을 언어까지 넓혀서, 마치 표

이 책의 일관된 진술이다.

5) 이 주장을 하는 대표적인 학자는 프레데릭슨(H. G. Frederickson)이라고 한다. 자세히는 파머(Farmer, 1995: 59−63)를 참조하라.

준말과 방언이 언어철학이나 언어학의 주제이듯이 행정언어는 행정이나 행정학 속에서 표준말이 무엇이고 방언은 무엇인가를 탐구한다. 이를 위해 제2장에서 논의하듯이 근대성(modernity), 근대성에 대한 회의(懷疑, modernist opposition) 및 탈근대성(post-modernity)으로 시대를 구획하고, 근대성은 그 방언으로 객관주의(실증주의)를, 근대성에 대한 회의는 그 방언으로 주관주의를, 탈근대성은 그 방언으로 인문주의를 지니고 있다(McCloskey, 1985: 6; Farmer, 1995에서 재인용). 이 책의 제2부부터는 이들을 다룬다.

그러면 이성은 다루지 않는가? 물론 비판이론을 중심으로 도구적 이성에 대한 비판을 통해 일부는 다루어졌다(Swanson & Holton, 2009: 203). 즉, 비판적 패러다임(critical paradigm)에 기초하여 권력해석(power interpretation)의 관점을 제시함으로써 개인에게 해방적 지식(emancipatory knowledge)을 제공한다(Swanson & Holton, 2009: 201-204; Held, 1988). 그와는 다른 관점에서 이성의 일부가 행정연구의 대상이 되는데, 그것은 판단능력이다(Harris, 1988: ch.9) 이 판단능력의 중요성을 강조하지 않으면 이른바 '영혼없는 공무원'을 배양하는 데 도움을 주는 행정이론이 될 수밖에 없다. 따라서 행정에서 꼭 필요한 것은 '영혼있는 공무원'이라는 개념과의 연결이 필요하다. 그 개념은 행정의 개념 속에서 파악되어야 하는데, 현실적으로 행정이라는 추상적 개념은 말할 수 없고 행정이 말한다는 것은 관료제를 통한 언어이다(Farmer, 1995).

특히 행정이 다루어야 할 영역 중의 하나로 잘 다루지 않은 것이 행정체계와 생활세계와의 관계이다.[6] 행정이 뿌리박고 있는 곳이 생활세계인데, 지난 시절 행정의 연구에서 관심을 두지 않았던 영역이 바로 이곳이다. 행정은 생활양식의 조율과 변화유도라고 보는 이 책에서는 생활세계에서의 삶이 중요한 비중을 차지한다. 다시

---

6) 이는 제13장을 참조하라. 덧붙여 이 책은 행정언어와 그 방언들[행정과학의 중심인 객관주의(실증주의) 방언과 행정철학의 중심인 주관주의 방언 및 인문주의 방언]에 초점을 두어 전개하기 때문에, 다른 행정학 교재에서 다루는 일반적인 주제와 접근법들은 서술하지 않는다. 아울러 이성이나 판단능력 및 영혼있는 공무원 등을 강조하는 이유는 그 개념들이 없으면 반인륜적 범죄로도 이끌 수 있다는 역사상의 교훈 때문이다. 한나 아렌트(Hannah Arendt)의 이른바 "악의 평범성" 명제가 시사하는 바도 이와 관련이 있다(이진우 · 태정호, 1996). 다만 이 개념들은 여기서는 소개에 그치고 이들과 관련된 주제들을 행정언어에서는 철학이나 언어학, 인지과학 및 인접 사회과학의 논의를 활용한다.

말해 행정의 정당성은 생활세계에서의 판단에 근거하므로 살펴보아야 한다.[7) 『난장이가 쏘아올린 작은 공』이라는 소설이 1970년대 도시 빈민의 궁핍한 생활과 자본주의 모순을 잘 나타내었다.

이 작품에 주인공으로 등장하는 도시 노동자는 개발이라는 명목으로 철거되는 삶의 터전, 최저 생계비에도 못 미치는 임금 수준, 열악한 작업 환경, 가진 자의 억압과 술책 등 당시 사회의 모순을 짊어진 한 전형이다. 작가는 난쟁이 일가로 대변되는 가난한 소외 계층과 공장 근로자들의 삶의 조건과 모습을 파헤침으로써 1970년대 이 사회의 생활양식을 보여주고 있다.[8)]

1970년대 한국의 중하층 자영업자들의 생활양식은 다음 단락에서 잘 서술하고 있다.

연탄 가게를 하는 집에서는 주말이나 방학 때 온 가족이 함께 연탄 리어카를 끌거나 배달을 했다. 그때 어린 자녀의 마음에 힘든 것보다 온몸에 검댕을 묻히고 다니는 것을 창피하게 생각했다. 그 부모님 마음이야 편하지 않았을 것이다. 그러나 그 시절 서민들은 그렇게 가족의 생계를 지켰고, 희망을 찾았다.[9)]

그러한 모습을 지녔던 1970년대는 이제는 사라져 버렸고 요즘의 얘깃거리는 디지털 격변(激變) 시기의 생산 환경에 맞추어진 노동자의 삶이다. 이를 살펴본다.[10)]

---

7) 생활양식에 대해서는 정대현(1980: 115－133)에서 자세하다. 다만 여기서는 이 개념 파악에서 일상적인 수준의 생활에서 보여주는 모습으로 이해한다.

8) https://kin.naver.com/qna/detail.nhn?d1id=11&dirId=110401&docId=319690628&qb=7ZWc6rWt64W464+Z7J6Q7J2YIOyCtiwg7Z2s66ed&enc=utf8&section=kin&rank=1&search_sort=0&spq=0&pid=U5so/wpVuFKssbGYYZ8ssssstVR-228410&sid=gJMb%2BE4yD1ve%2BvSrg3R04w%3D%3D(검색일, 2019.3.19).

9) http://www.mediatoday.co.kr/?mod=news&act=articleView&idxno=146843#csidxb5753360bb34969b28dd90c8d278cd5(검색일, 2019.3.19).

10) https://www.hankookilbo.com/News/Read/201506071145531342(검색일, 2019.3.20.). 본문은 이 책의 지면을 고려하여 축약하였다. 인더스트리 4.0은 ICT와 제조업의 완벽한 융합을 통해 구축되는 새로운 산업 생태계를 뜻한다. 독일 정부가 2011년에 내놓았던 '하이테크 비전 2020'에서 처음 주창되었고, 박근혜 정부는 창조경제론을 설명하는 핵심적인 키워드로 이 개념을 이식했다고 한다.

한국 노동자들의 근속연수 평균은 5.1년밖에 되지 않고, 실업급여를 비롯한 사회안전망은 턱없이 부족한 실정이다. 한편 인더스트리 4.0 시대에서 살아남기 위한 스마트한 노동자의 생존 매뉴얼로 '공유경제론'이 날로 각광받고 있다. 불안정한 고용 환경에서 줄어든 수익을 벌충할 새로운 경제권이 공유경제에 있다는 발상이다. 그러나 기업이 노동자의 삶을 착취하고 소모하는 방식을 노동자 스스로 자기 삶의 경영에 도입하고 있는 현상이기도 하다.

(중간 생략) 안정된 고용 환경과 합리적인 소득 분배는 인간의 시간을 계산 불가능하고 계량화할 수 없는 차원으로 보존하는 최소한의 마지노선이다. 시간은 인간적 존엄의 지표여야 하고 교환가치로 가늠할 수 없는 사회적 연대·믿음·사랑의 기초가 되어야 한다. 누구에게도 시간은 자본이기만 해서는 안 된다. 그러나 시간과 자본은 디지털 네트워크에 합일되어 분간할 수 없게 되었고, 상업화시켜선 안 될 삶의 영역을 내버려두지 않고 있다. 그리하여 1억 6,300만 개의 일자리가 몇 백만 개로 줄어들 것으로 예상되고 이렇게 줄어드는 참담한 과정이야말로 미래의 종말이다. 직업을 잃고 생존의 위기에 몰린 사람들에게는 미래는커녕 내일도 불확실하다. 그들은 오늘 당장 무엇을 팔아야 하는가를 고민한다. 최악의 자본주의는 궁지에 내몰린 이들의 어쩔 수 없는 선택에 똬리를 틀고 있다. 그들이 상품으로 바꾸어선 안 될 것을 상품화하고, 상업화시키지 않아도 될 시간을 시장에 내놓지 않도록 해야 한다. 이 싸움을 위한 프로메테우스의 불꽃은 다름 아닌 '기본소득'이다. 기본소득은 모든 사람에게 인간다운 존엄성을 잃지 않고 살아갈 수 있도록 기초생활비를 보장하는 일이다. 낯설고 급진적인 이야기처럼 들릴 수 있지만, 18세기 영국의 정치사상가 토머스 페인의 『토지분배의 정의』에서 기본소득의 핵심 논리가 제기된 이후 오늘날까지 꾸준히 주장되었다.

노동자의 삶과 미래, 중산층, 파편화되는 인간, 기본소득 등을 이야기하고 있는데, 이에 대한 판단은 최종적으로 행정이 담당하여야 할 몫이다.

제 2 절 | 행정: 생활양식의 조율

행정언어의 개념을 도입하여 연구하려는 의미(significance)는 어디에 있는가? 실제행정(Public Administration in practice)을 통해 행정의 실제(practice)는 경험할 수 있으나, 행정이 실재(reality)하는가? [또는 확연히 구분되는 실체가 있는가?]에 대한 의문에서 출발한다. 우리의 일상생활에서는 시청에 가는 것이 행정과 관련된 문제해결을 위한 방법임을 알고 있다. 그러나 의회주의 국가에서는 시 의회(council) 가는 것이 시청에 가는 것에 대응한다.

이와 같은 사례에서 보듯 그 차이의 핵심은 행정이 사회적 구성물(social constructions)이라는 것이다(Farmer, 1995: 11). 그 구성은 인간의 다양한 삶 중에서 그 하나가 행정이라는 범주로 파악되고 행정현상으로 표출된다. 표출된 행정현상은 생활양식(form of life)의 조율이나 변화 유도와 같은 목적과 관련된다(Wittgenstein, 1953; Farmer, 1995; Kishik, 2008). 이 생활양식은 언어게임(language game)으로 나타나는데(Farmer, 1995; 이규호, 2005a; 박병철, 2014; Hertzberg, 2010), 언어게임은 언어에서 행위로 옮아가 이를 통해 사회에 참여하는 것을 말한다(언어 → 행위 → 사회). 언어게임의 특징은 사회적 관행을 포함한 규칙의 존재이다(Winch, 1958; Long, 2010).[11] 따라서 행정의 기본은 생활양식과 언어게임 및 규칙과 그 변형으로 요약되는데, 이들은 그 사회적 성격이나 맥락, 또는 공동체적 관점(community view)에 의존한다(이재승, 2011). 여기서 규칙과 그 변형이란 규칙의 존재로부터 규칙따르기(rule-following)가 요구되는데, 예를 들면 감사를 표현해야 하는 상황에서 'Thank you'라는 말은 '감사합니다'라는 뜻으로 쓰이도록 한다. 그런데 그 뜻만 쓰이는 것이 아닐 상황도 나타난다. 예컨대, 테니스 경기 중 한 게임이 끝나 관중이 환호하는 상황이 계속될 때 심판이 'Thank you'라고 말하는데 이때는 '다음 게임을 위해서 환호를 그만두고 조용히 해 주세요'의 뜻이다. 따라서 그 의미를 알기 위해서는 어떤 게임의 규칙이 어떻게 작동하는지를 알아야 한다.[12] 이 관점에 따르면, 행정의

---

11) 여기서 규칙의 존재에는 동의하지만 그 규칙이 어떤 성격이냐에 대해 견해가 엇갈린다. Farmer(1995: ch.10)에서는 규칙을 근대성의 특징으로 보면서 푸코(Michel Foucault)가 제시한 두 유형(개별화하는 것과 전체화하는 것) 중에서 전체화하는 도시 게임(city game)으로 본다. 반면에 비트겐슈타인에서의 규칙이란 공유된 생활양식(shared form of life)으로 본다(Winch, 1958: 34). 이하 이 책에서는 후자의 견해를 따른다.

12) 자유민주주의는 개인은 의사의 자율성, 행위의 자기결정성, 행위결과의 자기책임성에 기초한다(Taylor et al., 1994). 그럼에도 인간사회의 유지나 존속에는 어떤 규칙이 존재하고 행정도 마찬가지이다. 더 거시적으로는 2019년 2월 27일 베트남 하노이에서 열렸던 미국과 북한의 정상회담의 결렬 이유에 대해 비핵화 정의에 대한 합의가 이루어지지 않았기 때문이라고 한다. 이들 모두 의미와 게임의 규칙을 알아야 함을 의미한다. https://www.yna.co.kr/view/AKR201903181157

개념은 전통적 의미의 관리작용이나 최근의 신공공관리든 신국정관리로 보든 다양하고, 또 가정관리·조직관리·국정관리 등 다양한 층위를 가지고 있지만 실제행정(Public Administration in practice)은 그 나름의 게임의 규칙이 작동하므로 이를 탐색하게 된다.

행정언어 개념을 통해서 문제해결(problem-solving)을 넘어서 문제해소(problem-dissolving)에 공헌할 수 있다. 그 의미는 현실적으로도 행정이나 행정학에서 다루는 문제 중에 상당수는 언어에 의해 빚어졌기 때문에 진짜 문제와 사이비(似而非) 문제가 섞여 있어서 문제가 아닌 것을 문제라고 할 뿐만 아니라 문제를 스스로 만들어낸다는 점이다. 이런 사이비 문제의 제거를 통해 문제해소에 다가갈 수 있다. 또 행정이론에서 사용되는 개념들의 의미가 명확하지 않은 경우도 많다는 점이다. 이들 사용되는 개념들의 의미가 명확하도록, 행정이 지칭하는 대상이 적확(的確)하도록 하면서, 또 후술하듯이 행정학 체계 속에서 정합성을 갖추도록 하여야 한다. 예컨대, 공공이라는 개념이 그러하다.[13] 이에 대한 판단능력을 배양하기 위해서는 그 인식의 기초가 있어야 하는데 행정언어가 여기에 이바지할 수 있다.

행정언어의 도입의 또 다른 의미는 실제행정(public administration in practice)의 개념 이해와 관련하여 가족유사성(family resemblance)으로 통합될 수 있다는 점이다.[14] 가족유사성이란 같지만 같지 않고, 다르지만 같은 점을 일컫는다(자세히는 제4장 제3절의 4. 변형생성이론을 참조하라). 이와 비슷한 개념으로 파머(Farmer, 1995:

52503?input=1195m(검색일, 2019.3.19). 여기서 주의할 점은 규칙 속에는 사회적 관행도 있고 규칙을 기준으로 한 범위 내에서 변형(일종의 재량)도 인정된다는 점이다.

13) 물론 여기서 말하는 공공이란 다른 학문에서 말하는 공공과 그 내포와 외연이 같은가 다른가를 토론해 볼 필요가 있다. 만약 사회학에서 말하는 공공과 가치가 같다면 행정학이란 무엇인가를 되물을 필요가 있으나 다르다면 그 다름이 무엇인지 탐구할 필요가 있다. 이런 문제해소가 필요한 극단적인 보기는 그 원인이 메타포(metaphor) 현상을 오해하거나 형이상학적인 것과 관련되기도 하지만 어휘가 있는 모든 것은 실재한다고 믿거나(言信思想) 언어는 어떤 마술적인 능력을 갖는다(言靈思想)고 착각하기 때문이다(이규호, 2005b).

14) 이 책의 특징 중 하나는 실제행정의 개념을 가족유사성으로 정의하고 이 개념의 도출과정에 있다. 이는 행정학에서 언어철학에 빚지고 있다는 표시이다. 전통적으로 행정학은 말할 것도 없고, 철학과 같은 학문에서도 언어에 대해 적대적 관계를 형성했다. 베이컨(Francis Bacon)의 시장의 우상(the idol of the market)이 대표적이다(이규호, 2005b). 그러나 20세기에 들어와서는 훔볼트(Karl W. Humboldt)로부터 비롯하는 대륙철학이나 프레게(Gottlob Frege)와 러셀(Bertrand Russell)을 거쳐 비트겐슈타인에 힘입어 언어는 학문의 중심 주제로 상승하였다. 행정학에서도 파머(D. Farmer)의 공로로 언어가 관심의 대상이 되고 있다.

9)는 큰 우산(big tent)을 제시하기도 하고, 푸코(M. Foucault)는 개별 행위의 조율(the conduct of conduct)로 보기도 하고(Farmer, 1995: 175), 종합성이라는 개념을 활용하기도 한다(김광웅, 1983).

행정언어의 도입으로 행정의 보편성과 매개변인을 통한 행정현상을 설명할 수 있다는 점이 중요하다. 이를 위해 실제행정인 가족유사성(family resemblance; big tent)으로 묶이는 행정 개념을 먼저 논의하는데 행정현상이 그것에서부터 인식가능하도록 표출되기 때문이다. 가족유사성 개념을 상당히 엄격한 잣대로 논의하기도 하지만(신상형, 2001), 여기에서는 공통적 성격이나 서로 엇갈리는 성격을 포괄하는 개념으로 활용한다(Polkinghone, 1983: 263). 이를 통해서 행정연구에서 보편성(universality)을 지닌 행정의 기본성격이나 핵심가치들(core values)을 밝히고 행정의 보편성을 차이나게 하는 요소인 매개변인(parameters)은 무엇이며, 그 매개변인에 따라서, 공시적(共時的, synchronic) 관점에서 개별 국가 차원의 행정은 무엇이 다른가? 또 통시적(通時的, diachronic) 관점에서는 각국 나름의 행정현상은 어떻게 변해 왔는가?를 탐구한다.[15] 즉, 행정연구는 행정의 보편성과 그 보편성을 차이나게 하는 요소인 매개변인이 무엇인가에 대한 연구라 할 수 있다.[16] 따라서 특수주의

그림 1-1 **행정의 보편성과 매개변인 모형**

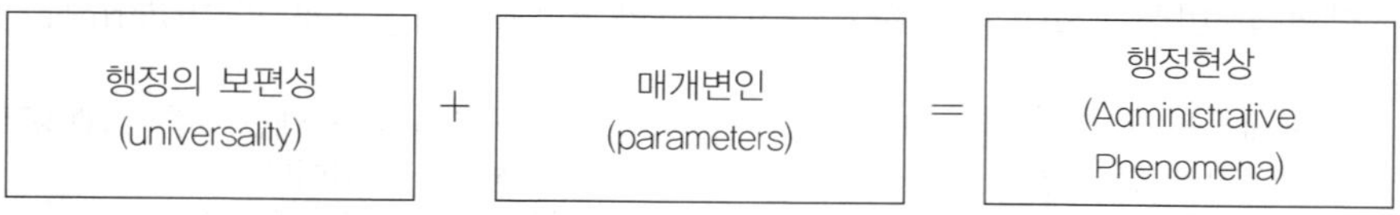

출처: 이광석(2016) 변형.

15) 보편성과 매개변인이라는 간단한 개념을 이용하여 행정이론을 전개하는 이론적 기반은 촘스키(Noam Chomsky)의 변형생성이론에서 비롯하였다(제3장과 제4장을 참조하라). 행정학에서도 행정의 보편성과 한국에 특유한 행정 현상을 이 이론으로 설명할 수 있을 것으로 보고 있다. 이 관점에서 보면 1960년대 이래로 비교행정론이나 발전행정론은 이 방법론에 기초했다고 주장할 수 있다. 더 나아가면 한국행정론이란 무엇이 행정의 핵심가치이고 무엇이 한국에 특유한 행정 현상인가를 논의하여야 한다는 점이다. 즉, 행정의 보편성은 어떤 가치들로 구성되어 있으며, 어떤 매개변인이 작용하여 각기 다른 수준에서, 또 한국의 행정현상이 나타나게 되는지 탐구하게 된다.

16) 여기서 말하는 보편성이란 선별적 복지에 반대되는 개념인 보편적 복지를 논의할 때 사용되는 보편성(universalism)과는 의미가 아주 다르다. 복지에서의 보편성에 관해서는 Jones & Lowe(2002)를 참조하라.

(particularism)라고 불리는 미국의 행정현상을 연구한다거나(Farmer, 1995), 근래에 주목받는 영역인 한국의 행정현상의 연구는 보편성과 매개변인이 작용하는 과정으로 인한 결과물이다. 이를 설명한 것이 [그림 1-1]이다.

보편성 중에서 기본성격에 관해서는 일치된 견해를 도출하기가 쉽지 않음은 행정학의 역사가 보여준다. 그럼에도 그 전개과정에서 행정의 핵심 개념들이 도출되었다. 예를 들면, 고전적 행정관리인가? 통치인가?에서 보여준 논의 및 정책인가? 신행정학에서처럼 가치판단인가? 신공공관리와 신국정관리 등을 둘러싼 논쟁은 이를 정리하였다고 해석된다(Henry, 1980; Frederickson, 1980; 정정길, 2003; 오석홍 외, 2008; 김광웅, 1983).

그림 1-2 행정의 보편성 도출 과정

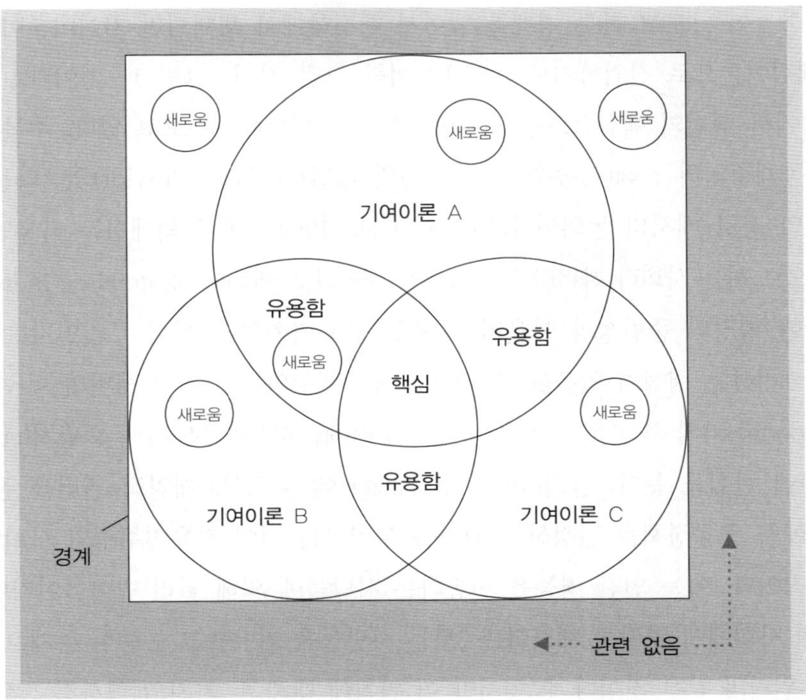

출처: Swanson & Holton(2009: 96) 수정.

행정의 보편성 도출을 위해 이 책에서는 여러 영역이나 이론의 전개에서 꼭 필요한 것들([그림 1－2]에서 겹치는 부분)로 정의하였다. 구체적으로는 제4장에서 논의하는 것처럼 어떤 저서든 그 저서의 색인은 그 저자가 그 저서의 핵심을 잘 나타내는 학술어휘들의 집합이다. 어떤 학문 분야에서 여러 저서들의 색인들 속에서 공유되는 학술용어들을 그 학문에서의 보편성으로 볼 수 있다.

좀 더 자세히 설명하면 하나의 학문체계는 그 해당 학문에 속하지 않아서 관련이 없는 것(irrelevant theory)과 해당 학문에 속한다고 여기는 것을 구별하는 경계(boundary of the theory)를 지닌다. 해당 학문에 속한다는 것은 다음과 같은 체계를 가진다. 우선 여러 하위의 기여이론(contributing theory)이 존재한다. [그림 1－2]에 기여이론 A, 기여이론 B, 기여이론 C 등이 그것들이다. 이들이 겹치는 부분은 그 학문체계에서 유용한 이론들(useful theory)이 되고, 이들 모두가 겹치는 부분이 핵심이론(core theory)이 된다(Swanson & Holton, 2009: 95－100). 물론 이들 속에서 새로운 이론들이 나오고 학문 경계를 넘어서 행정학에서 채택되면 기여이론이 되기도 하고, 핵심이론으로 진입하기도 한다.[17] 이를 그린 것이 [그림 1－2]이다.

이 책에서 행정의 핵심으로는 서두에 서술한 정부성으로 보고 있다. 주목할 만한 것은 공동체주의의 견해(이종수, 2015: 52)와 테일러(Charles Taylor)의 『다문화주의와 인정의 정치』에서의 논의이다(Taylor et al., 1994). 이 논의에서는 자유민주주의를 기반으로 하는 사회라 하더라도 원자론적 개인관(a picture of atomistic individuals)에 입각한 행정의 중립성과 아울러, 시민들에게 가치있는 삶이 무엇인지를 가르칠 책임을 고려하는 행정이 있음을 주장한다. 공동체주의는 그것이 시민의 덕(virtue)이고 선(goodness)의 장려에 초점을 두는 데 비해, 다문화주의는 문화담지(culture－bearing)에 관심을 둔다. 왈저(Michael Walzer)에 따르면, 개인적 권리를 존중하는 범위 내에서 공공정책을 결정하는 권한을 부여하는 것이 자유민주주의 사회에서 확립된 원칙이다. 이는 인간 평등을 신봉하는 사람들에 의해 널리 받아들여지며, 자유민주주의 사회에서 완전히 제도화된 "모든 사람들을 자유롭고 동등한 존재로 대우하라"라는 원칙과 같은 것이다. 그렇지만 이 원칙에 대해 두 가지의 역사적으로 영향력

17) 예컨대, 마슬로우(Abraham Maslow) 이론은 행정학에도 중요한 이론이지만 그 원류는 심리학에 있다.

있는 해석이 있다. 그 하나의 시각은 다원적 사회의 시민들이 주장하는 좋은 삶의 개념이 다양하고 때로는 서로 어긋나므로 이에 대해서 정치적 중립성을 요구하는 것이다. 이를 "자유주의 1"이라고 한다. 한편 "자유주의 2"는 공공정책의 결과나 정당성에서 중립성을 고집하지 않고, 오히려 일정한 조건 아래서[18] 공공기관들이 특정한 문화적 가치들을 조장하도록 허락한다(Taylor et al., 1994). 이들에 따르면, 정부의 역할은 기존에 정립되었던 기본재 공급(primary goods)은 물론이고[여기서 기본재란 대다수의 시민들이 좋은 삶이라고 인식하는 바대로 살아가기 위해 기대하는 기본적인 것이라고 정의된다], 이와 관련된 기본재 공급을 통한 보편적 욕구 충족(Taylor et al., 1994: 4)의 의무를 주장한다.

한편 핵심가치는 어떤 것을 들 수 있는가? 이에 관해서는 행정의 지도원리와 공익의 추구를 중심으로 논의되어 왔지만(박동서, 2005; 정정길, 2003), 가장 잘 정리된 견해는 신행정학으로 보인다(Frederickson, 1980). 신행정학에 따르면, 사회적 형평(social equity) · 시민들에 대한 동등한 대우(equitable treatment of citizens) · 가치중립적 행정에 대한 의문(value-free public administration?) · 변화(change) · 참여(participation) 등을 제시하고 있다.

여기서는 앞서 언급한 정부성과 생활양식의 조율 등과 같은 기본성격과, 지도원리와 공익을 비롯한 핵심가치 및 정당성을 행정의 보편성으로 본다.[19]

보편성을 차이나게 하여 각국 나름의 행정현상이 되도록 하는 매개변인들은 어떤 것이 있는가? 비교행정론이나 발전행정론에서 사회변화를 위한 것과 사회의 안정화 기능을 논의한 것은 이러한 맥락이다(Heady, 1966; 박동서 외, 1973). 물론 거시적 관점에서는 각국 나름의 행정현상이 되도록 차이나게 하는 역사, 문화, 국가철학을 들 수도 있다. 즉, 어떤 경로로 발전해 왔기에 그런 상황을 낳았는가? 어떤 문화가 작동하기에 차이를 가져왔는가? 그 국가의 철학이 무엇인가? 등인데 이들은 관련학문

---

18) 그 일정한 조건은 다음 세 가지 조건들이다: ① 언론, 사상, 종교 및 결사의 자유를 포함한 모든 시민들의 기본적 자유가 보호되어야 한다. ② 어느 누구도 공공기관이 대표하는 문화적 가치를 받아들이도록 강요해서도 안 되고 조작해서도 안 된다. ③ 문화에 대해 선택이 가능하도록 하는 공무원과 공공기관에게는 원칙에서뿐만 아니라 실제에서도 민주적 책임이 뒤따른다(Taylor et al., 1994).

19) 지도원리와 공익을 비롯한 핵심가치는 박동서(2005)를 참조하라. 이 외에도 많은 다른 행정학 교재에서도 언급하고 있으므로 여기서는 자세히 언급하지 아니한다.

과의 공동 연구들 통해서 탐구하여야 할 주제이다. 행정학에서 매개변인들로는 공동 탐구를 통해서 얻어진 역사적 경로, 문화, 국가철학 등의 행정학에의 응용 및 앞서 언급한 정부성을 구체화하는 행정체계, 그 행정체계가 하는 역할인 기본재(primary goods) 공급(및 이를 통한 보편적 욕구충족), 그 행정체계가 생활세계에 미치는 관계와 영향 등을 들 수 있다.[20] 행정의 보편성(예컨대, 정부성 등)에서 행정이 비롯한다고 할 때 실제로 경험하는 것은 생활세계에서이다. 그 이음새(delivery system)를 실제행정으로 여기게 되고 이를 행정체계로 표시한다. 이를 정리하면 [그림 1-3]이 된다.

그림 1-3 행정의 보편성 및 매개변인들

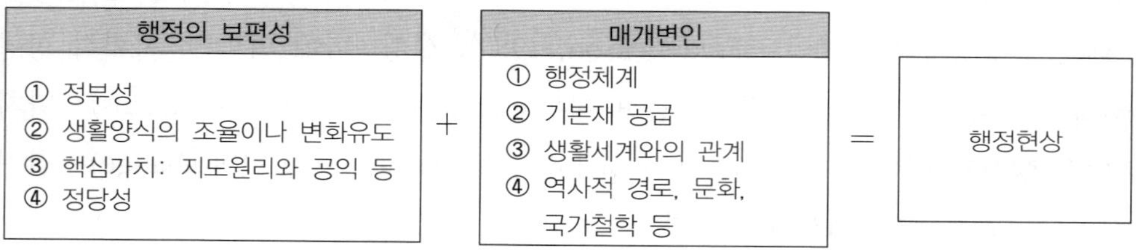

이 책에서는 후기 비트겐슈타인 철학에서 비롯한 생활양식(Lebensform: form of life)과 언어게임 이론을 뼈대로 하는데(Magee, 1978), 이를 행정언어(the language of public administration)라 부르고 있다(Farmer, 1995). 지난 시절 행정언어는 부정적 의미를 함축한 관료어(bureaucratese; officialese)를 중심으로 실용적 차원(governmentalese; the language of government)의 논의였다(Watson, 2006: 597-607; Farmer, 1995: 160-163).[21] 따라서 긍정적 의미를 함축한 용어이거나 학술적

20) 문제되는 것은 생활양식과 생활세계와의 관계이다. 둘을 같은 개념으로 보는 견해도 있지만 여기서는 정부성을 반영하는 것이 행정체제이며 생활세계에 대비되는 세계로 이 책에서는 객관세계 또는 체제로 표현되기도 한다. 이는 푸코의 용어를 빌리면 도시 게임을 위주로 하는데 비해 생활세계는 양치기 게임을 위주로 한다. 생활양식은 이들을 반영하는 총체로 본다. 정당성이 도전받는데 대해서는 제7장에서 간단히 다룬다.

21) 이에 대해서는 파머(Farmer, 1995: 160-163)에 자세할 뿐만 아니라 본질을 잘 짚어내고 있다. 이런 관료어는 근대성의 산물인 합리화의 결과로, 이는 탈근대성의 산물인 상상으로 이끈다고 한다.

그림 1-4 **행정의 개념**

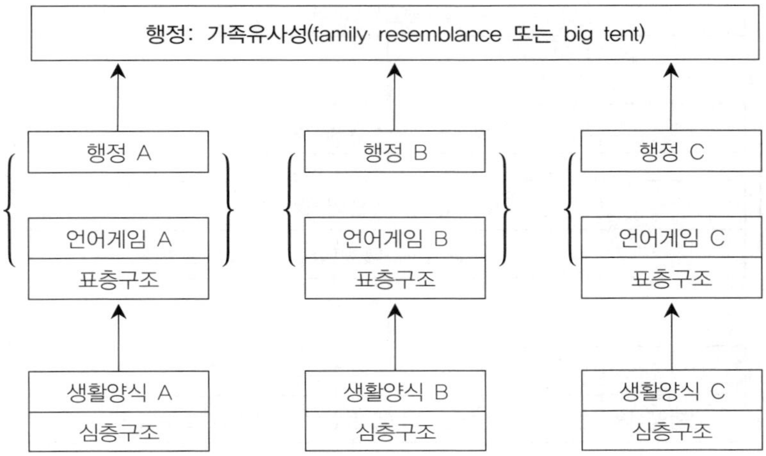

차원의 논의는 부족하였다. 그것이 바로 오늘날 행정언어에 대한 연구가 요구되는 이유이다. 이 개념에 기초하면 실제행정은 심층(深層)에 있는 다양한 생활양식의 조율이나 변화의 유도이고, 이는 언어게임(language game)으로 표층(表層)에 나타난다. 또 언어게임은 가족유사성이라는 개념으로 실제행정에 통합된다.22) 이를 나타내면 [그림 1-4]가 된다.

여기에서 중요한 것은 생활양식의 변화는 실제행정의 변화를 유도하지만, 그 반대로 실제행정이 생활양식의 변화를 유도하기도 한다. 의약분업 이전에 시민들이 약국을 먼저가고 더 심해지면 병원에 가던 관행이 의약분업 이후에는 그 반대로 된 관행을 생각해 보면 이해가 될 것이다. 그러면 생활양식의 변화를 이끌어 내는 것이 무엇이냐 하는 점이다. 이 책은 이를 모순과 위기로 보았고 이에 행정이 대응하는 과정에서 변화가 유도된다. 이를 그림으로 나타낸 것이 [그림 1-5]이다.

모순과 위기에 따른 생활양식의 변화는 영국의 유럽연합(European Union) 탈퇴

22) 언어철학자인 비트겐슈타인(L. Wittgenstein)이나 언어학자인 촘스키(Noam Chomsky)는 언어게임 자체에 심층과 표층을 설정한다(Wittgenstein, 1953; Chomsky, 1965). 그러나 여기서는 본문에 기술한 대로 심층에 생활양식을, 표층에 언어게임을 설정한다.

그림 1-5 실제행정의 변화에 의한 생활양식의 변화

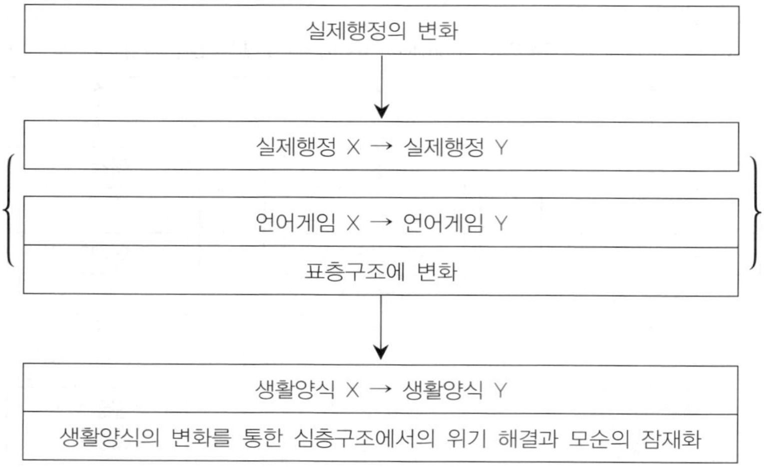

사례가 잘 설명해 준다[Britain's Exit from European Union: 보통 Brexit로 표기한다](Lee & Chung, 2019). 2020년 1월 말로 Brexit는 이루어졌으나, 무역협정을 비롯하여 여러 분야에서 영국과 EU와의 관계가 명확히 설정되지 않음으로 인해 위기가 조성되고 있고 이 위기가 영국을 넘어 유럽사회로 전이(轉移)될 가능성이 여전히 남아 있다.

Brexit로 인한 경제적 타격을 보면, 지난 2016년 Brexit 국민투표 이후 화폐가치는 10% 넘게 하락했고 국내 총생산(GDP) 규모가 2.5%가량 줄어들었다. 또 EU 탈퇴 즉시, 매일 아침 영국 도버(Dover)와 프랑스 칼레(Calais)를 자유롭게 오가던 페리(ferry)는 세관 절차로 인해 수 마일(mile)가량 체증을 빚게 되고, 트럭은 고속도로에 갇힌 채 기약 없이 기다려야 하는 상황이 펼쳐질 수 있다. 양상추나 토마토, 생선류 등 EU 수입에 의존해 온 신선식품 구입도 어려워진다. 그런데 합의없는 탈퇴(No Deal)가 현실화된다면 그 이후 영국 도버~프랑스 칼레 간 도로가 막히면 공급망 전체가 붕괴될 수 있다. 의약품의 경우는 Brexit 이후 파운드화 가치가 급락하면 제약업계가 이익을 내려고 의약품을 전부 해외로 내다팔 수도 있어서 우려된다. 또한 다국적 제약기업 존슨앤드존슨(J&J)은 판매할 의약품 부족을 우려해 영국 내에 의약품을 대거 비축하고 있다고 한다. EU 회원국에 거주하는 영국인 및 영국에 거주하는 EU 회원국 국민 450만 명의 의료보험과 운전면허증 · 영주권도 위태로워질 수 있다. 이와 같이 Brexit는 일반 시민의 삶에 심대한 영향을 끼치고 그 과정에서 행정이 대응하는 사례에서 보듯이 모순과 위기는 생활양식에 영향을 준다.[23]

행정언어이론의 전개에서 핵심 개념들은 생활양식과 언어게임 및 가족유사성이므로 이 시각에서 언어게임을 좀 더 살펴본다.

제 3 절 | 언어게임

언어게임이란 언어와 그 언어가 뒤얽혀 있는 활동들의 전체를 말하는데(Wittgenstein, 1953: §7),[24] 이론에게 일상적인 삶의 맥락 속에서 실천할 수 있도록 하며, 다른 한편에서는 공동체로 하여금 생활양식을 공유하도록 기능한다(이재승, 2011). 이에 기초한 행정 개념과는 같은 흐름에서 (그렇지만 이른바 주류 행정학에서 전개하는 일반적 행정 개념과는 다른 시각에서) 행정이론을 정립한 가장 대표적인 학자가 파머(David Farmer)이다(Farmer, 1995). 그는 비트겐슈타인을 좇아서 생활양식은 언어게임을 통해 표출된다고 본다. 또 행정이론이란 행정정보가 배열되는 방식이고, 행정현실과 이론이 사회적으로 구성되어 있으므로[25] 이러한 사회적 구성에 영향을 미친 가정을 검토해 볼 필요가 있다. 언어는 세상을 보는 렌즈이므로 렌즈를 바꾸면 세상이 달리 보일 것이다. '사회적 사실들'을 바라볼 때 사용하는 '이론적 렌즈'를 구

---

23) 좀 더 구체적으로 말하면 영국 정부는 브렉시트부(部)(Brexit Department)를 설치하여 Brexit 과정에서의 문제에 대처해 왔다. 본문 출처는 https://news.naver.com/main/read.nhn?mode=LSD&mid=shm&sid1=104&oid=421& aid=0003918040(검색일, 2019.4.8) 및 http://www.telegraph.co.uk/news/2017/09/03/david-davis-offers-brexit-olive-branch-tory-remain-mps-bid-avoid/(검색일, 2018.6.10).

24) 이를 원자론적 개인관(原子論的 個人觀)으로 보면 제4장에서 설명하는 중간세계와 관련되지만, 여기의 설명은 공동체적 관점(community view)에서 본다.

25) 이에 대해서 논리적 구성물로 보는 것이 러셀(B. Russell)의 견해이고(박병철, 2006), 저자의 견해는 세계는 문화적이고 언어적 구성물(cultural and linguistic constructs)에 의해 형성된다는 전제에 서 있다(Patton, 2002: 96). 아울러 촘스키(N. Chomsky)의 견해인 변형생성은 제4장에서 소개된다(이광석 · 문유석, 2016; Chomsky, 1965; 조기정, 1999).

표 1-1 성찰적 언어 패러다임

비교대상	근대성(modernity) 행정이론	탈근대성(post-modernity) 행정이론
언어의 가정	• 자율적 주체 • 이성 • 합리성 • 준거의 중심으로서의 자아	• 주체관념의 허구성과 불확실성 • 각 영역의 내파와 초현실적 경험 • 담론
특징	• (미국 행정이론의) 특수주의 • 과학주의 • 기술주의 • 기업과 기업가정신 • 모더니스트적 해석	• 상상: 합리성으로부터 벗어나는 것 • 해체(탈구성) • 영역 해체(탈영역화) • 타자성
한계	반대명제와 모순; 막다른 골목	말할 수 없는 것을 말하려는 어려움

출처: 강신택(2005: 169).

성하고 있는 일단의 가정들을 검토하는 기예(arts)를 성찰적 언어 패러다임(reflexive language paradigm)이라고 한다.[26] 여기에 기초하여 근대성(modernity) 언어의 가정과 탈근대성(post-modernity) 언어의 가정을 검토하여 근대성(modernity) 행정이론과 탈근대성 행정이론의 특징을 부각시킨다(강신택, 2005: 168-169).[27]

이런 시각에 기초하여 행정이론을 근대성(modernity) 방언과 이들의 한계를 보여주는 반대명제, 그리고 탈근대성(post-modernity) 방언으로 나누어 체계적으로 설명하고 있다.[28] 탈근대성 행정이론은 근대성 자체의 '마음가짐(mind-set)'에 대한 회의와 그러한 마음가짐을 바탕에 두고 있는 행정이론의 한계와 모순에 대한 비판이다. 즉, 합리성을 기초로 한 행정이론의 한계와 모순을 지적하고 그 대안에 관한 담론(談論)인데, 대안으로서의 탈근대성 행정이론은 아직도 비체계적임을 지적하고 있다(강신택, 2005).[29]

---

26) 여기에 따르면, 언어와 독립적으로 존재하며, 언어 이외의 다른 매개를 통하여 인식될 수 있는 그 자체로서의 세계는 없다는 의미이고, 세계는 언어를 통하여 비로소 우리에게 주어진다는 뜻이다(김여수, 1984: 29). 비트겐슈타인의 '내 언어의 한계는 내 세계의 한계'라는 표현(Wittgenstein, 1921)도 이와 유사하다.

27) 보다 자세한 것은 제2장에서 다루며, 여기서는 이른바 주류와 다른 행정이론 중에서 가장 의미있는 행정이론으로 보이는 파머(D. Farmer)의 이론을 소개하는 데 그친다.

28) 이에 대한 설명은 제2장을 참조하라. 파머(1995)는 근대성 행정이론의 특징을 근대성 방언으로, 탈근대성 행정이론의 특징을 탈근대성 방언이라고 부른다.

29) 이 책은 파머(David Farmer)의 모더니티 방언을 객관주의(실증주의) 방언으로 전환하고, 모더니

그의 행정이론에는 참신함과 아울러 행정을 언어게임으로 보는 관점을 도입하고, 행정의 변화와 그에 따른 행정학의 흐름을 긴 호흡으로 보았으며, 행정언어라는 개념을 명확히 하는 이정표를 세웠다. 언어게임을 좀 더 이해하기 위해서는 먼저 언어에 대한 이해가 필요하다. 그 이유는 언어는 세계를 표상하고 사고를 조직화하기 때문에 언어에 대한 탐구는 인간이 경험한 것으로서의 세계의 구조에 대한 탐구이며(Magee, 1978: 165), 언어란 노동 및 지배와 함께 인간의 사회생활을 전개시키기 위한 보편적인 매개물이기 때문이다(Habermas, 1987; 허영식, 1997).[30] 즉, 우리의 생활양식은 상징적으로 중개된 상호작용의 체계에 묶여 있을 뿐만 아니라 전통적으로 의식의 문제로 본 것이 오늘날에는 언어의 문제로 대치되었다(허영식, 1997: 113). 여기에 기초한 언어게임은 언어를 말하는 것이 활동의 일부라는 시각으로 상징과 행위가 서로를 상호적으로 해석할 수 있다(허영식, 1997: 174; Farmer, 1995: 1－4). 그 의미를 행정으로 가져오면, 행정은 소통의 과정에 개인과 집단이 참여하고 조율하는 언어게임이고 공공관료제를 통해 구체화된다. 따라서 행정이론이란 공공관료제의 언어로 행정에 관한 질문에 빛을 밝혀 주어야 한다(Farmer, 1995: 3－4).

행정을 언어게임으로 보면 얻게 되는 또 다른 이점(利點)은 기존의 시각과 비교해서 행정을 보는 다른 눈을 가지도록 한다는 것이다. 그것은 행정사실(administrative fact)에서부터 시작하여 연구되고 있는 대상을 구성하는 계층과, 연구의미를 둘러싸고 있는 주체의 문제, 연구하는 주체를 둘러싸고 그들 사이에 스며들게 되는 제약(즉, 문화나 윤리 등은 물론이고 여기에는 과학자, 과학공동체, 사회 등)이 포함된다(Farmer, 1995: 11). 이러한 세 가지 유형의 이점 [즉, ① 우리의 생활양식은 상징적으로 중개된 상호작용의 체계에 묶여 있다는 점, ② 소통의 과정에 개인과 집단이 참여하고 조율하여 공공관료제의 언어의 기초를 이룬다는 점, ③ 기존의 시각과는 달리 행정을 보는 눈이 행정사실(administrative fact)에서부터 시작하여, 연구되고 있는 대상과 연구하는 주체 및 연구하는 주체를 둘러싸고 있는 제약 등을 말한다] 중에서

티 행정이론의 한계를 주관주의 방언으로 설정한다. 한편 포스트－모더니티 방언을 인문주의 방언으로 대체하였다(Farmer, 1995). 다만 이 책에서는 방언을 주제와 접근법으로 재편하였기에 파머가 말하는 방언인 각 시기의 특징과는 차이가 있다.

30) 여기서 주체와 대상 사이에 매체(媒體)인 렌즈로서의 언어라는 개념이 도출된다. 제7장을 참조하라.

첫째는 제10장에서, 셋째는 제3장과 제4장의 주제로 그곳에서 논의하고 여기서는 둘째의 주제를 살펴본다.

행정을 하나의 이야기로 보고 이야기의 과정에 개인과 집단이 참여한다는 관점이 이야기 패러다임(narrative paradigm)이다(Wood, 2000; 이규호, 1974; Clandinn, 2007). 이 시각은 모든 소통은 이야기이며, 우리 모두는 이야기꾼이고, 삶이란 이야기 모음(set of stories)라는 관점이다. 이야기 합리성(narrative rationality)이[31] 갖추어지면 감정이입이 되어서 너희들의 이야기가 나의 이야기로 옮아오게 되어 우리의 이야기가 된다. 즉, 이야기는 인간의 삶 속에서 행정을 이루어가는 방식으로 본다. 예컨대, 민원인은 나의 이야기를 상대방인 행정에게 들려주며, 행정은 민원인에게 나의 이야기를 말하고 그 과정에서 우리의 이야기가 된다. 여기에는 정책이 담화의 형식을 취하는 일방통행의 이야기와 상호지향적인 이야기가 있는데(이규호, 1974), 이들은 의사소통(communication)과 밀접히 관련된다. 공적 사안(公的 事案)에 대한 서로 다른 견해와 믿음들이 공공의 현안과 쟁점으로 부상하게 될 때 사회 구성원들이 토론을 통해 조정하는 기제(機制)는 민주주의 사회의 기본으로 이미 오래 전에 자리잡았다(이상철, 2009). 이 기제는 의사소통에 의존한다. 즉, 정치적·사회적 기본 소양으로서의 의사소통은 널리 알려져 있으며, 학술적 의미에서도 아주 중요한 민주주의 원칙으로 존중되어야 한다는 전제에는 이의를 제기하지 않을 것이다. 그럼에도 실제로는 이 원칙이 지켜지지 않고 어떤 이의 표현이 다른 이에게 혼란을 불러일으키는 일이 다반사가 되었을 정도이다(이광석, 2016).

지금까지는 왈도(D. Waldo)의 표현에 따르면, 연구의 대상(object of research)으로 현상과 활동들의 복합체(total complex of phenomena and activities)인 행정을

31) 이야기 합리성(Narrative rationality)의 핵심요인은 응집성(Coherence)과 진실성(Fidelity)이다. 전자는 그럴듯하게 잘 짜여져 있는가?(Do all of the parts of a story seem to fit together believably?)에 관한 합리성으로, 예를 들면 인기 있는 드라마에서는 등장인물들은 나름으로 설정이 잘 되어 있다. 관객들은 내용(plot)의 일관성이 떨어지면 그 작품을 선호하지 않는다. 진실성(Fidelity)은 이야기가 진실한가?(A story resonates with listeners' personal experiences and beliefs?)에 관한 합리성으로 이야기에 진실, 우정, 선 등에 대해 시간을 초월하여 존재하는 어떤 가치가 있을 때 또는 청자들 자신의 인생 내력이나 개성이나 살아온 길(biography)과 연결되어 타당한 이유(good reason)를 일깨웠을 때 감동을 받는다. 흥행한 영화나 드라마는 여기에 해당하는 경우가 많다(Wood, 2000).

주제로 서술하였다. 이에 대해서 자기의식적인 활동(self-conscious activity)인 행정연구(Waldo, 1984: lx; Farmer, 1995: 32), 즉, 행정학은 어떻게 이루어지는가를 탐색해 본다.[32)]

제 4 절 | 행정학의 성격: 과학과 과학철학

행정언어가 기여하는 또 다른 영역은 행정에 대한 인식의 기초를 통해서 [그림 1-9]에서 설명하듯이 정합성 있는 행정학의 정립이 가능하다는 데에 있다. 정합성 있는 행정학의 구축을 위해 행정학은 논리적으로 더 다듬어야 할 여지가 있다. 그 지향이 바로 행정과학철학의 정립과 그 해석이다. 행정을 안다고 하는 것이 무엇이며, 행정학에서의 앎은 무엇인가?

앎은 반드시 무엇인가에 관련된 앎이므로 인식과 존재는 학문의 역사에서 아주 중요한 주제였다. 해킹(Hacking, 1975)에 따르면, 17세기에는 관념과 대상의 문제로, 논리실증주의자에게는 의미와 그 지칭대상과의 관계로, 비트겐슈타인 이후에는 문장(논리적 관점에서는 명제)과 그 서술대상과의 관계로 제기되어 왔다(박이문, 1982: 143). 여기서 행정명제의 성립과 투사원리(반영 · 구성 · 변형생성) 및 검증이나 반증에 관한 연구영역이 자리매김할 수 있고 그것이 행정언어가 다뤄야 할 영역이다. 즉, 행정학을 행정에 관한 분석명제와 종합명제와 같은 언어체계로 보고, 이 언어체계는 각각의 방언(方言)으로 가지며, 이들 방언이 각기 다른 행정학의 흐름을 나타내게 된다(Farmer, 1995).

그러면 행정학에서의 의미의 원천은 어디에서 나오며 행정학은 어떻게 지식을 이루고 나아가는가? 즉, 행정학과 그 서술대상과의 관계는 어떠한가를 살펴볼 필요가

---

32) Farmer는 *The Language of Public Administration*(1995)를 저술하였는데 [번역한 책은 『행정학의 언어』(강신택, 1999)로 이름하였다], 파머가 이 명칭을 선택한 근거는 이 점을 강조한 것으로 보인다. 이를 달리 말하면 행정학은 행정의 이야기에 대한 이야기라는 뜻이다. 즉, 1차적으로 행정현상이란 행정을 대상으로 하는 이야기이고 행정학이라는 학문은 그 1차적인 이야기를 대상으로 하는 2차적인 이야기라는 것을 함축한다고 볼 수도 있다(Magee, 1978: 162). 이는 제10장에서 논의한다.

표 1-2 실재론과 상대론의 비교

	실재론	상대론
세계의 존재	객관적으로 존재한다.	구성된다.
존재론 (ontology)	안정과 요소론(stability and elementarism)	변화와 전체론(change and holism)
metaphor	기계론(mechanism)	유기체론(organicism)
언어의 역할	어휘는 세계의 사물에 대응하므로 효과적으로 사용하면 실재의 거울이 될 수 있다.	물리적 세계의 구성에는 일부의 역할을 하지만 사회적 세계의 구성에는 중요한 역할을 한다.
의미의 영역	객관론자의 견해	구성주의자의 견해
의미의 생성	실재(= 텍스트)로부터 전달된다.	실재(= 텍스트)와 주체(= 독자) 사이에서 협상한다.
설명 방식	환원적 분석(reductionist analysis)	종합적 이해(synthetic understanding)
주체의 역할	수동적 ⟵	⟶ 능동적

출처: Chandler(1995: 5, 32–33, 195) 정리.

있다. 이에 관해서는 객관론자(objectivist)와 구성주의자는 서로 다른 견해를 가지는데, 이들의 세계관은 각각 실재론(realism)과 상대론(relativism)에 기초하기 때문이다. 이를 나타낸 것이 <표 1-2>이다.[33]

이들은 행정현상과 이론과의 관계에서 어떻게 현상을 이론으로 이끌 것인가에 대한 기준으로 작용한다. 이를 투사라고 하는데(Wittgenstein, 1922: §4.0141; Chomsky, 1990), 파머(Farmer, 1995)의 메타포(metaphor)를 따르면 렌즈(lens)가 된다. 그렇다면 현상에 중점을 두어야 하는가? 아니면 현상보다는 연구자에게로 그 중점이 옮아갔는가?는 어떤 렌즈를 쓰고 보는가에 따라 다르다.

여기서 투사의 의미는 행정학의 성립에 관한 것으로, 행정학의 성립은 어떤 행정현상이 그 언어현상으로 바뀔 때이다. 이때 행정이라는 실체(reality)를 어떻게 볼 것인가에 대해, 문화적이고 언어적 구성물이라는 견해(Patton, 1990) 및 그와 유사한 사회적 구성물이라는 견해와(Farmer, 1995), 논리적 구성물(logical constructions)이

33) 국제정치학에 의하면, 현실과 이론 사이의 관계 — 즉, 실제와 이론 중 어디에 관점을 두느냐 — 에 따라 분류를 하면 현실주의, 구성주의, 비판이론, 상호작용이론 등으로 묶기도 하고 현실주의, 자유주의, 급진주의, 변형이론 등으로 범주화한다(Haas et al., lv–lxi). 이러한 관점은 행정학에도 시사점을 준다.

라고 주장하는 논리적 원자론(logical atomism)이 대립한다(Munitz, 1981: 131－132). 논리적 원자론에 따르면, 실재론에 입각하여 현상에 있는 것을 그대로 반영하였다고 주장하는데, 이는 의식과 행동 사이에 굴절(reflection)을 인정하지 않는 접근법이다. 이 투사원리를 반영(mirroring)이라고 부르는데, 비트겐슈타인의 그림이론(picture theory)(Wittgenstein, 1921)과 비엔나 학단(Vienna Circle)에서 비롯하는 논리실증주의와 포퍼(K. Popper)의 후기실증주의가 투사를 바라보는 시각이다.

구성주의(constructivism) 시각은 구성에 중점을 두며, 칸트(Immanuel Kant)로부터 비롯하여, 피아제(Jean Piaget)와 비고츠키(Lev Semenovich Vygotsky) 등의 시각으로 상대론에 입각한다.[34] 행정을 사회적 구성물로 보는 견해(Farmer, 1995)는 구성주의 시각의 전형적인 사례이다. 어느 관점이든 행정학적 의미가 성립하는 것은 대상(reference)과 의미(sense)와의 관계에 있으며, 이 관계를 [그림 1－9]에서 설명하듯이 대응성과 정합성으로 재해석할 수 있다(Ogden & Richards, 1923; 이익환, 1986).

그런데 행정도 언어의 한계를 넘지 못한다. 즉, “언어는 어디에나 나타나는 현상으로 언어외적 존재도 언어적 해석을 거친 후에야 실재(reality)로 인정받고 소통이 가능해진다. 인식도 개념형성(concept formation)을 전제하므로 반드시 언어적 행위가 있어야 한다”(김동식, 1992). 이렇게 인식이나 소통 모두 언어에 의존한다. 행정의

그림 1-6 행정의 한계

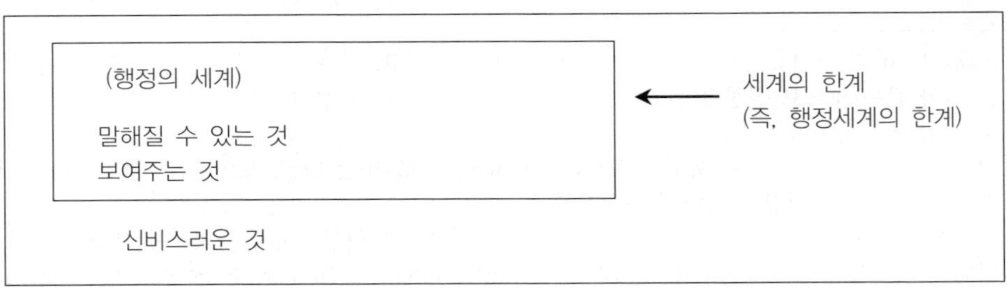

출처: Fann(1989: 24) 수정.[35]

34) 제4장에서 상대론을 좀 더 정밀히 분류하여 변형생성(transformative－generative)의 시각을 첨가한다. 이렇게 되면 반영은 인간의 논리성 측면을 강조하게 되고[이성적 인간], 구성은 인간의 구성적 능력에 초점을 맞추고[사회적 인간], 변형생성은 문화 속에서 생활하는 (즉, 언어적 문법과 문화적 문법을 갖춘) 문화적 인간에 관심을 기울이는 시각이라고 할 수 있다.

영역에서 이루어지는 사회적 관행(social practice)을 포함한 규칙도 언어에 있고, 로티(R. Rorty)는 이것이 바로 지식이라고 일컫는다(김동식, 1992). 즉, 로티에 따르면, 행정에 대한 사회적 관행을 포함한 규칙의 언어체계를 행정학이라고 한다.

여기서 나타나는 질문은 행정학은 행정과 다르다면 어떻게 다른가이다. [그림 1－6]을 살펴본다. [그림 1－6]이 의미하는 바는 행정의 세계는 말해질 수 있는 것과 보여주는 것이라는 점이다.[36] 여기서 신비스러운 것은 그 대상이 아니다(이광석·이정락, 2017; 조중걸, 2009). 반면에 행정학은 명제체계이므로, 명제의 체계는 말해질 수 있는 것(Wittgenstein, 1921: §4.001)이라는 한계를 가진다.[37] 따라서 보여주는 것과 말해질 수 있는 것은 대립되며, 그것은 언어의 한계에 의해 제약된다. 이를 행정학의 한계로 대치할 수 있고, 그림으로 나타내면 [그림 1－7]이 된다.

그림 1-7 행정학의 한계

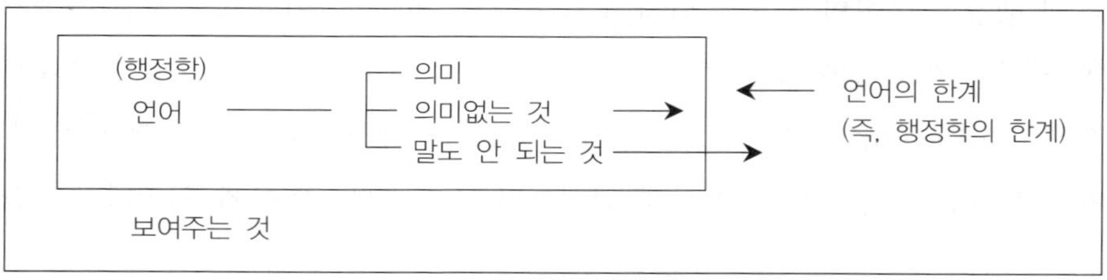

출처: Fann(1989: 24) 수정.[38]

35) [그림 1－6]의 신비스러운 것의 원어는 'the mystical'이고, 이는 비트겐슈타인에게는 말할 수 없는 것과 같은 것으로 설정되어 있다. 여기서는 이를 변용하여 신비스러운 것은 행정의 영역 밖으로 보았다.

36) 이 글은 비트겐슈타인의 고유한 의도(Wittgenstein, 1921)와는 달리, 보여주는 것의 의미를 세속적으로 이해하여 행정의 영역에 포함시켰다.

37) 본문에서 서술했듯이 왈도(D. Waldo)는 연구의 대상으로 현상과 활동들의 복합체인 행정과 자기의식적인 활동인 행정연구를 구별하였다(Waldo, 1984: lx; Farmer, 1995: 32). 일반적으로 전자는 실천하는 것(practice or doing)을 말하고 후자는 언어체계(saying or discourse)를 일컫는다(Garner, 1996: 12). 이 언어체계를 행정학이라고 한다.

38) [그림 1－7]이 시사하는 바는 의미의 3분론이다(Fann, 1969: 23－24). 즉, '의미있는 것'과 함께 '의미없는(senseless) 것' 및 '말도 안 되는(nonsensical) 것'이 그것이다. 언어의 한계 안에서 사물이나 사실에 대해 말할 때를 의미있다고 하고, 이것이 종합명제이다. 언어의 한계에 관해 어떤 것을 말하는 것을 의미없는(무의미한: senseless) 것으로 보고 이것이 바로 분석명제이다. 한편 언어의 한계 너머 놓인 어떤 것을 말할 때를 말도 안 되는 것이라고 말한다. 그 보기는 윤리·도

표 1-3 진리의 존재와 도달가능성

		진리의 존재	
		+	−
도달가능성	+	A	B
	−	C	D

출처: 엄정식(http://tv.naver.com/v/1856448)의 재정리.

즉, 행정학의 한계는 의미를 가진 것이나 의미없는 것(예컨대, 상징이나 기호 등)은 포함되지만, 말도 안 되는 것이나 보여주는 것은 행정학이라는 학문의 범위가 아니다. [그림 1-7]이 시사하는 바는 행정학이 언어체계라는 점이다. 즉, 언어게임의 이론체계라고 할 수 있다.

행정학의 과학화에 대해 좀 더 깊이 논의해 본다. 과학을 보는 관점은 다양하지만,[39] 그 핵심에는 진리는 존재하는가? 하는 점과 과학을 통해 진리에 도달할 수 있는가?의 문제이다. 이 다양한 과학의 관점을 진리의 존재와 도달가능성이라는 두 기준을 통해 <표 1-3>으로 정리할 수 있다.

<표 1-3>에서 A는 진리도 존재하며 도달도 가능하다는 견해로 논리실증주의가 대표적이다. B는 진리는 존재하지 않지만 도달은 가능하다는 견해로 쿤(T. Kuhn)이나 후기 비트겐슈타인(Later Wittgenstein)이 여기에 속한다. C는 진리는 존재하지만 도달은 불가능하며 무한히 다가갈 수 있을 뿐이다(진리근접성)라는 주장으로 소크라테스(Socrates)와 포퍼(K. Popper)의 후기실증주의(또는 비판적 합리주의)의 태도이며, D는 진리도 존재하지 않으며 도달도 불가능하다는 소피스트의 견해이다.

행정학에서도 이를 변용할 수 있다. 행정학을 A라는 전제에 서면 행정과학을 중심

덕이나 미학, 종교 등이다. 윤리·도덕이나 미학, 종교 등을 범위 밖으로 밀어낸 것은 논리실증주의의 특징이자 한계로 보인다.

39) '과학적'이라는 개념도 많이 변하였다. 이를 잘 이해할 수 있도록 하는 것이 패러다임 이론이다. 이미 고전이 된 쿤(T. Kuhn)의 이론 이전에는 지식의 누적적인 축적과 일관된 원리로 보았으나, 쿤의 이론 이후의 이론은 과학의 발전은 오랜 세월에 걸친 연구의 누적이 아니라 패러다임 전환을 통한 과학혁명이라고 주장한다(Kuhn, 1970). 즉, 과학혁명의 구조를 "과학혁명 → 새로운 정상과학(패러다임의 형성) → 정상과학으로 설명되지 않는 변칙성의 출현으로 인한 위기 → 이 문제를 해결하는 새로운 과학혁명"으로 파악한다. 따라서 '과학적'이라는 개념은 이 책에서 전개하는 해석학이나 현상학으로 보완할 수 있고, 그 또한 온당한 것으로 보인다. 해석학이란 의미론에 근거를 둔 학문으로(김동윤, 2009) 과학적 구조를 의미로 보완시킬 수 있다.

으로 전개될 것이고 검증이나 귀납적 방법에 의존할 것이다. 한편 C의 입장은 진정한 과학이란 반증되어질 수 있어야 하기 때문에 행정학의 이론체계를 검토하고 연역적 방법으로 논의될 것이다(이광석 · 문유석, 2016). 행정학을 비롯한 사회과학에 큰 영향을 미친 시각인 B는 사회의 합의에 우선가치를 두는 패러다임 이론이다.[40] 현재의 행정학은 이러한 토론보다는 처방지향적인 행정학이 압도하고 있다. 그러나 처방지향적이라 하더라도 행정에 대해 논리적 캘큘러스(logical calculus)나 방법론이 필요하며, 이는 행정학이 제공하여야 한다는 해석도 가능하다. 즉, 행정학을 한 단계 더 심화 · 발전시키기 위해서는 논리적 캘큘러스에 의존하여야 하는데(강신택, 1981),[41] 이를 탐구하는 작업도 중요하다.

과학은 어디에서 시작하는가? 과학의 과정은 사실에 초점을 맞추어 이를 귀납의 방법에 의해 이론으로 재구성한다. 이 이론은 예측가능하게 해 주며, 이 예측은 검증을 통과함으로써 정당한 이론으로서의 지위를 획득한다. 이를 나타낸 것이 [그림 1－8]이다. [그림 1－8] 모형이 의미하는 바는 사실의 세계에서 이루어진 관찰에 기초하여 귀납적 방법에 따라 이론을 구성하고 연역을 통해 가설을 검증하여 이론이 성립되는 과정이 과학활동이라는 것이다. [그림 1－8] 모형은 '객관적인 존재'와 '인간의 의식'의 둘만 인정한다.

---

40) 행정학에서 이 이론을 전개한 대표적인 학자로는 헨리(Henry, 1980)를 들 수 있다. 덧붙여 행정과학이 진정으로 무엇을 의미하는가에 대한 토론이 활발하지는 않았다(김광웅, 1983). 행정학이 실증주의에 기초하고 있다고는 하지만, 실제로 실증주의의 이념을 반영하고 있느냐의 문제제기는 새겨들어야 할 필요성이 있다. 또 검증의 원리를 인식적 의미나 이해를 나타내기 위한 처방으로 간주한다면(정해창, 1987: 236), 처방 중심으로 전개되어 온 행정학이 과학적이라고 할 수도 있을 것이다.

41) 논리적 캘큘러스를 알기 위해서는 이론의 구조에 대한 이해가 필요하다. Rudner(1966: 10－18)는 이론을 체계적으로 관련된 일단의 언명으로(A theory is systematically related set of statements), 경험적으로 입증가능한 어떤 법칙적 일반화를 포함하는 것으로 정의한다. 그리고 이론의 구조에는 형식체계(formal systems) · 정의(definitions) · 공리체계(axiomatic systems) · 형식체계의 해석(interpretation of formal systems)으로 되어 있다고 설명한다. 중요한 것은 이론을 인공언어로 보는데, 이 경우에 형식체계는 아직 의미가 부여되지 않은(지칭물이 없는) 요소들로 구성된 언어체계이고 이를 논리적 캘큘러스라고 한다. 이렇게 보면 과학이론은 해석되지 않은 체계와 그 체계의 언어에 대해 경험적 의미를 부여하는 해석으로 구성되어 있다고 할 수 있다(강신택, 1981: 60－61). 덧붙여 이를 현상학적 관점에서는 일종의 본질직관으로 볼 수 있는데, 문제해소나 문제해결로 나아가는 사유의 도구에 해당한다고 할 수 있다(조광제, 2008: 154). 저자는 행정언어의 연구를 통해 이에 이바지할 것이라고 생각한다.

그림 1-8 과학의 과정

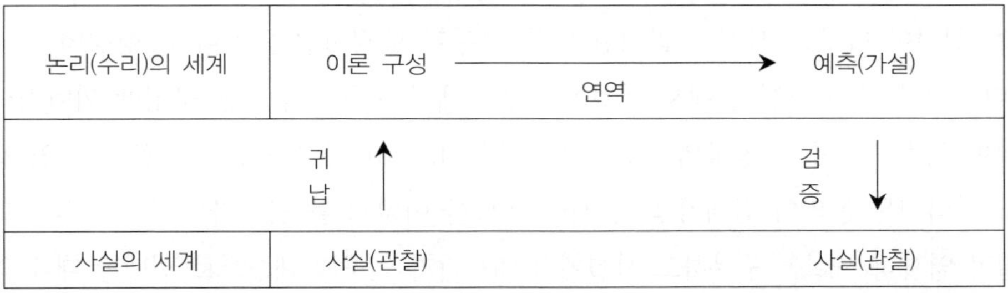

출처: Kemeny(1959: 86).

'객관적인 존재'는 사실의 세계이고 인간의 의식을 밑바탕으로 하는 '주관적인 존재'를 연결시키는 것이 과학활동임은 익히 인정받아 왔지만 [그림 1-8] 모형에 요소 하나가 빠져있다. 즉, 사실의 세계에서 논리의 세계나 수리의 세계[42]로 나아가기 위해서는 그 분야에 특유한 '언어의 문법'에 의존해야 한다. 이 언어의 문법(넓게 말해서 문화적 문법)이 중간세계인데, 그 의미는 과학활동의 결과로서의 이론이나 명제는 중간세계를 통해 언어화했다는 뜻이다(이규호, 1989: 93-100).[43] 중간세계를 통해 언어화했다는 말은 다른 관점에서 보면 투사했음을 의미한다(윤석빈, 2019). 이에 대해서는 좀 더 자세히 제4장에서 설명한다([그림 4-5]를 참조하라).

그렇지만 [그림 1-8]에서 보듯이 중요한 점은 과학의 시초는 사실에 있다는 것이다. 학문은 사실에 기초하여 구성되지만[44] 그 사실의 일부가 행정학이 다루는 행정

42) 구조주의나 언어학의 관점에 따르면, 언어를 랑그(langue)와 파롤(parole)로 나눌 수 있는데(Saussure, 1990) 수리체계도 랑그의 일종으로 볼 수 있다(Ricoeur, 2006: 25). 이런 관점에서 랑그의 일종인 양적 연구와 파롤에 기초하는 질적 연구의 차이를 살펴볼 수도 있다.

43) 이 개념은 독일 철학에서 논의된 개념인데(이규호, 1989: 74-75) 객관적인 언어구조를 객관적인 사물을 표시하는 수단으로만 생각하는 언어실증주의를 비판하는 중요한 개념이다. 촘스키(N. Chomsky)의 이론에는 언어지식이 정신의 다른 양상과는 독립되어 있다고 가정한다. 그 근거로는 언어습득을 들고 있는데 이는 걸음걸이를 배우는 것이나 산수를 배우는 능력과 다른 학습형태를 사용한다고 한다(Cook, 1993: 26-27).

44) "세계는 사물의 총체가 아니라 사실의 총체이다(The world is the totality of facts, not of things)"라는 명제로 표현된다(Wittgenstein, 1921). 여기서 세계는 현상을 말하는 것으로 보이는데, 이 현상은 사물의 관계 맺음에서 유래하는 사태(state of affair)를 거쳐 사실로 발전하는 것에서 기원한다.

사실(administrative fact)이 된다(이광석 · 권기석, 2016; Ongaro, 2017). 행정사실은 대상과의 관계에서 이루어진다. 달리 말해서 일반적으로 수많은 개개의 사실이 존재하고, 행정이 다루는 사실도 많지만 이들 모두가 행정사실은 아니다. 행정의 영역에서 다루어야 하는 사실 중에서 행정학의 관점에서 포착하여 이론 구성에 이바지하는 사실이 행정사실이다. 영국의 역사학자 카(E. H. Carr)가 상당한 관심을 기울인 것은 어느 영역이든 논의의 전제가 되는 사실(fact)을 어떻게 볼 것인가? 하는 점이다. 그는 사실과 역사적 사실을 구분하고 사실에서 역사가가 연구의 대상으로 선택할 때에 역사적 사실이 된다고 주장한다(Carr, 1982). 이에 대해 사회학자 뒤르켐(Emile Durkheim)은 사회현상이란 사회적 사실(social fact)인데, 이는 개인의 의식을 초월하는 집단무의식으로 이해하였다(Coser, 1971: 129－136; 김형효, 2008: 117). 이들의 주장을 기초로 하면 이론구성과 같은 어떤 목적을 위하여 행정학자가 사실이라고 끄집어 낼 때에 행정사실이 되고 이때는 과학자 집단의 언어로 상승된다는 함축이다. 행정사실을 여기서는 행정현상과 관련이 있는 언어게임과 생활양식의 구성요소라고 정의한다. 물론 이들은 개인의 행태 · 의식 및 무의식과, 그와 연관되는 공동체의 구조와 의식 및 행위 양식을 포함한다.

행정사실을 진술문으로 상승시키면 행정학적 명제가 되고, 이 행정학적 명제로 구성된 것이 행정학의 이론이 된다(Wittgenstein, 1921: §4.001; Kuhn, 1979: viii). 이를 위해 선학(先學)들의 분석명제와 종합명제의 개념을 도입할 수 있다.[45] 이렇게 되면 행정학은 "행정에 관한 분석명제와 종합명제의 총체"라고 정의된다(이광석 · 문유석, 2016).

이상의 논의를 방법론의 관점으로 전환해 본다. 방법론의 여러 흐름 중에서 오늘날 주류의 자리를 차지한 행태주의 접근법을 다른 흐름과 차이를 알아보기 위해

45) 분석명제는 주어(subject) 안에 이미 서술어(predicate)가 내재하는 것으로 사유에 의해서 파악될 수 있고 이성에 의존함을 의미한다. 동일률을 표시하는 A＝A라는 명제는 분석명제의 특별한 형식으로 보기 때문에 정의(定義) 규정은 여기에 해당한다. 이에 비해 종합명제는 새로운 지식의 첨가에 의해 가능하며 이는 경험에 의존한다. 물론 분석명제와 종합명제의 범주화는 엄밀성이 부족하다고 주장하기도 하지만 어떤 주제의 이해에 지극히 유용한 구별로 여전히 애용되고 있다(Salmon, 1973; Quine, 1961). 이 구분은 Winch(1958)가 제시한 개념적 질문에 대한 응답과 경험적 질문에 대한 응답의 구분으로 전환될 수도 있겠다. 저자의 견해로는 이 구분은 사회과학에서는 유용한 분류로 판단된다.

<표 1-3>을 행정학의 인식론으로 변형할 수 있다. 즉, 행정학의 인식론을 쉽게 볼 수 있는가 또 보여질 수 있는가의 기준(visible)과 쉽게 알아볼 수 있는가 또 알게 될 수 있는가의 기준(knowable)이라는 두 기준과 그에 따른 범주를 <표 1-4>로 만들 수 있다.

표 1-4 행정학의 인식론

		knowable	
		+	−
visible	+	A	B
	−	C	D

<표 1-4>에서 A는 보일 수도 있고 따라서 알 수도 있는 것, 즉 행태(behavior)이며, 이를 대상으로 연구를 하는 흐름이 행태주의 접근법이다. 이 흐름은 객관성이 높으며 또 이러한 장점이 있기에 오늘날의 주류로 자리잡았다. B는 보일 수는 있으나 알 수는 없는 것을 대상으로 하는 흐름으로, 이제까지는 감추어져 있거나 해독할 수 없었던 것들에 도달할 수 있는 해석학적 의의를 지니고 있다(Dosse, 1997: 121). C는 보이지는 않으나 알 수는 있는 것, 즉 의식(consciousness)이며, 이를 연구대상으로 하는 흐름이 현상학적 접근법이다. 따라서 현상학적 접근법은 주관성을 지향한다고 할 수 있다. D는 보이지도 않고 알 수도 없는 것, 즉 구조(structure)이며, 이를 연구대상으로 하는 흐름이 구조주의 접근법이다. 구조주의는 데카르트(R. Descartes) 이후 주체·객체로 나뉜 이원론을 극복하려고 한다(박형준, 1992). <표 1-4>를 재정리한 것이 <표 1-5>이다.

<표 1-5>에서 행태주의 접근법은 객관주의(실증주의) 방언의 대표이고, 현상

표 1-5 행정학의 인식론적 접근방법

		knowable	
		+	−
visible	+	행태주의 접근법	해석학적 접근법
	−	현상학적 접근법	구조주의 접근법

학적 접근법과 해석학적 접근법은 주관주의 방언의 대표이며, 구조주의 접근법은 인문주의 방언의 대표이다. 행태주의는 전형적인 객관주의 지향이고 구조주의도 정도의 차이는 있으나 객관주의적 요소가 많다. 그럼에도 둘의 차이는 무척 크다. 전자는 자연과학을 이상적 모형으로 하는 자연과학적 객관주의인데 비해, 후자는 인문학적 객관주의(구조주의)로 구분해 볼 수 있다. 여기서 '인문학적'이라는 용어는 언어학, 인지과학, 문화인류학, 심리학 등 인문학에서 유래한 이론들을 재정립하였다는 뜻이다.

행정학에서 행태주의는 행정행태설로서, 이는 의식과 행동(overt behavior) 사이의 굴절을 인정하지 않는다. 따라서 행태주의 접근법도 외부에 나타난 행동을 관찰하면 그 행동을 낳게 한 의식을 알 수 있다는 전제에 기초한다. 그러나 현상학적 접근법이나 해석학적 접근법은 의식과 행동 사이의 굴절을 인정한다. 현상학적 접근법은 그 굴절을 인정하므로 의식이라는 독자 영역이 성립한다. 특히 해석학적 접근법은 그 굴절에 밑바탕을 두는 접근법이기 때문에 보편적인 일반화를 거부하는 흐름이다. 한편 의식과 무의식 사이의 연계 방식에 대해 현상학적 접근법은 무의식에 대해 큰 의미부여를 하지 않지만 구조주의 접근법은 의식은 구조에 얽매인다는 의식의 구조구속성을 주장한다. 여기서 이들이 각자 독립의 길을 걸어감을 알 수 있다.

행정에 속한다고 인식하는 실제행정 및 규칙과 사회적 관행(social practice)으로부터 행정에 관한 지식의 체계(언어체계)로 어떻게 진행되는가? 이를 알기 위해서는 타르스키(Alfred Tarski)의 T-동치(同値)공식이 유용하다. T-동치(同値)공식은 ['p' is true if and only if p ('p'는 p일 경우, 그리고 오직 그럴 경우에만 참이다)]로 정의된다(Gupta, 1996: 151-163). 이 공식은 진리조건 의미론과 관계가 깊다(제3장을 참조하라). 이 공식의 왼쪽 'p'는 판단의 대상이 되는 진술(또는 문장)을 나타내고, 오른쪽의 p는 진술 'p'가 올바른가를 점검할 수 있음을 나타낸다. 달리 말해서 왼쪽의 'p'를 제외한 나머지 부분(is true if and only if p)은 왼쪽 문장 'p'가 참이 되는 조건(즉 진리조건)을 가리킨다(이익환, 1986: 21). 후자를 메타언어(meta-language)라고 하고, 전자를 대상언어(object language)라고 한다. 여기서 대상언어는 행정현상에 대한 설명으로 사실에 대한 명제들만으로 구성되는 데 비해, 메타언어(meta-language)는 대상언어의 명제에 적용되어 그 논의가 적절한지에 대한 학문적 판단이

그림 1-9 행정학의 대상과 범위

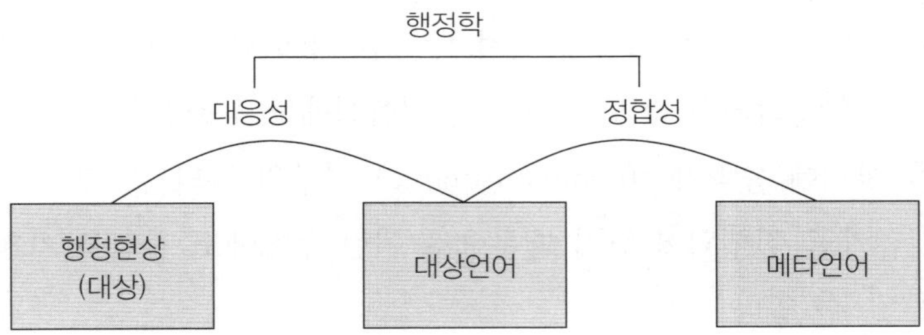

출처: Gupta(1996)를 재구성.

라는 점이다(Gupta, 1996). 이 공식은 행정학의 범위로는 대상언어가 행정현상과 대응하느냐[대응성]와 이 대상언어가 적절한가를 다루는 메타언어[정합성]가 된다는 함축이다.[46] 이를 그림으로 나타낸 것이 [그림 1-9]이다.

[그림 1-9]에 따라 행정학의 학문적 대상의 구성을 단순화하면 그 범주는 둘로 나눌 수 있다. 첫째로는 그 학문이 연구의 주제로 삼는 대상과의 관계에서 일정한 의미를 창출하여야 하며(Howell, 2013: 17), 둘째로는 그 학문 내에서 일정한 체계를 갖추고 있어야 하는 것이다. 전자를 대응성(correspondence)이라고 하고, 후자를 정합성(coherence)이라고 할 수 있다. 이 대응성을 행태주의 접근법과 같은 과학적 방법으로 탐구하는 것을 이 책은 행정과학이라고 하며, 정합성을 체계적으로 탐구하는 것을 행정과학철학이라고 부른다. 두 영역을 칼로 무 베듯이 재단(裁斷)할 수는 없지만, 지금까지 행정학은 응용학문이라는 이름으로 이슈가 되는 문제를 해결하는 측면, 즉 대응성에서는 상당한 성과를 올렸다고 볼 수 있다. 그 공헌의 상당 부분은 과학주의 지향에서 비롯하였다.[47] 그러나 그 학문 내에서 일정한 체계를 갖추는 정합

46) 철학이나 사회학의 용어를 빌리면 정합성은 내재주의의 주제이고(internalist matters) 대응성은 외재주의의 주제(externalist matters)라고 할 수 있다(Geertz, 2000: 162). 여기서 내재주의란 어떤 것을 정당하다고 믿기 위한 필요한 모든 요인을 인식주체가 의식하고 있어야 한다는 주장인데 비해, 외재주의란 인식주체가 그것을 의식하고 있는지와 관계없이 실재하는 것들에게서 생겨나며, 실재 그 자체와 똑같이 각인된다는 주장이다(오유석, 2010). 더 나아가면 제4장에서 논의하는 생성론은 내재주의이고, 반-생성론은 외재주의이다.

47) 이는 제6장에서 다룬다.

성의 측면에서는 대응성만큼 성과를 올렸다고 볼 수는 없다. 즉, 학문체계에 대한 논의는 부족하였다. 그 결과 행정학에서 대응성을 위주로 과학주의 방법으로 연구가 진행되어 온 반면, 과학주의 지향이 가져오는 부작용이나 바람직하지 못한 면에 대한 고려는 거의 활성화되지 않았다. 이제는 정합성에도 강조점을 두어야 한다.[48] 그 이유는 그 둘 사이에 통약가능(commensurable) 여부의 논의는커녕 이들 용어 자체가 성립하지 않게끔 진행되어 왔기 때문으로 이런 주제에도 관심을 가져야 더 발전된 행정학이 될 수 있다.

덧붙여 이 책에서 행정언어라고 함은 행정실무 문장과 같은 공공언어와는 구별되는 개념이다. 그것은 행정이론에서의 명제와 같은 학술용어들이 어떻게 성립하는가라는 행정학에서의 과학철학과, 그것의 역사적 흐름은 어떠한가를 논의하는 행정학의 과학사(科學史)를 아우르는 명칭이다.[49] 이 개념은 지금까지의 행정 연구에서 연구주체와 연구대상의 두 기둥(pillar)만 있다는 인식에서 벗어나, 주체와 대상 사이에 매체(媒體)인 렌즈로서의 언어가 있다는 주장이다(Farmer, 1995; Farmer, 2010). 그 매체를 방언이라 부르는데 행정학의 방언에는 객관주의(실증주의) 방언, 주관주의 방언, 인문주의 방언이 있다고 보았다. 이들 방언의 도출과정이 제2장에서 논의되는 주제로 행정학사(行政學史)의 전개이다.

---

48) 정합성의 논의에서 행정철학이나 행정윤리가 필요할 것이다. 그렇다고 해서 행정과 관련있는 전통적 윤리 개념들이 모두 행정언어가 될 수는 없다. 이 점에서 행정언어와 행정철학이나 행정윤리와의 구별을 알 수 있다. 이와는 반대로 지난 시절에는 행정언어라고 하면 법률용어나 행정관료들의 용어를 순화하는 것을 지칭하였다. 물론 이 접근도 유용한 행정언어의 하나이지만 이러한 접근은 언어학적 접근으로, 행정학의 고유영역이라고 보기는 어려웠다. 이에 대해서는 이광석(2016)을 참고하라.

49) 쿤 이후에 학문 연구는 과학철학과 과학사가 연계되는 경향을 보이고 있다. 이 경향은 연구뿐만 아니라 실제와 제도에서도 함께 묶이고 있는데, 예를 들면 대학원 학위과정인 과학사 및 과학철학 협동과정이 그것이다. 이를 행정학에 투영하면 행정학에서의 과학사(行政學史)와 과학철학이 연계되는데, 이를 포괄하는 개념으로 행정언어를 사용한다. 물론 이는 가장 간단한 개념정의이지만 이 책 제2부 · 제3부 · 제4부에 전개되는 방언들은 이에 기초한다.

제2장 행정학사(行政學史)의 전개

제1절 | 서 론

20세기 후반 이래로 그 시대정신은 탈근대성(post-modernity)이라고 한다(김영한, 2009: 186).[1] 그러면 행정이나 행정학은 여기에 발맞추어 가고 있는가라는 의문이 생긴다. 즉, 행정학이 탈근대성 현상을 이론으로 인식하지 못하거나 정립하지도 못하는 사이에 그 현상이 우리에게 이미 다가와 있다. 파머(Farmer, 1995: 149)에 따

1) 탈근대성(post-modernity)도 후기구조주의나 해체론 등과 같은 여러 사조들과 혼재해 있다. 대체로 해체론은 후기구조주의의 일종으로, 후기구조주의는 포스트-모더니티(post-modernity)의 일종으로 보는 견해로 정리되고 있다(김욱동, 1991: 15-30; 김영한, 2009). 여기서 해체의 의미는 12장에서 자세히 다루는데, 이미 각인되어 있는 것을 다시 조립하기 위해 분해하고자 하는 시도이다(김종기, 1999: 294-295). 그 시도를 통해 존재하는 어떤 것을 새롭게 보게 된다. 따라서 행정이나 행정이론도 포스트-모더니티 렌즈를 통해 새롭게 볼 수 있다는 점이다. 이 해체론의 사회과학적 의미는 특정 사상체계, 또 그 뒤에 존재하는 정치구조나 사회제도의 체계가 힘을 갖도록 하는 논리를 와해시키려는 것이다(Sarup, 1993: 53). 이런 해석은 후기주조주의를 미국 사상사의 관점에서 일컫는 흐름이다. 유럽(특히 프랑스)에서는 이를 구조주의의 원숙한 단계로 파악하여 둘 사이의 차이점이나 불연속성보다는 공통점과 연속성을 부각시킨다. 이 글에서는 용어는 후기구조주의를 사용하나 관점은 연속성을 강조한다(김덕기, 1999: 113; Dosse, 1997). 아울러 모더니티(modernity)의 번역어는 근대성으로도 또는 현대성으로도 번역되고 있으며, 또 모더니즘과의 관계가 부각될 수 있다. 한편 포스트-모더니티(post-modernity)의 번역어인 탈근대성이 적절한지에 대한 논의와 우려가 있다. 그럼에도 여기서는 근대성과 탈근대성을 기본으로 하고 때로는 모더니티 및 포스트-모더니티와도 함께 쓰기도 한다.

르면 다가와 있다기보다는 때로는 근대성(modernity) 현상과 탈근대성(post-modernity) 현상이 동시에 병존할 수도 있음을 시사한다.

지난 시절의 행정은 근대성의 시각으로 고찰하여 왔으며, 외부의 시각도 근대성의 시각이었다. 현재의 행정학이란 근대성 행정에 서 있기 때문에(강신택, 2013) 이에 대한 여러 다른 관점에서의 논의에도 불구하고 그 각인효과로부터 벗어나기가 힘들다.

행정연구의 한 영역은 그 시대정신을 담아서 각인된 시각을 교정하도록 하는 것이다. 이 각인된 시각과 그에 대한 교정 사이의 긴장관계가 이전보다 더 나은 완성된 이론체계를 향해 나아간다. 이와 관련하여 정치학에서는 전통과 이성의 대립관계 또는 진리와 방법의 대립으로 보는 전개과정은 참고할 만하다(Bernstein, 1983; 김종술, 1991a). 또 다른 영역에서의 논쟁은 '역사는 끝났는가'라는 탈역사(脫歷史) 논쟁이다(Fukuyama, 1992; 송두율, 1995). 그 논쟁의 주제어인 '역사의 끝'은 개인들이나 사회집단들 간의 자율에 맡겨두는 기제인 시장성이다(Fukuyama, 1992: ch.9).[2] 이 논쟁을 행정학에로 적용하면 최근 급속히 확산되어 왔던 신공공관리론이고 그 구체적 모습은 정부행정에 대한 비판과 그 대안으로 시장성을 제시하고 있다.[3] 시장성은 1980년대 이후 신공공관리론이 지향하는 작고 효율적인 정부, 탈규제, 민영화, 시장화를 핵심개념으로 하는 신공공관리론의 행정언어이다. 이는 전통적 행정학에서 보는 공공성과 신공공관리론의 시장성과의 긴장관계를 형성함으로써 지난날의 정치와 경영 사이의 긴장관계의 재현이라고 할 수 있다. 인문학에서의 탈역사(脫歷史) 논의와 흐름을 같이하는 신공공관리론에 대한 반작용으로, 다시 이를 비판하는 흐름이 나타나서(Lynch & Cruise, 2006; Farmer, 1995), 이제는 그 대안으로 공공성 담론이 자리를 잡았다(조한상, 2009; 山脇, 2004; 齊藤, 2000; 稲垣, 2010).

행정학의 흐름을 이들을 포함하여 새로운 관점으로 바라보는 계기가 되도록 할 필

---

2) 이 서술은 행정학과의 관련성을 이해하기 위함이 그 목적이다. 이와는 달리 후기구조주의는 인문학적 관점에서 역사의 끝을 옹호하고 있지만, 헤겔학파는 여전히 변증법적 전개를 옹호하고 있다(Hoy, 1985).

3) 신공공관리론의 관점에서 Haque(1996)는 다음과 같이 요약한다. 첫째, 호의적이지 못한 공적 태도에 대한 요구가 감소됨에 따라서 야기된 신뢰성 위기(credibility crisis), 둘째, 행정의 기본적인 공공규범을 민간이 대체하려는 경향으로 대표되는 규범적 위기(normative crisis), 셋째, 행정학 연구자들 사이의 전문적 자신감과 책임감이 저하되는 자신감의 위기(confidence crisis)로 보고 있다.

요성이 있다. 여기에는 두 가지 방식이 있어 왔는데, 그 하나는 행정학 내부의 관점에서 정리한 것이고, 다른 하나는 보다 폭넓게 행정 외부에서 오는 시대 변화와 함께 고찰하는 것이다. 먼저 행정 내부의 관점에서 잘 정리한 것이 <표 2-1>이다.[4]

여기서는 시대변화의 맥락을 고려하여 행정학의 흐름을 논의해 본다. 시대 변화와

표 2-1 행정학의 이론적 계보

분류기준 / 이론적 계보 (전성기)	인식론 · 방법론	공공성	정치경제적 맥락		연구목적
	패러다임 / 미시-거시이론	공-사행정관계/ 행정이념	국가-시장	정치-행정	
법적-제도적 접근법 (1880~1930년대)	기능주의/ 거시이론	이원론/합법성	–	이원론	처방
행정관리학파 (1880~1930년대)	기능주의/ 미시이론	일원론/효율성	(묵시적으로) 적극국가	이원론	처방
행태주의 (1940~1960년대)	기능주의/ 미시이론	일원론/효율성	–	일원론	서술
체계이론-구조기능론 (1960~1970년대)	기능주의/ 거시이론	이원론/효율성	–	이원론	서술
비교-발전행정론 (1940~1970년대)	기능주의/ 미시-거시이론	이원론/효율성	적극국가	이원론	서술-처방
신행정학 (1960~1970년대)	해석학 · 비판이론/ 미시이론	이원론/형평성	적극국가	일원론	서술-처방
공공선택론 (1970~1980년대)	기능주의/ 미시이론	이원론/효율성	최소국가	일원론	서술-처방
국가론 (1980~2000년대)	구조주의/ 미시-거시이론	이원론/–	–	일원론	서술-처방
신제도주의 (1980~2000년대)	구조주의/ 미시-거시이론	–/–	–	–	서술-처방
신공공관리론 (1980~2000년대)	기능주의/ 미시이론	이원론/ 효율성 · 효과성	최소국가	이원론	서술-처방
신거버넌스 (1990~2000년대)	구조주의/ 미시-거시이론	일원론/ 민주성 · 성과성	–	다양함	서술-처방

출처: 정용덕(2001: 179).

4) 전자의 관점이 행정학 관련 서적에서 대다수를 차지한다. 이에 대해서 정정길(2003)을 참조하라. 한편 후자는 Farmer(1995), Lynch & Cruise(2006), 강신택(2005) 등이 대표적인데, 행정학에서는 많지 않지만 다른 사회과학에서는 많은 검토가 있었다. 예컨대, Beck(1992)을 참조하라.

함께 고찰하려면 그 시기의 구획(區劃)이 필요한데, 파머(Farmer, 1995)는 근대성(modernity)과 탈근대성(post－modernity)로 나누고 있다.5) 그렇지만 시대에 따른 발전을 보다 더 명확히 하기 위해, 그 대안으로 린치와 크루즈(Lynch & Cruise, 2006)와 강신택(2005)을 따라서 행정학의 흐름들을 각각 근대성, 근대성에 대한 회의(懷疑, modernist opposition), 탈근대성으로 정리하면 보다 나은 설명이 될 수 있다(Farmer, 1995; Lynch & Cruise, 2006; 김종술, 1991b).6) 이 방법에 따르면, 근대성은 행위에 초점을 맞추는 행정과학이 주도하는 시기인데 비해, 근대성에 대한 회의는 의식과 관련이 되는 행정철학에 대한 재평가의 시기로 보는 관점이다.7) 한편 탈

5) 폭스와 밀러에 따르면, 근대성(modernity)과 탈근대성(post－modernity) 및 그 행정학적 의미에 대해서는 <표 2－2>에서처럼 상당히 대조적이다. 구체적으로는 근대성과 탈근대성의 대립은 Integration vs. Disintegration, Centralization vs. decentralization, Centripetal vs. centrifugal, Totalization vs. fragmentation, Metanarratives vs. disparate text로 나타난다. 특히 post의 의미를 '후(after)'와 '탈(over against)'로 나누어 상세히 고찰하고 있다(Fox & Miller, 2006: 654). 지난 세기 후반부터 시작된 근대성에 대한 회의(懷疑, modernist opposition)는 행정에서 의사소통에 기반함을 함축하였고(Habermas, 1981), 포스트－모더니티의 시대성격은 행정의 정의에서 정치권력은 언어를 통한 지식의 형태로 행사된다는 푸코(Michel Foucault)의 명제를 살펴보아야 한다는 숙제를 던졌다(한상진 · 오생근, 1990: 29).

6) 모더니티의 특징은 구성(construction)이고, 모더니티에 대한 회의(懷疑, modernist opposition)의 특징은 재구성(reconstruction)으로, 포스트－모더니티의 특징은 해체(deconstruction)와 그 이후라고 구분하기도 한다. 이 방법은 이미 정치학이나 사회복지학에서도 보인다(김종술, 1991b; Leibfried & Mau, 2008; xi－xxxv). 다만 재구성(reconstruction)과 해체(deconstruction) 중에서 어느 쪽이 먼저냐에 대해서는 논의가 있어 왔다. 김종술(1991b)은 재구축(reconstruction)이라는 용어를 사용하며 이를 변증법적 논리에서의 방법론적 차원의 상승에서처럼 차원의 격상(格上)을 통한 추가적 의미를 갖는다고 보고 재구성을 해체보다 뒤에 오는 것으로 본다. 사회복지학에서는 복지국가를 둘러싸고 이들 관계의 재정립을 시도하고 있는데(Leibfried & Mau, 2008; xi－xxxv), 복지국가의 발전에 따른 전개에 초점을 두므로 복지국가의 재구성을 나중에 위치시킨다. 본문에서 보듯이 비판이론은 구성(construction)에 대해 재구성을 주장하지만 후기구조주의에서는 재구성에 대해 해체를 주장하고 있다. 한편 Lynch & Cruise(2006)는 그 역사적 전개는 pre－modern, modern, post－modern으로 나누고, pre－modern이란 모더니티를 가능하게 한 일련의 사상적 흐름을 지칭하는데, Plato, Aristotle, Christianity의 사상들을 포괄한다. 다만 여기서는 초점을 비켜나므로 언급하지 아니하고 modern과 post－modern에 초점을 맞춘다. 또 학파에 따라 일목요연하게 정리하여 그 흐름을 이해하기가 쉽도록 하기 위해 본문에서 설명한 방법으로 구획(區劃)한다.

7) 행정철학을 행정에 관한 근본 문제에 질문을 제기하고 그 해답을 찾으려는 노력이라고 정의하기도 하고(김항규, 2010: 24－30), 행정의 존재 의의 및 정부의 본질에 대한 철학적 사유와 더불어 행정이 추구해야 할 바람직한 가치의 실천에 관한 것으로 뜻매기기도 한다(이도형, 2004: 21－22). 여기서 행정철학이란 "그 주제들이 가지는 규범적 성격의 내용을 말한다"(김종술, 1991b). 이 정의에 따르면, 행정철학은 행정과학철학의 관점으로 전환된다. 이 책에서도 행정철학을 행정과학철학을 중심으로 논의한다. 정치학의 경우에, 20세기 후반의 행태주의 혁명에서 표명된 정치

근대성은 무의식을 논의하는 (후기)구조주의 접근법과 병행하여 행정 속에 깊숙이 자리잡은 기존의 시각을 흔들어 버림을 말하고, 해체 이후의 새로운 정립은 해체의 방법론을 수용하여 창조성과 상상 등을 특징으로 하는 인문주의를 응용하고 수용하려는 시기이다.[8] 그 의미는 우리 곁에 와 있는 새로운 이 현상을 이론화하여야 한다는 함축이다.

제 2 절 | 서로 다른 지향 사이의 상호관계

학문의 역사를 전개하는 설명 방식으로는 쿤(T. Kuhn)의 패러다임 이론이 많이

과학의 과제수행은 정치철학의 사망을 의미하며, 1950년대 정치학자들은 30년 전에 철학에서 논리실증주의가 간 길을 따라갔다고 한다(김종술, 1991b). 덧붙여 인문주의란 철학이나 역사 및 언어를 포괄하는 방법론 논쟁을 포함한다(Polkinghorne, 1983; Radnitzky, 1973). 예컨대, 상상과 창조성, 해체, 영역파괴, 타자성 등이다(강신택, 2005: 179－185). 타자성에서 타자란 어떤 것은 다른 어떤 것과의 연관성 속에서만 존재하며 또한 다른 것으로의 전화(轉化)를 내적으로 잉태한다. 그 두 번째 것이 첫 번째 것의 타자이다(철학사전편찬위원회, 2009: 941). 행정현상을 설명하려는 데 이 개념은 Farmer에 의해 도입되었다. 모든 행정행위는 다른 사람에게 직접적으로 또 간접적으로 영향을 미치는데, 근대성에는 인식적 타자(epistemic other)에 머무르던 개념이 탈근대성에는 도덕적 타자(moral other)로 전화(轉化)하였다. 즉, 능률성의 동기를 넘어 도덕적인 문제가 행정가에게 더 적실성이 있게 된다. 이를 타자성(alterity)이라고 한다(Farmer, 1995: 227). 어쨌든 구성이나 재구성 및 해체 등의 개념을 활용하는 이런 논의가 행정학에서는 활발하지 않으나 정치철학과 비교하면 유사한 과정을 밟고 있거나 밟을 가능성이 높다고 하겠다.

8) 해체는 데리다(Jacques Derrida)의 개념으로 이를 알기 위해서는 구조주의를 알아야 한다. 구조주의의 핵심은 기표[記標: 시니피앙(signifiant)]와 기의[記意: 시니피에(signifié)]가 자의적 결합에 의해서 언어체계 안에서 고정된다고 보는 관점이다. 해체는 여기에서 더 나아가, 의미가 언어체계 안에서 고정된다는 것까지 부정한다. 예를 들면, 용어(기표)의 정의(기의)는 다른 용어(기표)의 집합으로 구성되므로 이를 알기 위해서는 다른 기표를 찾아보아야 한다. 따라서 기표로 끊임없이 순환되는 가운데 최종적 의미는 끊임없이 지연된다. 이를 통해 의미의 중심까지 해체해 버린다. 더욱이 이 차연(差延, différance)이라는 개념을 통해 서구의 형이상학, 즉 이성중심주의(logocentrism)를 해체한다. 이는 인간의 이성의 능력을 신뢰하여 이를 통한 사물의 본질 파악이 서구의 전통이라는 것이다. 데리다는 이 서구 전통이 가지는 이원론적 대립(예를 들면, 진리와 오류, 의식과 물체, 말하기와 글쓰기 등)의 경계를 허물고 중심을 해체한다(김중기, 1999: 275－280). 특히 1962년 레비스트로스(C. Levi－Strauss)의 『야생의 사고』를 출판하면서 전개된 논쟁에서 사르트르(Jean Paul Strtre)를 중심으로 한 현상학 및 실존주의가 창도하는 주체의 철학을 비판하고 주체의 죽음을 주장하였다(민성원 · 최유진, 1998: 195－218). 구조주의나 후기구조주의의 공헌은 구조적 인식에 근거하여, 타자로서의 미개를 발견하고 서구 이성중심주의를 대치하여 코기토(cogito) 비판을 통해 현대사상에 전환점을 가져왔다.

이용된다. 쿤은 과학사를 정밀하게 연구하고 사피어-워프(Sapir-Whorf) 가설을 응용하여 패러다임 이론을 정립함으로써 학문 발전에 지대한 영향을 미쳤다(Kuhn, 1970; Whorf, 1956). 그렇지만 행정학에서는 패러다임 전환이나 과학혁명이라고 부를 정도로 뚜렷이 획을 그을 경계가 그렇게 뚜렷하지는 않다. 다만 그 지향에 따라 과학의 존재의의가 인간의 존엄성을 높이고 그 가치의 실현에 있다(Lasswell & Kaplan, 1998)고 보는 관점은 근대성에 대한 회의의 특징이기도 하고 탈근대성의 특징으로 보기도 한다. 그보다는 객관성과 합리성에 입각하여 기술하고 설명하고 예측하는 과학을 지향해야 한다는 관점은 근대성의 특징이다. 지금까지 행정학에서는 과학성과 기술성의 긴장관계나 정치와 경영과의 관계 또는 locus와 focus의 긴장관계 등으로 전개해 왔다(박동서, 2005; Henry, 1980). 앞서 서술한 대로 행정의 연구는 시간 속에서 전개하여 그 시대정신을 포착하려고 하고(通時, diachrony), 공간 속에서 전개하여 행정을 보는 틀을 담아내려고 한다(共時, synchrony)(Levi-Strauss, 1962; 허웅, 1981). 언어학은 이 둘을 엄격히 구분하지만, 행정언어는 이들을 함께 고려하여 전체의 모습을 살펴서 행정이론체계의 시각을 포착하려 한다.

행정학사의 정립을 위해서는 보다 정교한 방법(arrangement)이 요구된다. 이를 위한 정리는 먼저 사회과학의 유형부터 고찰한다.

1. 사회과학의 유형

러셀(B. Russell)의 논리적 원자론(logical atomism)에 따르면, 이론이나 실재도 논리적으로 구성된 것(logical constructions)이라고 주장하는 데 비해, 구성주의에서는 사회적 구성물이라고 주장한다(엄정식, 1984: 131-135; Munitz, 1981: 131-132; Farmer, 1995). 이들에 따르면, 행정이라는 개념도 논리적으로 구성된 것인가 또는 사회적 구성물인가에서처럼 사회과학을 보는 시각에 따라 달라지므로, 그 시각이 중요한 의미를 갖는다. 따라서 그 시각으로 초점을 옮기면 네 유형으로 정리된다. 실증주의 사회과학, 비트겐슈타인(L. Wittgenstein)의 언어철학에 근거를 두는 생활양식(Lebensform: form of life)으로서의 사회과학,[9] 레비-스트로스(C. Levi-Strauss)로 대표되는 구조주의 사회과학, 그리고 실증주의를 정면으로 비판하는 현상학적 사회과학이 그것이다(박이문, 1982: 100).

실증주의 사회과학은 정규성(regularity)을 언제나 내포한다는 가정에 입각하여(Winch, 1995: preface; 박이문, 1982: 100) 양적인 일반화(법칙정립)를 지향하고, 합리성(rationality)을 추구한다(연세춘추사, 1986: 5). 이 흐름은 근대성의 특징인 과학주의와 경험주의에 의해 뒷받침되었는데(강신택, 2013), 행정학에서 주류로 자리잡았다.

생활양식으로서의 사회과학은 생활양식을 반영한 언어게임(language game)으로 정리된다(Wittgenstein, 1953; Kishik, 2008). 일반적인 게임에서와 마찬가지로, 언어게임이 성립되려면 규칙이 존재하여야 한다. 예를 들면, 가족 내에서 남편과 아내의 개별적인 행태는 가족제도라는 사회의 규범과 연관시켜 이해될 수 있다(Winch, 1995). 이 흐름에 따르면, 행정은 인간과 관련된 (법칙이 아닌) 규율체계로 이해된다. 그렇게 보면 복잡한 일상언어 밑에 보이지 않게 깔려 있는 인간의 무의식 속에서 전개된 형이상학적 체계를 밝혀내고 이해하려고 한다(박이문, 2009: 65).

구조주의 사회과학은 더 심층으로 들어가 문화체계를 구성하는 개별적인 현상들의 밑바닥에 깔려 있는(즉, 무의식) 의미를 일괄적으로 밝혀내고 이해하려는 흐름이다. 구조주의 사회과학에서는 개별적 의미가 어떤 인위적 체계로부터 추출되기 때문에 설명적이다(박이문, 1982: 104–106; Levi–Strauss, 1972; Kurzweil, 1980).

현상학적 사회과학은 실증주의 사회과학이 추구하는 합리성 대신에 인간성을 추구하므로(연세춘추사, 1986: 5), 그 초점에 있어서 외부 관찰자인 과학자의 관점(3인칭 시점)에서 접근하는 실증주의 사회과학을 반대하고 당사자의 관점(1인칭 시점)에서 접근하는 것으로 요약될 수 있다(Gallagher & Zahavi, 2008: 19). 사람은 자연과학에서 보는 바대로 살지는 않는다는 시각으로, 예컨대 물을 보거나 생각할 때 H_2O로 구성되었느냐 아니냐의 관점이 아니라, 목마를 때 마시는 것이라는 관점에서 본

---

9) 논리실증주의는 정치학에 가치와 사실의 이분법을 통해 정치철학의 사망에 결정적인 근거를 제공하였다. 그들의 가치이론은 정의주의(情意主義, emotivism)인데, 이에 따르면 가치란 세계의 대상을 언어로 표상(represent)하는 것이 아니라 화자의 느낌을 표현(express)하고 있을 뿐이라고 주장한다(김종술, 1991a). 생활양식은 후기 비트겐슈타인(Later Wittgenstein)의 Lebensform(form of life) 개념으로, 이에 기초하여 윈치(Peter Winch)는 way of life(mode of life)의 개념으로 발전시킨다(Winch, 1958: 100).

다. 그러나 이들 생활양식으로서의 사회과학이나 구조주의 사회과학 및 현상학적 사회과학은 근대성의 시기에는 큰 흐름을 형성하지 못했다. 대신에 근대성에 대한 회의나 탈근대성의 특징으로 주목을 받고 있다.

2. 접근방법으로서의 관점

행정이론의 관점에서 행정은 인간을 다루는 학문의 일종으로 정의할 수 있다(박동서, 2005). 인간은 행동하고, 의식하고, 무의식의 요소에 의해 지배된다. <표 1-5>에서 논의한 바처럼 인간의 행태에 초점을 두는 행태주의 접근법은 행동은 의식의 반영이며, 그 사이에 굴절은 없다라는 의미이고(MacLennan, 2006; 윤현섭, 1994: ch.3), 이는 양적 접근방법에 의존한다. 이에 대해 그 사이에 굴절은 있으며, 따라서 보이지는 않으나 알려질 수는 있는 것인 의식에 초점을 두는 접근법이 현상학적 접근법이다. 해석학적 접근법은 이제까지는 감추어져 있거나 해독할 수 없었던 것들에 도달할 수 있다는 의의를 지니고 있다(Dosse, 1997: 121). 그 의미는 선구조(fore-structure)에 기초한 상황을 선이해(fore-understanding)로서 보는 지금의 상태에서 벗어나 새로운 가능성을 항상 열어두는 것을 말한다(Smith et al., 2009; 오용득, 2005).[10] 이들은 질적 연구방법을 선호한다(이남인, 2014; 권향원, 2016; Lincoln et al., 2011). 한편 보이지도 않고 알려질 수도 없는 것인 구조(structure), 특히 무의식에 초점을 둔 접근법이 구조주의 접근법이다(홍준기, 1999; Glucksman, 1974; Sarup,

---

10) 여기서 몇몇 개념을 보충·설명하면 행동은 의식의 반영이라는 개념은 파블로프(I. P. Pavlov)의 조건반사(conditioned reflex) 실험에 따라 의식 개념 없이도 과학적 심리학이 수립될 수 있다고 보는데까지 나아간다(김삼룡, 2008: 19). 이는 양자의 분리로까지 나아가 행태가 의식을 지배한다는 것이다. 또 어떤 것을 해석함에 있어서 그 내용이 구체화되기 전에 앞서 가지고 있는 개념이나 견해 등을 토대로 이루어진다. 이를 선구조(fore-structure)라고 하는데 이 구체화와 선구조사이의 해석과정은 순환구조를 보이는데 이를 해석학적 순환이라고 한다(이남인, 2016: 212-213). 한편 선이해(fore-understanding)란 의식되지 아니한 지식을 말하는데, 이 선이해가 문제설정과 해석 자체의 가능성으로 인도한다(양해림, 2011: 135). 즉, 어떤 현상을 볼 때, 그 현상을 해석하려면 백지 상태에서 출발하는 것이 아니라 필연적으로 어떤 사회적 · 역사적 맥락과의 연결 속에서만 가능하다. 이것이 선입견이며 선입견과 전통이 이해하는 방법을 결정한다고 한다(곽영순, 2011: 124). 저자의 견해로는 이 개념과 과학철학에서 논의하는 이론적재성(theory-ladenness)과는 현격한 차이가 있지만 행정의 보다 나은 이해를 위해서는 같은 기능을 한다고 보는 것이 온당할 듯하다. 각주 24)를 참조하라.

1993; Lechte, 1995; Levi-Strauss, 1972).[11]

행태주의 접근법이 사이먼(Herbert Simon) 이래로 행정과학의 정립이라는 긍정적 과제를 이루어(김종술, 1991b) 전통적 행정이론의 바탕이 되었다. 이에 대해 근대성에 대한 회의의 이론체계는 의식에 중점을 두는 현상학적 접근법이나 해석학적 접근법에 기반하고 행정철학의 복귀를 통한 행정과학의 보완을 지향하고 있다는 점이다(Lynch & Cruise, 2006; 김종술, 1991b; 강신택, 2005). 한편 탈근대성의 이론체계는 주로 구조주의 접근법에 기초하는데, 무의식에 중점을 두는 후기구조주의를 포용하고 있다고 볼 수 있다. 이를 좀 더 확대해서 살펴보면 세계관에서도 같은 흐름을 보여준다.

3. 세계관의 전개

근대성을 철학사적 관점에서 보면 데카르트(Rene Descartes)나 베이컨(Francis Bacon) 등에서 그 유래를 찾으며, 사회과학에서는 마키아벨리(Niccolo Machiavelli), 벤담(Jeremy Bentham), 로크(John Locke) 및 스미스(Adam Smith)로부터의 유산으로 보고 있다(Lynch & Cruise, 2006: 서문). 그 근대성의 근간은 과학적 방법과 엄밀한 합리적 사고를 존중하는 마음가짐이다(홍준기, 1999: 79; Lynch & Cruise, 2006: 서문). 근대성의 특징은 실증주의 과학이론에서 잘 드러나듯이 일반화된 법칙의 정립에 공헌하지만, 그 적용에 있어서 중심을 설정하고 표준화하여 여기에 부합되지 않는 행동·관심·욕구, 더 나아가 집단을 사회적으로 배제시키고 통제하는 결과를 낳는다. 따라서 기존의 권력관계의 강화에 도움을 준다(한상진·오생근, 1990: 16-

11) 구조주의는 레비스트로스에 의해 ① 모든 인문학의 일반적 방법으로 받아들여졌으며, ② 기호론·언어학적 시각이 도입되었으며, ③ 유럽의 자기 비판의 길이 열렸다. 이로 인해 기존의 유럽의 지성이 붕괴되고 새로운 모색을 탐구하지 않을 수 없었다(민성원·최유진, 1998: 209). 그런데 언어는 스스로 증식해 나가는 기호이고, 시(詩)에서처럼 말과 말이 부딪혀서 새로운 의미가 생겨난다. 행태주의 관점에서 언어가 어떤 내용을 대신하는 것이라고 생각되었던 동안에는 의식(코기토)을 반영하는 투명한 존재였다. 즉, 의식과 행동 사이의 굴절은 존재하지 않는다(윤현섭, 1994: 17). 후기구조주의에 속하는 데리다가 로고스중심주의라고 비판한 것은 바로 이 시각이었다. 더 나아가 의식은 언어 속에서 불투명하고, 사고를 가능하게 하는 것은 코기토가 아니라 오히려 언어임(이른바 언어의 지배)을 발견한 흐름은 후기구조주의였다. 후기구조주의에서는 무의식이나 문화까지도 일종의 언어로 보는 견해를 취한다(민성원·최유진, 1998: 210-212).

17). 이에 비해 비판이론은 가치중립적인 인식을 포기하고 목표실현을 위해 참여하여 투쟁하기를 지향함이 그 특징이다. 그 이유는 교환의 원칙이 경제영역을 넘어 전체적인 생활 현실을 지배해서, 현존의 인간의 삶이 보이지 않는 강요에 얽매어 있기 때문이다. 따라서 계몽과 함께 그 얽매임으로부터 해방을 지향한다. 또 변증법적 세계관에 기초하므로 물화(reification)하려거나 인간성의 상실을 정당화하려는 데 저항한다(이규호, 2005: 408－417).

탈근대성의 철학사적 관점은 후기 비트겐슈타인의 이론에서 볼 수 있고(강신택, 2013: 50; Lynch & Cruise, 2006: 4), 후기구조주의 철학, 특히 라캉(Jacques Lacan)이나 데리다(Jacques Derrida) 등에서 그 특색이 잘 나타나는데(Jameson, 1991: ch.2), 타자와 다문화주의를 옹호하고 주체가 세상의 중심에 있다는 생각을 비판한다(강신택, 2013: 54; Lynch & Cruise, 2006: 서문). 나아가 금후 이론의 과제는 법칙의 일반화에 있기보다는 오히려 이로 인해 배제된 사회집단의 참여에 도움이 되도록 관심과 논쟁을 지역화시키는 데 있다고 본다(한상진 · 오생근, 1990: 17). 이상의 논의를 담론으로 정리한 것이 <표 2－2>이다.

표 2-2 근대성과 탈근대성의 담론

근대성의 담론	탈근대성의 담론
• 세계구성원리: 자아(나는 생각한다. 고로 존재한다) • 주어인 '나'가 목적어인 '나'를 동일화시킴(보편성의 추구) • 모든 것을 하나의 이론틀로 설명하는 총체적 담론(큰 이야기: meta-discourse) • 위로부터의 힘의 문제(홉스의 사회계약이론, 마르크스의 토대와 상부구조, 막스 베버의 지배사회학) • 계몽의 질서가 지니는 엄격성과 배제성 • 이성중심주의(법칙정립) • 모더니티 미학의 가치기준은 아름다움: 질서[12] • 정상성 • 생산양식은 포디즘(assembly line: factory) • 공리주의 윤리관	• 자아의 해체[13](나를 해체시키는 언어의 공간 속에 나타나는 다양성) • 나는 나의 집 주인이 이미 아니다.[14] • '작은 것이 아름답다'라는 작은 이야기: 소수자들의 짜깁기(patchwork): 예) 다원적 사회, 다문화 현상 등 • 밑으로부터의 분석(푸코의 저작들에서 보이는 앎과 힘의 연결고리) • 계몽의 질서가 지니는 엄격성과 배제성이 오히려 인간을 억압[15] • 이성에 의해 억눌린 감성의 해방(개성기술) • 포스트-모더니티 미학의 가치기준은 경외: 자연과의 접촉에서 온다. • 예외성(낯선 것이 주는 충격) • 생산양식은 포스트-포디즘(flexible specialization: information: niche marketing) • 상황과 맥락 중시

출처: 송두율(1995), Guiness(2003: 6) 및 Fox & Miller(2006: 655) 수정.

표 2-3 근대성과 탈근대성의 주제어로서의 차이

근대성의 담론	탈근대성의 담론
형식(연속적, 폐쇄적: form [conjunctive, closed])	반형식(연속적, 폐쇄적: antiform [disjunctive, open])
의도(purpose)	놀이(play)
설계(design)	우연(chance)
계층제(hierchy)	무정부(anarchy)
거리(distance)	참여(participation)
만들기/총합(creation/totalization)	창조너머/해체(decreation/deconstruction)
합성(synthesis)	반합성(antisynthesis)
중앙집중(centering)	분산(dispersal)
징후(symptom)	욕망(desire)
결정성(determinacy)	비결정성(indeterminacy)
초월(transcendence)	내재(immanence)

출처: Farmer(1995: 155-156); 강신택(1999: 319-320).

<표 2-2>에서 보여준 근대성과 탈근대성의 대비를 주제어로서의 차이로 정리하면 <표 2-3>이 된다.

이들 논의는 탈근대성의 관점에서 근대성을 비판한 것이다. 이를 좀 더 살펴본다. 근대성과 탈근대성에 관한 앞선 연구들은 철학이나 문학 등에서 활발한데, 대표적으로는 Zima(2010), Norris(1986), Culler(1983), Jameson(1991), Harvey(1989), Sarup

12) 이에 대해서 좋은 메타포는 한국과 일본의 국보(國寶)인 청자와 멧사발이다. 멧사발이란 제사 지낼 때 올리는 밥(메) 그릇으로 한국에서 만들어진 멧사발은 임진왜란 때 일본에 전해져서 일본 차 문화의 중심이 된다. 아름다움이란 수학공식처럼 잘 짜인 것이기도 하지만 그것이 가지는 편하면서도 친숙함도 그렇다고 한다(혜민, 2010).

13) 현상학에서는 주체-객체의 관계를 세계-내-존재로 환원시켜 생활세계에 이미 '던져진 중간'이라는 직관적 양태로 파악한다고 한다(송두율, 1995: 50).

14) 그 원문은 다음과 같다(Lacan, 1977: 166). "I think where I am not, therefore I am where I do not think. I am not whenever I am the plaything of my thought; I think of what I am where I do not think to think." 이와 관련된 익히 알려진 명제가 "무의식은 언어처럼 구조화되어 있다(The unconscious is structured like a language)"는 명제이다[권택영(1990: 26)에서 재인용].

15) 이 관점을 대표하는 푸코는 모더니티의 광기에 두고 연구해 왔으며, 그의 초기 저작인 『광기와 부조리』에서부터 『광기의 역사』에 이르기까지 모더니티 비판에 그 주제를 두고 있다고 한다(송두율, 1996: 56; Foucault, 2009; Gros, 1997).

(1993), Beck(1992), 김종기(1999), 송두율(1995), 윤평중(1992), 김욱동(1991) 등이 있다. 행정학에서는 상대적으로 드문 편인데 린치와 크루즈(Lynch & Cruise, 2006)와 파머(Farmer, 1995)가 대표적이고 강신택(2005; 2013)도 정리가 잘 되어 있다. 이들 연구에 기초하면 오늘날의 문제는 근대의 유산을 둘러싼 논쟁으로 그 진단과 해결에 서로 다름을 보여주고 있다(송두율, 1995: 31). 이에 대해 탈근대성의 태도부터 살펴보면, 근대의 유산이 보여주는 이 모든 문제에 대한 진단은 이성중심주의에서 유래한다고 주장하고, 이 모든 문제는 이성이 과도하게 발전했기 때문이라는 것이다. 그 해결은 이성에 대한 총체적 비판으로 의식을 넘는 그 무엇(해체)을 지향한다.

근대성에 대한 회의의 흐름에 속하는 하버마스(Jürgen Habermas)는 이성이 과도하게 발전했기 때문이 아니라 오히려 이성이 아직도 너무 적게 계발되었기 때문에, 다시 말해 이성의 행로에서 벗어난 도구적 이성으로 인해 발생한다고 진단한다. 따라서 근대성과 계몽을 미완의 작업이라고 주장하며, 이를 재구성하려 한다(송두율, 1995: 51; 한상진 · 오생근, 1990: 23; Horkheimer, 1947). 이상의 논의를 정리한 것이 <표 2-4>이다.

표 2-4 근대성의 문제와 해결방향

	근대성이 보여주는 문제	해결방향
탈근대성 지향 흐름	• 이성이 과도하게 발전했기 때문 • 이성중심주의에서 유래하므로 이성에 대한 총체적 비판	근대성의 해체 (deconstruction)
하버마스 (비판이론)	• 이성이 너무 적게 발전했기 때문 • 근대성 및 계몽은 미완의 작업[16]	근대성의 재구성[17] (reconstruction)

출처: 송두율(1995) 및 강신택(2013) 수정.

16) 계몽이란 지식의 축적을 통해 진보할 수 있으며, 인간의 성향 속에 악(evil)한 면이 있기는 하지만 역사가 말해주듯이 완성(perfection constitution)을 향해 나아가 자유가 완벽하게 보장되는 시민사회(maximally free civil society)를 이룩할 수 있다는 신념으로 이해된다(Hoy, 1985: 49).

17) 이를 번스타인(Richard Bernstein)은 restructuring(개조 또는 재구축)으로 표현하는데 같은 함축으로 보인다(Bernstein, 1976; 1983). 물론 이에 대한 반론으로 거대이론의 복귀(the return of grand theory)를 주장하기도 한다(Skinner, 1985).

4. 주제의 범위

<표 2-4>를 참조하면 근대성의 흐름과, 그에 대한 비판으로 근대성을 재구성하려는 흐름 및 근대성을 해체하려는 흐름으로 나눌 수 있다. 그런데 이들은 다루는 주제의 범위에서 차이를 보인다. 근대성은 과학의 정립에 초점을 두는 실증주의 사회과학을 추구하였다. 실증주의의 주제는 '말할 수 있는 것'이고 '말할 수 없는 것'은 배제되었다([그림 1-7]을 참조하라). 이는 "말할 수 없는 것에 대해 침묵하라"(Whereof one cannot speak, thereof one must be silent)라는 비트겐슈타인 명제에 잘 표현되어 있다. 근대성을 재구성하려는 흐름의 주제는 '말할 수 없는 것'도 포함시켰다. 이를 나타내는 명제가 "말할 수 없는 것을 말하려 하는 것이 학문의 핵심이다"(The striving to say the unsayable is the very essence of philosophy)라는 아도르노(T. Adorno) 명제이다. 한편 탈근대성이 다루는 주제의 범위는 "무의식은 언어처럼 구조화되어 있다"(The unconscious is structured like a language)라는 라캉(J. Lacan) 명제에 따라 '의식되지 않은 것'까지 탐구한다. 이와 같이 이들 흐름은 주제의 범위에서 차이를 보여준다.

표 2-5 근대성과 근대성의 재구성 및 근대성의 해체 비교

	근대성	근대성의 재구성	근대성의 해체
목적	• 행정과학의 정립	• 행정철학을 통한 보완	• 인문주의를 통한 보완
대표적인 사회과학의 유형	• 실증주의 사회과학	• 현상학적 사회과학	• 생활양식으로서의 사회과학 • 구조주의 사회과학[18]
대표적인 접근법	• 행태주의 접근법 • 양적 연구방법	• 현상학적 접근법 • 해석학적 접근법 • 질적 연구방법	• (후기)구조주의 접근법[해체]
대표적인 세계관	• 보편성 추구 • 공리주의 윤리관 • 포디즘 세계관 • 주체성을 지닌 자아	• 개성기술 • 변증법적 세계관(비판이론)	• 포스트-포디즘 세계관 (틈새시장) • 상황과 맥락 중시 • 자아의 해체
주제의 범위	• 말할 수 있는 것	• 말할 수 없는 것 포함	• 의식되지 않은 것 포함

<표 2-4>의 논의는 문학이나 철학 등의 다른 학문에서의 논의이다. 이를 행정학으로의 도입을 위한 취지에 맞게 나누어 본 것이 <표 2-5>에서 분류한 것이다.

제 3 절 | 행정학사(行政學史) 전개에서 시기의 구획(區劃)

<표 2-5>에서 행정과학 정립은 근대성 행정이론의 특징이고, 행정철학을 통한 보완은 근대성의 재구성 행정이론의 특징으로, 인문주의를 통한 보완은 근대성의 해체 행정이론의 특징으로 정리된다. 이를 행정학사(行政學史)를 전개하기 위한 틀로 활용한다. 그 활용이란 근대성, 근대성의 재구성, 근대성의 해체로 구분한 것을 근대성, 근대성에 대한 회의, 탈근대성으로 시기를 구획한다(Lynch & Cruise, 2006: 서문; 강신택, 2005). 이를 위해서 두 가지 요건이 필요한데, 그 하나는 이 논의를 주도한 학문에서의 근대성과 탈근대성의 개념과 발전이 그 첫째이고, 둘째의 요건은 김종술(1991b)과 파머(Farmer, 1995)에서 찾을 수 있듯이 이들을 행정학의 관점에서 변용시켜야 한다. 그 첫째 논의는 앞서 정리되었으므로 이제는 둘째의 요건, 즉 행정학의 관점에서의 변용을 살펴본다.

행정학이 확립된 이후 시간이 흐름에 따라 행태주의 또는 근대성에 기초한 행정이론에 대해서 비판적인 흐름이 나타났는데, 구체적으로는 디목(Marshall Dimock)의 행정이론, 사르트르(Jean-Paul Sartre)의 실존주의, 롤스(John Rawls)의 사상, 현상학적 행정 이론이 여기에 해당한다(Lynch & Cruise, 2006; 강신택, 2013: 50). 이들은 전통적 행정이론에 대한 비판과 대안을 탐색한 사상들로서 린치와 크루즈(Lynch & Cruise, 2006: 서문) 및 강신택(2005)에서는 근대성에 대한 회의로 범주화한다.[19] 전통적 행정이론을 비판하는 흐름은 그 역시 근대성의 마음가짐을 지니고 있고 그

---

18) 구조주의 사회과학에서는 구조라는 과학적 인식방법을 도입하므로(민성원 · 최유진, 1998: 195) 과학지향으로 보이지만, 여기서는 후기구조주의를 초점으로 하므로 철학지향으로 분류하였다.

19) 파머(Farmer, 1995)에서는 이 흐름을 따로 내세우지는 않는다. 이 점에서 린치와 크루즈(Lynch & Cruise, 2005)와 다르다. 아울러 저자는 이론상으로는 사이먼(H. Simon)과는 대척점에서 행정학을 전개한 왈도(Dwight Waldo)도 함께 검토해야 한다는 생각을 갖고 있다.

표 2-6 근대성과 탈근대성의 행정이론들(Ⅰ)

<table>
<tr><th colspan="2">근대성의 행정이론</th><th>탈근대성의 행정이론</th></tr>
<tr><td>전통적 행정이론</td><td>전통적 행정이론에 대한 비판과 대안
(다소 비체계적)</td><td rowspan="4">• 모더니티 자체의 마음가짐에 대한 회의와 그러한 마음가짐을 바탕에 두고 있는 행정이론의 한계와 모순에 대한 비판;
• 합리성을 기초로 한 행정이론의 한계와 모순을 지적하고 대안에 관한 담론(談論);
• 대안으로서의 포스트-모더니티 행정이론의 가능성; 그러나 아직도 비체계적</td></tr>
<tr><td rowspan="3">(상대적으로)
다소 체계적으로
정립됨</td><td>해석학적 행정의 행위이론</td></tr>
<tr><td>비판행정 이론</td></tr>
<tr><td>행정철학</td></tr>
</table>

출처: 강신택(2005: 161).

마음가짐 안에서 전통적 행정이론을 비판한다. 즉, 이들은 전통적 행정이론과 동일한 기본 가정을 가지고 있으면서 대안을 제시하는 것이다(강신택, 2005: 174). 이 를 <표 2-5>에서와 아울러 고려하여 제시한 것이 <표 2-6>이다.

<표 2-6>은 각각의 흐름들의 전개를 잘 보여준다(강신택, 2005: 174). 그런데 근대성의 행정이론의 한계와 모순에 대한 탈근대성의 비판은 근대성의 기본적인 가정 자체를 비판하는 것이다. 그럼에도 불구하고, 해석학적 행정의 행위이론과 비판행정이론은 탈근대성의 행정이론과 공통점을 가지고 있는 경우도 있다. 따라서 탈근대성의 흐름에서도 주로 전통적 행정이론이 비판의 대상이 된다(강신택, 2005: 174).

여기서 근대성의 이론체계는 행정학 성립 이후부터 이른바 행태주의 혁명까지를 말하며(김종술, 1991b), 특히 이 과정은 비트겐슈타인(L. Wittgenstein)의 『논리철학 논고(*Tractatus Logico-Philosophicus*)』에서 시작하여 사이먼(H. Simon)이 『행정 행태론(*Administrative Behavior*)』에서 그 결정판을 이루었다(김종술, 1991b). 그 특징은 행정과학의 정립을 지향한다.

이러한 전통적 행정학이 정립된 이후, 이에 대한 비판이 전면에 나오고 그 대안이 근대성에 대한 회의의 이론체계인데, 그 함축적 의미는 행정철학의 귀환과 질적 연구방법론에 주목하는 것이었다. 이른바 후기행태주의에 속하는 현상학이나 질적 연구와 같이 의식에 관심을 보이는 흐름이 이 범주에 자리잡을 수 있었던 것은 우연이 아니었다(강신택, 2013; Lynch & Cruise, 2006; 이남인, 2014).

한편 비트겐슈타인의 『철학적 탐구(*Philosophical Investigations*)』는 탈근대성의 시작을 열었고, 이는 근대성 자체의 [근대성의 흐름과 근대성에 대한 회의의 흐름을 포함하여] 마음가짐과 그에 기초한 지식에 의문을 제기하고, 그러한 마음가짐을 바탕에 두고 있는 행정이론의 한계와 모순에 대한 비판이었다(강신택, 2013).

행정학에서는 밀러와 폭스(Miller & Fox)의 『*Postmodern Public Administration*』을 통해 도입되었다(Watson, 2006). 탈근대성의 행정이론은 (후기)구조주의 접근법과 해체의 개념을 응용하여 행정이론의 재정립으로 이끈다. 즉, 확립된 행정이론이라는 굳은 사고방식에서 벗어나야 새로운 행정이론이 가능하다는 시사이다. 그렇다고 해서 뿌리깊은 합리주의의 전통을 버리는 것은 아니다. 해체의 개념에도 뿌리깊은 합리주의의 전통과 탈근대성(post-modernity)은 균형을 이루고 있음을 염두에 두고서(송두율, 1995: 25), 이 둘을 고려하면 새로운 행정이론의 시각을 제공받을 수 있다는 뜻이다. 이상의 논의를 정리한 것이 <표 2-7>이다.

서구에서는 탈근대성의 분위기 속에서 이성에 대한 비판이 상대주의로 나아가고 있으므로(송두율, 1995: 25), 이 현상을 행정학에서도 주의 깊게 살펴보아야 한다.[20] 다음 절에서는 위에서 전개한 대로 행정학의 흐름을 정리해 보기로 한다.

표 2-7 근대성과 탈근대성의 행정이론들(Ⅱ)

근대성의 행정이론		탈근대성의 행정이론
전통적 행정이론 (행태주의 접근법)	근대성에 대한 회의 (질적 연구방법론에 친화)	해체 개념의 응용 (후기구조주의 접근법)
행정과학에 기초한 행정이론[21]	해석학적 행정이론 현상학적 행정이론 비판행정이론	• 생활양식으로서의 행정 • 상대주의적 행정 • 창조성과 예술성을 갖춘 행정[22] • 작은 담론의 행정이론 • 타자와 다문화의 행정이론

20) 포스트-모더니티의 분위기는 우리에게도 성큼 다가와 있다고 볼 수 있는 현상이 작은 행복의 추구와 지역성에 기초한 공동체 및 지역사업의 중시 등이라 할 수 있다. 이들은 새로운 것이 아니고 이전부터 있어왔다. 그런데 포스트-모더니티는 "동일한 관점일지라도 새 방향에서 접근하면 항상 새로운 모습을 그려낸다."는 명제(Wittgenstein, 1953: preface; 김영한, 2009: 244)에서 보듯이 새로운 접근에 특색이 있다.

21) 전통적 행정이론이 행태주의에만 기초하지는 않는다. 그럼에도 이렇게 표현하는 것은 정치학에서 강렬하게 나타난 것처럼 행태주의 혁명을 통해 행정과학을 정립하고 행정철학을 해체하도록

제 4 절 | 근대성 행정이론의 특징

행정학(public administration in theory)의 연구대상은 실제행정(public administration in practice)이다. 이론체계로서 행정학은 실제행정을 기술하고 설명하고 예측할 수 있는 어떤 것이다. 따라서 행정학의 성립이라는 관점에서 행정현상이란 존재적임을 의미한다. 존재적이므로 이론과 실제와의 관계에서 엄밀성을 지녀야 하고 여기에 기초하여 행정학의 유용성과 정체성을 추구해야 한다고 주장할 수 있다. 그런데 행정학이 안고 있는 문제는 그 관계에서의 엄밀성에 부족함이 있다. 즉, "행정의 실제 현상에서 행정학을 구성하려면 현행의 논리체계를 정당화시키는 보다 더 엄밀한 형식체계에 의존하여야 한다"는 점이다. 이 더 엄밀한 형식체계는 논리적 캘큘러스로 보이는데(강신택, 1981; 김선하, 2004; 임일환, 1993: 525), 여기서 더 엄밀한 형식체계나 논리적 캘큘러스 등은 행정과학을 뜻하고 이는 근대성 행정이론의 특색이다.

1. 행정모형: 보편성의 추구

행정이론은 실제행정과 어느 정도 연관되어 있는가? Public Administration이라는 용어 자체가 행정도 의미할 수 있고 행정학도 의미할 수 있으므로 명확성이 문제가 되고(Waldo, 1984: lix–lx; Farmer, 1995), 이는 이미 행정학의 관심사가 되어 왔다(Harmon, 1981: ch.2). 행정학이 미국문화에서 발달한 학문으로 행정학이란 무엇인가?에 대해 행정을 연구하는 학문이라는 응답은 이해하기 쉽기는 하지만 이는 분석명제로 의미가 없고(senseless) 따라서 정합성이 문제가 된다. 제1장에서 살펴보았듯이 행정과 행정학에는 핵심적인 주제에 대해 미해결인 채로 남겨져 있다. 예컨대, 행정학의 많은 의문은 정책은 과연 행정학의 전유물인가? 인사행정과 재무행정은 규제

이끌었고 이에 따라 주류의 자리로 올라섰음에 기초한다(김종술, 1991; 김광웅, 1983).

22) 이에 대해서는 많은 지적이 있었으나 대표적으로는 Waldo(1968)로 보인다. 이 점에서 그의 행정사상이 주목을 받으며 재평가되어야 필요가 있다.

정책과 어떻게 연결되는가? 새로이 행정학으로 편입되는 주제나 영역은 행정학의 핵심주제와 무엇을 공유하는가? 등에서 보는 것과 같이 해결하여야 할 문제가 행정학자들을 기다리고 있다. 따라서 이들을 하나로 묶어서 설명하는 틀을 필요로 하고 이런 측면에서는 행정학을 새로운 방식으로 재구성하려고 한다(박동서, 2005). 이를 위해서는 행정의 보편성 도출 과정에서 핵심개념을 명확히 하여야 하는데, 이미 제1장에서 자세히 설명하였다. [그림 1-1]의 보편성과 매개변인 모형은 근대성 행정이론의 산물이다. 그렇지만 근대성의 가정들은 탈근대성의 상식(common sense)을 구성하는 것으로 볼 수도 있기 때문에(Farmer, 1995), 시대를 넘어서 행정을 바라보는 관점(行政觀)으로서 또 행정학을 이루는 기본 이론으로서 크나큰 의미가 있다. 이 모형의 이론 전개에서 꼭 필요한 것들([그림 1-2]에서 겹치는 부분)이 보편성과 매개변인으로 이들은 여러 하위의 기여이론(contributing theory)으로부터 나온다. 기여이론들이 겹치는 부분은 그 학문체계에서 유용한 이론들(useful theory)이 된다. 이들 모두가 겹치는 부분이 핵심이론(core theory)이 되는데, 이들은 그 학문 분야의 여러 저서들 속의 색인 집합에서 공유되는 학술용어들이라고 정의한다(제4장을 참조하라). 그 함축은 행정의 핵심개념이나 행정학의 핵심이론은 기여이론들에서 비롯하므로 이에 대한 탐구가 행정연구의 출발이라는 것이다. 따라서 행정학사(行政學史)는 이 과정에 대한 설명이므로 중시되어야 한다.

2. 행정학: 다양한 층위의 행정에서 연구대상의 한계를 정하는 것

근대성의 행정이론은 보편성의 탐구를 지향하였다. 즉, 어떤 원리들이나 가치 및 본질이 있는데 어떤 매개변인들이 작용하여 각기 다른 수준에서, 또 각국의 행정현상이 나타나게 되는가를 탐구하는 학문 분야로 보았음을 위에서 지적하였다. 그러면 행정학이 다루어야 할 것은 무엇인가에 대한 탐구는 행정의 범위를 한정하는 것과 관련이 있다. 예를 들면, 개인 수준의 업무와 관련된 관리에서부터 집단 차원에서의 관리, 사회 단위의 행정 및 국가 단위의 행정 등 다양한 층위의 행정이 존재한다. 이 다양한 층위의 행정 중에서 행정이 다루는 범위를 국정관리로 한정함으로써 개념을 명확히 하려 하였다.

제1장에서 논의한 개념의 명확화에 따르면, 행정학이란 행정 중에서 다루는 범위를 정하는 것으로, '의미있는 것'과 함께 '의미없는 것'이 행정학의 한계이다[의미의 유형에는 '의미있는 것'과 함께 '의미없는(senseless) 것' 및 '말도 안 되는(nonsensical) 것'으로 나뉜다(Lynch & Cruise, 2006)]. 언어의 한계 안에서 사실에 대해 말할 때를 의미있다고 하는 것이 종합명제이고, 언어의 한계에 관해 어떤 것을 말하는 것은 의미없는(무의미한: senseless) 것으로 이것이 바로 분석명제이다. 한편 언어의 한계 너머 놓인 어떤 것을 말할 때를 말도 안 되는 것이라고 말한다. 이에 기초하여 행정학의 범위를 정하면 행정학이 언어체계라는 점이고 그 이론체계는 선학(先學)들의 분석명제와 종합명제를 도입하면 행정학은 "행정에 관한 분석명제와 종합명제의 총체"라고 정의됨을 제1장에서 논의하였다([그림 1-6]과 [그림 1-7]을 참조하라).

3. 객관주의에 기반한 행정학

객관주의란 합리성이나 진리, 실재, 인식, 옳음, 선(善) 등의 본성을 결정하는데 궁극적으로 호소할 수 있는 영원한 어떤 기반(matrix)이나 개념 틀(framework)이 존재해야 한다는 확신을 말한다. 여기에 기초하면 지식의 과제란 그것이 무엇인지를 발견하는 것으로 이른바 '아르키메데스의 점(Archimedean point)'에 대한 추구를 지향한다(Berstein, 1983: 8-9)[자세히는 제11장 각주 1)을 참조하라]. 근대성에서 지식의 근거는 객관주의에 기초하므로, 사실에 초점을 맞추어 이를 귀납의 방법에 의해 이론으로 재구성한다. 이 이론은 예측가능하게 해 주며, 이 예측은 검증을 통과함으로써 정당한 이론으로서의 지위를 획득한다([그림 1-8]을 참조하라).

제1장의 [그림 1-8]에 따르면, 과학의 시초는 사실에 있다. 이에 대해 실증주의와 주관주의(제4장에서는 구성주의와 변형생성이론으로 나누어 설명한다)는 차이를 보인다. 사실과 행정사실의 구별을 인정하지 않고 논리적 원자론에 기초하여 그림이론의 관점으로 행정을 보게 되는 견해가 전자의 관점이다(Fann, 1969). 이 관점에서는 주체와 대상(객체)의 2항이 존재하는 2항관계이고 매체(언어의 체계)는 대상을 그대로 주체에게 전달하는 기능으로 한정된다. 따라서 이 역할을 수행하도록 하려면 자연언어보다는 자연언어를 재구성한 인공언어의 개념에 의존한다. 반면에 사실과

행정사실의 구별을 인정하고 행정사실은 주체의 주관이나 공동체에서부터 구성된다는 쿤(T. Kuhn)과 플렉(L. Fleck)의 견해는 주체와 대상(객체) 및 매체(렌즈로서의 언어)의 3항이 존재하는 3항관계임을 함축한다(Kuhn, 1970; Fleck, 1979).

문제는 그 사실이 무엇인가 하는 것이다. 물리적 세계에서의 사실은 비교적 쉽게 파악할 수 있지만[23] 사회에서는 그것이 무엇인지 논의의 여지는 훨씬 많다. 이 책에서는 제1장에서 논의한 대로 행정현상과 관련이 있는 언어게임과 생활양식의 구성요소라고 정의한다. 여기에는 개인의 행태, 의식 및 무의식과 그와 연관이 있는 공동체의 구조와 의식 및 행위 양식을 포함한다.

4. 저 높은 곳을 향하여(거대담론과 Top-Down)

행정의 본질을 전통적으로는 관리작용으로 보아 왔고, 최근에는 정책결정(policy-making)과 그 구체화로 파악하기도 한다(박동서, 2005). 그 초점은 중심의 추구로, 개인이나 집단의 삶의 양식을 조율하기보다는 전체적이고 거시적인 역할을 수행하는 것으로 보았다. 따라서 인간관의 논의에서는 관리가능하다는 점이 핵심으로 기능한다. 즉, 인간이 공적(公的)인 역할을 떠맡으려고 하는 동인(動因)이 있을 뿐만 아니라 일정한 권력을 이용하여 질서를 세워서 전체에게 이로운 행위를 하려는 의지도 갖고 있다. 그 조직 속의 인간을 유인체계(incentive)와 관련시키고 있다(유인체계에 민감하거나 그 반대이거나 간에 이와 관련된 인간을 상정하는 것이었다). 그 의미는 복지행정에서 보여주었듯이 이를 통해 기술관료적 통제(technocratic control)를 낳았다는 것이다.

한편 이론은 실제와의 관계이며, 그 자체로 존재하는 세계에 대한 합리적 인식이

---

23) 가장 좋은 보기가 카르납(Rudolph Carnap)의 체계이다. 그는 감각의 가장 단순한 요소로부터 시작하여 논리적으로 쌓아갈 의향으로, 세상에 관한 우리 지식의 합리적 재구성을 발전시키고 있다. 그런데 그 기초인 감각자료는 사적이기 때문에 검증할 수가 없다. 검증할 수 없다는 것은 의미가 없는 것이다. 이 문제를 해결하기 위해 그는 후에 관찰언명을 출발점으로 삼고 있다(Farmer, 1995: 74). 그 의미는 실제들의 집합만으로는 학문으로 나아갈 수는 없으며, 학문으로 나아가기 위해서는 언어체계가 성립해야 한다는 뜻이다. 이를 전기 비트겐슈타인의 이론체계에 대입하면 대상에서 사태(state of affairs)로, 이어서 사실로 나아간다는 의미이다(Wittgenstein, 1921).

야말로 참된 인식이라는 전제 하에서, 가능한 한 주관적인 것에서부터 독립된 객관적 인식을 추구한다(조주환, 2001). 이는 전기 비트겐슈타인의 철학에 바탕을 둔 것으로 귀납에 기초하였다. 그에 따르면, 철학의 목적은 사고의 명료화이고 이를 위해서는 방법의 문제에 초점을 두고, 언어철학과 과학철학을 동일하다고 보았다. 즉, 언어적 전회를 받아들인다(조인래 외, 1999: 82-85). 한편 후기실증주의는[다양한 견해가 있으나 여기서는 포퍼(K. Popper)을 중심으로 한 반증주의를 일컫는다] 귀납을 반대하고 진리근접성(<표 1-3>에서 C)에 기초하여 진리 그 자체에는 도달할 수 없으나 반증을 통해 가까이 더 가까이 접근할 수 있을 뿐이라고 하였다(Lakatos & Musgrave, 1970; 조인래 외, 1999; 강신익 외, 2011). 이는 이론적재성(theory-ladenness) 주장이나 쿤(Thomas Kuhn)의 패러다임 이론에 의해 거부되었다.[24]

근대성의 특징인 거대담론 지향은 탐구가 선행되고 상위이론(上位理論)으로서 기능한다. 이 상위이론은 일반적 해석함수로서 구체적 사태 해결을 위해 그 사태를 지향한다. 이를 통해 가능한 세계에서 여러 수단을 강구하여 의도한 구체적 사태(지향성)를 해결한다(Allwood, 1977: 130). 이 점에서 해체의 개념과 상당한 거리를 갖는다. 이를 나타낸 것이 [그림 2-1]이다. [그림 2-1]은 추상화하여 보편화한 이론이 해석의 원리로 작용하여 여러 가지 가능한 경우의 수 속에서 구체적 상황에 맞추어 가

---

24) 이론적재성은 과학철학에서 관찰을 둘러싸고 거론되는 속성이다. 관찰은 그저 외부 정보를 수동적으로 받아들이기만 하는 과정이 아니며, 관찰자는 이론을 전제하는 시각을 가지고 있기 때문에 관찰하는 순간 관찰되는 정보에 대한 판단을 먼저 하게 된다. 이것을 관찰은 "이론에 적재되어 있다(theory-laden)"고 한다. 이론적재성 개념을 최초로 주장한 학자는 피에르 뒤엠(Pierre Duhem)인데, 특히 반증의 문제점을 잘 지적한 이론인 뒤엠-콰인 명제(Duhem-Quine thesis)를 이룩하였다. 이 명제는 어떤 과학적 가설을 그것 자체만으로 실험하여 반증할 수 없다는 명제로 모든 가설에는 하나 이상의 배경 가정이 존재하고, 실험 결과가 가설과 어긋났을 때 그 어긋남이 실험대상인 가설 탓인지 그 아래 층위로 존재하는 하부 가정들 탓인지 우리는 알 수 없다. 때문에 하나의 과학 이론을 실험을 통해 완전 배제하는 것을 사실상 불가능하다는 것이 명제의 내용이다. 겉보기에 반증된 것처럼 보이는 가설도 보조가설이라는 임시처방으로 파산을 모면할 수 있고, 그렇기에 반증은 없다는 것이 뒤엠의 명제이다. 한편 콰인 명제는 뒤엠 테제를 크게 확장했다. 콰인(Willard Quine)은 「경험주의의 두 가지 도그마(two dogmas of Empiricism)」(1951)라는 논문에서 신념의 검증에 대한 전체론을 주장한다. 즉, 인간의 신념체계는 전체적으로 하나의 그물코를 이루고 있고, 개별적으로 외부 자극(즉, 관찰)과 상대하는 것이 아니라 그물코 전체가 상대한다. 그물코에서 이끌어 낸 예측과 관찰이 모순되어도 그물코 어딘가를 수정하면 모순은 해소될 수 있고, 특정 신념을 반증하는 것은 아니다. 뒤엠과 달리 콰인은 이것이 물리학뿐 아니라 모든 신념체계에 적용되는 보편적인 것이라고 생각했다(https://ko.wikipedia.org/wiki/).

그림 2-1 해석의 과정

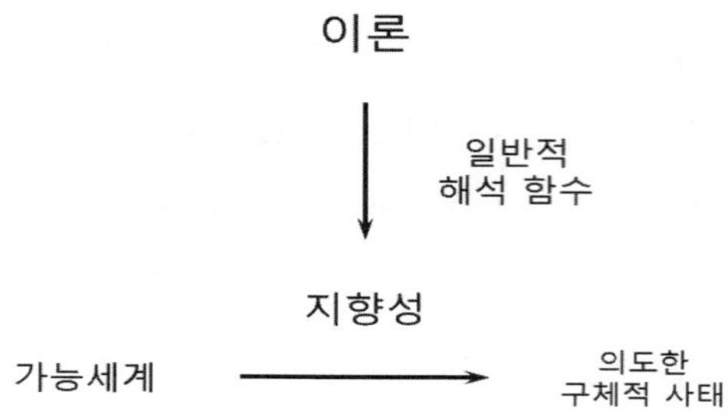

출처: Allwood et al.(1977:130) 수정.

는 과정을 설명한 것이다. 이를 정책과 관련시키면 결국 정책이란 이론에서 일반적 함수를 찾고, 이 일반적 함수를 가능세계에서 의도한 구체적 사태를 해결하는 과정으로, 그 의미는 기존의 범위를 뛰어 넘는 예외성을 지닌 정책은 나타나기 힘들다는 함축이다. 이에 대한 비판적 탐색은 근대성에 대한 회의의 이론체계의 몫이 되었다.

제 5 절 | 근대성에 대한 회의의 행정이론의 특징

일반적으로 정치가 정당성을 배경으로 하는데 비해, 행정은 관리가능성, 즉 조직을 기초로 관리와 밀접히 관련하여 정의해 왔다. 그동안의 연구에서 행정을 관리로 보고, 그 지도원리는 효율성이 지배하는 패러다임이었다(Henry, 1984). 이는 20세기 후반 서구의 사회과학에서 주된 논쟁점과 마주하게 된다. 이 시기의 논쟁점은 이론과 실천의 관계로(Habermas, 1973; 한상진 · 오생근, 1990: 23), 사회과학이 어떻게 기술관료적 통제를 극복하는가에 관심을 갖는다. 이 점에서 비판이론과 (후기)구조주의가 합류한다. 또 그 대안을 의사소통행위이론이나 담론에서 보듯이 언어이론 안에서 찾는 점에서도 지향점은 같다.[25] 그러나 근본적인 차이점은 앞서 본 <표 2-

25) 비판이론이나 (후기)구조주의는 공통으로 언어와 행동 사이에는 유추 이상의 실질적인 관계가 있다고 보고 이론을 전개한다.

4>와 같이 이성이나 계몽에 대한 관점이다. 더 나아가 비판이론에서는 의사소통행위이론에서 보듯이 보편적 합의의 가능성을 추구하고 실천의 문제를 이 합의 위에 기초하는 합리주의로 회귀하는 데 비해, (후기)구조주의는 이에 반대하고 철저한 지역화(regionalize)를 추구한다(한상진·오생근, 1990: 23-25).

한편 행태주의를 비판하면서 등장한 후기행태주의는 역사주의에 입각한 새로운 과학철학의 이론과 현상학을 원용한다(김광웅, 1975). 후기행태주의는 그 학술용어에서 보듯이 행태주의 요소를 탈각하려고 하면서도 완전한 탈각에 이르기까지는 아직 간극이 남아 있지만, 행정철학의 복귀를 향한 도정(道程)으로 볼 수 있다(김영래, 1983; 김광웅, 1975). 그런 의미에서 행정이론의 재구성으로 불린다. 행정이론의 재구성이란 기술관료적 통제를 넘어서서, 왜곡된 의사소통의 극복을 위해 지식을 공급해 주는 일이며, 그 실천의 목적은 이미 설정된 게임의 틀을 바꾸도록 하는 것이다(한상진·오생근, 1990: 24-25). 이 관점에 서면 실증과학의 성격을 지니는 지금까지의 행정학은 기존의 권력관계를 강화하는 데 이바지해 왔다고 비판한다(한상진·오생근, 1990: 23-25). 구체적으로는 위기관리 기능을 담당하는 국가가 체제의 순조로운 진행을 확보하기 위한 개입으로, 고도의 선택성과 배제성을 가지면서 기술관료적 방식으로 이루어져 왔음을 지적한다(한상진·오생근, 1990: 23-25).

1. 행정모형: 위기관리체계

비판이론에서 제기된 행정의 모형은 오페(Claus Offe)에 의해서 제시되었다(Offe, 1984: 81). 그의 주장에 따르면, 전체 체제는 [그림 2-2]에서 보듯 축적 기능을 담당하는 경제체계와 정당화의 역할을 담당하는 규범적·합리적 체계, 이 둘의 균형을 잡아주는 기능을 수행하는 정치행정체계들로 구성되고 사회 전체는 상호 간에 의존 및 규제하는 원리들로 구성된다.

그런데 전체 체제(social system) 속에서 그 구성원들이 따르는 규칙들이 그 밑바탕에 작용하는 법칙(underlying functional laws)을 위반하거나 그 구성원들이 그 법칙의 작동 방식대로 행동하지 않을 경우에 통치불능이 발생한다. 따라서 정당성이라는 개념(통치불능이 발생하지 않도록 하는 기제)이 도출된다.

그림 2-2 세 가지 하위체제 간의 관계

출처: 김태성·성경륭(1999: 145); Offe(1984: 52).

근대성에 대한 회의의 행정이론에서는 정부의 기능을 위기관리(crisis management)로 보는 명백한 시각을 드러낸다. 즉, 위기(C: crisis)는 어떤 사회를 규율하는 정당성이 도전받는 데에서 기인하는데, 이 해결을 정부(G: government)가 떠맡도록 강요한다. 그에 따른 정부의 반응(R: response)이 정책이나 법으로 나타난다 [C-G-R](Offe, 1981).

정치행정체계는 아주 중요한 의미를 지닌다. 그것은 축적을 가능하도록 하는 규제서비스와 정당성의 제공과 관련되는 복지서비스가 정치행정체계의 본질임을 암시하고 또 대중의 충성과 재정투입이 필수적이라는 것이다. 여기서 체계가 매끄럽게 작동되지 않을 때 위기로 전개된다. 따라서 행정은 위기를 적절히 조율할 기능을 가져야 함을 의미한다. 이 모형에 따르면, 가장 큰 위기는 위기관리체제(즉, 정치행정체제)가 위기를 맞는 경우임을 함축한다. 더 나아가 변증법적으로 파악하면, 행정 개념을 행정주체나 행정인의 관점이 아니라 행정대상의 입장에서 보도록 한다는 점이다. 이 점에서 지난 시대의 행정 개념보다 진일보한 모형이라고 하겠다(좀 더 자세한 설명은 제6장과 제7장을 참조하라).

2. 주관주의에 기반한 행정학

근대성의 행정이론은 귀납을 통해 이론으로 향하게 되고 이에 따라 이론의 구성(theory-building)에 중점을 두었으므로 그 이론의 타당성을 어떻게 보증할 것인가가 문제되었다. 이에 대한 논쟁이 익히 알려진 검증이냐 반증이냐, 또 패러다임에 의

한 해석이냐를 두고 진행되었다.[26)]

주관주의에 기반한 행정학이란 쿤(T. Kuhn)의 패러다임 이론에 영향을 받은 것으로, 그에 따르면 과학이란 공동체의 구성원의 신념체계에 기초해서 선택한다는 역사적 해석에 기초한다. 이 함축은 심리주의와 동일시하기도 한다(Bertram, 2011). 이들은 모두 해석에 의존하는데(Seung, 1982: ch.8 & ch.9), 해석은 해석 주체(Subject: S)와 해석대상(Object: O)과의 함수관계라고 할 수 있다. 이때 해석을 통한 의미를 M(meaning)이라고 하면 M은 S와 O에 의해서 결정된다. 따라서 S_1와 O_1의 관계에서 생성된 M_1, S_2와 O_2의 관계에서 생성된 M_2, S_3와 O_3의 관계에서 생성된 M_3, …… S_n과 O_n의 관계에서 생성된 M_n으로 정리된다. 이들 집합에서 서로 다른 M값을 가질 때에 주관주의라고 할 수 있다.

그 행정학적 의미를 살펴보면, 지금까지의 지배적인 패러다임은 효율성 패러다임이다. 행정학자들은 효율성 패러다임 속에서 문제풀이에 열중하고 있다. 이를 다중패러다임(multi-paradigm)으로 바꾸어 다양한 논의가 가능하도록 이끌어 내어야 할 것임을 시사한다.

3. 질적 연구방법에 친화

주관주의를 방법론적 관점으로 전환하면 질적 연구방법과 친화력을 갖는데, 질적 연구방법은 현상학이나 구성주의에 의해 지지를 받는다. 구성주의는 여러 원천으로부터 흘러 들어왔으나 주로 해석학이나 변증법에 힘입은 흐름이다.[27)] 그 핵심에는

---

26) 이에 대해서는 제3장과 제14장을 참조하라. 쿤(T. Kuhn)은 역사적 해석에 기초하여, 공동체의 구성원의 신념체계에 의존해서 선택한다는 것이다. 이는 상대주의로 나아가기도 하는데, 이렇게 되면 후기 비트겐슈타인 이론인 언어게임과 궤를 같이하고, 핸슨(N. R. Hanson)의 이론과 같다(이좌용, 1980: 161 주 참조).

27) 곽영순(2011: 54-93)에서는 질적 연구를 잘 정리해 놓았다. 질적 연구는 연구주제에 대해 통제되고 조절된 상황 속에서의 자료수집을 취하지 않는다는 뜻에서 자연주의적이며, 연구대상의 삶을 어떻게 이해하고 해석하는가에 관심을 가진다는 뜻에서 의미의 파악을 중시한다. 이에 따라 존재론적 질문(ontology)과 인식론적 관점(epistemology) 및 그 둘의 징검다리 역할을 하는 방법론의 시각(methodology)을 기준으로 질적 연구의 패러다임을 ① (후기)실증주의, ② 구성주의-해석주의, ③ 비판이론, ④ feminism-후기구조주의로 정리하기도 한다. (후기)실증주의는 소박한 실재론의 존재론이며, 객관주의 인식론이고, 실험적·조작적·양적 방법·가설의 검증과

연구대상이 되는 어떤 배경을 가진 사람들은 어떻게 현실을 구성해 왔는가? 그들의 인식, 진실, 설명, 믿음, 세계관은 무엇인가? 그들의 행동과 그들과 상호작용하는 사람들을 위한 그들의 구성 결과는 무엇인가?에 있다(Patton, 2002: 96).

지각한 것이거나 지각된 것은 지각할 수 있는 것의 이면에 있는 것과 같은 것인가? 질적 연구방법이 양적 연구방법에게 질문하는 바는 바로 이것이다. 즉, 질적 연구방법은 표층과 심층의 구별이 필요함을 의미한다. 표층과 심층의 구별을 통해 '실제로 행함'은 '그렇게 할 수 있음의 그 이면에 있는 것'에서 유래하는 것으로 변환된다. 이 견해는 인간의 경험을 초월한다는 관점에서 칸트(I. Kant)의 견해와도 맞물리며, 노에시스 의식(noetic consciousness: 주체의 주관적 의식)이 어떻게 구성되는가에 관한 이론이므로[제6장 각주 39)를 참조하라] 의식(마음 또는 정신, mind)의 일부로 이해할 수 있고 현상학의 하나로 간주할 수도 있다(강명윤, 2007a; 2007b). 현상학에 뿌리를 둔 슈츠(A. Schutz)의 연구는 어떤 사회에서 각 개인이 공유하고 있는 당연히 그러하다고 여기는 경험세계를 이해하는 것에 대한 연구이다.

4. 신행정학

행정이 때로는 직면한 문제에 대해 만족스러운 해결방안을 제시하지 못했던 경우가 있었다. 미국의 경우에 인종폭동, 빈곤, 베트남 전쟁, 공무원의 윤리적 책임감 등이 그것이다. 신행정학은 이에 대한 비판으로 적실성 있는 행정(학)의 지향(toward a relevant public administration), 탈실증주의(post-positivism), 환경의 소요에 대한 적응(adapting to turbulence in the environment), 새로운 조직형태(new organizational form) 및 고객중심의 조직(client-focused organizations)을 이룩하려는 것으로 정리된다(김광웅, 1983: 48-58). 따라서 가치중립적 행정에 의문을 제기하고, 효율적 관리(good management)와 사회적 형평(social equity)의 가치를 아울러 추

반증에 기초하는 방법론이다. 구성주의-해석주의는 상대주의 존재론이며, 상호작용적이고 주관주의 인식론이고, 해석적 및 변증법적 방법론이다. 한편 비판이론은 역사적 실재론의 존재론이며, 상호작용적·주관주의 및 가치의 매개를 주장하는 인식론이고, 소통론 및 변증법적 방법론이다. 교육학에서의 이런 논의는 참고할 만하지만 행정학으로의 도입을 위해 상당한 변용이 필요하다. 이에 대해서는 제4장에서 자세히 살펴본다.

구하는 행정을 지향하는 이론이다(Frederickson, 1977: 8). 이 이론에 근거를 제공한 사상은 롤스(John Rawls)의 『정의론(*A Theory of Justice*)』이다.

지금까지의 행정(conventional or classic public administration)은 능률성(efficiency)과 경제성(economy)을 추구해 왔다. 따라서 여기에 기초한 행정관(行政觀)은 최대 다수의 최대행복이라는 공리주의 원리에 가깝다고 할 수 있다. 이에 대해 프레데릭슨(H. G. Frederickson)은 행정서비스가 사회적 형평(social equity)을 높이는 데 이바지하는가?라고 질문하면서 앞서 적은 행정의 두 지도원리에 사회적 형평을 추가한다(Esquith, 2006: 533). 즉, 공리주의를 넘어서서 가장 불우한 사람들의 편익을 최대로 하는 범위 내에서 조화를 이룰 수 있는 행정을 주장한다.

또 하나의 특징은 후기행태주의(post-behavioralism)의 수용으로, 이는 현상학과 실존주의의 도입을 의미한다(Waugh & Waugh, 2006: 487-509; Waugh, 2006: 511-527). 행정가는 이른바 제3자적 관점(the They perspective)보다는 자신이 봉사하는 사회의 일부분이므로 사회가 중요하다고 느끼는 문제들을 해결할 책임이 있다. 즉, 관료체제에 이바지하기보다는 시민들에게 봉사해야 한다(Waugh & Waugh, 2006: 502).

이를 보는 시각에 따라 정리하면, 일반시민을 위하여 정책이나 관리를 시행하는 측의 관점, 즉 행정주체의 관점이 있다(이를 행정$_1$이라고 한다). 물론 국민을 위한다는 이름 아래에서 자기의 이익을 취하는 경우(예를 들면, 기관증설)도 있다. 또 이를 해석하는 행정의 상대방(시민사회단체를 포함하여)의 입장을 숙고하기도 한다(이를 행정$_2$이라고 한다). 이 사이에 존재하는 해석의 일치 또는 벗어나는 해석이나 행위에 대한 조율이 있을 수 있는데(이를 행정$_3$이라고 한다)(Skinner, 2002), 정부가 이를 해결하기 위해 물리력 동원이나 소청심사와 같은 준사법기관의 역할은 물론이고 숙의민주주의 방식이 여기에 속한다. 갈등을 빚는 현장의 사례인 밀양사태를 예를 들면(제13장을 참조하라) 전기공급을 위한 송전선 설치가 행정$_1$이고, 송전선 설치에 대한 주민의 견해를 고려하는 경우를 행정$_2$에 해당한다. 전통적으로 행정은 행정$_1$에 치중해 왔고, 앞으로는 행정$_2$나 행정$_3$이 관심사가 될 수도 있다. 이 경우 행정$_2$를 현상학적 행정이라고 할 수 있다.

결국 행정가는 자아에 대해 능동적-사회적 개념(active-social concept of self),

상호주관성, 우리 관계(the We relationship), 행정에서의 개인적 책임의 필요성, 도덕적-윤리적 행정(moral-ethical administrative practice)의 중요성 등을 인식하여야 하는데, 신행정학은 이를 배경으로 하고 있다는 점에서 주목할 만하다.

제 6 절 | 탈근대성 행정이론의 특징

1. 해체를 통해 행정을 새롭게 보기

근대성의 특징은 표면의 다양한 흐름들 속에서 어떤 본질을 찾아서 이성에 입각하여 일반화나 전체화시키려는(totalize) 설명에 있다(한상진 · 오생근, 1990: 20-21). (후기)구조주의가 비판하는 바는 바로 이 지점이다. 그들에 따르면, 현상학이 실증주의를 비판하였다고는 하지만 현상학 자신이 인간을 전체화시키는 오류를 범하였음을 지적하고 따라서 역사적 시공(時空)의 장(場) 속에서 지역화(regionalize)하는 방향으로 나아가야 한다고 주장한다(한상진 · 오생근, 1990: 21).

(후기)구조주의는 해체론에 기초하는데 이에 대해서는 제4부 제12장에서 논의한다. 그 핵심은 기표(記標)와 기의(記意)의 관계에서 잘 나타나고 있다[각주 8)을 참조하라]. 구체적으로 (후기)구조주의는 의식에 대해서 사회적 무의식을, 이념에 대해서는 언어를, 통시성(역사)에 대해서는 공시성(구조)를 대치시키는 흐름이다(민성원 · 최유진, 1998: 224). 그렇지만 이 흐름이 주창하는 해체 개념을 도입하여 잘 활용한다면, 행정과학의 정립과 행정철학을 통한 보완을 지향하는 것을 넘어서(민성원 · 최유진, 1998: 216-217), 행정이나 행정학에 새로운 방향설정 및 비전(vision) 제시에 공헌이 많으리라고 판단된다. 행정학에서 지금까지는 행태를 중심으로 다루어 왔고, 의식은 걸음마 정도에 이른다고 비유된다. 그러나 무의식의 탐구는 이루어지지 않았는데, 질서의 형성은 행위자의 관점에서 의식적이라기보다는 무의식적임을 상기할 때(한상진 · 오생근, 1990: 15) 이에 대한 관심도 중요하다. 행정현상의 이해에는 지난 시절과는 달리 인간의 무의식 · 의식 · 행위를 포함하는 다양한 층이 있음

을 인정하고, 그에 대한 탐구가 행정학 발달에 이바지할 것이다.

그동안 행정학은 철학 · 과학 · 처방으로 이루어져 있음에도(강신택, 2005: 45) 처방에 치중하다 보니 그 근거를 세우는 일에 대해 무관심하게 여기는 경향을 가졌었다.[28] 따라서 행정학에서의 근거에 대한 연구는 다른 분야에 비해 활성화되어 있지 않다. 이에 대해 관심을 쏟은 파머(Farmer, 1995: 246-248)의 관점에서는 행정학은 행정에 관한 방언들의 체계라고 정의된다. 그 의미는 그들이 맥락의존적일 경우에 그 대상과 지칭의 관계에서 일의적(一義的)일 수가 없는 다양성을 가진다는 것이고(강진호, 2010), 차연(差延)이 이루어질 수밖에 없다는 점이다. 따라서 행정학에서 전통적으로 논의된 그 논리적 관계를 다시 보아야 한다는 것을 의미한다.

그렇다면 행정에 대한 연구는 다음과 같은 질문으로 되돌아간다. 행정현상이라고 하는 실제는 어떻게 실재하는가? 어떻게 경험되는가? 그 경험은 인식주체와 그 대상 사이에서 어떤 관계인가? 등이다(박이문, 1982: 73).

제1장에서 언급했듯이 사회학자 뒤르켐(Emile Durkheim)은 사회현상은 사회적 사실(social fact)이라는 점을 강조하였는데, 그 의미는 마치 개별적인 의식(individual consciousness)이 개별적인 표상(individual representation)의 토대가 되듯이 집합적 표상(collective representations)은 집합적 의식(collective consciousness)에 기초한다는 것이다(Jameson, 1972: 27). 즉, 원자적 개체의 존재근거는 사회적 삶의 장(field)이다(이훈, 1984: 260).

그런데 여기에 문제가 있다. 푸코(M. Foucault)의 이론에서처럼 실제와의 관계에서 합리성을 가장한, 또는 과학이라는 이름으로 이루어지는 지식이 권력(knowledge and power)과의 관계를 통해 인간들을 길들여 왔는가를 지향하는 탐구임을 보여주었다(이광래, 1989). 그 함축은 추상과 보편으로부터 개별화로 이행하는 것으로 해석한다. 따라서 추상적 의미인 공간에서 구체적 성격을 띤 장소로 내려온다거나, 주체는 살아오는 역사 속에서 타자와 자기와의 관계 속에서 만들어진다는 것은 이를 의미한다(Lacan, 1977; Foucault, 2009). 이 함축들은 행정을 연구함에 있어서 실체의

---

28) 특히 정책결정과 집행이 권력에 기초한다면(박동서, 2005) (후기)구조주의의 권력관(權力觀)이 도움이 된다(홍성민, 1990). 그들에 따르면, 권력이란 제도화된 지식과 결부되는데, 특정 집단과 관심을 사회적으로 통제하고 배제하는 메커니즘을 갖는다고 지적한다(한상진 · 오생근, 1990: 15).

문제와 인식의 문제, 그 인식의 원천에 관한 이론의 문제를 내포하고 있다. 이것이 시사하는 바는 인간이 인식하는 세계는 문화적이고 언어적 구성물(cultural and linguistic constructs)에 의해 형성된다는 전제에 서 있다. 즉, 삶이란 문화의 지배를 받고 그 문화는 본질상 언어지배적이라는 것이다(Kaplan & Manners, 1972: 296-297; Patton, 2002: 96). 이에 기초하는 행정은 언어게임으로 재정리된다.

2. 행정모형: 생활양식

언어게임(language game) 이론에 기초하면 실제행정은 심층(深層)에 있는 다양한 생활양식의 조율이나 변화의 유도이고, 이는 언어게임으로 표층(表層)에 나타나는데, 이는 실천으로 귀결된다. 여기에는 실천에 의해서 변화하는 규칙이 존재한다. 또 언어게임은 가족유사성이라는 개념으로 실제행정에 통합된다.

행정학에서 관리를 중심(Henry, 1984)으로 보는 것은 조직 목표 달성을 위한 것이다(오석홍, 2008). 즉, 근대성에서의 이론 구성은 사람을 통해 일이 되게 하는 것(getting things done through)[29]의 역할을 강조하므로(Farmer, 1995: 63) 조직 속의 개인은 관리의 대상이다(Swanson & Holton, 2009). 그러나 해체 이후의 관점은 주체란 언어게임을 통해 활동하는 개개인을 말하므로(이진경, 2013: 303-305) 개인에게 다양한 생활양식이 있는데, 행정이란 생활양식의 하나라고 본다. 다양한 생활양식이 있으니 다양한 층위와 다양한 유형의 행정이 있을 것이다. 즉, 개인 차원에서부터, 학과 행정실 차원에서의 행정, 정부부처에서의 행정에 이르기까지 다양한 범위를 포괄한다. 이에 대해 행정의 개념이 유용하도록 그 연구대상을 한정하려 했던 근대성 이론체계와는 달리, 어느 정도 다양성을 인정함을 의미한다.

그 행정모형 형성을 위한 전제는 생활양식과 언어게임 및 규칙따르기(rule-

29) 이를 보다 좁게는 "making things happen"이라고 할 수 있다(Berkun, 2008). 근대성의 행정관(行政觀)이 능률성(efficiency)과 경제성(economy)에 기초한 최대다수의 최대행복이라는 공리주의 원리에 가까운 데 비해, 근대성에 대한 회의의 행정관은 가장 불우한 사람들의 편익을 최대로 하는 범위 내에서 조화를 이룰 수 있는 행정을 추구한다. 이에 대해 탈근대성의 행정관은 이를 넘어서서 다양성을 포괄하는 (생활양식이 다른 개인이나 집단에게까지 보살피는) 행정관이라는 점에서 차이가 있다.

following)로 요약되고, 개인이나 집단의 생활양식을 조율하는 역할을 수행하는 것이 행정으로 정의(定義)된다(Wittgenstein, 1953; Kishik, 2008). 이 생활양식은 언어게임으로 나타나고 언어게임들은 단 하나의 근본적인 공통된 성질을 가지고 있지 않다. 그저 "가족 유사성(family resemblances)"이라고 부르는 어떤 공통된 특징들의 존재를 인정할 수 있다. 따라서 행정의 의미가 객관적인 진리에만 묶여있는 것이 아니다. 그 함축은 실천의 중요성을 뜻한다. 즉, 실천이란 특정한 생활양식 속에서 행해지는 것이므로 진리의 출발점은 그 특정한 생활양식 (및 언어게임)이라는 의미이다. 따라서 진리란 실천의 함수이다. 이로 인해 진리를 대상과 주관(subjectivity)의 일치라고 정의했던 근대성으로부터 완전히 벗어나 탈근대성으로의 문을 열었다(이진경, 2013: 303-305).

3. 작은 것이 아름답다

앞서 근대성의 특징으로 거대담론 지향을 지적하였는데, 탈근대성에서는 거대담론의 소멸이 주제이다. 이를 잘 표현한 학자가 슈마허(Schumacher, 1989)로 근대의 사고방식에서부터 인간에 대한 연구와 환경을 아우르는 방향으로의 전진이 필수적임을 잘 지적하고 있다. 인간에 대한 근대의 사고방식은 거의 모든 사람들이 거대주의(gigantism)라는 우상숭배로 인해 고통을 겪는다. 또 인간을 자연의 일부로 받아들이지 않고 자연을 지배하고 정복하려 하였다. 이제는 이 싸움에서 완전한 승리의 가능성이 드러나면서 승리하더라도 자연이 제공하는 허용한도(tolerable margins)를 넘어가고 있기 때문에, 결국에는 인간 자신이 패배자가 될 것임을 깨닫기 시작하였다. 즉, 자연을 지배하고 정복하는 것이 인류의 지속에 무엇을 의미하는지를 숙고하게 되었다(Schumacher, 1989: ch.1). 그렇다면 학문의 역할이란 무엇인가?[30] 자연을 지배하고 정복하는 모형에서 자연세계에 대한 인간의 의존성을 존중하는 모형으로 나아가야 하며, 작은 것의 미덕을 추구함을 강조한다.[31]

30) 물론 그는 경제학자로서 경제학의 역할을 살펴보고 있다(Schumacher, 1989: ch.3). 이는 경제학을 넘어서 사회에서 문제를 행정으로 해결하여야 할 역할을 맡은 행정학에도 적용되므로 학문이라는 통칭(統稱)으로 설명하였다.

4. 상대주의에 기반한 행정학

상대주의도 여러 유형이 있지만(박이문, 1983), 여기에서는 객관주의의 주장을 부인할 뿐만 아니라 한걸음 더 나아가 합리성이나 진리·실재·인식·옳음·선(善) 등에 관한 개념적 도식(conceptual schemes)이나 개념 틀(framework)은 삶의 양식이나 사회문화에 따라 상대적으로 이해되어야 한다는 관점이다. 여기에 속하는 이들은 환원불가능한(nonreducible) 다수의 그러한 개념적 도식들이 존재하거나 존재할 수 있다고 믿는다. 따라서 서로 경쟁하는 대안적인 패러다임을 내세우고 이들은 철저하게 공약불가능하다(incommensurable).

폭스와 밀러(Fox & Miller, 2006: ch.27)에 따르면, 근대성의 사상이 뉴턴(Isaac Newton)의 물리학에 기초하지만 탈근대성의 사상은 하이젠베르크(Werner Heisenberg)의 양자역학에 힘입었다고 한다(Newton vs. Heisenberg). 그러므로 상대주의는 20세기에 후반부터 발달한 여러 학문의 추세로 근대성의 보편주의(Universalism)에 대비되는 흐름이다.

상대주의는 $T = f(L)$로 표현할 수 있다 [T는 진리나 이성을 뜻하고, L은 개념체계나 언어를 의미한다](Farmer, 1995: 75; 김여수, 1997: 179). 즉, 진리나 이성 자체가 개념체계나 언어의 함수라는 의미로, 과학철학의 관점에서는 쿤(T. Kuhn)에게서, 언어철학에서는 비트겐슈타인(L. Wittgenstein)에서 유래한다. 이는 이론과 실제와의 관계라는 주제로 이끄는데, 이론과 실제는 관찰명제와 관찰의 다른 표현이다. 각주 24)에서 설명했듯이 이론적재성(theory-ladenness)은 과학이론에 대한 상대주의를 의미한다.

앞서 근대성의 회의의 이론체계에서 주관주의는 모두 해석에 의존하며, 그 해석은 해석 주체(Subject: S)와 해석대상(Object: O)과의 함수관계라고 할 수 있다고 하였다. 이 함수관계에서 더 나아가서 맥락(context)이 주어지면 유사성과 차이를 만들어 낼 수 있는 틀을 제공한다. 여기서 상대주의의 개념이 도출된다(Seung, 1982: 195-

31) 예를 들어, 유리한 재화를 찾아다니는 사냥꾼의 구매자 모델에서 공정거래 운동과 같은 모델로 바뀌어 나가도록, 또 개인주의와 무책임성(individualism and non-responsibility)이 제도화된 시장 개념으로부터 지속가능성을 염두에 두는 모델로 나아가야 함을 강조하고 있다(Schumacher, 1989: ch.3). https://www.fairtradecertified.org/why-fair-trade(검색일, 2019.4.15).

198; 219).

그 의미는 탐구라는 것은 큰 언어게임 테두리 속에서 그보다 작은 서로 다른 언어게임을 하고 있다는 뜻이다. 특히 진리라는 개념을 합의라는 개념으로 대치시키고, 과학자 집단의 역할에 주목하는 것이 특징인데, 이는 쿤 이론의 철학적 바탕은 후기 비트겐슈타인의 언어게임과의 유사성을 잘 보여준다. 언어게임에 따르면, 물리학자가 물리현상을 설명하고, 생물학자는 생물현상을 설명하고, 사회학자는 사회현상을 설명하는 것은 가족유사성이라는 개념에 해당된다(Farmer, 1995). 한편 과학자 집단의 역할에 주목하는 것은 후기 비트겐슈타인 철학의 언어공동체와 유사하다.

상대주의 관점으로 행정을 보면 복지정책과 경제정책과의 차이나, 자연환경이나 문화유산을 보존하려는 환경정책과 문화재정책에 대해 국토건설이나 개발에 초점을 두는 정책이 서로 간에 모순을 일으키는 현상을 설명하는 데도 유익하다. 그 유익한 점이란 행정이란 무엇인가의 추구는 가족유사성이나 언어게임으로 귀결된다. 따라서 행정관리냐 통치 기능이냐는 가족의 유사성 아래에서 서로 다른 언어게임을 하고 있다라는 관점으로 귀결된다.

5. 낮은 데로 임하소서(Bottom-Up)

본래 담론이란 언어로 매개되는 진리의 형성과정을 가리키는 개념으로, 진리를 직접 파악하는 직관과 대립된다. 그런데 푸코(M. Foucault) 등에서 보듯이 20세기 후반에 와서는 주체나 의식에 의해 역사서술에서 억압되고 배제된 것을 규명함을 의미한다(허수, 2006: 212). 이 의미는 중심의 해체로, 그 표현형태로서는 지역성에 기초한 공동체나 지역사업(community work)의 중시이다. 즉, 탈근대성의 새로운 이론체계는 낮은 데로 임하여서 작은 행복을 찾는 것이라고 할 수 있다.

그 구체적 모습은 활동과 참가가 전제된다. 예컨대, 일과 생활의 조화(work-life balance) 및 더 나아가 일과 생활 사이에 이 둘을 매개하는 사회에의 참여가 생활의 만족감으로 이어지고 이것이 새로운 사회적 위험(new social risk)을 해결할 수 있다(稻垣, 2010).

공동체가 형성되면 지역의 문제를 해결하는 데 드는 비용을 줄일 수 있고 공동체

간 연대를 통해 사회적 관계의 확대가 가능하다는 측면이다. 공동체에 속하지 않은 개인은 생활주변의 문제를 공적 관계 속에서 해결해야 하므로 많은 거래비용(transaction cost)을 지출해야 하지만, 공동체 속의 개인은 구성원 간 형성된 친밀감이나 사회적 유대 등 사회적 자본의 형성을 통해 생활문제를 해결할 수 있어 문제해결의 비용이 감소한다고 한다(김희연 외, 2014). 또 공동체 활동의 가치는 시장에서 거래되는 재화와 서비스로 표현되는 경제적 가치뿐만 아니라 비(非)시장 방식으로 표현되는 유·무형의 다양한 가치도 내포하고 있으며, 지역공동체의 구성원들 상호 간에 이타적 행위들을 공유하는 데서 오는 사회적 가치는 사회적 자본의 일종으로서 공동체 존재 의의의 중요한 부분이라고 한다(김희연 외, 2014).

낮은 데로 임하여서 찾으려고 하는 작은 행복은 기본적으로 개인의 주관적 느낌이라는 점을 부인할 수는 없다. 하지만 그것이 주관적인 수준에서만 머물고 상호주관적인 인정을 받지 못한다면 여러 가지 문제가 발생할 수 있다.[32] 따라서 행복의 기준점은 사회공동체에 의존한다. 즉, 지역사회가 직면한 문제를 국가나 정부기관에 맡기는 것이 아니라, 공동체가 자발적인 활동을 통해, 지역문제를 흡수하고 해결하여 건강한 지역을 이룩하는 데 나름의 역할을 수행하여야 한다.

또 그 사회공동체는 역사적 성격을 지닌다.[33] 이것이 의미하는 바는 보편적으로 공동체를 넘어 행복이 존재하는 것이 아니라 사회공동체에 의존한다는 점이다. 그러므로 사회적 행복을 증대시키기 위해서는 사회공동체가 바람직해야 한다는 의미이다. 낮은 데로 임하소서는 이를 표현하는 양태이다.

사회공동체가 바람직하다는 것은 사람이 사람으로 인정될 때이다(人間). 사람이 사람으로 인정되는 때는 사람들끼리 서로 소통한다는 의미이다. 사람은 혼자가 아니

---

32) 어떤 사람은 도박이나 마약에서 주관적으로 최대의 행복을 느낄 수도 있고, 어떤 이들은 의학적으로 매우 병약한 상태임에도 건강하다고 느껴서 행복할 수도 있다. 행복이 주관성에만 갇혀 있다면 행복은 사회적으로뿐만 아니라 당사자 자신에게도 매우 위험한 것이 될 수 있다. 이러한 접근은 이웃에 대한 관심과 배려로 층간소음으로 인한 이웃 간 생활갈등 완화되는 현상이나 무관심으로 인한 소외나 청소년범죄 등을 사랑과 협조를 통해 순기능을 하고 있는 공동체의 실제 사례를 설명할 수 있다.

33) 예컨대, 내가 누리는 자유는 수많은 사상가와 그를 위한 투쟁의 결과이다. 따라서 나의 이 자유는 역사의 전개에 힘입은 것이다. 즉, 사회적 행복은 공동체의 역사성에 의존한다는 것이다. 또 사회적 행복의 체험 장소 역시 사회공동체이다.

라고 느낄 때 행복한 감정을 느낀다. '인간(人間)'이라는 말 중에서 '간(間)'이라는 말은 '사이'라는 뜻인데, 풀어서 말해보면 '사람과 사람 사이'라는 말이 된다. 인간이라는 그 조건에도 소통이라는 말이 들어가 있는 것이다. 혼자가 아니라고 느끼는 감정은 함께한다는 느낌으로 이는 관심을 가지는 것이다. 서로에 대한 관심을 가져야 인간으로서 '간(間)'이라는 단어가 빛을 발할 수 있는 것이다(이광석, 2017). 이상의 설명을 <표 2-5>를 이용하여 재정리한 것이 <표 2-8>이다.

표 2-8 근대성과 그에 대한 회의 및 탈근대성

	근대성	근대성에 대한 회의	탈근대성
목적	• 행정과학 정립	• 행정철학을 통한 보완	• 인문주의를 통한 보완
대표적인 사회과학의 유형	• 실증주의 사회과학	• 현상학적 사회과학	• 생활양식으로서의 사회과학 • 구조주의 사회과학
대표적인 접근법	• 행태주의 접근법 • 양적 연구방법	• 현상학적 접근법 • 해석학적 접근법 • 질적 연구방법	• (후기)구조주의 접근법[해체]
행정관(行政觀)	• 공리주의 행정관 (최대다수의 최대행복)	• 신행정학적 행정관(가장 불우한 사람들의 편익을 최대로 하는 범위 내에서 조화를 이룰 수 있는 행정)	• 다양성을 포괄하는 행정관 (생활양식이 다른 개인이나 집단에게까지 보살핌)
세계	• 논리적 구성물	• 사회적 구성물	• 문화적이고 언어적 구성물

제 7 절 | 요 약

행정학(public administration in theory) 발달사를 일목요연하게 정리하려는 일은 꼭 필요하고 또 유용한 작업임을 부인하지는 않을 것이다. 이 작업을 위해서 두 가지 방법이 있는데, 그 하나는 행정학 내부의 관점에서 정리할 수 있다. 또 다른 하나는 보다 폭넓게 행정 외부에서 오는 시대변화와 함께 고찰하는 방법이다. 이 장에서는 후자의 방법을 채택하는데, 이에 따르면 근대성, 근대성에 대한 회의, 탈근대성으로 정리되고 근대성은 행정과학의 정립, 근대성에 대한 회의는 행정철학을 통한 보완 및 탈근대성은 인문주의를 통한 보완이 중심을 이루고 또한 이들은 각각의 이론체계를 가지고 있다. 따라서 현재 행정학의 흐름은 3 유형으로 정리된다. 이들은 각각의 접근법(<표 1-5>를 참조하라)과 주제를 지니고 있다(<표 2-7>을 참조하라). 이들 주제와 접근법을 파머를 좇아 이 책에서 방언이라고 부른다(물론 파머는 이들 흐름의 특색을 방언이라고 불렀다).

이 구도에 따라 이들의 특색을 서술하였는데, 근대성의 행정모형은 보편성을 추구하였고, 행정학이란 다양한 층위의 행정 중에서 연구대상의 한계를 정하는 것이었으며 객관주의에 기반하였다. 또 거대담론과 top-down이 특색이므로 그 표현양태는 '저 높은 곳을 향하여'라고 할 수 있다. 한편 근대성에 대한 회의에서의 행정모형은 위기관리체제였으며 주관주의에 기반한 행정학이었고, 질적 연구방법에 친화적이었다. 이를 대표하는 행정학 이론은 신행정학이었다. 탈근대성의 행정모형은 생활양식이었고, 그 이론은 상대주의였다. 이 표현양태는 '작은 것이 아름답다'와 '낮은 데로 임하소서'이다. 물론 실제에서는 이 흐름들이 뒤섞여 있지만 이론상으로는 구별될 수 있고 또 구별되어야 한다.

이상의 기술은 이 책의 전개에 그대로 반영되어 제2부에는 근대성에 기초하는 객관주의(실증주의) 방언, 제3부에는 근대성에 대한 회의에 기초하는 주관주의 방언 및 제4부에는 탈근대성에 기초하는 인문주의 방언을 이룬다.

제3장 행정학의 언어적 전회

제1절 | 서 론

언어가 무엇이며 왜 중요한가에 대해서는 일찍이 비트겐슈타인의 "내 언어의 한계는 내 세계의 한계이다(The limits of my language mean the limits of my world)"라는 말로 요약할 수 있다. 즉, 언어는 의사전달뿐만 아니라 개념정립과 같은 창조적 역할을 수행하는데, "우리의 실체는 언어라는 거울 속에 존재하고 거울만 보도록 되어 있는 것이 우리의 운명이며, 이 운명의 사슬에서 벗어날 수는 없다"고 비트겐슈타인은 말한다(조중걸, 2009: 214). 여러 영역에서 이러한 언어의 본성을 오해함으로써 생겨나는 시간과 노력, 그리고 재능의 낭비는 다른 어떤 낭비보다 크다(Johnson, 1836; [Fann, 2005: ii]에서 재인용).[1)]

---

1) 사회과학의 탐구의 결과는 언명 또는 명제의 형태로 서술되어야 한다(Rudner, 1966: 10). 즉, 주체(인식주체나 연구주체)가 세계 안에서 대상(인식대상이나 연구대상)을 경험할 때는 반드시 언어의 체계를 매개로 하는데, 20세기 여러 학문에서 이런 흐름을 언어적 전회(linguistic turn)라고 한다. 이 관점에 따르면, 언어를 어떤 시각으로 바라보느냐에 따라 객관주의(실증주의) 방언, 주관주의 방언 및 인문주의 방언으로 나뉜다(곽영순, 2011: 84−85). 이는 자연언어의 경우에도 마찬가지다. 한국에서 쓰던 한자(漢字) 브랜드를 중국에서 그대로 쓰면 뜻하지 않게 부정적인 의미나 어감을 내포하는 경우가 많다. 예를 들어, 초코파이로 유명한 오리온은 중국 진출 초기에 사용했던 브랜드 '東洋' 대신 오리온과 발음도 비슷하고 '좋은 친구'라는 뜻을 지닌 '하오리여우(好麗友)'라는 브랜드를 채택했다. '동양(東洋)'이라는 말은 중국에서는 일본을 비하해 부르는 말로, 중국인의 반일감정 때문에 부정적인 반응을 불러일으켰기 때문이다(동아일보, 2007.3.14).

어떤 사실들에 대한 명제들이나 물음들은 거짓이라기보다는 난센스일 경우도 행정의 영역이나 행정학의 영역에서 많은데, 그 이유는 언어논리를 이해하지 못하고 있는 데에서 생겨나오기 때문이다(이기상, 1991: 22).[2] 이에 따르면, 행정을 비롯한 사회현상은 언어현상으로 환원된다. 행정은 판단과 실행 체계이지만 이와 함께 언어가 동행한다. 이런 의미에서 행정에서의 판단과 실행은 제4장에서 논의하는 중간세계를 통해 투사되고 체계화된다.

행정과 행정학의 영역에서 지금까지는 주체와 대상 사이의 연구 지향이었지만, 언어적 전회란 주체와 대상 사이에 언어의 세계(중간세계)가 있음을 인정하고, 이 언어의 세계가 행정연구의 한 부분임을 인정하는 학문적 관점을 말한다. 즉, 행정학의 언어적 전회란 행정학을 언어의 체계로 보고, 보이는 행정현상이나 심층에 있는 것을 언어로 재구성한다.

이 장에서는 이를 통해 개념들을 발전시켜 행정학에 기여하고 그 내용(행정 또는 행정학)과 언어 사이의 관계를 정립하려고 시도한다. 즉, 행정학에서도 그 학문 분야의 성립을 가능하게 하는 것이 언어체계라는 관점에서 행정현상에서 행정학으로 옮아가는 지점에 적용되는 개념들이 있는데, 투사원리나 의미역 등이 그것들이다. 이어서 사례를 통해 행정언어 모형의 적용가능성을 살펴본다. 이 장은 이런 의미에서 행정학의 명제(proposition) 분야의 연구를 촉구하는 글이다.

제 2 절 | 행정학에서 언어적 전회와 행정언어 모형

베버(M. Weber)가 관료제를 논의할 때 문서에 의한 작용을 그 특징으로 들었다는 것은 그가 행정에서 언어의 중요성을 인식하고 있었음을 의미한다. 행정학의 주류의

---

2) 한편 포퍼(Popper, 1974: 180－196)는 물리적 대상(physical object)의 세계를 world 1로, 의식(thought process)과 같은 주관적 체험(subjective experiences)의 세계를 world 2로, 진술의 세계(the world of statements themselves)를 world 3으로 명명하고 3 유형의 세계 이론을 전개한다(이주향, 2005: 124－125 재인용). 이를 달리 말하면, 주체의 세계와 대상의 세계 사이에 언어의 세계(중간세계)가 있음을 의미한다.

견해에 따르면, 행정은 공공성을 기본으로 하는 개별적 행위 및 판단과 실행 등으로, 이와 함께하는 언어가 현실적으로 존재한다. 그 언어는 좀 더 넓은 공공언어로 통합되는데 이 공공언어 속에 포함되는 언어는 다른 공공언어에서는 볼 수 없는 특징이 있다(남영신, 2010; 민현식 외, 2010).

행정학은 윌슨(W. Wilson)에서 시작하여 1세기가 넘는 긴 역사를 갖고 있지만 정체성의 위기를 아직도 완전히 해결하지 못하고 있다(김태룡, 2007). 이런 논의를 언어체계라는 관점에서 재창조하려는 데 있다. 이 절에서의 차례는 먼저 언어적 전회를 논의하여 행정학의 분야에로 그 논의를 연장하고, 행정언어 모형을 수립하여 그 타당성을 살펴보도록 한다.

1. 행정학에서의 언어적 전회에 대한 관점의 다양성

행정학을 언어의 체계로 보는 흐름들이 나타나고 있다. 행정학의 언어적 전회가 나타나서 자리를 잡는 것이 가능했던 시대적 상황을 살펴보면 근대성에 대한 회의뿐만 아니라 탈근대성의 흐름이 있다. 탈근대성의 특징 중에는 언어적 전회가 자리잡고 있다(강준만, 2007). 이에 따라 행정학에서는 Farmer(1995), Fox & Miller(2007), Watson (2002), Watson(2004) 등의 선구적 연구가 있었다. 더욱이 철학은 언어철학으로 발전하여 20세기를 지배하였기에 행정학의 언어적 전회를 논의하는 데 힘을 더했다. 그렇지만 행정학의 언어적 전회를 주장한다 하더라도 그 초점이 하나로 모아지지 않는다. 이들을 열거해 보면 자연언어 중심, 담론 중심, 언어철학 중심의 언어적 전회로 나누어 볼 수 있다.

자연언어 중심의 언어적 전회는 행정부나 공공의 영역을 중심으로 사용되는 언어의 실제 기능을 탐구하는 언어의 일반적 속성에 기초한다. 이 흐름의 장점은 구체적 대상을 두고 다른 어떠한 흐름과도 협조가 가능하다는 점이다. 수평적으로는 용어·문장·텍스트(text)·담화·이야기(story) 등으로 나아갈 수 있고, 수직적으로는 심층과 표층, 기호 등으로 파고들어 언어와 관련된 전반을 분석할 수 있다는 점도 장점이다.

담론 중심의 언어적 전회인 행정담론운동(discourse movement)은 행정학의 비주류 흐름과 맥락이 닿는데, 이미지와 정체성을 비롯하여 탈근대성(post-modernism) 등과도 연관이 있다(제4부를 참조하라). 이 흐름은 행정에서 언어의 중요성을 인지하고 언어의 변화를 통해 행정을 보다 민주적으로 변화시킬 수 있다는 주장을 편다(김대성, 2009).

언어철학적 흐름은 언어의 본질을 주체적인 인간과의 관계에서 이해하고 일상적인 언어현상을 삶의 현상의 핵심으로 해석하므로(이규호, 2007) 언어를 주체적이고 생동적인 힘으로 바라본다(제10장을 참조하라). 그렇지만 여기에서는 행정언어 중심의 언어적 전회인 행정언어 모형을 살펴본다.

2. 행정언어 모형

행정학이 행정으로부터 어떻게 투사되느냐와 정립된 그 모습을 어떻게 검증하느냐에 관한 모형에 관하여서 논의해 본다. 먼저 투사원리에 관해서 살펴보면, 투사 그 자체의 개념이 일치하지 않지만 투사는 모든 연구나 학문의 기초(조용환, 2010)이며, 중간세계에서 언어화하는 과정이다. 말없는 존재인 세계는 언어를 통해 인간에게 드러내 보이는데, 그 인간과 세계를 연결해 주는 장소가 중간세계이다(이명현, 1982: 22). 이를 행정으로 전환하면 행정이라는 실제의 영역은 말없는 존재이므로 행정언어를 통해 행정 내부(관료들 사이)이거나 행정 외부에 대해 실제적인 기능을 수행하는 것으로 개념화된다.

행정이란 정책결정과 그 구체화(박동서, 2005)라고 정의되는데 정책결정과 그 구체화는 모두 언어와 그에 따른 행동(Watson, 2002)에 기초한다. 그러므로 언어적 전회란 행정학을 언어의 체계로 보고, 표층(보이는 부분)에 있는 행정현상이나 심층을 언어로 재구성한다. 이때 행정현상에서 행정언어로 [나아가 행정학으로] 옮아가는 지점에 적용되는 원리나 규칙이 있는데 이를 투사원리라고 한다[3](Cook, 1993; 박영

3) 이는 [그림 4-5]의 중간세계에 합당한다. 여기서 투사원리와 접근방법은 어떻게 다른가 하는 의문이 생겨날 수 있다. 접근방법을 유민봉(2010: 제2장 참조)의 정의대로 '현상에서 학문으로'를 의미한다면 두 개념은 유사하지만 차이가 있다. 투사원리는 중간세계에서 언어화한다는 관점이므로 접근방법과 차이가 난다(이좌용, 2002: 56 참조). 만약 접근방법을 "현상을 바라보는 관점 또는 일반적 지향을 말한다"(강신택, 1981: 202)라고 정의하면 투사원리와는 확연한 차이를 나타

식, 1995: 108). 예컨대, "음악가가 악보로부터 교향곡을 끌어낼 수 있고, …… 다시 교향곡으로부터 악보를 끌어낼 수 있다. …… 그 규칙은 교향곡을 악보언어에 투시하는 투사의 규칙이다"[4](Wittgenstein, 1921: §4.0141). 이 인용에서 교향곡(실제 음악) 대신에 실제행정을, 악보 대신 행정학을, 악보언어 대신 행정언어를 대입할 수 있고, 그러면 행정언어의 의미를 알 수 있다.

[그림 1-8]에서 보았듯이 어떤 행정현상(사실의 세계)이 그 논리의 세계로 진입할 때를 투사라 하고 하는데,[5] 이때 언어적 문법과 문화적 문법에 기초한 변환이 일어난다.[6] 이 변환이 일어날 때 적용되는 원리가 투사원리로 사실의 세계가 그대로 논리의 세계로 진입하는가?(이를 반영이라고 한다) 아니면 구성되는가? 또는 심층에서부터 표층으로 변형원리에 의해 생성되는가?가 문제가 된다(정수복, 2007: 74-75; 유민봉, 2010). 반영[mirroring]은 세계를 논리적 구성물로 보는 비트겐슈타인의 그림이론에 따르면, 의식과 행동 사이에 굴절(reflection)을 인정하지 않는다(Wittgenstein, 1921). 이에 비해 그 중간에 굴절을 인정하는 구성주의는 인지적 구성주의와 사회적 구성주의로 나뉘지만 이들 견해는 세계를 사회적 구성물로 본다. 이 책에서의 변형생성이론은 세계는 문화적이고 언어적 구성물(cultural and linguistic constructs)에 의해 형성된다는 전제에 서 있다(Patton, 2002: 96). 좀 더 자세히는 제4장에서 설명한다.

행정학에서 투사원리와 관련된 것으로 진리조건 의미론(Truth-conditional semantics)이 있다. 진리조건 의미론의 기본 전제는 "한 문장의 의미를 안다는 것은 그 문장이 참이 되는 세계가 어떤 것인지를 안다는 것"이다(이정민·배영남, 1990;

낼 수 있다. 더 나아가 저자는 '사실의 세계(현상)에서 논리의 세계로'는 투사원리의 기초이며 여기에서의 핵심은 언어화이므로 접근방법과는 다르다고 본다.

4) 여기에서 '사실의 세계(현상)에서 논리의 세계로'라는 투사를 적용한다는 의미이다. 이 개념의 투사와는 다른 개념을 이용한 경우는 조용환(2010)을 참조하라. 이 책에서는 행정실무에서의 진술문을 (행정실무)문장이라고 부르며 행정학적 명제와는 구별한다.

5) 기술(description)이나 설명·이해 등도 투사원리와 관련이 많은 듯하다. 그러나 실제로는 이 부분의 연구가 빈약하다. 특히 구성이 문제가 되는데 이에 대한 자세한 설명은 Patton(2002: 96-101)을 참조하라.

6) 문화적 문법이란 어떤 집단이 공유하는 의식과 행위의 규칙들로 구성원들이 내면화하여 장기지속적이고 잘 변하지 않는 것을 말한다(정수복, 2007: 74-75). 이를 학문의 세계로 투영하면 Kuhn의 패러다임과 같이 어떤 학문공동체가 공유하는 가치관이다.

Gupta, 1996: 151－163).[7] 제1장에서 소개하였듯이 타르스키(Alfred Tarski)는 문장의 진리조건을 밝히기 위해 다음과 같은 T－동치(同値)공식을 제안하였다.

① T－동치공식: 'p' is true if and only if p.

이 공식에서 왼쪽의 'p'는 판단의 대상이 되는 문장을 가리키고 (대상언어), 그 나머지 부분(is true if and only if p)은 왼쪽 문장 'p'가 참이 되는 조건(즉 진리조건)을 가리킨다(메타언어). 이는 검증주의(verificationism)와 관련이 깊다(이익환, 1986: 21). 예를 들면, 'Snow is white'라는 문장의 진리조건은 다음과 같다.

② 'Snow is white' is true if and only if snow is white.[8]

A　　　　　　　　　　　B

투사원리에서 B의 현상이 A의 언어와 문장으로 옮겨질 때, T－동치공식이 그대로 적용되면[A＝B] 반영이라 할 수 있고,[9] 행정학의 연구자는 행정현장에 그대로 검증할 수 있다. 일정한 행정의 영역에서 또는 후술하는 의미역 안에서 굴절을 통해 응용된 것이 구성으로[A≒B] T－동치공식의 폭을 넓히는 것을 인용(認容)한다면 연구자는 행정현장에서 그 인용 범위를 적용하여 행정학의 적실성은 높일 수 있고, 반대로 T－동치공식에 비추어 수용될 수 없다면[A≠B] 그 이유를 밝히는 작업을 수행할 수 있다.[10] 따라서 투사원리를 적용할 때 그 범위에 대한 묵시적 또는 명시적 판단의 범위를 두어야 하고 이를 넘어설 경우는 그 명제가 적용되지 않아 의미의 왜곡 또는 전달에서의 오해 등이 생기게 된다. 학문공동체의 존재 이유는 이에 대한 판단과 그 해결책의 제시에 있다.

---

7) 다시 말해 한 문장의 의미를 규정하는 것은 그 진리조건을 규정하는 것과 같다는 것이다. 이 진리조건은 물론 필요충분조건을 요구한다. 이와 같이 어떤 문장의 진리치를 실제적 상황과 일치하는 것으로 보는 진리관을 철학에서는 대응설(Correspondence Theory)이라고 하는데, 여기서는 [그림 1－9]와 같이 재편한다(이정민 · 배영남, 2002).

8) 이러한 T－동치공식은 단순한 동어반복인 것처럼 보이지만 타르스키는 대상언어와 메타언어(상위언어)를 구분함으로써 이 공식을 의미있게 만든다. [그림 1－9]를 참조하라.

9) 물론 이는 행정명제의 진위 검증의 문제이므로 투사의 방향과는 역방향이다.

10) 예컨대, 연구나 조사의 결과 눈이 희다면 투사원리 중 반영된 것으로 그대로 검증이 된다. 그런데 흰색에 다른 색이 섞여 있다면 'white'에서 얼마만큼 멀어진 것이며 왜 그런가에 대한 이유를 밝혀 검증해야 할 것이다. 거무스레한 것이라면 이는 기각될 것이다.

여기서 의미역의 문제가 발생한다.[11] 의미역이란 투사나 서술이 의미를 가지는 영역으로 정의되는데 행정(학)과 관련된 언어가 행정학적으로 의미 있는 것은 행정(학)의 모든 영역에 적용되기 때문이 아니라 행정(학)의 일정 영역에만 적용되어 행정현상을 잘 설명하기 때문이다. 예를 들면, J curve가 의미를 갖는 것은 공무원의 봉급과 관련이 있는 영역에서이다. 의미역이 문제되는 이유는 행정이 가족유사성(family resemblance)의 성격 또는 행정 내부의 서로 어긋나는 성격에 기인하는데 그 필요성은 마찰을 줄여주는 데 있다. 즉, 행정학은 정부의 다양한 영역의 일 중에

그림 3-1 행정언어 모형(행정과 행정학과의 관계)

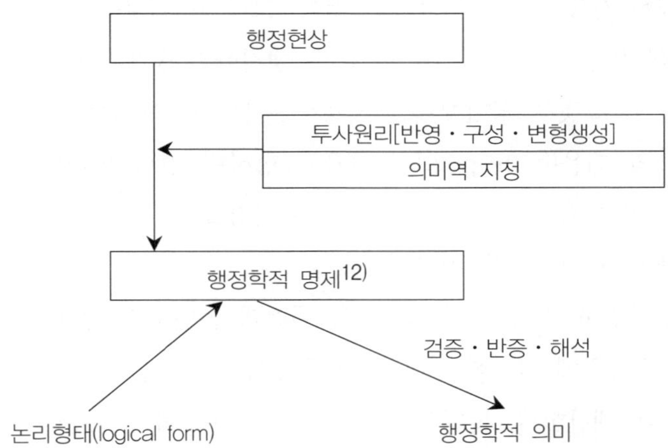

출처: Cook(1993: ch.2)을 재정리하고 응용함.

---

11) 이 용어는 영어 thematic role의 번역어이다. 원 뜻은 role로 기능하지만 여기서는 thematic span, thematic function으로의 이해도 가능하다. 의미역의 원 뜻은 누가 무엇을 누구에게 무엇을 하고 있는가를 지칭한다(Cook, 1992: 43). 여기서는 어떤 명제가 의미를 갖도록 하는 영역을 지칭한다. '얼음'과 베트남인을 예로 들어 보자. 그들이 '얼음'을 본 적이 없다고 가정하면 그들에게 '얼음'과 '춥다'라는 두 개념은 연결되지 않을 것이다. 즉, 베트남인에게는 의미역 제약에 해당한다. 성경의 번역에서 '하느님의 어린 양'이란 구절이 에스키모인에게는 (양이 없으므로) 도대체 이해되지 않아서 '하느님의 어린 물개'라고 하니 쉽게 수용되었다는 사례도 참고해 볼 만하다.

12) 비트겐슈타인의 저작인 『*Notebooks 1914–1916*』(1961)에 따르면, "논리적 명제들은 언어의 논리적 속성을 보여주며 그리하여 우주의 속성을 보여준다"고 한다(Fann, 2005: 58). 여기서는 소흥렬(1982: 85)의 논의에 따라 명제는 문장을 학술적으로 변형한 뜻으로 쓰인다. 다만 행정문장이라 함은 실무에서의 표현에 쓰이는 경우로 본다(민현식 외, 2010; 남영신, 2010).

서 논의되므로 어떤 개념이 모든 정부의 영역에 적용될 수는 없다. 예컨대, '과부하의 원리'는 복지영역에서 회자되고 이에 대한 논의가 진행되지만 재무행정이나 예산의 영역에서는 관련성이 크지 않다. 정부개입이라는 명제는 규제정책에서와 환경정책의 영역에서는 찬성이나 비판의 강도는 다를 것이다. 또 다른 예를 들면, 복식부기라는 개념은 그 쓰임새가 예산제도 또는 재무행정에 많이 쓰인다면 그 의미역은 재무행정이 된다. 따라서 의미역이 지정되고 그 지정된 의미역이 합당하다면 그대로 그 전문가 집단에게서 이해되고 통용된다. 즉, 어떤 개념이 행정(학)의 의미역이 맞으면 그대로 투사되기도 하고(박영식, 1995: 109; Cook, 1993), 검증할 때 그 기준이 되기도 한다.

위에서 논의한 것을 그림으로 표현한 것이 [그림 3-1]로 행정과 행정학과의 관계를 나타내는 행정언어 모형으로 볼 수 있다. 행정학적 명제는 행정학 안에서의 의미체계와 연관된다. 그것은 의미체계를 지탱해 주는 논리형태를 갖고 있으며, 이들이 현실 세계에서의 대응(correspondence)을 지향하면 경험적이고(Patton, 2002: 92) 그와 관련이 없이 체계 내에서의 일관성 있는 지향을 추구한다면 정합성이라고 하며 둘을 구분한다([그림 1-9]를 참조하라).

논리형태는 다양한 방법이 이용되는데, 예컨대 논변모형 중에서[13](유민봉, 1994; 2010) 주장의 정당화에 필요한 기본 요소 중에서 자료 · 본증 · 보증 등은 여기서 말하는 논리형태에 해당한다. 논리형태는 후술할 사례들에서 보듯이 이론상으로는 검증할 때의 여러 원리와 구별되지만 실제로는 그 둘이 결합되는 경우가 많은데 다음에서 논리형태를 좀 더 자세히 살펴본다.

제 3 절 | 행정학의 논리형태

논리학에서는 논리형태(logical form)를 좁게 잡아서 명제들 사이, 또는 그 안의

13) 논변모형의 기본 구조는 주장의 정당화에 필요한 기본 요소 여섯 가지를 논리적으로 상호 연계시켰다. 이들은 자료 · 본증 · 보증 · 반증 · 한정접속사 · 주장이다(유민봉, 2010: 44).

논리적 관계를 나타내는 것으로 정의한다[14](소흥렬, 1982; Jeffrey, 1967). 따라서 먼저 명제를 살펴보고 이어서 논리형태를 살펴보기로 한다.

명제는 둘로 나뉘는데 관념의 관계에 대한 명제와 사실에 관한 명제가 그것이다. 전자는 논리학과 순수수학의 선험적 명제들로 구성되며 이들은 경험세계에 대해 어떤 주장도 하지 않는다. 여기서 논의의 대상이 되는 것은 후자이다. 즉, 경험적 사실에 관한 명제인데, 논리실증주의자들은 이들을 참과 참이 아닌 것으로 구분한다(Ayer, 1946). 그 중의 중요한 이슈가 의미의 기준과 과학의 기준과의 관계이다(이한구, 2011). 논리실증주의 입장에서는 의미의 기준과 과학의 기준은 동일한 것으로 전통적인 형이상학은 무의미한 명제들이기에 비과학적인 명제들이다. 달리 보는 반증주의 입장에서는 과학의 기준과 의미의 기준은 다르며, 논리형태에서는 과학의 기준이 필요하고 반증가능성에 의해 과학과 비과학을 구별할 수 있다고 본다(신중섭, 2011: 84). 따라서 의미의 기준으로 보면 신화와 철학과 과학은 모두 하나의 연속선상에 서 있다고 볼 수 있으며(이한구, 2011), 형이상학적인 관념들도 해석에 따라 그 의미를 부여할 수 있다. 이에 따르면, 행정학에서의 가치 등도 중요한 역할을 할 수 있다고 하겠다. 다만 행정학에서의 논의에서는 시간과 공간의 제약을 받지 않는 무차별적 주장이라는 것까지 수용할 수 없으므로, 논증 가능성의 원리를 어느 정도까지인가를 정할 필요가 있다.

명제 분류를 달리하면, 모든 의미 있는 명제들은 두 종류로 분류되는데,[15] 하나는 경험적 명제이고, 다른 하나는 동어반복적 명제이다. 경험적 명제는 일상생활의 사실적인 명제들을 포함하는 것으로 이해되는 자연과학의 명제들이며, 동어반복적인 명제는 전형적으로 수학이나 논리학 같은 데서 만나게 되는 것들로서 우리의 개념에 관한 것일 뿐 사실세계에 관한 명제가 아니다(이한구, 2013).[16] 이를 나타낸 것이

---

14) 비트겐슈타인은 논리형태를 명제의 구조라고 보았지만(Maggie, 1985: 132), 이 글은 본문에 언급한 바대로 이해한다. 때로는 글의 전개방식과 혼동되기도 하지만 엄격히 구분할 필요가 있다. 글의 전개방식에 대해서는(Decker & Schwegler, 1992)나 장신재(1993)를 참조하라. 전자는 illustration, classification, comparison and contrast 등 13가지를 제시하고 있고, 후자는 narration, analogy, description, induction, deduction 등으로 나누고 있다.

15) Brown(1977: 23)은 넷으로 분류한다. 순수형식적 명제(항진명제와 모순명제), 원자명제(atomic propositions), 분자명제(molecular propositions), 사이비명제(pseudo-propositions)가 그것들이다.

표 3-1 과학기준

<table>
<tr><td rowspan="3">분석·종합
명제의 구분 →</td><td>분석 명제</td><td>논리적 명제</td><td rowspan="2">과학외적 명제
(non-scientific
statements)</td><td rowspan="3">포퍼의
구획기준 ←</td></tr>
<tr><td rowspan="2">종합 명제</td><td>형이상학적 명제</td></tr>
<tr><td>경험적 명제</td><td>과학적 명제</td></tr>
</table>

출처: 신중섭(1990: 32).

<표 3-1>이다. 여기서는 과학의 기준과 의미 해석의 문제를 고려하여 전통적 구분인 분석명제와 종합명제를 우선으로 하여 전개한다.

이어서 논리형태를 살펴보자. 명제들 사이, 또는 그 안의 논리적 관계를 나타내는 것이 논리형태인데, 예를 들면,

1. 높은 농도의 유체는 낮은 농도 쪽으로 확산한다.
2. 비커 바닥에 있는 잉크방울 a 내의 잉크 농도는 비커 내의 물이 차지하는 부분의 잉크농도보다 높다.
3. 그러므로 비커 바닥에 있는 잉크방울은 비커 나머지 부분으로 확산한다.[17]

명제 2는 사실을 기술하고, 명제 1은 자연법칙, 명제 3은 사실 내지는 예측된 상태를 기술한다. 이에 비해 좁은 의미의 논리형태(Logical form)는 각 명제 내의 구조, 그리고 명제 간의 관계가 가장 잘 드러나도록 도식화한 결과이다. 따라서 논리형태를 내적 논리형태와 외적 논리형태로 나누어 볼 필요가 있다.

16) 모든 의미 있는 명제는 경험적 명제거나 동어반복적 명제라는 것 중 어느 하나이지 않으면 안 된다. 형이상학적 명제는 이 둘 중 어느 것에로도 분류될 수 없는 것이다. 그러므로 그것은 무의미한 명제가 된다(이한구, 2013).

17) 1. $(Ax)(Hx \rightarrow Dx)$ [For all x, if Hx "the concentration of x is higher at its place than its concentration in other places around it" then Dx "x diffuses".]
2. Ha
3. Da [by 1 and 2]로 된다.

1. 내적 논리형태

논리학에서는 논리형태를 명제들의 논리적 관계를 나타내는 것으로 정의하였는데 여기서는 이를 둘로 나누어 명제 안의 관계를 내적 논리형태라고 하고, 명제들 간의 관계를 외적 논리형태라고 한다. 내적 논리형태를 살펴본다. 세계는 사물의 총체가 아니라(not of things), 사실의 총체(but of facts)라는 명제에서 그 세계는 기술된 세계(described world)인데, 행정학에서의 그 의미는 행정현상이 행정학의 연구대상이 되기 위해서는 두 가지를 필요로 함을 함축한다. 그 첫째는 언어화이다. 언어현상으로 바뀌면서 학문으로의 과정이 시작되며, 언어현상으로 바뀔 때 언어적 문법과 아울러 문화적 문법에 기초한 변환이 일어난다는 것이다. 그 둘째는 연구의 의미를 지녀야 한다는 것이다. 이에 관해서 프레게(G. Frege)의 이론에 따르면, 의미란 지시의미(referent)뿐만 아니라 내포의미(sense)도 고려하여야 하는데, 전자는 지시대상이고 후자는 대상제시방식이다.

색인은 내적 논리형태의 재료를 제공해 준다. 색인을 통하여 가교언어를 형성할 수 있고 또 내재언어로 발전될 수 있다(제4장을 참조하라).[18] 즉, 행정학에서의 색인

그림 3-2 내적 논리형태의 의의

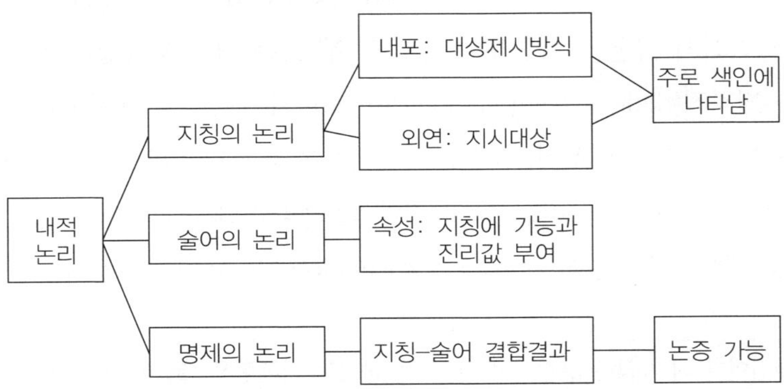

출처: 문장수(2012) 수정.

18) 가교언어는 두 종류로 나누어진다. 그 하나는 다른 분야에서 사용되던 언어를 이끌어 들였으나

의 구성요소들은 그것이 내포하는 의미와 지시대상을 가지며, 아울러 의미역을 지정하게 된다는 뜻이다. 한편 술어는 속성을 의미하며 이 속성을 지닌 사물들의 집합임을 나타낸다(Corrado, 1975: 113).

내적 논리형태의 행정학적 의미는 다음과 같다. 타르스키의 T－동치공식은 단순한 동어반복이 아니라 행정학에서의 명제와 행정현상과의 관계를 의미있도록 전환해 준다. 그 뜻은 후술하는 바처럼 이론언어로 되어 있는 문장을 관찰언어로 전환하고 그것이 경험적으로 사실인지를 검증이나 반증, 해석할 필요성이 제기된다.

그렇게 하려면 우선 '경험적으로 사실인지'를 어떻게 판별할 것인가를 논의하여야 하며, 그 타당성의 정도를 점검할 수 있어야 하고, 이를 위해서는 주제문 형태(즉, 명제)를 제시할 필요가 있다. 현재는 주요어(keyword) 정도를 제시하고 있는데, 이 주요어 정도의 제시를 넘어 명제(주제문)을 제시하도록 하여야 한다. 이를 통해 논증기능을 되살리며 따라서 논증이 가능해진다.

2. 외적 논리형태

명제들 사이의 논리형태를 외적 논리형태라고 하는데, 행정학에서는 인과론적 설명, 동기론적 설명(이유), 의미론적 설명(이해), 귀납과 연역 등으로 나눌 수 있다.[19] 여기서는 귀납과 연역을 설명해 보기로 한다. 헴펠(Carl G. Hempel)은 과학에서 하는 작업은 일반화의 이론을 추구하는 것으로 '왜?'라는 질문에 응답하는 것이며, 이에 대해 연역－법칙적(deductive－nomological) 모형과 귀납－통계적(inductive－statistical) 모형을 제시한다(미우라, 2011: 12). 내용은 다르나 이와 유사한 관점은 쿤(T. Kuhn)의 패러다임 전환(paradigm shift)이나 반 프라센(Bastiaan Cornelis Van Fraassen)의 화용론적 설명이론(pragmatic explanation theory)[제14장을 참조하라], 더

아직 내재언어가 되지 않은 유형이며, 또 다른 하나는 의존형식으로 이루어져 이들의 결합을 통해 내재언어가 되는 유형이다. 덧붙여 술어의 논리와 명제의 논리를 논리학과는 달리 행정학을 위해 [그림 3－2]처럼 재편하였다.

19) 열거된 앞의 셋과 귀납과 연역은 동등하게 나열될 수 없을 것이나 여기서는 외적 논리형태의 하나로 같은 위치에서 본다. 이와 관련한 논의이지만 다른 유형의 설명을 전개한 것은 Taylor (1973)를 참조하라.

나아가 확률적 설명모형이나 가능세계의미론에서도 볼 수 있다(미우라, 2011: 13). 여기서는 고전적 설명이론인 헴펠의 설명이론을 검토해 본다.

헴펠에 따르면, 설명되는 현상(explanandum phenomenon)은 설명되는 문장(explanandum sentence: E)으로 나타난다. 즉, 현상은 문장이나 명제로 나타나야만 한다. 설명되는 문장은 그 전제들인 설명하는 문장들에서 유래하는데, 설명하는 문장들은 일반법칙들(L_1, L_2, L_3, ……, L_r)과 특수한 사실들에 관해서 주장하는 문장들(C_1, C_2, C_3, ……, C_k)로 구성된다. 이를 그림으로 나타내면 [그림 3-3]이 된다.

그림 3-3 외적 논리형태에서의 설명방식

$$\frac{\begin{array}{l} L_1,\ L_2,\ L_3,\ \cdots\cdots,\ L_r \\ C_1,\ C_2,\ C_3,\ \cdots\cdots,\ C_k \end{array}}{E}$$

출처: Hempel(1966: 51); 강신택(1981).

예를 들어서 구체적으로 살펴본 것이 [그림 3-4]와 같다.

그림 3-4 외적 논리형태에서의 설명방식의 보기

(L1)	어느 시점(T)에서 유리창이 돌에 세차게 맞으면 T 시점에서 그 유리는 깨진다.
(C1)	T_1 시점에서 그 유리창이 돌에 세차게 맞았다.
(E1)	T_1 시점에서 그 유리창이 깨졌다.

출처 : 강신택(1981).

이 설명방식은 한 사건이 다른 한 사건의 원인이라는 것을 어떻게 확인할 수 있는가에 관한 것인데, 논리적인 형식으로 표현하면 [① 법칙: C종류의 사건이 일어날 때마다 E종류의 사건이 일어난다. ② 조건: C사건이 일어났다. ③ 결과: E사건이 일어났다]와 같이 된다(소흥렬, 1980). 그러나 이러한 서술은 일상적으로 말하는 <C사건이 E사건의 원인>이라는 것으로 완전하지는 않다. 그 이유는 예측의 관계에 대해 말해주는 것이 없기 때문이다.[20] 따라서 예측의 논리적 형식을 통해 그 사건들을 지배하는 법칙이 명시되어야만 한다(소흥렬, 1980).

이제는 행정학에서 부분적으로 응용될 수 있으며 경험적으로 정당화될 수 있는 귀납의 원리를 살펴본다. 이는 <표 3-2>와 같이 정식화될 수 있다[21](이한구, 2013; 강신택, 1981: 100).

표 3-2 사례와 귀납 및 보편화

귀납의 원리는 사례 1의 경우에 성공적으로 작용했다.
귀납의 원리는 사례 2의 경우에 성공적으로 작용했다.
⋮
귀납의 원리는 사례 n의 경우에 성공적으로 작용했다.

∴ 귀납의 원리는 항상 성공적으로 작용한다.

<표 3-2> 도식은 개별적 사례에 적용되는 단칭명제에서 모든 것에 적용되는 보편명제로 어떻게 이행해 갈 수 있는가가 문제로 지적되어 왔다.

행정학에서는 이러한 정도에까지도 미치지 못하고 있지만 행정과학의 정립을 지향하려면 이 방향으로 나아가야 한다. 예컨대, 원자력 폐기물 저장장소 선정을 두고 행정과 주민 사이에 갈등이 빚어진 부안사태를 <표 3-2>에서 사례 1이라고 하고, 송전탑 건설을 둘러싸고 행정과 주민 사이에 갈등이 빚어진 밀양사태를 <표 3-2>

20) 예측의 조건이란 것도 설명의 조건과 꼭 같기 때문에 원칙적으로 설명이 가능한 것은 예측도 가능해야 한다(소흥렬, 1980). 예측의 논리적 형식은 [① 법칙: C종류의 사건이 일어날 때마다 E종류의 사건이 일어난다. ② 조건: C사건이 일어났다. ③ 결과: E사건이 일어날 것이다]와 같다(소흥렬, 1980). 여기에서의 문제는 자연과학을 바탕으로 한 헴펠의 설명이론이 사회과학에 그대로 적용될 수 있는가이다. 인간에게는 자유의지와 창의력이 있기 때문에 자유로운 인간행동이나 창조적인 인간행동은 예측을 불허할 뿐만 아니라 원인에 의한 설명도 불허하는 것이 아닌가 하는 점이다(이한구, 2011). 또 그 연장선상에서 행정학에로의 적용가능성도 검토하여야 한다.

21) 이러한 정식화가 보여주는 것은 과학철학이나 연역논리에서는 수용하기 힘들다고 한다(이한구, 2011). 그 이유는 보편명제를 주장하기 위해서는 시간과 공간의 제약을 넘어서는 어떤 주장을 하여야 한다. 그러나 사회과학에서는 관찰되는 것은 개별적인 사실인데, 이것과 개별적인 사실을 넘어선 보편적인 주장을 어떻게 할 수 있는가 하는 문제이다. 이것은 논리적인 측면에서 보면 단칭명제에서 보편명제로 어떻게 이행해 갈 수 있는가 하는 문제라고 할 수도 있다(이한구, 2011).

에서 사례 2라고 하고, 해군기지 건설을 두고서 행정과 주민 사이의 갈등이 빚어진 제주도의 강정사태를 <표 3-2>에서 사례 3이라고 한다면, 지금까지는 이들에 관해 각각의 논의는 적용하였으나, 이들을 공통으로 하는 귀납의 원리(즉, 사례 1, 사례 2, 사례 3의 공통)을 찾을 정도로 명제화하고 논리형태를 갖춘다면 한 걸음 더 나아간 행정학 이론임을 인정해야 한다는 것이 이 글의 주장이다. 이를 뒷받침할 수 있는 논의가 확률론과 중범위이론이다. 전자에 초점을 맞추면 정당한 귀납에 의해 도달하게 된 일반화가 전적으로 참인 것으로 확인될 수는 없지만, 개연적인 참은 될 수 있다는 것이다. 이러한 주장은 귀납의 근거가 되는 관찰사례의 수가 많으면 많을수록, 관찰이 행해진 조건의 수가 많으면 많을수록 그 결과에서 도출되는 일반화가 참이 될 가능성은 높아진다는 데 기초하고 있다(이한구, 2011).[22] 또 다른 근거는 머튼(Merton, 1968: 39-72)의 중범위이론(middle range theory)으로[자세히는 제14장 각주 23)을 참조하라] 이를 실제로 관료제에 적용가능성을 제시한 것이나(Heady, 1966), 행정개혁에 관해 몇몇 국가의 사례를 분석하고 이를 비교한 연구(Ongaro, 2013; 2009) 등은 행정학에 시사하는 바가 크다고 할 수 있다.

행정학에의 적용을 통해 의미를 창조하는 데 관심이 있다면 자연과학에 적용되는 엄격한 논리학의 잣대를 들이대는 것은 무리이다. 따라서 행정학적 변형이 필요하게 된다. 즉, 논리형태의 개념을 넓게 잡아서 명제의 주장을 어떻게 검증하느냐 또는 반증하느냐, 또 학문공동체에 어떻게 이해되는가를 포괄하게 된다(이광석, 2017).

과학철학에 따르면, 과학의 절차와 구조는 세 층위로 이루어진다. 제0층은 그 주제가 사실이며, 제1층은 그 주제가 그 사실에 관한 설명이고 이를 과학이라고 한다. 제2층은 그 주제가 과학적 설명의 절차와 논리에 관한 분석으로 이를 다루는 학문을 과학철학이라고 한다(Losee, 1980: 17). 이론은 제0층의 사실을 존재로 바꾸고 제1층 및 제2층과 관련되며, 관찰명제의 문제, 즉, 언어의 문제로 환원된다(Kuhn, 1970: 36; 김영정, 1997). 그런데 언어는 곧 실재를 지시한다기보다는 우리 마음 속에 어떤

22) 이런 확률론에 기초한 귀납의 원리는 다음과 같이 정식화된다고 한다. "만일 다양한 조건의 변화 속에서 많은 a가 관찰되었고 이 관찰된 a가 예외 없이 모두 b라는 성질을 가지고 있다고 한다면, 아마도 모든 a는 b라는 성질을 가지고 있을 것이다." 저자는 행정학에서 이 정도라도 진척된다면 상당한 과학화가 이루어진다고 생각한다.

상(像)을 제시할 뿐이다. 이 상은 실재에 대해서 모호한 암시만을 던져주며 가능태의 외적인 양태일 뿐이다(Heisenberg, 1985: 159). 문제는 연구대상으로서의 현상은 실체(reality)를 그대로 옮아 놓은 것이라는 주장과, 그대로 옮아 놓은 것이 아니라 실체와 독립해 있고, 연구자와도 독립되어 있다는 주장이 대립된다(Iggers, 2005: 121). 후자에 따르면, 연구과정에서 있는 사실이나 현상을 그대로 보는 것이 아니라 상(像)으로 본다는 의미이다(Thevenaz, 1962; 정대현, 1987; 김영정, 1997: 23).

Frege에 따르면(정대현, 1987), 관측되는 천체는 망원경의 렌즈에 상(像)이 맺히고 이는 다시 과학자의 망막에 영상으로 자리잡는다. 이때 그 천체는 지시대상이고, 망원경의 렌즈에 맺힌 상이 의미이고 과학자의 망막에 있는 영상이 관념이라고 한다. 비록 망원경 렌즈에 비친 상은 일정하나, 과학자의 망막에 비친 상은 누가 그 망원경을 들여다보느냐에 따라 달라질 수 있다(김영정, 1997: 23). 이것이 의미하는 바는 학문공동체에 의한 논증의 중요성이다.

제 4 절 | 행정학에서의 논증

명제는 옳은지 그른지 또는 목적에 적합한지, 적용가능한지를 검증 받아야만 한다.[23] 이에 관한 논의가 논증으로, 논증이란 결론이 정립되는 방식인데, 논변에 관한 지식으로 논리에 관한 문제(Toulmin, 2003: 1-2)로 정의되거나, 옳고 그름을 이유를 들어 밝히는 것으로 정의한다(장인봉, 2003). 여기에서는 검증과 반증, 그리고 해석을 포괄한다. 이런 관점에서 서로 논쟁을 벌이며 자신의 이론을 잘 개진한 이들은 검증가능성의 원리를 주장한 논리실증주의, 반증을 주장한 포퍼(K. Popper)와 후기실증주의, 해석주의를 주장한 쿤(T. Kuhn)이나 하버마스(Jürgen Habermas)이다(Denzin & Lincoln, 2011: 98). 이를 차례로 살펴본다(제14장 제4절을 참조하라).

23) 이 주제도 설명하기가 쉽지 않은데, 그 이유는 과학적인 것에 대한 선결적 전제를 가져야 하기 때문이다. 이 문제에 대해 라카토스(Imre Lakatos)는 meta-methodology라는 개념으로 처음으로 정식화하였다. 이를 통해 귀납주의, 규약주의, 반증주의, 연구프로그램방법론 등을 평가하는 방식을 제시하고 있다(이봉재, 1993; Lakatos, 1978; Chalmers, 1982).

1. 검 증

논리실증주의는 한 명제의 의미란 그 명제의 검증 방법이라고 주장한다.[24] 검증이란 연역적이거나 경험적인 것에 의존하는데 이 둘은 상호보완적이다. 여기서 검증은 두 방향으로 나아가는데, 하나는 논리적 추론의 타당성을 검증하는 것이고, 다른 하나는 설명된 것의 경험적 타당성을 검증하는 것이다. 이 둘을 고려하면 연역논리를 통해 전제에서 결론으로 진리를 이전시킬 수 있으며, 결론이 잘못되었다면 역진시켜 그 오류를 규명할 수 있다(한상진, 1996; Popper, 1959; Adorno et al., 1976). 확률적인 의미로 입증가능성(확증가능성)을 주장하는 그룹(대표적으로 Rudolf Carnap)도 검증 원칙을 고수하며(송하진, 1985), 지식의 성장에 있어서도 지식은 누적적·축적적으로 성장해간다고 주장한다. 이들이 주장한 검증원리에 따르면, 논리실증주의의 검증원리는 의미의 기준과 과학의 기준은 구별되어야 하는데 이를 혼동한 잘못이 있다고 비판하기도 한다(<표 3-1>을 참조하라).[25]

행정학에서 검증은 수리적 모형이나 통계적 방법을 위주로 하고 있다. 여기서는 주로 행정언어를 위주로 한 검증을 하고, 언어게임도 이런 관점에서 볼 수 있겠다.[26] 실제에 일어나는 많은 언어게임은 논리형태와 검증이 결합되어 있다.[27] 행정학의 이론이 옳으냐 그르냐는 진술된 명제가 검정을 통과하느냐에 많이 달려 있다. 이와 관

---

24) 검증(verification)이 논리실증주의자들인 비엔나 학파의 의견인데 관찰과 실험에 의해서 명제의 진위가 확인될 수 있고, 또 그러한 명제만이 과학적이라고 본다(송하진, 1985). 따라서 명제의 의미를 안다는 것은, 즉 명제를 이해한다는 것은 그 명제를 검증하는 방법을 안다는 것이다. 만일 명제를 검증할 수 있는 방도가 없다면, 그 명제는 전혀 의미가 없는 것이다. 이 기준이 갖는 특징은 주어진 어떤 단어나 명제를 보다 확실한 요소들로 분해할 수 있다고 보는 입장이다. 예컨대, 논리실증주의는 '모든 장미는 붉다'는 보편 명제를 우리가 직접 관찰할 수 있는 사실들에 관한 명제들, 즉 '장미$_1$은 붉다', '장미$_2$는 붉다' …… '장미$_n$은 붉다'는 단칭명제를 모두 모은 연접으로 바꿀 수 있다는 환원주의이다(이한구, 2013).

25) 형이상학에 대한 거부는 금세기에 처음 등장한 새로운 현상은 아니지만, 그것이 무의미한 명제기 때문에 배격되어야 한다는 주장은 논리실증주의에 의해 처음으로 제기되었다고 할 수 있다(이한구, 2013).

26) 언어게임은 생활양식의 표출이다(제1장 참조). 그 언어철학적 개념은 말하기의 문화기술(ethnography of speaking)에서의 중심 개념인 speech event에 가깝다(이정민·배영남, 1990: 840).

27) 일부 행정학자들이 언어적 방법을 이용하여 질적 평가를 선보이고 있기는 하나(Patton, 2002), 더더욱 많이 언어적 방법을 이용하여 검증하고 이를 발전시켜 검증원리를 개발하고 행정학에도 적용하는 것을 기대해 본다.

련된 것으로 앞서 투사원리에서 설명한 진리조건 의미론(Truth-conditional semantics)도 가능하고, 의미공준(meaning postulate)도 사회과학적으로 유용성이 있도록 다듬을 수 있을 것이다(이정민·배영남, 1990).[28] 즉, 어떤 개념을 이용하여 어떤 것을 구성할 때, 그 어휘나 개념과 같은 기본단위가 다른 단위와의 관계에서 요구하는 구성의 기본조건을 말한다. 그 의미공준에 따르면, 한때 논쟁이 뜨거웠던 무상급식은 비교적 쉽게 해결될 수 있다. 즉, 의무교육의 개념 안에 무상급식의 개념이 포함되는지가 관건이기 때문이다. 여기서는 적절성 조건의 검증을 보기로 한다.

진리조건 의미론은 진위 판정이 가능한 반면, 행정언어 중에서는 '참도 거짓도 될 수 없다'라는 특징을 가지는 것들이 있다.[29] 예컨대, '이 지역을 세종시라고 명명한다'라고 고시할 때, 이름을 붙이기 위해서는 특정한 조건이 충족되어야 한다. 이런 사실을 바탕으로 충족해야 할 일련의 조건을 오스틴(J. J. Austin)이 제시하는데, 그것을 그는 적절성 조건(felicity conditions)이라 하였다(김주식, 2003). 여기에는 네 가지 중요한 적절성 조건이 있는데, 첫째는 행정언어가 적절하고 성공적이기 위해서는 어떤 관례적인 절차가 있어야 하고 그 절차가 완벽하게 실행되어야 한다. 둘째는 행정언어가 적절하고 성공적이기 위해서는 그 절차에 명시되어 있는 상황이나 사람이 적절해야 한다. 예컨대, 만일 대통령이거나 그에 상응하는 지위에 있는 사람이 아니면, '대마도는 대한민국의 영토이다'라는 선언을 한다 해도 실제로 전쟁과 같은 엄청난 일은 발생하지 않을 것이다. 셋째는 행정언어가 적절하고 성공적으로 수행되기 위해서는 그 낱말들이 관례적으로 정확한 것이어야 한다.[30] 넷째는 행정언어는 [특히 약속에서] 성실성에 기초해야 한다. 지킬 의도가 없으면서도 약속을 하는 것은 이를 위배하는 것이 된다. 검증의 한 부분은 이런 것에 위배되었느냐 여부로 적절성 조

---

28) 공준(postulate)이란 과학적 인식의 시초가 되는 명제로서 과학이론의 원리가 된다. 카르납에 따르면 모든 인식은 언어의 구조를 구성하고 그 구조 내에서 인식이 이루어지는바, 어느 언어구조가 참된 것인가를 묻는 것은 무의미하고 이 구조의 어느 것이 이런저런 목적에 대해 유용한가를 묻는 것이 의미가 있다고 하였다(철학사전편찬위원회, 2009: 72 & 911). 의미공준이란 카르납(Rudolf Carnap)에 의해 제시되었는데, 어떤 어휘가 문장화할 때 요구되는 기본적 조건을 말한다. 예컨대, 타동사(transitive verb)가 목적어를 요구한다거나 kiss라는 어휘가 두 자리의 논항(argument)를 요구하는 것 등이다(Allwood et al., 1977: 144).

29) 이하의 서술은 김주식(2003: 173-186)의 요약이다.

30) Your Majesty, 각하, 전하, 영국 의회의 Mr. Speaker 등이 여기에 해당한다고 하겠다.

건을 따질 수 있다.

2. 반 증

반증주의 인식론은 비판적 합리주의(Critical Rationalism)가 주장하는 이론으로, 제1장에서 서술하였듯이 과학이 추구하는 지식의 성장이란 진리에 끊임없이 가까이 다가가는 것이라고 보는 진리근접성(verisimilitude) 개념을 제시한다. 여기서 제시하는 방법론은 가설연역적 방법인데, 가설을 세워서 반례가 나타나면 다른 가설을 세우는 절차를 반복하여 어떤 대안 가설이 반례가 나타나지 않을 때 과학이론으로 받아들인다는 뜻이다[제6장 각주 11)을 참조하라]. 그 의미는 인간 이성의 오류 가능성을 인정하는 주장으로 인식의 어떤 단계도 앎의 최종 단계로 간주되지 않으며, 모든 인식은 합리적 비판을 필요로 한다고 본다.[31] 이는 우리의 앎은 비판적 시험과 논의에 의해서 증진되고 개선될 수 있다는 것을 의미할 뿐이고, 그 핵심적 내용은 '절대적으로 확실하게 알지는 못하며, 다만 추측할 뿐'이라는 것이다. 만약 그 추측이 엄격한 비판을 견디어 낸다면, 그것 자체가 그 추측이 옳다는 충분한 이유라고 볼 수 있다는 것이다. 반증주의는 이를 위해 적시에 오류를 교정하고자 하는 것이 이 방법이며, 이를 따르는 것은 지식을 획득하기 위한 규칙일 뿐 아니라, 바로 도덕적인 의무라고 본다(이한구, 2011). 그러나 뒤엠-콰인 명제(Duhem-Quine thesis)에 의해 이는 지지되기 힘든 이론으로 판정이 났다.[32]

이상의 논의를 종합하여 비판적 합리주의(K. Popper)의 주장과 검증을 주장하는 논리실증주의를 비교해 본다. 첫째로, 과학과 비과학의 구분에서 전자는 반증가능성에 기초하지만 후자는 검증가능성에 의존한다. 따라서 전자는 반증되지 아니하는 정

---

31) 반증을 어렵게 하는 원인들을 잘 설명한 Taylor(1973)를 참조하라.

32) 이에 대해서는 제2장 각주 24)를 참조하라. 다만 칼 포퍼는 1934년 『탐구의 논리』에서 뒤엠의 논문을 언급하면서 임시방편(Ad hoc)을 통해 반증을 도피하는 태도를 비난하고 있다. 논리적으로 반증이 성립하지 않더라도 임시방편(Ad hoc)을 하지 않는다는 태도를 취함으로써 가설의 반증은 가능하다는 것이다(https://ko.wikipedia.org/wiki/Duhem-Quine thesis). 이는 반증이 되더라도 어떤 가설이 틀렸는지 결정할 수 없다는 것에 대한 해명으로 반증주의 그 자체가 논리적으로 모순을 내포하고 있다는 반증주의의 결함과 맞닿아 있다. 그 밖에 확률이나 존재에 대한 가설은 반증할 수 없다는 것도 반증주의의 결함이다(https://www.youtube.com/watch?v=Gt_cv6FUbcw).

신분석학이나 맑시즘을 사이비과학으로 보는 데 비해, 후자는 검증이 불가능한 형이상학·종교·미학을 사이비과학으로 본다. 둘째로, 방법론으로는 전자는 가설연역적 방법에, 후자는 귀납적 방법에 초점을 둔다. 셋째로, 후자는 각주 32)에서 보는 것과 같은 문제점을 지니고 있고, 전자는 귀납의 한계와 구획의 문제를 안고 있다. 그렇지만 반증이나 검증 둘 다 과학적 지식을 객관적이고 합리적이라고 보고 있다. 이와는 달리 하나의 포괄적인 이론이 다른 포괄적인 이론으로 교체되는 과정으로 보는 파이어아벤트(Paul Feyerabend) 등의 주장(핸슨이나 쿤에게서처럼 과학적 지식도 상대적으로 보는 상대주의 과학관)에 더 타당성이 실린다고 한다(Popper, 1979; 박만엽, 2008).

이런 정도까지는 아니라 하더라도 행정학이 논리적 체계를 지향하기 위해서는 어느 정도까지 실증주의의 검증이나 반증의 활성화가 필요하다고 본다.

3. 해 석

'2×2=4'나 손짓 또는 얼굴 표정은 직접적으로 이해된다. 그러나 행위를 일으키는 동기에 대한 인식은 이와는 다르다. 동기는 행위자 자신이나 관찰자에게 행동의 유의미한 근거에 기초하는 의미의 연관성이기 때문이다(차인석, 1980; Taylor, 1973). 비엔나 학파의 검증을 비트겐슈타인은 의미로 해석하고 있는 반면에(Monk, 2013: 414), 코놀리와 커트너(Connolly & Keutner, 1988: 15)는 해석의 유형들로 검증(verifying), 반증(falsifying) 및 확증(입증: confirming)을 들고 있다. 이들에 따르면, 논증이란 정도의 차이로 보아야 함을 뜻한다(송하진, 1985). 또 어떤 경험주의자들은 의미도 경험에 의해서만 정당화될 수 있고 따라서 이론적 용어의 의미는 관찰가능한 것에서부터 도출될 수 있어야 한다고 한다(송하진, 1985). 이에 해석도 논증의 유형 중 하나로 첨가될 수 있다. 오그덴과 리처즈(Ogden & Richards, 1923: 162)도 논의하듯이, '의미는 결과(consequences)에 의존하고 진리는 의미에 의존한다'면 이 또한 해석의 문제를 제기한 것이라 볼 수 있다. 더 나아가 사회적 사건에 관한 인식은 개별적인 구체적 상황에 있어서 구체적인 삶의 현실이 우리에게 갖는 의미를 바탕으로 하여야 한다(차인석, 1980). 이를 사회과학적 연구에서의 가치관련성이라고 하는데, 그 선험적 전제는 우리가 주위세계에 대하여 의식적으로 태도를 표명하고 그것에 의미를 부여하는 능력과 의지를 가진 문화적 인간이라는 존재 모습이다. 따라서 의미부여에 있어서 이 의미가 무엇이라고 할지라도 인간적 삶의 어느 현상을 그것에 비추어 판단하도록 한다(차인석, 1980). 그런데 해석이라고 하는 것은 단순히 의미부여만을 말하지는 않고 그 의미부여의 틀이 바뀌는 것을 지칭한다(이명현, 1991: 310). 이를 가다머(H. G. Gadamer)는 전통이라고도 한다[제7장 각주 23)과 24)를 참조하라].

그러나 이에 대한 논의는 복잡하다. 그 이유는 해석하기 위해서는 이해가 무엇인지를 알아야 하기 때문이다.[33] 베버(Max Weber)에 따르면, 이해가 가능하기 위해서는 어떤 객관적 기준을 가져야 하는데, 그것이 익히 알려진 지배의 정당성과 그 유형이다. 이 개념과 일치하는 행위는 특정 개인의 특유성을 포함하지 않으므로 이해하기 용이함을 나타낸다(이상철, 1980: 231; Rheinstein, 1954: 334–335). 그렇지만 이해에 대해 가장 잘 설명한 견해는 후기 비트겐슈타인 철학에서 유래하는 언어게임 개념이다. 이에 따르면, 이해란 언어게임에의 참가를 전제로 한다. 즉, 어떤 의미를 이해한다는 것은 언어게임에 따라서 [규칙(rule)이나 규약(conventions)을 통해서] 파악하게 된다(Connolly & Keutner, 1988: 24; 이상철, 1980: 243–244). 이를 연구논리에 적용하면 과학적 진리조차도 과학자 집단의 합의에 기초하여 결정된다는 의미이다. 구성주의와 변형생성이론 등도 여기에 관련시키면 행정학 발전에 이바지할 여지가 많이 있을 것이다. 그렇게 말하는 근거는 해석은 문화적이고 언어적 문법에 의해 표현된 것에 기초하기 때문이다(Connolly & Keutner, 1988: 24).

4. 행정학의 실제 모습

행정학에서 진행되어 온 논증을 검증형, 반증형, 해석형으로 범주화하여 살펴본다.

---

33) 여기서 말하는 이해, 해석 또 설명 등은 상식선에서 말하는 것이 아닌 학술적인 함축을 지닌다. 이해와 해석은 딜타이(Wilhelm Dilthey)의 인문과학의 이해와 자연과학의 설명이라는 도식(圖式)에서 비롯한다(이상철, 1980: 218–249). 이 책에서의 논의도 여기에 기초하는 학술적인 의미에서의 논의이다. 자세히는 한국사회과학연구소(1980)를 참조하라.

검증형은 논문제목에 가설검증이라는 어휘가 들어가 있는 논문들을 골랐다. 이민호(2008)에서는 OECD 29개 국가들을 대상으로 1992년에서 2001년 간의 자료를 바탕으로 동일시점에서 연금이 세대 간 형평에 미치는 문제, 다시 말하면 다원주의적 관점에서 고령세대에 대한 연금지출규모 증대가 저연령세대에 대한 사회적 지출을 감소시킨다는 'the－old－eat－the－young 가설'을 실증분석을 통해 검증하고 있다.

한편 김복태 · 조경호(2012)는 일 · 가정 양립제도 도입에 따른 조직성과에 대해 일 · 가정 양립제도 도입이 사업체의 생산성에 긍정적인 영향을 미친다는 가설을 세웠다. 이를 검증하기 위해 사업체 연령, 사업체업종, 근로계약서 작성, 여성 근로자 비율, 여성 관리자 비율, 사업체 규모 변수를 통제하고 이직률과 생산성을 종속변수로 하는 회귀분석을 실시하였는데, 그 결과는 독립변수인 일 · 가정 양립제도 도입 정도는 회귀계수 0.200가 유의수준 0.1 수준에서 유의하기 때문에 일 · 가정 양립제도 도입에 적극적인 사업체일수록 직원의 생산성을 증가시켜 준다는 가설은 부분적으로 지지되었다고 한다.

반증형은 어떤 명제에 대해 그것이 성립할 수 없음을 논증해 보이는 것이지만 이런 유형의 논문은 행정학에서는 드물다. 대체적으로 논문의 저자가 가설을 몇 개 세워 놓고 일부는 검증하여 수락하고 일부는 반증하여 기각하는 모습을 띤다. 따라서 논문이나 저서 전체의 명제를 반증하는 유형은 행정학에서는 찾아보기가 쉽지 않다. 이에 관한 유사한 것은 그나마 새마을운동에 관한 논증이다. 새마을운동에 관하여 두 유형이 있는데, 그 하나는 새마을운동이 1970년대가 아닌 "그 이전의 새마을운동이 있었으며, 그 공헌은 민중사회와 각하가 나누어 가져야 한다"고 주장한다(김영미, 2009: 373). 또 다른 명제는 "체제의 위기와 함께 국민적 동의의 기반이 약화되어 그런 점을 보완하려는 정치적 운동"이라고 주장한다(조희연, 2007: 165). 대체로 후자의 명제에 대한 반증의 입장에서 '새마을운동은 잘 살기 운동'이라는 근거를 제시하기도 한다(홍기용 외, 2013; 노화준, 2013; 정갑진, 2008).

해석형은 역사적 흐름을 정리하고 그 함축을 얻으려는 글에서 많이 볼 수 있고, 그 이론적 근거는 Yanow(2000)나 Feldman(1995)에서 찾는다. 행정학에서 역사적 흐름을 정리한 논문들은 윤영진(2013) 및 백완기(2005) 등에서 볼 수 있다. 이 논의에 따르면, 행정학이 학문적 종속성, 즉 Farmer(1995)의 용어를 사용하면 특수주의를 지니고 있다고 전제한다. 이 전제에서 이를 극복하려는 시도가 한국행정학의 역사로 본다. 이를 1970년대의 '토착화 논의'와, 2000년대 중반의 '한국화 논의'를 거쳐 최근에는 '한국적 행정연구'로 이행한다고 해석한다.

이렇게 행정을 바라보는 관점(行政觀)을 행정학의 정립에 어떻게 응용할 것인가에 중점을 두고서, 2000년대 및 2010년대의 보기를 사례로 들면서 이 모형을 적용해 보기로 한다.

제 5 절 | 행정언어 모형의 적용

위에서 이론적으로 논의한 행정언어 모형을 사회적으로 이슈가 된 몇몇 사례에 적용시켜 보기로 한다. 그 사례들은 서울－마산 간 KTX로 인한 반나절 생활권 주장과, 원자력발전이 들어선 이후 영광군 내 어획고가 크게 늘어났다는 한국수력원자력 영광원자력본부의 주장과 관련된 논쟁이다. 차례로 살펴본다.

1. 사례 A

서울－마산 간에 KTX가 개통되었을 때 2시간의 시간이 단축되므로 승객이 엄청나게 늘어날 것이라는 예측(이른바 반나절 생활권 주장)에 대한 행정 문장을 검토해 본다.[34] [그림 3－1]을 이용하여 정리한 것이 [그림 3－5]이다.

이 사례가 검증을 통과하느냐를 살펴보자. <표 3－3>에서 보듯이 '서울~마산 운행시간 2시간 단축'이라는 정부 주장에 대해 시민단체는 비교대상의 잘못으로 겨우 30분 단축이라는 주장을 하고 있다. 검증을 위하여 정리된 요약은 <표 3－3>과 같다.

검증의 타당성을 뒷받침하는 것은 정부 주장 스스로 개통 전후가 서로 다르다는

---

34) http://www.ohmynews.com/NWS_Web/View/at_pg.aspx?CNTN_CD=A0001494236&PAGE_CD=N0000&BLCK_NO=3&CMPT_CD=M0009(ohmynews, 2010.12.17)

그림 3-5 행정과 행정학과의 관계의 응용(1)

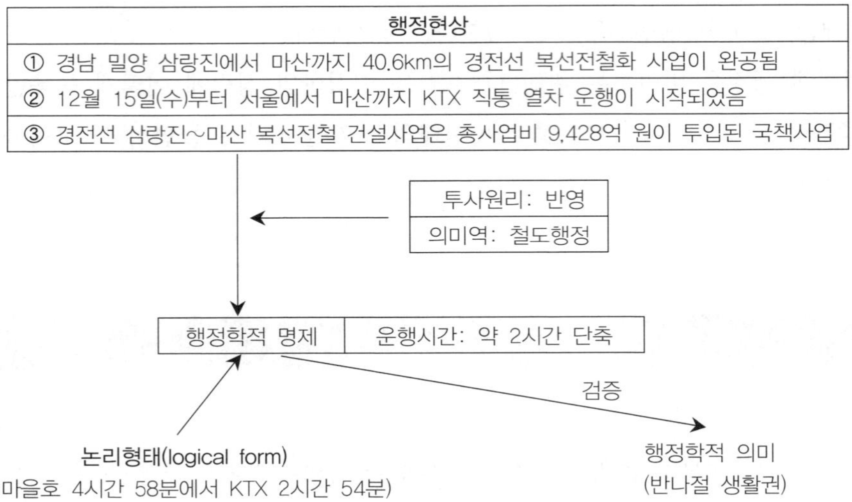

표 3-3 서울-마산 간에 KTX가 개통되었을 때 시간 단축에 대한 행정 문장(1)

	시간 비용	근 거
사실	① 서울~마산 간 KTX: 주중 7회 왕복, 주말 12회 왕복 운행 ② 운행시간: 서울~마산 간 4시간 58분(새마을호)에서 2시간 54분으로 약 2시간 단축 ③ KTX 운임: 월~목요일:4만 7,400원, 금~일요일 및 공휴일: 5만 700원	
논리형태 (정부의 주장)	2시간 단축	① 새마을호의 4시간 58분 ② KTX의 2시간 54분 ③ 따라서 약 2시간 단축
검증 (시민사회의 주장)	30분 단축	① 비교대상의 잘못 ② 마산~서울 간 KTX를 이용하는 승객들은 전에도 서울~밀양~마산 또는 서울~동대구~마산으로 환승하는 KTX 열차를 이용 ③ 따라서 겨우 30분 단축

출처: Ohmynews(2010.12.17).

주1) 추가건설 비용: 삼랑진~마산 복선전철 개통에 9,000억 원 투입.

주2) 비교대상의 잘못이란 시민사회의 주장으로 서울~마산 간 열차 운행 시간을 비교할 때는 새마을호 열차와 비교할 것이 아니라 서울~밀양(환승)~마산을 운행하던 KTX와 비교해야 한다는 주장임.

표 3-4 서울-마산 간에 KTX가 개통되었을 때 시간 단축에 대한 행정 문장(2)

구 분		개통 전	개통 후
영업거리	KTX	–	401.4km
	새마을 무궁화	427km	434.6km
	고속버스		346km
소요시간	**KTX**	**3 : 30**	**2 : 54**
	새마을	4 : 58	5 : 02
	무궁화	5 : 23	5 : 34
	고속버스		4 : 05
운행횟수	KTX	–	하루 7회, 주말 12회 운행
	고속버스	–	하루 44회 운행 (15~30분 간격)

출처: Ohmynews(2010.12.17).
주1) 국토해양부가 만든 보도자료.
주2) 운행 간격은 고속버스가 4배 정도 더 편리하다고 보임.

것이다. 국토해양부가 만든 보도 자료에는 종전 서울~밀양(환승)~마산 KTX 운행 시간은 의도적으로 제외시켰음을 보여준다(<표 3-4>의 고딕체 부분 참고).

또 하나의 다른 근거는 고속버스 운행시간과 비교해 보면 잘 알 수 있다. 서울~마산을 운행하는 고속버스는 특별한 경우가 아니면 4시간만에 운행이 가능하다. 따라서 KTX는 고속버스에 비하여 고작 1시간을 단축하였을 뿐이다.[35] 국토해양부의 보도자료(즉, 행정 문장)에 나오는 것처럼 1조 원 예산을 쏟아 부은 경전선 복선전철 개통으로 서울~마산을 운행하는 KTX가 운행시간을 2시간 단축시켰다는 주장은 과대포장으로, 그 행정 문장은 오류 아니면 과장되었다고 판단할 수 있다. 이와 같이 행정언어를 이용하여 (구체적으로는 논리형태) 그 잘·잘못을 가리는 가능성을 제공해 준다.

35) 소비자의 입장에서는 서울~마산 간 KTX 운행에서 30분의 시간 단축도 중요하지만 운임을 고려할 수도 있다. KTX는 고속버스에 비해 1시간 빨리 도착하기 위해서 주중에는 1만 8,100원을, 주말에는 2만 1,400원을 더 부담해야 한다. 즉, 일반고속버스는 KTX 주중 요금의 절반에도 미치지 못하고 우등버스 역시 KTX 주말 요금에 비하면 60% 수준이다(Ohmynews, 2010.12.17).

2. 사례 B

이번에는 1980년(원자력발전이 들어서기 이전)에 비해 원자력발전(이하 원전)이 들어선 이후인 2008년에는 영광군 내 어획고는 4배로 늘어났다는 한국수력원자력 영광원자력본부의 자료를 [그림 3-6]처럼 요약할 수 있다.[36]

그림 3-6 행정과 행정학과의 관계의 응용(2)

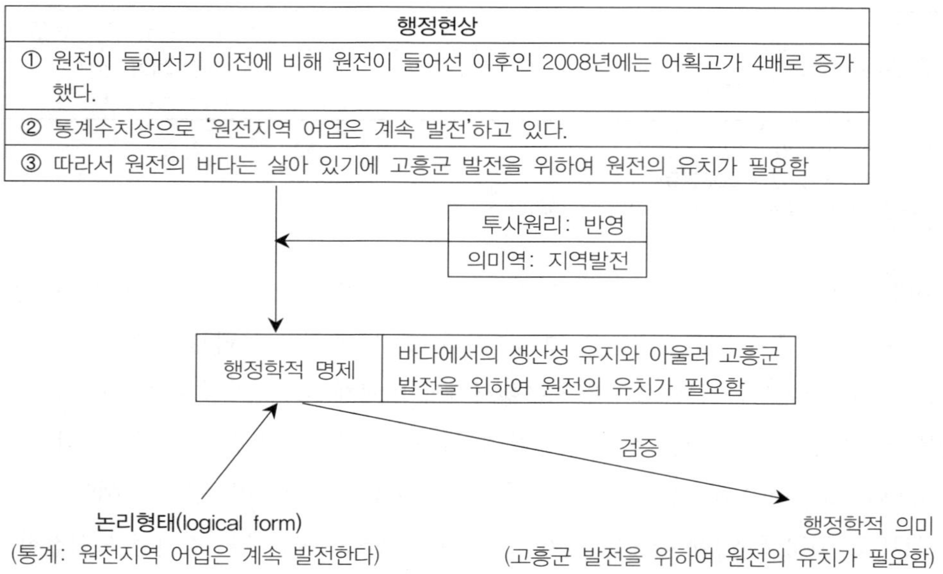

이제는 검정을 통과하느냐를 살펴보자. 검증을 위하여 정리된 요약이 <표 3-5>이다.

36) http://www.ohmynews.com/nws_web/view/at_pg.aspx?CNTN_CD=A0001498987에 기초한다.

표 3-5 원전의 바다는 살아 있다는 주장에 대한 행정 문장(1)

		영광원전 주변 바다	어획고 증대 여부
한국수력원자력 영광원자력본부 주장		원전의 바다는 살아 있다	통계에 따르면 어획고가 4배로 증가
검증	원전반대 운동에 참여했던 사람들	영광원전 주변 바다가 온배수로 황폐화되었다	숫자 놀음에 불과하며 근거 제시
	한국수력원자력 영광원자력본부의 이전 주장37)	영광원전 온배수의 확산에 따른 피해범위는 북쪽으로 17km, 남쪽으로 20.2km, 외해로는 15km까지 어장이 피해를 입은 것으로 파악	

출처: Ohmynews(2010.12.29).

한국수력원자력 영광원자력본부 주장의 가장 중요한 검증은 영광군의 어획고가 늘었다는 것이고, 그 반대편 입장에서는 이에 대한 반증을 하여야 한다. 우선 <표 3-6>의 통계를 보자.

표 3-6 고흥군과 원전지역(영광군, 울진군) 어획고

	영광군		울진군		고흥군	
	수량	금액	수량	금액	수량	금액
1980	3,740	2,059,489				
2004	10,327	27,712,117	25,608	71,404,447	117,052	116,918,000
2005	8,428	27,967,168	22,986	64,295,714	129,095	124,203,000
2006	12,291	66,515,508	23,423	65,968,421	130,690	124,670,000
2007	11,212	70,883,464	38,964	79,471,485	157,742	131,753,000
2008	12,426	52,204,063	55,356	93,897,978	172,752	154,994,000

출처: 한수원(주) 영광원자력본부(Ohmynews, 2010.12.29 재인용).

어획량이 늘어난 이유는 다음과 같이 요약된다. ① 영광군에서의 나오는 어류 중에 조기가 대략 70% 정도 차지하며, ② 최근에는 제주 · 인천 · 군산 · 목포 · 여수 등지에서 조기 배들이 영광수협에 들어오고 있다. ③ 2008년에 외지에서 영광수협 위판장으로 들어오는 조기의 비율은 40% 정도이며, 이 수치 또한 영광군의 전체 어획고에 포함되었다. 따라서 '원전이 들어와도 어업이 발전하고 어획고가 늘어난다'는

37) 한국수력원자력(주)이 제출한 영광원전 6개호기(1~6호기) 운영에 따른 구획어업 피해조사 최종 보고서(2006년 3월)에 따른다(Ohmynews, 2010.12.29).

행정 문장은 검증을 통과하지 못한다고 할 수 있다.

행정언어는 실용적인 측면도 있지만 개념화하는 기능도 행정언어의 중요한 기능이다. 폰 리히트(Gerg Henrick von Wright)에 따르면, 서양의 역사는 두 가지 사회과학 연구의 패러다임을 보여주는데, 아리스토텔레스 전통(Aristotelian tradition)과 갈릴레이 전통(Galilean Tradition)이 그것이라고 한다. 아리스토텔레스 전통은 알려고 하는 것을 목적론적으로 이해하려는 데 비해, 갈릴레이 전통은 인과론적으로 설명하려고 시도한다. 19세기에 이르러 과학적 방법의 철학(philosophy of scientific method)에 대한 논의가 시작되었다. 특히 방법론적 일원화(methodological nomism)를 의미하는 실증주의(positivism)가 출현하고, 이에 대한 반동으로 19세기 말에는 해석학을 비롯한 다양한 반실증주의 과학철학(antipositivist philosophy of science)도 나타났다(Wright, 1971; 이상철, 1980). 이 서술의 이유는 행정언어에서 보듯이 언어로의 전환은 객관주의(실증주의) 방언과 주관주의 방언 및 인문주의 방언 모두에게 의미가 있고 이를 다음에서도 계속 논의하기 때문이다.

제6절 | 요 약

행정을 비롯한 사회현상은 언어현상으로 환원된다. 행정은 판단과 실행 체계이지만 이와 함께 언어가 함께한다. 행정에서의 판단과 실행은 중간세계를 통해 언어화되고 체계화된다. 행정학은 행정을 연구하는 학문으로 중간세계를 통해 투사되고 체계화될 때, 연구는 있는 그대로가 아니라 언어에 의해 변형되고 생성된다.

행정과 행정학의 영역에서 언어적 전회란 행정학을 언어의 체계로 보고, 보이는 행정현상이나 심층에 있는 것을 언어로 재구성한다. 이 관점에서 행정학은 행정으로부터 어떻게 투사되느냐와 정립된 그 모습이 검증되느냐의 여부를 중점적으로 살펴보는 모형에 관하여서 논의하였다. 여기서 행정현상에서 행정학으로 옮아가는 지점에 적용되는 개념들이 있는데, 투사원리나 의미역 등이 그것들이다. 이어서 사례를 통해 행정언어 모형의 적용가능성을 살펴보았다. 행정학은 엄밀성의 추구보다는 실용성의 추구가 대세인 듯하다. 그렇지만 두 유형의 추구가 함께 가야 하므로 이제는 명제를 통한 행정학의 엄밀성에 더 관심을 두어야 함을 강조하려는 의도를 이 장에 담았다.

이어서 제2부에서는 객관주의(실증주의) 방언을 논의하고, 제3부에서는 주관주의 방언을 다룬다. 여기서 객관주의(실증주의)와 주관주의는 모두 해석에 의존하는데, 해석은 해석 주체(Subject: S)와 해석대상(Object: O)과의 함수관계라고 할 수 있다. 이때 해석을 통한 의미를 M(meaning)이라고 하면 M은 S와 O에 의해서 결정된다. 따라서 S_1와 O_1의 관계에서 생성된 M_1, S_2와 O_2의 관계에서 생성된 M_2, S_3와 O_3의 관계에서 생성된 M_3, …… S_n과 O_n의 관계에서 생성된 M_n으로 정리된다. 이들 집합에서 서로 같은 값을 가질 경우를 객관주의(실증주의)라고 하고, 다른 M 값을 가질 때에 주관주의라고 할 수 있다. 객관주의(실증주의)라고 표기하는 까닭은 제4부에서 논의하는 인문주의에 속하는 구조주의도 객관주의를 지향하는데(제12장 참조), 이때의 객관주의는 실증주의와 다른 의미인데, 이들을 구별하기 위함이다. 차례로 논의해 본다.

제 2 부
행정학에서의 객관주의(실증주의) 방언

제4장 행태주의 접근법
: 행정언어이론과의 비교를 중심으로

제 1 절 | 서 론

제2장에서 논의한 바처럼 근대성(modernity)과 함께하는 학문이나 과학은 객관성이나 실체를 연구의 중심에 두는 실증주의에 기초하였다. 실증주의는 보통 과학주의(scientism), 행태주의(behaviorism), 양화주의(quantificationism)를 그 핵심요소로 한다(유문무, 2009; Phillips, 1977: 55-73; Stockman, 1983: 7). 행태주의는 가치중립에 기초한 과학주의를 지향하므로, 가설검증(hypothesis-testing)을 통해서 자연과학에서 발견되는 법칙처럼 사회 현상의 이면에 있는 법칙(laws governing the social world)을 발견하고자 한다(Churton & Brown, 2010: 115). 이에 대한 좀 더 자세한 설명은 제6장에서 전개한다.

근대성과 함께하는 학문에서는 연구의 중심에는 언어가 놓였으며, 논리실증주의 또한 언어에 대해(물론 과학적 언어이지만) 깊은 관심을 기울였다. 따라서 근대 이래로 학문의 중심에는 다양한 의미의 언어가 있다(Iggers, 2005). 그렇지만 이론이란 어떤 논리적 형식을 취한 언어적 가공물(verbal artifact)이라 정의되기 때문에(안병직, 2004: 39), 언어화는 이 과정에서 필연적으로 이루어져야 할 절차로, 인간의 인지를 조직화하고 창조하게 하는데 그 의미가 있다(곽호완 외, 2004).[1] 여기서 어떤 현상을 인지하는 데 있어서, 다른 학문의 연구 결과를 참조하면(Cook, 1993: 26-

27; Graham, 1977; Fodor, 1984; 곽호완 외, 2004), 언어가 인지심리의 일부이지만 일반인지(一般認知)와는 독립된 모듈(module)이라는 점이다.[2] 이는 행정현상에서 행정학으로 옮아가는 데 있어서, 연구 결과를 수용하면 제3장 제2절에서 논의한 바처럼 접근방법의 전(前) 단계나 때로는 동행하는 과정에서 언어화의 필요성을 제기한다.[3] 따라서 행정학이 인접 학문의 연구 결과에 따라 언어화에 대해 더 많은 관심을 쏟아야 한다는 점을 시사한다.

그동안 행정학은 응용학문이라는 관점 아래 이러한 분야에서의 연구나, 행정현상에서 학문으로 옮겨가는 지점에서의 굴절의 문제, 행정학의 명제가 참으로 성립하기 위한 조건은 무엇인가에 대한 연구 등에 관심도 없이 개념과 이론들을 형성(形成)해 왔다. 물론 이에 대한 무관심은 명제가 세계와의 대응 관계에 의존해서 결정된다는 점을 암묵적으로 인정한다고 해석된다(김종현, 2004).[4]

대체적으로 사실의 세계에서 관찰되는 행정은 개별적 행위・판단・실행 등으로 구성된다. 이 개별적 행위・판단・실행 등은 학문으로 진입하려면 언어화되어야 한다. 즉, 사실들은 스스로 말할 수 없으므로, 알려진 사실들은 진술을 통해서만 구성

---

1) 원문은 "청자로 하여금 화자의 궁극적 분석의 결과인 말소리를 단서로 하여 청자 자신의 인지를 조직화하고 창조하는 데에 있다"로 블루멘탈(Arthur L. Blumenthal)의 *Language and psychology: Historical aspects of psycholinguistics*(New York: Wiley, 1970)을 인용하였다고 밝히고 있다(곽호완 외, 2004). 이를 Chandler(1995: 34)는 세계와의 경험에 질서를 부여한다고 표현하며, 언어학자들은 이를 '갈무리'라는 표현을 쓴다(허웅, 1981). 곽호완 외(2004)는 2004년에 http://www. cogpsych.org/dict/의 인터넷 사전으로 개발되었고, 이후 2008년에 같은 이름의 책으로 출판되었다.

2) 모듈이란 큰 전체 체계의 일부로, 다른 구성요소와 독립적인 하나의 구성요소를 말한다. 여기서 다른 학문이란 언어학, 철학, 언어심리학(psycholinguistics), 심리언어학(psychology of language) 등이다. 또 일반인지와는 독립적인 모듈이라는 연구결과에 대해 언어학과 심리언어학 사이에 의견의 불일치가 있으나(곽호완 외, 2004; 손광락, 2012), 현재 정설에 따라 본문처럼 처리하였다. 이에 대한 연구는 Waller(1977)나 Cook(1993: 26－27), Chandler(1995)를 참조하라.

3) 언어에 관한 기본 가정이나 기본단위 등에 관해서는 언어학파들에 따라 서로 다르다(곽호완 외, 2004; 문장수, 2004; 허웅, 1981). 행정학의 관점에서는 이들을 상론할 필요가 없으므로 이 글에서는 모두 언어로 통칭한다.

4) 사실이나 현상에서 투사를 통해 진술이나 명제가 성립하는 과정의 연구, 행정학 명제의 성립과 불성립을 연구하는 논리형태의 연구, 이들의 성립 또는 불성립의 검증에 관한 연구(testable or verifiable) 등이 필요함에도(Popper, 1983: 211－214), 이에 대한 행정학적 연구도 드물다. 덧붙여 문장과 진술의 구분 및 진술과 명제의 구분은 O'Connor(1975: 37)에 의존하였는데, 자세히는 제5장 각주 18)을 참고하라.

될 수 있는데, 언어로 표현되어야 한다(강신택, 2010). 언어화된 진술(또는 명제)은 행정학에서 논리형태에 의해 지지되거나 수정되고 이에 대해 검증이나 반증되어야 한다. 이 모든 과정의 첫째 단계가 투사로서, 투사는 개념화하는 과정이며(Wittgenstein, 1953: §384) 명제화하는 과정으로, 그 핵심은 언어화에 있다. 투사를 주장하는 이유는 "행정학에서 학문으로 성립하게 하는 고유한 것은 무엇인가?" 하는 문제에 대한 하나의 답을 제시할 수 있다는 점이다. 이 글은 투사라는 과정에서 중요한 역할을 하는 lexicon들과 이들을 함유한 색인이 지금까지의 시각[지금까지는 '찾아보기'의 역할]을 넘어서 행정학을 행정학답게 만드는 핵심 영역이라는 것이다. 이는 순차적으로 상론하기로 하고, 다음 절에서부터는 제3장의 논의를 이어받아서 행정학에서의 투사를 살펴보기로 한다.

제 2 절 | 투사에 관한 논의

1. 행정학에서의 연구 차원의 문제점

행정학은 관방학까지 거슬러 올라가기도 하지만 대체로 미국에서 시작한 학문이므로 행정학의 발달이 미국 특유의 효율성의 추구의 역사와 맥을 같이한다(Farmer, 1995). 이를 행정이념의 전개로 파악하기도 하고, 행정이론의 관점에서 파악해 볼 수도 있고(김태룡, 2007), 정부관의 변화에 따라 그 각각의 이론을 설명하기도 한다(유민봉, 2010). 여기서는 행정학 이론들을 과학성의 추구와 기술성의 추구라는 관점에서 Farmer(1995)를 좇아 살펴보기로 한다(박동서, 2005).[5]

먼저 기술성(technologism)의 관점에서부터 살펴보자(Farmer, 1995; ch.6). 기술성을 추구하는 이론들은 행정학 체계 안에 어떻게 하는가(knowing how)를 탐구한다. 따라서 기술성 추구의 행정(학)은 일하는 것을 추구하여 가치있는 차이를 만들어

5) 과학성이 '어느 정도의 규칙성'을 의미하는 데 비해, 기술성이란 "현상을 보다 바람직한 상태로 변화시키는 과정에서 창의성, 직관, 영감을 동원한 새로운 문제해결방식 내지 아이디어를 말한다"(유민봉, 2010: 49).

낸다. 과학성과의 차이는 기술성(technology)은 보편성과 설명을 목적으로 하지 않는데 비해 과학성은 보편성과 설명을 목적으로 한다. 이와 관련된 용어는 세 가지가 있는데, 과학 이전(prescience)의 기술적 지식을 지칭하는 기법(technics), 과학적 기초를 가진 지식인 기술(technology), 사회공학(social engeering)과 관리과학(management science)로 구성되는 사회적 기술(sociotechnology)이 그것들이다. 그런데 근대성(modernity)이란 기법에서 기술로 옮아가려는 경향, 즉 기술적 합리화(technological rationalization)의 경향이 있다. 한편 사회적 기술은 능률의 원리에 헌신하는 몰윤리성(沒倫理性, ethics-free)으로 이끌어 거대체제(megasystem)의 가능성을 증진시킨다.

과학성의 추구라는 관점에서 살펴본다(Farmer, 1995; ch.5). 과학성의 추구와 관련하여 대표적인 학자는 사이먼(Herbert Simon)으로, 사실과 가치의 분리에 기초하고 의사결정(decision-making)을 핵심으로 행정과학을 전개하였다. 그 초점은 사실적 명제들은 검증가능한 언명들이며, 과학적 보편주의와 과학적 설명에 뿌리내려야 함을 주장하였다. 그러나 과학적 토대(foundation of scientific proposition)에 대한 불분명성, 관찰과 귀납, 설명의 연역적 모형, 반증가능성, 윤리와 가치 등 많은 문제들에 노출되고 있다. 그 결과로 이 책의 제6장에서 논의하는 바처럼 과학주의 지향에 대해 과학주의 극복도 주요한 주제로 등장하고 있다.

지금까지의 행정이론이나 접근방법에는 관리이론, 관료제이론, 행태과학, 체제이론, 비교행정, 발전이론, 공공선택이론, 신제도주의, 신공공관리이론, 신공공서비스이론, 신행정이론 등이 있다(김태룡, 2007). 이들 행정이론이나 방법론이 과학적 학문의 정립을 위해 기초하는 연구의 다수는 통계 자료, 인터뷰나 설문지를 통해 자료를 수집하여 분석하고 그 결과의 의미를 해석한다. 이는 어떤 복잡한 현상 이면에 있는, 그 현상을 규율하는 간단한 규칙이 있다는 전제와 유사하다(Cohen & Stewart, 1994: 178). 그럼에도 과학성의 추구라고는 하지만 '현상에서 학문으로' 옮겨가는 과정에서[6] 언어화도 논의하지 않고 그에 따르는 일반인지나 굴절(refraction)의 관계를 논

6) '현상에서 학문으로' 옮겨가는 것은 그 포괄범위가 넓다. 유민봉(2010: 18-19)에서는 현상을 변수나 변수 간의 관계로 파악한다. 또 그 과정을 접근방법 또는 연구방법으로, 이를 통해 얻은 규칙성이나 규범성을 지식 또는 이론으로 이해하고 있다. 이에 대해 강신택(2005: 16-17)에서는 행정현상을 연구하는 데 있어서의 특정한 시각으로 자료의 선정기준으로 이해한다.

의하지 않고 있다.

행정이론이나 접근방법 중에서 언어에 대해서든 언어화되는 과정에 대해서든 본격적 논의가 있는 것은 행정행태설과 행정언어이론으로, 재미있게도 이 두 이론은 서로 대조적 관점을 보여준다. 행정행태설의 관점은 행정현상이 있는 그대로 이론이나 언어로 옮겨간다고 보고 그 과정에서의 굴절이 없거나, 있다 하더라도 사실세계로부터 언어를 새롭게 구성하여 편차를 없앨 수 있다는 관점이다(Chandler, 1995: 15).[7] 이에 대해 언어가 렌즈로서 기능하거나 중간세계를 형성하므로 명시적이든 묵시적이든 현상이 언어에 의해 굴절됨을 인정하는 견해를 보이는 행정언어이론을 비교해 보았다. 제5절에서 논의하듯이 행정언어이론은 다시 세 가지 흐름으로 나눌 수 있다. 첫째는 파머(Farmer, 1995)의 견해이며, 둘째는 중간세계 이론이고, 셋째는 변형생성이론이다. 여기서는 이들을 나누어 제3절에서부터 살펴보려고 한다.

먼저 현상에서 학문으로 옮겨가는 과정의 일부분인 투사에 대해 살펴보자.

2. 투사의 개념

투사는 기본적으로 "존재가 언어화하는 과정 속에서 학자가 관여한다"는 관점으로 모든 연구나 학문의 기초이다(Heidegger, 2005; 김재철, 2011; Popper, 1972: 28; Ramsey, 1964: 16; 조용환, 2010). 학자의 관여는 현실세계의 복잡성과 유동성에 일정한 질서를 부여하여 논리의 세계로 나아감을 말하며, 일정한 질서를 부여하는 것이 언어화 기능이다(이규호, 2005). 이를 나타낸 것이 [그림 4-1]이다.

제3장에서 서술했듯이 행정학에서의 투사는 사실의 세계에서 논리의 세계로(현상에서 학문으로) 진입하는 것을 말하고, 이렇게 옮아가는 데에 적용되는 원리나 규칙을 투사원리라고 한다(Cook, 1993; 박영식, 1995: 108). 가장 기본적인 이해는 세계의 인식에 관한 관점으로 논리적 구성물로 보는 행태주의와, 사회적 구성물로 보는

7) 정확히 표현하면 행정행태설(administrative behaviorism)이라기보다는 행태주의(behaviorism)이다. 그러나 언어를 보는 관점에서는 차이가 없으므로(Simon, 1957: 37-38) 행정행태설로 표현한다. 이들에 관한 이론은 Simon(1957) 외에, Baum(2005), Bhaskar(1987), Stout(2006), Waller(1977) 등을 참조하였다.

그림 4-1 **투사**

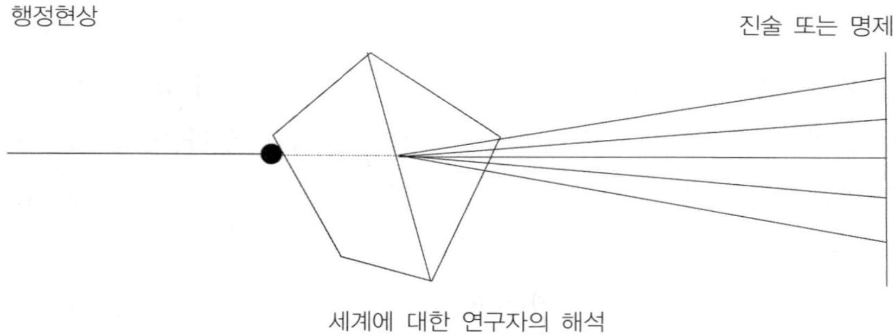

구성주의와, 문화적이고 언어적 구성물로 보는 변형생성이론이 대립하고 있다.

투사원리가 적용되면 어떤 행정현상이 그에 어울리는 언어현상으로의 변환이 일어난다. 그 변환은 세계관에 따라 차이가 나는데 이는 연구자에게 어떤 현상이 그대로 반영되는가, 구성되는가, 아니면 변형생성되는가의 문제이다.[8] 또 그 언어나 서술이 어느 영역에서 의미를 가지는가가 문제가 된다. 이를 의미역의 문제라고 하며, 행정과 관련된 언어가 행정학적으로 의미 있는 것은 행정학의 모든 영역에 적용되기 때문이 아니라 행정학의 일정 영역에만 적용되어 행정현상을 잘 설명하기 때문이다.

행정학에서도 확립된 이론이란 투사를 통해 명제로 표현되어 논리형태를 갖추고 검증이나 반증을 가능하게 하거나 통과한 명제들(Popper, 1972; 1979)이다. 그러나 이 주장은 잠정적이거나 상대적이다.[9] 이러한 체계를 그림으로 표현한 것이 [그림 4-2]로 여기에서 투사의 위치를 확인할 수 있다([그림 3-1]을 다시 그린 것이다).

8) 반영(mirroring)은 비트겐슈타인의 그림이론(Wittgenstein, 1921)이 대표적인데 <표 4-1>의 실체설에 기초한다. 구성은 <표 4-1>의 상대론에 가깝고, 변형생성이론은 관념론에 가깝다. 구성에 대해서는 이기상(2008)을 참조하고, 변형생성이론에 관한 것은 Chomsky(1966)를 참조하고 약간 다른 변형생성의 관점은 비트겐슈타인의 후기철학을 참조하라.

9) 통과한 명제들이라는 표현의 범위 내에 비엔나 학단(Vienna Circle)의 검증가능성(verifiability)과 포퍼의 반증가능성(falsifiability)과도 연계될 수 있고, 쿤의 정상과학 속에서의 testability도 포함한다(Popper, 1976; 신중섭, 1992; Fuller, 2004; 임규정, 2004, Lakatos & Musgrave, 1969). 행정언어이론의 관점에서는 "중립적으로 관찰가능한 언어 같은 것은 없다"는 쿤의 명제와 접합가능성이 있고 중립적으로 관찰가능한 언어에 집착한 논리실증주의와 대비된다(Fuller, 2004: 31).

그림 4-2 행정과 행정학과의 관계에서의 투사의 위치

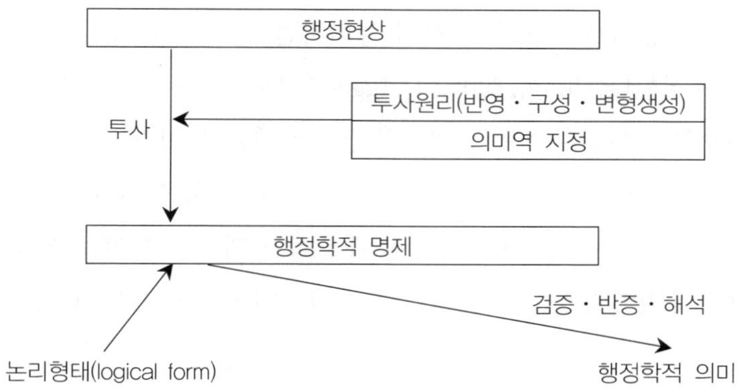

투사의 의미는 어떤 행정현상이 그 언어현상으로 바뀔 때, 행정현상이 어떻게 전환하여 개념과 이론들을 형성(形成)하는가에 있다. 포퍼(Popper, 1972: 28)는 "경험은 어떤 형태로든 진술로 나타내어야 한다"라고 주장하고, 하레(Harre, 1960)는 '기술(description)'과 '과학적 기술(scientific description)'을 구별하는데 포퍼(K. Popper)가 말하는 진술로 나타낸다거나 하레(Rom Harre)가 말하는 과학적 기술과 구별되는 기술은 투사를 의미한다. 하레(Harre, 1960)에 따르면, 과학의 시작인 의문-대답의 관계에서 어떤 모습을 그리기 위해서는 기술이 필요하고 그 이유와 방법을 모색하기 위해서는 설명이 필요하다. 그런데 기술하는 것이나 설명하는 것은 '필연적으로 언어 행위'이므로[10] 기술이나 설명에 대한 이해나 분석은 언어구조의 이해가 필연적이다. 따라서 과학 활동의 연구는 기술과 설명의 언어연구에서 시작하여야 하고(Harre, 1960: 4-5), 이 언어 행위가 투사에 해당한다. 이를 포퍼(Popper, 1972: 31)는 새로운 아이디어가 생성되는 것은 사실의 문제(questions of fact)인데 비해, 과학적 지식의 논리적 분석은 정당화의 문제(questions of justification or validity)로 본다. 즉, 투사는 현상에서 진술(또는 명제)에 이르는 과정에서의 언어화로, 그 중요성은 명제가 옳은

10) Harre(1960: 4)에 따르면, 하나의 그림(a picture)으로 기술을 대신할 수 있고 하나의 도해(a diagram)로 설명을 대신할 수 있으나 둘 다 오해의 가능성이 있다고 한다. 따라서 수준 높고 주위 깊은 설명이나 기술을 나타내기 위해서는 언어가 사용된다고 한다. 이는 언어가 왜곡 < 굴절 < 창조의 순서로 작용하고 있음을 함축한다.

가 옳지 않은가의 문제에 가장 큰 영향을 미치는 데 있으며(Harre, 1960: 13), 그 이유는 옳은가 옳지 않은가의 문제는 언어의 문제이기 때문이다(Ramsey, 1964: 16).[11] 더 나아가 홍(Hung, 2006: 46)은 동전의 양면처럼 언어는 바로 그 이론이며, 학문은 언어체계라고 주장한다(Hung, 2006: 1; Iggers, 2005). 예컨대, 내무부-행정자치부-행정안전부-안전행정부 등으로 언어화하는 것에는 차이가 무척 큰데, 우리가 사용하는 자연언어의 배후에는 우리의 사유체계가 있음을 함축한다(김영정, 1997: 115).

이어서 행정학에서 투사에 대해 명확히 대조적인 태도를 보이는 실증주의(반영)와 구성주의(구성) 및 변형생성이론(변형생성)이 그들인데, 이들 세 견해를 비교해 본다.

제 3 절 | 투사에 관한 세 견해의 비교

투사에 관한 가장 기본적인 이해는 지식과 실체와의 관계로부터 비롯하는 언어화 기능이다. 언어의 기능을 의사전달의 수단으로 보는 견해에서부터, '인간의 사고는 언어에 의해 결정되며 인간은 언어구조의 틀 속에서 행동한다'(Iggers, 2005: 120)라는 관점까지 분포한다.[12] 전자는 과학은 구별되고 식별되는 실체와의 관계로부터 비롯한다는 입장이고, 후자는 과학은 구별되고 식별되지만 가상적인 것이며, 오직 언어체계만이 실제적인 것이라는 입장이다(Ricoeur, 2006: 34). 따라서 '실존 이해나 존

11) 슐리크(M. Schlick)는 이를 "진정한 진술은 의심의 여지없는 검증[conclusive verification]이 가능해야만 한다"(Popper, 1972: 40에서 재인용)라고 표현하고 있다. 더 나아가 와이즈만(F. Waismann)은 "어떤 진술이 진실임을 결정할 가능한 방법이 없다면, 그 진술은 전혀 의미없는 것이 된다"(Popper, 1972: 40에서 재인용)라고 주장한다. 결국 이들 또한 투사를 진술이나 명제로 진행되는 하나의 과정으로 묵시적으로 간주하고 있다. 다만 이 글에서의 명제 또는 명제화는 검증이나 반증 과정이 필요한 가설을 포함한다.

12) 전자는 언어를 사상이나 경험을 전달하는 상징적 도구로만 보는 cloak theory이며, 후자는 언어가 인간의 사고를 규정한다는 mould theory로서 사피어-워프(Sapir-Whorf) 가설이 대표적이다(Chandler, 1995: 15). 이 논의는 언어와 사고와 실체(reality)에 관한 입장 차이에 기인한다. 전자는 언어를 독립변수로 보지 않는데 비해, 후자는 독립변수로 본다. 투사에 대한 기본적인 이해를 위해 필요한 생성론, 반-생성론 및 화용론이라는 분류는 반-생성론에서 보는 실재론, 생성론에서 보는 관념론, 화용론의 관점인 상대론으로 정리될 수 있고, 이는 투사원리에서 다시 한 번 재편된다.

재 이해는 모두 언어 안에서 표현된다'고 한다(Ricoeur, 2000: 15). 이와 같이 서로 다른 관점을 보여주는 이들의 흐름을 정리하면(Popper, 1972: 34–35; Waller, 1977; 곽호완 외, 2004), 정신이 근본적인 실재이고 지식의 대상은 지각하는 이의 정신 속이 아닌 곳에서는 존재하지 않는다는 생성론의 견해(mentalism or internalism), 생성론에 반대하여 그 본질을 정신에 두지 않고 외재(外在)하는 것에서 찾는 반–생성론의 견해(anti–mentalism or externalism), 사용을 중시하는 화용론의 견해들이다(functionalism or pragmatism). 생성론의 대표는 촘스키(N. Chomsky)이고, 반–생성론의 대표는 전기 비트겐슈타인의 철학이나 스키너(B. F. Skinner) 심리학이며, 화용론인 사용을 중시하는 견해에 속하는 흐름은 후기 비트겐슈타인의 철학이나 일상언어학파이다. 이들 흐름들이 뒤섞여 투사의 관점을 만들어 낸다. 먼저 반–생성론 기초하는 행정행태설과 생성론과 화용론에 기초하는 행정언어이론을 비교해 보자.

1. 행정행태설과 행정언어이론의 비교

언어의 기능이 의사전달의 수단에 지나지 않는가 아니면 창조의 기능이 있는가에 대한 논의가 진행되어 왔듯이, 언어의 본질이나 습득에 대해서도 대립되는 학설이 전개되어 왔다. 생성론자들은 생득 관념을 인정하고 이에 기인한다고 주장하는 반면에, 반–생성론자들은 백지상태의 관념을 인정하고 자극과 반응의 관계에서 온다고 주장하는데, 이 논쟁은 서로 상반되는 기본 가정에서부터 출발한다(Waller, 1977).

반–생성론에 따르는 행정행태설은 지식에 관한 이론이 아니라 행태에 관한 이론이다(theory of behavior, not of knowledge). 이런 근거에서 언어와 사고는 똑같은 것으로, 비언어적 사고는 존재하지 않으며(no non–verbal thought), 사고에서 언어로 옮겨지지 않는 것은 없다고 주장한다(Chandler, 1995: 15). 즉, 사고에서부터 이론으로의 과정은 기계적이므로 굴절은 없으며, 설사 굴절이 있다 하더라도 사실세계로부터의 언어를 새롭게 구성하여 예방할 수 있다고 간주하는데, 기호논리학이나 비트겐슈타인의 『논리철학논고(*Tractatus Logico–Philosophicus*)』(1921)에서 취하는 방법이다. 이는 총체적 의미론에 비춰보면 이를 계속 추구하기가 힘들다(Putnam, 1988).[13] 그러나 언어의 밑바탕을 규약화한 그들의 공헌은 지대하다.[14] 물론 행태주의(≒실증주의) 이론은 전기(older positivists)와 후기(modern positivists)가 다른 견해를 가졌는데, 전기는 과학을 개념의 체계로 보았다. 이는 lexicon의 작용에 전적으로 의지함을 의미한다. 그러나 후기는 과학을 진술의 체계로 보고 이를 경험적 진술의 기본 요소[atomic statements of experience]로 환원하려는 관점이다(Popper, 1972: 35－36). 그렇지만 전기와 후기 모두 공통적으로 환원할 수 있는 요소에 집착하고 해석의 다양한 가능성을 인정하지 아니하였다. 만약 이 과정에서 굴절이 있다면 그만큼의 편차가 생기고 이는 있는 그대로 행정이론이나 방법론이 전개될 수 없음을 의미한다.

이와는 반대로 행정언어이론에서는 사실에 관한 차이가 아니라 어떤 사실을 그려내기 위해 사용되는 언어의 차이라는 관점이다(Malcolm, 1964: 9).[15] 그 결과 "말이 달라지면 사람들의 생각과 시선도 달라진다"라는 명제가 성립한다.[16] 행정언어이론은 진술을 경험적 요소로 환원하려는 행정행태설과는 달리, 투사에서 lexicon과 함께 내재언어와 가교언어를 아우르는 언어체계로 보는 관점이다. 과학을 언어의 체계로 보면 lexicon뿐만 아니라 lexicon을 넘은 무엇을 상정하여야 한다(Popper, 1972: 35). 이는 파머(D. Farmer)에게는 성찰적 접근으로, 언어학자들에게는 렌즈로, 훔볼트(W. von Humbolt)에게는 중간세계로 나타나며(Farmer, 1995: 3; Gentner &

13) 총체적 의미론은 논리적 단조성을 비판한다. "만일 어떤 사람이 '모든 새들은 난다' 그리고 '타조들은 새들이다'라고 말한다면 우리는 '타조들은 난다'고 연역"하여 해석하는 것이 논리적 단조성(monotonicity)에 기초한 이해이다(Putnam, 1992: 40). 그러나 일상언어는 그런 이해가 아니라 논리적 비단조성(non－monotonicity)에 기초하여 총체적 해석에 기초하여 이해한다.

14) 여기서 제12장에서 보듯이 구조주의와 유사성이 있다(소두영, 1988; Uchida, 2011). 이는 사고가 언어에 의해 결정된다는 행정행태설과 정확히 일치한다(Chandler, 1995). 즉, 구조주의는 Saussure의 언어학을 Levi－Strauss가 인류학에 적용하고 더 나아가 Lacan은 이를 Freud 읽기에까지 확장하였다. 언어적 의사소통에서 시작된 이 사조는 확장되어 어떤 복잡한 체계, 더욱 더 나아가 모든 것이 언어처럼 구조화되어 있다(everything was structured like a language)고 주장한다(Johnson, 1993: 2). 구조주의의 이론체계로부터 체제이론이나 해체론과의 관련성이나 차이점의 비교가 가능할 것이다.

15) 원문은 "They disagree, not about any empirical facts, but about what language shall be used to describe those facts."이다(Malcolm, 1964: 9).

16) 이는 프랑스의 작가 베르나르 베르베르(Bernard Werber)의 말이라고 한다(세계일보, 2012.7.4). 이 언어철학은 훔볼트(W. von Humboldt)의 철학과 유사하다(허발, 2013). 한편 이와 관련이 있는 개념은 심층인데, "심층의 것은 말할 수 없다"는 후기 비트겐슈타인 철학은 전기 비트겐슈타인 철학의 수정이라고 할 수 있다(Popper, 1976; Edmonds & Eidinow, 2001: 229).

Goldin-Meadow, 2003; 이규호, 2005: 43), 사고에서부터 이론으로의 진행에는 언어에 의해 굴절은 일어난다는 전제에 기초한다(Chandler, 1995: ch.2; Ramsey, 1964: 16-17). [그림 4-5]에서 보듯 중간세계로서의 언어는 질서와 구조를 지닌 주체적이고 독자적인 체계이다(Iggers, 2005: 120; 이규호, 2003: 39-51). 따라서 투사는 중간세계에서 현상의 존재를 인식하는 바에 따라 그 인식을 갈무리하는 과정이라는 점에서, 행정행태설과 큰 차이를 나타낸다.

투사에서의 굴절은 의식적이든 무의식적이든 의도와 언어표현의 차이에 기인하는 것이 대부분으로, 이는 의미의 영역과 관련이 있다(Chandler, 1995: 5, 32-33). 따라서 투사원리를 설명하기 전에 의미의 원천을 논의한다. 의미가 어디에 있는가에 대해, 세 유형의 세계관이 나타나는데 실재론(realism), 상대론(relativism), 관념론(idealism)이 그것이다. 실재론과 상대론은 이미 <표 1-2>에서 설명하였는데, 여

표 4-1 실재론, 상대론, 관념론의 비교

	실재론	상대론	관념론
세계의 존재	객관적으로 존재한다.	구성된다.	독립적으로 존재하지 않는다.
존재론 (ontology)	안정과 요소론 (stability and elementarism)	변화와 전체론(change and holism)	
metaphor	기계론(mechanism)	유기체론(organicism)	
언어의 역할	어휘는 세계의 사물에 대응하므로 효과적으로 사용하면 실체의 거울이 될 수 있다.	물리적 세계의 구성에는 일부의 역할을 하지만 사회적 세계의 구성에는 중요한 역할을 하므로 어느 정도의 굴절은 피할 수 없다.	세계는 언어의 사용에 의해 구성된다.
의미의 영역	객관론자(objectivist)의 견해	구성주의자의 견해	주관주의자(subjectivist)의 견해
의미의 생성	실재(=텍스트)로부터 전달된다(transmitted).	실재(=텍스트)와 주체(=독자) 사이에서 협상한다(negotiated).	주체(=독자)의 해석에 따라 창조된다(re-created).
설명 방식	환원적 분석 (reductionist analysis)	종합적 이해(synthetic understanding)	
주체의 역할	수동적	←——————→	능동적

출처: Chandler(1995: 5, 32-33, 195)를 정리하였음.

기에 관념론을 더해서 표로 나타낸 것이 <표 4-1>이다.

행정행태설은 실재론의 세계관을 가진 객관주의자들로, 이들은 실재(=텍스트) 속에 있는 의미가 '전달된다'라고 본다. 따라서 해석의 판단 기준은 실재(=발신자)이다. 상대론적 세계관을 가진 구성주의자는 의미란 실제와 주체 사이에서 상호작용(interplay)하므로, 전달되는 것이 아니라 '협상한다'는 견해를 취한다. 즉, 구성에 의존한다. 한편 관념론의 세계관을 가진 주관주의자는 의미는 주체의 해석에 달려 있고 해석의 판단 기준의 제공은 주체이므로 따라서 '창조된다'고 본다.[17] 행정행태설이 실재론의 세계관에 입각하는 데 비해, 행정언어이론은 상대론과 관념론의 세계관을 수정하고 종합하여 문화적 인간을 상정(想定)하고 그 특성은 사이-존재에 중점을 둔다(이광석 외, 2015: ch.9). 그것은 21세기 혁명적 사건인 정보혁명을 넘어 소통의 혁명이라는 시대에 부응하기 위해서이고, 소통이나 공감능력을 강조한다. 따라서 행정행태설과 행정언어이론의 두 세계관 사이에는 커다란 차이가 있다.

이제는 투사원리에 대해 살펴본다. 이에 대해서는 실증주의와 후기실증주의, 구성주의, 비판이론은 서로 다른 견해를 가지는데 이를 표로 나타낸 것이 <표 4-2>이다.

표 4-2 실증주의, 후기실증주의, 구성주의, 비판이론의 비교

	실증주의	후기실증주의	구성주의	비판이론
목적	엄밀한 과학(hard science)	실증주의 수정	주체의 지각(subject perception)을 해석함으로써 이해를 획득하는 해석주의자	권력에 의해 압제받는 이들을 위하여 의미있는(critical) 변화 창조
존재론	① 소박한 실재론 ② 실체가 실제로 존재한다. 그리고 알 수 있다.	① 비판적 실재론 ② 실체가 실제로 존재한다. 그리고 불완전하고 확률적으로 알 수 있다.	① 상대주의 ② 부분적이고 특정하게 구성되고 실체	① 역사적 실재론 ② 사회적, 정치적, 문화적, 경제적, 윤리적, 성적(性的) 가치에 의해 구체화된 가상적 실체

---

17) 실재론이 행정행태설과 정확히 일치하지 않는 부분이 있다. 즉, 실재론에서도 언어의 중간세계적 기능과 굴절 가능성을 'sometimes'로 표현하여 인정하는 견해가 있기도 한다(Chandler, 1995: 32-33).

인식론	① 2원론/객관주의 ② 진리의 발견	① 수정된 2원론/ 객관주의 ② 가능한 진리의 발견	① 주관주의 ② 창조된 발견	① 주관주의 ② 가치가 개입된 발견
방법론	① 실험/조작 ② 가설의 검증 ③ 계량적 방법	① 수정된 실험/조작 ② 비판적 다원주의 ③ 가설의 반증 ④ 질적 방법 포괄	① 해석학적 ② 변증법적	① 소통 ② 변증법적
탐구의 목적	설명: 예측과 통제		이해, 재구성	비판과 변형, 해방과 복권
지식의 본질	사실이나 법칙으로 정립된 검증된 가설들	그럴듯한 사실이나 법칙인 반증되지 않은 가설들	합의를 향하여 나아가는 도중에 혼합되어 있는 개인적 또는 집단적 재구성	구조적/역사적 통찰
지식의 축적	성장: 지식체계에 부가되는 것으로 블록쌓기, 일반화와 인과관계로 연결		더 많은 지식에 따라 세련화된 재구성, 대리 경험	역사적 수정주의, 유사에 의한 일반화
가치	배제		포괄: 형성적	
교육훈련	기술적이고 양적 방법, 실체이론	기술적: 양적 및 질적 방법, 실체이론	재사회화: 양적 및 질적 방법, 이타적이고 해방의 가치	

출처: Lincoln et al.(2011: 98-101).

그렇다면 어떻게 아는가? 그것은 일차적으로는 언어적이고 2차적으로는 실재적이기 때문이다(정대현, 1987; 1995). 이에 대한 논의가 투사원리인데, 그 논쟁의 핵심에서 실증주의, 구성주의 및 변형생성이론은 차이를 보인다. 실증주의는 가능한 한 주관적인 것에서부터 독립된 객관적 인식을 추구한다(조주환, 2001). 객관적 인식의 추구는 매체(언어의 체계)가 투명해야 함을 의미한다. 이를 위해서는 다양한 의미로의 전환이 가능하므로 불투명한 자연언어보다는 다양한 의미로의 전환이 불가능한 인공언어에 치중한다.

한편 구성주의는 여러 원천으로부터 흘러 들어왔으나 주로 해석학이나 변증법에 힘입은 흐름이다. 현상학에 뿌리를 둔 슈츠(A. Schutz)의 연구는 어떤 사회에서 각 개인이 공유하고 있는 당연히 그러하다고 여기는 경험세계를 이해하는 것에 대한 연구이다. 당연히 그러하다고 여기는 경험세계는 생활세계를 지칭한다. 하버마스에 따르면 후기자본주의 사회에서는 체계의 확장으로 인해 생활세계가 축소되는 현상(생활세계의 식민지화 현상)이 나타난다. 즉, 체계는 왜곡된 의사소통에 의해 구성되는 사회인데 비해, 생활세계는 의사소통행위에 의해 구성되는 사회이다. 따라서 생활세계를 부활시키고 재구성하는 것이 의사소통행위이다. 여기서 의사소통이론으로의 패러다임 전환이 이루어진다(이홍균, 1997). 그것은 매체(언어의 체계)가 주체와 대상(객체)과 함께 사회의 하나의 구성요소임을 의미한다.

변형생성이론은 후기 비트겐슈타인 이론과 궤를 같이하는 점도 있고 다른 점도 있다. 다른 점은 언어의 근거를 공동체에 두는 후기 비트겐슈타인 이론과는 달리 변형생성이론은 인간의 생득능력을 강조한다. 같은 점은 표층은 심층에서 유래한다는 함축이다. 표층이란 지각한 것이거나 지각할 수 있는 것이며, 심층은 '지각할 수 있는 것 그 이면에 있는 것'이다. 표층과 심층의 구별을 통해 실제로 행함은 할 수 있음으로, 할 수 있음은 그 이면에 있는 것을 의미하는 것으로 변환된다. 이 책에서 변형생성이론이란 표층과 심층을 구별하고 심층에서 표층으로의 변형을 추구하는 것이므로 후기 비트겐슈타인의 이론과 촘스키의 이론을 포괄한다. 여기서의 함축은 매체(언어의 체계)가 주체와 대상(객체)과 함께 사회의 하나의 구성요소임을 넘어서, 주체는 언어로 해석된 대상이나 세계를 인식한다는 관점이다. 따라서 진리가 상대적임을 뜻한다. 실증주의와 구성주의 및 변형생성이론의 견해를 좀 더 살펴보고자 한다.

2. 실증주의

실증주의는 그 자체로 존재하는 세계에 대한 합리적 인식이야말로 참된 인식이라는 전제 하에서 인간의 이성에서 나온 도구들을 잘 이용하면 "이 세상을 있는 그대로 아는 것이 가능하다"라고 믿는다. 이는 정신(mind)과 행동의 차이를 인정하지 아니하고,[18] 정신은 인간 행동의 바깥에 존재하는 것은 아니라고 주장한다(Stout, 2006: 3). 즉, 심층과 표층의 일치를 담고 있다. 따라서 모든 심성적 귀속은 행동적 성향을 표현하는 if-then 문장으로 나타나는데, 다만 if절에는 자극을, then절에는

18) 이들은 "어떤 정신의 상태에 있다는 것은 어떤 방법으로든 행동하는 성향을 갖고 있는 것이다(what it is to be in a certain state of mind is to be disposed to behave in a certain way)"라고 주장한다(Stout, 2006: 3). 이는 심리적 속성들을 행동성향의 속성들과 동일시함으로써 행동상의 결과를 심리적 원인과 관련짓는 주장에 대해 어느 정도 설명력을 부여하는 점이 강점이라고 한다(Fodor, 1991: 20).

행동적 반응에 대해서 말하게 된다(윤혜린, 1994). 실증주의는 지식이란 인간의 외부 세계에 대한 해명으로 본다는 데 있으며 구성주의가 지식을 인간의 창조물로 보는 것과 대비되며(고미영, 2009: 44), 또 변형생성이론이 표층과 심층의 분리를 주장하는 것과도 대비된다. 결국 실증주의는 합리성과 효율성의 관점에서 인간을 이해함으로써 개인의 주체성을 상실하고 비인간화된 환경에 놓이는 결과를 낳았다(강인애, 2003: 15).

인식론의 중심대상인 사고와 현실, 곧 언어와 현실의 관계는 결코 소박한 경험론(실증주의)의 주장처럼 그렇게 단순하지만은 않다. 실증주의(경험론)는 인식의 토대와 원천이 외부 세계의 대상에 관한 감각적 경험 속에 존재한다고 주장한다. 하지만 이러한 주장에는 인식하는 주체의 유동적인 측면을 전적으로 배제하고 있다. 더욱이 경험주의적 인식론은 그 근저에 감각이 획득한 것은 완벽하게 언어로 제시될 수 있음을 전제한다. 이는 언어를 단순히 의식을 실어나르는 도구로 보는 관점으로, 언어와 현실이 갖는 상호 규정적인 측면을 무시한 것이다. 이러한 인식론적 관점은 인식이 포착할 수 있는 것은 경험적 현상들뿐이며, 진정한 사물의 본질, 즉 '물 그 자체'(thing-in-itself)는 인식할 수 없다는 칸트(I. Kant)의 인식론으로 연결된다.

3. 구성주의

경험주의의 인식론과 달리, 구성주의는 인식은 주체의 활동에 전적으로 의존한다는 관점에서 인식 주체를 전면에 부각시킨다. 앞서 제1장에서 행정 개념이 사회적 구성물이라는 견해(Farmer, 1995)를 소개하였는데, 이 관점이 구성주의적 시각으로,[19] 주체의 선험적인 개념들만이 인식의 가능성을 보장하며, 대상의 실재와 관계

19) 크로티(Michael Crotty)는 constructivism과 constructionism을 구분하고 있다. 전자는 '개인의 사고가 의미를 만들어 내는 활동'에 중점을 둔 인식론적 고려를 말하는데, 우리들 각자의 고유한 경험을 말한다. 이에 비해 후자는 '의미의 공동 생성과 전달'이 포함되어 있다고 한다(Patton, 2002: 97에서 재인용). 여기서는 구별할 실익이 없다. 구성주의 시각에 기초하는 연구는 다음에서 열거하는 특징을 가지고 있다(Farmer, 1995: 216). ① 자연스러운 배경, ② 인간적 도구, ③ 암묵적 지식의 이용, ④ 질적 방법, ⑤ 의도적 표본추출, ⑥ 귀납적 자료분석, ⑦ 자료로부터 근거를 가진 이론, ⑧ 생성적 설계, ⑨ 협상된 결과, ⑩ 사례연구 보고양식, ⑪ 개성기술적 해석, ⑫ 잠정적 허용, ⑬ 초점의 근거 위에서 연구에 대한 경계 설정, ⑭ 신뢰성 확보를 위한 특별 기준 등

표 4-3 구성주의의 공리와 실증주의 공리의 비교

	구성주의의 공리	실증주의 공리
1	현실은 다중적이고 구성되었으며 전체성을 지닌다.	현실은 하나이고 구체적이며 분할가능하다.
2	연구는 가치구속적(value-bound)이다.	연구는 몰가치적(value-free)이라야 한다.
3	연구자와 연구대상은 상호작용적이고 불가분적이다 (The knower and known are interactive and inseparable).	연구자와 연구대상은 상호독립적이다 (The knower and known are independent).
4	개성기술적 언명: 시간의존적이고 맥락의존적 작업가설 (time-and context-bound working hypotheses)	법칙정립적 언명: 일반화 (time-and context-free generalizations)
5	모든 실체들은 상호 간에 동시적으로 형성되는 상태에 있기 때문에, 원인과 결과를 구별하는 것은 불가능하다.	어떤 효과에 대해 시간적으로 선행하거나 동시에 일어나는 진정한 원인이 있다.

출처: Farmer(1995: 214-218).

없이 인식 자체는 구성적 활동의 결과라는 것이다.[20] 쉽게 비유하자면 밀가루 반죽을 국화빵 틀에 넣으면 국화빵이 되고, 붕어빵 틀에 넣으면 붕어빵이 된다는 의미로 틀(주체)의 중요성을 함축한다. 구성주의의 공리를 실증주의 공리와 비교하면 <표 4-3>과 같다.

구성이라는 용어를 인식론에서 명시적으로 사용한 칸트(I. Kant)에 따르면, 새로운 정보나 새로운 개념, 새로운 사상 등은 각 개인이 이미 알고 있는 내용과 관계할 때에만 의미를 가진다는 것이다.[21]

이다.

20) 칸트(I. Kant)는 철학적 인식과 수학적 인식을 구분하고 수학적 인식의 객관성과 필연성을 해명하기 위해서, '구성'이라는 용어를 사용하면서 주관의 선험적 구성을 강조했다. 여기서 중요한 것은 인간은 수 개념들이나 기하학적 개념들을 처음부터 갖고 태어난 것이 아니라, 모종의 직관을 토대로 구성했다는 것이다. 즉, 칸트(I. Kant)에 따르면, 인간은 시간에 대한 선천적 직관 내용을 토대로 산술적 기초 개념들을 구성했고, 공간에 대한 선천적 직관 내용을 토대로 하여 기하학적 기초 개념들을 구성했다는 것이다(문장수, 2003).

21) 이러한 개념을 텍스트 읽기에 적용하면 문자언어나 음성언어로 이루어진 텍스트 그 자체는 의미를 갖지 못하며, 이것은 다만 독자나 청자에게 자신들이 이미 알고 있는 지식으로부터 어떻게 의미를 생성해 내는가에 대한 방향만을 제시해 줄 뿐이다. 이러한 독자나 청자의 지식을 선행지식(background knowledge)이라 하며, 사전에 독자나 청자가 습득하여 기억 속에 저장된 지식의 구조화된 표시를 선행지식구조(schema)라 하며, 각각 다른 선행지식구조들(schemata)은 다양한

구성주의는 보통 인지적 구성주의와 사회적 구성주의로 나누어진다(강인애, 2003: 13). 전자는 피아제(Jean Piaget)로 대표되는 흐름이고, 후자는 비고츠키(Lev Vygotsky)를 중심으로 하는 흐름이다. 피아제는 자동 조절적 메커니즘의 관점에서 "인식은 주관의 구성적 활동 없이 관찰들에 대한 단순한 기록으로부터 결코 유래될 수 없다. 또한 어떠한 종류의 선천적 혹은 생득적인 인지구조도 인간에겐 존재하지 않는다." 즉, 사실의 영역이 '존재'하는 것이 아니라 지성의 기능만이 단지 생득적이고, 이러한 지성의 기능이 외적 대상들에 근거하여 수행된 연속적인 행동들의 조직화를 통해서 구성된다고 주장한다(Habermas, 1971: 149). 광의의 관점에서 그 방법론은 심리학에 기댄다. 실제로 제9장에서 논의하는 해석현상학적 분석(Interpretative Phenomenological Analysis: 이른바 IPA)은 심리학에 기초한 방법론으로 그 인식론은 구성주의에서 나오는 것이다. 비고츠키의 사회적 구성주의에서는 개인이 주어진 상황에서 자신의 주관적인 경험과 사회적 상호작용을 통해 능동적으로 의미를 구성해 가는 과정으로 본다. 지식 또한 개인들이 주체적으로 구성하고 창조하며 대화를 통한 사회적 협상으로 만들어진다는 관점을 취한다. 인지적 구성주의와 사회적 구성주의를 학습과 관련하여 정리한 것이 <표 4-4>이다.

인식론 영역에서 구성주의를 지지하는 다양한 학파들은, 공통적으로 '주어진 것'에 비해 '구성'을 더 우월하게 취급한다. 마치 생물철학에서 생득적 형질에 비해 획득적 형질에 더 강조점을 두는 입장처럼, 인간의 인식은 선천적으로 주어진 것이라기보다는 후천적으로 구성된 것이며, 또 기본적으로 주어진 것들도 직접적으로 주어지는 것이 아니라 모종의 구성 과정의 결과라고 본다(문장수, 2013).

구성주의 관점의 논의는 쿤의 패러다임과 비교되기도 한다. 쿤에 따르면, 우리가 세계를 지각하는 방식은 우리가 지닌 경험과 감각이 그것에 부여한 이론적 전제에 의존하고 있음을 주장한다. 즉, 인식이란 학습하는 과정을 통해 범례들 사이의 유사성(과 차이성)을 인지하는 능력을 획득하고 이 능력을 새로운 문제들의 해결에 사용

개념들, 즉 사물, 상황, 사례, 행위, 사례 또는 행위의 과정, 추상, 언어적 사항 등에 관한 지식을 표시한다. 선행지식구조에는 내용선행지식구조(content schema)와 형식선행지식구조(formal schema)가 있으며, 전자는 어떤 글 또는 담화의 형식적, 수사적 특성에 관한 선행 배경지식을 가리킨다(조명원 · 이홍수, 1991: 402).

표 4-4 인지적 구성주의와 사회적 구성주의의 비교

비교 기준	인지적 구성주의	사회적 구성주의
이론가(theorists)	Piaget, Koffka, Lewin, Lakoff, Bruner, Tolmin	Vygotsky, Dewey, von Glaserfeld, Schneider & Ingram
학습과정의 관점 (view of the learning process)	(직관, 정보처리, 기억, 인지 등) 내부의 정신적 과정 (Internal mental process including insight, information processing, memory, perception)	경험을 통한 의미의 구성 (construction of meaning from experience)
학습의 장소 (locus of learning)	내부의 인지적 구조 (internal cognitive structuring)	개인에 의한 실재의 내부적 구성 (internal construction of reality by individual)
교육의 목적 (purpose of education)	더 나은 배움을 위한 능력과 기술 개발 (develop capacity and skills to learn better)	지식의 구성 (construct knowledge)
학습의 구체화 (manifestation in learning)	인지발달 (cognitive development) 나이에 따른 지능, 학습 및 기억력 (intelligence, learning and memory as function of age) 학습하는 방법 배우기 (learning how to learn)	경험에 따른 학습 (experiential learning) 자기 지향적 학습 (self-directed learning) 시각(視角)의 전환 (perspective transformation) 성찰의 실천 (reflective practice)

출처: Swanson & Holton(2009:195); 임지룡 외(2016); 김명환(2005).

한다. 이는 구성주의와 비슷한 면이 있다(조인래, 2018: 53-60).[22]

22) 쿤의 패러다임 이론과 비트겐슈타인의 가족유사성과 같다는 견해가 일반적이다(조인래, 2018: 53-60). 이는 이 장에서의 서술 및 제6장을 참조하라. 사회적 구성주의는 사회적인 실재(the real)는 언어에 의해서 상당부분 구성되거나 추동된다는 입장을 취한다(이기형, 2006). 이러한 구성주의적 인식론이 소쉬르의 언어관과는 대비된다. 소쉬르의 언어관은 지시대상의 문제를 배제한다. 체스를 통한 그의 비유는 이를 잘 보여 준다. 체스의 말들과 말들의 이동은 세계에 대한 어떠한 것도 지시하지 않는다. 놀이의 외부에 존재하는 그 무엇도 놀이의 내적인 문제를 정당화하거나 혼란에 빠뜨리지 않는 것이다. 이에 대해 체계 전체가 현실과 관련을 맺고 있다는 발상은 곧 구성주의의 언어적 변용이다. 마찬가지로 언어게임이론도 체스의 말처럼 닫힌 체계가 아닌 사회와의 관계 속에서 이루어진다는 점에서 소쉬르 언어관과 대비된다.

4. 변형생성이론

인지철학에서의 논의는 합리론에 기초하는 실증주의와 구성주의의 대립으로 요약될 수 있다(문장수, 2013). 최근의 뇌과학의 발달은 좀 더 인식의 원천에 대해 알 수 있게 하였는데, 인간의 두뇌는 선천적으로 수많은 아이디어와 생각들로 이뤄진 인지구조를 갖고 있으며, 새로운 지식이나 정보는 이 인지구조에 의해 해석되고 재구성된다고 본다(경북대 신문, 2003). 그것을 이성으로 본다면 인간의 이성에 기초하여 적응할 능력을 갖추고 있다는 점이다.

구성주의에서의 문제점은 구성의 근거를 인지(또는 知性)로 한정하는 것과 주체의 활동에 지나치게 의존한다는 점에 있다. 따라서 구성주의의 관점인 피아제(Jean Piaget)의 견해는 환경의 기능을 형성적 역할로 인정하는 것과는 달리, 변형생성이론의 촘스키(N. Chomsky)는 단순한 격발적 역할만을 인정한다. 변형생성이론에서 제기되고 심리학의 실험을 통해 확인되었던 심층구조로부터(곽호완 외, 2004; Cunningham, 1975: 37) 실증주의나 구성주의와는 달리 언어가 투사에서 (사회과학적으로 해석하면) 언어적 문법과 문화적 문법에 기초한 변환이 일어남을 강조한다(정수복, 2007: 74-75). 전자를 강조하는 흐름이 촘스키의 견해이고, 후자에 초점을 두는 견해가 비트겐슈타인의 후기철학이다. 이들 흐름이 변형생성의 관점을 이룬다.

후설(Edmund Husserl) 철학에서 발견되는 이념적 통일체인 의미 그 자체가 촘스키(N. Chomsky)의 심층구조이다(Cunningham, 1975: 95). 또 후설의 현상학적 에포케가 의도한 절대적인 존재영역은 촘스키(N. Chomsky)의 심층구조 또는 보편문법으로 통한다. 여기에서 [그림 4-4]에서 보듯이 구성을 넘은 변형생성의 가능성이 잉태된다. 변형생성이란 세 가지 의미를 지니고 있다(윤석빈, 2019). 첫째, 언어가 현상을 해석하므로 현상을 안다기보다는 언어로 해석된 세계와 함께 한다는 의미이다. 여기에 기초하면 객관적 세계를 인식하거나 구성하는 것이 아니라 언어로 의미가 부여된 세계를 이해하는 것이다. 이는 사유와 상상의 무한한 가능성은 언어사용에 의존한다는 언어의 창조성 명제로 이어진다(Chomsky, 1966). 둘째, 자기 존재와 타자의 이해로 이끄는 길도 변형생성에 있다. 파머(Farmer, 1995)가 성찰적 해석(reflexive interpretation)의 방법론을 활용하는 이유는 공공이나 범죄, 관료제, 민간기업 등의 이해는 언어의 내포와 외연에 이루어지고 제약되기 때문이다. 가장 대표적인 사례는 제1장에서 설명한 바와 같이 '한국의 행정현상이 무엇이다'라고 할 때 그것은 보편성에 매개변인이 작동하여 실제행정으로 나타나게 된다. 이를 주체의 관점으로 전환시키면 행정에서 변형생성이론은 그 밑바탕에 있는 어떤 것(제1장에서 보편성이라고 부른 것)을 기본으로 하고 어떤 세계에서의 현상으로 나타나게 하는 어떤 것(제1장에서 매개변인이라고 부른 것인데 제12장에서는 변형이라고 지칭한다)이 함께 작용하여 우리에게는 행정에 대한 체험이 성립하는 것이다. 셋째, 공동체의 토대는 언어공동체의 세계상에 알맞게 자신의 의식을 변형해 내는 것이다(윤석빈, 2019). 이에 비추면 공동체의 유지나 문화담지(culture–bearing)에 필요한 것은 역사성 속에서 변형되고 생성된다는 관점이다. 이는 후기 비트겐슈타인 철학을 해석한 것으로 다문화 현상을 설명하는 데에도 유익하다.

앞서 구성의 관점을 쿤의 패러다임과 비교하였는데, 쿤의 패러다임 이론의 공헌은 과학과 비과학을 구획하고 과학의 본성이나 과학적 지식의 기초를 제공한다(한상기, 2015). 이 책에서 변형생성이론은 제1장에서 소개한 바와 같이 '같지만 같지 않고 다르지만 같은' 점을 일컫는 가족유사성 개념을 통해 쿤과 마찬가지로 과학과 비과학을 구획하고 과학의 본성이나 과학적 지식의 기초를 제공한다(한상기, 2015).[23] 이를 여기에 적용하면 행정학과 행정학이 아닌 것의 구별과 같은 행정학적 지식의 기초를 제공하는 데 응용할 수 있다. 따라서 이를 좀 더 논의해 본다.

그동안 과학과 비과학(非科學)의 구획에 대해서, 검증가능성 기준, 반증가능성 기준, 쿤의 패러다임 등 몇몇 기준이 제시되어 왔다. 특히 쿤의 패러다임 이론은 "일반적 합의(consensus)"라는 견해에 의거한다. 이에 대해 가족유사성 접근방법은 기존의 이론인 일반적 합의에 의거한 해결책이 제공하지 못했던 이해를 제공하고, 구획문제에 대한 실용적 해결책으로서 훨씬 더 장점이 있다고 한다. 예컨대, 네 가지 특성 집합 {A, B, C, D}를 생각해 보면 (A · B · C)나 (B · C · D)나 (A · B · D)나 (A · C · D)처럼 이 네 가지 특성들 중 세 가지를 서로 공유한 네 개의 집합을 생각할 수 있다. 즉, 다양한 가족유사성들은 원래의 특성들 집합에서 선택된 세 특성들의

23) 이하의 서술도 한상기(2015)를 그대로 인용한 것이다.

이어진 말(連言)로 이루어진 네 가지 선택된 말(選言)로 나타낼 수 있다. 이 네 가지 선택된 말의 조합들 중에 공통하는 단일 특성은 없다. 가족유사성 모델에 대한 이 보기는 다음과 같이 일반화될 수 있다. 즉, 어떤 n 특성들의 집합 S를 생각해 보자. 그러면 임의의 개인은 S의 n 특성들 모두를 갖거나, S의 특성들의 (n−1)의 이어진 말(連言)을 갖거나, S의 특성들의 (n−2)의 이어진 말(連言)을 갖거나, S의 특성들의 (n−3)의 이어진 말(連言)을 갖거나 … 등등으로 한다면, 그리고 오직 그 경우에만 그 가족의 성원이다. 이때 n이 얼마나 크고 (n−x)가 얼마나 작을지는 임의적 제한을 둘 수 없고, 사례마다 다를 것이다. 따라서 모든 과학이 공유하는 몇 가지 핵심 특성이 있지만, 그 특성들은 과학을 정의하거나, 과학과 비과학을 구획하기에 충분하지 않으며, 과학을 규정하는 가족유사성 특성들은 이런 특성들을 동반하는 다른 특성들이다.

과학의 본성이라고 말할 만한 서술의 기본 범주는 ① 과학활동, ② 과학의 목적과 가치, ③ 과학의 방법론과 방법론적 규칙, ④ 과학의 산물이라는 네 가지이다. 이 범주들에 의거해 가족유사성을 이루는 특성들을 체계적으로 분류할 수 있다고 본다.[24] 가족유사성 접근방식은 과학들 사이의 부분적 중복성과 유사성을 강조함으로써 과학들의 통일성을 설명한다. 즉, 다양한 학문들에 "과학"이라는 명칭을 부여하는 것은 바로 이런 것들인데, 비록 그것을 모두가 공유하는 공통 특성들이 없다 할지라도 그렇다. 더 나아가 일반적 합의(consensus) 견해가 과학의 본성에 대해 고정된 그림을 제시하는 반면에, 가족유사성 접근방식은 역동적이고 끝이 열려 있는 그림을 제시함으로써 과학의 역사적 본성을 포착한다.

명시적으로 변형생성이론이나 가족유사성의 관점에서 행정을 연구하는 경우는 거의 없으나 이미 그 싹은 트고 있다고 할 수 있고, 이 관점에 서면 행정이나 행정학이 새롭게 보일 것이라고 기대할 수 있겠다.

---

24) 이에 대해 보다 상세히는 한상기(2015)를 참조하라. 원래 이 이론은 이어직과 놀라(Gürol Irzik & Robert Nola)의 견해로 그들의 글은 New Directions for Nature of Science Research라고 한다.

제 4 절 | 다양한 관점의 Lexicon

1. Lexicon의 개념

지금까지 설명한 현상은 lexicon과 관련이 있으므로 이를 살펴본다.25) 어떤 개념들이나 진술들 사이의 가치와 관계는 언어가 함축한다(소흥렬, 1982: 85). 이 가치와 관계를 함축한 언어는 유한한 범위의 기초 용어(a finite set of basic terms)의 관점에서 정의될 수 있어야 하고(Hung, 2006: 47), 유한한 범위의 기초 용어를 제공하는 것이 lexicon이며, 여기에 기초하여 진술이 이루어진다.

현상이나 사실에 대해 새롭게 보는 어떤 원초적인 아이디어가 떠오른다면(initiation), 그 학자는 지금까지 저장된 그 분야의 lexicon을 이용하여 일상언어와 함께 문장화하고, 진술화하는 단계를 밟는다. 이 진술이 받아들여지면 다시 lexicon에 새로운 언어[후술하는 내재언어(internal language)]를 첨가하게 되고, 첨가된 내재언어는 새로운 진술의 성립을 가능하게 하고, 이는 다시 새로운 학설이나 이론을 구성한다. 신행정학을 예로 들면, 기존의 행정학에 대한 반발로서 형평성을 강조하는 데에서 시작하였다면(initiation) 그에 상응하는 여러 lexicon 조합을 구성하여 끌어 올린다(incubating). 그 다음 단계는 이들 중에서 알맞은 조합을 선택하고(filtering)[<표 4-5> 신행정학에 나오는 lexicon 참조], 확실성을 가지면 최종 확인(confirming)에 이른다(Bruner et al., 1956: 50-51).26) 이 과정에서 중요한 역할을 하는 것이 lexicon이다.

Lexicon의 기능은 개념화 또는 진술화하는데 적절한 재료를 공급하고 그 사용법을 가르쳐 준다(Ryle, 1964). 예를 들면, 고통이라는 개념은 언어와 함께 익힌다(Witt-

---

25) Lexicon을 어휘부라는 번역어를 많이 사용하지만 vocabulary와 혼용될 우려 때문에 이 용어는 원어를 그대로 노출시킨다. subject나 object도 마찬가지이다. 여기서 subject나 object는 주어나 목적어와 정확히 일치하지 않는다(Strawson, 1971: 3-6).

26) Bruner et al.(1956: 50)에서는, 사고(thinking or invention)의 단계를 preparation, incubation, illumination, verification의 네 단계로 나누는 월러스(Graham Wallas)의 견해를 소개하고 있다. 이 글에서는 이들을 initiation, incubating, filtering, confirming로 바꾸었다. filtering은 Bruner et al.(1956)의 selection strategy에 해당한다.

genstein, 1953: §384). 즉, 개념은 언어에 의해 이루어지고 이를 가능하도록 하는 것이 일상언어에서의 lexicon의 기능이다([그림 4-3]의 LEXICON 1로 표시). 한편 진술화하기 위해서는 언어를 운용하려는 개인은 실제 문장 형성에 그 구성방식을 투사한다.[27] 이웃 학문의 연구 결과에 따르면, 일상언어의 진술구성이나 개념화는 심층구조에서 연원함이 판명되었고(Cook, 1992), 문장(sentence)이라는 개념과 밀접히 관련이 있다고 한다. 그 의미와 쓰임, 그리고 그 제약에 관한 설명을 제공하는 것은 사전인데, 이는 주로 문법학자들의 연구대상이 된다. 촘스키(N. Chomsky)를 비롯한 언어학자들의 관심은 일상언어에 있었으므로 이를 넘어선 논의는 이루어지지 않았다.

일상언어를 넘어선 논의는 훙(Hung, 2006: 4)의 논의를 참고할 수 있다. 이론은 두 부분으로 이루어지는데, 내재원리(internal principle)와 가교원리(架橋原理, bridge principle)가 그것들이다. 내재원리는 오로지 이론적 용어(theoretical terms)로 구성되며 이론적 실체(postulated theoretical entities)의 속성을 보여준다. 가교원리는 이론적 용어와 일상언어가 함께하는데(Hung, 2006: 4; O'Connor, 1975: 41-42; Popper, 1957: 95), 그 기능은 이론적 실체를 관찰가능한 현상으로 연결시켜준다. 내재언어나 가교언어(bridge language)는[28] 내재원리와 가교원리에 각각 대응하는데, 전자는 이미 저장된 행정학 lexicon에서 제공되며, 후자는 일상언어와 내재언어의 합성이나 연결을 이룬다.

내재언어나 가교언어를 위한 lexicon은([그림 4-3]의 LEXICON 2로 표시) 그 분야의 학문적 성격을 파악하고 학문으로서의 성립을 가능하게 하는 핵심어의 집합이다. 따라서 lexicon이 풍요하고 고유한 용어일수록 독자적 학문으로서의 성립가능성이 크다. 고유한 용어들이란 그 학문의 성격이나 개념을 잘 나타내는 언어들의 집합으로, 물론 여기에는 다른 학문 분야로부터 수입된 용어와 다른 학문 분야로 수출된

27) 'catch(잡다)'를 예로 들어 보면, subject와 object의 두 개의 논항을 필요로 한다는 점을 암묵적으로 인식하고 있으므로 Subject-catch-Object로 구성한다. 이는 'catch'와 관련된 정보를 생득능력(innateness)으로 인식하고 있음을 전제한다. 이는 인간이 다른 종과 구별되는 특징으로 보고 있다(Cook, 1992).

28) 일상언어는 자연언어인데 비해, 내재언어와 가교언어는 인공언어의 성격을 갖는다(O'Connor, 1975: 41-42). 내재언어는 'x-비효율성'이나 'NPM'에서 보듯 약어(abbreviation)나 더 나아가 기호화도 가능한 것으로 보이며, 가교언어와 함께 일종의 시스템 언어로 기능한다(이어령, 2009). 이런 관점은 일상언어의 중요성을 강조하는 해석학과는 반대되는 관점이다(박순영, 2012).

용어들도 포함된다. 예를 들면, '복잡하다(complex)'는 언어학의 대상이 되는 일상언어인데 '복잡인'은 행정학의 이론적 용어로서 내재언어이다. 여기 '복잡인'에서의 '복잡-'이나 '-인'은 가교언어로 볼 수 있다.[29] '행정행태설'에서도 마찬가지이다. '행위'나 '행동'은 일상언어이지만 '행정행태설'은 내재언어이며, '행정-'이나 '-행태', '-설'은 가교언어이다(이광석, 2012).

이들 원천에서 나온 개별적으로 선택된 언어화의 조합에 따라 학문의 방향성이 결정되고 이는 접근방법과 이론을 결정한다(Hung, 2006: 45). 그 다음부터의 연구에는 이와는 반대로 접근방법이나 행정이론에 알맞은 lexicon을 많이 추출하여 언어화와 의미화의 조합을 가능하게 하기도 한다.[30] 이런 점에서 접근방법이나 행정이론이 투사와 차이가 난다. 이상의 논의를 나타낸 것이 [그림 4-3]이다.

[그림 4-3]에서 왼쪽 부분은 경험적인 언어(=일상언어)를 대상으로 분석하는 언

그림 4-3 LEXICON의 관점에서 행정학으로의 투사

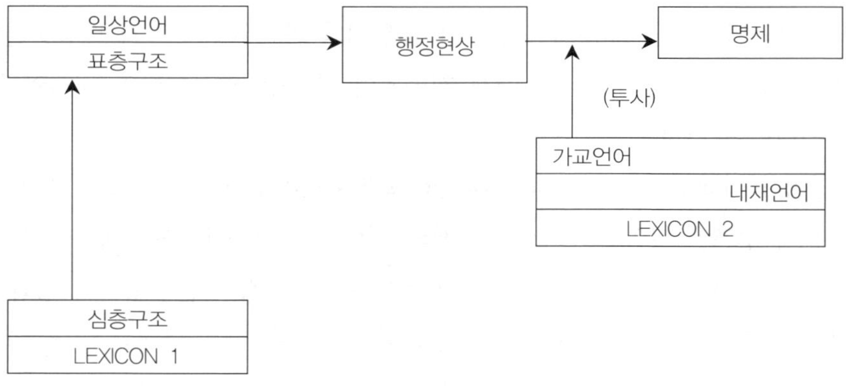

29) 본문에서 hyphen(-)은 자립형식[홀로서도 쓰이는 어휘로, 예를 들면 사람, 나무, 새 등이다] 이 아닌 구속형식[홀로서는 쓰이지 못하는 어휘로 조사나 어미 등이다]임을 나타낸다. 즉, 홍(Hung, 2006)의 정의에 따르면, 가교언어의 특징 중의 하나는 언어학적 자립형식을 고유한 학문영역에서 구속형식으로 바꾸어 주는데 있다. 저자는 행정학이 아닌 다른 학문에서 다루기 어려운 차별화된 언어는 행정학의 내재언어로 보지만, 다른 학문에서부터 행정학에 편입되어 다른 학문과 공유하는 언어들은 가교언어로 볼 수 있다고 생각한다.

30) 이를 "현상이나 연구의 대상에 따라 알맞은 이론이나 접근방법을 선택하여야 한다"고 기술한다(유민봉, 2010: 19).

어학이나 언어철학에 의해서 입증되었으며,[31] 오른쪽 부분은 행정학에서의 연구대상으로, lexicon을 이용하여 어떤 규칙에 의해 명제화로, 또 이론구성으로 나아가는가를 연구한다.

2. Lexicon의 차이와 변화

[그림 4-3]이 함축하는 바는 언어화의 조합에 따라 접근방법이나 이론의 차이로 이어진다는 점이다(임지룡, 1993: 245-250). 언어화의 조합은 lexicon의 조합으로 이어지고, lexicon은 장(chapter)의 제목이나 색인의 용어들에서 가장 이해하기 쉽게 나타난다. 따라서 lexicon의 차이는 학문의 차이나, 같은 학문이라도 다른 흐름상의 차이, 또는 같은 학문의 같은 흐름이라도 그 흐름의 통시적 차이를 보여 준다. 먼저 통시적 흐름에 따른 lexicon의 차이를 행정행태설의 대표적 저작이라 할 수 있는 Simon(1957)과 Simon(1976)의 lexicon을 비교해 보면 <표 4-5>와 같다.

<표 4-5>를 보면 시대적 흐름에 따라 새로운 이론을 수용하며(예컨대, game theory, cognitive psychology), 정보의 중요성에 기초하여(information 관련 lexicon, computer 관련 lexicon 등), 의사결정을 정밀화하여(decision premises, participation in decision making) 새롭게 이론을 형성하려는 모습을 볼 수 있다.

한국 행정학의 경우에는 어떠한가? 박동서의 전정중판(1987)을 기준으로 하여 최종본(2005)의 lexicon 변천을 살펴본다.[32]

---

31) 심층구조의 개념은 촘스키(N. Chomsky)에서 뚜렷이 나타나는데 예컨대, "아무개가 노래 잘 한다"라는 문장으로 나타난 표층은 두 가지 의미를 함축한다. 우선 아무개가 노래를 잘한다는 의미의 심층이면 그 문장은 칭찬이 된다. 그러나 아무개가 노래를 못한다면 그 문장은 정반대의 뜻이 된다. 심층구조의 존재는 심리학의 실험을 통해 확인되었다(곽호완 외, 2004),

32) 박동서의 초판은 1972년에 발간되었으나 색인은 실려 있지 않았다. 색인이 실린 판은 1987년판이기에 이를 기준으로 2005년판과 비교하였다.

표 4-5 Simon(1957)과 Simon(1976)의 통시적 비교

	Simon(1976)
첨가된 lexicon	① action theory, game theory, management science, role theory, social systems, sociological theory, strategic planning, (theory of) synthesis, systems analysis,
	② business environment, business experience, business school, market mechanisms, assembly line, automation, dehumanization, economic man, externalities, theory of firm, pareto optimum, portfolio selection, (quality of) services,
	③ cognitive factors, cognitive psychology, psychology, social psychology, motivation, (selective) perception, (cognitive) role behavior, self-actualization,
	④ computer, computer industry, computer simulation, computer technology, electronic computer, processing of (natural languages) by computer, knowledge base,
	⑤ aggregation (of decision), decision premises, decision theory, decision-making system, (role of) judgement (in decision), participation in decision making,
	⑥ external information, information basis, information explosion, data bank, (science of) information processing, information processing information processing system, information processing technology, information rich environment, linear programming, machine-readable information, management information systems, television (as an information system)
	⑦ departmental structures, (science of) design, (scientific) disciplines, interdependence (among departments), interpersonal differences, job classification, modeling complex situations,
	⑧ organization and management division, organization charts, organization design, organization growth, (classical) organization theory, organizational blueprint, perception of program (as determinant of organization),
삭제된 lexicon	Administrative duties, organizational influence

주) Simon(1957)을 기준으로 Simon(1976)을 비교하였다.

표 4-6 박동서의 lexicon 변천

구 분	내 용
전정중판 (1987)	① 역득(役得), 매통(買統), 박봉(薄俸) 등 한국적 가치 중시, ② 관료제의 병리와 관료적 이익, 역득 등의 관료제 중심의 용어, ③ 기획관리실, 발전기획, 사업기획 등 기획 관련 용어의 세분화로 볼 때 기획의 중시
최종본 (2005)	① 가치배분 기능이나 가치체계, 공평성 등의 용어 삽입, ② Goverance나 MIS, 공공선택, 대응성 등의 새로운 조류 수용, ③ 갈등의 세분화, ④ 동원화(motivating)를 동작화로 개명, ⑤ 관료제 중심의 용어 삭제, ⑥ 세분화되어 있던 기획 관련 용어의 통합, ⑦ 공익에 관한 용어의 통합, ⑧ 가예산이나 잠정예산 등의 우리나라에 채택하지 않는 제도 삭제, ⑨ 계약직 공무원, 교부금 등 제도 삽입 등

출처: 박동서(1987; 2005).

색인에 수록된 lexicon은 그 시대 그 학문의 lexicon이라 할 수 있는데, 이는 같은 학문의 다른 흐름과의 비교를 통해 뚜렷이 나타난다. 행정행태설의 lexicon의 특징을 보이기 위하여 신행정학의 lexicon을 대비해 보자. 대상은 Simon(1957)과 Frederickson(1980)이고,[33] 이 색인의 비교를 <표 4-7>에서 정리하였다(물론 이 비교도 시차가 있음을 고려하여야 하지만 여기서는 흐름의 차이로 본다).

행정학사(行政學史)에서 고전이 된 두 책에서의 주제의 차이는 Simon(1957)의 『행

표 4-7 Simon(1957)과 Frederickson(1980)의 색인 비교

		행정행태론[Simon(1957)]	신행정학[Frederickson(1980)]
공통이나 유사		authority, budget(S) & budgeting(F), business organization(S) & business administration(F), decentralization, efficiency, hierarchy, liaison(S) & linking pin function(F), logical positivism, production function(S) & productivity(F), rationality, social relationship(S) & human relation(F), public or community value or social value(S) & value of individual or organization(F)	
대표적 lexicon		stimuli, principles of administration	social equity, citizen participation, social service
차이		① equilibrium, ② centralization, ③ behavior, ④ choice, ⑤ command & hierarchy of authority, ⑥ cooperation, ⑦ coordination & compromise, ⑧ organizational loyalty, ⑨ planning, ⑩ anatomy of organization, ⑪ organizational routine, ⑫ psychology of administrative decisions, ⑬ fact and value in decision-making	① equality-inequality, ② devolution, ③ behavioralism, ④ change, ⑤ concensus, ⑥ leadership, ⑦ conflict & responsiveness, ⑧ organizational democracy, ⑨ participation & ombudsman, ⑩ policy analysis, ⑪ organizational reform & reorganization, ⑫ social psychology, ⑬ value neutrality
언급되는 학자	비판	Frank Goodnow, Luther Gulick	Herbert Simon
	옹호	Sigmund Freud, Frederick Taylor	John Rawls

주1) S는 Simon(1957), F는 Frederickson(1980).
주2) Frederickson(1980)은 page 수나 index의 양도 적어서 이를 기준으로 Simon(1957)을 비교하였다. 양쪽 index에 함께 나오는 lexicon은 공통이나 유사로 분류하였으며, 한쪽에만 나오는 것은 본문에서 뜻을 살펴 대조해 보였다.

33) 신행정학에 관한 대표적인 저서는 Frederickson(1980)과 Marini(1971)이 있다. 전자를 비교대상으로 선택한 이유는 후자가 공저로서 다양한 시각을 보여주기는 하나 일관성이 떨어진다는 것을 고려하였다. Frederickson(1980)과 Simon(1957)을 비교해 보면 후자는 흥미있게도 의사소통(Chapter 8)이나 능률성 기준(Chapter 9), 충성(Chapter 10)을 비중있게 다루는 데에 비해, 전자에서는 이들을 다루지 않는다.

정행태론』이 가치와 사실의 분리와 합리성 · 균형 · 권위의 역할을 강조한다. 이에 비해 Frederickson(1980)의 『신행정학』은 맥락이나 동적 과정(動的 過程) 및 사회적 형평이 이슈임을 알 수 있다. 같거나 비슷한 lexicon도 쓰인 맥락이 다르다. 예컨대, logical positivism은 두 책 모두 색인에 수록되었지만 Simon(1957)은 지향을 나타내고, Frederickson(1980)은 지양을 의미한다. Simon의 behavior와 Frederickson의 behavioralism에서도 전자는 지향을, 후자는 지양을 나타낸다. 이상에서 보듯 통시적으로 볼 때 시대조류에 맞게, 그리고 학문 트렌드(trend)에 맞게 발전해 왔음을 알 수 있다.

제 5 절 | 행정언어의 관점

행정언어[34]의 이론에 기초하면, 행정학이란 행정에서 일어날 수 있는 실험비용을 최소화하는 방법이나 이론을 연구하는 학문이라 할 수 있다. 이를 위해서는 연구주체와 연구대상 및 그 사이에서 매체(=렌즈)의 역할을 수행하는 언어의 체계를 도입하는 것이다.[35] 행정언어이론을 전개한 Farmer(1998)는 행정현상이란 언어라는 렌즈를 통해 보여진 것이라고 주장한다. 이에 기초하면, 행정학의 연구에 패러다임이 서서히 변해가고 있는데 그 변화를 '근대성(modern)에서 탈근대성(post-modern)으로'라고 요약할 수 있다. 탈근대성(post-modern)의 행정학은 의사결정을 이루는 데 의사소통과 같은 언어적 요소에 많이 의존해야 함을 알 수 있고 따라서 언어가 중요해짐을 알 수 있다(강준만, 2007).

---

34) 행정언어이론에 관한 본격적인 저서는 Farmer(1995)이고, 이를 참조하고 간단히 정리한 것은 강신택(2005; 2013) 및 김종술(2009)을 참조하라. 이 이론에 기초한 행정연구는 경험적이면서 논리적 성격이고 철학적 접근이면서 방법론적 탐색을 아우르는 이론을 지향한다. 이 경험적 행정언어(governmentalese)는 그 하위 영역으로 공무원언어(Bureaucratese or Officialese), 법적 용어(legal term), 그리고 행정에서 언어의 역기능 등도 포괄한다. 이는 Watson(2006)을 참조하라.

35) 행정조직은 이슈 · 판단 · 언어 및 행동으로 이루어진 체계이다. Watson(2002)은 language와 action만을 언급하였으나 저자가 여기에 이슈(issue)와 판단을 첨가하였다.

1. Farmer의 행정언어이론

비트겐슈타인이 언어의 성격이 공적(公的)이며 사회적임을 갈파하였다면(이명현, 1982: 87) Farmer는 행정이론이 언어임을 인식한 행정학자였다. Farmer(1995: 12-13)의 행정언어이론은 제1장과 제2장에서 설명한 바처럼 성찰적 언어 패러다임에 기초하여, 근대성(modernity)과 탈근대성(post-modernity)으로 구성한다. 이들은 각각의 방언을 가지고 있고, 이들이 행정사실을 구성하는 데 영향을 미친다는 주장이다. 파머의 이 관점은 행정학의 패러다임 변화를 일목요연하게 정리하고 있는데, 합리성에 기초하고 말할 수 있는 것(sayability) 중심의 근대성(modernity)의 행정학으로부터, 말할 수 없는 것(unsayability)까지 행정학에 포함하는 새로운 가능성을 열어주는 의미가 있다(Farmer, 1995: 157). 더욱이 일정한 개념구조로서만 세상을 볼 수 있다는 '렌즈로서의 언어' 개념을 행정학에 도입하여,[36] 의미란 공공의 언어를 통하여 인간이 만들어 준 것으로 본다(강신택, 2010). 여기서는 해석의 중요성이 화두로 등장하고(Farmer, 1995; Lyons, 1981: 85), 이는 해석학적 성격을 가진 주체를 필요로 하는데, 그 주체가 행정을 POSDCoRB라고 보면 그렇게 보일 것이요, 신행정학의 관점에서는 적실성・공평성・대표성으로 보일 것이다(강신택, 2010). 해석학적 성격의 주체가 그 나름으로 본다는 의미는 [그림 4-1]에서처럼 언어화를 동반하는 것을 의미하고, 따라서 행정학으로의 투사에서도 현상(또는 사실)이 언어에 의존함을 의미한다.

2. 변형생성이론과 행정언어이론

행정의 보편성 중의 하나가 정부성이며 여기서 행정이 비롯한다고 할 때 실제로 경험하는 것은 생활세계에서이다. 예컨대, 여권발급이 되었으나 민원인이 수령할 때 실제행정을 체감할 수 있다. 즉, 정부성을 기본으로 하고 생활세계에서 체감할 때 그

36) Farmer(1995)에서 렌즈로서의 언어 개념은 도입하였으나 이에 대해서는 파머도 깊이 있는 연구를 하지 않았다. 렌즈로서의 언어 개념은 언어학이나 심리학 등에서 많이 논의되었는데, 잘 정리된 것은 Gentner & Goldin-Meadow(2003)이다.

이음새(delivery system)를 실제행정으로 여기게 된다.

이 존재론적인 정부성과 생활세계를 인식론으로 바꾸면 변형생성이론으로 나아갈 수 있다.[37] 즉, 어떤 의미있는 현상은 먼저 전체적인 구조가 기저(underlying)에 있고 요소는 그 전체적인 구조에 비추어 의미를 가진다(제12장을 참조하라). 이런 점에서 구조는 요소에 대하여 논리적으로 우선하며 요소의 단순한 총합 이상이다(박재문, 1998: 39－43). 여기서 구조란 “시간이 지나도 변함없이 오래 장기적으로 지속되는 것”(김응종, 2006: 38)으로 정의된다.[38] 그 위에 콩종튀르(conjoncture: 상승이나 하강과 같은 국면), 그 위에 사건으로 된 3층으로 설정하고 “인간은 구조와 국면이 만들어 낸 감옥에 갇힌 수인에 불과하다. …… 사건은 덧없고 개인은 무력하다. 사건과 개인은 존재했지만 존재하지 않았더라도 역사의 방향에는 변함이 없었을 것이다”라는 관점에서 역사 흐름을 설명한다. 즉, 눈에 보이게 나타나는 사건은 큰 역할을 하지 못하는 것으로 본다(김응종, 2006: 113).[39]

사회과학자는 ‘사건’은 겉모습에 불과하니, 당연히 장기지속을 가능하도록 하는 심층구조를 파악해야 하며,[40] 여기에 관심을 기울여야 한다. 사회과학이 시간 지속에 전혀 관심을 가지지 않고 오직 현재만을 관찰하거나, 아니면 시간을 초월한 초장기적인 구조에 관심을 가지는 것은 잘못이라고 비판한다(김응종, 2006).[41] 이 심층구조

---

37) 언어학에서는 구조주의와 변형생성이론을 구별한다. 여기서는 그렇게 구별하지 않고 같은 뿌리로 본다.

38) 이들 이론의 기술은 브로델(Fernand Braudel)의 개념에 따른다. 콩종튀르란 주기에 따라 여러 개의 경제적인 움직임이 있다. 즉, 가장 장기적인 움직임인 세기적(世紀的) 추세(trend), 경제순환에서 콘드라티에프의 50년 주기와 같은 장기적 콩종튀르, 단기적 콩종튀르, 10년 내 주기, 계절적 움직임 등 다양한 시간적 범위가 있음을 의미한다(김응종, 2006).

39) 사건들은 먼지이다. 사건들은 흐릿하고 짧은 불빛처럼 역사를 가로지른다. 생겨나자마자 그것들은 어둠 속으로 망각 속으로 되돌아간다. 그러나 아무리 순간적인 것이라 해도 사건들은 증언을 지니고 있으며, 풍경의 한 귀퉁이나 때로는 역사의 심층적인 덩어리들을 밝혀준다. 정치사의 경우에만 그런 것이 아니다. 왜냐하면 모든 분야(정치 · 경제 · 사회 · 문화 심지어는 지리 분야 조차도)는 사건적인 기호들, 간헐적인 빛들로 가득하기 때문이다(김응종, 2006).

40) 이들 요소를 촘스키(N. Chomsky)는 심층(deep structure)과 표층(surface structure)의 두 계층을 설정하고, 이 두 계층을 연결하는 방법으로 변형(transformation)이라는 장치를 마련한다. 이 방법론에 따르면 표층에 나타난 행위는 그 의미의 연원이 심층에 있고 변형과정을 통해 표층으로 옮아갔다는 것이다. 이 이론을 더 연장하면 행정의 담론이나 상징 · 메타포 등도 그들의 보이지 않는 심층에서의 의미를 찾음으로써 행정이나 행정을 좀 더 풍요롭게 발전시킬 수 있다.

41) 예를 들면, 2010.3.26. 백령도 서남방 2.5km 해상에서 경계 임무수행 중이던 천안함이 북한 잠수정의 기습 어뢰공격으로 침몰하여, 승조원 104명 중 46명이 전사한 천안함 사건은 그냥 발생한

그림 4-4 **변형생성이론의 틀**

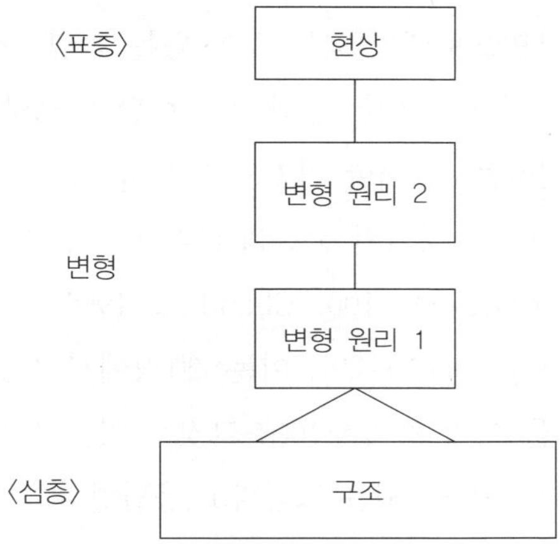

출처: 이광석 · 김동룡(2013) 변형.

로부터 여러 변형원리에 의해 표층인 현상으로 생성된다. 이를 그림으로 표시하면 [그림 4-4]와 같다.

구조주의에서 출발하는 변형생성이론에 따르면, 사회적인 현상은 대상화된 자연 현상처럼 보편적인 논리의 기제로 파악되지 않으며, 설사 행태과학에로 환원된다 하더라도 표층(surface structure)에 불과하고 심층(deep structure)에서는 사회과학적 연구들이 행태과학에로 환원될 수 없다. 즉, S-(O)-R[Stimulus-Organization-Response]의 공식은 표층에 한정되며(이규호, 1974), 표층에 나타난 행위는 그 의미의 연원이 심층에 있고 변형과정을 통해 표층으로 옮아갔다는 함축이다.

3. 중간세계와 행정언어이론

제3장과 제4장 지금까지의 논의에서 서술한 대로, 인간과 세계와 관계를 맺는 모습은 언어가 보여준다(이명현, 1982: 22; 김영정, 1997: 35-48). 여기서 말하는 언어

것이 아니라 구조-콩종튀르-사건의 순서를 밟는다. 즉, 남북분단이라는 구조와 화해와 대결 국면 중에서 대결의 콩종튀르에서 천안함 사건이 발생하였다. 천안함 사건은 시간이 흐름에 따라 잊혀질 것이다. 그러나 그 구조는 여전히 남아 있다.

는 세상을 바라보는 렌즈로서의 언어이다. 이를 확장하게 되면 중간세계의 개념으로 이어진다. 중간세계 개념에 따르면, 이론이나 명제가 중간세계를 통해 언어화하는 과정에서 어떤 것은 중간세계만으로 완결되는 것이 있는 반면, 어떤 것은 중간세계만으로 완결되지 않는다는 점이다.[42] 이는 종래의 과학활동 모형이 '객관적인 존재'와 '인간의 의식'의 둘만 인정하는 데 대한 비판으로(Popper, 1972: 27-39; 이승권, 2000), 언어가 담당하는 기능과 그 영역인 중간세계의 개념이 도출되어 학문이 이에 의존함을 의미한다(이규호, 1989: 93-100; Chandler, 1995: 31-37; Gentner & Goldin-Meadow, 2003; Weisgerber, 1929). 이는 제1장에서 서술한 [그림 1-8]에서 표현된 것이 문제가 있음을 이미 지적하였다. 그것은 있는 사실이나 현상을 그대로 보는가?라는 질문에 대해 [그림 1-8]은 그렇다고 응답한다. 이 응답에 대해서 그대로 보지 않는다는 것으로, 중간세계가 가르쳐 주는 대로 객관적인 세계나 주관적인 표상을 인식하고 이해한다는 것이다. [그림 4-2](또는 [그림 3-1])가 시사하듯이, 복잡하고 유동적이고 연속되는 사실세계를 고정화하고 확정시켜,[43] 논리의 세계로 나아가는 과정에서 중간세계에 의존한다는 의미이다(이규호, 2003: 52- 53, 158; Popper, 1976: 180-196; Popper, 1979: 106; 조중걸, 2009: 168; 소흥렬, 1982). 이에 따라 중간세계의 이해가 중요해지며. 따라서 [그림 1-8]을 다시 그리면 [그림 4-5]가 된다(중간세계를 언어화로만 보는 것은 편의상 분류이고 실제로는 언어체계도 포함한다).

여기서 사실의 세계는 행정의 개별적 행위 · 판단 · 실행 등이다. 사실의 세계에 머무르면서 개별적 행위 · 판단 · 실행 등에 함께하는 언어는 실용적이고 실제적이다(Ricoeur, 2006: 34). 그것은 행정용어라고 불리는데[44] 행정언어의 실제 기능에 속하

---

42) 과학은 사실에서 출발하여 사실로 되돌아간다고 한다. 즉, 사실의 세계에서 이루어진 관찰에 기초하여 귀납적 방법에 따라 이론 구성을 하여 연역을 통해 가설을 검증하여 이론이 성립되는 과정이 과학활동으로 보았다. 따라서 과학자는 두 개의 세계(사실의 세계와 논리의 세계)를 귀납 · 연역 및 검증을 통해 그 두 세계를 연결하는 모형이 과학활동이라는 것이다(강신택, 1981: 16; Kemeny, 1959: 86). 그러나 '9는 7보다 크다'라는 것은 중간세계만으로 완결될 수 있으나 '행성의 수는 7보다 크다'는 중간세계만으로는 완결되지 않는다(김영정, 1997: 42-58).

43) 사실세계에서 무지개는 연속이라 색깔을 확정지울 수 없다. 그러나 5색 무지개나 7가지 색을 가지고 있다고 고정시키는 것이 논리의 세계이며, 몇 가지 색을 가지고 있느냐는 중간세계에 의해 결정된다.

44) Ricoeur(2006: 34)의 설명에 따르면, 단어 수준과 문장 수준을 구별하고 언어는 이보다 더 크면

그림 4-5 과학활동과 중간세계

논리(수리)의 세계 (언어체계)	이론 구성	연역 →	일반화
중간세계 (언어화)	귀 납 ↑		↓ 검 증
사실의 세계 (개별화)	사실(관찰)		적용가능성 (사실 관찰)

며 좀 더 넓게 공공언어에 통합된다. 이에 비해 이 개별적 행위·판단·실행 등은 중간세계를 통해 언어화되고 체계화된다. 행정을 연구할 때 중간세계를 통해 언어화되고 체계화되면, 그 과정에서의 연구는 있는 그대로가 아니라 언어에 의해 변형되고 생성된다. 여기서 과학은 단지 구별되고 식별되지만 가상적인 것이며,[45] 오직 언어체계만이 실제적인 것이다(Ricoeur, 2006: 34). 그렇다면 [그림 4-5]에서 보듯 언어화되고 체계화되어 변형되고 생성된 새로운 실체를 행정학에서 인정할 수 있는데 이를 파머는 행정언어라고 불렀다. 그 범주는 네 가지로 관료적 산출 그 자체, 관료들의 말, 관료들의 글, 관료들이 하는 일을 인도한다고 믿어지는 이론들을 언급하였다(Farmer, 1995: 24). 이런 의미에서 자연언어인 한국어나 영어가 언어체계라는 점은 널리 인정된 견해이듯이 학문 분야에서의 언어도 그 학문 분야의 성립을 가능하게 하는 언어체계이다. 자연언어는 주로 언어학에서 다루고, 논리는 인공언어에 의존하지만 학문 분야에서의 언어체계는 그 개별 학문들이 연구하는 것이라 할 수 있다.

행정언어이론의 큰 공헌은 굴절을 인정하지 아니하고 사실세계와 논리세계만으로 이론을 구성하려 한 종래의 학문하는 태도에 대해, 행정현상이 중간세계를 통해서 이루어진다는 것을 보여주었다는 데 있다. 이에 근거하는 행정학은 내적 성찰에 눈

서 이들을 통합한다. 이 견해를 여기에 적용하면 행정언어는 두 유형으로 쓰인다. 그 하나는 행정(실무)의 영역에서 사용되는 언어이며, 또 하나는 행정학이 언어체계인데 이를 위한 개념이 행정언어이다(Farmer, 1995).

45) 쿤의 이론으로 보충해 보면, 구별되고 식별된다는 것은 패러다임의 차이로서 본문 내용을 설명할 수 있다. 가상적이라는 것의 의미는 정상과학과 과학혁명의 개념을 참조하면 그 의미를 파악할 수 있다.

을 돌릴 수 있다.

따라서 행정학을 바라보는 관점은 인식론상으로는 '있는 그대로'의 행정현상을 연구한다고 보느냐 아니냐 [즉, 연구대상으로서의 현상은 실체(reality)를 그대로 옮아 놓은 것이냐]의 이슈로 1차적으로 나누어진다. 즉, 행정행태설의 시각(굴절의 불인정)과 행정언어이론의 시각(굴절의 인정)으로 나뉠 수 있다. 2차 분기(分岐)는 존재론상으로 어느 세계를 탐색하느냐에 따라서 나뉠 수 있다. 사실의 세계와 논리의 세계만인가, 아니면 여기에 중간세계까지 포괄하는 세계인가? 즉, 행정행태설의 세계관은 두 유형이지만 행정언어이론은 세 유형의 세계관이다. 그러면 그 굴절을 어떻게 할 것인가가 문제된다. 이를 다음 절에서 논의해 본다.

제 6 절 | 굴절과 수용범위

있는 사실이나 현상을 그대로 보는 것이 아니라면 그 대안은 무엇인가? 포퍼(K. Popper)는 비판이 유일한 대안이라고 주장한다(Fuller, 2004: 73). 이 글은 그 대안으로 굴절의 편차를 줄이는 방법을 제시한다. 이는 굴절이 어느 정도 허용되는 범위가 존재함을 함축하며, 여기서 수용범위(zone of acceptance)의 개념이 도출된다(Harre, 1960; Simon, 1957).[46] 이를 정보제공을 위한 진술 형성과 사실세계와의 합치성 점검의 두 유형으로 나누어 살펴본다.

---

46) 일반적 의사소통에서 사소한 굴절은 이 수용범위 내에 있는데, 그 수용범위를 넘는 경우에는 소통에 장애를 일으킨다(구현정, 2009). 따라서 굴절은 그 상황의 맥락과 관련이 있다(context-dependency)고 할 수 있다. 이런 점에서 sense-making은 제한적이다. 그 보기로 영어권에서 논의된 이론이나 방법론들을 그대로 수용함은 한국어가 사용되는 상황에서는 문제가 있다. 여기에서 언어와 문화의 차이가 이슈로 등장한다. 언어가 표현을 제한한다는 해석학의 관점(박순영, 2012)은 이에 대한 시사점을 제공해 준다. 이에 관한 논쟁이 universalist와 relativist 논쟁이다(Chandler, 1995: 32). 덧붙여 상황의 설정 논의는 행정학적 관점이다. 즉, 응용학문이라는 관점에서는 맥락의존성도 하나의 기준으로 작용한다. 만약 맥락독립적이 되면 언어학적 차원의 논의가 된다(김종현, 2004).

1. 정보제공을 위한 진술 형성

투사에 따르는 lexicon이나 진술은 상대방이 판단 가능하도록 정보를 제공한다는 전제와 그 진술은 사실세계와 합치할 수 있도록 하여야 한다는 전제에 서 있다. 정보제공을 위한 진술 형성은 어떤 의도를 언어로 나타낼 때 논리적으로 적격이어야 하고(well－formed), 적절한 정보(appropriateness)가 제공되어야 함을 의미한다. 이는 주로 발신자에서의 관련성이다(Harre, 1960: 13－25, 77－79).

적격성이란 진술을 완성하는 조건이나 규약에 관한 이론이다.[47] 진술은 지시어와 그 대상을 가진 언어적 유추(verbal analogues)로 개념과 용어로 이루어진다(강신택, 1981: 26; 김영정, 1997: 20－30; 정대현, 1987). 그 요소들 간의 상관성을 내포(intension)와 외연(extension)을 시작으로, 분석적 진술과 종합적 진술로 나아갈 수 있도록 해 주는 기능이다(이기용, 1998a; 이정민 · 배영남, 1990; Harre, 1960: 9－25; Popper, 1972: 31－32).[48] 예를 들면, "다문화 가정에 대한 지원은 다문화 가정이 아닌 저소득층과 견줄 때 역차별적 성격이 있다"(김정도, 2013)라는 진술에서 다문화 가정이란, '한국인 남성과 결혼한 외국여성'은 정부지원의 대상이 되나 '한국인 여성과 결혼한 외국남성'으로 이루어진 가정은 지원대상에서 제외되는 경우가 많다.[49] 즉, 다문화 가정의 외연이 다르다. 또 다문화 가정에 대한 지원은 다문화 가정이 아닌 가정의 복지지원과의 관계가 정립하여야 역차별의 성립이 가능해진다. 이와 같이 그 진술을 적용함에 있어서 개념과 용어는 물론이고, 진술의 내적 관계, 진술들 사이의 결합도 살펴볼 수 있다.[50] 더 나아가 행정학에서 사례연구와 대비되는 제한된 전체

---

47) 진술은 주제화하려는 것과 그의 속성과 관계를 지정해 주는 요소(predicates)로 구성된다(Hung, 2006: 47; 이규호, 2003: 156－157). 여기에서 그 관계의 규칙이나 논리를 판단하는 것이 통각(apperception)이다. 이 통각에 대한 분석이 미처 이루어지지 않으면 말하려는 의도는 있으나 표현을 못한다든가 어휘 하나를 표현하고 난 뒤에 보완된 문장으로 표현하는 현상이 나타난다(곽호완 외, 2004). 적격성을 형식적으로 보면 기호학과 관련이 있고, 의미적으로는 의미론과 연관된다. 물론 적격성 논의는 언어학이나 언어철학만큼 중요하지도 않고 필요하지도 않겠으나, 어느 한도 안에서 논의는 필요하다고 본다.

48) 분석적 진술은 그 의미가 그 구성요소에 의존하고 사실에 의존하지 않는 문장을 말하고 종합적 진술은 외부 세계와의 점검을 통해 타당성이 인정되는 문장이다(Harre, 1960: 13). 행정학에서의 개념을 정의하거나 명제화하려는 진술은 전자이다.

49) 인도네시아 출신 남성과 결혼한 한국 여성과의 인터뷰에 기초한다(2012.10.3. 녹음).

50) 진술의 내적 관계는 두 논항 사이의 관계로(Harre, 1960), ambiguity와 vagueness에서 보듯이 사

성을 갖는 일반 진술(general statement)의 구성처럼 적용범위도 이슈가 될 수 있다.[51)]

정보의 제공에 관한 적절성은 언어의 효율성과 정보의 부분성의 두 가정에 기초한다(이기용, 1998c: 43). 언어는 똑같은 상황이라도 다른 의미를 함축하고 있으므로 각자가 상황에 맞게 해석하는 것을 언어의 효율성이라고 말한다. 정보의 부분성이란 완전한 제공의 가정은 현실적으로는 어려우므로, 정보를 부분적으로 제공하더라도 수신자 측에서 합성하여 판단이 가능하도록 함에 초점을 둔다. 그 출처는 정보원(情報源)이다. 예컨대, A가 본 상황에서의 정보와 B가 본 상황에서의 정보가 같다면 같은 상황이라 판단할 수 있다. 이 정보가 어떤 매개체를 통해 부분적 정보가 합성되어 사실세계와 합치될 수 있는 진술을 제공하여야 한다. 이는 부분적으로 제공되는 정보로부터 구성될 수 있는 상황정보는 무척 풍요롭다는 데 기초한다(이기용, 1998c: 38). 그 다음에는 그 세계가 어떤 것이냐 하는 것으로 수신자가 판단할 몫이다. 다만 알맞은 정보량(情報量)을 제공해야 하는데, 이들의 정보해독력(literacy)이나 구정보 체계에 기초한 적정량의 신정보 제공의 문제 등이 논의될 수도 있다(김선경 · 권정만, 2008).

2. 사실세계와의 합치성 점검

진술 내용이 완성되려면 사실세계와 합치하느냐에 관한 논의가 필요하다(Farmer, 1995: 12). 학문공동체의 구성원은 lexicon이나 진술들의 목록을 일일이 기억해 두는 것이 아니라, 이들이 사용되는 가능한 세계와 상황에 의존해서 진술이 사실세계와 관련을 맺는지를 알고 있다. 이는 가능세계를 유형화된 상황 체계로 환원할 수 있음에 기초한다(김종현, 2004).[52)] 즉, 가능세계 및 상황 설정을 통해 어떤 진술과 사실

실세계와의 관계를 결정하는 데 있어서 기준이 된다. 진술의 의미는 어휘나 개념의 의미를 초월할 수 있는데, '진술의미=(개념의미+개념의미) × A'로 표시할 수 있다(박영순, 2004: 99).

51) 사회과학에서는 일반화의 문제는 적용범위의 문제와 연결되고 이는 generic theories와 specific theories의 논의나 중범위이론의 문제와 관련이 있다(Hung, 2006: 33; Nolan & Grant, 1994). 즉, 일반화의 논리는 그와 관련된 용어가 언제나, 반드시, 꼭, 늘, 항상 등의 확언적 용어로 판단의 기준을 제공할 수도 있다. 이에 비해 부분성은 조건적 용어(plot, part, slice, bit, piece, portion이나 on the whole, in general, probably 등)와 관련이 있다(Harre, 1960: 15−25).

세계와의 합치성을 점검하는 것이다(Harre, 1960: 13-25, 77-79). 먼저 가능세계부터 살펴보자. 예컨대, "아동 성범죄 예방을 위하여 화학적 거세가 필요하다"(한겨레신문, 2012.8.30)라는 진술에서 '화학적 거세를 위한 능력'(현실적 정책수단)이라는 가능세계를 전제한다. 이 가능성 속에서 어떤 목적으로 (예를 들면, 지지력의 확보) 정책을 수행해야만 하는 것이 상황인데, 상황은 어떤 사태(state of affair)가 일어나 사건과정을 거쳐 어떤 제약[53] 속에서 전개됨을 말한다(강경인, 1987).

가능세계와 상황에 대한 이해는 전제와 분석의 필요성(Strawson, 1971; 김웅진, 2000)을 제기한다. 전술한 바처럼 내무부-행정자치부-행정안전부-안전행정부의 차이에서 보는 그 시대상이나 구성요소의 중요도의 순서라든가, 중앙정보부-안전기획부-국가정보원에서 '정보'의 의미를 체신부-정보통신부-미래창조과학부에서의 '정보'와 견주는 것 등이 그 보기이다.[54] 따라서 타르스키(Alfred Tarski)의 T-동치(同値)공식에서 보듯이 어떤 명제가 올바르다는 것은 실제와의 일치라는 데에 기초하여 언어적 정합성에 의해 결정된다(Farmer, 1995: 12; 김영정, 1997; 이기용, 1998a; 문장수, 2004). 그 구체적 점검방법은 이러한 진술과 표본일치(naming and sample-matching), 특성(feature-placing), 사례화(instantiation), 조건화(conditional), 반대조건(counter-factual conditionals) 등을 통해서 가능하다(Harre, 1960: 13-25, 77-79; 미우라, 1997). 그러나 사실세계와의 합치성 점검은 일상언어와의 등가성을 확보하기 어려운 경우가 흔히 있기 때문에, 해석이 중요하다. 이를 위한 장치가 다음 항에 논의한다.

---

52) 이 장에서의 가능세계와 상황이론은 의미론에서 유래하나(Barwise & Perry, 1983; 정대현, 1986; 이기용, 1998c; 강경인, 1987) 여기에서는 철학에서 논의하는 가능세계 이론과 달리 이처럼 정리한다. 이는 행정학에서 말하는 contingency theory와 다르다. 그 구체적 하위분류는 강경인(1987)을 참조하라.

53) 이 제약은 필연적 제약, 통상적 제약, 약정적 제약, 조건적 제약으로 나뉜다. 자세히는 강경인(1987)을 참조하라.

54) 1982년 4월 2일에 남대서양의 섬에서 일어난 아르헨티나와 영국의 군사충돌을 예를 들어 보자. '포클란드(Falkland) 제도/말비나스(Malvinas) 제도'의 조합과 '침공/회복'의 조합에서 보여주듯이 영국의 국익이라는 전제라면 '포클란드 제도 침공'으로, 반대로 아르헨티나의 관점이라면 '말비나스 제도 회복'으로 이해된다. 따라서 이르헨티나의 입장이라면 '포클란드 제도의 침공은 없었다'고 할 수 있다.

3. 수용범위(zone of acceptance)와 해석의 중요성

앞서 언급하였듯이 굴절이란 발신자와 수신자, 또는 수신자 사이의 이해의 차이로서, 이는 수용범위에 의존한다. 퍼트넘(Putnam, 1975)은 이를 해석의 관용이라고 부른 것으로 의심점의 선의해석(benefit of the doubt)과 유사한 개념이다. 정보제공을 위한 진술 형성이 언어적 측면에 중점을 두었다면, 사실세계와의 합치성 점검은 언어와 세계의 관계에 치중하고(김영정, 1997; 이기용, 1998a), 해석에서의 제약과 완화, 그리고 해석의 교환을 통해 수용범위가 이루어진다. 이는 텍스트를 통해 세상을 보기 위하여 상호주관성을 가져야 함(강신택, 2010)을 의미하고, 최종적인 판단은 그 학문공동체의 언어해석에 의존하게 된다(이주향, 2005: 20－29). 그 학문공동체의 존재 이유가 여기 있다. 텍스트의 해석에 차이가 난다는 것은 학문의 정향에 따르는 차이를 의미하는데(강경인, 1987), 예를 들면 악의(惡意)나 선의(善意)를 해치려는 의사가 있느냐 아니냐로 해석한다면 언어학적 학문공동체이지만 어떤 사정을 알고 있

표 4-8 굴절과 수용범위

<table>
<tr><td colspan="3" rowspan="2">행정행태설의 문제점
(a mechanical process 가정)</td><td colspan="7">굴절을 인정하고 그 해결 방안 추구</td></tr>
<tr><td colspan="3">정보제공을 위한 진술 형성</td><td colspan="3">사실세계와의 합치성 점검</td><td rowspan="2">수용
범위</td></tr>
<tr><td colspan="2">굴절이 있더라도
예방가능</td><td rowspan="12"></td><td colspan="3">주로 발신자에서의 관련성</td><td colspan="3">주로 수신자에서의 관련성</td></tr>
<tr><td rowspan="5">첫째</td><td rowspan="5">사실세계에서
수치화하는 방법</td><td rowspan="5">적격성</td><td colspan="2">개념과 용어</td><td rowspan="11">합치성 점검과정</td><td rowspan="2">전제
분석</td><td>가능세계</td><td rowspan="11">해석의
관용
또는
의심점의
선의
(善意)
해석</td></tr>
<tr><td rowspan="2">진술</td><td>분석적 진술</td><td>상황</td></tr>
<tr><td>종합적 진술</td><td rowspan="2">층위
분석</td><td>대상언어</td></tr>
<tr><td rowspan="2">적용
범위</td><td>사례연구</td><td>메타언어</td></tr>
<tr><td>일반진술</td><td rowspan="7">점검
방법</td><td>표본일치</td></tr>
<tr><td rowspan="6">둘째</td><td rowspan="6">기호논리를
도입하여 구성하는
방법</td><td rowspan="6">적절성</td><td rowspan="3">제공
과정</td><td>정보원(情報源)</td><td>특성
(feature–placing)</td></tr>
<tr><td>매개</td><td>사례화</td></tr>
<tr><td>부분에서 생성으로</td><td>조건화</td></tr>
<tr><td rowspan="3">정보량</td><td>정보리터러시</td><td rowspan="3">반대조건</td></tr>
<tr><td>구정보 체계</td></tr>
<tr><td>신정보 제공</td></tr>
</table>

출처: 강경인(1987), 강신택(1981), 이기용(1998a; 1998b; 1998c), 이정민・배영남(1990), 미우라(1997), Barwise・Perry(1983), Carnap(1995), Feyerabend(1975, 1981), Harre(1960), Nagel(1961), Popper(1972, 1983), Putnam(1975), Glock(2008) 종합.

느냐 알지 못하느냐를 의미한다면 이는 법학이라는 학문공동체이다(곽윤직, 2009: 40-41). 위에서 논의한 바를 정리하면 <표 4-8>이 된다.

제 7 절 | 행정학에서의 함의

서론에서 제기한 투사에 따른 굴절을 인정하고 그 해결방법을 모색하는 것은 이미 기술한 제3장에서부터 진행되었다. 그와 연결된 주제인 "행정학에서 학문으로 성립하게 하는 고유한 것은 무엇인가?"에 대해서도 위 논의를 기본으로 나름의 답을 제시하려는 것이 행정학적 함의이다. 먼저 행정학의 현황을 살펴보기 위해, 행정학 전 분야를 아우르는 책으로서, 책의 제호도 비슷하며, 통시적 측면에서 저자를 중심으로 한 세대 차이가 나며, 그 시대에 영향력이 높았던 두 저서인 유민봉(2012)과 박동서(2005)를 색인과 목차의 표제어 중심으로 분석하였다.[55] 목차의 내용을 요약한 것이 <표 4-9>이다.

이상에서 본 두 책의 목차와 책 내용을 분석하면 다음과 같다. ① 같은 제목과 비슷한 내용은 정책결정이며, ② 다른 제목과 비슷한 내용은 분업체제(=유민봉의 조직: 구조차원), ③ 유사제목과 비교가능한 내용은 인적 자원의 충원과 배분(=유민봉의 인사) 및 재원의 동원과 배분(=유민봉의 예산), ④ 다른 제목과 비교가능한 내용은 사기의 일반이론, 능력발전 및 의사전달(=유민봉의 조직: 관리차원), ⑤ 박동서에는 있고 유민봉에 나타나지 않는 부분은 서론과 기획이며, ⑥ 부분적으로만 대응이 가능한 것은 지도성(=유민봉의 리더십) 등으로 대부분이 여기에 속한다. 그렇지만 차이점도 많다. 예컨대, 박동서(2005: 135-147)는 행정이론의 발달을 정치·행정 1원론과 2원론을 중심으로 논의하지만, 유민봉(2012: 57-58)은 이를 단지 각주로 처리하고 있다. 아마도 후속세대 학자는 앞선 세대 학자의 연구를 농축해서 소화한 것으로 보인다. 또 박동서(2005: 73-82)가 과정설에 기초함에 비해 유민봉

55) 책의 선택은 고시원의 학생의 선호도에 따랐다. 두 책의 색인 분석은 방대하여 그 핵심만 요약하여 본문에 서술하였다.

표 4-9 박동서(2005)와 유민봉(2012)의 비교

<table>
<tr><th colspan="2">박동서</th><th colspan="2">유민봉</th></tr>
<tr><th>편</th><th>장</th><th>부</th><th>장</th></tr>
<tr><td rowspan="4">I. 서론</td><td>1. 행정의 발전</td><td rowspan="2">I. 행정과 행정학의 이해</td><td>1. 실제로서의 행정(행정 현상)</td></tr>
<tr><td>2. 행정의 의의</td><td>2. 현장에서 학문으로:
행정현상 → 행정학</td></tr>
<tr><td>3. 행정학의 발달</td><td rowspan="2">Ⅱ. 행정환경</td><td>3. 일반환경</td></tr>
<tr><td>4. 행정이론의 발달</td><td>4. 과업환경</td></tr>
<tr><td rowspan="3">Ⅱ. 정책결정</td><td>1. 행정목표</td><td rowspan="3">Ⅲ. 행정내부환경</td><td>5. 공공가치</td></tr>
<tr><td>2. 정책결정</td><td>6. 정부관</td></tr>
<tr><td>3. 기획</td><td>7. 행정문화</td></tr>
<tr><td rowspan="4">Ⅲ. 조직화</td><td>1. 행정조직의 의의</td><td rowspan="2">Ⅳ. 결정시스템</td><td>8. 정책결정</td></tr>
<tr><td>2. 분업체제</td><td>9. 미션 · 비전 · 전략 · 리더십</td></tr>
<tr><td>3. 인적 자원의 충원과 배분</td><td rowspan="2">Ⅴ. 집행시스템</td><td>10. 정책집행</td></tr>
<tr><td>4. 재원의 동원과 배분</td><td>11. 행정서비스</td></tr>
<tr><td rowspan="4">Ⅳ. 동작화</td><td>1. 사기의 일반이론</td><td rowspan="2">Ⅵ. 조직시스템</td><td>12. 조직: 구조차원</td></tr>
<tr><td>2. 능력발전</td><td>13. 조직: 관리차원</td></tr>
<tr><td>3. 의사전달</td><td rowspan="3">Ⅶ. 지원시스템</td><td>14. 인사</td></tr>
<tr><td>4. 지도성</td><td>15. 예산</td></tr>
<tr><td rowspan="2">Ⅴ. 통제(평가와 시정조치)</td><td>1. 행정통제와 책임</td><td>16. 행정정보화: 전자정부</td></tr>
<tr><td>2. 행정개혁</td><td>Ⅷ. 산출과 피드백</td><td>17. 평가</td></tr>
<tr><td>Ⅵ. 한국의 행정과 행정학</td><td>1. 한국의 행정과 행정학</td><td></td><td></td></tr>
</table>

(2012: 57－61)은 체제론에 입각하여 서술하고 있다.

색인의 분석을 종합하면 다음과 같이 요약할 수 있다. 우선 공통적인 내용은 ① 가치를 중시한다(박동서: 가치체계 vs 유민봉: 공공가치). ② 갈등을 중시한다. ③ 정책을 중시한다. ④ 행정변수(사람, 구조나 제도, 환경)나 행태론과 체제론을 방법론으로 보는 것 등은 일치한다. 그러나 차이도 주목할 만한데 다음과 같다. ① 박동서에서 보이는 역사적 요소나 '토착화', '한국의 경우'와 같은 제목에서 보듯, '한국적'이라는 부분은 유민봉에게서는 사라지고, 대신에 경제학 또는 시장 중심성 개념이 증가하고 있다.[56] ② 유민봉에서는 정책 중심으로 재편되어 정책의 하위 분류가 다

56) 여기서 사라진 역사적 개념이란 세계사적 개념, 한국사적 개념, 행정학사적 개념으로 나눌 수 있

양해지는 반면에, 조직과 관련된 개념이 줄어든다. ③ 유민봉에서는 성과 중심으로 이동하고 있다. ④ 박동서에게서 보이는 권력이나 권위, 민주성이 많이 줄어들었다. 이와 같은 차이는 한국 사회나 한국의 행정에서 이미 달성되었다고 이해하는 데 기인하는 듯하다.

지금까지의 논의를 기초로 행정학에서의 함의, 즉 행정학에서 학문으로 성립하게 하는 고유한 것을 찾아보자. 투사의 의미는 투사를 통한 lexicon들이나 그 조합이 행정이론을 다른 학문과 어느 정도 구별지울 수 있게 해 준다는 점이다. 즉, 내재원리와 가교원리가 학문 간의 차이를 가져오는데, 이 차이를 살펴보면 알 수 있다는 것이다. 만약 이 주장을 받아들인다면, 그 서술의 방법이 어떠한가로 초점이 옮아온다. 즉, lexicon 차원에서 syntax 차원으로 상승된다. 여기서 "진술은 언어적 진리 함축성을 가져야 한다"는 O'Connor(1975: ch.6)의 주장을 행정학에 도입한다면 행정학이 다른 모습을 보일 수 있다는 가정이다. 행정학의 기본 가정을 'Σ명제'에 관한 논의로 보고, 이를 진행하기 위해서는 '행정학의 규약에 맞는 언어형식과 의미와 여러 규칙에 관한 연구'가 필요함을 함축한다. 예컨대, "행정학은 공공성을 연구하는 학문이다"(유민봉, 2010: 55)라고 할 때에 공공성의 개념처럼 구성요소에 관한 논의와, 그 진술 자체에 관한 문제로 나누어 살펴볼 수 있다. 구성요소들의 논의나 의미탐색은 지금까지 해 왔다. 더 나아간 것은 이에 관한 명제의 집합이다. 만약에 명제의 집합을 'Σ공공성' 명제, 'Σ관리' 명제, 'Σ정책' 명제 등으로 정리하여 명제화의 체계를 이루면 이를 통해 행정학의 성격을 분명히 할 수 있다. 달리 말해서 일상언어 · 내재언어 · 가교언어는 lexicon으로서의 기능에 중점을 두었지만, 행정학의 규약에 맞는 언어형식과 의미와 여러 규칙에 관한 연구가 발전되면 행정학 syntax로서의 기능도 가능할 수 있다. 이에 따라 이 진술이나 이 진술의 논리형태가 제공되어야 하고 또 제공되면 검증이나 반증 및 해석이 가능하다는 점에 장점이 있다. 이 과정을 통과한다면 이 진술은 행정학 체계에 편입되고 실용의 관점으로 전환할 수 있다(문장수, 2004).

는데 세계사적 개념은 관방학, 반엽관주의, 가산적 관료제 등이며, 한국사적 개념은 과거시험, 실학 등으로, 행정학사적 개념은 감축관리, 발전행정, 비교행정 등이다. 삽입된 lexicon인 경제학 개념은 거래비용이론, 내부시장 등이며, 시장중심성 개념은 고객만족, 민간위탁, 시장성테스트 등이다.

다만 이는 아직 발전이 안 된 영역으로 연구의 필요성이 크다.

제 8 절 | 요 약

행정학은 다른 사회과학에서 문제해결이 안 될 때 최종적으로 의존하는 사회과학이다. 따라서 응용학문에 방점을 두는 것도 타당하다. 그러나 지나치게 응용학문에 방점을 둔 결과로 외적 확장의 추세에 비해 내적 성찰의 문제는 큰 발전을 이룩하지 못했다. 한없이 확대되는 외연은 행정학에 대한 공통의 분모가 있을 때 가능하다. 이 글은 이 공통분모에 대한 글로서 내적 성찰에 눈을 돌리는 글이다. 흔히 사회과학의 연구방법이나 접근방법이라는 단계에 선행하거나 동행하는 과정을 첫 단계로 하고 이를 투사라 하였다. 이 투사는 현상에 대한 문제인식과 함께하거나 별개의 언어화 과정으로 이해된다. 이에 관하여 행정학에서 많이 다루어지지 않았지만, 선행연구들 중에 언어화에 대한 언급을 하였던 이론이나 접근방법은 행정행태설과 행정언어이론이다. 그러나 정반대되는 견해를 표명하였는데, 행정행태설은 투사 과정에서 굴절이 없거나 편차를 없앨 수 있다고 주장하였으나 행정언어이론은 굴절은 존재한다는 견해이다. 한국의 행정학은 행정행태설을 비판하지만, 실제로는 의식적이든 무의식적이든 행정행태설에 근거하여 굴절은 존재하지 않거나 편차를 없앨 수 있다는 견해에 기초하여 논의하는 모습을 보이고 있다. 이 글은 이 두 견해를 비교하고 굴절의 근거를 제시하거나 굴절의 극복을 위한 방안을 논의하였는데, 정보제공을 위한 진술형성과 사실세계와의 합치성 점검을 통한 수용범위가 그것이다. 이어서 행정학에서 학문으로 성립하게 하는 고유한 것은 무엇인가?에 대한 행정학에서의 함의로 lexicon들과 이들의 집합인 색인의 중요성을 주장하였다. 더 나아가 행정학의 기본 가정을 'Σ명제'에 관한 논의로 보고 그 명제들은 투사된 lexicon들로 이루어져 있고, 이들을 하위분류화(top－down)하거나 상위조직화(bottom－up)하여, 명제화의 체계를 이루면 이를 통해 행정학의 성격을 분명히 할 수 있다는 주장을 하였다. 이에 관한 연구도 진정으로 행정학의 발전에 이바지한다는 것이 이 글의 주요한 내용이다.

제5장 설문지 작성에서의 행정언어

제1절 서 론

"우리가 사용하는 자연언어의 배후에는 우리의 사유체계가 있다"(김영정, 1997: 115)라고 한다. 이 격언은 의사전달뿐만 아니라 개념정립과 같은 창조적 역할을 수행하는 데 있어 언어가 얼마나 중요한 것임을 잘 나타내고 있는 표현이다.[1] 뿐만 아니라 사회적 파장은 언어의 힘에 기인하는 것이 많다. 예를 들면, 2008년에 있었던 촛불집회의 경우, 언론이 '광우병' 대신에 학명인 BSE(Bovine Spongiform Encephalopathy)라는 어휘를 썼다면 "촛불집회가 가능했을까?"라고 묻는다(월간중앙, 2009.3). 이보다 더 의미있는 현상이 최근 영국에서 일어났다. 그것은 스코틀란드(Scotland)의 독립에 관한 스코틀란드 주민의 주민투표가 2014년에 진행되었다(제15장을 참조하라). 영국의 미래를 결정할 주민투표에서 설문지의 언어 구성을 어떻게 하느냐를 둘러싸고 논쟁이 시작되었다. 이 논쟁에서 얻은 교훈은 어떤 행위에 영향을 주는 것이 언어라는 사실이며(Gentner & Goldin-Meadow, 2003), 익히 알려진

1) 이 글을 전개함에 있어서 저자의 연구를 위하여 설문지를 제공해 주신 여러 교수님들께 진심으로 감사드린다. 또한 여기서의 논의로 그 논문 자체의 논리적 타당성에 영향을 주는 것이 아님을 밝힌다. 그리고 여기에서의 논의는 저자를 포함한 연구자 모두에게 적용된다. 설문지의 표시는 참고문헌에 수록하였다.

이 사실이 정치적 현상으로 나타난 것이 스코틀란드 독립에 관한 주민투표로 보인다. 이런 관점에서 오늘날의 시대는 돈·손·발의 시대에서 말·글의 시대로 옮아갔다고 이야기하기도 하고[2] "언력(word power)의 쓰나미가 몰려온다"(월간중앙, 2009. 3)고 하기도 한다.

행정학에서도 이론체계 그 자체가 언어로 되어 있다. 언어로 이론체계를 이루고 있다는 말은 사실세계와 분리될 수 있는 독자적인 논리체계를 갖고 있다는 의미이다. 여기서 메타방법론이 출현한다.[3] 즉, 언어는 세계나 사실과 어떻게 관계를 맺으며, 탐구하려는 바를 어떻게 언어가 연구자에게 나타나게 하는가? 더욱이 <표 5-2>에서 보듯이 현재 행정학에서 상당한 연구가 인터뷰나 설문지를 통해 자료를 수집하여 분석하고 그 결과의 의미를 해석하고 있다. 여기에서의 문제점은 인터뷰를 하여 자료를 수집한 경우나 설문지를 이용한 경우에, 그 의미가 그대로 보존되는가? 에서부터(Reynolds, 2003), 그 의미의 적용범위는 어느 정도인지 등등의 문제를 해결하지 않고 있다. 그 설문지가 단순한 의견조사에 불과하여 연구의 대상이 될 필요가 없는 경우도 많지만, 설사 연구대상이 될 정도의 설문지라 하더라도 그 문항의 언어구성 자체가 후술하는 바처럼 문제가 많아 보인다. 인터뷰도 마찬가지다. 특히나 사회과학자가 언어에 대한 지식이 많지 않고, 언어학이나 이와 관련된 학문에서 논의된 것을 받아들이지 못하여 비언어과학적 언어구성에 기초한 설문이 이루어지고 이 결과를 신뢰하기에 한계가 있다. 이 연구는 설문지의 문안작성(wording)이나 언어적 구성에 초점을 둔다. 예컨대, 부정문이나 부정적 어휘가 들어간 문장으로 묻는 것과 그렇지 않는 경우와의 차이도 있고, 부담이 적은 문항부터 묻는 것도 중요하다(한국리서치, 2006). 즉, 지금까지는 언어논리에 대해 고려하지 않고 설문지를 이용

---

2) http://blog.naver.com/wsyim1047/30015386299를 참고하라.

3) 여기에서의 메타(meta)방법론은 언어의 두 가지 성격에 기인한다. 제1장에서 서술하였듯이 언어는 대상언어와 메타언어를 포함하는데, '어떤 것(예컨대, 영문법)'을 '어떤 언어로(예컨대, 한국어로)' 논의한다면 전자를 대상언어로, 후자를 메타언어라고 한다(이정민·배영남, 1990: 552). 여기서는 설문지의 언어를 대상언어로, 그 구성에 관한 논의를 메타언어라고 한다. 메타방법론은 연구방법의 방법론이라 할 수 있고, 언어적 방법론과는 구별된다. 언어적 방법론은 의미분석(Semiotic Analysis), 대화분석(Conversation Analysis: CA), 담화분석(Discourse Analysis: DA), 장르분석(Genre Analysis), Story-telling, Narrative, IPA(Interpretive Phenomenological Analysis) 등을 모두 포함한다. 의미분석에 관한 자세한 서술은 Deacon et al.(2007), 담화분석에 관해서는 한국정치연구회(1993: 88)를 참고하라.

해 온데 대한 반성과 정당한 언어논리에 기초한 설문만이 정당한 자료를 얻으리라는 점을 이해하기 위한 것이다. 이 연구의 의의는 여기에 있다.

제 2 절 | 연구의 대상과 방법

행정학에서의 연구대상은 존재하는 실재나 사실이거나(그것이 물리적이든 사회적이든) 그 실재나 사실에 관해 서술해 놓은 개념체계이다(이명현, 1982: 16).[4] 그리고 행정학에서의 연구방법은 실증적이든지 논리적이다. 따라서 위의 연구대상과 방법을 조합하면 행정학에서의 연구는 크게 네 가지로 세분될 수 있다. 이를 도표로 나타낸 것이 <표 5－1>이다.

표 5-1 행정학에서의 연구대상

		연구대상	
		존재하는 실재나 사실	실재나 사실에 관해 서술해 놓은 개념체계
연구방법	실증적	A	B
	논리적	C	D

행정학에서 존재하는 실재나 사실에 관해 서술해 놓은 개념체계이거나 연구방법이 논리적이라면, 즉 그 연구대상이 <표 5－1>의 B, C, D라면 "학문의 거의 모든 물음들과 명제들은 우리가 우리의 언어논리를 이해하지 못하고 있는 데에서 생겨나온다"[5](Wittgenstein, 2006; 이기상, 1991: 22)라는 주장을 음미할 필요가 있다. 행정학도 언어로서 논리를 전개하므로 먼저 언어에 대해서 또 언어적 논리체계에 큰 관심을 보여야 한다.[6]

---

4) 그런데 그 개념체계는 다름 아닌 언어로(그것이 인공어든지 아니면 자연어든지) 표현된다(이명현, 1982: 16). 설문지란 이 개념체계를 언어로 인식하여 알고자 하는 바를 얻으려는 것이기에 그 의미가 있다.

5) 원문에는 '학문'이라는 말 대신에 '철학'이라는 말로 표현되어 있다.

설문지를 만드는 절차는 무척 어려운 작업으로 설문지는 초안작성－검토－검토안의 feedback－최종적인 설문지의 순서로 진행된다. 이 과정은 조사 특성이나 상황에 따라 다르며, 특히 묻는 형식에 따라 응답이 다르게 나올 수 있기 때문에 명확히 그 과정을 밝혀 놓지 않으면 논란의 여지가 있어 신뢰성을 저하시킨다. 예컨대, 먼저 제시된 어휘나 문항을 가장 잘 기억하거나 선호하는 초두효과(初頭效果)라든가, 순서효과의 배제(기표소에서 10여 명의 이름을 다 보지 않고 마지막 번호에 투표하는 것), 응답지의 구성에서 '보통이다'의 선택항이 있을 때와 없을 때가 차이 등은 주의하여야 한다.[7)]

언어 구성을 연구할 때는 무한한 자료의 생성이 가능하다는 점을 인식하는 것이 중요하다. 1세기 안에 3×10^9초(秒)가 있다고 한다. 그러나 20개 정도의 어휘로 형성할 수 있는 문장의 수는 10^{30}의 개수가 나타난다(Miller, 1960; 박영수: 1986에서 재인용). 이 수치가 의미하는 바는 단순히 문장의 나열이 자료가 아니며 진술된 문장은 검토를 거쳐야 자료가 된다는 것이다. 즉, 표현된 문장은 그 심층에서는 다를 수도 있고, 그 독자에게는 또 다시 굴절될 수 있다는 의미이다(Chomsky, 1957). 특히 후술하는 바처럼 한국어를 이용할 때에 염두에 두어야 할 사실은 한국어의 많은 부분이 문맥의존성(context－dependency)이거나 상황의존성(situation－dependency)이라는 사실이다(김영희, 2008). 이에 대한 선행연구는 학술적 차원에서는 김광웅(1996)이 있고, 실용적 차원에서는 한국조사연구학회(2006), 한국리서치(2004) 등이 있다. 서구의 경우에는 Bryman(2006), Bryman(2008), Dawson(2002), Deacon et al.(2007), Denzin & Lincoln(2005), McBride(1993), Freeman & Freeman(2009), Naoum(2004), Yanow & Schwartz－Shea(2006) 등은 참조할 만하다. 부분적으로 설명된 것은 조사방법론이나 방법론 이름의 책에 소개되어 있는데, Burnham(2008), Babbie(2007) 등이 대표적이다.

설문지나 인터뷰에서 얻은 자료를 이용하여 연구한 논문들은 상당한 숫자에 이른다. 2008년부터 2012년까지의 『한국행정학보』에 인터뷰나 설문지를 이용한 논문의

6) 심지어 본문의 <표 5－1>의 A도 언어의 영향권에서 벗어나 있지 못하다. 이에 관해서는 Heisenberg(1958: ch.10)을 참조하라.

7) 예컨대, top 2가 긍정이고, bottom 2가 부정일 경우 '보통이다'가 들어가면 top 2의 선택 비율이 보통 10% 정도 하락한다고 한다(한국리서치, 2004).

표 5-2 인터뷰나 설문지를 이용한 논문

	봄	여름	가을	겨울	총
총 논문수(2008)	20	19	21	13	73
설문지나 인터뷰를 이용한 논문	9	5	9	4	27
총 논문수(2009)	16	14	14	17	61
설문지나 인터뷰를 이용한 논문	5	1	3	3	12
총 논문수(2010)	10	14	13	14	51
설문지나 인터뷰를 이용한 논문	2	3	4	3	12
총 논문수(2011)	12	15	14	14	55
설문지나 인터뷰를 이용한 논문	1	5	3	0	9
총 논문수(2012)	15	17	15	14	61
설문지나 인터뷰를 이용한 논문	5	6	6	6	23
총 논문수(2008~2012)	73	79	77	72	301
설문지나 인터뷰를 이용한 논문 (2008~2012)	22	20	25	16	83

대강은 <표 5-2>로 제시되어 있다.

이 중 연구대상 논문은 <표 5-2>에서의 논문과 저자가 개인적으로 모은 논문(29개 수합: 저자가 모은 2004년부터 2007년까지의 『한국행정학보』에 실린 논문의 설문지 포함)과 함께, 적절한 사례를 선택하여 연구의 대상으로 하여 고찰하고자 한다. 먼저 이론적 근거를 살펴보고 이에 기초하여 후술하는 바처럼 27개 정도로, 더 나은 방향이라고 사회과학이나 인문학에서 주장되는 것을 <정리>라는 이름으로 묶었다.

제3절 | 이론적 근거

현상이나 사실에서부터 학문적 세계의 진입으로 이끄는 사고(thinking or invention)의 단계를 월러스(Graham Wallas)는 preparation, incubation, illumination, verification의 4단계로 나누고 있다(Bruner et al., 1956: 50). 이에 따르면, 새롭게 보

는 어떤 원초적인 아이디어가 떠오른다면(initiation), 그 학자는 지금까지 저장된 그 분야의 lexicon을 이용하여 일상언어와 함께 문장화하는 단계를 밟는다. 만약 그 설문의 목적이 실용적이고 단순한 의견조사라면 일상언어와 함께 문장화하는 단계로 만족할 수 있다. 그러나 이를 넘어 학술적 성격이 가미된다면 일상언어와 함께 문장화하는 단계를 넘어 lexicon에 새로운 언어[내재언어(internal language)]를 첨가하게 되고, 첨가된 내재언어는 그 학문에 고유한 성격을 나타내게 된다.

그런데 조사방법론에서 많이 쓰이는 기법은, 예컨대 '절대 찬성 – 찬성 – 중간 – 반대 – 절대 반대'의 선택지를 부여하는 것인데, 이는 어휘장 이론(field theory: 낱말밭 이론)에 기초한다. 어휘장(낱말밭)이란 내용상으로 보아 밀접하게 인접하고 있고, 상호 의존관계에서 그 기능이 규정되는 한 무리의 낱말들을 말하는데, 어떤 어휘가 선택되느냐는 응답자의 욕구가 어느 정도 강한지를 드러내 보인다는 이론이 어휘장 이론이다(허발, 1985: 98).[8] 이런 관점에서 설문지 방법도 언어적 방법론에 많이 의존한다.

문제는 언어와 사실과의 관계가 그렇게 단순하지 않다는 것이다(정대현, 1987, 1995). 이는 굴절이 있다는 의미이고(Thevenaz, 1962; 정대현, 1987; 김영정, 1997: 23), 이는 원자료의 보존이 어렵다는 뜻이다(한국리서치, 2004). 이에 대한 대안으로는 굴절의 편차를 줄이는 방법을 제시한다. 즉, 진술을 형성할 때, 적격성(well-formedness)과 적절성(appropriateness)을 요구한다(제4장 제6절을 참조하라).

적격성이란 진술을 완성하는 조건이나 규약(convention 또는 rule)에 관한 이론이다. 이를 상론하면, 첫째로 이 설문의 각 단어를 응답자가 알고 있는가를 점검하여야 한다. 전문적인 용어, 애매한 말, 그 뜻이 여러 가지로 해석될 수 있는 단어가 들어 있으면 이를 피해야 한다(Naoum, 2004: 70; 한국리서치, 2004).[9] 또 각 설문이 불필

---

8) 이 이론은 Humboldt와 Herder에서 유래하며 Trier 등에 의해 1920년대와 1930년대에 발전되고 그 후 Weisgerber에 의해 승계되었다(정시호, 1994; 허발, 1985; 이정민 · 배영남, 1990). 예를 들면, 영어의 red는 scarlet, crimson, vermillion 등의 어휘를 포괄하고 go, march, run, step, tramp, walk, toddle, waddle, stride, trudge, shuffle, plod, tread 등의 어휘들은 모두 이동을 의미하는 어휘장 안에 있어서, 이 중에 어떤 어휘가 선택되었는가는 응답자의 욕구의 강도를 표시해 준다.

9) 여기에는 포괄개념(umbrella words)도 포함한다. 예컨대, 주방용품, 자동차 용품, 레저용품 등이 그것들이다.

요하게 길고 복잡한 것은 아닌가도 점검사항이다. 따라서 가급적 짧게 묻는 것이 중요이다(한국리서치, 2004).[10] 또한 응답자가 응답할 수 없는, 기억할 수 없는 질문을 하는 경우도 문항을 재검토하여야 한다. 예를 들면, "금년에 본인이 직접 사 본 음료수 이름을 모두 말씀하여 주십시오." 이를 해결하기 위해서는 음료수 쇼카드를 보여주면서, 이번 달, 혹은 지난주에 사본 것을 묻는다(한국리서치, 2004).

적절성은 언어의 효율성과 정보의 부분성의 두 가정에 기초한다(이기용, 1998: 43). 여기에는 충분한 정보량(情報量)의 획득이나 이를 위해서 rapport의 형성은 물론이고, 그 밖의 기술적(technical)인 요소도 중요하다. 여기서 고려해야 할 것은 응답자를 피곤하거나 지루하게 하지 말아야 한다. 대체로 속성이 15개를 넘으면 응답자는 지루하고 피곤해 한다고 한다. 따라서 사전 조사를 통해 문항 분석을 거쳐 속성을 추릴 필요가 있다. 특히 개방형 질문에서는 한 설문지(20~30분 길이)에서 3개가 최대라고 한다(한국리서치, 2004).

또 설문지를 작성할 때 고려할 중요한 요소 중 하나는 독자(응답자)를 고려하여 보기에 불편이 없도록 하여야 한다는 점이다. 보기에 불편하게 만드는 요소들은 시간의 고려도 중요하다. 대면 면접은 40분이 넘으면, 전화 면접은 20분이 넘으면 응답자가 면접을 거절하거나 아무렇게나 응답하는 경향을 보인다. 그 이후의 자료는 쓰레기(믿을 수 없는 자료 또는 없는 것보다 못한 자료)될 가능성이 많다. 응답자는 대체로, 경계－성실히 응답－지루함을 느낀다. 이에 맞추어 설문 순서(설문 순서에 의한 편차가 없도록)와 기법을 배열한다(한국리서치, 2004).

제 4 절 | 어휘 수준의 논의

사회과학과 관련하여 언어 구성을 이용할 때 그 분석단위는 다양하다. 미시(微視)

10) 다음의 두 설문을 비교해 보라. ① "보험 상품 중에, 국가에서 보험료를 받거나 국가가 지정하는 기관에서 보험료를 받는 보험 이외의, 그리고 연금을 제외하고, 민간기관에서 팔고 있는 보험에 가입하고 있습니까?" ② "국민연금과 의료보험 등을 제외하고, 현재 보험에 가입하고 있습니까? 혹은 가입하지 않았나요?" 설문 ①에 문제가 있음을 알 수 있다(한국리서치, 2004).

에서부터 거시(巨視)로 분석단위를 보면 형태소(morpheme) – 어휘(vocabulary) – 구(phrase) – 절(clause) – 문장(sentence) – 텍스트(text) – 장르(genre)의 순서이다. 그러나 실제로 설문지의 작성이나 이용에서 이 분석 단위를 엄격히 나누어 살펴보기가 사실상 힘들다. 여기서는 다른 학문에서의 관행을 좇아 어휘 수준의 논의와 어휘를 넘는 수준의 논의로 나누어 글의 순서를 진행한다.

설문으로 조사할 때에는 그 과정이 설문지 작성 이전에 고려할 사항과 설문지를 작성할 때 고려사항으로 나뉜다. 전자는 다음과 같이 요약된다. ① 이 조사의 목적이 무엇이고 그 결과가 이용자에게 어떤 도움이 될 수 있는가를 구체적으로 생각한다. ② 설문을 작성할 때, 먼저 이 설문으로 (혹은 다른 설문과 결합하여) 어떤 양식의 보고서 표(혹은 그림)를 제시할 것인가를 먼저 구상한다(한국리서치, 2004). ③ 그 중에서도 가장 중요하게 고려해야 할 사항은 "설문지의 오류는 눈에 보이지 않으나 조사에서 치명적인 오류를 낳는다"는 점이다(한국리서치, 2004). 예를 들면, "댁에서 가입하고 있는 보험은 어떤 보험인가요?"라는 문항에 대해 응답은 하지만, 남편이나 부인이 가입한 보험을 상대방이 알지 못한다. 또 다른 예시는 "금년에 구입한 도서는 모두 몇 권인가요?"라는 질문에 대해 과장되게 응답하는 경향이 있어 그 결과치는 과장되게 측정된다고 한다(한국리서치, 2004).

이제는 설문지를 작성할 때 고려할 중요한 요소는 무엇인가? 다음의 설명을 살펴보자.

> "부부 관계는 요즈음 한 달에 몇 회 정도 하고 있습니까?"라는 설문은 불필요하게 개인적인 사항을 자세하게 묻고 있다. 그런데 이 문항도 왜 이 질문을 하는가를 설명하면 상대방 존중의 전제를 충족한다. 즉, 이 조사가 출산율에 관한 것임을 설명하면 동의를 얻을 수 있다(한국리서치, 2004).

여기서 강조하는 것은 상대방에 대한 존중이다. 상대방에 대한 존중은 상당히 넓은 범위를 함축한다. 다음 보기도 같은 범주에 속한다. "__님 댁의 연간 소득은 가족 모두 합하여 몇만 원인가요?"라는 질문은 답변하기 곤란한 성격을 지닌다. 그 대안은 무엇인가? 그 대안은 다섯 가지 정도의 소득범위로 분류하여 그 중 해당되는 사항을 답하게 하는 것이다(한국리서치, 2004). 이와 유사한 것은 "응답자가 응답하기 싫은(창피한, 불쾌한, 사회적 규범에 따라 응답하는) 질문을 하고 있는 것은 아닌가?"를 숙고하여야 한다. 예컨대,

① 기독교인에게, "하느님께 기도는 일주일에 몇 번 정도 합니까?"
② 여자에게, "담배를 피우십니까?" 등이 그것이다.

그러면 상대방 존중의 설문이 되기 위한 것은 무엇인가? ①의 경우는 "요즈음 기독교인이라도 기도를 교회에서만 하는 경우도 많이 있다고 합니다"라는 서두를 먼저 꺼내고 묻는다. ②의 경우는 '여러 가지 경우(친구들과 모였을 때 가끔 피우기도 한다…. 하루에 10개피 이상 피운다)'를 제시하고 어디에 해당되는가를 묻는다(한국리서치, 2004). 따라서 언어적 요소의 중요성을 인식하여야 한다.[11] 이상의 예를 다음과 같이 표현할 수 있다.

〈정리 1〉 문맥의 말투에서 상대방 존중이 전제되어야 한다(한국리서치, 2004).

* 다문화가족 실태조사에서 다음과 같은 설문이 있다.[12]

"귀하가 3개월 이상 <u>장기체류를 목적</u>으로 처음 한국에 입국한 것은 언제입니까?"

그런데 줄친 부분은 다문화가족 내(內)의 결혼이주민에게는 질문의 용어로서는 어려운 용어이다(최인호, 2007: 540, 605). 따라서 '오래 동안 있으려는(머물려는) 뜻' 정도로 이해된다[후술하는 다문화가족과의 인터뷰(죽여드릴까요) 참고]. 대체로 조사현장에서는 쉬운 말을 선호하는데(한국조사연구학회, 2006), 위 보기는 이에 어긋

---

11) 몇 나라를 동시에 조사하는 경우에는 같은 영어 어휘라도 각 나라에 따라 그 뜻이 다르다. 예를 들면, "wild"라는 어휘의 뉘앙스가 영국에서는 natural의 의미이지만, 미국에서는 strange로 받아들인다. "지상 1층"은 영국에서는 ground floor, 미국에서는 first floor를 쓴다. 마찬가지로 아랍권에서 음주에 관한 용어, 힌두교 사회에서 쇠고기, 무슬림 사회에서 돼지고기 등의 용어를 사용하면 면접이 불가능해 지는 경우가 있다(한국리서치, 2004).

12) 실제로 연구에 이용된 설문지(예시로 이용된 것이 아닌)를 나타낼 때는 * 기호를 사용하기로 하고 실제 설문 문항이나 서술은 "－－－"로 표기한다.

난다.

* "성공적 조직문화에 관한 설문조사"에서 다음과 같은 설문이 있다.

"우리 조직은 매우 역동적이며, 혁신적인 곳이다. 사람들은 위험을 무릎쓰고 새로운 시도를 한다."

* "중앙과 지방정부 간 인사교류에 관한 설문조사"에서 다음과 같은 설문이 있다.

"상급자 밑 동료직원의 권유"
"적성에 맞는 직무를 수행하기 보기 위해"

이런 보기들은 기본적으로 부주의라고 하겠으나 문법적 오류를 표출하고 있다. 여기서 다음과 같이 정리할 수 있다.

〈정리 2〉 공공을 위한 언어는 봉사하는 도구이므로 뚜렷하고, 반듯하고, 자연스러운 언어로 연결되어야 하며, 언어규범을 지키고 어법에 맞아야 한다(국립국어원, 2009).

* "지방정부의 혁신역량에 관한 설문 조사"에서 다음과 같은 설문이 있다.

"귀 자치단체의 조직운영에 있어서 다음 제도들은 어느 정도 활용되고 있습니까?"

이 설문에서 그 보기로 '① T/F 운영, … ③ BSC …, ⑤ BPR' 등으로 되어 있다. 그러나 이는 어떤 시스템에 관여하는 이들에게만 통용되어 뜻을 이해하게 되는 시스템 언어이기에 그 시스템에 참여하지 않는 이들에게는 오해를 불러일으킨다. 즉, 설문의 응답자가 관련 지식이 있어서 설문의 내용이나 용어를 모두 알고 있으리라는 전제[13]는 결과를 오도(誤導)할 수 있다(월간중앙, 2009.3).

*다음 <표 5-3>의 설문지를 살펴보자. 문항은 유비쿼터스 정보기술에 대한 인지도에 관한 것으로 5점 척도로 구성되어 있는데, '① 전혀 모른다, ② 잘 모른다, ③ 보통이다, ④ 알고 있다, ⑤ 잘 알고 있다'가 그것이다. 이 설문에서는 'UIT'라는 약

13) 이는 지식이 그 소속 그룹에만 적용되는지 아니면 소수 그룹에 의한 점유가 아닌 일반화에 있는지의 기본물음에 귀속한다고 볼 수 있다. 이에 대해서 포퍼(K. Popper)와 쿤(T. Kuhn)의 논쟁을 참고할 수 있는데(Fuller, 2004), 이 책 제9장에 간단히 소개해 두었다.

표 5-3 UIT 인지도(유비쿼터스 정보기술에 대한 인지도)에 관한 조사

변 수	분 류	빈 도	비율(%)	평 균	표준편차
UIT 인지도	① 전혀 모른다	42	6.4	2.79	.935
	② 잘 모른다	229	34.7		
	③ 보통이다	232	35.2		
	④ 알고 있다	140	21.2		
	⑤ 잘 알고 있다	17	2.6		
	합계	660	100.0		

어를 표 제목에서 '유비쿼터스 정보기술'이라고 풀어서 제시함으로써 응답자가 용어에 대해 알지 못함으로 인해 불편을 겪지 않도록 배려하고 있다.

<표 5-3>의 보기에서 다음과 같은 정리를 추출할 수 있다.

〈정리 3〉 약어(또는 약자)를 쓰면 시스템 언어가 되고(월간중앙, 2009.3) 이는 의미를 은폐할 수 있다. 따라서 원어(full term)를 쓰도록 하고 꼭 약어를 써야하는 경우 부연설명이 필요하다.

* 다음 <표 5-4>를 보자.

표 5-4 조직문화와 리더십

"공무원들의 아래 행위에 대해 귀하의 생각과 가장 가까운 응답의 번호를 기입해 주세요."

1 항상 용납될 수 있다	2 대체로 용납될 수 있다	3 조금 용납될 수 있다	4 조금 용납될 수 없다	5 대체로 용납될 수 없다	6 절대 용납될 수 없다

4	담당업무를 당장 처리할 수 있어도 일부러 늦장을 부린다.	(　　)
5	자신의 업무성과를 과장한다.	(　　)
7	자신의 잘못을 숨기기 위해 거짓말한다.	(　　)
14	물품구입비 명목으로 영수증을 첨부하여 개인적으로 쓴다.	(　　)
15	경비를 10% 과다 책정하여 과(課)의 운영비로 쓴다.	(　　)
17	민원인에게 불친절한 행동을 한다.	(　　)
18	민원인에게 고압적 자세로 대한다.	(　　)
20	무례한 언행으로 직장동료의 마음을 아프게 한다.	(　　)
22	직장동료에 대해 악담한다.	(　　)

<표 5-4>의 설문을 분석해 보자. 과다 책정, 일부러 늦장, 약속을 핑계, 불친절한 행동, 고압적 행동, 악담 등의 표현은 때에 따라서는 논리성에서 벗어난 정감적이고 주관적 언어이다(월간중앙, 2009.3; 임지룡, 1992: 166; 김영희, 2008).[14] <표 5-4>의 보기에서 다음과 같은 정리를 추출할 수 있다.

〈정리 4〉 어떤 어휘가 함축하는 개념가치에는 가치중립, negative 가치개념, positive 가치개념, 금기어 등으로 나눌 수 있고,[15] 이는 설문지를 구성하거나 인터뷰를 할 때 대상을 고려하여 신중한 어휘선택이 필요하다.

<정리 1>에서처럼 조사대상이 노인이라면 '노인'이라는 용어 대신, '어르신' 등의 용어를 사용하는 것은 조사 목적 수행이라고 볼 수 있겠다. 같은 의미의 어휘에도 큰 뉘앙스의 차이가 나기 때문이다. 노인이라면 담담하게 받아들이면서 늙은이라고 하면 화를 내는 것이나 노인보다 나은 어휘로 '어르신'을 도입하는 연유는 여기에 있다(월간중앙, 2009. 3). 대체적으로 설문지 작성이나 이용에 있어서 중립적인 용어가 나을 듯하다.

* 다음 <표 5-5>의 사례를 살펴보자.

---

14) 예컨대, '죽다' 계열의 어휘들을 보면 가치중립적인 개념어들(사람이 죽다)이 있는 반면에, '뒈지다'처럼 negative 가치도 있고, '고이 잠들다'처럼 positive 가치도 있다. 같은 계열이 아니라도 이 관계는 성립되는데, positive 언어개념(예: 깨끗하다, 안전하다, 편하다, 공평하다 …… 등)과 negative 언어개념(예: 더럽다, 위험하다, 불성실하다, 불순하다, 불공평하다 …… 등)의 보기가 여기에 속한다(임지룡, 1992: 166; 김영희, 2008).

15) 이 글에서의 '개념가치'는 언어학에서와 차이가 난다. 언어학에서 이와 유사한 개념은 극성(polarity)이다. 다만 임지룡(1992: 165-167)은 언어학적인 관점에서 극성을 설명하기에 예로 든 어휘들이 여기에서 논의한 개념가치와는 뒤바뀌어 있다.

표 5-5 농어촌 소규모 초등학교 통합 정책 평가

① 매우 그렇다. ② 비교적 그렇다. ③ 보통이다. ④ 비교적 그렇지 않다. ⑤ 매우 그렇지 않다. 5단계로 되어 있습니다. 해당 항목에 √표 하시면 됩니다.

질문 내용	① 매우 그렇다. ② 비교적 그렇다. ③ 보통이다. ④ 비교적 그렇지 않다. ⑤ 매우 그렇지 않다.				
13. 소규모학교 통합으로 농어촌 지역이 황폐화되었다는 주장에 대해 어떻게 생각하십니까?	①	②	③	④	⑤

어휘는 있는 현상을 그대로 그려내는 것이 아니라 특정한 언어적 표현이 특정한 쓰임 안에서 있는 그대로임을 인식하게 한다(이주향, 2005: 23). 따라서 "소규모학교 통합으로 농어촌 지역이 황폐화되었다"는 의미는 그 자체로 강한 인상을 주게 된다. <표 5-5>의 보기에서 '황폐화'라는 어휘도 마찬가지이다. 부정적인 힘이 긍정적인 힘보다 세다는 사실을 염두에 두어야 한다. 따라서 다음과 같은 정리를 추출할 수 있다.

〈정리 5〉 어휘의 힘을 말할 때 당장은 부정적 힘이 긍정적 힘보다 세므로 이들의 설문지 이용은 꼭 필요한 경우에 한한다. 설문에 쓰이는 언어는 가능한 한 중립적인 용어라야 한다.16)

이제는 유표문의 문제를 살펴본다.17)

K) 사돈이 떡을 판다.
L) ① 사돈이 다만/오직 떡을 판다.
　② 사돈이 떡만/떡도 판다.
M) ① 사돈이 파는 것은 떡이다.
　② (이) 떡이 사돈이 파는 것이다.

---

16) 여기서 문제가 되는 것은 중립용어는 쉽게 동의하지만 그것이 '과학적 용어'이어야 하는지 '생활세계의 용어'인지에 대해서 의견이 갈린다. 이 선택은 설문응답자에 따라 따르겠지만 가능한 한 생활세계의 용어가 낫다고 저자는 생각한다.

17) 한국어의 유표문은 강세, 어휘(부사나 조사), 어순 등으로 이루어지지만(김영희, 2008), 여기서는 어휘만을 보기로 한다.

위의 K)는 무표문(unmarked sentence)이지만 나머지는 다 유표문(marked sentence)이다. 여기서 문제가 되는 경우는 "오직, 다만, 도/만, 언제나, 반드시, 꼭, 늘, 항상, 무조건" 등의 확언적 용어이다. 예를 들면, "어려움에 처한 사람을 보면 늘 불쌍하다고 생각한다"에서 보듯이 이들 용어를 실제로 사용하면 응답자에게 강한 인상을 준다. 따라서 시간이나 시기, 조건, 또는 빈도에 관한 이들 용어의 사용을 다음과 같이 요약할 수 있다.

〈정리 6〉 가능한 한 설문지 구성은 무표문으로 구성해야 한다. 따라서 언제나, 반드시, 꼭, 늘, 항상 등의 확언적 용어의 사용은 그것이 필요한 경우에 한한다.

* 다시 한 번 조직문화와 리더십을 이용해 본 것이 <표 5-6>이다.

표 5-6 조직문화와 리더십

1	근무시간을 잘 지키지 않는다.	( )
3	일을 하면서 필요 이상으로 시간을 오래 끈다.	( )
4	담당업무를 당장 처리할 수 있어도 일부러 늦장을 부린다.	( )
10	회사 복사기로 개인적(사적인) 복사를 한다.	( )
15	경비를 10% 과다 책정하여 과(課)의 운영비로 쓴다.	( )
19	업무시간이 지났다고 장시간 기다린 민원인을 돌려보낸다	( )

먼저 문항 3(일을 하면서 필요 이상으로 시간을 오래 끈다)과 문항 4(담당업무를 당장 처리할 수 있어도 일부러 늦장을 부린다), 문항 15(경비를 10% 과다 책정하여 과(課)의 운영비로 쓴다)를 보자. '필요 이상으로', '일부러 늦장', '과다' 등에서 마지막 예만 보자. 10%라는 의미가 있다면 '과다'가 어울리지 않는다['과다'=지나치게 많음(남영신, 2007: 266)]. 따라서 이들은 본의 아니게 한쪽으로 치우친 응답을 유도한다고 볼 수 있고 앞의 <정리 5>에 어긋난다.

또 문항 1(근무시간을 잘 지키지 않는다)에서 잘 지키지 않음은 어떤 의미인가? 여러 가지 의미를 지닌다. 지각이 잦다는 의미로 해석할 수도 있고, 점심시간이 길다는 뜻으로 해석할 수도 있고, 퇴근 시간 전에 퇴근한다는 뜻으로도 이해된다.

또 다른 설문지에 *"3. 귀하의 도시에서는 여성복지 시설 운영이 전반적으로 활성화되어 있다고 생각하십니까?"라는 질문도 마찬가지이다. 5점 척도로 이루어진 이 문항도 '활성화'가 무엇인지 둘 이상의 개념을 함축한다. 이는 "__님의 부모님은 고향은 어디인가요?"라는 하나의 설문이 두 가지 이상의 질문을 함께 하고 있는 것과 같다(한국리서치, 2004). 두 개 이상의 질문을 동시에 함축하는 것은 그 각각의 질문으로 나누어야 한다(부모님의 고향을 아버지의 고향과 어머니의 고향으로 나누듯이). 이런 예들은 앞서 서술한 적격성에 어긋난 것들이다.

〈정리 7〉 어떤 어휘가 함축하는 개념은 가능한 한 하나로 이해되는 것이라야 한다. 두 개 이상의 질문을 동시에 함축하는 것은 둘로 나누어야 한다.

인터뷰나 설문지의 작성이나 이용은 응답자에게서 자료를 얻는 방법이다. 따라서 대상이 어느 수준인가를 고려하여 어휘를 선택하여야 한다. 이는 의미의 관계망이 어휘나 진술에서[18] 파생됨을 전제한다(Heisenberg, 1958: 160－161; 김영정, 1997: 93－99). 다문화가족과의 인터뷰에 다음과 같은 자료가 있다.

> 시누이가 결혼하는 날이었다. 결혼식 때 입었던 한복을 차려입고 미장원에 갔다. 미용사는 칼 같이 길쭉한 고대기를 들고 "앞머리 살려드릴까요? 죽여드릴까요?"라고 물었다. 그녀는 혼비백산하여 얼굴이 파래졌다. 그녀에게 들리는 말은 "죽여드릴까요"뿐이었다(이성미, 2012: 84).

위 사례는 의미의 관계망에서 대상의 수준과 어휘가 어긋난 것으로 다문화 가족을 인터뷰할 때 종종 발생한다(이주향, 2005; Fodor, 1975, 1981).

〈정리 8〉 설문지에 이용되는 어휘의 구성에서 응답자의 눈높이에 알맞은 언어선택이 필요하다.

---

18) 문장과 진술의 구분은 O'Connor(1975: 37)에 의존하였는데, 진위판정을 위한 것은 진술인데 비해(a candidate for truth), 그렇지 않은 것은 문장으로 본다는 견해이다. 진술(statement)과 명제(proposition)의 관계에서는 명제를 문장의 의미를 뜻하는 것이라고 정의하기도 하고 문장은 진술에 해당하고 그 내용이 명제라고 함이 정확하다고 한다(이기용, 1998: 54; 소흥렬, 1982: 83－85). 여기서는 둘을 동일시하는 견해를 따랐다(소흥렬, 1982: 83－85; Popper, 1972: 43). 덧붙여 명제화(진술화)는 과정으로 보고, 명제(진술)는 그 결과로 본다.

어휘는 혼자 떨어져 존재하는 것이 아니라 개념의 다발을 이루고 있다. 이를 이해하기 위해 [그림 5-1]을 보자.

그림 5-1 의미의 연쇄관계

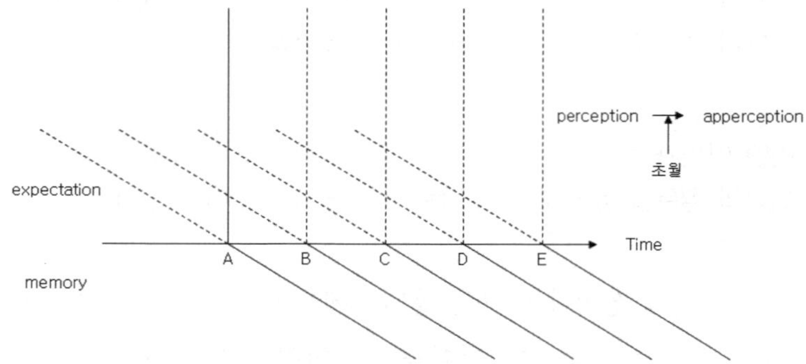

출처: 신충식(2008).

우리가 "사랑해 당신을 정말로 사랑해"라는 노래를 부를 때 시간은 흘러가는 것이고, "사랑해(A) 당신을(B) 정말로(C) 사랑해(D) 당신이(E)……"의 순서는 시간적 기억과 예상의 의미연쇄 관계에 있다. "사랑해(A)"를 부르면 기억을 남기고 "당신을(B)"을 부를 때는 과거(A)를 생각함과 동시에 "정말로(C)"를 기대하게 되는 것이다. 그런데 기억(과거를 생각하는 것)은 기대의 지향들(주어진 data보다 더 많은 미래를 기대하는 것)을 포함한다는 점이다(Husserl, 1966; 신충식, 2008). 이를 설문지에 적용한 것이 <표 5-7>이다.

<표 5-7>에서 *'우리 조직에 모든 것을 솔직하게 말할 수 있는 것', *'우리 조

표 5-7 조직신뢰

조직신뢰
1. 나는 우리 조직에 모든 것을 솔직하게 말할 수 있다.
2. 나는 우리 조직에 나의 미래와 관련된 일에 대한 결정을 맡길 수 있다.
3. 나는 우리 조직이 올바른 방향에서 일하고 있다고 생각한다.
4. 나는 우리 조직의 결정을 기꺼이 따른다.
5. 나는 우리 조직을 신뢰한다.

직에 나의 미래와 관련된 일에 대한 결정을 맡길 수 있는 것', *'우리 조직이 올바른 방향에서 일하고 있다는 생각', *'우리 조직의 결정을 기꺼이 따르는 것' 등은 *'우리 조직을 신뢰하는 것'이다. 즉, <표 5-7>의 1, 2, 3, 4 문항은 그 다음에 오는 5에 포함되는 포괄관계이면서[Σ(1, 2, 3, 4)=5], 이들과 연쇄관계를 갖도록 하고 있다. 따라서 다음과 같은 정리가 도출된다.

〈정리 9〉 의미의 연쇄관계에 유념하여야 한다(임지룡,1993: 245 이하). 즉, 앞선 설문 문항이 다음 설문의 내용을 결정할 수 있다.

이어서 <표 5-8>의 *유비쿼터스 119 신고시스템에 대한 인지도에 관한 것으로 5점 척도로 구성되어 있는데, '① 전혀 모른다, ② 잘 모른다, ③ 보통이다, ④ 알고 있다, ⑤ 잘 알고 있다'가 그것이다. 그 분석 결과를 살펴보면 '잘 모른다'라고 응답한 응답자가 254명(38.5%)이고, '보통이다'가 209명(31.7%), '알고 있다'가 130명(19.7%)으로 나타나 유비쿼터스 119 신고시스템에 대한 인지정도는 대체로 낮은 것으로 조사되었다고 한다. 이러한 결과는 "유비쿼터스 정보기술을 도입하여 시행하고 있는 초기인 것으로 파악된다"고 설명한다.

그러나 인지를 나타내는 어휘의 의미계열은 '보통이다'라는 것이 '잘 모른다', '잘 알고 있다'와 분리될 수 없는 성격을 가지고 있다. 따라서 <표 5-8>의 설문 문항은 4점 척도로 하는 것이 나을 것이다. 실제로는 이런 사례가 많이 나타난다. 이를 다음 정리로 추출할 수 있다.

표 5-8 유비쿼터스 119 신고시스템에 대한 인지도

변 수	분 류	빈 도	비율(%)	평 균	표준편차
U119 인지도	① 전혀 모른다	47	7.1	2.73	.957
	② 잘 모른다	254	38.5		
	③ 보통이다	209	31.7		
	④ 알고 있다	130	19.7		
	⑤ 잘 알고 있다	20	3.0		
	합계	660	100.0		

〈정리 10〉 어휘는 의미의 계열관계를 가지고 있다(임지룡, 1992: 147).

의미의 계열관계는 상하관계, 포괄관계, 동의관계, 대립관계 등이 있다(임지룡, 1992: 147). 상하관계는 류(類)－종(種) 관계에서 「상위어 ⊃ 하위어」(예를 들면, 「동물 ⊃ 새 ⊃ 참새」)로 나타낼 수 있는 경우이다(임지룡, 1992: 152). 설문지 작성이나 이용에 있어서 참고하여야 할 점은 이 관계를 이용하여 응답의 진정성을 테스트할 수 있다는 점이다. 이 중에서 소속의 계열과 감정의 어휘계열만 살펴보자. 예컨대, 설문 문항이 "당신은 한국을 사랑합니까?"이고, 응답, '아니오'로 나왔다고 하자. 그리고 그 다음 설문 문항이 "당신은 여수를 사랑합니까?"이고, 그에 대한 응답이 '예'로 나왔다고 하면 이 둘 사이에는 모순이 없다. 이 문항들의 관계는 적격이고 그 응답도 적격이다. 왜냐하면 '사랑하다'가 감정의 의미계열에 속하는 어휘이기 때문에 상위어(즉, 대한민국)가 하위어(즉, 여수)에 대한 지배력이 강하지 않다. 그러나 다음의 설문 문항들과 그 응답을 보자. 예컨대, 설문 문항이 "당신은 한국에 사십니까(Do you live in Korea)?"이고, 그 응답이 '아니오'로 나왔다고 하자. 이어서 다음 설문 문항에서는 "당신은 여수에 사십니까(Do you live in Yeosu)?"이고, 그 응답이 '예'로 나왔다면 이 문항과 응답들 사이에는 모순이 있음을 알 수 있다. 즉, 여수 ⊂ 대한민국의 관계가 있기 때문에, 이들의 관계는 부적격이다. 왜냐하면 '살다'가 소속의 의미계열에 속하는 어휘이므로 상위어가 하위어에 대한 지배력이 강하기 때문이다. 이 상하관계의 의미에서 다음의 정리를 끌어 낼 수 있다.

〈정리 11〉 상하관계의 의미를 가지는 어휘들의 경우에 상위어를 핵심 개념으로 하여 구성했다면 하위어를 핵심 개념으로 하는 구성은 의미가 없을 수도 있고 제한적으로만 의미를 가질 수 있다(김영정, 1997: 23-24).

이를 이용하면 응답자가 설문에 진정으로 응했는지를 알 수 있고 설문을 실시할 때 진정성을 먼저 점검해야 한다. 따라서 각 어휘를 이용하여 다음의 정리를 추출할 수 있다.

〈정리 12〉 질문지의 설문에 이용되는 어휘는 의미계열을 이용하여 응답자의 진정성을 테스트할 수 있고 설문 분석 전에 진정성이 없는 설문지는 분석대상에서 제외해야 한다.

이제는 포괄관계를 살펴보는데, 이는 어느 한쪽이 다른 쪽을 포섭하거나 다른 쪽에 포섭되는 관계를 말하는 것으로 *농어촌 소규모 초등학교 통합 정책 평가 설문지를 통해 이를 실제로 살펴보자.

표 5-9 농어촌 소규모 초등학교 통합 정책 평가

① 매우 그렇다. ② 비교적 그렇다. ③ 보통이다. ④ 비교적 그렇지 않다. ⑤ 매우 그렇지 않다. 5단계로 되어 있습니다. 해당 항목에 ∨표 하시면 됩니다.

질문 내용	① 매우 그렇다. ② 비교적 그렇다. ③ 보통이다. ④ 비교적 그렇지 않다. ⑤ 매우 그렇지 않다.				
14. 소규모학교는 지역사회의 문화센터로서의 기능이 주요하다는 주장에 대해 어떻게 생각하십니까?	①	②	③	④	⑤
15. 소규모학교가 지역사회의 구심점 역할을 수행하고 있다는 주장에 대해 어떻게 생각하십니까?	①	②	③	④	⑤

여기서 소규모학교가 지역사회의 구심점 역할을 수행하고 있고(문항 15), 지역사회의 문화센터(문항 14)로서의 기능이 주요하다는 두 문항이 서로 밀접한 관련이 있다. 즉, '지역사회의 구심점 역할 ⊃ 지역사회의 문화센터'로서 표현될 수 있기에 이는 포괄관계를 이해하지 않은 것이 되고 앞의 <정리 12>의 경우로 환원된다.

동의관계와 대립관계를 살펴보자. 동의관계란 교체가능한 어휘(또는 숙어나 문장 등) 간의 관계로서(임지룡, 1992: 140) 실제의 예문을 살펴보자. *① "우리 부모님은 남들을 돕는 일에 적극적이었다"와 *② "부모님은 주위에 다른 사람들을 돕는데 많은 시간을 투자하셨다"가 다른 항목으로 되어 있어서 이 둘을 비교해 보자. 이들은 "주어부(主語部)의 ① 우리 부모님/② 부모님, 부사어(副詞語)의 ① 남들을 돕는 일에/② 주위에 다른 사람들을 돕는데, 서술부(敍述部)의 ① 적극적이었다/② 많은 시간을 투자하셨다"로 되어 있다. 아마도 차이는 서술부인데, 그 서술부도 앞서 기술한 포괄관계로 보인다. 따라서 다른 항목으로 삼아 수치를 부여함이 가능한지 의심이 든다.

유사한 사례인 *① "나의 상관은 인사에 관한 결정에서 나를 편견없이 대한다"와 *② "나의 상관은 인사에 관한 결정에서 진실한 태도로 대한다"도 마찬가지다. 이들의 주어부(主語部)와 서술부(敍述部)는 같고, 차이는 부사어(副詞語)의 '① 편견없이/② 진실한 태도로'에 있다. 이들 관계도 앞의 기술과 같다.

대립관계란 한 쌍의 어휘가 의미 특성에 있어서 동질성과 이질성의 양면성을 지니고 있을 때를 말한다. 이 대립관계의 의미는 두 어휘항목을 동시에 부정할 때 성립되는 어휘항목도 있고, 성립되지 않는 어휘항목도 있다. 다음 예를 보기로 하자(임지룡, 1992: 147).

A) ① M은 길기도 하고 짧기도 하다.(×)
② M은 길지도 않고 짧지도 않다.(○)
B) ① 갑은 남자이기도 하고 여자이기도 하다.(×)
② 갑은 남자도 여자도 아니다.(×)
C) ① 이 방은 깨끗하기도 하고 더럽기도 하다.(○)
② 이 방은 깨끗하지도 더럽지도 않다.(○)

A)의 보기에서 어느 하나만 성립하는 것은 대립관계의 의미에 있어서 그 표현이 두 어휘항목을 동시에 긍정할 때 성립가능한 구성이 있다는 것이고, B)는 동시에 긍정이나 부정이 불가능한 어휘이기 때문이다. C)는 동시에 긍정이나 부정이 가능한 어휘이다. <표 5-10>의 *조직성격유형 측정을 위한 설문지를 살펴보자.

표 5-10 조직성격유형 측정을 위한 설문지

측정변수	←(A)			(B)→
3. 조직 내 부서들 간의 협조가 필요한 공동과제가 생겼을 때 (A) 각 부서들이 처음부터 자연스럽게 협조하는 편이다. (B) 나중에 약간은 마지못해 협조하는 편이다.	←처음부터			나중에→
	매우	약간	약간	매우
	(　)	(　)	(　)	(　)

설문 문항의 잘 설계된 문항으로 보인다. 공동과제의 협조에서 시기를 기준으로 '처음'과 '나중'으로의 나눔은 두 어휘가 양립불가능하기 때문이다. 또 정도를 기준으로 '매우'와 '약간'으로 구성되었으나 대체적으로 이들 어휘는 양립불가능한 정도는 아니다. 문제가 될 만한 것은 그들의 결합이다. 즉, '처음부터 자연스럽게'는 선택지의 '처음부터 [매우(　　), 약간(　　)]'에 표현될 것이고, '나중에 약간은 마지못해'인 경우는 선택지의 '나중에 [매우(　　), 약간(　　)]'에 표현될 것이다. 그러나 '나중에 약간은 마지못해'는 선택지의 '약간(　　)'에는 친화적이지만 '매우(　　)'와 결합할 수 있는가? 왜냐하면 이미 설문 문항에 '약간은'이 나왔기 때문이다. 또 '나중에 자연스럽게'는 배제되었다. 따라서 이들 결합은 어색한 결합이 된다. 여기서 다음 정리가 도출된다.

〈정리 13〉 이 대립관계의 의미는 두 어휘항목을 동시에 부정할 때 성립되기도 하고 모순되기도 한다.

<표 5-11>의 보기를 보자. *대구시 동구청 성과관리시스템(BSC) 평가를 위한 설문이다.

표 5-11 대구시 동구청 성과관리시스템 평가

핵심영역	핵심영역 정의
인간 중심의 복지사회 지향	주민을 위한, 주민이 함께하는, 주민을 찾아가는 복지서비스 제공으로 인간다운 삶이 보장되는 복지사회 지향

전혀 달성하지 못했다 … 완전히 달성되었다

①	②	③	④	⑤	⑥	⑦	⑧	⑨	⑩

인간 중심의 복지사회 지향이라는 개념은 과정을 의미하고 완전한 달성은 이루기 어렵다. 따라서 전혀 달성하지 못했다를 가장 낮은 수준의 복지공급으로, 완전히 달성되었다를 가장 높은 수준의 복지공급으로 대체함이 나을 듯하다.

여기서 유래하는 정리는 다음의 정리이다.

〈정리 14〉 어떤 어휘는 과정을 나타내고 어떤 어휘는 결과를 나타낸다(임지룡, 1993: 237 이하).

이제는 결합을 살펴보자. <표 5-4>의 *조직문화와 리더십 설문지를 다시 이용하자.

표 5-12 조직문화와 리더십

1 항상 용납될 수 있다	2 대체로 용납될 수 있다	3 조금 용납될 수 있다	4 조금 용납될 수 없다	5 대체로 용납될 수 없다	6 절대 용납될 수 없다

2	근무시간에 개인적(사적인) 일을 한다.	( )
7	자신의 잘못을 숨기기 위해 거짓말한다.	( )
8	전화로 병가(病暇)를 신청하고 개인적 용무를 본다.	( )
10	회사 복사기로 개인적(사적인) 복사를 한다.	( )
12	편의를 봐 준 보답으로 선물이나 식사를 제공받는다.	( )
13	구매담당자가 납품업자로부터 개인적 선물을 받는다.	( )
23	어려움에 처한 직장동료를 못 본 척한다.	( )
27	능력이 부족한 직장동료를 무시한다.	( )
28	직장생활에서 장애인이나 노약자를 배려하지 않는다.	( )

먼저 <표 5-12>의 보기부터 분석해 보자. 그 보기는 "1. 항상 용납될 수 있다, 2. 대체로 용납될 수 있다, 3. 조금 용납될 수 있다, 4. 조금 용납될 수 없다, 5. 대체로 용납될 수 없다, 6. 절대 용납될 수 없다"이다. '대체로<조금'은 어울리는 짝이지만 '항상 용납될 수 있다'는 의미는 아마도 '무조건'의 의미인 것으로 보인다. '항상'의 의미는 시간 함축인 '늘'로(남영신, 2006: 2979) 만약 시간 함축의 의미가 아닌 '절대 용납'에 상응하는 것이라면 '무조건적'이라는 개념이 아닌가 한다.

〈정리 15〉 설문지의 응답에서 대칭이 가능한 언어구성이 바람직하다. 이를 표시하는 말의 상대적 크기나 어울림에 신경을 써야 한다.

<표 5-12>의 설문을 분석해 보자. 문항 13(구매담당자가 납품업자로부터 개인적 선물을 받는다), 문항 23(어려움에 처한 직장동료를 못 본 척한다), 문항 27(능력이 부족한 직장동료를 무시한다) 등의 선택지에서 보기 1(항상 용납될 수 있다)의 답이 나올 수 있겠는가? 따라서 보기 1(항상 용납될 수 있다)은 의미가 없다. 오히려 얼마나 응답했으며 응답자의 진정성을 알 수 있는 선택지일 뿐이다.

〈정리 16〉 설문문항과 선택지(選擇枝) 사이의 어휘 결합에 유의하여야 한다. 예컨대, 설문문항이 완벽하더라도 그 선택지와 결합할 때 적절한 결합이 아닐 수 있다. 즉, 구성의 모순에 주의한다.

여기서 더 나아가 윤리적 언어구성이 되어서 설문응답자에게 답변을 하게 되면 윤리적 판단에 영향을 주는 물음은 피해야 한다. 따라서 설문 문항 12(편의를 봐 준 보답으로 선물이나 식사를 제공받는다), 문항 13(구매담당자가 납품업자로부터 개인적 선물을 받는다), 문항 23(어려움에 처한 직장동료를 못 본 척한다), 문항 28(직장생활에서 장애인이나 노약자를 배려하지 않는다) 등과 보기 1(항상 용납될 수 있다)의 결합은 윤리적 저항감을 불러일으킨다. 문항 2[근무시간에 개인적(사적인) 일을 한다]는 (가끔은 근무시간에 개인적 일을 한다)로 바꾸어 보면 어떨까? 문항 7에 나오는(자신의 잘못을 숨기기 위해 거짓말한다), 문항 8[전화로 병가(病暇)를 신청하고 개인적 용무를 본다], 문항 10[회사 복사기로 개인적(사적인) 복사를 한다]도 같은 방법으로 바꾸어야 한다. 따라서 다음과 같이 정리할 수 있다.

〈정리 17〉 결합으로 인하여 생성되는 질문과 응답 중 윤리적 언어구성이 되어 설문응답자에게 저항감을 불러일으키는 물음이나 보기를 세련되게 바꾸어야 한다.

제 5 절 | 어휘를 넘은 수준의 논의

이제는 어휘를 넘은 수준인 표현의 측면을 살펴보자. 그 논의를 위해서는, 예컨대

'Chancellor'는 영국 정부를 전제하면 재무부 장관이 되고, 대학과 관련되면 총장을 의미하고, 독일 정부와 관련되면 수상을 지칭한다. 따라서 가장 기본적인 전제는 다음과 같다.

〈정리 18〉 어휘는 그 의미가 갖는 근원적인 한계가 있다. 즉, 어휘는 문장에 쓰여야만 진정한 의미의 의미가 밝혀진다(박영순, 2004: 70; 김영정, 1997: 114).

이에 따라 어휘의 의미는 그 문장을 파악하고 그 속에서의 의미를 추구해야 한다. 나아가 어떤 문장의 의미는 어휘의 의미를 초월할 수 있다. 예컨대, "우리 부모님은 옛날에 죽을 밥같이 잡수셨대"라는 표현은 '죽'과 '밥'의 사전적 의미를 넘어 '고생했다'는 의미를 표현한다[문장형 관용어](박영순, 2004: 248). 행정학의 설문조사에서 많이 쓰이는 '떡값'이나(고길곤 · 조수연, 2012: 238), 언어분석철학의 유명한 명제인 "둥근 사각형은 존재하지 않는다"도 여기에 해당한다(김영정, 1997: 116). 그러므로 다음과 같은 정리를 도출할 수 있다.

〈정리 19〉 문장의 의미는 어휘의 의미를 초월할 수 있다(박영순, 2004: 99).

이제는 통사(統辭)구조와 의미관계를 살펴보기로 하자.

D) John is eager to leave.
E) John is easy to leave.

D)와 E)는 영어학에서 고전이 될 정도로 유명한 보기이다. D)의 John은 leave의 주어이지만 E)의 John은 leave의 목적어이다(John is easy to leave = It is easy to leave John). 이 D)와 E)가 보여주는 것은 통사구조가 비슷해도 의미가 달라지는 경우가 있고 반대로 통사구조가 달라도 의미가 같을 수 있다는 것이다(Chomsky, 2006). 다시 다음 문장을 보자.

F) John is certain that Bill will leave.
G) John is certain to leave.

H) It is certain that John will leave.

F)는 심성상태동사(표준문법상으로는 형용사)를 이용하여 John이 확신하고 있음을 나타내지만 G)와 H)는 John will leave라는 명제가 확실하다고 진술하고 있다. 이제는 우리말을 대응시켜 보자. 아래 I)와 J)의 보기는 통사구조가 같아도 논리구조가 다름을 보여주고 있다.

I) 복순이의 머리는 까맣다.

J) 복순이의 머리는 아름답다.

I)와 J)의 차이를 살펴보면, I)에 있어서 '까맣다'라는 술어는 복순이의 머리를 객관적으로 서술하는 기능을 갖고 있지만 J)에서 '아름답다'의 술어는 그 진술을 한 사람의 느낌을 나타내는 기능을 하고 있다. 따라서 설문지 작성할 때 이들 논리구조의 차이를 명백히 하여야 한다(박이문, 1982: 196). 따라서 설문은 의견을 구할 때에만 가능하다. 이를 정리하면 다음과 같다.

〈정리 20〉 통사구조가 서로 달라도 그 의미가 같을 수가 있고 반대로 통사구조가 같아도 그 뜻이 다를 수 있다. 따라서 설문은 의견을 구할 때에만 가능하다.

이번에는 물음의 형식에 대해 살펴보자. 2008년에 노인장기요양제도가 도입되었다. 이 제도는 장기요양응답자의 등급을 판정하는데 등급판정위원회가 그 일을 담당한다. 등급판정은 장기요양인정조사표의 52개항에 대해 해당되는지의 여부를 살펴보는 과정으로(보건복지부, 발행연도 미상: 30-56), <표 5-13>은 *장기요양제도에서의 신체 기능(기본적 일상생활 기능) 영역에서의 설문지의 일부이다. 이 check-list는 신체 기능(기본적 일상생활 기능) 영역, 사회생활 기능(수단적 일상생활 기능) 영역, 인지 기능 영역, 행동변화 영역, 간호처치 영역, 재활 영역, 복지용구, 지원형태, 환경 평가, 시력 · 청력상태, 질병 및 증상 등으로 나뉘어져 있고, 장기요양보호제도 신청인의 기능상태 등에 대한 정보를 종합하여 해당란에 √표 체크를 한다.

장기요양보험제도의 시행 초기에는 이 제도의 정착을 위해 응답자를 선별하는 과정에서 관대하게 정리를 적용하도록 방침이 정해졌다. 이 방침의 충족을 위해 질문

표 5-13 기본적 일상생활기능

(최근 한 달 간의 상황을 종합하여 일상생활에서 다음과 같은 동작을 할 때
다른 사람의 도움을 받는 정도와 도움이 필요한 이유(장애의 원인)에 √표로 표시함)

항 목	기능자립정도			장애의 원인	
	완전 자립	부분 도움	완전 도움	신체	인지 · 행동변화 등
① 옷 벗고 입기					
② 세수하기					
③ 양치질하기					
④ 목욕하기					
⑤ 식사하기					
〈이하 생략〉					

방식을 부정형으로 물어서 그 대답이 긍정형으로 나오도록 유도하였다. 즉, "혼자서 옷을 벗고 입을 수 없지요"라고 물음으로서 '예'로 답하기가 쉽도록 하여 응답자의 폭을 넓히도록 하였다. 그러나 2010년부터는 장기요양보험의 재정이 압박을 받게 되자 응답자의 선별과정에서 엄격한 정리를 적용하였다. 이를 위해 이제는 질문방식을 긍정형으로 물어서 그 대답이 부정형으로 나오도록 유도하였다. 즉, "혼자서 옷을 벗고 입을 수 있지요"라고 물음으로서 '예'로 답하기가 쉽도록 하여 응답자의 폭을 좁히도록 하였다.[19] 이것이 의미하는 바는 질문형의 선택이 익히 아는 바 이상의 의미가 있다는 점이다. 즉, 긍정으로 물을 때와 부정으로 물을 때가 그 의미 내용이 다를 수 있음을 의미한다. 여기서 도출되는 정리는 다음과 같다.

〈정리 21〉 부정표현과 긍정표현의 문제를 검토하고 가능한 한 부당하게 영향을 주지 않도록 언어구성을 해야 한다(김영정, 1997: 23-24).

이제는 서두에 말한 바처럼 실제 영국의 스코틀란드 주민투표(independence

19) 이 부분의 증언은 주관 기관인 국민건강보험 공단의 실무자로부터의 증언이다.

referendum)에서 일어난 문제를 짚어보자. 독립을 원하는 스코틀란드 독립당(Scottish National Party: SNP)이 선호했던 문안(wording)은 "당신은 스코틀란드가 독립된 나라가 되어야 한다는데 동의하십니까?(Do you agree that Scotland should be an independent country?)"이다.[20] 이 문안은 *"스코틀란드가 독립된 나라가 되어야 합니까?(Should Scotland be an independent country?)"로 바뀌었다. 이 과정에서 검토해 보아야 할 이슈는 동사의 성격이나(손광락, 2012) 주절과 종속절의 관계의 문제이다. 즉, Do you agree that 절에서 이 문안이 주민들로 하여금 "Yes"의 대답으로 이끌 것이라는 점이 제기되었다. 이는 언어철학적 문제가 현실에서 실현된 것으로, 주절에 심성상태동사가 있을 경우에는 사실과 생각이나 믿음, 의견 등과 분리된다(문장수, 2004: 224; 정대현, 1987; 이주향, 2005; 김영정, 1997). 위 문항을 예를 들면, '스코틀란드의 독립'과 '동의 여부'가 차이가 날 수가 있다는 이야기이다. 스코틀란드가 독립은 불가능하거나 바람직하지 않지만 동의여부는 그와는 다르다는 것이다.[21] 따라서 그것이 사실판단에 관한 것이라면 주절에 심성상태동사는 피해야 한다. 영국 스코틀란드의 독립에 관한 주민투표는 여기에서 유래한 문제이다.

이를 국내의 설문지로 방향을 돌리면 대부분은 사실판단으로 가능한 명제 내용을 심성상태동사로서 의견을 묻는다. 예컨대, *"나는 대학등록금 수준에 비해 대학교육의 질이 낮다고 본다"는 "대학등록금 수준에 비해 대학교육의 질이 낮다"라는 부속문장의 명제 내용과 의견의 심성상태가 뒤섞인 형태로 나타난다.

〈정리 22〉 주절과 종속절의 관계를 검토할 때, 사실판단에 관한 것이라면 가능한 한 주절에 심성상태동사가 나오는 일이 없어야 한다.

이제는 인터뷰를 중심으로 논의해 보자. 다음의 보기를 살펴보자(김영희, 2008).

N) ① 나는 어제 그를 만났지. ② 노래(를)
③ 하지만 사랑은 괴로운 거야.

---

20) http://www.bbc.co.uk/news/uk-scotland-21262308(2013.1.30).

21) 이에 대한 프레게(Frege)의 논리는 심성상태동사를 서술어로 하는 본 문장의 진리값은 부속 문장의 진리값에 영향을 받지 않는다고 한다[자세한 설명은 정대현(1987: 11-30)을 참조하라]. 따라서 '스코틀란드의 독립'과 '동의 여부'는 차이가 난다.

N)의 문장들은 이 자료만으로는 그 의미를 이해할 수 없게 된다. 그러나 아래 O)의 글이 주어져서 N)과 조응했을 때 의사소통이 가능하고 적격성이 인정된다.

O) ① 오늘 이선생을 만나기로 했거든. ② 넌 뭘 잘하니?
③ 누구나 사랑을 갈망하지.

따라서 N)의 문장들의 적격성은 문맥에 의존하는데 이를 하나의 정리로 정리할 수 있다.

〈정리 23〉 한국어 문장에서는 주고받는 대화는 문맥의존성(context-dependency)의 성격을 갖는다(정대현, 1995; 이주향, 2005).

그러나 다음의 보기의 대화는 약간 다른 의미를 지닌다(김영희, 2008).

P) ① 한사람은 염소, 한사람은 개. ② 내 옷은?/엄마는?/저녁은?
③ 착하구나./앉아라./내립시다.

P)의 문장들은 특정한 상황 안에서만 의사소통이 가능하고 적격성이 인정된다.

또 다른 예를 보자. 甲(30대 여성), 乙(60대 여성, 甲의 어머니), 丙(10살, 甲의 딸)의 3인 대화이다.

① 엄마가 어릴 때에는 고무줄 놀이의 선수였어.
② 엄마가 어릴 때에는 고무줄 놀이의 선수였어?

①의 경우, 즉 단순한 서술로 intonation이 ↓인 경우부터 살펴보자. 여기서 엄마는 甲 또는 乙이 될 수 있는데, 상대방이 丙이라면 甲이요, 상대방이 甲이라면 엄마는 乙이 된다. 그러나 만약에 ②의 경우라면(즉, 단순한 서술이 아니라면, intonation이 ↑), 여기서 엄마는 乙이 되어야 한다. 이와 같이 그 문장이 의미를 가지려고 하면 상황이 설정되어야 한다.[22] 따라서 여기서 다음과 같은 정리를 도출할 수 있다.

22) 이를 화용론의 의미론에 대한 우위성이라고 할 만하다. 이런 점에서 sense-making은 제한적이다. 이런 연구는 언어철학이나 심리철학 분야에서 많이 연구되었다(Putnam, 1975, 1988; Ramsey, 1964; Graham, 1977; 김영정, 1997; 이주향, 2005).

〈정리 24〉 한국어 문장에서는 주고받는 대화는 그 주변 상황에 많이 의존한다. 따라서 상황의존성(situation-dependency)이 작용한다.

이와 같은 원리는 다음의 언어현상에서도 적용된다(김영희, 2008).

R) 누가 안간대요?('내가 갑니다'의 변형이다).
S) 목이 너무 마르다.('물을 다오'의 의미이다).

위의 보기처럼 그 진정한 의미가 다른 곳에 있는 변형문을 간접표현(indirect expression)이라고 한다. 그 의미는 인터뷰 언어에서 간접표현(indirect expression)의 해석도 중요함을 함축한다.

<정리 24>는 인터뷰에서도 고려할 사항이다. 결혼이주여성이 한국에서의 결혼생활에 대해 서술한 글이다.

남편은 술도 안마시고 성격도 좋고 아주 맘에 들어요. 단점이나 바라는 점도 없어요. 중국에서 이혼한 전 남편은 술을 너무 많이 마시고 일도 안 했어요. 내가 항상 일했었어요. 아이도 없고 그 사람 없으면 못 사는 것도 아니었기 때문에 이혼했어요. 이혼한 채로 중국에서 계속 살았으면 지금 남편과 같은 사람은 만날 수 없었을 거예요. 나는 나이도 많고 이 상태에서 배우자를 구하면 대부분 아이가 딸린 남자와 만날 수밖에 없어요. 지금 남편은 아이도 없고 나와의 결혼이 첫 결혼이라서 그 점이 매우 좋아요. 한국 사람이라서 더 좋은 점, 나쁜 점은 없어요. 사람 자체가 중요하고 결혼을 했는데 남편이 나쁘다면 안 살 수도 있었어요. 시댁 식구들과 한 집에 살긴 하지만 생활은 거의 따로 하는 편이예요. 살림도 시어머니가 주로 해요. 처음에는 같이 생활했는데 많이 불편했었어요. 시댁과의 관계도 매우 좋아요. 모두 좋은 분들이에요. 남편과 친정과의 관계도 좋구요. 작년 가을 아기를 임신했을 때 어머니가 한국에 들어와서 9개월 정도 있다가 가셨어요. 결혼하고 나와 남편이 중국에 가 본 적은 없어요. 몇 년 후에 아기가 좀 크면 아이를 데리고 중국에 어머니를 만나러 가고 싶어요. 그 후에는 별로 가고 싶지 않아요. 내 동생은 잘 사는 데 부모님은 지금 동생 집에 얹혀살고 있어요. 부모님을 모셔오고 싶지만 지금은 내가 시댁에서 살고 있고 부모님을 모셔올 만한 공간적인 여유가 없어요. 한국에 있을 동안은 어머니가 식당에서 일을 했었어요(설동근 외, 2006).

한국에 시집을 와서 한국인 남편과 함께 살면서 남편이나 시댁이 좋다고 말할 수 밖에 없지 않은가? 위 인터뷰는 그 주변상황을 고려하지 않았다. 따라서 신뢰도나 타당도에 흠을 남겼다고 볼 수 있다.

이제는 음성 수준에서 먼저 보기로 하자.

① 그분 서울 갔어?	② 그분 서울 갔어.
③ 그분 서울 갔어.	④ 그분 서울 갔어.
⑤ 그분 서울 갔어.	

①~⑤의 차이는 음성에 의존한다. 먼저 쉽게 판별할 수 있는 ①와 ②의 차이부터 보자. ①의 경우는 이른바 인터뷰할 때에 억양이 상승조로 나타날 것이고, ②의 경우는 하강조로 나타난다. 이 경우는 문장부호를 이용하여 둘을 구분하여 나타낼 수 있다. ②는 아무개가 서울에 갔다는 서술(이남원 · 이윤복, 2004)인 데 비해, ③, ④, ⑤는 초점화(focusing)를 나타낸다(박영수, 1986). ③는 이른바 서울에 간 사람이 초점이고, ④는 간 곳이 초점이고, ⑤는 갔다는 행위가 초점이다. 이를 정리하면 다음과 같다. 본문 중 인터뷰에서 찾아라.

〈정리 25〉 평면상에 배열된 어휘도 그 가치는 동일하지 아니하다. 말을 이용하여 연구할 때는 그 음성에도 주의하여야 한다. 즉, 말에는 뜻이 있고 멋도 있고 맛도 있다(김영석, 1998).

위의 <정리 25>를 뒷받침하는 다음 글을 살펴보자.

여의도 연구소의 여론조사팀의 조사방식이 자동응답(ARS)이라는 점도 자주 도마 위에 오른다. 정확도가 떨어지는 방법 아니냐는 것이다. 팀원들은 이런 주장에 대해 "여론조사의 기본을 모르는 소리"라고 반박한다. 팀원인 김철희 부국장은 "대부분의 여론조사기관에서 쓰는 전화면접 방식이 ARS보다 오차가 더 클 확률이 높다"며 "면접원의 숙련도나 어조가 모두 같을 수 없기 때문"이라고 설명한다. 반면, ARS는 사회과학 실험의 기본인 '동일한 실험환경' 아래서 문답이 이뤄진다. 또한, 전화면접은 사전에 추출된 표본만을 대상으로 조사하지만, ARS는 응답할 의사가 있는 경우만 설문에 답하기 때문에 표심을 더 정확히 반영한다는 장점도 있다. 그 대표적인 경우가 대구 달서갑의 총선 결과다. 대부분의 여론조사에서는 홍지만 한나라당 후보가 앞섰다. 그러나 결과는 박종근

친박연대 당선자의 승리였다. 이런 결과를 예측한 곳이 바로 ARS 방식을 이용했던 일부 언론사와 여의도 연구소 여론조사팀이었다(Ohmynews, 2008.4.16).

이 원칙은 특히 조사원을 이용하여 설문지 응답을 받거나 인터뷰를 할 때 중요하다.

앞의 보기 ①~⑤에서 ①이 물음을 나타내는데 비해, ②는 서술하는 의미(description)이다. 그런데 글로 옮길 때는 그 차이가 섞이게 되는 경우가 ②, ③, ④, ⑤이다. 이 현상을 중화(neutralization)라고 한다.

〈정리 26〉 문장에서 나타나는 중화(neutralization)가 의미하는 바는 기초자료에 대한 검토가 필요함을 의미한다.

이 중화가 특히 문제가 되는 것은 개방형 질문에서인데, 앞서 기술한 대로 개방형 질문은 코딩에서 60% 이상의 정보가 없어지고, 보고서에서는 다시 그 반이 없어진다고 한다(한국리서치, 2004). 따라서 원자료(original data)를 어떻게 보전할지에 대해 관심을 기울여야 한다. 중화의 의의는 바로 여기에 있다. 즉, 위 여러 경우에서 어느 것을 의미하는지를 분명히 하여야 인터뷰나 설문지 방법이 효과가 있다.

또 다른 중요한 것은 누구의 관점인가이다. *조직문화와 리더십 설문지의 문항 19 [“업무시간이 지났다고 장시간 기다린 민원인을 돌려보낸다”], 문항 10[“회사 복사기로 개인적(사적인) 복사를 한다”], 문항 26[“신입사원을 집단으로 따돌린다”] 등은 설문응답자의 견지와 일반인의 관점과 정확히 일치하지 않는다. 즉, 화자와 행위자, 그리고 행위자에 대한 진술 사이에 차이가 날 수 있다.

이제는 의미론적 측면(동음이의어 또는 동의어)이나 화용론 차원에서도 간과해서는 안 될 요소가 많다. 아래 예를 보자.

Q) 성준이 그 친구, 노래는 잘 해.

이 문장은 두 가지 의미를 함축한다. 우선 성준이가 노래를 잘한다면 그 문장은 칭찬이 된다. 그러나 성준이가 노래를 못한다면 그 문장은 비꼬는 뜻이 된다. 이는 인터뷰에서의 응답을 기술할 때 어떤 의미로 쓰이는지를 신중히 검토해야 한다. “철수는 어제 저녁에 민수와 도서관에 가지 않았다"라는 문장 표현은 몇몇 서로 다른의 미로 해석된다. 따라서 이 문장은 엄밀성이 없는 문장이 된다. *<표 5-14>를 살펴보자.

표 5-14 업무영역별 거버넌스 양식의 측정

업무영역	거버넌스 양식	측정문항
고객	네트워크	내 업무의 가장 중요한 부분은 고객의 신뢰를 얻는 데 있다. 고객과 좋은 관계를 유지하기 위해 행정제재의 부과를 가급적 피하려 한다.

<표 5-14>의 문장은 "(내가) 고객과 좋은 관계를 유지하기 위해 행정제재의 부과를 (내가) 가급적 피하려 한다"로 이해된다. 그러나 본문의 뜻은 아마도 "고객에게 (내가?) 부과하는 행정제재를 가급적 피하려 한다"로 읽힌다. 다음과 같은 정리를 도출할 수 있다.

〈정리 27〉 설문지의 설문이나 인터뷰에서 누구의 관점인지를 분명히 해주어야 한다. 이를 분명히 하지 않으면, 문장 자체도 중의(重義)를 가지므로 정확한 의미파악과 그 정확한 해석이 필요하다(임지룡, 1993: 237 이하).

제6절 | 요 약

이 글에서 본 바처럼 양화와 계량적 방법의 이용 또는 과학적이라는 주장에는 설문지를 정밀하게 만들어야 함이 그 기초이다. 설문지에서부터 확립된 보편적 원칙과 어긋나 있으면 과학적이거나 양화의 기본이 흔들릴 수밖에 없다. 더욱이 여기에 기초하여 발견한 주장에 그 신뢰성이나 타당성에 심각한 의문을 품게 한다. 나아가, 방법(론)의 기초가 언어임을 인식하고 언어적 지식의 중요성을 체득해야 한다. 이를 위해 연구를 수행함에 있어서 설문지나 인터뷰에서 언어의 완벽한 구성이 과학적 연구를 가능하게 함을 인식하여야 한다. 따라서 최소한도의 언어적 지식을 갖춘 후에 설문지나 인터뷰에 응하는 것이 보다 올바른 지식에 이르는 길이다.

제6장

과학주의 지향인가? 과학주의 극복인가?
: 대립과 대립 넘어서기

제 1 절 | 서 론

행정학은 학문이 성립하기 위한 조건을 충족하는 단계를 넘어 이제 사회과학을 선도하는 학문으로 발돋움 하고 있다.[1] 물론 여기서 말하는 행정학이란 행정과학과 아울러, 행정과학철학까지 아우르는 어떤 것을 의미한다(강신택, 1981: 11). 과학의 가장 일반적인 위치가 철학이라고 하는 주장이 있는 반면에(Russell, 1914: 109), 철학은 과학언어의 논리적 조건들에 대한 개념 분석이라고 정의하므로 과학이 아니라고 주장하기도 한다(Wittgenstein, 1921).[2] 이와 유사한 중요한 대립이 행정학에서도 나

1) 학문이 성립하기 위한 조건을 충족한다는 의미는 그 학문에 고유한 연구주제, 고유한 이론, 개념적 경계 등이고, 하나 더 추가한다면 학자 그룹의 형성이나 학과의 존재를 열거한다(김광웅, 1983: 124).

2) 이 서술이 의미하는 바는 철학이 과학과의 연속선상에 있는지를 놓고 의견 대립이 있어왔다. 자연주의와 논리실증주의와의 대립이 그것이다. 자연주의는 자연과학적 방법론의 근거를 자연과학에서 찾는데 비해, 논리실증주의의 흐름인 프레게(G. Frege), 카르납(R. Carnap), 비트겐슈타인(L. Wittgenstein), 일상언어학파 등은 과학을 선험적인 개념분석을 통해 이해하려 하고 비심리학적 접근법을 택한다(김동식, 1995: 44-45). 따라서 자연과학방법론을 사회과학에 적용하는 데에도 두 흐름이 서로 다르다는 점을 유의하여야 한다. 덧붙여 여기서 과학주의는 과학을 통해 진리에 이를 수 있으며 과학적 지식만이 참된 지식이라는 믿음으로 근대철학의 가장 뚜렷한 특징이다. 과학주의가 문제가 되는 이유는 데카르트(René Descartes) 이후 주체와 대상과의 분리가 이루어져 주체는 대상인 자연을 지배하고 이용하는데, 과학적 지식이 여기에 필요한 정보와 수단을

타나는데, 이른바 과학주의(scientism)를 지향하는 흐름과 과학주의를 극복하려는 흐름이 그것이다.[3] 여기서 전자는 과학주의의 원류(源流)로 행정학에 지대한 영향을 끼친 논리실증주의와[4] 후기실증주의 및 행태주의를 포괄하며, 후자에는 현상학, 해석학, 비판이론 및 탈근대성(post-modernity) 이론이나 후기구조주의(post-structuralism)들이 속한다.[5] 이들의 유용성은 이미 확인되었지만 어떻게 관계를 맺을까에 관한 전개가 부족하다.

행정학은 유행을 많이 탄다고 한다(이종수, 2015: 134). 그렇지만 유행에 맡길 수는 없고 평가를 통해 어떤 점은 바람직하고, 어떤 점은 극복해야 할 대상인지, 만약 부족한 면이 있다면 어떻게 보완할 것인지 등에 대해서 성찰할 필요가 있다. 이 배경에는 21세기의 현실인 논리적이고 분석적이고 경험적 학문의 유용성이 자리잡고 있다.[6] 그 함의는 경험적 학문의 방법론이 실제 행정학에서는 널리 이용되고 있지만,

---

제공하게 된다(이진경, 2013). 이는 제2장에서 설명했듯이 자연이 내어 주는 허용한도(tolerable margins)를 넘어가게 됨에 따라 과학주의에 대한 재평가와 다시 보기를 시작한다.

3) 이 명칭이나 내용에 대한 자세한 고찰은 폴킹혼(Polkinghorne, 1983)과 오용득(2013)을 참조하라. 여기서 과학과 과학주의를 구별하여야 하는데 과학주의에 대한 논의는 Stockman(1983)을 참조하라. 이 책에서 과학주의 지향은 객관주의(실증주의) 방언으로, 이에 대해 비판적 흐름을 둘로 나누어 주관주의 방언과 인문주의 방언이라는 용어를 채택한다. 또 과학주의 극복은 과학주의에서 파생되는 문제도 아우른다는 의미로, 과학주의로 되돌아간다거나 과학주의의 부정(否定)과도 구별되어야 한다. 이와 아울러 행정과학의 철학은 과학철학의 영역이고 행정철학은 사회철학의 성격이 강하다. 철학에서의 이 논의가 학문 간의 경계를 넘어 행정학에도 적절하다고 판단하지만, 이 둘의 구분이 필요하다. 다만 이 장(제6장)에서의 인문주의의 의미는 반(反)객관주의를 말하며 주관주의 방언과 인문주의 방언을 포괄한다. 이 점에 주의를 요한다.

4) 논리실증주의는 과학주의에 큰 영향을 미쳤기에 그 둘을 확연히 구분하기 힘들다. 이 글에서는 가능한 한 구분하려 하였으나 본질상 불가능한 경우가 있다. 논리실증주의는 계몽주의, 콩트(A. Comte)의 실증주의와 함께 실증주의의 한 유형이다(Sen, 1990). 따라서 실증주의의 기원을 흄(D. Hume)이나 계몽주의 철학에 두기도 하고, 콩트부터로 보기도 한다(Kolakowski, 1972: 20-59; Sen, 1990; Coser, 1977). 그러나 행정학에서 의미를 갖는 실증주의는 현대적 의미의 실증주의, 즉 논리실증주의 또는 논리경험주의이다. 실증주의의 발전에 관한 자세한 설명은 Kolakowski(1972)를 참조하고 논리실증주의에 관한 글은 Bergmann(1967), Kraft(1953), Joergensen(1970), Giere & Richardson(1996), Milkov & Peckhaus(2013) 등을 참조하라. 논리실증주의가 독일어권에서 시작하였으나 영어권에서 발전했다는 사실에 대해 에이어(A. Ayer)는 자연과학과 사회과학의 분리나 뜬 구름 잡는 낭만적 형이상학의 존중과 같은 독일어권의 전통과는 맞지 않고 또 의도적으로 적대적 태도를 취했다고 한다(Magee, 1978: 132).

5) 이를 선정할 때는 포퍼(K. Popper)의 기준, 즉 방법론(Methodologie)이거나 방법철학(Methoden-Lehre)에 해당하는 것을 선택하였다(박은진, 1999: 96-97). 아울러 현상학, 해석학, 비판이론은 제7장을, 후기구조주의는 제12장을 참조하고, 탈근대성(post-modernism) 이론은 제2장에서 서술하였고 또 제4부에서도 논의한다.

그것만으로 더 적실성 있게 행정학 이론을 구성할 수 있는가에 대한 의문이 자리잡고 있다. 현재 한국 행정학은 다른 학문에 연구의 성과를 수출하여야 할 위치에 있다는 볼 수 있다. 이러한 위상에 걸맞게 행정학은 현실문제에 대응하여 문제해결의 방법을 알려주는 역할과 아울러, 학문적 체계를 보다 완벽하게 갖추어야 한다. 이를 위해 고려해야 할 점은 확장일로에 있는 행정학이 학문적 체계를 갖추고 있는가 하는 점이다. 행정학이 다양한 흐름들을 포괄하는 큰 우산(big tent)으로서의 역할을 담당하기 위해서는 과학주의 지향의 시각과 아울러 과학주의 극복을 위한 노력은 물론, 이 둘 간의 대립을 넘어서는 시각을 수용할 수 있어야 한다.

이 장에서는 이러한 문제인식 하에 이를 먼저 과학주의 지향과 과학주의 극복의 개념을 정리한 후 행정학에서의 현황 및 전개과정을 살펴보고, 이 둘 간의 대립과 대립을 넘어서는 방안을 모색해 보고자 한다.

제 2 절 | 과학주의 지향과 과학주의의 극복

행정학에서 우수하다고 할 수 있는 이론이나 주장들은 옳다고 여겨지는 것들이다. 옳다고 여겨지는 것들은 검증이나 반증에서 견디어 낼 수 있어야 하는데, 검증이니 반증이니 하는 용어 자체가 과학주의를 대표하는 용어이다.

과학주의의 핵심(central tenets)이 무엇인지에 대해 학자들마다 약간씩 다르다. 주요한 학자들의 주장을 나타낸 것이 <표 6-1>이다. <표 6-1>에서 보듯이 과학주의 지향의 핵심은 과학적 방법 및 경험주의에 기초하고 있다. 그 밖에 과학적 지식에 대한 신뢰성을 들 수 있겠다. 따라서 과학주의 지향은 자연과학의 지식을 올바른 지식으로 간주하고 자연과학적 방법론을 지향하는 흐름으로(MacLennan, 2006),[7] 통

6) 예컨대, 현상학(phenomenology)의 발상지인 독일 프라이부르크 대학에서는 현상학 전공 교수가 은퇴하게 되자 그 후임으로 현상학 전공자가 아닌 분석철학 전공을 임명한다고 한다. 이를 일부 철학자들은 현상학에 대한 분석철학의 우위(優位) 또는 대륙철학에 대한 영미철학의 우위로 받아들이는 분위기이다. 프라이부르크 대학은 후설(E. Husserl)의 연구 근거지이고 하이데거(M. Heidegger)도 여기서 공부하고 교수로 근무하고 총장을 지냈던 대학이다[한국하이데거학회 회장 김○철 교수와의 인터뷰 및 www.sueddeutsche.de(2015.3.31) 신문 자료에 기초하여 서술하였다].

표 6-1 과학주의의 핵심

핵심영역 \ 학자	Kolakowski	von Wright	Abbagano	Giedymin	Halfpenny
통일과학의 추구와 과학적 방법	√	√	√	√	√
경험주의	√	√	√	√	√
과학이 유일한 타당한 지식이다	√		√	√	
철학이란 과학의 논리이다			√	√	
과학은 인간을 위해 사용되어야 한다			√	√	
과학의 이상으로서 수리물리학		√			
과학의 성격은 인과적 설명이다		√			
규범에 대한 사회학적 상대주의				√	

출처: Stockman(1983: 7).

주) Stockman(1983:7)에서는 실증주의로 되어 있으나 원문의 설명에 따르면, 과학주의로 이해되므로 과학주의로 표기하였다.

합과학의 주장으로 이어진다. 즉, 자연현상을 분석·종합함으로써 자연법칙을 찾아내고 누구나 공감할 수 있는 방법론을 세워야 하고 이를 통해 객관적 지식이나 진리를 획득할 수 있다고 본다.8)

과학주의 지향이 연구주제를 대상화·객관화하는 맥락에서 사회과학의 자연과학화를 주장한다(Polkinghorne, 1983; 오용득, 2013). 이에 대해, 과학주의의 극복을 주장하는 흐름은 과학으로 환원될 수 없는 인간과 인간의 활동 및 그 결과물에 대한 지식의 인간적 고유함이나 인간적 가치를 주장하므로, 사회과학과 자연과학의 차이

---

7) Suppe(1974: 3－232)는 과학주의의 발달을 다섯 단계로 나누어 본다. 첫 번째 단계는 1920년대 비엔나 학파의 흐름이다. 두 번째 단계는 1940년대부터 시작되는데, 관찰할 수 없는 실체와 공리에 기초한 보편적 진술 체계의 구축에 대한 이론적 진술을 포함하는 방향으로 확대된다. 세 번째 단계는 논리실증주의의 가정들이 비판을 받게 되는 단계로 네 번째 단계와 병행해 진행된다. 네 번째 단계는 과학의 역사를 분석함으로써 과학의 대안적 체계가 제시되었던 시기이다. 다섯 번째 단계는 실용적 이성을 토대로 과학을 재구성하고, 과학적 탐구에 영향을 미친 역사적 조건들을 수용하는 시기이다(Polkinghorne, 1983: 59－60).

8) 객관주의(실증주의)는 지식이란 인간의 외부세계에 대한 해명으로 본다. 또 인간의 이성에서 나온 도구들을 잘 이용하면 "이 세상을 있는 그대로 아는 것이 가능하다"라고 믿는다. 이는 정신(mind)과 행동의 차이를 인정하지 아니하고, 정신은 인간 행동의 바깥에 존재하는 것은 아니라고 주장한다(Stout, 2006: 3). 이 점에서 행태주의와 일치하고, 구성주의가 지식을 인간의 창조물로 보는 것과 대비된다(고미영, 2009: 44). 논리실증주의도 실재론적 객관주의와 손잡고 있는데, 이는 비트겐슈타인의 후기 사상인 문화적 상대주의와 대비된다(이명현, 1984).

그림 6-1 과학주의 지향과 과학주의의 극복

를 인정한다.[9] 뿐만 아니라 연구주체의 정신이나 창조성을 지닌 자아의 활동은 실증의 대상이 될 수 없다고 주장한다(오용득, 2013). 이를 알기 쉽도록 그림으로 나타낸 것이 [그림 6-1]이다.

[그림 6-1]에서 사회과학의 자연과학과의 동일성 주장을 과학주의 지향이라고 부르고, 사회과학의 자연과학과의 차이성 주장을 과학주의의 극복이라고 부른다. 왜 과학주의 지향과 과학주의 극복을 이야기하는가? 그 이유는 제1장에서 언급한 바처럼 지금까지 행정학은 응용학문이라는 이름으로 이슈가 되는 문제를 해결하는 측면(즉, 대응성)에서는 상당한 성과를 올렸지만, 그 학문 내에서 일정한 체계를 갖추는 측면(즉, 정합성)에서는 큰 성과를 올렸다고 볼 수 없기 때문이다. 그 결과 행정학에서 대응성을 위주로 과학주의 방법으로 연구가 진행되어 온 반면, 과학주의 지향이 가져오는 부작용이나 바람직하지 못한 면에 대한 고려는 거의 활성화되지 않았다. 그리하여 그 둘 사이에 통약가능(commensurable) 여부의 논의는커녕 이들 용어 자체가 성립하지 않게끔 진행되어 왔다.

이 모습은 최근의 행정학 동향에도 그대로 나타난다. 연구 현황을 살펴보기 위해 2012년부터 2014년까지 3년 간 『한국행정학보』에 실린 논문들 중 주제어(keywords)가 '현상학', '해석학', '비판이론', '포스트모더니즘'이 들어 있는 논문들을 검색해 보

9) 이에 대한 자세한 고찰은 폴킹혼(Polkinghorne, 1983)을 참조하라. 그에 따르면, 많은 지식의 축적은 철학이나 인문학에 의존하므로 인문주의로 부르기도 한다(제4부를 참조하라). 이러한 흐름은 네 가지 형태로 표출되었는데, 그 하나는 언어로의 전환, 체계이론에 대한 지속적 관심, 인간행위이론을 향한 노력, 하이데거와 가다머가 시도한 철학적 해석학이다(Polkinghorne, 1983: 2-3).

표 6-2 『한국행정학보』에 실린 논문들의 반실증주의(Antipositivism) 주제어

		현상학	해석학	비판이론	포스트모더니즘
2012 (총 63편)	논문 A		√		
	논문 B	√			
2013 (총 63편)	논문 A	√	√	√	
	논문 B		√		
	논문 C	√			
	논문 D	√			
2014 (총 67편)	논문 A		√	√	
	논문 B		√	√	
	논문 C	√			
	논문 D	√			
	논문 E			√	
총 193편 중 10편		6	5	4	0(2010년에 1편)

았다. 물론 이들 주제어를 지닌 논문 모두가 직접적으로 과학주의 극복과 관련이 있는 것도 아닐 수 있지만, 관련이 없더라도 저자가 주제어로 이들을 선정했다면 어느 정도는 그 영향권 안에 있다고 할 수 있기 때문에 주제어 검색을 하였다. 『한국행정학보』에서 위 주제어를 포함하고 있는 논문들을 나타낸 것이 <표 6-2>이다.

<표 6-2>에서 보다시피 행정학은 압도적으로 과학주의 지향에 경도되어 지나치게 한쪽으로 치우친 현상이 눈에 띈다. 물론 이는 과학주의 지향이 효율성 패러다임과 잘 어울리고 공헌도 크며 또 대응성에 치중하기 때문으로 보인다. 그럼에도 학문의 정합성을 이룩한다거나 체계화함에 있어서 또 거시적으로 조망하는 데에는 과학주의만으로는 한계가 있고 철학이나 인문학에서 유래한 이론들도 나름의 유용성이 있을 것이다.

이와 관련이 있는 국내의 선행연구들은 강신택(2002; 2005), 김종술(1987; 1990), 안병영·정무권(2007), 박종민(2009) 등에 의해 행하여졌다. 강신택은 과학철학의 논의를 사회과학에 도입하였고(강신택, 2002), 이를 행정학에 적용하였다(강신택, 2005). 박종민(2009)은 art의 번역을 기술이 아니라 인문학으로 번역하여, 행정학은 과학인가 인문학인가로 표현되었다면 행정학의 연구방법과 주제, 지적 활동, 교과과

정 등이 훨씬 다양해졌으리라고 지적하고 있다. 한편 김종술(1987)은 행정규범들의 개념분석을 통해 주류 행정학과 비주류 행정학의 차이를 대비시키고 있다. 김종술(1990)은 정치학의 발달을 행태주의에 기초한 정치과학의 해체와, 후기행태주의에 의존하는 재구축 과정을 정리하고 있다. 이들 연구들은 이 글의 밑바탕이 되었다.

글의 전개는 통시적 관점에서 과학주의 지향과 과학주의 극복을 정리하고, 그 대립과정에서의 영향을 설명함과 아울러 그 대립의 넘어서기를 시도해 보고자 한다.

제 3 절 | 행정학에서의 과학주의 지향

과학주의의 결정체(結晶體)라고 할 수 있는 20세기의 논리실증주의 방법론은 과학이 가지고 있는 절차주의(procedualism)와 설명(연역적 설명, 인과적 설명, 통계적 설명 등을 포함)으로 요약할 수 있다(Polkinghorne, 1983: 60; 정대연, 1997: 82; Brown, 1977: 87; Feigl, 1969; 오용득, 2013; Pawar, 2009).[10] 과학주의를 대표할 만한 모형은 이미 고전이 된 연역－법칙적 모형(deductive－nomological model: D－N model)이다(Hempel, 1965, 1966; Salmon, 1990; Itokonen, 1975: 382; 오용득, 2013).[11] 여기서는 과학주의의 영향권 안에서 행정학에 큰 영향을 미친 논리실증주의와 후기실증주의 및 행태주의를 함께 살펴보고자 한다.[12]

---

10) 이에 대해 자세한 설명은 Chalmers(1982)와 Halfpenny(1982)를 참조하라.

11) 헴펠의 모형(Hempel model), 헴펠－오펜하임 모형(Hempel－Oppenheim model), 포퍼－헴펠 모형(Popper－Hempel model), 또는 포괄법칙 모형(Covering Law Model)으로 불리기도 하는 이 모형은 너무나 알려진 모형이라 상세한 설명은 피한다(제3장을 참조하라). 헴펠과 오펜하임은 과학적 설명이 갖추어야 할 조건들을 다음과 같이 제시한다. 첫째, 설명항은 피설명항을 논리적으로 함축하여야 한다. 둘째, 설명항은 피설명항을 연역해 내기 위하여 필수적인 일반법칙을 포함하고 있어야 한다. 셋째, 설명항은 경험적 내용을 가져야 한다(Brown, 1977; Hempel, 1965; Halfpenny, 1982; 강신택, 1981). 논리실증주의의 영향력이 후퇴한 이후 D－N 모형이 흠결이 있다고 판정이 났지만 과학적 설명의 이상형으로 간주되고 있다(Brown, 1977; https://en.wikipedia.org/wiki/Dedu ctive－nomological_model). D－N 모형을 간단히 표현하면 다음과 같다(Itokonen, 1975: 382).

$$\frac{(x)(f(x) \supset g(x)) \quad f(a)}{\therefore\ g(a)}$$

1. 논리실증주의와 행태주의의 의의

1) 논리실증주의의 개념

논리실증주의는 아인슈타인(A. Einstein)의 물리학 이론, 마흐(E. Mach)의 감각주의, 러셀(B. Russell)과 비트겐슈타인(L. Wittgenstein)의 영향을 입은 비엔나 학단(Vienna Circle)에서 체계화한 것이다(Polkinghorne, 1983; Benton,1977; Feigl, 1969; Lynch & Cruise, 2006).[13] 대체로 논리실증주의의 네 가지 원칙이라 할 수 있는 것들은 다음과 같다. 첫째로, 논리적 원자론의 원칙,[14] 둘째로, 의미의 검증가능성의 원칙(Hesse, 1969; 소흥렬, 2000; 오용득, 2013), 셋째로, 선험적 지식의 분석적 성격으로 모든 필연적 명제들은 세계에 관한 진리를 말한다기보다는 우리의 생각들을 보여준다는 주장, 넷째로, 가치에 관한 정의적 이론(emotive theory of values)으로 가치에 관한 명제는 참과 거짓을 판단할 수 없다는 것 등으로 구성되어 있다(Lynch & Cruise, 2006).[15]

---

12) 그 밖에 최근의 과학주의는 생물학자 윌슨(E. O. Wilson)의 생물학 중심의 통섭(consilience)이라고 한다(오용득, 2013). 다만 이 흐름은 행정학과 큰 관련이 없으므로 설명하지 아니한다.

13) 논리실증주의는 형이상학을 배제하고 과학주의를 지향하며(Phillips, 1977; Stockman, 1983), 현상론(phenomenalism)과 물리주의(physicalism)에 입각해 있다(Russell, 1994; 1969; Polkinghorne, 1983). 또 모든 탐구는 과학적 방법에 기초해야 한다는 주장의 의미는 과학이 가치있는 지식을 제공해 준다는 전제에 서 있다(Sen, 1990: 14; Ayer, 1959; Burrell & Morgan, 2006; Harmon & Mayer, 1986; Lunch & Cruise, 2006).

14) 논리적 원자론(Logical Atomism)이란 복잡한 명제들의 진리성 여부는 감각적으로 지각할 수 있는 단순한 명제 위에 서 있다는 것이다(Lynch & Cruise, 2006; Russell, 1994; 1969; 박병철, 2006). 이는 비트겐슈타인의 『논리철학논고』에서 그림이론으로 구체화된다(Russell, 1994; 1969; Lynch & Cruise, 2006). 이에 따르면, 예컨대 악보를 이용해 음악이 연주되고 음악이 악보로 보존되는 것은 서로 간에 내적으로 논리적 구조를 공유하고 있기 때문이다. 마찬가지로 a가 b에 대해서 R이라는 관계를 맺고 있다는 것은 논리적으로 "aRb"로 표시한다(Russell, 1969; 소흥렬, 2013). 이 표시가 가능하기 위해서는 사실과 언어(표현)가 논리적 구조를 공유해야 한다. 따라서 낱말이나 사실들의 배열 그 자체 및 명제와, 그에 대응하는 사실은 공유되어야 한다(Russell, 1969).

15) 이 흐름의 특색은 방법론으로 과학적 질문이 형성되는 언어의 논리적 분석에 있다는 점이다(Kolakowski, 1972: 203). 즉, 논리실증주의는 사고(thought)에 대한 설명은 언어에 대한 설명을 통해 가능하다는 전제에서 출발한다. 이 전제가 성립하는 이유는 우리가 사고를 알 수 있는 방법이 언어를 통해서일 뿐이기 때문이다(Dummett, 1993: 4; 이명현, 1995). 이를 수용된 관점(received view)이라고 하는데, 그 특징은 진정한 지식은 에피스테메(episteme)로 관찰명제와 이에 기초한 귀납이나 역역에서 추리된 이론명제만을 의미한다. 이에 대한 많은 비판이 있지만 오늘날 지배적, 표준적, 또는 주류라고 부르는 접근법이 되었다(Polkinghorne, 1983).

여기서 문제가 되는 것은 논리실증주의와 논리경험주의와의 관계이다. 두 흐름을 구별하려는 견해에 따르면,[16] 공시적(synchronic)으로 비엔나 학단(Vienna Circle)을 논리실증주의라고 하는데 비해, 베를린 그룹(Berlin Group)을 논리경험주의라고 주장하기도 한다. 통시적(diachronic)으로는 나치(Nazi) 정권의 박해를 피해 영국과 미국으로 이주하여 분석철학에[17] 지대한 영향을 미친 흐름 전체를 논리경험주의라고 한다(Milkov & Peckhaus, 2013; Polkinghorne, 1983; Stegmüller, 1969; Gross, 1970).

이렇게 구별하려는 노력이 있지만 과학주의 지향이라는 목표가 같고 인물 구성에서도 큰 차이가 없으며, 후세에 남긴 영향력에서도 뚜렷이 구별해 내기도 힘들므로 같은 범주로 보는 것이 대세이다(Kraft, 1953; Polkinghorne, 1983).

2) 행태주의의 개념과 논리실증주의와의 관계

형태주의는 생성론(mentalism or internalism)의 대척점에 있는 개념이며(Uttal, 2000), 행위에 대한 과학으로 객관주의의 한 유형이다(Baum, 2008). 행태주의는 행위가 정신(mentality)을 반영하고 정신과 행위의 일치를 전제하므로 정신을 알기 위해 밖으로 표출된 행위로 판단한다. 따라서 "사회로 표출된 행위 또는 공개적으로 관찰될 수 있는 행태를 그대로 연구한다"라는 관점이며(MacLennan, 2006), 그 근거는 "어떤 정신의 상태에 있다는 것은 어떤 방법으로든 행동하는 성향을 갖고 있는 것이다"라는 데에 있다(Stout, 2006: 3).

행태주의는 20세기 전반에 심리학의 영역에서 주도적 흐름으로 부상하였고, 여전히 심대한 영향을 미치고 있다(Sen, 1990).[18] 특히 1920년대부터 1950년대에 이르기

---

16) 물론 이 구별은 최근 독일의 통일과 함께 나치(Nazi) 독일에 의해 피폐되었던 역사적 사실을 반성하고 베를린(Berlin)에서의 학문 활동이 학문발전에 공헌하였음을 강조하고자 하는 복선이 깔려 있다고 하겠다. 자세히는 Milkov & Peckhaus(2013)을 참조하라.

17) 이를 후기분석철학이라고 하고 현재 여기에 속한다고 생각하는 학자는 데이비드슨(Donald Davidson), 퍼트넘(Hilary Putnam), 로티(Richard Rorty) 등을 거명할 수 있다(Glock, 2008). 따라서 논리실증주의는 전기분석철학이라고 할 수 있다(김동식, 1995: 45).

18) 행태주의 발전에 이바지한 세 요소들은 구조주의(structuralism)로부터 기능주의(functionalism)로의 전환, 파블로프(I. P. Pavlov)의 조건반사(conditioned reflex), 쏜다이크(Thorndike)의 동물학습에 관한 연구라고 한다(Sen, 1990: 90). 심리학에서 행태주의를 정초한 왓슨(John B. Watson)은 심리학은 사람을 동물과 같은 방법, 즉 외부에 나타난 행동(overt behavior)을 관찰하는 방식으로 연구할 때 목적달성이 쉬울 것이라고 주장했다. 그 까닭은 행동에 대한 예측을 공개

까지 심리학을 넘어 인문학이나 사회과학에서도 주도적인 학파였다. 이렇게 발전한 연유로 논리실증주의와의 방법론상의 교감(交感)을 꼽고 있다.[19)]

행태주의는 심리적 속성들을 행동성향의 속성들과 동일시함으로써 행동상의 결과를 심리적 원인과 관련짓는 주장에 대해 어느 정도 설명력을 부여하는 점이 강점이라고 한다(Fodor, 1991: 20). 이는 측정을 선호하고 형이상학을 거부하는 논리실증주의와 일치점이 많다. 또 논리실증주의자들은 그 이름에 걸맞게 논리적 구성(logical construction)을 강조하는데, 행태주의 심리학에서도 일치한다.

물론 차이점도 있다. 논리실증주의가 측정할 수 없는 것(the unmeasurable)이나 측정이 안 되는 것(the unmeasured)을 의미 없다고 간주하는 데 대해, 행태주의는 중요한 것이라고 여겨지면 측정될 수 있다는 전제에서 출발한다. 따라서 현상들을 측정하려는 시도에는 잘못이 없고, 측정된 현상의 부분이 현상 전체라고 볼 수 있게 된다는 관점이다. 이는 손다이크(E. L. Thorndike)가 1926년에 지능을 측정하는 IQ 테스트를 출간했을 때 말썽거리가 되었다(MacLennan, 2006).

행정학에서 행태주의의 의미는 앞서 언급한 논리실증주의의 네 가지 원칙 중에서 사이먼(H. Simon)이 검증가능성의 원칙과 가치에 대한 정의주의 이론을 받아들여 가치－사실 이분법(fact－value dichotomy)으로 격상시켜, 정치－행정 이분법을 대체하도록 하였다는 데에서 찾아볼 수 있다(Lynch & Cruise, 2006). 이는 신행정학에서 가치로의 접근법이 나타나기 이전까지 큰 영향을 남겼음은 널리 알려진 사실이다. 그가 과학자의 역할이 사실명제를 검토하는 것이라는 주장은 논리실증주의에 경도되어 있음을 그대로 보여준다. 그 밖에 경제인과 구별되는 행정인(administrative man)의 개념이나 제한된 합리성(bounded rationality), 만족모형 등은 익히 알려진

적으로 테스트할 수 있기 때문에 보다 과학적일 수 있고, 행동을 통제할 수 있는 수단을 만들어 낼 수 있기 때문에 보다 실용적이 될 수 있기 때문이라고 한다(MacLennan, 2006). 주의할 것은 행태주의가 심리학에서 유래했으며, 제1차 행태주의 선언(the first behaviorist manifesto)이 비엔나 학단(Vienna Circle)보다 앞선다는 점이다. 그러나 행태주의 주창자인 스키너(B. F. Skinner, 1904~1992)의 사상의 근저가 마흐(Mach), 포앙카레(Poincare) 및 콩트(Comte)에 있는데, 이들이 바로 논리실증주의 사상의 연원(淵源)이라는 점이다. 그뿐만 아니라 논리실증주의는 조작주의(operationalism)를 통해, 또 검증원리를 통해 형태주의에 영향을 주었다(Sen, 1990).

19) 행태주의는 학문의 영역뿐만 아니라 문학이나 광고 등 실무에도 영향을 미쳤다. 문학에서는 헉슬리(Huxley)의 『멋진 신세계(*Brave New World*)』, 오웰(G. Orwell)의 『1984년』 등이 행태주의에 영향을 받은 작품으로 평가된다(MacLennan, 2006).

그의 공헌이다. 또 사회심리학의 도입을 통해 공공관료제에 조직발전(organizational development: OD) 기법의 도입이나 이른바 '진정한' 행정과학의 지향(Lynch & Cruise, 2006: 410, 566)은 나름으로 의의가 있다고 하겠다.

행태주의도 실증주의 인식론에 근거하기 때문에 나타나는 제약성에 대한 비판과 반성이 일어났다. 이것이 1969년 미국정치학회 회장 이스턴(D. Easton)이 제창하였고,[20] 1970년대 유행한 후기행태주의(post-behavioralism)이다(김영래, 1983; 김광웅, 1975). 이러한 변화의 핵심에 적실성의 신조나 가치에 대한 수용 및 현상학적 방법론을 통한 보완을 고려하고 있음을 볼 때 과학주의를 추구하면서 인문주의로의 이행으로 볼 수 있다(김영래, 1983). 여기에서 그 한계를 보인다고 한다(Kann, 1980; Miller, 1972).

2. 과학주의 지향의 재구축: 후기실증주의

과학주의 지향을 이끌었던 논리실증주의는 검증원리의 타당성이나 귀납의 원리에 대한 연구의 미진 등 몇몇 문제점으로 인해(김동식, 1995: 50) 그 바통을 후기실증주의로 넘겨주었다(Lynch & Cruise, 2006). 포퍼(K. Popper)에 따르면,[21] 검증은 단 하나의 반증으로도 '참'이 '거짓'으로 바뀌므로 완전한 증명이 안 되는 점을 지적하고 연역에 따른 이론체계를 주장하였다(Chalmers, 1982; 신중섭, 1992; 조용현, 1992; 박은진, 2001). 즉, 포퍼를 비롯한 후기실증주의자들은 인과설명에 연역규범적 모형을 설정하여 합리적 재구성을 시도하였고 이를 사회과학에 적용시켰다(박순영,

---

20) 이스턴(D. Easton) 자신이 행태주의 학자로 행태주의 신조(behavioral credo)를 주장했었다. 그가 후기행태주의를 제창한 것은 개인적 태도 변화라기보다는 전반적 풍토의 변화라고 보아야 온당할 것이다. 후기행태주의의 문제점으로는 실증주의적 전통을 이어받으면서 수정하려 했다는 점이다. 아울러 연구방법에 있어서도 과학적인 것의 추구를 고수하고 있다는 점이다. 이런 점에서 후기행태주의를 반행태주의로 보기도 하고 행태주의의 수정으로 보기도 한다(김영래, 1983; Miller, 1972; Kann, 1980).

21) 포퍼가 후기실증주의인지 여부는 이것 자체가 하나의 독자적 논문의 주제이고 후기실증주의 그 자체도 다양한 해석이 뒤따른다(Polkinghorne, 1983). 여기서는 Lynch & Cruise(2006) 및 박순영(2012)을 좇아 포퍼가 후기실증주의에 속한다는 견해를 따른다. 자세한 논의는 김덕영(2003), 우실하(1990), 신중섭(1992), 윤광호(2002), 임규정(2004), 박만엽(2008), 윤민재(2010), Adorno et al.(1976), Agassi(2014), Stockman(1983), Salmon(1990) 등을 참조하라.

2012).

행정학에서의 후기실증주의 또는 과학주의 지향을 재구축하려는 시도를 Lynch & Cruise(2006: 567-572)는 다운즈(A. Downs)와 니스카넨(W. A. Niskanen), 공공선택론에서 찾는다. 정치에 대한 경제적 접근방법인 공공선택론은 인상적인 이론적 구조(theoretical apparatus) 위에서 연역적 추리(deductive reasoning)에 의존하며 실증주의에로 되돌아가려 하지 않는다. 당위명제(ought statement)가 사실명제로부터 도출될 수 없다는 실증주의 공리와는 달리, 자기 이익을 추구하는 관료제라는 전제에 기초한다는 점은 방법론적 도전 이상의 결과를 가져왔다고 한다(Lynch & Cruise, 2006).

3. 논리실증주의의 영향과 한계

논리실증주의의 행정학에 끼친 영향과 공헌을 살펴보면, 논리실증주의의 가치와 사실의 분리는 실제생활에서는 정치와 정책의 분리라는 모습으로 응용된다(이덕복, 1993: 55-74). 이는 기술관료적 모형(technocratic model)으로 나타나 자유민주주의적 공공정책 형성에 이바지하였다.[22] 즉, 논리적 원자론에 기초하기 때문에 자유민주주의체제와 잘 어울린다는 점이다(이덕복, 1993). 러셀(B. Russell)에 따르면, "과학은 경험적이고 잠정적이고 비독단적이다. 따라서 과학적 세계관은 실천적 측면에서 자유주의 세계관과 짝을 이룬다"(Dallmayr, 1984: 50; Russell, 1947). 이렇게 짝을 이루는 이유는 앞서 언급한 절차주의(procedualism)와 개인주의적 성격 때문이다. 이는 "인간에 대한 통치는 사물에 대한 관리로 대체되어야 한다"(Iggers, 1958;

22) 에이어(A. J. Ayer)는 논리실증주의는 해방적인 성격을 지니고 있다고 주장한다. 이런 점에서 낭만적 사고의 존중이 독일어권의 전통이었고, 나치즘(Nazism)은 빗나간 낭만주의이며 이를 밑바탕으로 나치즘의 융성을 설명하고 있다. 또 나치 정부나 공산주의가 논리실증주의를 금지시키고 말살하려 한 이유는 이 점에서 설명가능하다(Magee, 1978: 132). 정책과 정치의 분리모형이 논리실증주의와 잘 어울리는 것은 논리실증주의는 해방적인 성격에서 찾을 수 있다. 정책과 정치의 분리모형에는 결정주의적 모형(decisionistic model)·기술관료적 모형(technocratic model)·실용주의 모형(pragmatistic model)가 있다고 한다(Habermas, 1971). 행정학에서는 정책결정자와 정책집행자 사이의 관계를 중심으로 이와는 좀 다른 분류가 자주 인용되는 나카무라와 스몰우드(Nakamura & Smallwood) 모형이다(강신택 외, 1982: 86).

이덕복, 1993에서 재인용)는 관리과학의 명제가 도출된다. 이 관리과학의 명제가 'Σ 개인'에게 input/output의 관계로 재단하는 효율성 패러다임으로 전환되어 현대에서 국가작동의 원리 중 하나로 자리잡았다(이덕복, 1993).[23] 논리실증주의와 자유민주주의 상호관련성은 [그림 6-2]로 나타낼 수 있다.

그림 6-2 논리실증주의와 자유민주주의 상호관련성

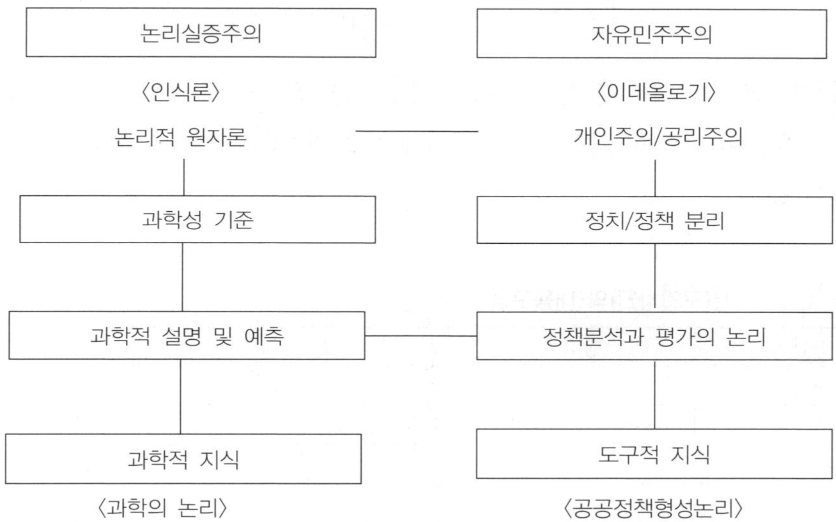

출처: 이덕복(1993: 55) 수정; Lynch & Cruise(2006: 555-593).

논리실증주의는 논리적 원자론에 기초하므로 행정을 집합으로 보게 된다. 따라서 다음과 같이 표현할 수 있다(Fann, 1969). 정부의 기능을 'G'로 표현한다면 행정학과 관련하여서는 $G=(P_m+P_i+P_e \cdots\cdots)$($P_m$: 정책결정, P_i: 정책집행, P_e: 정책평가)라는 집합으로 표시된다(유민봉, 2012). 예를 들면, POSDCoRB는 정책집행의 영역이기에 P_i=(POSDCoRB)라는 집합으로 나타낼 수 있다.[24] 그 하위의 행정인 POSDCoRB의

23) 복지주의 관점에서는 관료제 행정은 보편적이지만 복지국가 체제에서는 이를 보충할 전문가(expertise)가 행정에 참여하는 전문가주의 행정(professionalism)이 필요하다고 한다(Clarke & Newman, 1997: 6).

24) 물론 이는 이른바 POSDCoRB를 정책집행이라는 관점에 기초하여 설명하기 때문에 이렇게 표현된다.

O(조직)는 같은 집합 방식으로 묶을 수 있고 이를 $O = (A_1 + A_2 + A_3 + A_4 + A_5 \cdots\cdots + A_n)$로 표현할 수 있다. 그 하위 수준(lower level)은 같은 수준의 행정끼리 같은 방법으로 묶일 수 있고 이와 같은 방법으로 행정은 최일선까지 범주화할 수 있다. 최일선의 집합을 'P'로 표현한다면 이는 하나하나의 행정행위의 집합이다. 예컨대, 공항에서의 여권심사나 동사무소의 양곡지급 같은 것은 '$p_1 + p_2 \cdots\cdots p_n$'으로 표현하여 정리할 수 있고(김여수, 1984), 이들은 다음과 같이 집합으로 표현할 수 있다.

$$P = (p_1 + p_2 + p_3 + p_4 + p_5 \cdots\cdots + p_n).$$

현재 행정학 교과서에 실린 행정학의 개념들을 조사해 보면 이와 같은 방식으로 진행되고 있음을 확인할 수 있다. 그 사례를 보인 것(조직론의 구조차원)이 <표 6-3>이다.

표 6-3 조직론(구조차원)의 내용구성

절	관	항	세 항
1. 조직구조	1) 의의		
	2) 조직구조의 차원	(1) 복잡성	① 수평적 분화
			② 수직적 분화
			③ 공간적 분화
		(2) 공식화	
		(3) 집권화	
	3) 조직구조의 설계	(1) 원리론	① 분업
			② 계선과 참모의 구분
			③ 계층제
			④ 통솔의 범위
			⑤ 명령의 통일
		(2) 상황론	① 규모
			② 기술
			③ 환경
2. 조직구조의 유형	1) 이론적 유형	(1) 기계적 조직과 유기적 조직	① 기계적 조직
			② 유기적 조직
			③ 평가
		(2) 애드호크라시	① 의의

			② 특성
			③ 유형
			④ 평가
	2) 실제 유형	(1) 부처조직	
		(2) 위원회	
		(3) 책임운영기관	
		(4) 정부조직의 특수성	

출처: 유민봉(2012: 제6부 제12장).

이 방식은 현재 행정학의 교수법에서 취하는 방향이다. 그 의미는 상위 수준에서는 체제적이거나 논리적인 틀을 가지더라도 하위 수준에서는 결국 경험주의에 의지한다. 즉, '부처조직, 위원회, 책임운영기관'이라는 하위 단위에서 경험적으로 인식할 수 있게 된다. 이처럼 과학주의의 영향은 예상보다도 넓고 깊다.

이와 관련하여 앞서 설명한 D－N 모형이 사회과학에 속하는 사회학, 심리학 등에도 깊고 넓은 영향력을 미치고 있다는 주장도 같은 취지로 보인다. 예컨대, 역사연구에 D－N 모형이 적용될 수 있고, 이미 사용했었다고 헴펠은 주장하였다(Polkinghorne, 1983: 88).[25] 그 뿐만 아니라 수사(rhetoric)나 언어로의 귀환 등이 역사학에 영향을 준 방법론들이며 대표적으로는 쿤의 이론에 바탕을 둔 사회적 구성주의이다. 물론 쿤 자신은 사회적 구성주의를 받아들이지 않았다고 한다(홍성욱, 2005).

논리실증주의나 논리경험주의는 논리주의를 경험의 영역에 적용하는 것을 말한다.[26] 프레게(G. Frege)는 논리주의를 산술의 영역에 적용하였고, 화이트헤드(A. N. Whitehead)와 러셀은 기하학의 영역으로 확대하였다. 이를 경험의 영역에까지 확대·적용한 이는 카르납(R. Carnap)이었다(전영삼, 2005; Carnap, 1967). 그러나 근본적으로 논리적인 것과 경험적인 것을 일치시키기에 귀납의 문제(problem of induction)와 구획의 설정(demarcation)이라는 난관에 봉착했음은 이미 지적되었다(Pol-

25) 역사연구에서 이미 사용했었다는 헴펠의 주장은 D－N 모형을 그대로 완벽하게 따른 것은 아니고 생략적 논증(elliptical arguments)이나 개괄적 설명(explanation sketches)을 사용하는 형태로 작용되었다고 한다. 자세히는 Polkinghorne(1983: 88)을 참조하라.

26) 한국어 논리주의는 영어 'logism'과 'logicism'을 아우르는 용어이다. 전자는 심리주의에 대응되는 견해이고 후자는 수학을 논리학 위에 정초하려는 견해이다(중원문화, 2009: 139). 본문에서 지칭하는 것은 후자이다(Schilpp, 1991).

kinghorne, 1983: 93). 일상적으로 말하자면, "새는 난다. 타조는 새다. ∴ 타조는 난다."로 결론지어야 한다. 이는 경험칙과 어긋난다. 여기서 총체적 의미론이 등장하게 된다(Putnam, 1988). 뿐만 아니라 정당성을 너무 확신한 나머지, 다른 가능성을 인정하지 않는다(intolerant, arrogant and closed-minded attitude). 그 중에서 수량화되지 않는, 또 수량화될 수 없는 것을 무시한 것이 논리실증주의의 한계이고(MacLennan, 2006), 이 한계를 극복하려 한 노력이 행태주의로 나타났다고 할 수 있다. 그러나 이에 대한 본질적 비판은 과학주의를 극복하려는 철학이나 인문학에서 주도한 흐름이다. 이를 살펴본다.

제 4 절 | 행정학에서의 과학주의 극복의 흐름

1. 과학주의 지향에 비판적인 행정이론들

이 책에서 과학주의 지향은 객관주의(실증주의) 방언으로 분류한다. 이에 대해 반(anti)실증주의를 표방하고 과학주의의 극복을 주장하는 흐름들은 과학적 방법으로는 설명 불가능한 세계가 있고, 과학적 방법으로 환원불가능한 영역이 있음을 인정한다. 또 이들 흐름의 행정이론은 사회과학이라는 이름 아래에 묶이는 영역 속에서 의미나 이해의 중요성을 부각시키며, 의미있는 행동이나 현상을 탐구하려고 한다(Sen, 1990: 6; 박순영, 2012). Lynch & Cruise(2006)는 이들을 현상학, 실존주의(existentialism), 롤스(J. Rawls)의 정의론, 후기구조주의나 탈근대성 이론 등을 들고 있다.[27] 이들의 특징은 방법론의 다양성에 기초한 질적 연구방법, 인간 의식의 독자성을 인정하고, 양적으로는 적지만 가치있는 차이를 존중하고, '∑개인'이 아닌 '개별 개인'에게 보다 인간적 관계로 접근한다. 따라서 심층의 의미추구나 인간의 얼굴을 한 패러다임(human-faced paradigm)을 주장하는 흐름이다.[28] 현재에도 객관성을

27) 최근의 인문주의는 로티(Rorty, 1998)가 제시한 방향으로의 진행일 것이라고 한다(오용득, 2013). 그는 앞선 각주 12)에서 소개한 통섭에 대한 비판으로 지식의 기능적 측면에서 인문주의와 과학주의가 분업해야 한다고 주장한다.

표방하는 행태주의나 실증주의가 여전히 주류를 이루고 있지만,[29] 1970년대 이래 밖으로 보이는 것을 우선하느냐, 의미를 우선하느냐의 이슈가 제기된 이래 다양한 비주류 흐름들이 있어 왔다(Lynch & Cruise, 2006; Frederickson, 1980; Marini, 1971; 김동식, 1995). 이 다양한 비주류 흐름들을 둘로 나누어 주관주의 방언과 인문주의 방언이라는 용어를 채택하는데, 이들을 통해 이른바 통약가능한 모형의 탐구가 가능할 것이라는 시사도 찾을 수 있다.[30]

과학주의 지향에 비판적이고 과학주의 극복으로 향하는 행정이론의 시원(始原)을 신행정이론에서 볼 수 있다. 신행정이론은 이제 고전이 된 이론으로, 발전행정론과 행정행태설이 지닌 이론적 적실성의 한계에 대한 반발로 나타났음은 익히 알려져 있다. 이전 이론들과의 차이는 가치중립에 대해 가치 추구, 사회적 형평성 개념 도입, 롤스의 정의론에 따라 최소수혜 계층의 불평등성에 대한 인식, 이를 위한 참여, 분권화, 서비스의 균등배분, 직원과 고객과의 상호작용, 교육훈련, 윤리헌장의 채택, 성과관리 등을 들 수 있다(Frederickson, 1980; Lynch & Cruise, 2006).

사회과학에서 이해나 의미의 해석을 추구하는 해석학도 있다(이정복, 1980). 이는 과학주의 지향에서 취하는 '유일하게 옳은 해석'을 지향하는 법칙적(nomothetic)이고 개념화에 반대하고, 개별화된 경험을 존중하는 흐름이다(김창래, 2008). 여기서는 과학주의 지향과는 정반대로 "늘 여지가 남는 어떤 것으로, 참일 수도 거짓일 수도 있다"는 태도이다(김창래, 2008). 문제는 해석이란 해석(n)에 대한 해석(n+1)이 되고 재해석(n+2)를 불러오는 무한 소급의 가능성이다. 물론 '납득할 만한'이라는 근거는 설정해 두지만(김창래, 2008), 이것 또한 해석되어야 할 근거로 작용한다. 또 진리를 방법을 통해서가 아니라 예술에서의 직관처럼 이른바 '방법적 거리두기'를 통

28) 행정학 연구에 도움이 된다면 다양한 접근방법이 행정학에 응용될 필요가 있다. 이 책에서 후술하는 주관주의 방언과 인문주의 방언 등이 여기에 속한다. 대표적으로 현상학에서 말하는 생활세계라든가(Husserl, 1970), 의식의 흐름(James, 1990; Myers, 1986; Putnam, 1997), 구조주의(김형효, 2008; 소두영, 1988; 김상환, 2011; 우치다, 2002; Glucksman, 1974)들이다. 이와 대척점에 있는 역사주의도 의미있겠으나 여기서는 다루지 않는다(이한구, 2011).

29) 다른 학문에서도 이에 대한 반성이 있지만 행태주의나 실증주의가 주류라고 한다(Sen, 1990: 4).

30) 사회학에서는 이 범주에 속하는 흐름을 언어분석 사회학과 현상학적 사회학으로 분류하여 검토하고 있다(김경동, 1981). 전자는 후기 비트겐슈타인의 삶의 양식(form of life)이라는 개념을 발전시킨 윈치(P. Winch)와 푸코(M. Foucault) 등이 속하고, 후자는 슈츠(A. Schutz)를 들고 있다.

해 얻을 수 있다고 주장한다(Gadamer,1982; Connolly & Keutner, 1988; Weinsheimer, 1985; 이규호, 2005a; 이구슬, 1996).[31] 그러나 사회과학은 예술과는 달리, 방법을 통해서 학문적 진리를 찾는 경우인데, 지나치게 직관에 의존하므로 인해 이것은 그 학문 내부의 통약불가능을 제기한다. 그렇지만 만약에 이를 행정학에 알맞게 수정한다면 유익한 방법론으로 발전할 가능성이 높은 주관주의 방언이라 할 수 있겠다. 최근에 선보인 해석현상학적 분석(Interpretative Phenomenological Analysis: IPA)은 그런 의미에서 유용한 방법론이다(제9장을 참조하라). 또 현상학에서 유래한 생활세계라는 개념은 행정학에서 논의되는 '공동체'라는 개념을 보충할 수 있을 뿐만 아니라 그것을 넘는 시사를 제공해 줄 수 있다.

2. 행정학에서 과학주의 극복을 추구하는 흐름의 유용성

과학주의 지향이 유용함은 이미 많은 글들에서, 또 지금까지의 업적에서 입증되었다고 볼 수 있다. 그러면 과학주의 극복을 추구하는 흐름들(이 책에서 주관주의 방언이나 인문주의 방언이라고 부름)의 유용성은 어디에서 입증을 해야 하는가? 이 흐름들은 인간경험을 의미체계로 보며 가치를 고려한다는 점이 특징적이다(Lynch & Cruise, 2006: 411-412; 황의숙, 1998; 연효숙, 1998). 따라서 그 유용성은 과학주의 지향의 근거가 될 토대를 인식의 범위 내에서 설정하는 역할을 맡게 된다(김동식, 1995: 44). 과학주의 지향으로 프랑스 파리 테러(2015년 11월 13일 파리 시내 여섯 곳에서 발생한 자살 폭탄 테러 및 대량 총격 사건)나 팔레스타인 해방기구(Palestine Liberation Organization: PLO)에 의한 팔레스타인 국가 창설 과정 등을 설명하는 데는 한계가 있다. 또 개체주의로 환원할 수 없거나 인과율로만 다룰 수 없는 경우, 이른바 '갑질 문화'와 같은 사례에서 보듯이 구조에서 기인하는 경우에는 과학주의 지향으로는 그 본질을 파악하기 어렵고 주관주의적 또는 인문주의적 접근이 필요하다.

---

31) 해석학의 고전이라 할 수 있는 가다머(H.-G. Gadamer)의 주저(主著)인 『진리와 방법』이 의미하는 바는 정신과학적 '진리'와 자연과학적 '방법'의 관계로 상호대립적이고 상호배제적인 관계로 이해된다고 한다. 물론 그와 같은 이해에 반대하고 언어철학적 견지에서 보는 견해도 설득력이 있다. 자세히는 김창래(2001)를 참조하라.

더 나아가 포퍼에 따르면, 인문주의적 접근은 과감한 가설이 가능하게 한다(Chalmers, 1982). 즉, 가설의 원천은 인문학에 힘입을 가능성이 높다. 또 반실증주의인 인문주의적 방법과 실증주의의 과학적 방법 사이에서 존재하는 통약불가능성(incommensurability)을 통약가능하도록 한다. 그 사이의 틈새를 좁혀 통약가능하도록 한다는 말은 과학주의자와 인문주의자 사이에는 객관성이라든가 방법적 거리두기라든가 등의 개념에 차이가 있기 때문인데, 개념 정리를 통해 통약이 가능하도록 할 수 있기 때문이다(이구슬, 1996: 82).

앞서 논리실증주의에서는 행정을 집합으로 본다고 하였는데, 과학주의 극복의 흐름에서는 어떻게 보는가를 살펴본다. 여기서 제시할 수 있는 대표적인 이론은 비판이론으로, 권력을 행사하는 사람과는 전혀 다른 관점에서 자본주의 사회와 국가 위기를 논의한다. 우선 정부에 대한 가설을 설정하는데, 정부란 위기를 관리하는 위기관리(crisis management)체제로 본다(제2장 및 제7장을 참조하라). 위기는 두 가지로 나눌 수 있는데, 하나는 산발적 위기(sporadic crisis)로서 체제 내의 위기를 말한다. 다른 하나의 위기는 주목할 만한 사건을 만들어 내는 구조, 즉 사회적 과정의 문법(grammar)을 지키지 않는 것을 말한다(Offe, 1984: 37). 여기에서 위기란 위기관리 체제의 위기(crises of crisis management)를 말하는 것이다.

오페(Offe, 1984: 81)에 따르면, 자본주의 국가는 [그림 6-3]에서 보듯(제2장의 [그림 2-2]를 다시 그렸다) 경제체계, 정치행정체계, 규범적 · 합리적 체계 등 세 가지 유형의 하위 체계로 이루어져 있고 사회 전체는 상호 간에 의존 및 규제하는 원리들로 구성된다고 한다.[32] 그런데 전체 체제(social system) 속에서 그 구성원들이 따르는 규칙들이 그 밑바탕에 작용하는 법칙(underlying functional laws)을 위반하거나 그 구성원들이 그 법칙의 작동 방식대로 행동하지 않을 경우에 통치불능이 발생한다고 한다(한상진, 1988; O'connor, 1987).

---

32) 경제체계는 사적으로 소유하는 상품들의 이윤추구를 위한 생상과 교환이 이루어지는 체계를 말하고, 규범적 · 합리적 체계는 사회 안정이 이루어지는 역할(즉, 정당화기능)을 수행하는 체계이며, 정치행정체계는 이 두 유형의 체계들을 관리하는 체계이다. 경제체계는 축적 기능을 담당하며, 복지국가가 장기적으로 지속하는데 필수불가결하다. 그 이유는 대중으로부터 지지를 얻기 위해서는 복지서비스를 제공해 줄 수 있는 재원의 원천이기 때문이다(김태성 · 성경륭, 1999: 145).

그림 6-3 세 가지 하위체제 간의 관계

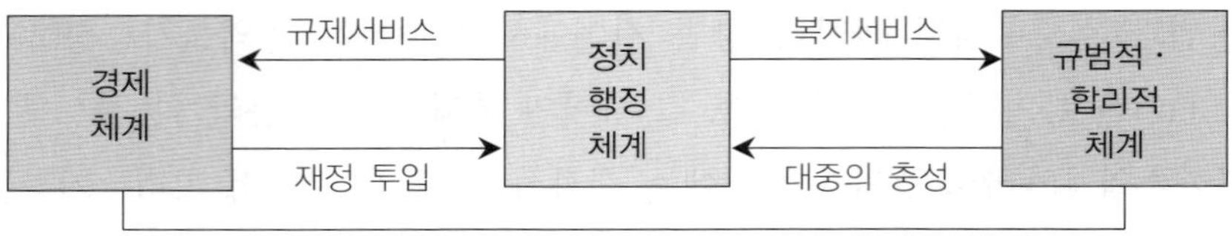

출처: 김태성·성경륭(1999: 145); Offe(1984: 52); Jänicke(1988).

[그림 6−3]에서 보듯이 비판이론은 행정의 본질을 규제서비스와 복지서비스로 요약한다.[33] 그런데 이 세 가지 하위체제의 선순환구조가 작동하지 않을 때 행정([그림 6−3]에서는 정치행정체계)은 무엇을 해야 하는가가 관심사이다. 이 현상이 나타나는 전형적인 사례가 신자유주의로, 이때 정치행정체계는 필연적으로 규제서비스를 완화하고 복지서비스를 축소하여 축적 기능을 돕는다. 이 이론은 요즘 세계 여러 나라에서 볼 수 있는 현상을 잘 설명하고, 연금개혁이나 복지개혁을 말하면서 실제로는 복지축소와 규제완화를 지향하는 것과 같은 행정언어의 본질을 잘 짚은 것으로 보인다. 과학주의 극복의 흐름인 주관주의나 인문주의의 관점에서 볼 때 [그림 6−3]의 위기관리체제 모형은 이와 같은 거시적 현상의 본질에 더 쉽게 접근할 수 있는 장점이 있다고 하겠다.

제 5 절 | 두 흐름의 대립 넘어서기

1. 쿤의 영향: 과학주의 지향에서 인문주의로

논리실증주의는 경험성과 과학성에 그 기반을 두었고, 통일과학의 추구한 것이 후

33) 행정학에서 행정규제론이라거나 규제정책론이라는 과목이 있어서 규제의 본질과 규제의 영향을 강의한다. 그러나 그 취지는 규제가 너무 많고 일상화된 행정 현상의 반작용이지, 규제 자체는 행정의 본질이다.

속 학문에 예상하지 못한 큰 영향을 미쳤다. 통일과학을 추구하는 과정에서 쿤(T. Kuhn)의 패러다임 이론이 나온 것이 그 영향 중 하나이다(홍성욱, 2015; Reisch, 1991; Polkinghorne, 1983).[34] 카르납(R. Carnap)의 프레임워크(Framework) 이론은 진리란 프레임워크 안에서의 진리임을 주장하였다(Reisch, 1991). 카르납은 쿤의 패러다임 이론이 논리실증주의와 경쟁하는 관계가 아니라 논리실증주의와 다른 언어로 이루어진, 논리실증주의의 변종으로 보아 넘긴다. 카르납은 이런 점에서 쿤의 패러다임과 비슷한 생각이라고 한다(Reisch, 1991; 홍성욱, 2015). 이것이 의미하는 바는 결과적으로는 논리실증주의에 대한 도전으로 이어졌으나 그 원래의 의도는 논리실증주의의 다양화로 보았음을 의미한다(홍성욱, 2005). 또한 쿤의 이론으로 말미암아 실증주의를 재구축하고자 하는 포퍼나 라카토스(I. Lakatos)의 시도는 물거품이 되었고 그 이후에는 학문의 방향은 <표 6-4>에서처럼 바뀌었다.

패러다임 이론은 쿤이 스스로 인정했듯이 비트겐슈타인의 가족유사성이나 워프

표 6-4 쿤 이전과 쿤의 이후의 비교

	쿤 이전	쿤 이후
과학철학의 경향	실재론(realism)	실재론에 의문 이후 구성주의 발달
과학과 사회	과학과 사회 사이에 뚜렷한 구분	사회 속에서의 과학
과학의 발전	누적적이고 연속적인 발전	혁명적이고 불연속적인 발전
관찰과 이론	관찰과 이론의 분명한 구분	관찰과 이론의 연결
과학활동의 본질	자연에 존재하는 것을 발견하는 것	과학의 패러다임을 만드는 것
과학의 주체	과학자 개인	과학자 사회
소통	과학자들 사이의 자유로운 의사소통	패러다임 사이의 공약불가능성
통일성	과학의 통일성을 믿고 이를 강조	통일성이 존재하지 않음
진보와 진화	진보는 있다	진보는 없고 진화가 있을 뿐

출처: 홍성욱(2015).

34) 쿤의 책은 『통일과학의 국제백과사전(*International Encyclopedia of Unified Science*)』 시리즈의 한 책으로 출간되었다(Kuhn, 1970; Reisch, 1991; 홍성욱, 2005). 이 과정에서 카르납은 호의적 비판과 격려로 쿤의 책이 세상에 나오는 데 일조를 하였다. “아이러니하게도 논리실증주의가 기대한 바와는 정반대로 그의 책은 논리실증주의의 철학적 기반을 부수고, 통일된(unified) 과학에 대한 신념을 깨뜨리면서 통일되지 않은(disunified) 과학의 토대를 제공했다”고 한다(홍성욱, 2005).

(B. L. Whorf)의 언어상대성에 영향을 받았다. 즉, 쿤 이론의 철학적 바탕은 후기 비트겐슈타인의 언어게임이다. 이들 개념은 명백히 정의하기 어렵지만, '진리'라는 개념을 '합의(consensus)'라는 개념으로 대치시키고, 언어공동체는 과학자 집단과 일치한다. 과학자 집단은 과학이라는 큰 언어게임 테두리 속에서 그보다 작은 서로 다른 언어게임을 하고 있음을 보여준다(Phillips, 1977: 78-97; 이정민, 1989). 진리라는 개념을 합의라는 개념으로 대치시킨다거나 언어게임이라거나 가족유사성이라거나 하는 것이 과학주의 지향에서 주관주의나 인문주의로의 방향전환이고, 따라서 두 흐름의 대립을 넘어설 수 있음을 시사한다.

그 행정학적 의미를 살펴보면, 행정학자들은 효율성 패러다임 속에서 문제풀이에 열중하고 있다. 이를 다중패러다임(multi-paradigm)으로 바꾸어 다양한 논의가 가능하도록 이끌어 낼 때에 행정학의 발전에 이바지할 것이다. 그 가능성은 과감한 가설이 가능한 주관주의 방언 또는 인문주의 방언에서 찾을 수 있을 것이다.

2. 인문주의에서 과학주의 지향으로의 진행

논리실증주의나 그것의 재구축 프로그램이 실패한 것과 과학적 방법에 대한 존중은 전혀 별개의 문제이다. 지난 세기(世紀)에 과학기술의 발전은 과학적 방법과 그에 힘입은 성과를 의심하여서는 안 된다는 인식이 인문주의자에게서 자리잡게 되었다(김동식, 1995: 51). 이러한 반성 외에, 인문주의에게 충격을 준 또 다른 흐름은 인지과학의 발달이다(김동식, 1995: 51).[35] 이런 분위기 속에서 인문학 속에서 과학주의 지향을 추구하는 노력과 그에 따른 성과가 나타났다. 그 성과란 인문주의와 과학주의 지향이 점점 융합하는 방향으로, 패러다임이 움직이고 있다고 할 수 있다. 그 가시적 모습은 여러 가지이다. 철학에서는 도야(陶冶, Bildung) 개념의 도입을 통해, 즉 타자를 자신 속에 보존하는 것을 통해서 역사적이고 사회적인 사실을 총체적으로 파악하려 한다(박순영, 2012).

보다 가능성이 있는 모형은(아직은 인문학 전체를 대표할 만한 모형은 아니나) 촘

35) 이 속에는 정보처리모형 이론, 컴퓨터 과학과 인공지능, 촘스키(N. Chomsky) 언어학의 발달 등을 총칭한다(김동식, 1995: 52).

스키(N. Chomsky)의 변형생성 모형(transformational-generative model, 이하 T-G model)이다. 이 모형은 역사학의 브로델(F. Braudel)의 주장과도 합치되며(김응종, 2006; Braudel, 1997; 2008), 경험적인 연구에 기초하고, 개별성과 보편성 모두에 대한 매우 명시적이고 체계적인 이론을 제공하고 있다(강명윤, 2007a). 이는 앞서 서술한 과학주의 지향의 대표적인 모형인 D-N 모형과 대조된다(Itokonen, 1975: 382-384; 오용득, 2013; 박승배, 2009). 이를 사회 연구에 적용하면 사회구조란 두 개 수준의 구조적 규칙성을 보이는데, 하나는 그 구조에 참여하는 이들에게 의식되는 표면적 구조인 표층(surface structure)이고, 다른 하나는 일정한 행동들을 생성하고, 그러한 행동들의 성격을 한정하는 드러나지 않는 심층(deep structure)이다.[36] 이를 나타내기 위해 [그림 4-3]을 변용하여 다시 그린 것이 [그림 6-4]이다.

[그림 6-4]의 모형에 의하면, 기저에 심층구조(deep structure)가 있는데(제4장을 참조하라) 의미를 창출하는 층위이다. 그 위에 표층(surface structure)이 있다.[37] 이 두 구조를 연결하는 방법으로 변형(transformation)이라는 장치를 마련한다.[38]

T-G 모형의 기제는 인간의 경험을 초월한다는 관점에서 칸트(I. Kant)의 견해와

36) 한국정치에서 자유주의라는 보수의 기본적 가치조차도 지켜지지 않고 있는 이유가 '구조'의 문제라고 한다. 정두언 의원에 따르면, "국회의원들 왜 저러나 하고 말하지만, 그렇게 말하는 사람도 이 구조 속에 들어오면 똑같이 하게 된다. 지금 우리가 착각하는 게 있는데, 우리나라 국회의원은 국민이 뽑는 게 아니다. 권력이 뽑는 것이다. 지역감정에 기반을 둔 양당 체제에 있다 보니, 영·호남에서 각각 새누리당과 새정치연합 공천만 받으면 국회의원이 된다. 선거 때 어디서 놀다가 와도 당선된다. 그러니 국회의원이 누구 눈치를 보겠나. 권력 눈치를 본다. 그러니 의원들에게 자율성이 없다"라고 한다(프레시안, 2015.11.19; http://www.pressian.com/news/article.html?no=131256).

37) 역사학에서 브로델의 모형은 그 사이에 콩종튀르가 있다. 이것은 상승이나 하강과 같은 국면을 지칭한다(김응종, 2006). 여기서는 심층-표층만 언급하므로 본문에서는 생략하였다. 그는 "인간은 구조와 국면이 만들어 낸 감옥에 갇힌 수인에 불과하다. 사건은 덧없고 개인은 무력하다. 사건과 개인은 존재했지만 존재하지 않았더라도 역사의 방향에는 변함이 없었을 것이다"라는 관점에서 역사 흐름을 설명한다. 즉, 눈에 보이게 나타나는 사건은 큰 역할을 하지 못하는 것으로 본다(김응종, 2006: 113).

38) 변형은 윈치(P. Winch)의 규칙 따르기(Winch, 1958; Song, 1984; Kim, 2008), 설의 지향성이론(Searle, 1983), 콰인의 총체성 이론(Quine, 1961; 이정민 외, 1977; 강명윤, 2007a; 강명윤, 2007b) 등과는 잘 어울린다. 그런데 이를 넓게 잡아 해석적 방법으로 이해한다면 칼-오토 아펠의 철학(Reese-Schäfer, 1990; Kelly, 1994; 김진, 1998), 하버마스의 의사소통행위이론(Habermas, 1987; 한상진, 1996; 정호근, 1996), 푸코의 담론이론(Faucault, 1971; 1977; 한상진, 1981) 등도 참조할 이론으로 보인다.

그림 6-4 T-G 모형

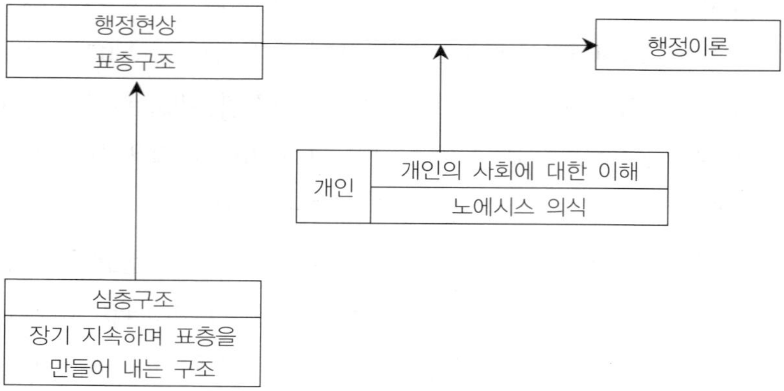

출처: Chomsky(1957; 1966) 수정.
주) 여기서 노에시스 의식이라 함은 지향성(정신으로부터 나오는 어떤 끈)이라는 뜻으로 정신과 사회(세계)의 연결을 뜻한다(강명윤, 2007).

도 맞물리며, 노에시스 의식(noetic consciousness)이 어떻게 구성되는가에 관한 이론이므로, 의식(마음 또는 정신, mind)의 일부로 이해할 수 있게 하여 현상학의 하나로 간주될 수 있다(강명윤, 2007a).[39] 이 지점에서 구조주의와 현상학이나 해석학이 만날 수 있고 또 이러한 이해의 바탕에는 심리철학이 자리잡고 있다(강명윤, 2007a; 2007b; 박순영, 2012). 이런 방법론은 T－G 모형을 은유(metaphor)로 삼고 사회체계의 구조적 유형을 서술하고 설명하려는 것이다(김경동, 1981). 그러나 T－G 모형

39) 노에시스 의식을 설명하기 위해서 뜰 안의 나무를 바라본다고 하자. 봄·여름·가을·겨울에 볼 때의 나무의 모습을 각각 a·b·c·d라고 하면, 이들 모습을 한꺼번에 볼 수는 없고 각기 다르게 의식 속에 나타난다. 이 의식을 노에시스라고 하며 그 대상을 노에마라고 한다. 이들 개별적 지각을 통일하는 지각(統覺)이 의미(여기서는 나무)가 된다(박이문, 2007: 108－109). 언어를 현상학적으로 보는 관점에서는 촘스키(N. Chomsky)나 윈치(P. Winch)에서 보는 바처럼 언어를 규칙따르기로 보지 않는다. 오히려 하이데거의 관점에서 세계를 둘러보기(circumspection; Umsicht)로 본다고 한다(강명윤, 2007a; Heidegger, 1979; 이기상, 1991; 2011). 덧붙여 설명하면 관심사항의 존재에 초점을 맞추어 할 일을 설정하고, 이를 위해 무엇이 필요하고, 어떤 방법이나 수단으로 그 일을 수행해야 하는가, 또 적절한 시간과 경우가 언제인지 등을 제공하고 취급하는 것에는 어떤 양식이 있는데, 이를 일컬어 세계를 둘러보기라고 한다. 이들 이해나 해석의 로고스가 언어로, 언어는 존재의 의미로 이해된다(배상식, 2007: 56－67).

은 인간의 내재적인 측면으로 더 깊이 심층을 설정하므로 사회과학에 응용하려면 보완이 필요하다. 그 보완이 비트겐슈타인의 언어철학으로, 다양한 세계관으로서의 표현이 언어게임이며 언어공동체라는 문화적 문법에 터 잡고 있다는 점이다(polk-inghorne, 1983: 149; 박순영, 2012). 이는 고유한 속성을 가지면서 공동의 인간 행동방식이 있고, 그것을 통해 낯설음을 해석할 수 있는 관련체계이다(Wittgenstein, 1953, No.123, S.49; 이규호, 2005b: 147-148). 다시 말해서 앞서 진리를 합의로, 또 언어게임 및 가족유사성이 과학주의 지향과 인문주의의 대립을 넘어설 수 있음을 보여준다고 서술한 것의 되풀이이다.

행정학과 관련해서는 표층과 심층이 다르다는 것을 1970년대부터 인식하고, 인문주의에 대한 관심이 고조되었다. 이른바 신행정학의 가치로의 접근법이 그 시기에 나타난 것은 우연이 아니다. 이어서 파머(Farmer, 1995)의 행정언어이론이 나타난 것도 주목할 만하다. 주체는 일정한 개념구조[렌즈로서의 언어]로서만 세상을 볼 수 있으며 사고(思考)의 형식들이 시각을 결정한다. 일상적인 언어현상을 삶의 현상의 핵심으로 해석하고(이규호, 2005a; 2005b), 행정의 고유한 제도·규범·문화를 행정언어로 규정한다. 이는 행정이론가들의 부분문화를 구성하며, 언어로서의 행정이론은 행정에 관한 이해를 돕고 행정실무를 인도하는 수많은 가정·관념·접근방법·두려움, 그리고 소망을 반영한다(강신택, 2010). 파머(Farmer, 1995)는 공공관료제의 성격·규모·범위 및 기능에 관하여 무엇을 할 수 있고, 또 무엇을 해야 하나?라는 질문을 던지고 있는데, 행정이론은 위와 같은 절박한 질문에 답할 수 있는 동력이 되어야 한다는 것이다(강신택, 2010).

제 6 절 | 요 약

이 글은 행정학에서 암묵적으로 진행되어 온 두 흐름인 과학주의 지향과 과학주의 극복의 흐름(후술하는 주관주의 방언과 인문주의 방언)을 논의의 장(場)으로 끌어내어 그 개념을 정립하고 그 둘 사이의 관련성을 살펴보려 하였다. 여기서 과학주의 지향이란 연구주제를 대상화·객관화하는 맥락에서 사회과학의 자연과학화를 주장하는 흐름으로, 행정학에 지대한 영향을 미친 논리실증주의, 후기실증주의, 행태주의를 포괄한다. 과학주의 극복의 흐름은 과학으로 환원할 수 없는 영역이 있음을 주장하는데 현상학, 해석학, 비판이론, 탈근대성 이론을 아우른다.

논리실증주의에서 기원하는 흐름은 실제에서는 자유민주주의와 친화력이 있고, 학문상으로는 집합의 관점에서 바라본다. 따라서 그 상위수준에서는 논리적이거나 체계적이지만 최일선에서는 경험적으로 세계와 관련을 맺는다. 이에 비해 과학주의 극복의 흐름에서는 가치나 이해 및 의미의 중요성을 부각시킨다. 이 흐름을 행정학적으로 살펴보면 정부는 위기관리체제로 정의되고 행정은 규제서비스와 복지서비스를 그 본질로 한다.

그렇지만 과학주의는 인문주의적 요소를 받아들여 왔고, 인문주의는 과학의 발달과 그 영향을 수용해 왔다. 그 대표적인 모형이 T−G 모형으로 이를 은유(metaphor)로 삼고 사회체계의 구조적 유형을 서술하고 설명할 수 있다. 여기에 언어게임과 언어공동체라는 문화적 문법을 가미한다면 보다 더 적실성 있게 사회과학에 응용할 수 있다는 점이다. 이런 노력들을 통해 공공관료제의 성격·규모·범위 및 기능에 관하여 무엇을 할 수 있고, 또 무엇을 해야 하는가에 대해 답할 수 있는 행정이론을 구성하여야 한다.

제 3 부

행정학에서의 주관주의 방언

제7장 주관주의 방언의 개요
: 행정학의 풍요로움은 새로운 방법론의 논쟁에서부터

제1절 | 서 론

행정학의 현재 모습은 행정학이 무엇인지에 대해 합의가 어려울 정도로 진화 또는 진보하고 있다. 이 다양한 영역으로의 확장은 과거에 행정학 정체성 논쟁이라고 일컬었던 문제를 넘어 새로이 행정학이 무엇인가에 대한 논의가 필요하다. 이는 새로운 방법론 논쟁을 의미하며, 이를 통해 풍요로운 행정학이 가능할 것이다. 그 의미는 실증주의를 넘어선 영역, 즉 “말할 수 없는 것을 말해야 한다”라는 명제가 적용될 수 있는 행정학의 영역에 관한 방법론의 정립이 초점이다(Adorno, 1966: 21; Foster, 2008: 33). 그것은 객관주의(실증주의)가 추구하는 목표인 경험을 일반화시켜 누구에게나 접근가능하도록 하려는데 대해, 주관주의는 이 경험의 일반화는 진정한 경험을 왜곡시키는 것으로 보고 있다(박순영, 1999).

이 글에서 주관주의란 그 대상으로서의 확대된 생활세계를, 방법으로서 해석학의 방법을 응용하여, 목적으로서의 해방과 사회적 행복을 지향하는 흐름이라고 정의하고 있다.

행정학에서의 연구경향은 주관주의 비중이 매우 미약함을 보여주고 있다. 2012년부터 2014년까지 3년 간 『한국행정학보』에 실린 논문들 중 주제어(keywords)가 '현상학', '해석학', '비판이론'이 들어 있는 논문들을 검색해 보면 총 193편 중 11편에 불과하다. 좀 더 자세히 통시적인 연구 현황을 살펴보기 위해, 2000년부터 2015년까지 한국연구재단 등재지(후보지 포함)에 발간된 논문 중 주관주의 접근법을 선택한 행정학 분야 논문 87편의 서지정보를 추출하였다. 이들 논문의 주제어를 추출한 후 Netminer 4.0 프로그램을 활용하여 공출현 네트워크(coocurrence network)를 이용하였다. 이 결과를 시기별로 나누어 2000~2005년 사이의 행정학 분야, 2006년에서 2010년 사이의 행정학 분야, 2011~2015년 시기의 행정학 분야를 살펴보았다.

행정을 모티브로 한 다양한 활동 중 행정학에서 실증주의란 '말할 수 있는 것을 말하는 것'에 해당하고, 행정학에서 주관주의는 '말할 수 없는 것을 말하는 것'에 해당한다. 이는 실증주의 또는 경험주의에 대한 반론으로서 작용할 수도 있고, 상보적(相補的) 관계로서 기능할 수도 있다. 따라서 그 방법론으로서의 주관주의도 행정학의 주요한 영역으로 대두된다.

그 전제는 학문이란 여러 부문으로 이루어진 이론체계로,[1] 비트겐슈타인(L. Wittgenstein) 이래 널리 유포되어 있는 일종의 언어게임이라는 관점이다(한상진, 1997: 29). 행정학의 이론체계 중에서는 상대적으로 덜 논의되는 영역이 방법론으로 보인다. 이 장의 초점은 행정학 도입 60주년을 맞아하여 주관주의에 대한 그 동안의 동향을 살펴보고, 더 나은 방향을 향한 논의의 기초를 제공하려 한다. 더 나은 방향이란 행정학의 풍요로움이고 행정학을 풍요롭게 하려면 방법론의 활성화가 이루어져야 하고 따라서 방법론 논쟁을 제기하려는 데 있다. 이를 위해 주관주의를 방법론 논쟁의 핵심에 위치시킬 필요성이 있다고 주장한다.

1) 학문체계를 과학으로서의 이론, 방법으로서의 이론, 현실조명의 기법으로서의 이론, 이데올로기로서의 이론, 비판으로서의 이론, 실천으로서의 이론으로 이루어진다고 한다(김경동, 1981).

제 2 절 | 행정학의 다기화(多岐化)

행정학은 무엇인가?와 관련하여 행정을 다루는 학문이 행정학이라고 할 수 있지만 (박동서, 2005) 다른 한편에서는 이런 시각에 의문을 제기하고 행정학은 그것만이 아니라 그것을 넘어야 한다라는 견해도 가능하다. 방법론이 기여할 수 있는 바가 바로 이 지점으로, 제1장에서 논의한 바처럼 정합성(coherence)과 대응성(correspondence)으로 나누어 살펴볼 관점을 제공할 수 있다.2)

행정학의 역사가 보여주듯이 행정의 범위가 넓어짐에 따라 행정학의 외연 확대를 가져오고, 그로 인해 행정학이 무엇이며 어디까지의 영역을 포괄하는가에 대해 늘 고민해 왔다. 그 사례를 N. Henry(1980)나 D. Waldo(1971), F. Marini(1971)에서 볼 수 있고, 그들은 나름으로 잘 정리하여 그 시대의 사명이 어디에 있는지를 잘 짚어주었다.

행정학의 현재 모습은 행정학이 무엇인지에 대해 합의가 어려울 정도로 진화 또는 진보하고 있다. 행정이 도시행정 · 교육행정 · 환경행정 · 국방행정 · 복지행정 등의 다양한 영역을 다루도록 변모하고 있다. 이 다양한 영역으로의 확장은 행정학이 무엇인가에 대한 논의의 필요성을 불러일으킨다.

아울러 다양한 영역으로의 확장은 해당 학문 영역에서의 이론들과의 관계 설정이 문제되고, 나아가 경쟁력이 있어야 한다는 뜻도 함축해야 된다. 따라서 그 분야의 학문과 어떤 점에서 차이가 나며 어떤 점에서 학문 발전에 이바지할 것인가 하는 이슈를 드러나게 해 주었다. 이를 위해서는 보다 엄밀한 논증을 통해 정제된 지식을 축적해서 '이론체계로서의 행정학'의 발전을 이룩해야 하고, 또 이를 위한 틀을 만드는 데에도 관심을 가져야 한다.

---

2) 지난 시절 객관주의[실증주의(C. G. Hempel과 E. Nagel)]와 현상학(A. Schutz) 사이의 논쟁을 통해 의견이 합치된 것들은 다음과 같다(김경동, 1981: 109−114; Schutz, 1973). 첫째로 모든 경험적 지식의 발견은 통제된 추론의 과정을 밟아 이루어지며, 그 지식이 명제의 형식으로 진술되어야 한다. 둘째로 모든 경험과학에서의 이론이란 한 묶음의 변수들 사이에서 일정한 규칙성을 드러내어야 한다. 이 의견들은 행정학에 적용가능할 것이고 그렇다면 행정학 교과서를 명제 형식으로 재편하는 것이 이를 해결하기 위한 방법이라고 저자는 생각하고 있다.

나아가 행정의 목적이 무엇인가 하는 점도 주제로 삼아야 한다. 요즘 유행하듯이 국가의 경쟁력이 목적이라면 그것은 대응성을 중심으로 하는(correspondence-centered) 행정학에서 추구하겠지만, 행정인이나 행정 대상의 삶도 행정학의 목적이라면 사회적 행복(social happiness)과 같은 가치를 추구해야 할 것이다(Thin, 2012). 따라서 "말할 수 없는 것을 말해야 한다(Saying the unsayable)"라는 아도르노 명제(Adorno, 2005: 63; 이병탁, 2013: 49)가 적용될 수 있는 행정학의 영역에 관한 방법론을 정립하거나 도입하여야 한다.[3)]

제 3 절 | 행정학에서 방법론 활성화의 필요성

서양철학은 플라톤(Plato)부터 데카르트(René Descartes)에 이르기까지 형이상학적 이성에 입각한 주체의 합리성에 기초하였다.[4)] 여기서 선험을 제거하게 되면 역사적 상대주의가 되고 이는 역사적 사실이라는 경험에 의존하여, 개체를 형이상학적 보편으로부터 독립시킨다(송석랑, 2003). 이 주체와 객체와의 대립을 극복하기 위해 실증주의는 초월이나 부정(否定) 등과 같은 전통적 개념들을 포기하여 한쪽으로 치

3) 실증주의는 "말할 수 없는 것에 관해서는 침묵하라(Whereof one cannot speak, thereof one must be silent)"라는 비트겐슈타인 명제에 따라 비엔나 학단(Vienna Circle)이 정립한 논리실증주의 또는 논리경험주의에 따르는 흐름으로, 말할 수 있는 영역인 과학과, 말할 수 없는 비과학의 영역이 엄격히 구분된다(Wittgenstein, 1921). 따라서 실증주의는 말할 수 있는 영역만 다루게 된다. 이에 비해 "말할 수 없는 것을 말하는 것이 학문의 핵심이다(The striving to say the unsayable is the very essence of philosophy)"라는 아도르노 명제는 실증주의를 넘어선다는 의미로 이해할 수 있다(Foster, 2008: 33; Adorno, 2005: 62-63; 이병탁, 2013: 48-49). 그것은 "굳어버린 현재를 넘어서는 그 무엇인가를 약속하는 것인데, 진정한 진리의 경험은 논증적 사유가 그 한계에 부딪치는 경우이고, 여기서 규정할 수 없는 것, 그래서 말로 표현할 수 없는 것을 말로 규정하고 표현하여야 한다." 따라서 진리에의 사유가능성은 부정성(否定性)에 있고, 말로 표현되어 있지만 표현할 수 없는 것의 탐구가 진리에의 가능성을 암시한다.

4) 이성을 바라보는 관점은 다섯 가지로 유형화할 수 있는데, 부연설명하면 다음과 같다(이명현, 1996). ① 플라톤에서 볼 수 있는 참으로 있는 것을 그대로 드러내 주는 능력, ② 중세 신학에서 볼 수 있는 신의 계시를 드러나게 하는 것, ③ 데카르트에서 볼 수 있는 존재세계에 대한 인식의 준거 틀로서 인식의 내재적 원리, ④ 인식의 상대주의자들에게서 볼 수 있는 학습된 능력으로서의 경험의 총화, ⑤ 칸트(I. Kant)와 독일 관념론에서 볼 수 있는 구성하는 능력 등이 그것이다.

우쳤고 이는 실증주의의의 득세를 가져왔다(이규호, 1971). 이 상황 속에서 후설(E. Husserl)은 위기를 느끼고 제시한 것이 생활세계 개념이고 이는 주체－객체의 대립을 넘으려고 한 것이었다(송석랑, 2003). 즉, 논리실증주의 등장에 대해 현상학이나 삶의 철학의 해석학을 통해 이를 성공적으로 방어하였다고 한다(이규호, 1971). 이 과정에서 방법론 논쟁이 본격화하여 학문발전에 이바지하였다.[5]

행정학에서도 비트겐슈타인 명제를 옹호하든, 아도르노 명제와 관계되든, 방법론 논쟁에서부터 행정학을 시작하여야 한다. 그 이유는 방법론 논쟁이 행정학의 활성화와 다기화(多岐化)를 가져오고 이를 위해서는 그 전제가 분명하여야 하기 때문이다. 그렇게 된다면 행정학의 범위 팽창에 따른 정체성의 문제를 우산(umbrella) 개념으로 파악하여 해결하려는 미봉책의 태도(Henry, 1980)를 넘어설 것으로 보인다.

행정학에서의 방법론의 성격논의를 위해 제1장의 설명을 되풀이 해 본다. 행정학의 구성을 단순화하면 그 범주는 둘로 나눌 수 있는데, 첫째로는 그 학문이 연구의 주제로 삼는 대상과의 관계에서 일정한 의미를 창출하여야 하며, 둘째로는 그 학문 내에서 일정한 체계를 갖추고 있어야 하는 것이다. 전자를 대응성(correspondence)이라고 하고, 후자를 정합성(coherence)이라고 한다. 이를 논의하기 위해서 타르스키(Alfred Tarski)의 T－동치(同値)공식을 이용하면 대상언어와 메타언어로 구별할 수 있다. 대상언어(object language)는 행정현상에 대한 설명으로 사실에 대한 명제들만으로 구성되는데 비해 메타언어(meta－language)는 대상언어의 명제에 적용되며 대상언어에 대한 판단이다. 즉, 행정현상과 대상언어와의 관계가 대응성을 이루

---

5) 방법론(methodology)이란 (과학적) 방법의 철학을 말하고(von Wright, 1971: 3) 방법(method)이란 그 어원은 그리스어의 meta(따르다)와 hodos(길)에서 유래하는데, 어떤 대상을 인식하거나 연구하기 위해 따라야 하는 길을 뜻한다. 따라서 예술이나 과학은 그 추구하는 목적에 따라 그 대상에 관한 지식을 얻기 위해서 사유가 거쳐야 하는 이치를 체계적으로 정리하여 세우는 것을 일컫는다(이기상, 2015). 즉, 개개의 대상에 따라 변화하는 기법이나 절차를 방법이라고 하는 반면에, 수많은 대상을 포괄하는 보편타당성 있는 체계적 논의가 방법론이라고 한다(이기상, 2015). Howell(2013: preface)은 방법론(methodology)을 연구계획을 인도하는 연구전략으로 정의하는데 비해 방법은 자료수집(data collection)의 수단이나 양태(mode)를 말하고 것으로 정의한다. 여기에서는 개별 과학에 대한 논의가 기법(technique)과 방법(method)에 관한 것이라면 개별 과학의 방법에 대한 논의는 방법론이다. 따라서 방법을 용이하게 하는 수단을 기법이라고 하고, 메타 차원의 논의인 방법론과 구별한다. 포퍼(K. Popper)는 전자를 Methodologie라 하고 후자를 Methoden－Lehre라 부른다고 한다(박은진, 1999: 96－97). 저자도 이들을 구별하여야 한다고 생각하며 후자는 방법철학으로 본다.

고 대응성은 어떤 명제와 그 대상과의 관계에서 그 옳고 그름이 판단되지만, 정합성은 메타언어와 관련되므로 그 대상과는 직접적으로 관련되지 않고 그 정당성은 어떤 명제가 그 자체의 체계 내에서 판단된다. 행정학이 다루는 범위는 이 둘을 포괄하여야 하는데, 이를 그림으로 나타낸 것이 [그림 7-1]이다([그림 1-9]를 다시 그린 것이다).

그림 7-1 대응성과 정합성, 그리고 행정학의 범위

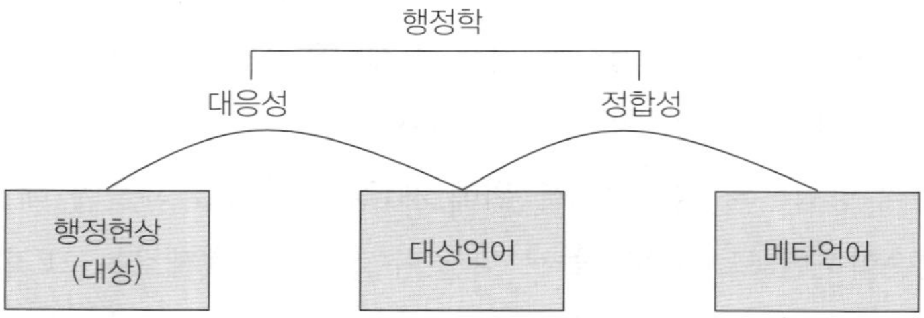

지금까지 이러한 논의가 진행되지 않는 이유는 행정학은 대응성이 행정학을 지배하는 패러다임으로 진행되어 왔기에, 정합성 측면에서는 시도는 하였으나 만족스럽지 않았다. 그러나 이 관계를 '새로운 과학철학'으로 평가받는 쿤(T. Kuhn)의 패러다임 이론에 비추어 보면 대응성은 정합성에 의해 영향을 받을 수밖에 없다(Kuhn, 1970; Brown, 1977; 임규정, 2004). 이 또한 방법론의 중요성을 암시하며 주관주의가 공헌할 수 있는 바는 여기에 있다고 하겠다.

방법론의 성격을 살펴보기 위해 상식과 대비하거나 형이상학과 대비하기도 한다(Agassi, 1981: 253). 형이상학이 구성적 성격(constitutive)을 지니므로 일련의 언명이나 원리들로 구성되는 반면에, 방법론은 일련의 규칙으로 구성되기에 규율하는 기능(regulative)을 갖는다고 한다. 대체적으로 방법론이란 그 성격상 2차적 연구(second-order study)로, 연구자의 pathos를 logos화하는 활동을 말한다(Goodin, 1977; 윤명로, 1973). 이 개념 정의 또한 연구자와 연구대상의 교감을 의미한다. 따라서 방법론의 중립성이란 기대하기 힘들지만 그렇다고 연구자의 지적인 성향(intellectual inclination)에 전적으로 뒤덮인다는 말은 아니다(Bryman, 2008: 4). 이 둘의 중간 어느 지점에 위치시키는 것이 주관주의라 할 수 있다.

방법론 논쟁이 그 학문의 정합성을 위해, 또는 그 학문을 풍요롭게 한 사례는 비판이론(특히 하버마스)의 사례에서 찾을 수 있다. 비판이론의 체계는 굵직한 논쟁을 통해 다듬어 왔다고 할 수 있는데, 중요한 사례를 열거해 보면 포퍼와, 또 알버트와의 비판적 합리주의 및 후기실증주의 논쟁, 가다머와의 해석학 논쟁, 루만의 신체계이론과의 사회기술공학 논쟁, 푸코와의 후기구조주의 논쟁 등이 있다(서규환, 1989).

후기실증주의 논쟁에서 전개된 사회과학의 논리가 설명과 이해로 정리되는 모습을 보이는데(von Wright, 1971; Adorno et al., 1976), 행정학이 설명 중심의 행정과학을 추구하느냐, 행정과학을 넘어선 이해 중심도 포괄하는가에 대한 판단 기준을 세울 수 있도록 해 주는 것이 방법론 논쟁이다. 예컨대, 행정과학이 기초하는 실증주의 방법론은 논리적 원자론(logical atomism)에 기초한 행정 개념으로 행정을 집합으로 보게 된다(제6장을 참조하라). 이 관점은 논박하기 어려운 설득력을 가지고 있으며, 행정현상의 분석에는 지대한 공헌을 하였고, 나아가 현대국가의 작동 원리 중 하나인 효율성 패러다임으로 전환되어 자리잡았다(이덕복, 1993). 그럼에도 인간의 삶을 온전하게 그려내는 데에는 만족스럽지 못하다. 이에 대한 대안으로서 주관주의는 기능할 수 있다. 다음 절에서 주관주의의 개념과 그 구성요소를 좀 더 자세히 논의해 본다.

제 4 절 | 주관주의의 개념과 구성요소

1. 『한국행정학오십년』에서의 주관주의

먼저 『한국행정학오십년』에서는 주관주의에 대한 언급이 없을 뿐만 아니라(한국행정학회, 2006),[6] 방법론을 조사・분석론과 같은 범주로 묶는 경우가 많다(박흥식,

6) 행정의 발전을 다룬 한국행정연구원(2008)의 『한국행정60년』에서도 '접근방법'(김영민 교수 집필)이라는 제목으로 간단한 정리가 있으나 여기서 말하는 방법론과는 거리가 있다.

2006: 598). 그것은 일부 학자들이 지적했듯이 "행정학방법론이 그 비중이 미미하다는 이유로 다른 영역에 통합시키고 있는 방식"이다(박흥식, 2006: 597, 각주 4 참조). 물론 현상을 적절히 짚은 것이기는 하나 바람직하다고는 할 수 없겠다. 그 이유는 기초의 영역에서의 연구가 부실함을 지적한 것으로 받아들일 수가 있고 방법론을 조사·분석론과 동일시할 우려가 있기 때문이다. 다만 같은 책에서 개별 연구자들이 언급한 이가종 외(1991)의 분류체계에는 방법론이 독립된 범주로 나타나 있고, 권경득(2006: 621)은 『한국행정학보』 게재논문의 연구경향의 분석을 위해 비교적 자세히 서술하고 있다. 그런 의미에서는 『한국행정학오십년』의 발간 이후 10년이 지난 이 시점에, 방법론을 독립된 분류체계로 선보이고 또 세분되는 현상은 행정학 발전의 한 징표로 보인다.

2. 주관주의의 개념

여기에서의 주관주의는 인문학이나 철학에서 말하는 주관주의와는 약간의 차이가 있다. 인문학에서는 주관주의를 상대주의로 치환하고 있거나(Bernstein, 1983),[7] 심리주의와 동일시하는 경향이 있다(Bertram, 2011). 이들은 모두 해석에 의존하는데(Seung, 1982: ch.8 & ch.9), 해석은 해석 주체(Subject: S)와 해석대상(Object: O)과의 함수관계라고 할 수 있다(제2장을 참조하라). 이때 해석을 통한 의미를 M(meaning)이라고 하면 M은 S와 O에 의해서 결정된다. 따라서 S_1와 O_1의 관계에서 생성된 M_1, S_2와 O_2의 관계에서 생성된 M_2, S_3와 O_3의 관계에서 생성된 M_3, … S_n과 O_n의 관계에서 생성된 M_n으로 정리된다. 이들 집합에서 서로 다른 M값을 가질 때에 주관주의라고 할 수 있다. 나아가 여기에 맥락(context)이 주어지면 유사성과 차이를 만들어 낼 수 있는 틀을 제공한다. 여기서 상대주의의 개념이 도출된다(Seung, 1982: 195-198; 219).

사회과학을 탐구하는 목적은 의미있는 행동(meaningful behavior)이나 현상을 설

7) 이런 흐름은 비트겐슈타인의 후기철학이나 쿤의 과학철학, 또는 하버마스의 진리합의설에서도 찾을 수 있다. 비트겐슈타인의 후기철학에서는 삶의 양식은 어떤 주제로 이야기하는가에 따르고, 이 삶의 양식은 어떤 대화를 하는가라는 관점의 언어게임으로 나타난다.

명하는 것이다(Sen, 1990: 6; Schutz, 1940). 그 의미란 생활세계와 함께 또 시민 속에서의 행정이 전제되어야 하기에, 행정 기능에 중점을 두는 것과 대립함을 뜻한다.[8] 따라서 행정학의 연구의 대상이 되는 것이 무엇이며 어떤 목적에 이바지하는가에 대한 논의가 필요하고 그 논의가 방법론에로 이끌게 된다.

대체로 행정학의 연구대상이 행정현상이라는 데는 일치한다. 그렇다면 이 행정현상은 무엇인가로 논의가 좁혀진다. 행정학의 주류는 행정현상은 사실(facts)로 이루어지며 이 사실에 기초하여 행정에 관한 객관을 확보할 수 있고 이것이 행정학이라고 본다. 따라서 행정 주체의 입장에서 이론구성을 하려고 한다(박동서, 2005). 이에 비해 주관주의는 역사철학이나 과학철학에서 논의된 바처럼 사실(facts)과 행정사실(administrative facts)은 같을 수가 없다. 즉, 과학이라고 하더라도 그것은 많은 사실 중에서 선택된 사실에 기초한다는 인식이다(Parsons & Shils, 1954: 167). 그러므로 행정사실은 사실 그 자체를 넘어서 사실에 기초한 일련의 인정된 판단들(a series of accepted judgements)이다(Carr, 1982: 8). 따라서 연구자와 연구대상의 교감을 의미하므로, 행정현상이란 행정에 관한 객관으로만 이루어진 것이 아니며, 따라서 주관적 요소의 개입이 있을 수 있고 이것이 행정학이라고 본다. 따라서 해석의 문제를 비롯한 주관주의가 행정학에 편입된다(Carr, 1982: 24). 또한 주관주의는 행정의 주체의 입장에서뿐만 아니라 행정의 대상의 입장에서도 가능한 이론구성을 하려고 한다.

행정사실은 사실에 기초한 일련의 인정된 판단들이라는 점에서 실증주의 또는 경험주의 속에 있는 흐름이 공격을 받을 소지가 있고 프랑크푸르트 학파가 주목하는 점도 바로 여기서이다. 이른바 "전체는 비진리이다"라는 비판이론의 명제(이규호, 1971)는[9] 형식논리를 우선시하는 포퍼(K. Popper)의 과학주의적 학문관에게는 허용

8) 시민 속에서의 행정이 전제되어야 한다는 것은 제1장에서 논의한 대로 행정은 생활양식의 조율에 있고, 따라서 시민들의 생활세계에도 관심을 기울여야 한다는 뜻이다. 이 책의 특징은 바로 이 주장에 있다. 그런 점에서는 최근에 볼 수 있는 고객중심주의나 소비자 중심주의는 과녁을 빗나가기는 하였지만(즉, 주권자를 위한 봉사라는 관점이 아니므로) 발전이라고 할 수 있다.

9) 달리 표현한다면 서로 다른 영역에서는 서로 다른 진리가 있으므로, 부분으로서는 전체를 말할 수 없다는 관점이라고 이해할 수도 있다. 이에 비해 "하나의 이론이나 명제로 전체를 파악할 수 있다"는 관점이 객관주의(실증주의)이다. 거대담론 또는 총체성 사유에 기초하는 "전체가 진리이다"라는 객관주의를 주관주의의 "전체는 비진리이다"라는 언명으로 대비해 보일 수 있다(이규호, 1971).

될 수 없는 명제이고,[10] 이는 실증주의 논쟁을 통해 잘 전개되었다(Adorno et al., 1976). 그 연장선상에서 머튼(Merton, 1968)의 중범위이론도[자세히는 제14장 각주 23)을 참조하라] 프랑크푸르트 학파의 흐름과 친화력이 없다.

또 연구자가 어떻게 인식하는가?에 대한 주제도 주관주의가 제기한다. 행정학이 행정과 관련이 있는 행위나 현상을 설명하는 학문이지만, 그것이 변화의 산물로 보면 역사주의로 접근하게 되거나, 변화의 과정으로 보아 변증법적 접근이 될 수도 있고, 불변의 존재를 지향하게 되면 구조주의를 지향하게 된다(이규호, 1971: 410; 이광주, 1981). 그렇다면 행정학은 이런 다양한 흐름도 연구방법으로 도입되어야 한다. 따라서 실증주의에 치우쳐 있음은 바람직하지 못하다. 사실이나 현상은 이미 존재하는 것이고 이를 객관적 방법으로 추구하는 것을 목적으로 하는 실증주의에서 연구자는 자신의 간여없이 행정현상을 파악할 수 있다는 주장이다. 이는 어떻게 연구하고 어떤 방법을 이용할 것인가?(김경동, 1981: 111) 하는 것이 행정현상을 판단하는 데에 간여하게 된다면 실증주의 방법만으로는 정답을 제시할 수 없음이 자명하다. 어떤 흐름에 기초하든지 간에 추구하는 사실이나 현상 그 자체가 이미 비판적 합리주의에서도 인정한 바처럼 '현실에 대한 이론적인 해석의 산물'(이규호, 1971)이라는 것이다. 따라서 이에 대해서는 실증주의와 주관주의의 두 흐름은 일치한다(임의영, 1995). 서론에서처럼 주관주의란 그 대상으로서 확대된 생활세계를, 방법으로서 해석학의 방법을 응용하며, 목적으로서 해방과 사회적 행복을 지향하는 흐름이라고 정의한다. 그럼에도 이 차이가 무엇인가를 살펴보기 위해 <표 7-1>을 준비해 보았다.

<표 7-1>에서 정리한 주관주의를 대체로 반(反)실증주의 패러다임으로, 객관주의를 실증주의 패러다임으로 지칭하고 있다(김종술, 1987; 김진영, 1986).

연구자에게서는 어떤 측면을 문제로 파악하는가?가 여러 연구방법의 선택에 기준을 제공한다(Popper, 1972; 은재호, 2007). 앞서 방법론 논쟁은 행정학의 활성화와 다기화(多岐化)를 가져오고 이를 위해서는 그 전제가 분명하여야 한다고 서술하였

10) 제3장 각주 2)에서 언급하였던 바와 같이 포퍼(K. Popper)는 3 유형의 세계 이론을 전개한다. 실증주의(또는 객관주의)는 행정의 대상을 world 1에서 주로 자리잡게 하고, 이것이 world 3의 어디인가에서 진술되어 행정학을 형성할 것이다. 주관주의는 world 1과 world 2를 포괄하여 진술된다. 즉, 주관주의는 행정학의 연구대상을 넓히는 함축을 지닌다.

표 7-1 주관주의와 객관주의의 2분법

주관주의 (subjectivist approach)		객관주의 (objectivist approach)
명목론(nominalism)	존재론(ontology)	실재론(realism)
반실증주의(anti-positivism)	인식론(epistemology)	실증주의(positivism)
의지론(voluntarism)	인간의 본성(human nature)	결정론(determinism)
개별기술적(ideographic)	방법론(methodology)	법칙정립적(nomothetic)
아도르노 명제 (말할 수 없는 것을 말함)	명제	비트겐슈타인 명제 (말할 수 없는 것에 대해 침묵)
전체는 비진리이다	전체와 진리와의 관계	전체가 진리이다
현상학, 해석학, 비판이론	유파(流派)	논리경험주의, 논리실증주의

출처: Burrell & Morgan(2006: 3); Hughes & Sharrock(1980); Howell(2013); Bernstein(1983); 이성우(2012) 종합 및 수정.

는데, 주관주의 행정이론은 바로 이 지점에서 기여할 것으로 보인다. 그 보기를 원자력발전 송전선 건설과정에서 발생한 밀양사태에서 보듯이(제13장을 참조하라) 주민의 분노라는 사례를 중심으로 나타낸 것이 <표 7-2>이다.

표 7-2 다양한 질문 및 방법론의 다기화

연구 질문	주요 특징	적절한 접근법
분노한다는 경험의 주된 특징은 무엇인가?	체험으로서 '분노'의 공통된 구조에 초점	현상학 (phenomenology)
불평을 하는 사람들은 분노한다는 것을 어떻게 이해하는가?(원문은 '의학적 치료에 불평하는'이 첨가됨)	특정 경험을 공유한 사람들인 경우, 특정 상황에서의 개인적인 의미와 이해형성에 초점	해석현상학적 분석 (interpretative phenomenological analysis)
분노하게 만드는 사건을 묘사하기 위해 어떤 종류의 이야기 구조를 사용하는가?	이야기가 이해형성에 어떻게 관련되는지에 초점 (예: 장르 혹은 구조를 통해)	이야기심리학 (narrative psychology)
분노를 통제하는 방식에 어떤 요소들이 영향을 주는가?	설명 수준의 서술을 전개하려는 자발성(요인, 충격, 영향 등)	근거이론 (grounded theory)
분노한다는 것에 대해 친한 사람들에게는 어떻게 이야기하는가?	내용에 덧붙여 상호작용에 초점: 분노 자체에 관한 무언가를 유추하는 것에 조심	담론심리학 (discursive psychology)
사건 보고서에서 분노는 어떻게 구성되는가?(원문은 '양로원 출처의 사건 보고서'로 되어 있음)	다양한 자료 출처를 활용하는 자발성: 특정 환경의 관례에 따라 상황을 '이해해야만 한다'는 방식에 초점	푸코식 담론분석 (Foucauldian discourse analysis)

출처: Smith et al.(2009: 45).

반실증주의를 표방하는 주관주의는 과학적 방법으로 설명불가능한 세계가 있고 과학적 방법으로 환원불가능한 영역이 있음을 주장하고, 의미나 이해의 중요성을 부각시킨다(박순영, 2012). 현재에도 객관성을 표방하는 행태주의나 실증주의가 여전히 주류를 이루고 있지만,[11] 1970년대 이래 밖으로 보이는 것을 우선하느냐, 의미를 우선하느냐의 이슈가 제기된 이래 다양한 비주류 흐름들이 있어 왔다(Lynch & Cruise, 2006; Frederickson, 1980; Marini, 1971; 김동식, 1995).

행정학에서 주관주의의 도입이나 응용에서의 기본 태도는 인문학에서 논의된 것을 참조는 할 수 있으나 다른 흐름으로 보아야 한다는 점이다(<표 7-3>을 참조하라). 그 이유는 행정학은 사회과학으로, 인간 그 자체의 속성을 연구하는 것을 넘어서기 때문이다. 이러한 것을 참조하여 행정학에 유용한 틀을 제시하는데, 그 첫째는 행정학에서는 정책에 따른 요소를 핵심으로 한다(유민봉, 2012). 따라서 의식의 연구는 의식 그 자체보다 정책으로 인한 의식의 변화에 초점을 둔다. 그러므로 윌리엄 제임스(William James) 류(流)의 현상학이 행정학에 기여할 몫이 크다는 함축이다(제13장을 참조하라). 한편 주관주의의 관점에서는 생활세계도 공동체나 지역사회와는 차이를 둘 수 있고, 생활세계의 합리화에 초점을 두는 하버마스와도 차이가 있다(Habermas, 1981; 1986).[12] 이를 정리한 것이 <표 7-3>이다.

이상의 기술에 따라 차례로 살펴본다. 그동안 행정학은 현재 행정의 환경으로 작용하는 후기자본주의의 문제에 대해 다른 학문에 비해 비교적 관심을 덜 가졌다. 그나마 이에 대한 관심을 보이고 있는 저서들을 보면 국가-사회 간 관계와 거버넌스

표 7-3 인문학의 주관주의와 주관주의에 기초한 행정학 비교

		인문학	주관주의 행정학
목적	해방을 위한 비판	개인적 행복을 위한 해방	사회적 행복을 위한 해방
초점	현상학	의식의 해명	정책에 따른 의식의 변화
방법	해석학	텍스트의 해석	① 구조화된 해석 ② 언어철학적 해석(이규호, 1971)
대상	삶의 무대	생활세계	확대된 생활세계(또는 공동체)

11) 다른 학문에서도 이에 대한 반성이 있지만 행태주의나 실증주의가 주류라고 한다(Sen, 1990: 4).
12) 저자는 생활세계는 합리적인 요소와 불합리한 요소가 혼재(混在)한다고 생각한다.

능력을 중심으로 논의되거나(정용덕, 2001), 현대국가의 융성과 몰락과의 관련성 속에서 논의하고 있다(김석준, 1994). 여기서 후기자본주의 국가란 복지국가 형태로도 존속하기 힘들고 복지국가와 함께 해도 존속하기도 힘들다는 오페(C. Offe)의 명제, 즉 복지국가의 모순(Offe, 1987; Lindberg et al., 1975; Offe, 1988; 김태환, 2015)이 그 핵심이다.[13] 이 현상을 행정학의 관점에서 대입하면 행정국가로의 진행과 그 부작용이라 할 수 있다.[14] 주관주의 흐름은 이에 대한 해결책을 제시하여 공헌할 바가 큰 것으로 보인다. 그 단서를 <표 7-4>에서 제시된 관심의 유형과 과학 분야를 대조해 보면 알 수 있다.

표 7-4 인식과 관심

인간과의 관계	과학 분야	관심	인식	사회적 매체
자연	경험–분석적 과학 (자연과학)	기술적/도구적 관심	기술적 인식 또는 도구적 인식	노동
역사	역사–해석학적 과학 (정신과학)	실천적 관심	실천적 인식	언어
지배	비판적 사회과학 (체계적인 인간과학)	해방적 관심	해방적 인식	지배

출처: 신응철(1996); Habermas(1972).

사물과 인식하는 주체 사이에는 상호관계가 있는데, 이를 하버마스는 관심이라고 규정한다(신응철, 1996). 관심은 <표 7-4>에서 보듯이 세 가지 범주로 이루어진다. 따라서 실증주의적 인식이란 그 한 유형에 불과하다. 앞서 새로운 방법론 논쟁이 필요하다거나 "말할 수 없는 것을 말해야 한다"거나, "전체는 비진리이다"라는 명제들은 이를 극복하기 위한 시도이다.

---

13) 하버마스에 따르면, 후기자본주의 사회에서는 국가와 사회의 구별은 의미가 없다고 한다(이규호, 1971). 복지국가의 모순도 이와 관련이 있다. 복지국가의 모순을 미시적으로 해석하여 '복지의 모순'으로 전환하면 논의할 가치가 있는 주제로 보인다(이광석 외, 2015).

14) 따라서 저자는 지난 시절 강의 과목이었던 '행정국가론'이 지금 교과과정에서 사라진 점을 아쉽게 생각한다. 복지국가의 관점에서도 관료제 행정은 보편적이므로 행정국가론에서 복지국가 체제에서의 관료제 행정뿐만 아니라, 전문가(expertise)가 행정에 참여하는 전문가주의 행정(professionalism)도 다룰 수 있다(Clarke & Newman, 1997: 6). 행정국가론이 이런 내용을 다루고 이들을 아우른다면 사회복지학과에서 강의되고 있는 '복지국가론'의 일부도 포함할 수 있으리라고 본다(김태성 · 성경륭, 1999).

그림 7-2 세 가지 하위체제 간의 관계

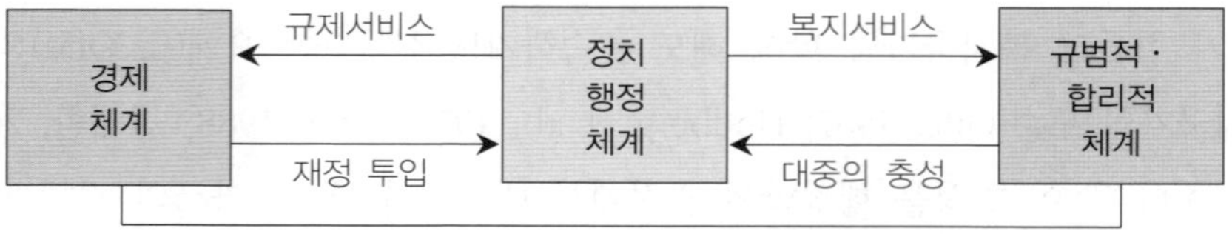

출처: 김태성·성경륭(1999: 145); Offe(1984: 52).

위 명제들을 옹호하는 비판이론적 관점에서는 정부를 위기관리(crisis management) 체제로 본다.15) 이 관점에서 체제는 [그림 2-2]를 다시 그린 [그림 7-2]에서 보듯 경제체계, 정치행정체계, 규범적·합리적 체계 등 세 가지 유형의 하위 체계로 이루어져 있고 사회 전체는 상호 간에 의존 및 규제하는 원리들로 구성된다.16)

세 가지 하위체계 간의 관계에서 행정은 아주 중요한 의미를 지닌다. 그것은 규제서비스와 복지서비스가 행정의 본질임을 암시하고 행정은 대중의 충성과 재정투입이 필수적이라는 것이다. 여기서 체계가 매끄럽게 작동되지 않을 때 생활세계로 하여금 체계를 따르도록 유도하게 된다. 이를 체제의 정박이라고 하고(장춘익, 2015), 더 나아가면 생활세계의 식민지화가 진행된다(김창호, 1996: 192). 이에 대한 연구는 주관주의에 의존하게 되는데, 이에 관한 체계적인 이론이 마르쿠제(Hebert Marcuse)의 『일차원적 인간』이다. 그는 후기산업사회를 다음의 세 가지로 분석한다(이규호, 1971). 첫째로 현대 사회 전체는 테크놀로지에 의한 완전 지배라는 것이고 이성이 여기에 이바지하고 있음을 의미한다[도구적 이성](백승균, 1982: 187). 또 완전히 지배될 뿐만 아니라 억압적인 사회이다. 동시에 물질적 풍요가 함께하므로 소비생활 안에서 인간성의 소외를 가져오고 이는 완전 지배를 더욱 쉽게 하도록 도와준다.17)

---

15) 위기는 두 가지로 나눌 수 있는데, 하나는 산발적 위기(sporadic crisis)로서 체제 내의 위기를 말한다. 다른 하나의 위기는 위기를 만들어 내는 구조, 즉 사회적 과정의 문법(grammar)을 지키지 않는 것을 말하는데, 이를 위기관리 체제의 위기(crises of crisis management)라고 한다(Offe, 1984: 37). 물론 여기에서는 후자에 방점을 두지만 둘 다 아울러 위기관리가 행정의 역할임을 암시하는 것이다(제6장을 참조하라).

16) 제6장 각주 32)에서 설명한 대로 경제체계는 사적으로 소유하는 상품들의 이윤추구를 위한 생산과 교환이 이루어지는 체계를 말하고, 규범적·합리적 체계는 사회 안정이 이루어지도록 하는 역할을 수행하는 체계이며, 정치행정체계는 이 두 유형의 체계들을 관리하는 체계이다.

둘째로 테크놀로지에 의해 표면적으로는 합리화되어 가지만 전체적으로는 그 모순이 심화되어 간다는 것이다. 실증주의(또는 기술적인 사회과학)는 여기에 이바지하고 있다. 따라서 실증주의의 방법론을 비판하는 것이다. 이러한 전체의 불합리성 또는 심화된 모순성으로 인해 부분적인 개혁이 아닌 전체적인 혁명이라야 억압적인 체제를 종식시킬 수 있다. 셋째로 현대 사회에서는 변증법의 정지가 발생하는데, 부정적인 성격을 지양할 수 있는 어떠한 주체도 실천도 생각할 수 없기 때문이다. 현대사회에서 테크놀로지를 통해 완전히 지배하고 있고, 또 혁명의 주체인 노동계급은 소비생활 속에서 변화를 바라지 않는다. 따라서 인간해방운동의 종말을 뜻한다. 이를 극복하기 위해서는 새로운 사회를 창조할 수 있는 새로운 인간(homo novus)의 요청이라는 또 하나의 차원이 필요하다.

이들의 논의를 수긍할 만한 담론도 있는데, 이 해방을 사회적 행복으로 바꾸면 행정학의 입장에서는 이론의 재편성도 가능할 것이다. 이를 위해서는 전통적으로 논의되어 온 행정 내부의 행정인(行政人)이나 행정의 대상의 관점에서 벗어나 행정주체 및 행정의 상대방 또 그 사이의 징검다리(제2장에서 서술한 행정$_1$, 행정$_2$, 행정$_3$을 포함하여)의 관점에서도 바라볼 수 있어야 한다.[18] 이는 후술하는 자립모형(independent model)과 상호의존모형(inter-dependent model) 사이의 대립과 조화의 문제일 수도 있다.[19]

---

17) 이는 마르크스(Karl Marx)의 명제인 "빈곤 속에서의 소외"가 아닌 "소비 속에서의 소외"라고 한다(이규호, 1971).

18) 행정의 상대방의 관점이란 행정서비스의 수혜자든 아니면 행정에 참여하는 시민이든 시민사회단체든 모두를 포괄한다. 또 행정주체의 관점에서는 행정주체 속에 존재하는 개인의 의식이나 해석, 생활세계 등을 다룬다. 행정주체와 행정의 상대방 사이의 징검다리 역할을 하는 숙의민주주의 방식도 중요하다.

19) 효율성 패러다임이 지배하는 행정은 그 성격상 자립모형에 기초하고 이를 선호하는 듯하다. 그 의미는 약자에게 눈길을 두기보다는 기성의 계층에 유리한 정책을 생산할 가능성이 많다는 점이다. 비판이론은 이에 대한 비판이다. 이와 흐름을 같이하는 문화연구(cultural studies) 이론가인 홀(Stuart Hall)에 따르면, 이데올로기는 집단이나 사회의 현실에 대한 이해를 조직하는 생각 체계라고 정의하고, 그 성격을 지배적인 그룹이나 계층이 그들의 이익 및 권력을 유지하고 통제하기 위해서 사용하는 기술로 보며, 문화연구이론이란 이들을 밝히는 것이 목적이라고 한다. 즉, 문화연구 이론가들은 하나의 문화가 서로 다른 이데올로기 사이에서 문제를 겪으며 생산·재생산·변화하는 방법을 연구한다. 이 때 문화연구에서 문화의 의미는 ① 한 문화는 이데올로기로 구성되어 있고, ② 문화는 한 사회의 실제적이고 구체적인(concrete) 관행의 특성을 보여준다는 전제에 입각한다. 더 나아가 지배적인 이데올로기는 교회나 사원, 학교나 입법부, 언론과 같은 사회조

철학에서 논의하는 해석학은 훔볼트(W. von Humboldt)의 언어철학적 전통으로 내용중심적 언어학의 교화를 받은 대륙철학적 언어적 전회이다(Habermas, 2004; Bleicher, 1983: 29).[20] 그 원류(源流)는 성서나 법률이나 고전의 해석에서 기원하여, 의미의 함유(meaning-bearing)에 대한 학문으로 발전하였고, 이제는 지식에 관한 학문(theory of knowledge)으로 이해되고 있다(Mautner, 2000: 248). 해석학은 정신의 객관화(objectivation of mind)에 관계하며(Bleicher, 1983: 30; Mautner, 2000: 248), 이해나 의미의 해석을 추구하는데 어떤 대상에 대한 연구자의 관심과 선택과 해석, 그리고 언어적 파악을 통해서 주관에 의해 드러난다(이규호, 1971: 422; 이정복, 1980). 이는 체험-이해-해석의 틀을 가지며(이규호, 2005; 오용득, 2005), 의미지평에 관한 것으로 문자로 이루어진 텍스트를 기술적 차원의 이해능력을 통해서 이해하는 일이기도 하고,[21] 하이데거(M. Heidegger)에게서 보듯이 현사실성을 해석하는 일이다(오용득, 2005: 55, 73).[22]

직의 지원으로 지배적 권력 유지하는데, 이런 기관들은 이데올로기를 정당화하거나 서로 경쟁하는 이데올로기들을 하찮은 것으로 만들거나 침묵시키는 기능을 지닌다. 문화연구 이론가들은 마르크스주의 이론에 깊게 영향 받고 있지만 경제가 개인의 행동을 결정한다는 마르크스주의 개념을 받아들이지는 않는다. 물론 그 범위가 너무 넓다거나 너무 이데올로기적이라는 비판을 받기도 한다(Wood, 2000).

20) 사회과학에서 언어적 전회는 행위의 기준을 세웠다는 데 의의가 있다. 예컨대, 혼자서 길을 가면서 중얼거린다면 비정상적인 사람으로 볼 것이다. 그러나 휴대폰으로 통화하고 있다면 사정을 달라진다. 즉, 주체 중심적 사고에서 매체 중심적 사고로의 이행이다. 이는 언어적 전회에서 유래하는데, 언어적 전회란 언어는 중립적 매개자가 아니라 인간의 사유나 행위 양식을 결정하는 매체라는 생각에 입각해 있다(Bertram, 2011). 이 관점에서 저자는 행정학은 명제로 이루어진 언어체계이며, 질적 연구가 언어적 방법에 의존하므로, 연구자들에게 언어에 대한 재인식을 촉구해 왔다.

21) 물론 여기에서 텍스트를 해석하는 기술이란 그 텍스트에 문자 그대로의 의미가 아니라 그 이상의 무엇인가 다른 의미를 담고 있기 때문이다(곽영순, 2011). 가다머(H.-G. Gadamer)가 그의 저서에서 해석학을 이해하는 열쇠로 '번역'의 개념을 차용한 것은 '낯설기'(strangeness)와 '낯익음'(familiarity)이라는 양극단 사이에서 거리두기(distance)라는 의미로(Connolly & Keutner, 1988: 29-30), 딜타이(Wihelm Dilthey)에 따르면, 해석은 전적으로 생소한 표현과 전적으로 숙지된 표현과의 극단적인 대립의 중간에서 가능하다고 한다(윤명로, 1973). 이런 견해들은 문자 그대로의 의미가 아니라 그 이상의 무엇인가 다른 의미를 담고 있다는 유비로 이해될 수 있다.

22) 현사실성(facticity)이란 내가 세계 속으로 피투(어떻든 이미 이 세상에 태어났기에 자기의 존재가 던져져 있음을 의미하는 용어)된 채 과거부터 현재까지 존재해왔다는, 나의 현재완료적 존재의 사실을 가리키는 말이다. 이러한 현사실성은 눈앞에 있는 현전자의 사실성과 구별되는 현존재의 시간적-역사적 존재성격이다. 이러한 현사실성과 더불어 인간을 특징짓는 또 하나의 존재성격은 실존성이다. 실존성이란 현존재가 단순히 현사실적이지 않고, 오히려 자기의 현사실적인 존재를 자기의 것으로 떠맡으면서 자기의 존재를 부단히 기투하고 있음을 가리킨다[https://terms.

해석학에서 채택된 해석학적 순환에 따르면, 어떤 주어진 부분을 이해하기 위해서는 전체를 바라보아야 하고 전체를 이해하기 위해서는 부분들을 살펴보아야 한다(Smith et al., 2009). 즉, 의미란 부분과 전체 사이의 동적인 관계로, 연속되는 수준에 따라 움직이는 것과 관련이 있다.

해석학에는 방법론으로서의 해석학, 존재론으로서의 해석학, 현상학적 해석학, 비판적 해석학 등의 다양한 유형들이 존재한다(Bleicher, 1982; 백승균 외, 1996). 방법론으로서의 해석학에 초점을 두면[23] 사회과학은 객관적 해석이라는 방법을 통해서 학문적 진리를 찾는 것이라고 할 수 있다(Weick, 1995: 38-43). 그러므로 허쉬(E. D. Hirsch)에게서처럼 타당화의 논리에 기초하여, 구체적 상황에 적용되기 전에 순수 의미론적으로 이해되어서 객관적으로 검증가능한 의미가 되어야 한다(김영한, 2001; Hirsch, 1978).[24] 이를 위해 해석이 가능하도록 하는 구조화된 것을 탐구하여

---

naver.com/entry.nhn?docId=801064&cid=41978&categoryId=41982](서울대학교 철학사상연구소).

23) 해석학의 목적은 "작가가 이해한 것보다 더 훌륭하게 작가를 이해하는 것"에 있다(Mautner, 2000: 248). 이를 위해서 "표현 속에 간직된 추체험에 의해서 실현하는 동시에, 이 체험들에 공통된 징표들의 관계를 확정하여야 하며, 이로써 그 표현이 등장하는 어떠한 연관에서나 그 표현의 해석이 이 연관과 부합하여야 한다"(윤명로, 1971). 예를 들면, 불교와 유교라는 특수한 전통 속에서 살아온 우리에게 『성서』의 진정한 의미는 단순한 독해만으로는 파악되지 않을 뿐만 아니라 잘못하면 완전한 난센스로밖에 보이지 않을 것이다. 따라서 『성서』의 진정한 메시지, 즉 의미를 파악하려면 그 문자적인 뉘앙스 및 그것이 쓰인 역사적이고 사회적인 여러 여건들을 고려하여야 한다는 것이다(박이문, 2009: 80-81). 그 전제로 학문의 경우에는 그 표현이 개념으로 나타나 있을 경우에는 그 해석이 개념으로 대치될 수 있도록 일의성(一義性)을 지녀야 한다고 한다(윤명로, 1971). 즉, 생활양식 속에서 언어게임을 파악하여 인간 내면을 다룬다 하더라도 객관적인 의미가 해석하는 이의 바깥에 별도로 존재하므로 인간 행위의 주관적 의미를 객관적인 방법으로 이해할 수 있다고 본다(곽영순, 2011: 145-146). 다만 이 견해를 취하는 이들(해석주의자)은 의미에 대한 객관주의자의 주장을 인정하지는 않는다. 객관주의자는 실재(=텍스트)나 인간 행위는 그것에 대한 해석과는 독립적으로 외부에 존재하는 것이어서 해석의 정확성을 결정하는 준거점 역할을 한다고 주장한다(<표 4-1>을 참조하라).

24) 허쉬(E. D. Hirsch)의 지적은 "객관적 의미(meaning)와 의미의 작용인 의의(significance)를 구별하고(Silverman, 2009), 해석학을 구절의 언어적 의미를 타당하게 결정할 수 있는 규칙들을 설명하는 학문"으로 본다는 데 있다(김영한, 2001). 이에 대해 철학적 해석학의 관점은 이해는 우리 삶의 기본으로 인간이기 위한 존재 조건 그 자체로 본다. 즉, 이해는 곧 해석으로 어떤 것을 어떤 것으로 받아들이는 것을 말하며, 이 속에는 편견이나 전통 및 역사적 인식 등이 묻어있다. 그러므로 이해는 참여적이고 대화에 기초한다. 따라서 철학적 해석학은 사회적 구성주의와 상통하게 된다(곽영순, 2011: 144-149). 행정학에 주는 시사점은 실체와 언어 사이 또는 표상과 언어 사이에 틈이 있는데, 이를 메꾸어야 한다는 것이다(이규호, 2005b). 이는 제10장에서 보듯 소

야 한다(오용득, 2005: 55). 여기에는 일상적으로 구조화된 것과 무의식에 의한 구조화된 것을 말하는 것으로,[25] 정부나 시장이나 사회에서 볼 수 있는 의미지평으로서의 전통과 문화는 물론이고 관행이나 관습에 따른 행위를 해석하거나 그 배후에 있는 것의 추구를 포함한다. 예를 들면, 푸코와 데리다의 철학이나 후기구조주의가 말하는 언어와 권력 등이다(은재호, 2011). 이에 비해 의식에 의한 작용이 있는 바, 전형적으로 행정학에서 언급하는 해석활동이나(권향원, 2014) 상황에 따른 해석 등이 그 사례라고 할 수 있다. 행정학에서는 후자를 중심으로 고찰하고 있지만 불완전하다. 따라서 완성을 향해 나아가려면 언어철학적 해석학 또는 해석학적 언어철학이 연결고리로 작용할 수 있다(한국해석학회, 1999; 이규호, 2005). 특히 베티(Emilo Betti)가 추구해 온 "지식(knowledge)이란 현실에 대한 수동적인 거울이 아니라 오히려 우리가 대상들을 파악하는 방법에 의해 그 대상들이 결정된다"(Bleicher, 1983: 28)라는 관점을 받아들여, 행정학적 지식으로 나타남(즉, 행정현상)과 관계되는 다양한 의미의 해석으로 응용한다면 유익한 방법론으로 발전할 가능성이 높다(Bevir, 2004; 김영한, 2001).

또 다른 한 흐름은 최근에 선보인 해석현상학적 분석(Interpretative Phenomenological Analysis: IPA)이다. 연구대상인 참여자의 체험에 대해 자신이 이야기하는 것을 통해(즉, 현상학적인 것으로 의미를 만드는 것[meaning-making]), 연구자의 경험을 지향적 렌즈로 삼아서(즉, 해석학적인 것으로 참여자의 세계 이해에 대해 의미를 부여하는 것[sense-making]) 이를 이해하게 된다. 해석학적인 것(interpretative)과 현상학적인 것(phenomenological)을 결합한 분석이라는 점에서 유용한 방법론으로 보인다(Smith et al., 2009).

행태주의가 반-생성론(anti-mentalism or externalism)에 입각하는 데 비해, 현상학은 생성론(mentalism or internalism)에 기초한다는 점에서 구별되고, 논리학과 같은 이성주의와도 구별된다(김지홍, 2002). 현상학의 생성론적 성격으로 인해 인문

통으로 이끈다.

25) 이는 자크 라캉(Jacques Lacan)이 말한 "무의식은 언어처럼 구조화된다"라는 주장을 참조할 만하다(성지훈, 2016). 다른 의미로는 해석이 필요없는 것의 해석이라고 부를 수 있는데, 예컨대 전통이나 문화가 의식이나 정신 속에 박혀 있어서 집단적 해석으로 작용하는 것을 말한다(박찬부, 2011: 31). 행정을 포함한 사회를 움직이는 것의 상당 부분은 여기에 기초하는 것으로 보인다.

학에서는 의식 그 자체에 대한 연구를 중심으로 하겠지만, 행정학에서는 의식 그 자체에 대한 연구보다는 정책 주체나 정책대상들이 어떻게 정책결정이나 집행에서 합의를 도출하거나 파탄에 이르는가를 생생히 보여주는 '의식의 흐름'에 대한 연구가 더 어울리고(제13장을 참조하라), 그런 면에서 현상학은 행정학의 발전에 공헌할 가능성이 크다(Bird, 1999; Myers, 1986; Putnam, 1997).[26]

하버마스에 따르면, 생활세계는 의사소통행위의 상보(相補)개념으로 도입되고 있다. 생활세계는 의사소통행위의 지평과 배경이면서 동시에 의사소통행위에 의해 재생산된다. 그 이유는 서로 대화를 할 때 문화적 자원을 배경으로 상호이해에 도달하기 때문이다. 그 상호이해의 결과물(새로운 부가물도 포함하여)은 다시 생활세계의 문화로 축적된다. 또한 생활세계는 집단 구성원에 대해 소속감으로 작용하며 동시에 의사소통행위를 통해 사회적 통합과 연대성이 산출되고 정체성을 형성하도록 한다. 즉, 생활세계를 통해 '우리'로 느끼게 하는 배경으로 작용한다(장춘익, 2015). 이 과정을 통해 생활세계라는 개념은 사회적 자본과도 연결되고 또 '공동체'라는 개념을 보충할 수 있을 뿐만 아니라 그것을 넘는 시사를 제공해 줄 수 있다.[27] 하버마스는 생활세계의 구성요소로 문화 · 사회 · 인격으로 보기 때문에 미드(George H. Mead)나 뒤르켐(Emile Durkheim) 또 현상학에서 보는 생활세계보다 넓게 개념을 파악하

---

26) 이런 의미에서 후설(E. Husserl)은 초월론적 주관주의에서 주관은 세계와 대립되어 있는 의식이 아닌 세계의 의식이지만, 하이데거는 이를 더욱 '근본화'시키려 했다. 그가 보기에 후설(E. Husserl)의 초월론적 의식 역시 주관적이고 관념적인 것으로 그 토대를 찾으려 하였다. 그것이 바로 세계 속에서 이미 사실적으로 살아가는 실존의 인간이다[사실성: factivity]. 후설에게 나타나는 가장 승화된 현상학적 행태로서의 의식이라 해도 실존적 인간으로부터 파생한 것이다. 이 실존적 인간을 축으로 삼아 현상학을 보다 철저하게 시키려 하였다. 즉, 그는 선험적 확실성은 후설이 말하는 순수의식에 내재하는 것이 아니라 주체와 객체 사이의 대립이 허물어진 '세계－내'에서 실존하는 인간의 '일상성과 사실성 속에 있는 것'이다. 이는 논의의 패러다임이 인식론의 형태에서 존재론의 형태로 이행함을 의미한다(송석랑, 2003).

27) 따라서 현상학은 의식의 순수한 구성이 아니라 세계로 소급해 들어가는 과정이며, 생활세계 속에서, 또 실존의 참여 속에서 형성되는 것을 해명하여야 한다. 아울러 실존적 인간의 전의식에 있다는 사실은 의미의 성질로, 의미는 세계 내 존재인 인간의 의미참여를 통해 얻어지는 것이다. 즉, 후설(E. Husserl)이나 하이데거(M. Heidegger) 둘 다 인간을 출발점으로 삼았지만 전자가 코기토(cogito)를 뛰어 넘을 수 없었음에 비해, 후자는 객체와의 만남 속에서 의미의 발생에 한 부분으로 참여하는 이해의 사유를 확보하여 그곳에서 전합리성을 정초하려고 한다. 이 의미가 존재로 명명된다. 따라서 현상학은 의미의 존재론[의미의 현상학]이 되고, 여기에서 언어의 변형에 대한 논의가 필요하게 된다. 그러므로 주관중심주의의 극복은 언어의 극복이 된다(송석랑, 2003).

고 있다. 이 점에서 행정학에서의 시사점이 많으리라 생각한다. 그러나 하버마스의 생활세계의 합리화를 액면 그대로 받아들이기에는 문제가 있어 보인다. 가다머의 주장에서처럼 그 속에는 비합리적 요소도 포함되기 때문이다.

주관주의에 속하는 현상학과 해석학의 차이는 무엇인가? 현상학의 후설(E. Husserl)과 해석학의 딜타이(W. Dilthey)가 의식체험이라는 내면세계를 탐구의 영역으로 삼았지만 그 지향하는 바가 서로 달랐다. 그 차이를 그들의 표현으로 응축할 수 있다. 즉, 딜타이가 역사적 · 사회적 체험을 왜곡없이 이해하려는 것을 후설은 역사적 상대주의로 평하는데 비해, 후설이 절대적 · 보편타당한 본질의식에 입각하려고 시도하는 바를 딜타이는 생성 · 유전하는 사상(事象)을 개념으로 응고시켜버린다고 평한다(윤명로, 1971). 박이문(2009: 80－81)에 따르면, 그 차이의 요약은 다음과 같다. 해석학과 현상학은 언어사용자의 주체성에 초점을 두는 데에서는 같다. 그러나 현상학이 주체의 의식에 의해서 경험된 대로의 어떤 대상의 의미(후설의 말에 따르면, 어떤 대상의 본질)를 캐 내려하는 데 비해 해석학은 어떤 언어 보편을 통해 그 언어사용자가 전달하려고 하는 의미의 발굴에 있다. 또 현상학이 언어 이전에 존재했다고 믿어지는 체험을 기술하고 환원하는 것인데 비해 해석학은 텍스트(신화나 문학작품)의 의미를 찾아내는 방법론이다. 물론 여기서 말하는 언어란 예술작품, 사회구조, 습관·역사 등 문화적인 모든 현상을 말한다. 즉, 넓은 의미로서의 언어이다.

인간을 어떻게 볼 것인가?를 살펴본다. 객관주의의 관점에서는 구성원이나 개인을 논리적 원자론에 기초하여 삶의 궤적을 의존(dependent)에서 자립(independent)으로의 행로로 본다[자립모형](Kim, 2002). 그렇기 때문에 자유민주주의 체제와 잘 어울린다는 점이다(이덕복, 1993). 앞서 서술한 대로 객관주의의 가치와 사실의 분리는 행정학에서는 정치와 정책의 분리라는 모습으로 응용되고(이덕복, 1993: 55－74), 이는 기술관료적 모형(technocratic model)로 나타나 자유민주주의적 공공정책 형성에 이바지하였음을 함축한다. 더 나아가 이는 "인간에 대한 통치는 사물에 대한 관리로 대체되어야 한다"(Iggers, 1958; 이덕복, 1993에서 재인용)는 관리과학의 명제와 효율성 패러다임이 도출된다. 이는 현대에서 국가작동의 원리 중 하나로 자리잡았다(이덕복, 1993). 이에 비해 주관주의에서는 의존(dependent)에서 자립(independent)으로의 행로를 넘어 상호의존(inter－dependent)으로의 삶을 지향한다[상호의존모형]

(Lukus, 1994). 생활세계가 의미있는 것은 바로 이 지점이며 따라서 행정학이 지향성을 <표 7-4>의 관심과의 결합을 통해 주의를 기울이고 발전시킬 필요가 있다.[28)]

제 5 절 | 행정학에서의 주관주의에 관한 연구 검토

1. 최근까지의 연구동향

단행본에서 언급되고 있는 주관주의에 대한 초창기의 연구는 강신택(1981)에서 그 싹을 볼 수 있다. 물론 단편적이므로 본격적인 연구라고는 할 수 없으나, 주관주의의 발전 과정을 살펴볼 때에는 의미가 있다. 행정학 저널에 실린 주관주의에 관한 논문들을 정리해 보면 김광웅(1975)에서는 후기행태주의 방법론의 하나로 언급하고 있다. 김종술(1987)은 행정규범들의 개념분석을 통해 객관주의 성향의 주류 행정학과 주관주의 성향의 비주류 행정학의 차이를 대비시킴으로써 주관주의라는 용어가 등장하고 있으며, 김종술(1991)과 김종술(1992)에서도 주관주의에 관한 논의를 확장하였다. 여기서는 주관주의에 관련된 논문들을 조감도 방식으로 먼저 정리하고 각각

28) 자립모형과 상호의존모형의 실제 사례를 살펴본다. 지역사회에 홍수가 났을 때 그 복구비용을 어떻게 해야 하는가? 영국 서머싯(Somerset) 지방에 홍수가 났다. 그 복구비용은 물론이고, 홍수대책으로 Somerset 지역에서 홍수를 일으키는 강(Somerset Levels)의 수위를 낮추기 위해 준설(dredging)이 필요하고, 이를 위해서 홍수지역의 지방세를 올려 당사자가 복구비용을 부담하도록 하여야 한다는 정책을 시행하였다. 이 정책은 홍수와 전혀 상관없는 지역의 주민으로부터 징수한 국세로, 홍수지역에 대한 수해예방의 대책으로 이전시키는 것은 일종의 특혜라고 보았기 때문이다. 여기에 대한 반론이 수해를 입었던 지역주민들의 반응으로 축적해 놓았던 재산도 흩어졌는데, 여기에 지방세까지 인상하는 것은 지나치다는 것이다(http://www.bbc.com/news/uk-england-somerset-29851345). 만약에 다른 지역이 수해나 또는 재해를 입었을 때 Somerset 지역주민도 당연히 국세 부담을 할 것이라는 일종의 묵시적 상호계약관계로 본다. 이 두 정책의 근저에는 상호의존(inter-dependent) 모형에 기초할 때와 자립(independent) 모형에 기초할 때의 기본적 관점의 차이에 근거한다. 앞서 언급한 논리적 원자론에 근거하는 정책과 생활세계나 공동체에 기초한 정책의 되풀이이다. 더 나아가 행복의 추구에서 사회적 행복이 중시된다면 상호의존(inter-dependent)에로의 삶에 관심을 두어야 할 것이다. 그 사례는 생활정치를 통해 구체적 인간의 삶을 증진시켜 주는 방향으로, 최저임금을 넘어 생활임금의 보장(또 기본소득)으로 진행하고 있다.

표 7-5 현상학

번 호	연 도	구 분	제 목	저 자
1	2016	『한국정책학회보』 제25권 제1호	현상학과 사회과학연구: 정책연구에의 질적방법론적 적용을 중심으로	권향원
2	2014	『한국행정학보』 제48권 제3호	행정과 생활세계의 충돌과 조화에 관한 연구	이광석
3	2012	『行政論叢』 제50권 제1호	제도와 마음: 현상학 및 언어, 심리철학적 접근	사공영호
4	2010	『한국행정학보』 제44권 제1호	기존 행정학자들의 새로운 학문체계의 담론에 관한 연구	남지원
5	2010	『한국행정학보』 제44권 제3호	생활세계 관점으로 본 맞춤형 경찰복지: 경찰업무 특수성에 따른 복지의 차별화	신충식, 이광석, 오수길
6	2005	『한국행정학보』 제39권 제4호	공공부문 혁신의 접근방법에 관한 인식론적 비평	김선명
7	2004	『한국행정학보』 제38권 제4호	행정학에 있어서 현상학적 방법의 가능성 탐색	소영진
8	2001	『한국행정학보』 제35권 제1호	약자의 설득전략: 어느 하위직 지방공무원의 개혁활동에 대한 현상학적 보고서	윤견수
9	1995	『한국행정학보』 제29권 제4호	과학적 방법론과 현상학적 방법론의 이질동형성비판	임의영
10	1991	『한국행정학보』 제25권 제4호	『대학』과 『중용』을 통해서 본 공무원의 윤리관: 현상학적 해석	김종술

표 7-6 해석학

번 호	연 도	구 분	제 목	저 자
1	1992	『한국행정학보』 제26권 제4호	해석학과 정치사상	김종술

표 7-7 비판이론

번 호	연 도	구 분	제 목	저 자
1	1992	『한국행정학보』 제26권 제2호	정책분석과 비판이론	문태현

의 논문들 내용의 서술은 현상학(<표 7-5>), 해석학(<표 7-6>), 비판이론(<표 7-7>)으로 나누어 정리해 보았다.

참고로 『한국정책학회보』에서 2000년부터 2015년까지 수록된 논문 총수는 828편에 달한다. 이 중에서 『한국행정학보』에서처럼 키워드 분석을 통해 주관주의로 분류할 수 있는 논문은 현상학에 관한 논문 3편이다. 이를 정리하면 <표 7−8>이 된다.

표 7-8 『한국정책학회보』

<table>
<tr><td colspan="3">2000~2015년 논문총계</td><td>828편</td></tr>
<tr><td rowspan="4">현상학을 주제어로 한 논문들</td><td>제 목</td><td>저 자</td><td>연도 및 호수</td></tr>
<tr><td>정보화의 현상학적 이해와 분석</td><td>한세억</td><td>2001년 Vol.10 No.3</td></tr>
<tr><td>정책이란 무엇인가?: 정책의 수단적 가치에 대한 반성</td><td>사공영호</td><td>2008년 Vol.17 No.4</td></tr>
<tr><td>정책문제의 정의: 현상학적 접근(사공영호)</td><td>사공영호</td><td>2012년 Vol.21 No.4</td></tr>
<tr><td colspan="4">해석학, 비판이론, 탈근대(포스트모던), 신행정학, 신공공서비스는 없음</td></tr>
</table>

2. 최근의 연구동향

최근의 행정학 동향으로 확대해서 논의해 본다. 연구 현황을 살펴보기 위해, 2000년부터 2015년까지 한국연구재단 등재지(후보지 포함)에 발간된 논문 중 주관주의 접근법을 선택한 행정학 분야 논문 87편의 서지정보를 추출하였다. 이들 논문의 주제어를 추출한 후 Netminer 4.0 프로그램을 활용하여 공출현 네트워크(coocurrence network)를 그려보았다.29)

먼저 시기별로 살펴보면 [그림 7−3]에 나타난 바와 같이, 2000~2005년 사이의 행정학분야 주관주의 논문의 주제어에 있어, 파편화된 경향을 보여주고 있다.

현상학적 방법론에 대한 논의, 지역혁신체제에 있어서의 적용 등의 영역에서 현상학적 접근이 이루어지는 것을 알 수 있고, 부패 등의 연구에는 비판이론이 응용됨을 발견할 수 있다.

29) 행정학 연구경향의 검토에 있어 해당 분야 전문가의 문헌검토를 보완하는 다양한 서지계량적 방법이 동원되고 있다(예를 들면, 허만형, 2009). 일정기간 특정 학술지의 저자, 주제어 등의 서지정보를 추출하여 어떤 주제와 방법론의 연구들이 누구에 의하여 수행되는지, 어떠한 시계열적 변화를 보이는지 파악할 수 있다. 최근에는 주제어의 공출현분석을 통해 행정학 지식의 구조를 밝히는 연구도 수행되고 있다(박치성, 2010). 이러한 방법은 단순한 주제어의 빈도가 아니라 이러한 주제어 사이의 관계를 바탕으로 행정학 지식의 구조와 변화를 밝힐 수 있다는 장점이 있다.

그림 7-3 2000~2005년 행정학 분야 주관주의 논문 주제어 네트워크

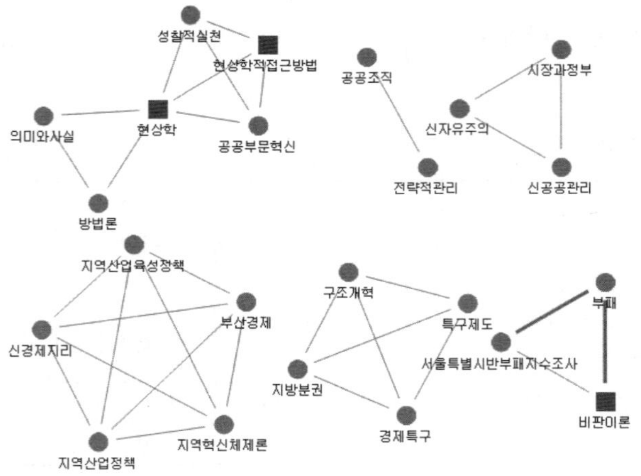

주1) 전체네트워크를 표현하였다.
주2) 현상학 방법론 관련 노드를 사각형으로 표시하였고, 노드의 크기는 빈도수에, 링크의 굵기는 동일 논문에 출현한 공출현빈도에 비례한다.

[그림 7-4]는 2006~2010년 사이의 행정학 분야 주관주의 논문 주제어 네트워크를 보여주고 있다. 이 시기에 이르러 현상학, 해석학, 비판이론의 행정학 분야 적용이 본격화되었다고 할 수 있다. [그림 7-4]에 따르면, 해석학, 현상학, 비판이론을 중심으로 정책과 강하게 연결되어 있으며, 다양한 주관주의의 이론과 사례연구 분야가 연계되어 있다. 사례에 있어서는 여성, 가정폭력 등 사회적 약자의 이야기를 담아내는 연구에 빈번히 적용되었음을 보여준다. 왼쪽 상단의 경우, 정책분석 및 교육정책과 관련하여 이론적 접근이 이루어지는 것을 알 수 있다. 왼쪽 하단은 관료제와 용산참사에 대한 해석학적 접근이, 오른쪽 하단은 여성, 가정폭력과 행정언어, 학교폭력에 대한 현상학적 연구가 이루어지는 것을 보여준다.

그림 7-4 2006~2010년 행정학 분야 주관주의 논문 주제어 네트워크

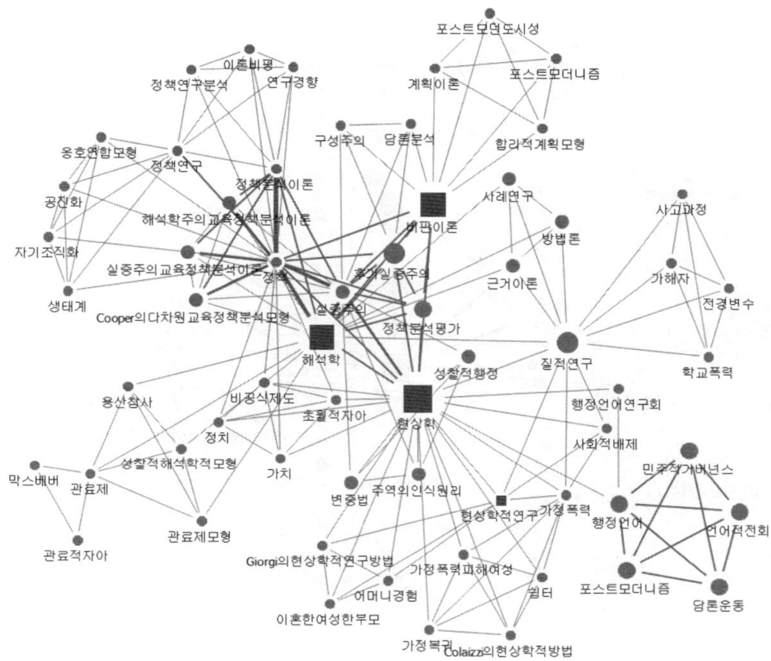

주1) 전체네트워크 중 첫 번째 컴포넌트만을 표현하였다.
주2) 주관주의 방법론 관련 노드를 사각형으로 표시하였고, 노드의 크기는 빈도수에, 링크의 굵기는 동일 논문에 출현한 공출현빈도에 비례한다.
주3) 2회 이상의 링크만을 표현하였다.

[그림 7-5]는 최근 2011~2015년 시기의 행정학 분야 주관주의 논문 주제어 네트워크를 보여주고 있다. [그림 7-5]에 나타난 바와 같이, 네트워크의 왼쪽 상단 부분은 생활세계 등 현상학의 이론적 논의가, 왼쪽 하단 부분은 알코올 중독, 윤리에 대한 접근을 다루고 있다. 오른쪽 부분은 Husserl 등 현상학자와 지향성 등 세부 이론적 개념이, 하단은 해석학과 관련하여 인문학 및 동서독 관료 관련 연구가 이루어지는 것을 보여준다. 오른쪽 상단에는 인권과 관련된 별도의 네트워크가 형성된 것을 보여준다. 그 이전 시기에 비해서 다양한 사례 분야에 적용되는 것을 알 수 있다.

그럼에도 전체적인 연구경향은 주관주의 비중은 매우 약하다. 2012년부터 2014년까지 3년 간 『한국행정학보』에 실린 논문들 중 주제어(keywords)가 '현상학', '해석

그림 7-5 2011~2015년 행정학 분야 주관주의 논문 주제어 네트워크

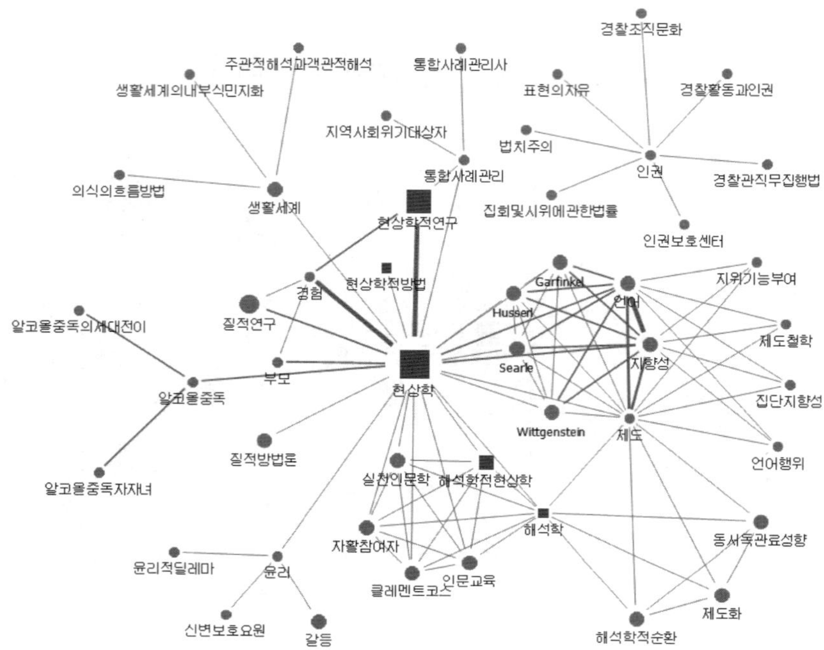

주1) 전체네트워크 중 첫 번째와 두 번째 컴포넌트만을 표현하였다.
주2) 주관주의 방법론 관련 노드를 사각형으로 표시하였고, 노드의 크기는 빈도수에, 링크의 굵기는 동일 논문에 출현한 공출현빈도에 비례한다.
주3) 3회 이상의 링크만을 표현하였다.

학', '비판이론'이 들어 있는 논문들을 검색해 보면 총 193편 중 11편에 불과하다. 여기에는 여러 가지 이유가 있을 것이다. 앞서 기술한 대로 실증주의가 가치와 사실의 분리를 통하여 목적에 더 효율적일 수 있기 때문이며(이른바 효율성 패러다임), 또 대응성 중심의 접근이 정합성에 관한 연구보다 실용적이거나 문제 해결에 공헌도 높기 때문으로 보인다. 그러나 한쪽으로 치우침은 편식이 건강에 좋지 않듯이 행정학에도 바람직하지 않을 것이다. 보다 바람직한 방향으로 나아가기 위해서는 방법론 논쟁이 이루어져야 한다. 특히 행정학에서의 주관주의 논의가 변죽만 울리는 것은 아닌가? 방법이라기보다는 기법(technique)으로 기능하는 것은 아닌가? 아니면 지나치게 추상화되어 있는 것은 아닌가? 이에 대한 검토가 필요할 것이다.

이제는 '말할 수 있는 것을 말하는 것'은 물론이고 '말할 수 없는 것도 말할 수 있어야 한다'는 요구에 부응하기 위해서 현재의 위치에 대한 성찰이 필요하다. 따라서 행정학은 이제는 덜 발달된 내적 성찰에 눈을 돌려야 한다(Alvesson & Sköldberg, 2000). 이는 둘로 나누어 볼 수 있겠다. 그 첫째는 앞서 정합성이라 이름하였던 것에 대한 연구로서, 행정학을 대응성 중심에서 한걸음 더 나아가야 한다.[30] 그 둘째는 실증주의 방법론을 넘어선 방법론에 기초하는 연구들이다. 이들 주관주의를 현상학, 해석학, 비판이론의 순서로 나누어 살펴본다.

한국 행정학에 영향을 미친 현상학에 대한 본격적 연구는 전종섭(1994)에서부터라고 할 수 있다. 이 책은 한국어로 된 연구인 이문영(1996)의 연구에 큰 영향을 미쳤다. 이문영의 연구는 실천과의 결합으로, 그로 인해 에세이와 같은 성격도 있고 『논어』나 『맹자』와 같은 고전 영역과의 혼재된 점이 아쉽지만 현상학에 대한 행정학적 안내서로서도, 또 현실과 관련하여 행정학의 응용으로서도 가치가 있다.

그 이후 방법론적 관점에서 의미있는 논문으로는 김종술(1991)에 의해 이루어져 행정학의 흐름에 새로운 기풍을 진작하였다. 이후 현상학적 방법은 해석학이나 비판이론에 비해 상대적으로 풍부한데, 윤견수(2001)나 소영진(2004)이나 권향원(2016)에게서, 인식론의 관점에서는 김선명(2005)에게서, 담론의 관점에서는 남지원(2010)에게서 좋은 글들도 있다. 최근에는 이 흐름과 맥을 같이하는 생활세계라는 주제도 이광석(2014), 신충식 외(2010) 등에서 다루어졌으며, 현상학에 관한 기타 주요 연구를 들면 사공영호(2012), 강신택(2010) 등이 있다.

대신에 지향성에 관한 연구는 거의 이루어지지 않았다. 지향성 개념은 의식개념과는 별도로 현상학에서 중요한 개념이다(김희봉, 2007). 다만 지향성이 전적으로 인문학적 개념이기에 <표 7-4>에 있는 관심과의 결합을 통해 행정학에 도입된다면 유용한 개념이 될 것이다(Howell, 2013: 57-59).

Hughes & Sharrock(1990)은 실증주의를 정통이론으로 여기고 나머지는 해석이론으로 보고 있을 정도로 해석적 방법의 비중이 크다. 그럼에도 행정학에서 해석적 방법이나 해석주의라고 지칭할 만한 글이 많지는 않다. 만약 초점이 '방법론으로서의

30) 이와 관련하여 행정학에서 인문주의 및 주관주의와, 그 대립적 개념인 과학주의와의 관계설정이다(오용득, 2013). 이에 대해서는 제6장에서 논의하였다.

해석학'에 있다면 행정학에서의 해석학적 논의가 변죽만 울리는 것으로 보인다. 더욱이 방법론으로서의 해석(학)이 그 원류(源流)를 분석철학에 기초하느냐(이명현, 1982), 아니면 사람들이 삶의 틀의 변화를 가져오는 경험들을 어떻게 이해하는지에 초점을 두느냐에 따라 차이가 날 수 있다. 현재의 해석학적 연구는 후자를 지향한다고 하면서 실제로는 전자에 기초한 연구들로 보인다. 만약 후자에 기초를 둔다면 나타남(appearance: 즉, 행정현상)과 관계되는 다양한 의미를 주의 깊게 분해하고 해석하는 방법과, 해석학의 핵심 개념 중에 하나인 해석학적 순환을 그 대략의 윤곽으로 볼 수 있겠다(Smith et al., 2009). 실체(entity)가 어떻게 나타나는가 또는 어떻게 숨겨지는가는 명백히 연구되어야만 한다. 나타날 수 있음에도 어떤 양식이나 구조 때문에 아마도 숨겨져 있는 의미를 찾는 것이 해석학적 방법론이고, 의미를 추구하기 위한 적절한 모형이 구조화된 해석이거나 전통이나 문화의 해석이다(Smith et al., 2009). 더 나아가 해석적 방법이 상호주관적 담론이나 잘못 해석될 가능성을 포함한 해석주의 및 구성주의에 대한 검토 등도 필요하리라 생각한다(Hoy, 2011).

대표적인 몇몇 연구를 보면 김종술(1992)이 있다. 그 곳에서 실증주의 행정학을 검토하고 그 대안으로 객관적 해석학과 주관적 해석학을 방법론으로 제시하고 있다. 또 다른 논문으로 권향원(2014)이 있다. 현대 민주적 거버넌스 환경에서 가치, 의미, 정서, 감정 등의 상징적 · 해석적 측면이 중요한 관리적 의미를 지므로 이러한 상징적 · 해석적 측면을 기초로 이론적 · 방법적 로드맵을 제시하려고 하였다. 유감스럽게도 해석학적 연구는 행정학에서 지지부진하다고 평가할 수 있고 향후 이에 대한 노력이 필요하다.

후기자본주의 시대는 복지국가의 시대로 행정의 기능이 크게 확대되었다. 복지로 인해 계급적인 구조가 표면에서는 나타나지 않게 되었다. 지난 시절 마르크스주의는 물질이 의식을 앞선다는 명제에 대해 비판이론에서는 실천으로 대체한다(이규호, 1971). 이런 바탕 위에서의 논의는 사회학이나 사회복지학에 비해 행정학은 상대적으로 덜 논의된 느낌을 받는다. 그러나 앞서 언급하였듯이[(제7장 각주 14)] 이를 행정국가화 현상으로 재해석한다면 행정학이 공헌할 소지가 큰 이론으로 보인다.

비판이론에 대한 연구는 문태현(1992)에서 선보이는데, 정책분석의 전문기술성과 도구성이 가져오는 문제점을 지적한다. 이 지적은 하버마스의 의사소통 능력의 증대로 해결의 실마리를 찾을 수 있다고 주장한다. 이는 결국 행태주의와의 대비에 초점을 두게 되는데, 인식과정이 이성의 시행착오와 반증을 통해서인가 아니면 비판이론가들이 주장하는 이성의 변증법적 관계인가로 좁혀진다. 그러나 비판이론의 행정학적 연구는 그 자체로는 활발하지 않지만 다른 영역과의 교차를 통해 활성화되고 있다.

제6절 | 요 약

2016년은 행정학 도입 60주년이다. 이 뜻깊은 해를 맞이하여 주관주의에 대한 그 동안의 업적을 살펴보고 더 나은 방향으로의 행로를 위한 기초를 제공하기 위한 연구이다. 행정학을 좀 더 체계화하기 위해서는 한편에서는 주류인 실증주의와, 다른 한편에서는 주관주의와 같은 다른 방법론과의 새로운 방법론 논쟁의 필요하며, 이를 통해 방법론의 활성화와 행정학을 바라보는 관점을 재검토할 필요성이 있다. 이는 주관주의가 작용함을 의미한다. 주관주의가 "말할 수 없는 것을 말해야 한다"라는 아도르노 명제를 전제하므로 방법론의 활성화와 다기화(多岐化)를 가져오는데 그 보기를 도표를 통해 정리하였고, 실제 일어났던 일을 자립모형과 상호의존 모형의 사례로 제시하였다.

이 글에서는 주관주의란 그 대상으로서 확대된 생활세계를, 방법으로서 해석학의 방법을 응용하며, 목적으로서 해방과 사회적 행복을 지향하는 흐름이라고 정의하였다. 따라서 그 구성요소로는 생활세계, 해석학, 비판이론 등을 들었다. 이들을 그 의도하는 바에 따라 시기별로 정리하였고, 또 주요 저널에서의 논의와 아울러 저널 전체에 실린 논문의 동향을 상론하였다.

그동안 비주류로 변방에 몰려 있던 주관주의를 통해 행정학을 재구성하는 데 도움을 줄 수 있다. 이에 대한 논쟁을 통해 행정학은 풍요로워질 것이다.

제8장 현상학적 행정에로 다가서기

제1절 서 론

국가체제는 축적 기능을 담당하는 경제체계, 그 체제에 대한 정당성을 심어주는 규범적・합리적 체계, 이 둘을 매개하는 정치행정체계 등 세 유형의 하위 체계로 이루어져 있고 이들 상호 간에 의존 및 규제하는 원리들로 구성된다고 한다(Offe, 1984: 81). 이 세 유형의 하위 체계 사이에서 균형을 추구하는 국가형태를 복지국가라고 하는데, 인간의 삶에 충실하려는 의도로 설계된 국가형태로 보고 있다(김태성・성경륭, 2009). 그러나 복지국가마저도 행정을 통치작용의 일종으로 간주하므로 법칙정립(nomothetic)으로 행정이나 복지를 보는 것이 일반화되어 있다는 점이다.[1] 그것은 나의 삶이나 나의 복지라고 체감하기에는 거리가 있는 평균인의 삶이나 평균인의 복지를 나열하는 성향이 있다는 의미이다.[2] 이제는 패러다임을 바꾸어 다른 각

1) 법칙정립은 개성기술에 반대되는 개념으로 이 구분을 처음 제기한 학자는 빈델반트(Wilhelm Windelband)라고 한다(Rickert, 1962). 한편 베버(Max Weber)는 실재란 항상 개별적(individual)이라고 주장한다(김홍우, 2007: 279). 이 주장에 따르면, 개성기술은 실재에 충실한 것이 된다.

2) 이런 지향은 병원에서 환자와 이야기를 나누는 것이 아니라 컴퓨터 스크린을 보고 처방하는 것처럼, 과학적이라고 할 수는 있으므로 일반적인 현상이 되어간다. 이에 비해 현상학적 행정의 근본 취지는 사람 향기가 나는 행정의 구현이라 할 수 있다. 본문에서 기술하는 바처럼 생활세계의 영역을 살펴보면 그곳에서는 이기적 인간형에 기초하지 않고 사랑의 공동체로 보고(김준연, 2012), 비용－편익분석보다는 의사소통이 지배하는 그러한 접근이다.

도로 볼 수 있어야 하는데, 그것은 법칙정립을 넘어서 개인마다 차이가 있고 그 차이를 인정하며, 개인으로서의 삶과 밀접히 관련되는 주관적인 측면에서 보는 행정을 지향하여야 한다는 것이다(Sumner, 1996: ch.2). 그 이유는 앎의 방법이 현실을 정의하기(the ways of knowing define reality) 때문이다(Waugh & Waugh, 2006: 488). 이를 여기서는 현상학적 행정이라고 하고(제2장의 행정$_2$에 상응한다), 21세기 행정은 (모든 영역은 아니라 하더라도) 이를 지향할 필요가 있다고 주장한다.[3)]

현상학의 기여는 그 핵심적 가치인 체험(lived experience)을 고찰하고 이해하는 방법을 통해 풍요로운 아이디어의 원천을 행정에게 제공해 준다는 점이다(Waugh & Waugh, 2006). 그 대표적인 사례로, 지금 영국에서는 '외로움 차관(minister to tackle loneliness issues)'이라는 제도를 도입하여 외로움과의 전쟁에 나선다.[4)] 그들의 주장에 따르면, "외로움은 하루에 담배 15개비를 피우는 것만큼이나 건강에 해롭다"는 인식 아래에 외로움을 "개인적 불행에서 사회적 전염병으로 확산되었다"라는 말하고, 그 대상을 900만 명으로 추산하고 있다. 즉, 외로움은 국민 개개인들을 위협하는 새로운 질병으로 규정하고, 관련 행정시스템의 강화를 통해 이 질병에 맞서려고 한다.[5)] 지극히 개인적인 모습을 지닌 외로움을 개별기술의 행정과 복지, 즉 1인칭 시각의 접근법으로 해결하려는 시도로 보인다.[6)]

---

3) 여기서 현상학적 행정을 지향하여야 한다는 논의의 이론적 근거는 Waugh & Waugh(2006)나 Hummel(2008)에 잘 정리되어 있다.

4) 영국 Guardian 2018년 1월 16일자 기사 Feeling lonely?를 참조하라. https://www.theguardian.com/society/2018/jan/16/may-appoints-minister-tackle-loneliness-issues-raised-jo-cox(검색일, 2018.1.18). 한글판 소개는 http://news.kmib.co.kr/article/view.asp?arcid=0012058201 (정건희 기자)를 참조하라.

5) http://v.media.daum.net/v/20180402103308715?rcmd=rn(연합뉴스 검색일, 2018.4.2). 한국도 임상심리학회 조사 결과에 따르면, '고독지수'가 100점 중 78점에 달한다는 평가가 나왔다. 한국 사회의 고독감이 증가한 원인으로 개인주의의 심화(62.1%), 사회 계층 간 대립 심화(54.6%), 장기화된 경제 불황(48.3%), 사회적 가치관의 혼란(45.4%), 온라인 중심의 커뮤니케이션 변화(36.3%) 등이고, 이로 인한 문제로는 우울증, 자살, 고독사(孤獨死), 일 중독, 악성댓글, 혐오범죄 등을 지적하였다. 이러한 현대의 인간 소외에 대한 학술적 논의는 고영복(1978)을 참조하라.

6) https://www.theguardian.com/lifeandstyle/2018/jan/18/feeling-lonely-meet-people-extreme-isolation-found-happiness(검색일, 2018.1.18). 이 기사에 따르면, 65세 이상의 360,000명 정도가 일주일 동안 가족이나 친구와 대화가 없다고 한다. 이를 막기 위해 여러 대책을 강구 중이라고 한다. 한국에서도 이와 같은 현상에 대처하여야 하는데, 그 중에 하나는 제1장과 제10장에서 논의하는 바와는 결이 다르지만 심심풀이하기에 좋은 이야기와 말장난과 같은 포스트-모던 언어의 개발이 필요하다고 본다.

현상학에서는 경험과 그에 따른 의식을 함께 아우르는데, 경험하는 주체의 관점인 1인칭 시각의 접근법을 취한다(Gallagher & Zahavi, 2008: 7; 박이문, 1982: 104). 예컨대, 불이 켜졌는가 켜지지 않았는가에 관한 3인칭 시각의 접근법은 불이 켜질 때의 반응시간을 측정하고 인간의 뇌를 조사해 보고 설명하려는 뇌과학과 같은 과학자의 관점이다. 이에 비해 1인칭 시각의 접근법은 불이 켜진다는 경험은 어떤 느낌인가를 묻는다(Gallagher & Zahavi, 2008: 16). 이와 같은 1인칭 시각을 행정의 영역에 응용하려는 것이 현상학적 행정이라고 할 수 있다.

그 구체적 범위와 내용은 다음과 같다. 첫째는 인간에 대한 이해이다. 지금까지의 인간 이해는 후술하듯이 경제학적 인간에 가까운 평균인(average man)의 개념이거나,[7] 조직론에서 논의하는 관리가능한(manageable) 인간의 이해였다. 현상학적 행정에서는 이를 넘어서 일상인(ordinary man)을 대상으로 이해하려 한다. 둘째는 인간 의식의 탐구이지만, 의식 그 자체의 탐구만으로는 부족하다. 행정이 정책을 통해 어떻게 인간다운 삶을 제공해 줄 것인가를 지향한다면, 그 초점은 의식의 탐구를 넘은 자기의식에 있어야 한다(Gallagher & Zahavi, 2008). 셋째는 더 나아가서 행정체계와 생활세계 및 그들과의 관계를 다루는데, 이를 위해 지금까지 탐구의 중심이었던 행정체계를 넘어서 생활세계에서의 인간의 삶에도 관심을 두는 연구가 필요하다.[8] 즉, 생활세계를 인간 삶의 원초적 형태로 보고 논의하는데, 그 의미는 지각을 지닌 일상의 개인이 체험으로 알게 되면서(몸으로 부딪히면서),[9] 사회 내 존재로서 살아왔으며, 살고 있고, 앞으로도 살아간다는 것이다(차인석, 1985). 여기서 사회과학에서 논의되어 왔던 사회통합이라는 개념을 변형시켜, 가능한 한 '생활세계 속에

---

7) 다만 법률에서는 평균인이라는 개념보다는 사회평균인이라는 개념을 사용하고 있다. 아동 · 청소년 이용 음란물과 관련된 대법원 판결에서 "사회평균인의 시각에서 객관적으로 관찰할 때"라는 기준을 제시하였다. 여기서 사회평균인은 일상인과 같은 개념으로 보인다[http://www.lawissue.co.kr/news/articleView.html?idxno=18243(검색일, 2017.10.29)을 참조하라].

8) 본문에서 언급하듯이 행정학에서의 현상학을 응용(應用)한 연구는 행태주의 접근법에 기초한 기존의 흐름보다는 진일보하였다고 볼 수 있으나, 여전히 행정체계 중심으로 연구되어 왔다[대표적으로는 Hummel(2008) 및 Jun(1994)을 살펴보라].

9) 현상학에서는 마음으로 지각하는 것을 중시한다. 예를 들면, 보는 것을 눈으로 보는 것만이 아닌 마음으로써도 본다(이를 직관이라고 부른다). 이는 후에 다른 말로 표현하면 현상을 체험적으로 알 수 있다(intimately knowable)는 말이며(Waugh & Waugh, 2006: 493), 또 '몸'과 대체되기도 한다(세계-내-몸)(Merleau-Ponty, 1945; 김홍우, 2000; 2007; 정화열, 1999).

서'의 충돌이나 갈등이 중화(neutralization)되도록 돕는 행정이나 정책이라는 개념에 기초하고, 그렇게 되면 현재의 수준을 넘어설 수 있을 것이다. 예컨대, 복지의 관점에서 개인을 클라이언트로 보고 물적 자원의 지원을 통해 여러 문제점들을 해결하려는 방식을 넘어서, 생활세계 속에서 해결하도록 행정은 돕는 역할이다.[10] 따라서 외로움과 같은 개인의 문제를 생활세계 속에서 해결할 수 있는 단서를 제공해 줄 것으로 보인다. 이런 시각에서 현상학적 접근법(phenomenological approach)의 도입과 논의를 활성화할 필요성이 제기된다. 물론 이에 대한 비판도 다양하고 그 비판을 들을 만한 가치가 있는 흐름도 많다. 예컨대, 현상학 그 자체에서 유래하는 유아론(唯我論, solipsism) 및 타자의 중성화(정기철, 1995)라든가, 구조주의 접근법이 중시하는 무의식에 대한 논의가 미흡하다라든가, 현상론적인 관점(phenomenalism)[11]에서의 명확성 등은 현상학적 접근법에서는 상응하는 기대를 할 수 없게끔 하였다.

문제는 현상론적인 관점이나 행태주의 접근법에 경도된 연구가 행정학에서 지나쳐서, 대안의 탐색이 필요하고 행정학에 현상학적 접근법을 응용하여 현상학적 행정에로 나아가야 한다는 주장이다. 그 첫걸음은 행정학에서 새로운 방법론을 추가하거나,[12] 인식론적 기초를 전환해야 한다는 함축이다. 이에 대한 논의를 위해서 가장 눈에 띄는 복지영역에 비중을 두어서 현황을 살펴보기로 한다.

---

10) 이는 어느 면에서 복지사회론(welfare society) 담론이나 최근의 큰 사회(Big Society) 담론과 유사한 면도 있지만(Rodger, 2000; Robson, 1976; Ishkanian & Szreter, 2012) 이들 논의가 복지에 초점을 두었다면 이 글은 행정에 초점을 둔 논의이다.

11) 현상(phenomena)이란 사물들이 경험되는 방식, 즉 사물들이 경험 속에서 주체에게 주어지거나 현시되는 방식을 말한다(Gallagher & Zahavi, 2008: 21). 이를 바라보는 관점은 두 흐름이 있는데 현상론(phenomenalism)과 현상학(phenomenology)이 그것이다. 현상과 실재 간의 구분을 기초로 하는 견해가 현상론으로, 흄(D. Hume)이나 마흐(E. Mach)의 전통을 잇고 있다(김정오, 1985; 임석진 외, 2009). 이에 비해 현상학은 의식에 직접명증적으로 나타내고 있는 현상을 기술하는 것이다. 즉, 사실의 본질을 직관에 의해 파악하고자 하는 것이다(이삭, 1985: 417). 자세한 것은 Spiegelberg(1982)나 이삭(1985: 416)을 참조하고 Park(1998), 박정일(2003), 김영건(2004), 박병철(2014) 간의 논쟁을 참고하라.

12) 이 주제와는 직접적으로 관련이 있지는 않으나, 사회복지학에서의 새로운 인식론의 시도는 김기덕(2003)을 참고하라.

제 2 절 | 행정체제에서 복지의 현황

1. 각 지역의 복지예산 현황

오늘날에 많은 국가에서 복지를 국가의 책무로 규정하고 복지정책을 수행하고 있다. 이에 따라 정부는 국민의 삶의 질 향상을 위해 다양한 계층을 대상으로 다양한 복지정책을 추진해 왔다. 예산을 보면 전체 예산의 약 31.7%를 복지(일자리 관련 포함)에 이용하고 있고(2016년 기준 총예산은 396.7조 원이며, 그 중 복지예산 122.9조 원임), 여기에 각 지방자치단체에서 집행하는 복지예산까지 포함하면 그 규모는 더욱 커진다. 그런데도 송파 세 모녀 사건이나 충북 증평 두 모녀의 죽음과 같은[13] 비극적 사건이 발생한다는 점이다. 이러한 사건의 발생은 숨겨진 것을 드러낸다는 현상학의 본질과 잘 어울리기에(김홍우, 2007: 17) 현상학적 접근법이 의미가 더 있을 수도 있다.

먼저 몇몇 광역자치단체와 기초자치단체의 일반정보 및 사회복지 분야 예산을 살펴보기로 하고 이들 광역자치단체들의 일반정보는 <표 8－1>로 정리된다.[14]

---

13) 송파 세 모녀 사건이란 2014년 2월 서울 송파구 석촌동의 단독주택 지하 1층에 살던 박 아무개 씨와 두 딸이 생활고로 고생하다 결국 스스로 목숨을 끊은 사건으로 사회안전망의 한계를 드러낸 대표적 사건으로 주목받았다. 이 사건의 경우 어려운 상황에 처해 있음에도, 첫째 딸을 제외한 두 모녀의 상태를 노동력 상실 상태로 인정하지 않았다. 두 모녀가 만약 최저시급으로 노동을 하게 된다고 가정하면 3인 가정 기초생활수급 기준을 넘어서게 된다. 하지만 첫째 딸의 투병생활과 생활에 필요한 비용을 고려한다면 두 사람의 임금으로는 부족했을 것이다. 그럼에도 불구하고 기초생활수급은 불가능했다. 어디에나 기준은 필요한 법이지만, 이 기준에 미치지 못한 이들에게는 밝게 켜진 복지정책은 어두운 그림자일 수밖에 없다. 증평 두 모녀 사건은 다음을 참조하라. http://news.naver.com/main/read.nhn?mode=LSD&mid=shm&sid1=102&oid=005&aid=0001086987(검색일, 2018.4.18). http://news.naver.com/main/read.nhn?mode=LPOD&mid=sec&oid=001&aid=0010050317&isYeonhapFlash=Y&rc=N0(검색일, 2018.4.27). 지난 6일 자신의 아파트에서 네 살배기 딸과 함께 숨진 채 발견된 A씨의 사건은 그 자체가 반전에 반전을 거듭하고 있었으나 생활고와 빚 독촉 등에 시달리다 스스로 목숨을 끊은 사건으로 사실상 결론났다. 이들 기사에 따르면, "남편과의 사별 이후 생을 마감한 일가족의 비극을 막지 못한 것은 공동체가 무너지고 있다는 방증"이라는 진단을 하고 있고, 이 일가족의 비극에 대해 '송파 세 모녀' 사건 이후 촘촘한 복지를 통해 시각지대를 없애는 데 앞장서온 사회복지계에서도 충격을 받은 모습이라고 보도하고 있다[국민일보, 2018.4.6일자(홍성헌 기자)를 참조하라]. 증평군을 선택하여 복지현황을 밝히는 이유는 이와 관련되어 있다.

표 8-1 광역자치단체 사회복지 분야 예산총액 및 일반정보

(단위: 원, 명)

	사회복지 분야 예산총액	총 인구수	유 · 소년인구	노년인구	노령화지수
서울시	8,518,395,157,000	9,470,339	1,112,804	1,229,365	110.47
대구시	1,833,055,135,000	2,430,510	317,483	323,513	101.90
충북	1,312,824,872,000	1,558,503	211,633	234,132	110.63

* 모두 2016년 기준.
** 노령화지수: 유 · 소년인구(0~14세) 100명당 노년인구 수의 비율로서 인구의 노령화 정도를 나타내는 지표.

서울특별시의 사회복지 분야 예산을 상세히 보면 취약계층 지원 부문이 34%, 보육 · 가족 및 여성과 관련된 예산이 26%, 뒤이어 노인 · 청소년 부문이 21%를 차지했다. 이어 주택, 노동, 사회복지일반 등의 순이었다. 서울시는 경기도에 이어 두 번째로 인구수가 많은 광역지방자치단체이다. 과밀화된 인구로 인해 부동산 부족 문제가 심각했기에 공공주택 등의 주거복지(주택) 관련 예산이 높은 비중을 차지하고 있다는 점, 유 · 소년과 청소년인구가 노년인구보다 많기에 관련 예산이 높다는 점이 다른 지역과 구별된다. 이를 그림으로 나타내면 [그림 8-1]과 같다.

이어서 대구시 복지 현황을 2017년 5월 기준으로 나타내면 노령화지수는 106.3에 이른다. 좀 더 살펴보면 노인 · 청소년과 관련된 예산이 33%, 보육 · 가족 및 여성이 28%, 기초생활보장 22%, 취약계층 지원, 노동, 보훈 순이었다. 대구시 역시 유 · 소년인구와 청소년인구가 노년인구보다 많기에 노인 · 청소년 부문에 있어서 청소년 관련 예산이 좀 더 높은 비중을 차지했으며, 보육 · 가족 및 여성 부문에서는 보육 관련 예산이 많은 비중을 차지했다. 이를 그림으로 나타내면 [그림 8-2]와 같다.

---

14) 광역자치단체의 선정은 서울특별시와 대구광역시, 충청북도의 인구별 및 복지예산을 비교하고, 기초자치단체의 선정은 대구광역시 내에서 비교하기 위해 수성구, 대구광역시 달성군, 경상북도 의성군 및 충청북도 증평군을 중심으로 복지예산 현황과 인구에 대해 알아보고자 한다. 그리고 각 도표의 출처는 이 책의 참고문헌 말미에 밝혀 놓았다.

그림 8-1 서울특별시 사회복지 분야 부문별 비중

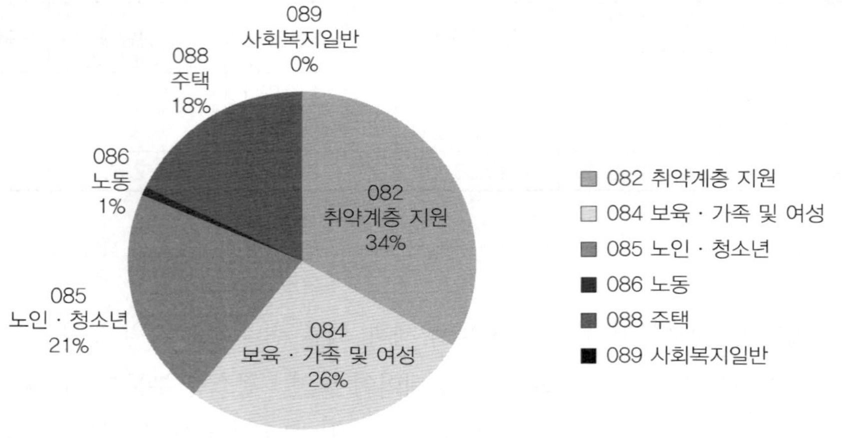

그림 8-2 대구시 사회복지 분야 부문별 비중

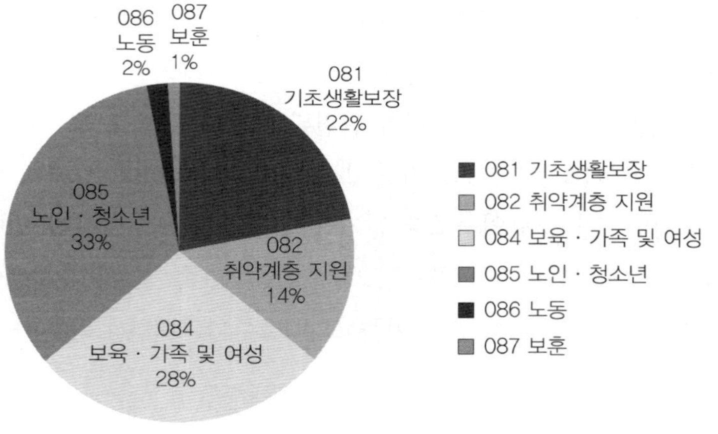

이어서 충청북도의 복지 현황을 보면, 노령화지수는 109.6이다. 노인·청소년과 관련된 예산이 37%, 보육·가족 및 여성이 25%, 기초생활보장 16%, 취약계층 지원, 주택, 보훈 순서이다. 이를 나타낸 도표가 [그림 8-3]이다.

그림 8-3 충청북도 사회복지 분야 부문별 비중

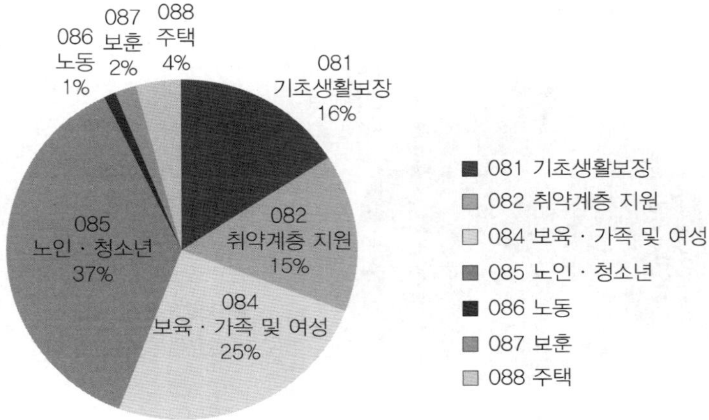

복지예산의 1인당 복지예산을 비교했을 때는 서울특별시는 약 87만 5천 원이고, 대구광역시가 80만 1천 원, 충청북도가 80만 4천 원으로 나타난다. 이제는 기초자치단체에서의 복지수준을 살펴보기로 한다.

표 8-2 기초자치단체 사회복지 분야 예산총액 및 일반정보

(단위: 원, 명)

	사회복지 분야 예산총액	총 인구수	유 · 소년인구	노년인구	노령화지수
수성구	235,835,000,000	430,791	60,437	55,233	91.38
달성군	162,187,000,000	206,552	34,165	23,347	68.33
의성군	82,408,000,000	49,759	3,279	19,196	585.42
증평군	43,251,177,000	38,455	5,702	5,626	98.60

* 이 표의 기준년도: 증평군(2017 기준)을 제외한 나머지는 2016년 기준임.

동일한 광역시(여기서는 대구시) 내의 기초자치단체를 비교해본다. 수성구의 복지예산은 노인 · 청소년 부문이 32%, 보육 · 가족 및 여성이 30%, 기초생활보장이 22%를 차지했다. 수성구의 노령화지수는 91.38로 나타났다. 유 · 소년과 청소년 인구가 많은 지역답게 노인 · 청소년 부문에서도 청소년 관련 예산이 높은 비중을 차지했으

그림 8-4 **수성구 사회복지 분야 부문별 비중**

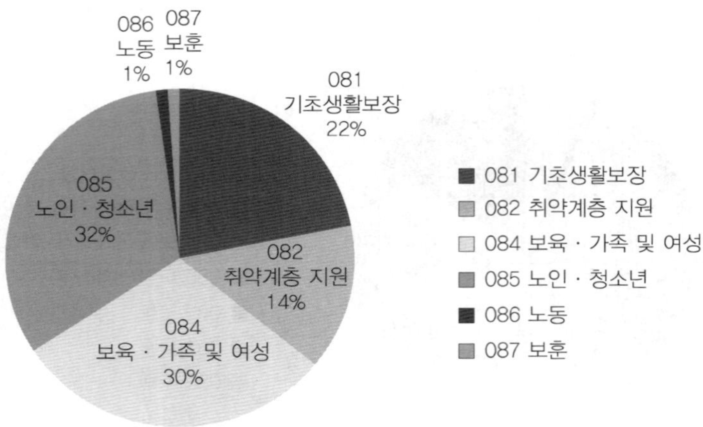

며 보육 관련에도 비교적 많은 예산이 배정되었다([그림 8-4] 참조).

달성군의 복지예산에서 가장 큰 비중은 보육 · 가족 및 여성 부문(34%)이고, 다음으로 노인 · 청소년 부문이 31%, 기초생활보장 18%, 취약계층 지원 15%, 노동, 보훈 순이었다. 특히 보육 · 가족 및 여성 부문에서는 보육 지원이 가장 큰 비중을 차지했다. 그리고 노인 · 청소년 부문에서는 노인 지원 관련 예산이 청소년 관련 예산보다 더 큰 비중을 차지했다([그림 8-5] 참조).

의성군의 총 인구수는 49,759명, 유 · 소년인구는 3,279명, 노년인구는 19,196명, 노령화지수는 585.42로 나타난다. 의성군의 복지예산에서는 노인 · 청소년 부문이 64%로 가장 큰 비중을 차지했다. 노인 · 청소년 부문이 타 지역과 비교할 때 가장 압도적으로 높은데, 이는 의성군의 인구 중 약 35%가 노년층에 해당하기 때문이다.[15] 이어서 기초생활보장이 14%, 보육 · 가족 및 여성이 11%를 차지했는데, 주로 다문화가족 지원, 낮은 출산율로 인한 보육비용 지원이 주를 이루었다. 뒤이어 취약계층 지원, 보훈, 노동 순인데, 독립유공자와 참전유공자를 위한 보훈 예산이 타 지역에 비해 높게 사용되었다는 점도 의성군의 높은 고령화율을 잘 보여준다([그림 8-6] 참조).

15) 현재 의성군은 전남 고흥군에 이어 전국에서 고령화율이 두 번째로 높은 곳이다. http://www.asiatoday.co.kr/view.php?key=20150429010018792(아시아투데이, 김관태 기자[검색일, 2015.4.29]).

불행한 사건이 난 증평군의 복지예산을 첨가해 본다. 복지예산 중에서 노인 · 청소년 부문이 38%로 가장 큰 비중을 차지했다. 노인 · 청소년 부문이 다른 지역에서도 그러하듯이 상대적으로 높은데, 이는 인구 중 약 14%가 노년층에 해당하기 때문이

그림 8-5 **달성군 사회복지 분야 부문별 비중**

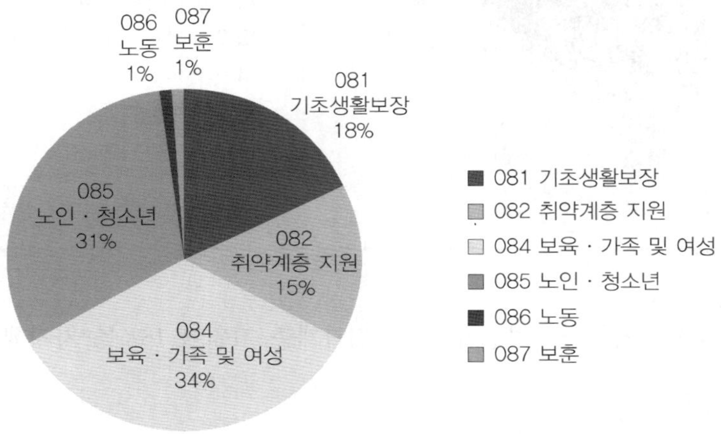

그림 8-6 **의성군 사회복지 분야 부문별 비중**

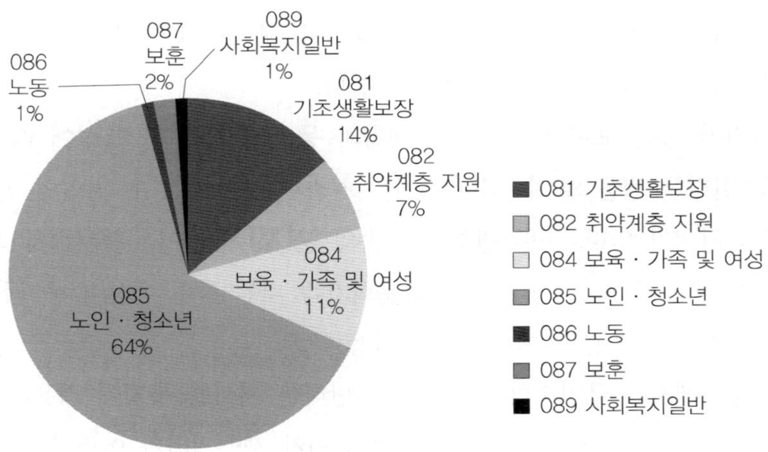

그림 8-7 증평군 사회복지 분야 부문별 비중

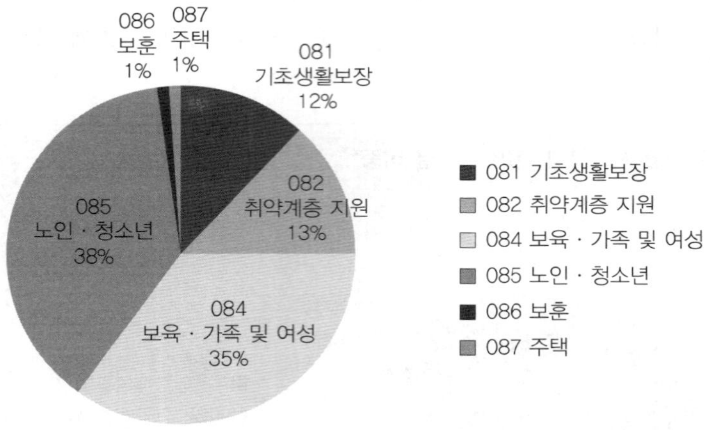

다. 이어서 보육·가족 및 여성이 35%, 취약계층 지원이 13%를 차지했다.

2. 법칙정립에서 바라보기

위에서 본 복지 현황을 3인칭의 시각으로 보면, 즉 개인별 합산의 결과에 기초하여, 설명가능하고 예측할 수 있도록 하면 다음과 같다. 첫째, 복지의 대상 범위가 어디인지를 보여준다. 각 지역들 모두 노인·청소년, 보육·가족 및 여성, 취약계층 지원이 복지예산의 절반 이상의 비중을 차지한다.

둘째, 복지에 있어 보편적 경향이 존재함과 동시에 지역 간 특성에 따라 세부적 차이가 발생한다는 점을 알 수 있다. 노인·청소년 부문의 경우 지역의 인구구성에 따라 조금씩 차이가 있다. 또한 광역시 소속의 군(郡)이 아닌, 군부(郡部)의 농촌지역일수록 보육·가족 및 여성 부문의 다문화가족 지원 관련 예산이 증가한다. 한편 서울의 경우에는 주택 관련 예산의 비중이 컸다.

셋째, 공공재에서는 무임승차 현상이 나타난다는 시사를 복지에 적용하면(Olson, 1968: 35), 복지의 규모가 커갈수록 최적의 복지가 제공되기가 어렵다는 점을 의미한다. 더욱이 조사한 지역들 모두 복지부문 예산이 해마다 꾸준히 증가해왔음은 이에 대한 대책이 있어야 할 것이다.

넷째, 전국적으로 노령화지수가 높다는 점에서 미래의 복지대란이 우려된다. 현재 출생아 수는 꾸준히 감소하고 있으며, 유・소년과 청소년들에 비해 청・장년 및 노년인구가 훨씬 많다. 이는 결국 현재 세대의 부담이 커지기에 여기에 대한 대책이 필요하다는 함축이다. 이 의미는 사회투자국가에서처럼 미래세대로 향한 투자에 어려움을 안겨줄 가능성이 높다(김연명, 2006; 임채원, 2007). 따라서 복지서비스의 조정과 효율적 예산과의 연계에서의 적절성에 대한 탐색을 요구한다.

덧붙여 복지예산의 규모와 1인당 복지혜택과의 관계도 의미가 있을 것이다. 이를 살펴본 것이 [그림 8-8]이다(편의를 위하여 광역・기초를 모두 비교할 수 있도록 하나로 그렸다).

[그림 8-8]에서 복지예산을 비교했을 때, 의성군의 1인당 복지예산이 약 165만 7천 원으로 가장 높게 나타났다. 달성군이 약 73만 9천 원, 수성구 약 64만 5천 원 순이었다. 그럼에도 주민들이 더 행복을 느끼는지에 대해서는 의문이 발생한다. 즉, 1인당 복지수혜금액이 많지 않더라도, 이주하여 살려고 하는 현상(여기서는 수성구

그림 8-8 지역별 1인당 복지예산

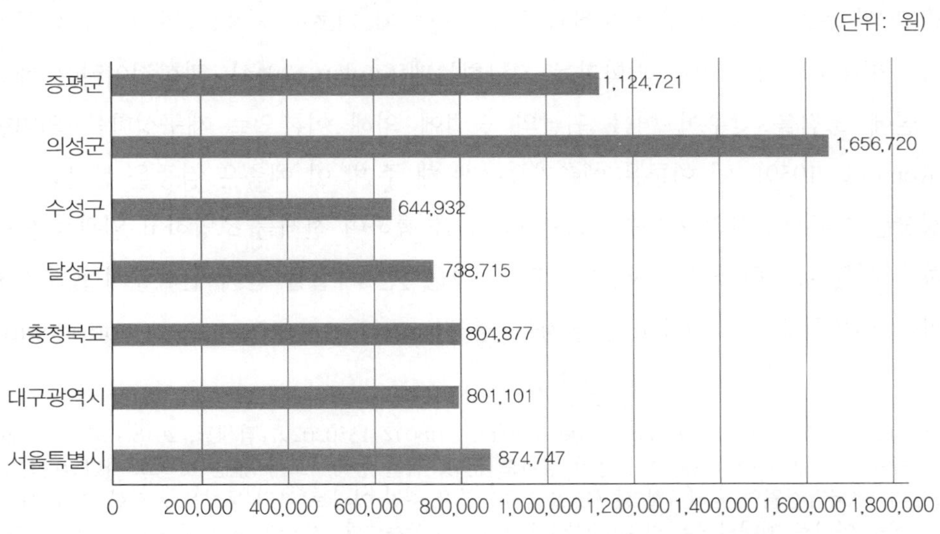

선호현상)을 어떻게 설명할 것인가?[16] 또 송파 세 모녀 사건과 같이 복지사각지대에 놓인 사람들이 존재하기도 하고, 앞서 보았던 증평 사건에서와 같이 복지로는 해결하기 어려운 문제가 존재함은 복지를 넘는 어떤 것을 요구한다. 따라서 1인당 복지 예산도 의미심장하지만 삶을 전체적 성격으로 살펴보아야 할 필요성이 있다. 이들 사건 및 앞서 소개한 외로움과 같은 국민 개개인들을 위협하는 새로운 질병을 다른 시각에서 보면 법칙정립으로서의 복지에 한계를 느끼고 있다고 해석할 수 있다. 이런 관점에서 이전의 법칙정립 지향보다도 유익한 개념이 현상학적 행정이라는 개념이다. 즉, 위에서 본 복지 현황은 당사자의 시각이나 당사자의 의식 및 체험 등은 배제되고 있지만, 1인칭 시각의 개성기술에 입각하면 행정의 새로운 모습을 보일 수 있다는 시사이다(Hummel, 2008).

제 3 절 | 한국 행정학의 공헌과 문제점

한국 사회를 복지국가라는 방향제시를 통하여 점진적으로 변화시켜 왔고, 또 이를 이론적 · 실증적으로 뒷받침해 온 데는 행정학과 사회복지학의 공로가 지대하다. 그리고 이 공로의 상당 부분은 행태주의 접근법에 기초한다(제1장과 제6장을 참조하라). 행태주의 접근법은 과학화를 지향하는데(Kaplan, 1964), 과학적이라는 개념은 사실에 초점을 맞추어 이를 귀납의 방법에 의해 이론으로 재구성함을 의미한다(Kemeny, 1959). 이 이론은 예측가능하게 해 주며, 이 예측은 검증을 통과함으로써 정당한 이론으로서의 지위를 획득한다. 이를 통하여 전체를 조망하고 일관성을 산출하는 데는 유익하다고 주장한다. 또 이 접근법은 사실들 간에 인과관계를 추적하고 이를 설명하고, 또 확증하는 절차를 통해(causation – explanation – corroboration)

---

16) http://realestate.daum.net/news/detail/main/20180424135020297(검색일, 2018.4.25). 그 내용은 대구 수성구의 아파트값 상승률이 경기도 분당, 서울 동작구보다 높은 것으로 나타났다는 것이다. 한국감정원의 올해 4월 3주(16일 기준) 전국 주간 아파트 가격 동향을 조사한 결과, 대구 수성구 아파트 매매가격이 앞 주(前週)보다 0.32% 상승했다. 경기 성남시 분당구(0.28%)와 서울에서 가장 매매가격 상승률이 가장 높은 동작구(0.27%)를 제친 것이다.

이론화하는 데에 그 목적을 둔다(Fetzer, 1981). 이는 학문 안에서도, 또 학문 간의 경계를 넘어서 적용될 수도 있고, 통계적 유의성을 갖추어 있기도 하고 그 과정에서 계량적 연산이든 자연언어든 언어적 프레임을 사용하여야 한다(Fetzer, 1981). 다만 행태주의 접근법을 중심으로 한 법칙정립 지향에서 계량적 연산이 가능하려면 구성요소의 동일성에 기초하여야 하므로 개체의 특성을 인정하지 않는다는 점에 큰 문제점이 있고 따라서 개체의 특성에 중점을 두려는 연구나 단일사례(single case)를 포괄하는 대안을 탐색하여야 한다. 그것이 개성기술 지향인데, 이 둘의 차이를 요약한 것이 <표 8-3>이다.

통일과학의 추구에 대한 여러 대안 중에서 문화과학과 자연과학으로 구분하거나(Rickert, 1962), 이해와 설명으로 나누거나(Wright, 1971), 가설연역적인 포괄법칙 모형(covering law model)에 대항하여 정신과학에 초점을 두는 방법(Dilthey, 1962) 등으로 사회과학의 특수성을 확보하려 하였다.

이와 같이 사회과학의 특수성을 확보하려는 접근법들도 행정학에서 유용할 수가 있다는 점이다. 이들 중에서 보이는 것(標識)을 통해 드러나지 않은 것을 해석하여,

표 8-3 법칙정립과 개성기술의 비교

구 분	법칙정립(nomothetic)	개성기술(ideographic)
목적	인과관계를 조사하고, 검증하거나 반증하기 위하여 가설을 테스트하려는 목적	사회(social world)의 경험과 의미를 묘사하거나 설명하려는 탐색적이고 귀납적 목적
현실 인식	단일한 객관적 인식	주관적으로 도출된 다양한 현실이 공존
연구자의 가치	가치와 관계없이 중립적	가치에 연관되어 가치편향성을 공개적으로 표명
추구 가치	보편성 추구	대표성 추구
사용방법	① 자연과학에서 보듯이 주로 실험과 서베이 ② 객관성(objectivity)	① 인문과학(human science)에서 보듯이 인터뷰, 참여관찰, 그룹워크(group work) 등 ② 인간관계(rapport)
언어스타일	① 비인격적이고 공식적이며 규칙에 바탕을 둔 문장을 사용 ② 양화(use numbers)	① 개인적이고 비공식적이며 상황종속적인 언어를 사용 ② 일상언어와 창조적 기술(use words and creative arts)

출처: Bryman(1988) 및 Finlay(2011: 8) 종합.

* 원래 Bryman과 Finlay는 양적 연구와 질적 연구의 차이를 설명하였으나 이를 여기에서는 수정하여 법칙정립-개성기술로 바꾸었다.

삶의 체험을 이해하는 정신과학(Geisteswissenschaften: human studies)의 방법론을 정립하려는 흐름이 해석학적 접근법이다.[17] 따라서 자연과학의 방법론과는 달리 보편적인 일반화를 거부한다(이규호, 2005a; Faucault, 1966; Dosse, 1997; Ricoeur, 1976; 최정운, 1995). 또 현상학적 접근법은 의식과 행동 사이의 굴절을 인정하므로 의식이라는 독자 영역이 성립함을 주장한다. 즉, 보이지는 않으나 알 수는 있는 것인 의식(consciousness)을 지향성의 개념에 기초하여 탐구한다. 이에 대해 의식을 넘어서, 보이지도 않고 알 수도 없는 것, 즉 무의식까지를 연구대상으로 하는 흐름이 구조주의 접근법이다. 이들의 차이를 알아보기 위해 행정학의 인식론을 타자에게로 향한 visible과 타자에게서의 인식이 쉽사리 가능하느냐라는 기준인 knowable이라는 두 기준과(Morton, 2004: 104－115; Howell, 2013; Hughes & Sharrock, 1997) 그에 따른 범주를 도표로 만든 것이 <표 8－4>이다(제1장의 <표 1－5>를 다시 그린 것이다).

표 8-4 행정학의 접근법

		knowable	
		+	−
visible	+	행태주의 접근법	해석학적 접근법
	−	현상학적 접근법	구조주의 접근법

출처: 이광석 · 이정락(2017).

이들 각자는 독립적으로 발전하였고, 또 영향을 주고받았다. 이 중에서 행태주의 접근법이나 구조주의 접근법은 법칙정립을 지향하는 데 비해(김형효, 2009; Kurzweil, 1980; Dosse, 1997; Glucksman, 1974; Kaplan, 1964), 현상학적 접근법이나 해석학적 접근법은 개성기술을 지향한다. 앞서 기술한 대로 행정학에서는 지나치게 편중된 연구경향을 가지고 있는데, 그것이 법칙정립을 지향하는 행태주의 접근법이고, 따라서 그 대안을 지속적으로 탐색하여야 한다. 그것이 현상학적 접근법이고 이를 실제 행정에 적용하면 현상학적 행정이 되고, 현상학적 행정은 개인 간의 차이를[18] 중시

17) 물론 해석학에는 해석의 주관적 측면을 강조하는 하이데거－가다머 학파와 해석의 방법적 측면을 강조하는 딜타이 학파가 있다고 한다(이규호, 2005b: 편집자 서문; 윤평중, 1989).

18) Rickert(1962)에 따르면, '현실적인 것'은 이질적 연속체인데, 이를 데리다는 차연이라고 하였다고

하는 개성기술에 기초한다.

제 4 절 | 현상학적 행정의 연구방법론과 대상

1. 개성기술로서의 현상학적 접근법

오늘날에 법칙정립 지향이 주류를 이루고 있지만 그 대안 탐색도 활발하다. 먼저 현상학은 후설(E. Husserl)에서 비롯되고[19] 하이데거(Martin Heidegger), 사르트르(Jean P. Sartre), 메를로-퐁티(Maurice Merleau-Ponty)를 포함하는 실존주의와 해

한다(김홍우, 2000: 102). 저자는 현실적인 실현 형태인 이질적 연속체에는 상당히 차이가 나는 다양성이 있고 심지어는 모순성을 보이기도 한다는 견해를 가지고 있다. 이를 해결하기 위한 것이 현상학적 접근법이나 개성기술이라고 주장한다.

19) 근대철학은 데카르트(R. Descartes)의 견해에 따라 인식/대상, 사유/존재의 2분법에 기초한다. 그러나 현상학은 세계구성을 토대로 이루어지며 의식을 통해 구성된다고 본다. 즉, 현상학의 세계는 의미로서의 세계인데, 여기서 구성은 초월을 말한다. 구성이란 대상의 의미를 구성하는 바, 앞면만 봐도 뒷면을 안다든가, 현재를 봐도 미래를 안다는 것 등을 함축한다(이남인, 2016). 특히 엄밀한 학문을 정립하려는 후설(E. Husserl)은 심리주의를 배격하고, 사태 그 자체로 돌아가려고 한다. 다시 말하자면 상식적·자연적 태도에 있어서의 세계경험, 즉 개별적·감성적인 존재를 제거하는데(즉, 사실적인 것에서 본질적인 것으로의 정신적 전환), 이는 소박한 의식 속에 주어져 있는 외적 실재의 존재를 소박한 자연인의 믿음이라고 주장하며 해체하려 함이다(조광제, 2008). 나아가 의식은 세계의 일부라고 보는 태도가 자연적 태도인데, 이에 대해 의미로서의 세계는 주관에 의해 이루어진다는 태도가 초월론적 태도이다. 한편 자연적 태도 안에서 태도를 바꾸는 것이 현상학적 환원(=태도변경)인데 비해, 자연적 태도에서 초월론적 태도로의 변경을 초월론적 환원이라고 한다(이남인, 2016). 판단중지(에포케)를 통해 진리로의 개방이 가능하고 이는 새로운 사태로의 개방, 즉 새로운 세계가 드러난다(이남인, 2016). 결국 환원은 본질이 의식을 초월한 것이 아니라 의식내재적임을 아는 것이다. 뿐만 아니라 내적 의식은 상대적이라는 점이다. 비유하자면 남산의 봉수대를 객관 학문에서는 m로 재어서 어느 지점에서 보든 똑같게 표현하지만, 현상학에서는 남산 밑의 어떤 곳에서 남산의 봉수대를 보는 것과 고층 빌딩에서 남산의 봉수대를 보는 것은 그 높이에 차이가 있기 때문에 높다는 인식이 서로 다르다는 것이다. 이렇게 하여 현상학이 연구하는 범위는 의식내재적인 것이 된 대상으로(초월적인 대상), 실존적 대상이 아니다. 의식내재적인 것이 된 대상은 내용(혹은 의미)으로 불리고, 의식작용을 노에시스라고 부르는 것에 대해 내용은 노에마라고 불린다. 후설 현상학이 노에시스-노에마의 관계만을 취급하는 한에 있어서는 내재적 관념론이라 할 수 있다. 여기에서는 '우리의 이해'와 '세계의 이해'란 동전의 양면성처럼 분리될 수 없다(이기상, 2011). 그 행정학적 의미는 생활세계 개념이 도출되고 이 개념이 사회적 행복(social well-being)으로 연결되기 때문에 행정은 이에 이바지하여야 한다는 뜻이다[제9장 각주 8)을 참조하라].

석학, 일부 후기구조주의나 탈근대성 사상 등을 포괄하는 흐름으로(Gallagher & Zahavi, 2008: 6),[20] 경험의 의식에 대한 철학적 접근이다.

그 핵심에는 주관적인 것을 객관적 현실로 다루는 것에 반대한다(강신택, 2013: 97). 따라서 '나다움' 또는 '나의 삶'이라는 경험과 의식이 어떠한가에 대한 생각은 우리의 세계에 대한 경험이 어떠한가를 어떻게 이해하게 되는가로 발전되어 간다. 나아가 순수한 3인칭 시점(3人稱 視點)은 존재하지 않으므로(no pure third-person perspective),[21] 순수한 3인칭 시점의 존재를 믿는 연구방법은 객관주의의 환상(objectivist illusion)에 굴복하는 것이라고 주장한다(Gallagher & Zahavi, 2008: 40). 이 점에서 이른바 과학적 방법과 확연히 차이가 난다. 그 함축은 나의 삶과는 관련이 적은 평균인의 행정에서 발생하는 주체의 결여로부터 사람의 향기가 나는 행정을 실현하는 방법을 찾을 수 있다는 것이다. 또 다른 핵심은 '세계의 존재 → 세계의 인식'이라는 전통적 인식론의 순서를 역으로 하여 '인식하는 나의 의식 → 세계의 존재'의 순서이다. 이를 위해 세계가 존재한다는 것을 괄호로 묶으면[에포케(판단 중지)], 인식하는 나의 의식만 남겨진다. 즉, 의식을 통해 구성되는데, 시간이 지나감에 따라 연속성도 있지만 의식도 흐른다(Bird, 1999: 77-83). 그 의미는 자신에 대한 새로운 발견이 메시지이다. 더 나아가 보는 지점이 없는 봄은 실현불가능하다(no view from nowhere)는 명제와 관련이 있는 지향성이라는 핵심 개념이 있다. 지향성이란

20) 현상학의 시원(始元)과 흐름은 다양하지만(Spielberg, 1982), 대체적으로는 본문에서 언급한 대로 후설(E. Husserl), 하이데거(M. Heidegger), 메를로-퐁티(M. Merleau-Ponty), 사르트르(J. Sartre)라는 네 명의 주요한 현상학자들이 언급된다(Smith et al., 2009). 후설의 작업은 무엇보다도 경험과 그 경험의 지각에 초점을 두어 우리에게 중요하고도 관련이 많은 시사점을 제공하였다. 후설의 작업을 더더욱 발전시키는 데 있어서, 하이데거, 메를로-퐁티와 사르트르는 각자가 인간을 보는 관점을 대상과 관계, 언어와 문화, 일과 관심사에 함몰되고 파묻혀 있는 존재로 보는데 이바지하였다. 그들 덕분에 우리는 후설의 기술적(descriptive) 측면에의 몰두나 초월적 관심으로부터 벗어나, 살아 있는 세계에 간여한다는 관점으로의 지향성을 이해하는 데 초점을 두는 보다 해석적이고 세계 속에서의 위치를 향해 나아갈 수 있게 되었다. 그런데 그 살아 있는 세계에 간여한다는 관점이란 우리 모두에게는 개인적인 어떤 것이지만 고립된 창조물로서 우리 자신에게라기보다는 우리가 세계에 대해 또 타인과의 관계를 맺는 속성이다. 이들 저술가(writers) 모두의 업적으로 인해 그 복잡한 '경험'의 이해가 살아있는 과정을 불러오게 하고 관점과 의미를 펼치게 하는 바, 이런 것들이 그 개인이 세계에 대해서 체화(體化)된 관계를 맺게 하는데 독특함을 가져오게 한다(Smith et al., 2009).

21) 그 의미는 그런 관점은 바로 어떤 지점으로부터의 관점이라는 것을 말한다(Gallagher & Zahavi, 2008: 40).

모든 의식은 뭔가에 대한 또는 뭔가의 의식으로(all consciousness is about or of something) 경험은 항상 세계에 대한 지시를 수반하고 있음을 의미한다(Gallagher & Zahavi, 2008: 7).[22] 즉, 모든 경험은 의식과 의식이 지향하는 지향적 대상에 의해 결정되고, 경험이란 조각조각 떨어져 있는 것이 아니라 그 속에 결합을 내포하는 동적인 전개이다.[23] 현상학에서 기원하는 이 현상학적 접근법과, 인지과학이나 뇌과학

표 8-5 과학적 의식탐구와 현상학적 접근법과의 비교

	과학적 의식탐구	현상학적 접근법
탐구	자연과학적 탐구	초월론적 탐구
시점	3인칭 시점(視點)(외부 관찰자의 관점에서 접근)	1인칭 시점(視點)(경험하는 주체의 관점에서 접근)
연구초점	대상으로서의 의식에 연구 초점	주관성으로서의 의식에 연구 초점[24]
관심	의식에 대한 자연주의적 설명(explanation)을 전개하려는 시도[25]	우리의 심적/신체화된 삶의 경험구조에 대한 이해와 적절한 기술(description)을 획득하는 데 관심
세계와 자신과의 관계	세계와 분리된 경험 속에 있는 자신	세계 속에 있는, 그리고 동기들과 목적들을 지닌 지각자에 의해 체험되는 것으로서 연구
방법	내성적(內省的)으로 탐색하는 방법(introspective sort of reflection)[26]	현상학적 환원의 방법
현상의 개념	① 현상이란 실재와 구분되는 우리에게 나타나는 방식을 의미 ② 대상의 직접적인 소여성(givenness)으로서 외관상 존재하는 방식으로 이해	① 나타남과 실재 간의 구별이란 우리가 살고 있는 세계내적인(즉, 현상 내적) 구별로 이해 ② 대상이 어떤 식으로든 나타나는 한에서만 우리에게 어떤 의미를 가질 수 있다고 봄
대상의 지각	표상적(representational)[27]	현전적(presentational)

출처: Gallagher & Zahavi(2008)를 저자가 재구성.

---

22) 따라서 무의식은 있을 수 없다. 여기서 세계라는 용어는 물리적인 것뿐만 아니라 물리적 방식으로 존재하지 않는 사물들(예컨대, 덴마크의 왕자 햄릿)을 포함하여 사회적 및 문화적 세계를 망라한다(Gallagher & Zahavi, 2008: 7). 이 개념은 현상학을 넘어 심리철학에서도 논의가 진행되어 왔다(Searle, 1983).

23) 즉, 항들뿐만 아니라 항들 간의 관계도 주어지는 것을 함의한다. 비유하자면 새가 이 나무에서 저 나무에로 날아가는 것을 볼 때 새와 나무만 경험하는 것이 아니라 이 나무로부터 저 나무로 라는 관계(from－to)도 동시에 주어진다는 의미이다.

24) 주관성으로서의 의식에 연구 초점을 둔다고 함은 "의식은 그것의 주관적 구조와 그것이 작동하는 방식에 있어서 과학의 실천에 어떤 한계들을 설정하는가?"라는 물음에 대한 연구이다(Gallagher & Zahavi, 2013: 63).

25) 이 말은 의식의 생물학적 발생, 신경학적 기반, 심리학적 동기부여 등과 같은 것을 알아내려고 시도하지 않는다는 뜻이다(Gallagher & Zahavi, 2013: 26).

에서 유래하는 과학적 의식 탐구와의 차이는 <표 8-5>에 정리될 수 있다.

현재의 실제행정에서 문제점은 3인칭 시점의 논의가 나의 삶(나의 복지) 또는 우리의 삶(우리의 복지)을 이야기하는 것이 아니라 객관적 연구(3인칭 시점)이기에 그들의 삶(그들의 복지)을 이야기한다. 나와는 상관도 없는 총량으로 처리될 뿐만 아니라 대체가능한 '나와 그것'의 관계였다.[28] 여기에서 현상학적 행정에로 다가가기가 더 필요해진다.

현상학적 접근법의 과정은 다음의 절차를 밟는다(Gallagher & Zahavi, 2008: 28). 첫째, 자연적 태도의 에포케 또는 판단중지(epoché or suspension of the natural attitude), 둘째, 현상학적 환원(Phenomenological reduction)으로 이는 경험의 대상과 경험 그 자체(experience itself) 간의 상관관계에 주의를 기울이는 것이다. 셋째, 형상적 변경(eidetic variation)으로 그 상관관계의 본질적인 측면에 초점을 맞추는 것이다. 넷째, 상호주관적 확증(intersubjective corroboration)으로 발견된 것이 어느 정도 보편적인가 또는 어느 정도 공유가능한가에 관심을 갖는 것이다. 이러한 기본개념들과 절차는 제9장에서 좀 더 자세히 고찰하기로 한다. 이 현상학을 토대로 현상학적 행정을 재구성할 수 있다. 이에 대해서 다음 절(節)에서 논의하기로 한다.

2. 현상학적 행정의 내용

1) 평균인 모형을 넘어서 일상인 모형으로

평균인 모형은 경제학적 모형이나 형태주의 접근으로 대표된다. 이들의 인간 모형

26) 후설(E. Husserl)은 현상학적 직관(phenomenological intuition)이 내성의 한 형태라는 견해를 단호히 거부하였다(Gallagher & Zahavi, 2008: 21).

27) 그러나 이 용어는 현상학에서 쓰일 때와 인지과학에서 사용될 때는 개념이 다르다. 자세한 것은 Gallagher & Zahavi(2008: 111) 및 Putnam(1988)을 참조하라.

28) 부버(Martin Buber)에 따르면, "나와 너"로 상징되는 사람을 인격으로 대우하는 관계와, "나와 그것"으로 상징되는 사람을 수단으로 대하는 관계가 있다고 한다(Buber, 1974). 객관적 연구란 후자에 가깝고, 현상학적 연구는 전자에 기초한다. 동장(洞長)과의 인터뷰에 따르면, 관할 지역의 한 분이 동회에서 "실무자와는 얘기 안한다. 동장 나오라"고 고함치면서 소동을 벌이고 있었다. 결국 동장과의 얘기의 결론은 쌀 1포 더 달라는 것이다. 그러나 규정상 더 줄 수가 없기 때문에 소동을 마무리하려면 편법을 동원할 수밖에 없었다고 말하고 있다. 여기서 규정과 당사자의 삶, 문제해결을 위해 편법을 동원해야 하는 행정 등 복합적인 문제가 놓여 있다(2015.4.24, ○○동에서).

에서 표층의 의미만 진정한 것으로 간주하면 심층에서 일어나는 모습은 버린다. 즉, '객관적인 존재'와 '인간의 의식'의 둘 중 전자만 인정하고, 양적의 관점에서(Okun, 1975) 보는 것이 평균인 모형이다[개인의 합을 그 수치로 나누는 ('Σ개인/n') 관계]. 이 함축은 효율성의 개념으로, input/output의 사고방식에 기초한다. 이 관점에서 보면 법칙정립이라는 장점은 있지만 그 당사자의 목소리는 사라진다. 따라서 이제는 이 부작용도 검토해야 할 시점이다.[29] 그 대안이 당사자의 목소리를 담는 현상학적 행정이다. 그림으로 이해를 돕도록 [그림 4-1]을 이곳에서의 목적에 맞게 다시 그려낸 것이 [그림 8-9]이다.

그림 8-9 **평균인 모형과 일상인 모형**

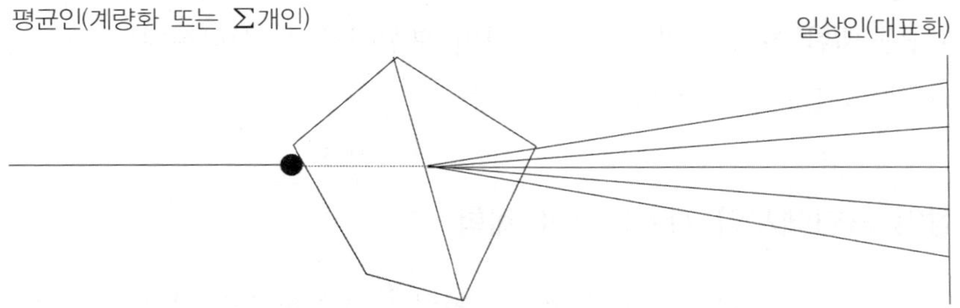

출처: 이광석(2017: 148).

계량화는 개인차를 인정하지 않고 동등한 값을 주는 것으로, 이는 [그림 8-9]에서 오른쪽에서 왼쪽으로 진행하는 방법이다. 이들 모형은 인간을 어떻게 목적에 알맞게 이용할 것인가라는 데에 초점을 두고, 따라서 양적인 계량화를 추구하게 된다.

이를 행정학에 적용하면 일에 대해 갖는 태도를 양극화하여 X이론과 Y이론이라는 이념형으로 설정하거나 마슬로우(A. H. Maslow)의 욕구 5단계설을 응용한다. 또는

29) 이러한 사고방식은 시혜자와 수혜자를 엄격히 구분하고 수혜자에 대한 사시(斜視)를 유발한다(www.metro.co.uk, 2013.1.10일자, 2013.1.29일자 참조). 예컨대, 기초생활보장의 대상을 제외시키는 요소 중 하나로 '자녀 있음'의 조건으로 인해 고통받았던 이들이 있음이 그 대표적이다. 물론 이러한 문제의 해결 방향은 one-nation strategy에 기초하여야 한다(www.metro.co.uk, 2013.1.12일자 참조).

이들로부터 파생하거나 보완한 인간 유형들인 합리적·경제적 인간(rational, economic man), 사회적 인간(social man), 자기완성 인간(self-actualizing man), 복잡한 인간(complex man) 등으로 유형화해왔다(박동서, 2005; 유민봉, 2012: 401). 이들 모형은 조직에서 인간을 어떻게 관리할 것인가(유민봉, 2012)에 초점을 두고 있다.

이에 비해 일상인(ordinary man) 모형은 우리 삶을 만들어 나가는 작가(author of our own life)라는 주체적 관점에서(Hinchliff et al., 1998: 22-23) 스스로의 의미를 추구한다(Spurling, 1977: 84-87). 이는 [그림 8-9]에서는 오른쪽에 위치하고,[30] 앞서 말한 대로 1인칭 시점(視點)이므로,[31] 현상학적 접근법은 다양성의 인정으로 환원된다. 그 핵심에는 과학적 지식을 포함하여 세계에 대한 우리의 지식은 1인칭 시점에서 일어난다는 것을, 또 과학은 이 경험적 차원이 없으면 무의미하다는 것을 뜻한다(Gallagher & Zahavi, 2008: 89). 그 전제는 현상학은 인간 경험에 대한 의식이 어떠한가에 대한 특별한 관심이다. 일상인 모형에서 그 실현형태는 체험이나 지각이므로 이를 중심으로 살펴본다.

2) 일상인 모형에서의 자기의식과 체험

현상학적 행정에 알맞은 인간형을 정립하려면 20세기의 행정에서 보는 인간관과는 다른, 사람됨에 치중한 논의가 유용할 것이다.[32] 그 현실적 모습은 일상인 모형의

---

30) 일상인 모형은 프로이트(S. Freud)의 문화개념과 푸코에게서 유래하는 일상의 문화, 비트겐슈타인의 일상언어, 공간적 관행, 믿음의 양식(ways of believing)으로 특징짓기도 한다. 이에 대해서는 Certeau(1988)을 참고하라.

31) 엄밀히 말하자면 1인칭 시점도 둘로 나눌 수가 있는데, 약한 일인칭 시점(weak first-person perspective)과 강한 일인칭 시점(strong first-person perspective)이 그것이다. 전자는 일인칭 시점을 갖거나 신체화하는 것으로 자기 자신의 경험적 삶의 주관적 현출(manifestation of one's own experiential life)에 대한 것이다. 이에 비해 후자는 자신을 자신으로 개념 파악할 수 있다는 자기의식에 기초한다. 이는 1인칭 대명사의 통달(mastery of the first-person pronoun)을 전제하면서 자기 자신의 위치나 관점의 현실적인 채택을 수반한다. 예를 들면, '나는 화가 난다(I am angry)' 또는 '나는 커피를 마시고 싶다(I would like some coffee)'에서처럼 표출된다(Gallagher & Zahavi, 2008: 47). 이에 대해 자세한 것은 Baker(2000)를 참조하고 care에 응용하는 경우는 Hinchliff et al.(1998: 22-23)를 참고하라.

32) 첨언할 것은 사람됨의 관점에서는 교육과 성찰의 중요성이 제기된다. 이 부분은 계속해서 많은 논의가 있기를 바란다. 물론 조직 속에서 인간관리의 관점도 현상학적 행정에서 보는 인간관(사람됨)의 출발점으로서 의미가 있다.

정립으로, 그 전제는 평균적[또는 집적적(集積的)]이라기보다는 개별적이라는 관점을 말함인데, 이것이 개성기술로 이어질 수 있다.[33] 그런데 개성기술이란 다양성으로의 환원이고, 다양성으로의 환원에 기초하면, 서로 어긋나는 현상이 나타나게 된다(이석호, 2001: 69; Stevenson, 1974). 예를 들어, 사회관계에서 납세자의 위치에서 세금의 인식과 복지의 수혜자 입장에서의 세금 인식은 다를 수밖에 없다. 그렇지만 이 다양성 속에서 개개인이 자신의 삶의 의미를 추구한다. 이는 자기의식과 체험에 대한 관심을 포괄하는데, 자기의식은 1인칭 시점으로, 미드(George H. Mead)의 이론에서는 이른바 '주격 나(I: 주관적 자아)'와 '목적격 나(Me: 객관적 자아)'로 나뉜다. 후자는 자기 자신을 향한타자들의 관점을 채택함으로써 형성된다. 즉, 타자들과 맺는 사회적 관계에 의해서 자기 자신을 대상으로 삼는다는 점이다(Gallagher & Zahavi, 2008: 47; Coser, 1977: 338). 그의 이론을 요약한 것이 <표 8-6>이다.

표 8-6 미드의 자기의식의 형성과 타인에 대한 경험

	주격 나	목적격 나
정의	① 타자의 태도에 대한 유기체의 반응 (Coser, 1977: 496) ② 사회적인 나를 인식하는 나 (Mead, 1962: 173)	① 그 유기체가 가정하는 타자의 태도들의 조직화된 모습(Coser, 1977: 496) ② 인식하는 나의 사회적 측면 (socialized aspect of the person)
	타자 태도들의 조직화가 Me를 구성하고 다음에 유기체는 그 Me에 대해서 I로서 반응한다 (Coser, 1977: 496).	
설명	① 나의 모든 현재적 행위의 규정되지 않는 원천 ② 비록 인지될 수는 없지만 행위상의 문제에 대한 창조적인 반응을 책임지는 개성의 심급(審級) ③ '주격 나'는 항상 '목적격 나' 속에 의식된 행위 표현들을 사후에 새롭게 해석하는 관계	① 개인은 자기 자신을 대상화함으로써만 자신에 대한 의식을 가질 수 있다는 점 ② 타인이 가지고 있는 나에 대한 상(像) ③ 지금 진행되고 있는 행위조자도 항상 이미 지난 것으로 보존

출처: Mead(1962); Honett(2014: 151-165); Coser(1977) 요약 및 정리한 것임.

---

33) 복지학에서는 상품화에 대한 탈상품화의 전제, 이기적이라는 전제 대신 이타적일 수도 있다는 전제도 논의되어 왔다(Esping-Andersen, 1990). 물론 경제학에서도 이타적 성격에 주목하는 연구도 있다(최정규, 2009). 그러나 그 근본적 가정은 이기적이라는 전제이다. 여기서 화폐적 가치(또는 시장적 가치)가 비화폐적 가치(또는 비시장적 가치)와 병존할 수 있는 영역을 찾아야 하는 노력이 필요하다. 예컨대, 납세에 지대한 공로가 있다면 그에 상응하는 비시장적 방법을 시행할 수 있고 인간관계에서도 그러하다.

나아가 주관적 자아와 객관적 자아 사이의 내적 마찰을 통해 개인과 사회의 도덕적 발전을 설명할 수 있다. 즉, 객관적 자아는 자신의 공동체를 대신하여 규약적 규범을 구체화하며, 또한 주체는 항상 주관적 자아의 충동성과 창조성에 대한 사회적 표현을 제공하기 위해 이러한 규약적 규범을 스스로 확장하려고 한다. 내면화된 전체의 의지와 개성화 요구 사이의 이 긴장관계는 주체와 자신의 사회적 환경 사이의 투쟁으로 나아간다. 객관적 자아의 존재는 주체로 하여금 주관적 자아를 위해 새로운 형태의 인정을 모색하게 한다(Mead, 1962; Honett, 2014: 151－165, Coser, 1977).

결국 미드의 이론에서 자아의 의미는 자아와 사회적 관계에서 자기의식의 형성에 타인에 대한 경험이 우선함을 의미한다(Honeth, 2014: 152).[34] 이 개념은 일상인 모형이라 하더라도 사회와 완전히 분리되지는 않는다는 함축을 안겨준다. 여기에 일상인 모형에서의 삶을 탐구하는 의의를 찾아볼 수 있다.

일상인 모형에서는 행복(well－being)은 중요한 축(axis)이라고 할 수 있다. 이것은 주관적 요소도 강하기에(김준연, 2012), 그 개인을 전체적 시각으로 본다. 따라서 환원주의(reductionism)로 보는 관점에 반대한다(Hinchliff et al., 1998: 22－23).[35] 즉, 자연과학의 시각과는 달리 우리는 세계를 구성하는 일부분도 아니고 탐구의 대상 속에 포함되지도 않는다. 오히려 세계를 바라본다고 할 수 있다(Smith et al., 2009). 여기서 우리의 존재와 세계성(worldliness)의 관계가 관심사로 떠오른다. 메를로－퐁티는 경험을 강조하는데, 경험에서 몸의 지위는 중심적인 요소로 고려된다. 이를 지각의 세계 또는 체험의 세계라고 본다(김홍우, 2000: 102－137; Waugh & Waugh, 2006; 메를로－퐁티, 2002). 즉, 그 세계에 대해 우리가 가지는 관계(세계－내－존재[being－in－the－world])가 표현되는 것이 몸이며(세계－내－몸)(Smith et al., 2009;

34) 이 점에서 헤겔(G. W. F. Hegel)의 이론과 차이가 난다고 한다. 자아와 사회적 관계에서 헤겔이 주장한 바는 자아 중심인데, 미드는 자아와 사회적 관계를 역전시킨다.

35) 환원주의(reductionism)로 보는 관점은 의학 모형(medical model)이나 다른 학문에서는 유용하지만 현상학적으로는 그렇지 않다는 의미이다(Hinchliff et al., 1998: 22－23). 한편 주관적 요소를 중시하는 논의는 철학에서 많이 진행되어 왔지만(김선욱, 2011; 이상형, 2013; Arendt, 1958), 흥미롭게도 Hinchliff et al.(1998: 24－25)은 건강을 주관적 요소로 꼽는다. 참고로 여기서 말하는 전체론(holism)은 환원주의(reductionism)에 반대되는 개념으로, 방법론적인 관점에서 말하는 전체론(holism)과는 다른 개념이다. 방법론상의 전체론(holism)은 개체론(individualism)과 반대되는 개념이며, 이는 사회학 등에서 많이 논의되었다. 자세히는 오창희(1993)를 참조하라.

Spurling, 1977: 15; 양해림, 2000: 123; 한국현상학회, 2000, 정화열, 1999),[36] 그 세계-내-몸이라는 존재가 겪는 생생한 경험을 가능하게 하는 실제적 행동과 관계는 추상적이거나 논리적인 의미보다 훨씬 더 중요한 의미가 있다. 그 이유는 우리 자신을 이 세계의 다른 어떤 것들과는 다르다고 생각하고 있으며, 자신에 대한 우리의 지각은 전체로 보기 때문이다(메를로-퐁티, 2002: 제1장 참조; Finlay, 2011: 36). 따라서 우리에게 의미있게 다가오는 것은 세계의 경험(즉, 체험)에서 나온다(Merleau-Ponty, 2002: 15). 세계-내-몸이라는 존재가 겪는 생생한 경험 속에서 서로 어긋나는 현상을 중화시켜서 개개인의 행복(well-being)이 사회적 행복(social happiness; social well-being)으로 나아가게끔 하는 곳이 바로 생활세계이다. 여기서 행정의 역할이란 이를 돕는 데 있다.

3. 생활세계에서의 체험과 연계하는 행정

인간형에 대한 논의의 전제는 삶의 현상이란 그 핵심으로 향하면 사람에 이른다는 것이다(이규호, 2005: 7). 여기에서 주목할 만한 전개는 사람임(Menschsein)과 사람됨(Menschwerden)을 구분하는 방법이다. 전자가 널리 퍼져 있지만,[37] 후자, 즉 사람됨에 치중한 논의도 있고, 이는 볼르노(O. F. Bollnow)나 야스퍼스(Karl T. Jas-

---

36) "신체란 더 이상 이 세계 속에서의 대상으로 생각되지 않았고, 신체로 소통하는 수단으로 생각되어 왔다. 예를 들면, 내 손을 내밀어 책상에 닿는다면, 그것은 나 자신과 세계가 만나는 지점임을 의미한다. 그 닿는 행동을 통하여 나 자신을 이끌어 내어 세계와 닿게 하는 소통이다. 따라서 우리가 다른 사람에 대해 공감(empathy)을 관찰하고 경험하지만 궁극적으로는 다른 사람의 경험을 전적으로 공유하지는 못한다. 그 이유는 그들의 경험은 이 세계에서 그들 자신의 체화된 위치에 속하기 때문이다. 어떤 경험에 대해 '나의 것'(mineness)과 '대략 그런 것'(aboutness)의 지향적 성격과 의미는 언제나 신체-주체에 의존하는 개인적인 것이다"라고 기술하고 있다(Smith et al., 2009).

37) 그 중에서 인간은 이기적 존재라는 가설이 경제학에서 수용하여 이론을 전개한다. 인간이 이기적인 존재이기에 개인들 간의 상호작용에서 나타나는 충돌의 가능성은 완전한 시장이라는 상(像)을 정립함으로써 해결가능하다. 완전한 시장이라는 상이 완성되면서 개인들 간의 상호작용을 가격을 매개로 이루어지게 된다. 개인이 자신의 행동에 대한 사회적 책임성을 어떻게 부여받는가의 문제는 얼마나 시장이 완전한지, 가격이 어느 정도나 행위의 효과를 반영할 수 있는지의 문제로 대체된다(최정규, 2011). 철학에서는 맹자의 성선설이나 순자의 성악설로 대표되는 유교의 인간형에서부터 루소(Jean J. Rousseau), 홉스(Thomas Hobbes)의 인간관 등 많이 논의되어 왔다. 최근에는 실존주의나 사회비판이론, 과학철학에서도 인간형을 많이 논의하고 있다(신오현, 1996).

pers) 등에게서 이루어졌다. 이들은 인간을 '미완성 교향악'으로 정의하기 때문에 완성을 향해 자신을 형성해 가는 과정을 삶으로 본다. 따라서 지식이란 이를 위한 결단에 밑거름이 되는 자양분으로 간주된다(이규호, 2005).

인간이 완성을 향해 자신을 형성해 가는 첫 발걸음을 하버마스는 생활세계로 정형화하고, 나아가 생활세계는 객관세계(또는 이를 체계라고 부르는데, 행정학의 영역에서는 행정체계가 되고 사회학의 영역에서는 사회체계가 된다)와 대비되는 유형의 세계로 보았다.38) 이 두 세계를 표로 정리한 것이 <표 8-7>이다.

생활세계는 기본적으로 개별적 주체만의 공간이지만, 사회적 관계를 형성하면서 새롭게 구성·재구성된다(Swingewood, 1994: 289-295; Heath, 2011: 74-90). 이

표 8-7 생활세계와 객관세계의 비교

	생활세계	객관세계
인간	① 개별화된 인간 ② '나' 또는 '우리'라는 주체가 함께 연루되어야만 발생하고 구성 ③ 삶의 의지, 욕망, 감정 등을 가진 피와 땀이 흐르는 인간	① 표준화된 인간 ② 인간 = Σ개인 ③ 삶의 의지, 욕망, 감정 등을 사상한 합리적 인간
공간	① 유동적/역동적이고 다양/다채로우며 수없이 많은 가능한 모습들을 잉태 ② '지역' 개념과 어울림	① 물리적이고 사실적 ② '구역' 개념과 어울림
시간	① 과거와 어울리는 시간 ② 전통, 권위 등이 개재되는 시간 개념	① 과거보다는 미래를 향한 단절된 시간 ② 전통, 권위 등이 개재되지 않는 시간 개념
기반	의사소통행위	화폐와 권력
인식	doxa	epistémé
접근방법	① 사이 관계를 중시(이기상, 2014) ② 의미론 중시 ③ 비타산적인 접근	① 편익이나 비용 분석을 중시 ② 형식문법 중시 ③ 합리적인 접근

출처: 이광석(2014) 수정.

38) 체계와 생활세계의 관련성을 살펴보면, 생활세계는 체계에 대응하여 개인 및 가정으로 대표되는 사적 생활세계와 지역사회 및 매스컴으로 대표되는 공적 생활세계로 나눠지며, 생활세계와 체계는 화폐나 권력이라는 매체에 의해 연계되는데, 이 둘은 항시적 긴장 관계에 있고 현대 사회에서는 더더욱 심화되고 있다고 한다. 그 이유는 생산과 수익성을 지배하는 체계의 명령에 따라 화폐와 권력이라는 체계의 조종매체가 생활세계의 구조에 침투하여, 언어적으로 매개된 상호작용을

생활세계는 근본적으로 맥락의존적이고 해석적이며 개성기술이라는 성격을 지니고 있다(Habermas, 1992; 오용득, 2005). 따라서 생활세계는 나에게 의미하는 바가 무엇인가라는 시각이다(박인철, 2002). 이와 같은 견해는 가령 내가 육신을 가지고 인간공동체 안에서 살고 있는 이 평범하고 자명한 생활세계의 진리가 간과되거나 망각되어서는 안 된다는 것이다.

보다 더 의미있는 것은 생활세계는 사랑의 공동체(박인철, 2002)로서 이해타산적인 개념과는 대척점에 있는 개념으로, 개인적 행복의 토대가 된다. 대화론의 관점을 빌리면 개인행복이란 사회적 연대와 사회적인 합의에 기초하는데, 이를 '나와 너(I and thou)'로 요약한다(Buber, 1974). 이는 연대가 이루어지지 않아서 나를 제외한 나머지 세계를 나의 목적 달성을 위한 수단으로 보는 관점인 '나와 그것(I and it)'이라는 세계관과 대립한다(Pierson & Thomas, 2002: 304). '나와 너'의 세계관이 개인행복의 기초를 이룬다는 함축이고, 이를 통해 개인주의에 기초하면서도 그것을 넘어 사회적 행복(social well-being)을 지향한다(Powell, 2007: 47). 이것이 실현되는 구체적인 방법 중 하나는 욕구를 충족시켜주고 위험을 사회화(risk-pooling)하여 위험으로부터 벗어나는(risk protection) 것이다(Castles et al., 2010). 따라서 나의 삶에서 벗어난 복지는 먼발치에 있는 담론일 뿐이다.

제 5 절 | 현상학적 행정에 도입가능한 새로운 제도들

현상학적 행정을 도입한다면 복지영역에서도 내가 '체감하는 복지'(몸의 복지)로 다가오게 할 수 있다. 이를 제도권과 제도권 밖의 둘로 나눌 수 있고, 전자는 맞춤형 복지와 후자는 생활세계의 확충으로 정리하고자 한다. 현행 복지영역에서 맞춤형 복지제도가 있다. 즉, 소득기준에 따라 급여별로 선정기준을 달리하여 가구 여건에 맞

왜곡하고 언어 속에 각인되고 있는 진리들이 갖는 합리적·보편적 요소들을 훼손하고자 한다. 하버마스는 이를 막기 위해 사람들이 의견을 내놓는 공간을 공론장(Offentlichkeit: public sphere)으로 명명하는 한편, 사적인 시민들이 공적인 사안들에 대해 이야기를 나누고 의견을 형성하여 정치에 참여하는 생활세계의 시공간적 조건을 공론이라고 명명하였다.

는 복지를 많은 사람들이 누릴 수 있게 하는 제도가 있다. 소득인정액과 중위소득을 기준으로 생계급여 · 의료급여 · 주거급여 · 교육급여로 나누어 각 가정에 필요한 복지를 지원하고 있다. 이 제도는 이전 제도보다 진일보한 제도인 것은 사실이나, 이는 여전히 20세기의 행정의 테두리에 있다. 조금 더 다가선 제도로는 주민참여예산제도나 미국의 시민예산제안(1999~2005, Citizen Budgeting in D.C.)처럼 수혜자들(즉, 복지수요자들)이 필요한 복지를 지원받도록, 자신들이 필요한 복지의 리스트를 구체적 사유와 함께 정부에게 제출하도록 하는 것이다. 이 과정에서 상담제도 등을 보완하고 절차화할 수 있을 것이다. 이에 따라 범주화(즉, 생계급여 · 의료급여 · 주거급여 · 교육급여 등)하고, 심사하는 행정을 말한다. 가능하다면 또 필요하다면 시민원탁회의와 같은 숙의민주주의 방식도 이 제도 속에서 도입할 수 있을 것이다. 이런 지향은 현상학적 행정의 토대로 작용할 수 있다. 또 다른 가능성 있는 제도로는 행정행위가 이루어지기 전에 청문전치주의를 강화하는 것이다. 더욱이 밀양사태에서 보듯이 행정행위로 인한 지역사회 속에서의 갈등도 심각하다. 따라서 사태 이후의 치유제도(healing system)의 도입도 통합을 이룩할 수 있도록 하는데 일조할 수 있는 제도이다. 이를 통해 지역사회와의 교감 속에서 사회적 행복(social well-being)을 추구할 수 있다. 다만 법률과 상식의 한계를 벗어나는 물리력 행사나 긴급구호제도의 악용을 막는 제재도 완비되어야 한다.

현재 시민운동은 시민없는 시민운동으로 정의된다(김홍우, 2007: 45). 즉, 전문가나 직업적 시민운동가들이 일반시민으로부터 분리되고 있다. 현상학적 행정은 일반시민과 함께하여야 한다는 명제이다. 따라서 이제는 생활세계를 활성화하는 것이라는 근본으로 돌아가서, 어떻게 이웃과 함께할 것인가를 고뇌하여야 한다.

제 9 장

제 3 부 행정학에서의 주관주의 방언

해석현상학적 분석 (Interpretive Phenomenological Analysis: IPA)

제 1 절 | 서 론

쿤(T. Kuhn)은 정상과학에서 과학자 집단의 중요성을 갈파하고 있다. 그들은 그 분야에서의 후속세대에 영향을 미치는데, 그 후속세대를 훈련시키며, 그 분야에서 통용되고 있는 가치체계와 이데올로기를 불어 넣는다.[1] 그리고 선택하도록 한다(Lakatos & Musgrave, 1970: 383). 정상과학의 패러다임은 경쟁자들을 용인하지 않는 패러다임 독점론(the paradigm-monopoly thesis), 패러다임 교체에는 거의 공백기간이 없는 무공백론(nointerregnum thesis), 통약불가능성을 의미하는 양립불가능론(incompatability thesis), 패러다임 전환은 비교적 갑작스러우며 한꺼번에 일어난다는 형태전환론(Gestalt switch thesis) 등으로 특징짓는다(Watkins, 1970: 68-71). 그러나 학문의 진보에 대해서 이보다 더 함축적인 것은 아도르노(T. Adorno)가 주장한 바처럼 이론이란 이론화된 대상과 이론화하는 주체 둘 다 포함하며(Fullner, 2004: 152), 학문이 있는 그대로 얼마만큼 잘 설명하고 있는가를 밝히려는 노력보다도 과학자 공동체에 대한 연구를 통해 더 잘 성취될 수 있다는 점이다. 즉, 학문에 관한

1) 여기에서의 문제는 "학생들로 하여금 특정과학 공동체의 구성원이 되게끔 준비시키는 하나의 전문적 입문의 과정으로 다른 어느 분야보다도 더 협소하고 융통성 없는 교육"(Watkins, 1970: 66)이라고 한다.

설명은 그 과학자 집단의 가치체계, 이데올로기에 대한 설명이어야 한다는 것이다(조승옥 · 김동식, 2002: 457).

쿤이 발견한 학문공동체의 중요성은 포퍼(K. Popper)의 주장인 학문공동체에서의 비판의 논리(대안적 견해들에 대한 비판적 토의에 의해 발전된다는 논리)와 함께 학문의 발전에 크게 이바지하였다. 그 의미는 "전문화에서 중대한 위험을 본다"는 포퍼의 주장과는 달리 학문적 지식 그 자체가 본질상 전문가 공동체의 산물이라고 규정되므로 보다 더 문화사회사(文化社會史) 시각에서의 이해를 바탕으로 학문공동체의 역사를 연구해야 한다는 것이다(조승옥 · 김동식, 2002: 488, 494－496). 이는 방법론의 연구에서도 정상과학이 위에 언급한 모든 조건을 충족시킨다고 보기는 어려울 것이지만 많은 함축과 시사점을 제공하는 것은 사실이다. 그 함축이란 주류에서의 방법론이 늘 바람직한 것이 아니라는 것이다. 이런 점은 질적 연구에 관심이 있는 이들에게 시사적이라 할 수 있다.

문제교체(≒이론교체, Losee, 1980: 253)는 어떤 이론이 이전 이론이 예상하지 못했던 새로운 사실들의 발견에 이바지할 때에만 그 이론은 '용납할 수 있는' 혹은 '과학적'인 것이 된다. 즉, T_1, T_2, T_3 …… 에서 뒤에 오는 (즉, 새로운) 이론이 그 앞의 이론보다 여분의 경험적 내용을 가지고 있다면, 다시 말해 이 새로운 이론이 의외의 새로운 사실들을 예측한다면 이런 이론들의 시리즈는 이론적으로 진보적이다(또는 이론적으로 진보적인 문제교체를 이룬다)고 말할 수 있다. 만일 이 여분의 경험적 내용 가운데 일부가 또한 검증된다면, 즉 새로운 이론이 우리로 하여금 새로운 사실을 실제로 발견하게 한다면 이론적으로 진보적인 이론들의 시리즈는 동시에 경험적으로 진보적이다(또는 경험적으로 진보적인 문제교체를 이룬다)고 말할 수 있다. 문제교체가 최소한 이론적으로 진보적일 때 이를 '과학적'인 것으로 승인하고, 그렇지 못할 때 그것을 '사이비과학적'인 것으로 거절한다. 이론들의 시리즈 내의 한 이론이 보다 고도로 확증된 내용을 갖는 어떤 이론으로 대치될 때 그 이론이 반증된 것으로 간주한다(조승옥 · 김동식, 2002: 478).

제 2 절 | 현재 사회과학에서의 문제점과 새로운 방법론

위에서 언급한 바처럼 정상과학이 사회학적이며, 이론 중에 이론화하는 주체의 연구가 포함된다면 여기에 대한 논의가 필요하다. 방법론의 학문공동체는 양화 패러다임으로 양적 연구가 압도하여 큰 업적을 이루었다. 예컨대, 추세나 보편적 진리를 보이는 데는 탁월하였고 정책의 입안이나 평가에서도 우수함을 입증하였다. 그러나 이에 속하지 않는 부류(部類)나 집단의 문제가 발생하였다. 즉, 질적 연구가 추구하는 당사자의 목소리는 사라지고 양적 연구가 추구하는 보편화한 것으로 대치되었다.

질적 연구란 연구대상의 행동(actions) · 언어(words) · 생각(ideas) 등을 연구자의 눈을 통해(researcher's encounter) 행위 뒤에 숨어 있는 의미나 동기를 밝혀내고 그 행태의 사실(behavioral facts)과 함의(implication)를 찾는 방법이다(Mariampolsky, 2001). 맥냅(D. E. McNabb)에 따르면, 단어 · 상징 · 사진 등과 같이 숫자로 처리할 수 없는 연구자료를 다루는 연구가 질적 연구방법론이며(권선필, 2008에서 재인용), 양적 연구방법과의 차이는 <표 9-1>처럼 요약한다.

표 9-1 양적 연구방법과 질적 연구방법의 비교

구 분	양적 연구방법	질적 연구방법
현실 인식	• 단일한 객관적 인식	• 주관적으로 도출된 다양한 현실이 공존
연구자의 역할	• 연구되는 변수에서 분리 · 독립되어 활동	• 연구대상 현상과 상호작용
연구자의 추구 가치	• 가치와 관계없이 중립적	• 가치에 연관되어 가치편향성을 공개적으로 표명
연구언어 스타일	• 비인격적이고 공식적이며 규칙에 바탕을 둔 문장을 사용	• 개인적이고 비공식적이며 상황종속적인 언어를 사용
연구접근 방법론	• 상황에 관계없이 귀납법, 제한된 인과관계를 적용	• 상황에 적합한 연역법, 다변수, 다층적 상호작용(multi-process interaction) 등을 적용

출처: 권선필(2008); 이광석(2013); Dilthey(2011); Lidz(1989)를 종합.

질적 연구방법은 인류학, 기호학(semiotics), 언어학, 사회학, 심리학 등 사회과학에서 여러 분야에 걸친 학문 분과에서 이용되며 특히 정치 · 보건 · 교육 · 마케팅 등의 실천 분야(practice area)에 연구방법으로 응용되고 있다(Mariampolsky, 2001). 그러면 질적 방법에는 어떤 것들이 있는가? 흔히 내러티브 탐구(narrative inquiry), 문화기술지(ethnography), 현상학, 사례연구, 근거이론, FGI(Focus Group Interview), 일상생활방법론(ethnomethodology), 역사연구(historical research) 등을 들기도 한다. 그러나 이들은 같은 차원에 놓기 힘들다. 즉, 방법론이라고 일컫는 부류 속에는 기법(technique), 방법(method)과 방법론(methodology), 방법철학(philosophy of method) 등이 섞여 있다. 사회과학과 관련하여 새로운 방법론의 유형은 프랑스를 중심으로 하는 구조주의, 그리고 유럽을 중심으로 한 현상학적 방법과 해석학적 방법이 있다(이규호, 1980: 70).[2] 최근 영국에서 발전하는 해석현상학적 분석(Interpretative Phenomenological Analysis: 이하 IPA)도 현상학적 방법에 힘입고 있지만(Smith et al, 2009), 어쩌면 현상학의 한계(특히 철학적 현상학)를 극복해 보고자 하는 시도로 보인다.

질적 연구의 발전을 위해서는 다양한 질문 및 방법론의 다기화(多岐化)를 보여주어야 하는데, 이를 위해 <표 7-2>를 다시 보인 것이 <표 9-2>이다. 아울러 질적 연구방법의 핵심은 인간에 대한 이해로 그 당사자의 목소리를 듣고 이해하는 데 있어야 한다. 그렇지만 질적 연구에 관한 욕구는 많지만 그 방법론이 문제가 된다. 괴테(J. W. von Goethe)가 지적하였듯이 "학문이나 이념에 대해 이상적 태도를 보이더라도 실제적 작업을 위한 구체적 방도가 보이지 않으면 공론이나 공담이 되기 쉽고 사회과학도는 그렇게 되지 않도록 실마리를 찾아야 한다"(허발, 1985: 5 참조)는 주장에 저자는 동의한다. 즉, 사회과학적으로 (잠정적으로) 진리라고 여길 수 있는 것을 얻기 위해서는 그 징검다리, 즉 방법론의 확신이 필요하다는 함축이다. 여기서 사회과학이나 방법론은 주류에서 말하는 인과(cause and effect)를 중심으로 하는 것이 아니라 이유(reason)를 중심으로 행위의 의미(meaning)와 의의(significance)를 이해하는 데 있다(강신택, 2013: 84). 따라서 현상학과 해석학에서 유래하지만 이

---

2) 사회과학의 연구방법과 관련하여 규정성(規定性)에 치중할 것인가 의미성(意味性)에 치중할 것인가에 대해 오랜 논쟁이 있었다. 현상학은 후자의 입장을 취한다. 그러나 의미가 인간의 속성이 아니고 언어의 속성임을 고려할 때 구조주의는 의식을 넘어선 분석 — 그것이 무의식이든 심층이든 —이 우선한다고 주장한다(한상진, 1983). 즉, 현상학이 출발점으로 삼고 있는 의식과 주체성이 구조주의에서는 증발하거나 소멸된다(김형효, 2008: 43).

표 9-2 다양한 질문 및 방법론의 다기화

연구 질문	주요 특징	적절한 접근법
분노한다는 경험의 주된 특징은 무엇인가?	체험으로서 '분노'의 공통된 구조에 초점	현상학 (phenomenology)
불평을 하는 사람들은 분노한다는 것을 어떻게 이해하는가?(원문은 '의학적 치료에 불평하는'이 첨가됨)	특정 경험을 공유한 사람들인 경우, 특정 상황에서의 개인적인 의미와 이해 형성에 초점	해석현상학적 분석 (interpretative pheno-menological analysis)
분노하게 만드는 사건을 묘사하기 위해 어떤 종류의 이야기 구조를 사용하는가?	이야기가 이해형성에 어떻게 관련되는지에 초점 (예: 장르 혹은 구조를 통해)	이야기심리학 (narrative psychology)
분노를 통제하는 방식에 어떤 요소들이 영향을 주는가?	설명 수준의 서술을 전개하려는 자발성(요인, 충격, 영향 등)	근거이론 (grounded theory)
분노한다는 것에 대해 친한 사람들에게는 어떻게 이야기하는가?	내용에 덧붙여 상호작용에 초점: 분노 자체에 관한 무언가를 유추하는 것에 조심	담론심리학 (discursive psychology)
사건 보고서에서 분노는 어떻게 구성되는가?(원문은 '양로원 출처의 사건 보고서'로 되어 있음)	다양한 자료 출처를 활용하는 자발성: 특정 환경의 관례에 따라 상황을 '이해해야만 한다'는 방식에 초점	푸코식 담론분석 (Foucauldian discourse analysis)

출처: Smith et al.(2009: 45).

를 뛰어 넘는 방법론을 추구하는 데 그것이 IPA이다.

해석학적 연구와 개성기술적 연구로서 IPA는 성찰적이고 자기 인식적(self aware) 능력을 필요로 하며, 현재 이해되고 있는 것과 과거에 알려져 왔던 것을 분리하여 바깥에 보이는 이슈를 드러내 밝히려 한다. 물론 IPA가 언제나 적절한 연구방법이며 IPA에 의하면 모든 것이 달성될 것이라는 가정은 성립되지 않는다. IPA가 효과적인 연구방법이 되려면 IPA 연구자는 연구주제의 선정에서부터 자신의 장점과 한계, 성찰적이고 비판적이면서 철학적 관점을 정초(定礎)할 줄 아는 능력 등에서 세심한 주의가 필요하다. Smith(2011)가 측정한 훌륭한 IPA 연구는 명확한 초점(clear focus), 효과적인 인터뷰에서 나온 강력한 근거를 가진 자료(strong data), 엄밀성이 있고, 수렴과 확산, 대표성과 변별력 있도록 문서화되어야 한다. 덧붙여, IPA 연구는 다층 연구(multiple studies)를 가능하게 해 주는데, 다층 연구의 개별 연구들은 서로 대조되는 연구목적과 서로 다른 시각으로 현상을 보는 연구들로 구성된다(Smith et al., 2009). 이는 지금까지의 질적 연구에 대해 새로운 지평을 열어 주었다(Brownrigg, 2011).[3)]

이를 좀 더 살펴보기로 하자.

제 3 절 | IPA 개념

IPA는 심리학의 영역에서 최근에 개발된 질적 연구방법론으로 점점 다양한 분야에서 응용되고 있다. 그 특징은 대상이나 사건에 대한 객관적 진술을 이룩하려고 시도하지 않고 그들에 대한 개인적 지각이나 설명을 탐구하는 것이다(Smith & Osborn, 2003: 51). 즉, 개인이 어떻게 자기의 경험, 특히 건강 · 질병 · 돌봄 · 관계 · 감정 · 정체성 등에서 자신에게 남다른 충격을 준 경험을 의미화하느냐를 탐구하는 데 있다(Brownrigg, 2011).

IPA는 세 가지 핵심요소를 가지는데 현상학, 해석학, 그리고 개성기술[idiography]이다.[4] 현상학적인 요소란 연구참여자의 생활세계의 상세한 점검(detailed examination)을 포함하고 있기 때문이며(meaning-making), 해석학적이란 2중 해석(two-stage interpretation process or double hermeneutic)에 기초한다. 즉, 참여자가 자신의 해석적 행위를 통한 세계 이해(meaning-making)를 연구자가 의미부여(sense-making)하려고 하기 때문이다(Smith & Osborn, 2003: 51).[5] 이들의 밑바탕에 자리잡고 있는 것이 개성기술적이다. 따라서 이 세 요소가 함께 보완되면서 적절히 이루어질 때, 연구자들로 하여금 개인의 경험에 접근하여 관심을 자세히 기울일 수 있게 한다. 그러나 현상학과 해석학이 철학에 바탕을 두었기 때문에 사회과학자의 시각에서는 그들로부터 구체적 방법을 찾아서 응용하기에는 한계가 있었다. 응용

---

3) 최근 한국에서도 IPA를 이용한 논문이나 학위논문이 생성되고 있음은 반가운 현상이라고 하겠다. 구체적으로는 교육학에는 박경애 · 백지은(2018)이 있고, 상담학에는 유상현(2019)이 IPA로 학위논문을 생성하였다.

4) 이외에 사회적 세계나 개인적 세계 내에서 개인에 의해 어떻게 의미가 이루어지는가에 대해 관심을 두기 때문에 상징적 상호작용(symbolic interactionism)의 흐름에도 빚지고 있다(Smith & Osborn, 2003: 52).

5) 이것이 의미하는 것은 참여자가 덜 의미화한 것을 연구자가 더 의미화할 수 있다는 의미이다(Smith & Osborn, 2003: 51).

에서의 한계란 현상학과 해석학에 기초한 연구자들이 연구목적을 어떻게 구성할 것이며, 절차를 어떻게 할 것이며, 어떻게 정형화할 것이며, 목적달성 여부를 어떻게 판단할 것인가에 대해 고민하게 만들었다. 더욱이 요즘의 뇌과학이나 인지과학의 발달은 지금까지의 철학에서의 탐색을 재점검하도록 하였다. 이와 같은 학문 추세를 반영한 흐름이 IPA이다. IPA에 기초한 연구는 앞서 말한 연구목적을 어떻게 구성할 것이며, 절차를 어떻게 할 것이며, 어떻게 정형화할 것이며, 목적달성 여부를 어떻게 판단할지에 대해 틀(framework)을 이끌어 낼 수 있다는 데 장점이 있다. 그 전제로 IPA에서는 인간을 감성적이고 물리적 존재(affective and physical being) 외에 인지적이고 언어적이라고 본다. 즉, 인간의 대화(talk)와 사고 및 정서적 상태(thinking and emotional state) 사이에는 강력한 연결고리가 있다는 것을 받아들인다(Smith & Osborn, 2003: 52). 이들 핵심요소들 때문에 IPA가 현상학적 접근법과 구별되지만 보다 더 큰 구별은 심리학적 전환이다.[6] 다만 주류 심리학이 계량적이고 실험적 방법론에 의존하는 데 비해, IPA는 사회심리학과 임상심리학(social and clinical psychology)에서의 인지심리 및 사회인지적 접근과 궤를 같이한다(Smith & Osborn, 2003: 52). 이는 그 적용범위를 더욱 넓히는 의미가 있다. 반면에 IPA와 주류 심리학의 공통점은 자기 자신에게 일어난 것에 대해 어떻게 생각하느냐를 점검하는 데 관심이 있다는 점이다. 여기서 IPA에 영향을 준 세 요소를 차례로 살펴보자.

6) 후설(E. Husserl)은 심리학주의(心理學主義)가 가지는 편견을 다음과 같이 요약하고 이에 대해 각각 비판을 가한다(이영호, 1977). ① 사고(思考)나 사고 작용과 같은 행위는 심리학적 현상이다. 따라서 이와 같은 행위를 위한 법칙은 심리학에서 도출되어야 한다. ② 논리학의 주제는 심리학적 현상 이외의 것이 아니다. ③ 자명(自明)한 확실성의 기준에 호소하는 논리학은 <느낌>의 특별한 형태를 취급하며 이 느낌은 어떤 다른 <느낌>과 같이 심리학의 고유한 연구 대상이다. 이러한 심리학주의의 편견에 대한 후설(E. Husserl)의 대답은 다음과 같다. ① 우리의 심리학적 구조에 관한 진리뿐만 아니라 어떤 진리도 사고법칙과 관계한다. 심리학적 법칙은 단지 그와 같은 법칙이 특히 인간 본성에 적용되어 지는 기술적 지시가 적용되는 곳에서만 타당하다. ② 수학이 계산하는 우리의 작용에 관계하는 것이 아니라, 수(數)를 취급하듯이 수학과 자매학문인 논리학도 우리가 개념이나 판단이 추리를 형성하는 조작에 관계하는 것이 아니다. 그런 것이 아니라, 이와 같은 조작의 소산물들, 즉 개념 · 명제 · 판단, 그리고 결론 등과 같은 관념적 실체를 탐구하는 것이다. ③ 논리학이 자명성의 느낌 그 자체를 취급한다고 생각함은 잘못이다. 기껏해야 논리학은 자명성의 현상이 일어나는 조건의 진술에 관심을 가질 뿐이다.

1. 현상학

먼저 IPA에서 보는 현상학을 보자.[7] 철학으로서의 현상학은 경험의 본질이나 의식에 영향을 주는 방법을 이해하려고 하는 흐름이다. 현상학의 흐름도 여러 갈래이지만 IPA에서는 하이데거(M. Heidegger)의 영향을 많이 받았다(Heidegger, 1927; 1962; 2004). 그의 철학은 해석을 통하여 이해를 추구하는 존재론적 철학이다. 그의 철학적 용어 중 하나가 "세계-내-존재[(being-in-the-world): Dasein]"인데 이 용어는 개인들이 삶의 맥락 속에서 자아와 자아와 연결된 타자와의 관계를 이해하면서 스스로에게 질문하는 과정이다(Brownrigg, 2011). Allan Brownrigg(2011)은 하이데거의 사상을 다음과 같이 요약한다. 하이데거에 따르면, 세계는 순전히 객관적 관점에서 볼 수는 없고, "세계 내에 존재하는 우리의 경험으로부터 우리의 실재(reality)를 구성함"을 함축한다. 이 세계-내-존재는 우리의 역사적으로 문화적으로 또 사회적으로 살아온 생활경험에 의해 영향을 받는다. 하이데거의 견해는 우리의 역사란 즉각적으로 우리에게 그 의미를 보여주는 것이 아니라 끊임없는 구성을 통하여 각자의 경험을 독창적으로 만들어 줌으로써 그 의미를 보여준다. 현상학의 또 다른 주요 개념인 상호주관성(intersubjectivity)은 세계를 경험하고 세계를 이해하는 동안, 세계 속에서 우리의 존재의미를 찾으며 우리의 세계 속에서 느끼는 경이를 파악하기 쉽게 해 주는 용어이다. 그러면 현상학의 방법은 어떤 것인가? 그 방법이 바로 환원 또는 판단중지이다. 환원(還元)의 개념을 살펴본다.[8]

---

7) 원래 파이노메논(phænómĕnon)이란 그리스어는 나타난 것을 뜻한다. 그 중에도 특히 <나타남> 자체를, 즉 주관적(主觀的) 현상(現象)을 표현하기 위하여 사용되었다. 나타난 모든 것은 어떤 일정한 체험 안에 나타난다. 이에 따라서 현상학의 목적은 체험의 탐구라고 할 수 있다. 이때의 체험을 사실이라고도 한다. 그리하여 <사태(事態) 자체로!>(Zu den Sachen selbst: To the Things themselves)란 현상학의 모토가 이해된다. 이 말은 후설(E. Husserl) 자신의 표현이 아니라 하이데거(M. Heidegger)가 후설의 『엄밀한 학문으로서의 철학』(page 35)에서 만들어 낸 것이라고 한다(이영호, 1977).

8) 현상학적 접근법의 과정에 대해 학자들 간의 설명에 불일치를 보이는 듯하다. Gallagher & Zahavi(2008: 28)는 다음의 절차를 밟는다고 설명한다(제8장을 참조하라). 첫째, 자연적 태도의 에포케 또는 판단중지, 둘째, 현상학적 환원, 셋째, 형상적 변경, 넷째, 상호주관적 확증이다. 그러나 또 다른 견해는(이영호, 1977; 이종훈, 1992; 조광제, 2008) 일차환원과 이차환원으로 나눈다. 일차환원은 형상적(形相的) 환원이라 부르는데, 이 단계에서는 경험하는 사물에서부터 본질적이고 불변적인 특징을 추출하는 방법이다(Gallagher & Zahavi, 2008). 달리 말해 그 구체성에

환원은 자연적 태도 속에선 감추어져 드러나지 않는 의식과 세계 사이의 지향적관계를 나타내도록 하는 것을 제일의 근본적 과제로 삼는다. 이를 위해 후설(E. Husserl)은 존재한다고 여겨지는 일체의 것들에 대해 지닐 수 있는 두 가지 태도, 즉 자연적 태도와 현상학적·초월론적 태도를 거론한다(조광제, 2008: 68). 전자는 세계가 우리가 지향하는 쪽에 현실적으로 존재한다고 소박하게 믿고 있는 것(익숙한 것을 그대로 믿고 살아가는 것)을 말한다. 이를 괄호 안에 두고 판단중지를 하려는 새로운 태도(익숙한 것에 대해 의심하는 태도)가 후자이다(木田 외, 1994: 436; 조광제, 2008: 61). 이 태도 변화 과정이 환원이다.

후설(E. Husserl)이 말하는 환원은 근본적으로 태도를 바꾸는바, 주체 쪽에서의 일이다(조광제, 2008: 68). 자연적 태도는 이 (경험적) 세계의 외적 현상을 자명한 것으로서 받아들인다는 데에 그 본질을 가진다. 자연적 태도에서 생겨나고 성립되는 존재에 대한 일반적인 정립을 괄호 치고, 배제하고, 작용을 못하게 하고, 사용하지 않으려는 새로운 태도를 지닐 것을 요구한다(현상학적·초월론적 태도). 그것은 이 세계의 자명한 타당성을 괄호로 묶어 그것에 대한 일체의 판단을 중지하는 것으로 바로 판단중지 개념의 핵심적인 내용이다. 그러나 이때에 실제적 세계의 실존이 부정되는 것은 아니다. 우리는 단지, '우리에 대하여 저기 있는' 사물들이 그들의 시간 공간적인 질서 속에 있다는, 또는 우리가 그들을 그런 질서 속에서 만난다는 모든 판단을 유보(留保)한다는 것뿐이다(조광제, 2008; 이종훈, 1992; 이영호, 1977b).

지향성이란 개념은 행위에 있어서 우리는 어떤 방식으로든지 어떤 '무엇'에 향하여 있다. 즉, 이 말은 우리가 그 속에 대상과의 관계 속에 있는 모든 체험, 즉 지적 체험 및 감성적 체험을 특정지어 준다. 다시 말하면 지향성은 의식의 본질적 구조를 대상과의 관계로서 정의한 개념이다. 따라서 의식은 '… 에 관한 의식'으로 나타난다.

[그림 9-1]은 현상학이 의미있는 것은 경험(experience)과 체험(lived experi-

서 직관하는 것을 말한다. 즉, 빨간 꽃에서 그 적색 자체를 보는 입장이 생기는 것을 말한다(이영호, 1977). 이차환원은 선험적 환원이라 일컫는데 이 환원에서는 일차환원에서 발견된 초월적 본질에서 초월성이 환원되거나 배제되어 의식에 내재하는 본질이 된다. 이 '실제적 내재성'이 의식의 본질로 된다. 이것을 좁은 의미의 현상학적 환원이라고도 한다(이영호, 1977; 박이문, 2009). 요약하면 일차환원(형상적 환원)에서는 자연적 입장이 배제된다. 이차환원(선험적 환원)에서는 형상적 입장이 배제된다. 따라서 이 양차 환원을 통하여 자연적 입장의 사실과학, 자연과학의 타당성이 배제되어 결국 본질과학으로 이전하게 된다(이영호, 1977).

그림 9-1 두 가지 종류의 경험

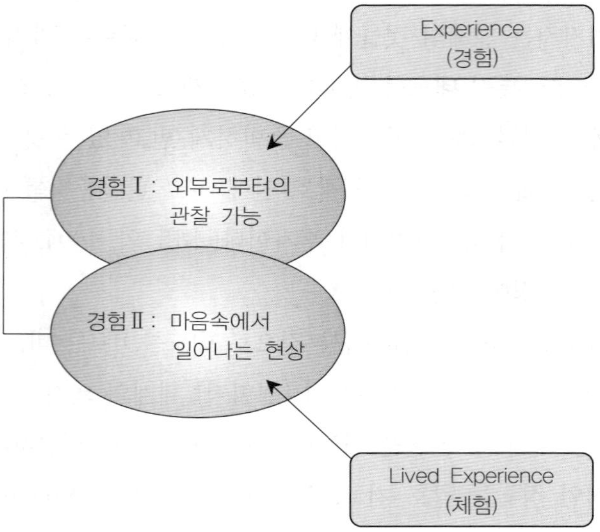

출처: 김종술(2010).

ence)을 구별하고 후자까지 (사회과학에) 포함했다는 것이라는 뜻을 나타낸다.

문제는 이 체험(lived experience)을 어떻게 기술하고 설명하는가에 있다.[9] 실상 수학자는 관념적 가치나 에센스를 취급한다. 그것이 현상의 실재성에 합치하는가 안 하는가 하는 의문을 결코 품을 필요는 없다. 현상학자도 마찬가지이다. 그는 논리학자처럼 하나의 판단이 어떤 조건에서 참인가를 찾아내려 하지 않으며, 사회과학자처럼 어떠어떠하다는 진술이 사실인가를 탐구하지 않으며, 심리학자처럼 의식 속에 자국을 남기며 스쳐가는 것을 연구하지도 않는다. 그는 이런 질문을 제기한다. 어떠어떠하다는 진술로써 우리가 의미하는 바는 무엇인가? 우리가 판단하고 확언하고 꿈꾸고 살아가고 등등을 하는 동안 우리가 머릿속에 품고 있는 것의 의미화는 어떤 것인

9) 물론 언어적 방법론과 같은 다른 질적 연구의 관점에서는 이 체험에서 지식으로 이행하게 된 전반적인 절차가 무엇이냐에 대해 의문을 제기하고, 그 대안으로 인간지식의 탐구과정을 찾으려 한다. 그리고 보편 존재의 탐구에서 생물학적 또는 인식론적 제약으로 말미암아 가능해지도록 하는 것을 접근법이라 하고 이에 따라 가능해지는 이론의 부류를 접근가능한 이론이라고 한다. 따라서 인간 이성은 데카르트가 말한 보편적 도구가 아니라 생물학적 체계이다(Chomsky, 2006: 154-158).

가? 그러므로 현상학은 결코 외적 혹은 내적 사태(事態)들을 대상으로 하는 탐구가 아닌 것이다. 그와는 반대로 객관적 현실이나 실제적 내용의 문제를 한옆으로 치워 놓아야만 한다. 단순히, 그리고 오로지 의식 속의 현실에게로, 의식에 의해, 그리고 의식 속에서 의도된 것이라는 자격을 지닌 대상에게로 주의를 돌리기 위해서 그렇게 한다. 이들을 단순한 주관적 표상들로 보거나(그러면 심리학의 차원이 된다), 관념적인 실재들로 생각해서도(그러면 형이상학의 차원으로 넘어 가게 된다) 안 되며, 바로 '현상들'이라는 의미로 들어야 한다. 여기서 현상이란 의식 속에 직접적으로 나타나는 것을 말한다. 그러면 우리는 그것이 어떤 사고나 판단보다도 먼저 직관에 의해 포착됨을 알 수 있다(Thevenas, 1962).

결국 현상학적 방법이란, 대상들과 내용들을 대함에 있어서, 의식의 순수하고도 단순한 표적으로서, 의미화로서 그것들을 서술하고, 있는 그대로 그것들을 드러나게 하며 보이도록 해 주는 데 있다.

코기토(Cogito)는 선험적 주체로서, 모든 의미화들의 근원이다. 세계를 현상으로서 드러나게 하다는 것은, 세계의 의미라는 것, 그리고 이 세계의 의미는 그것이 코기토에 의해 표적이 된 코기타툼(Cogitatum)이라는 사실 속에 자리잡고 있다는 것을 이해하는 것이다. 현상학적 환원이 나타나게 하는 것은 에고-코기토-코기타툼, 즉 '이 세상에 대한 의식', 세계의 의미를 형성해 내는 의식인 것이다(Thevenas, 1962; 이종훈, 1992; 木田 외, 1994).

저자의 생각에는 현상학이 훌륭한 학문이기는 하나 철학적 이론이기에 사회과학의 시각에서는 구체적 방법론이 결여되어 있다. 괴테(J. W. von Goethe)가 지적하였듯이 학문이나 이념에 대해 이상적 태도를 보이더라도 실제적 작업을 위한 구체적 방도가 보이지 않으면 공론이나 공담이 되기 쉽고 사회과학도는 그렇게 되지 않도록 실마리를 찾아야 한다(허발, 1985: 5 참조). 이것이 IPA로 이끌었다.

2. 해석학

실증주의가 방법론적 일원론을 추구하고 계량을 지향하는 데 비해,[10] 그와 다른 흐름인 해석학은 이해를 중심으로 판단한다. 해석학이란 정신생활을 이해하는 방법론으로 이해(understanding, verstehen)의 현상 그 자체에 관한 파악이다(이규호, 2005: 3). 해석이나 해석학에서 문제 삼는 것은 "명확하고 흔들리지 않는 필연적인 논리의 법칙을 따라 전개하는 직선적인 인식론이 불가능하며"(이규호, 2005: 34), 정확한 지식의 추구는 일정한 이해로부터 출발한다. 그 이해의 프로세스를 언어에서부터 찾았으므로 '해석학의 과제는 언어의 해석'이라는 선언에서[11] 보듯이(이규호, 2005b; 이정민·배영남, 1990; Eagleton, 1990: 135), 세계를 해석하는 방식은 언어와의 밀접한 관계를 알 수 있다. 그 후의 발전은 이해는 삶을 파악하는 범주로 체험 및 표현과 더불어 파악되었다. 여기서 IPA에서 해석학을 받아들이는 태도를 짐작할 수 있겠다.

해석학과 IPA의 관계를 살펴보자. 하이데거(M. Heidegger)는 연구자가 이미 가지고 있는 지식이나 이해(previous knowledge and understanding) 사이의 연결을 포착하기 위해서 선구조(fore-structure)와 선이해(fore-understanding)라는 용어를 사용한다[제2장 각주 10)을 참조하라]. 나아가 연구자는 참여자의 세계-내-존재이므로 "참여자는 자신의 세계를 의미화하려고(meaning-making) 하는 것에 기초하여 참여자가 의미화하려는 것을 연구자는 의미부여하려고(sense-making) 한다"는 스미스와 오스본(Smith & Osborn, 2003)의 견해를 낳았다(Brownrigg, 2011). 이 의미화(meaning-making)와 의미부여(sense-making)의 해석적 행위는 해석학, 즉 해석의 기술이자 과학이라 일컬어진다.

해석학적 현상학에서 하이데거는 해석학적 순환을 이야기한다.[12] 해석학적 순환

---

10) 실증주의가 행동으로 표출된 경험(experience)만을 경험으로 보는데 대한 비판이 있다. 예컨대, 현상학에서는 마음 속의 경험(appears in mind), 즉 주관적 의미도 아우른다. 따라서 전자는 true와 false가 분명한 것만 다루고 주체는 확실한 근거에서 객체를 바라보았다. 그러나 주체의 불확실성의 문제가 후설(E. Husserl)에 의해 제기되었고, 그 후 점점 사회현상을 정신과학으로 보게 되었다. 이런 경향의 흐름은 true와 false가 분명하지 않는 것도 다룬다는 데 장점이 있고, 객관주의에서 배제된 행복과 같은 가치문제(주관적 차원)를 인식하고 객관에 암시된 것을 포함하려 애쓴다. 여기서 경험(experience)과 체험(lived experience)을 어떻게 구별할 것인가가 문제이다. 대체로 전자는 감각으로 인식한(sensation: external) 것으로 passive(겪었고) 성격이며, 후자는 몸소 경험한(living through) 것으로 active(sensibility+understanding+reason; external+internal) 성격이다(김종술, 2010).

11) 그에 의하면, 모든 낱말은 하나의 보편적인 의미영역을 갖고 있으며, 그 의미영역은 그 사용에 의해 나타나게 된다. 구체적으로 사용된 하나하나의 경우의 의미는 그 전체적인 의미영역을 통해서 바로 이해된다(이규호, 2005b).

12) 이 부분은 Brownrigg(2011)를 번역한 것이다.

이란 연구자와 참여자 사이에 순환적 방법으로 일어나는 해석의 과정으로 대화와 텍스트(text)[예를 들면, 인터뷰로부터의 전사(轉寫)] 사이의 왔다갔다 하는 운동이다. 이로 인해 상호 간에 선이해(pre-understanding)·사고·가치관·신념이나 전제를 탐색하는 정보가 생성될 수 있다. 인터뷰 내에서 또 인터뷰 사이에서 끊임없이 질문하는 태도로부터 마주침의 공유라는 관점이 나온다. 이 관점에서 경험의 탐구를 통해 현상에 대한 이해가 확대될 수 있다. 참여자 자신의 세계-내-존재와의 관계에서 지금 생각하고 있는 바를 말한 것과, 연구자가 참여자의 설명에서의 변화를 어떻게 이해하게 되는가 하는 점과 관련하여 그 변화를 인식할 때에 해석학적 통찰력이 발생한다. 가다머(Gadamer, 2004)는 이를 지평의 융합이라고 불렀는데, 지나간 역사적인 인식(과거에 어떻게 살았는가)을 현재(현재 그들이 어떻게 사는가/어떻게 살고 싶어하는가)와 결합시키는 데 의문을 품을 때에 일어나는 과정이며, 이에 따라 이해가 가능하게 된다.

해석학이 특히 IPA에서 의미있는 것은 질적 분석(qualitative analysis)은 필연적으로 개인적인 과정(personal process)의 분석이며, 분석 그 자체는 각 단계에서 연구자가 하여야 하는 해석 행위(interpretative work)라는 것이다(Smith, 2003: 66; 이광석, 2013).

3. 개성기술(Idiography)

개체에 대한 지식(acquaintance with particulars)이 지식의 시작으로 전체에 관한 윤곽을 제공한다(Smith et al., 2009: 30-31). 예컨대, 다윈(Charkes R. Darwin)의 진화론의 기초는 관찰에서 오는 다양한 개체의 차이에 유래한다. 개체의 중요성과 의미는 여기에 있다.[13] 따라서 개성기술(Idiography)을 살펴본다. 개성기술은 개인의 주관적 경험에 상세하게 주목하고 그들의 설명에 특권을 주는 방법으로 이 경험들을 분석하는 것의 중요성을 말한다. 개성기술은 살아있는 경험이나 현상을 점검함으로

13) 물론 이에 대해 Lamiell(1987)은 비판적 시각을 전하고 있다. 즉, 이에 기초한 논의는 많은 개인들 각자에게 진정한 어떤 것을 결코 세울 수 없다고 주장한다(Smith et al., 2009: 30에서 재인용).

써 얻어지는 개인의 실체·구성·통찰력에 초점을 두는 데 그 목적이 있다. 그 결과로 IPA는 소규모의 샘플로 연구가 가능하다(Smith, Flowers & Larkin, 2009). 즉, 상당히 동질적인 샘플이 의도적으로 선택된다. 이로 인하여 그 현상이 모든 참여자에게 적실성을 갖는지를 조사할 수 있으며(Speziale & Carpenter, 2007), 그 현상에 대한 내부자의 관점이 생성되는 것이 더 가능하도록 해 준다(Willig, 2008).

4. IPA의 연구과정

IPA의 연구과정의 단계를 스미스(Smith, 2003)는 Collecting data, Constructing the interview schedule, Interviewing, Analysis, writing up 등으로 나누고 있다. IPA는 연구대상이 작은 샘플 규모(small sample sizes)에 기초함은 이미 서술하였다.[14] IPA는 개인들이 자신이 직면하는 특정한 상황을 어떻게 파악하고 있는지(perceive), 자신의 사회적 세계에 대해 개인적으로 어떤 의미를 부여하고 있는지를 알고 싶을 때 적절한 연구방법이다(Smith & Osborn, 2003: 53). 질문지에 나타나는 IPA의 전형적인 모습은 <표 9-3>에 보여주고 있다.

표 9-3 IPA에 기반한 설문지에서의 설문

1	How do gay men think about sex and sexuality?
2	How do people with genetic conditions view changing medical technologies?
3	What is the relationship between delusions and personal goals
4	How do clinical geneticists think genetic counselling should work?
5	How do people come to terms with the death of a partner?
6	How does a woman's sense of identity change during the transition to motherhood?
7	What model of the person do priests have?
8	How do male partners respond to planned fetal termination?
9	What theoretical models do mental health nurses use?
10	What does it mean to be a donor offspring?

출처: Smith & Osborn(2003: 53).

---

14) IPA는 4 내지 6 정도의 합리적 샘플이면 된다고 한다(Smith & Osborn, 2003: 54).

앞서 보듯이 IPA의 목적은 가설을 검증하는 것이 아니라 관심영역을 유연하고 상세하게 탐구하는 데 있다. 특히 어떤 개인이 복잡성 · 과정 · 독특함(novelty)과 관련이 있을 때 유용하다(Smith & Osborn, 2003: 53).

IPA에게는 단일사례설계(a single case design)일수도 있고, 많은 참여자를 연구대상으로 할 수도 있다(Smith & Osborn, 2003: 66). 자료 수집의 수단으로서는 개별 반구조화 인터뷰(semi-structured interviews)가 가장 적절한 접근으로, 그 대상은 동질적인 경우가 유용하다. 따라서 random sampling이거나 representative sampling은 큰 도움이 되지 않는다고 생각된다. 오히려 purposive sampling을 통해 연구질문이 의미있도록(significant) 하는 대상집단의 발견이 중요하다. 이는 보편적이라기보다는 일부에서의 특유한 것을 추구하는 데 기인한다(Smith & Osborn, 2003: 55).

IPA에 기초한 인터뷰 과정은 인터뷰 중에 전개되는 순간순간의 자발적인 상호작용이나 호기심, 흥미뿐만 아니라 연구자의 선행지식, 연구를 수행하는 이유들, 문헌조사에서 생성된 지식, 연구를 통해 알고자 하는 질문이나 연구목적, 연구 열망 등에 의해 영향을 받는다(Smith & Osborn, 2003: 56). 반구조화 인터뷰가 IPA에서 선호되는 이유는 rapport 형성이 우선하고, 판에 박힌 질문의 순서보다는 참여자의 관심사를 추적할 수 있다는 점이다. 이 중에서 스미스와 오스본(Smith & Osborn, 2003: 61)이 강조하는 인터뷰 기법은 주제좁히기(funnelling) 방법이다. <표 9-4>를 보자.

<표 9-4>에서 보듯이 government policies>health and welfare issues>anything different>what?>self-reliance로 알고자 하는 부분(일반적이거나 특수한

표 9-4 주제좁히기(funnelling) 방법

1	What do you think of current government policies?
2	What do you think of current government policies towards health and welfare issues?
3	Do you think the government record in this area is okay, or should it be doing anything different?
4	If so, what?
5	It has been suggested that government policy is moving towards one of self-reliance, the welfare system being there only as a safety net for people unable to finance their own provision. What do you think of this as a policy?

출처: Smith & Osborn(2003: 61).

관심사이거나)으로 이동해 가는데, 그 목적은 응답자의 자발적이고 연속적인 몰입을 통해 진행되도록 하는데 있다. 만약 <표 9-4>에서의 진행과 반대방향으로 이루어지면 연구자의 관점에서 편견 있는 자료의 생성이 이루어질 가능성이 많다(Smith & Osborn, 2003: 61).

연구참여자의 진술에서 변화가 일어날 때 여기에 주목하면 그 현상들에 대한 독특한 통찰력이 생성될 수 있다. 또 확실성을 검증하는 것뿐만 아니라 서술을 제공하고(사실적), 서사적 방식(이야기), 경험의 비교 · 평가(사전 · 사후 비교분석)하는 질문을 사용하는 것은 IPA 연구자들이 채택하는 유용한 연구수단들이다(Brownrigg, 2011).

현장기록(field notes)과 함께 일기, 타인과의 대화, 회고록 등에 기록된 연구자의 선입견(prejudgements)을 녹음하고 전사(轉寫)하면 text가 되고, 분석자료가 된다. 이 자료들은 자료분석의 과정을 밟을 수 있는 자료 모음(data set)이라고 말할 수 있다.

IPA 연구방법에서 자료분석은 어떤 과정인가? 자료분석 과정은 처방 행위를 지향하는 것이 아니라, 생성된 자료를 함께 모으고 의미화하는 시간이다. 현상학적 또 해석학적(phenomenological and hermeneutic) 과정과 보조를 맞추면, 자료분석 과정은 참여자의 경험을 연구자가 어떻게 이해하게 되는가에 대한 일관성있는 설명을 제공하려고 노력하는 과정이다. 현상학의 문제는 응용될 때 근거철학으로서의 기능을 분명히 하지 못하는 경우가 있고, 따라서 엄격성의 부족이라는 비판에 직면해 왔다(Flood, 2010). 반면에, IPA의 강점은 이 점이 투명하다는 것이다. 투석(dialysis)에 관하여 대화한 글을 예를 들어 본 것이 <표 9-5>이다.

표 9-5 Sample of transcription from dialysis

Q	Right, okay, em, so I would like to start with some questions about dialysis, okay? Ans a very basic one just to start with, can you tell me what to do, physically do, when you're dialysing?
R	What I actually do with myself while I'm sat there?
Q	Yeah.
R	Well, what I tend to do is, I always have a paper, or I watch TV, you mean actually just sat there?
Q	Yeah.
R	I read the papers, I always take two papers from work or a magazine and read those.

Q	Do you mean work papers or?
R	No, just normal everyday papers cos the problem I've got is because I'm right-handed and the fistula(?) is on the right-hand side, which is the one annoyance but I can't write.
Q	Because you can't write, yeah.
R	Or else I would be able to, so I read the papers or take as many magazines as I can and I always keep myself busy or watch TV. If I'm getting a good enough sound from the television point I watch the news, I always do it the same way, get in, get on, read the news daily papers, any magazines I've got, then if I've got a good enough sound on the TV I watch the news from half 6 to half 7, that's during the week when I'm in there, on the Sunday now I do it on a morning, I just buy a Sunday paper and I always read the paper or read a magazine. Always the same, just so I can keep my mind occupied. I always need to do that.
Q	So you are able to concentrate enough to be able to do?
R	Yeah. And sometimes if I'm tired I can go to sleep for an hour.
Q	Right.
R	Or if I've run out of papers and sometimes I just shut me eyes for an hour, and I can fall asleep but normally if I can I always make sure I get a magazine or a paper and read that and do something.
Q	And that sounds as though you're, that's quite a determined routine.
R	Yeah.
Q	Do you, what's behind that, what what why do you feel the necessity to be so methodical?
R	I think wat I try and do is, yeah, so that I treat it as part of normal routine, I think that's what I do it for, I'm sometimes, I always get a paper from work, the same papers, always try and borrow a magazine and read and keep myself, a way not thinking about it while I'm on, that is why I do it and watch TV, so I don't think about the machine or I get bored if I am just sat there doing nothing, but mainly not so I don't think about it, so I can just think about reading the paper, and I read the paper from top to bottom even if I've, I just read everything, it's the same things in the same papers in the daily paper, but I always read the same things, even if it's just reading the same things again I read the papers from top to bottom all the way through, and any magazines I always read them and read it from the beginning to the end or watch the TV, always keep myself busy thinking about something rather than that, that's what I feel I do it for.

5. IPA의 분석과정

분석과정은 대체로 다음의 사례에서 보듯이 언어분석에 기초한다(Smith et al., 2009). 따라서 질적 연구의 기초로 언어의 운용이 중요한데, 특히 어떤 상위어(superordinate)로 포괄할 것인가는 후술하는 바처럼 연구에 아주 중요한 기능을 수행한다. 여기서는 Smith, Flowers & Larkin(2009)에 의존하여 논의하였는데, Brownrigg(2011)의 번역을 이용하였다. 그들의 단계를 살펴보고자 한다.

① 제1단계: 자료모음을 읽어보고 재검토한다. 그렇게 하는 동안에, 연구자의 (현장기록, 문헌고찰, 지난 경험과 지식을 통해 포착된) 선이해에 주로 의존하는 최초의 개략적인 인상(initial overarching impression)이 형성된다. 이런 통찰력을 포착하기 위하여 주석(text의 옆 칸에 기록됨)이 이루어진다. 전사(轉寫)를 여러 번 살펴보면 text에 몰두하게 되고, 초기의 사고를 형성하는 계기를 만들고, 흥미를 끄는 어떤 것을 알아차린다. 전사(轉寫)와 함께 문서화하는 작업은 분석의 각 단계에서 연구자가 생각하는 바를 분명히 해 주고, 발견의 신뢰성을 높여주는 보고서의 자취를 찾아낼 수 있게 한다.

② 제2단계: 경험의 본질을 포착한 초기 주제가 확연히 나타난다(identified). 이 주제를 서술하고 확실히 하기 위해 주제어가 사용된다. 연구자는 그 주제의 선이해를 배경으로 초기 주제를 탐구하며, 그런 후에 적합한 듯이 보이는 text의 다른 모습과 연결을 시도한다. 연구자는 특정한 방법(예를 들면, 문헌・가치관・지식・편견 등)으로 text를 해석하는 데 영향을 주는 것을 알아내는 데 주의를 기울여야 하며, 해석의 과정에 도움을 주기 위해 이를 이용하여야 하고, 참여자들과 더 나아간 대화에 대비하려면 이들 아이디어가 어떻게 인지되는지를 주의깊게 문서화하는 작업을 한다. 연구자는 초기 주제들을 묶어서 범주화하는 시도로 부제(副題)를 이용하는데, 이는 연구하는 현상의 모습들을 규정하는 데 도움을 준다. 이로 인해 연구자는 text로부터 사고로, 해석으로, 개별 사례에서 나타난 각각의 어휘를 포괄가능한 상위어(上位語)로 자리 이동하는 분석과정을 눈에 보이게 할 수 있다.

③ 제3단계: 위 순서에 따라서, 참여자와 연구자의 상호 수정과 공동 창조, 그리고 이해라는 해석학적 원칙을 확고히 하는 데 도움을 주는 참여자의 초기 진술을 분석하고 이용한다. 연구자의 참여자와의 더 나아간 대화는 보다 더 나은 검증을 할 수 있다. 이 과정은 무한히 계속될 수도 있다(Fleming et al., 2003). 물론 IPA에서는 단 한 번의 인터뷰도 수용가능하지만, 각 참여자와의 최대 3회의 대화로서 분석하기에는 충분한 자료가 생성될 수 있다. 몇 회의 인터뷰를 하느냐의 선택은 연구자나 연구의 한계, 시간 구성과 초점에 달려 있다.

④ 제4단계: 연속되는 대화를 따라서 연구자와 참여자 사이에 어떻게 그 현상에

대해 이해를 공유하게 되는가라는 연계를 인식하고 보여주는 것을 강조하면서 자료분석 과정은 되풀이된다(제1단계부터 제3단계로)(Smith & Eatough, 2006; Fleming et al., 2003).

⑤ 제5단계: 일단 자료수집 과정이 끝나면, IPA에 기초한 연구자는 연구과정을 정리하여 설명하여야 한다. 이때 특히 연구에서 발견한 새로운 것들, 여기에 이르는 설명과 공동 작업 등을 세심하게 문서화하여야 한다. 전사(轉寫)로부터 얻어진 대표적인 사례들은 참여자의 언어와 경험에 기초한 연구의 의의를 돋보이도록 하며, 이로 인해 독자들이 참여자들이 제공한 정보를 연구자가 어떻게 결론을 도출했는가를 이해하도록 해 준다.

IPA 연구자는 비교를 위하여 다른 사례로 옮기기 전에 한 개별 사례(each case)를 개성기술적 접근(idiographic approach)에 발맞추어 따로 따로 살펴보아야(examine) 한다. 이렇게 하는 동안에 IPA 연구자는 다양한 선택권을 갖는다. 단일사례연구로 자신의 연구를 발표할 수도 있고, 연구되고 있는 현상들이 사례들을 넘어 어떻게 유용성을 갖는가를 보여줄 수도 있다(Smith et al., 2009).

제 4 절 | IPA의 실제 적용

이상으로 연구에 적용하기 위한 IPA를 살펴보았다. 실제 적용 사례를 스미스(Smith, 2003: 67－79)에 따라서 진행해 보자. 먼저 첫째 사례에서 주제를 찾는다(looking for themes). 이를 위해 전사본(transcript)을 많이, 그리고 자세히 읽어서 진술내용과 익숙하게 되는 것이 중요하고, 왼쪽 여백을 이용하여(<표 9－6> 참조) 참여자가 말한 것에 대해 재미있거나 의미있는(interesting or significant) 것에 주석을 단다. 연구자가 도구임은 이 과정에서 전형적으로 보여줄 수 있다. 대체적으로 참여자가 말한 것에 대해 유사하다고, 차이가 난다고, 공감한다고, 과장이라고, 모순된다고 코멘트할 것이 많을 것이다. <표 9－6>의 사례를 보라.

표 9-6 주제 찾기의 사례

Aggression Not who I am-identity Being mean can't help it-no control Me doing it but not me conflict, tension Me vs nice shame, if you knew-disgust fear of being known	*int.* How long has it been like that? Martha. Since it started getting bad, I was always snappy with it but not like this, it's not who I am it's just who I am if you know what I mean, it's not really me, I get like that and I know like, you're being mean now but I can't help it. It's the pain, it's me but it is me, me doing it but not me do you understand what I'm saying, if I was to describe myself like you said, I'm a nice person, but then I'm not am I, and there's other stuff, stuff I haven't told you, if you knew you'd be disgusted I just get so hateful.

그 다음은 오른쪽 여백을 이용하여 나타난 주제를 타이틀화하는 작업을 수행한다. 이때 전사본에서 발견된 것에 대해 필수요소를 파악하기 위해 간결한 구(phrases)로 옮겨 적는다. 그 주제는 좀 더 학술적인 용어로 상승하고,[15] 이를 통해 참여자가 말한 것과 초기의 반응이 분명해져야만 한다. 이 단계에서의 기술은 이론적으로 연결될 수 있고, 한편으로는 실제에 근거를 둔 표현을 발견하는 것이다. <표 9-6>을 이용하여 설명을 사례로 보이면 <표 9-7>이 된다.

이 이후의 작업은 주제들의 연결이다(connecting the themes). 이때 유의할 점은

표 9-7 주제의 타이틀화

int. How long has it been like that? M. Since it started getting bad, I was always snappy with it but not like this, it's not who I am it's just who I am if you know what I mean, it's not really me, I get like that and I know like, you're being mean now but I can't help it. It's the pain, it's mebut it is me, me doing it but not me do you understand what I'm saying, if I was to describe myself like you said, I'm a nice person, but then I'am not am I, and there's other stuff, stuff I haven't told you, if you knew you'd be disgusted I just get so hateful.	Anger and pain struggle to accept self and identity-unwanted self lack of control over self Responsibility, self vs pain shameful self-struggle with unwanted self fear of judgement

15) 원문에는 심리학적 용어(psychological terminology)로 되어 있으나(Smith, 2003: 68), 여기서는 본문에서처럼 일반론으로 처리하였다.

전사본에 기초하여 연속적이어야 한다는 것이다. 그 다음 단계에서 주제들의 연결을 통해 의미부여(making sense of)할 수 있도록 좀 더 분석적이거나 이론적으로 순서화(ordering)한다. 이를 나타낸 것이 <표 9−8>이다.

표 9-8 주제의 리스트화

Anger and pain
struggle to accept self and identity–unwanted self
lack of control over self
Responsibility, self vs pain
shameful self–struggle with unwanted self
fear of judgement
……
……

이어서 이들을 이용하여 cluster를 만든다. 이를 나타낸 것이 <표 9−9>이다.

표 9-9 주제의 cluster화

Undesirable behavior ascribed to pain
struggle to accept self and identity–unwanted self
shameful self–struggle with unwanted self, fear of judgement
shame of disclosure
struggle to accept new self
undesirable, destructive self
conflict of selves, me vs not me
living with a new 'me'
unwanted self rejected as true self
attribution of unwanted self to the pain
defence of original self

lack of control over self
rejection of change
avoidance of implications
Responsibility, self vs pain

shame
lack of compassion
Anger and pain
ranking duress, self vs pain
shame of disclosure

이 분석은 reader와 text 사이에서 순환적이다(iterative). 되풀이 강조되는 것은 참여자가 말한 바에 대해 연구자가 의미부여를 할 수 있도록 해석적 작업이 이루어져야 하지만 동시에 참여자의 심층에 있는 바를 연구자가 찾아내어 의미부여하여야 한다. <표 9-9>는 이 작업에 이바지한다. 이 cluster의 발전을 통해 자료가 충실화되고 편집된다. 이것이 이루어지면 그 다음 단계로 이행한다. 그것은 주제의 table을 작성하고 일관성있게 순서화하고 원자료를 쉽게 찾도록 대표할 이름을 붙인다. 이렇게 하면서 일부 주제는 탈락할 수도 있다. 이를 나타낸 것이 <표 9-10>이다.

만약 단일사례자료가 아닌 경우는 위 순서를 기초로 다른 자료와의 비교가 절차로 들어간다(여기서는 생략한다).

마지막 순서는 writing up이다. 즉, 분석된 바를 말로 옮기는 작업으로 <표 9-10>이 그 바탕이 된다. 주의할 점은 무엇이 참여자가 말한 부분인가? 연구자가 해석

표 9-10 주제의 table화

1. Living with an unwanted self	
– undesirable behavior ascribed to pain	1.16 it's the pain
– struggle to accept self and identity–unwanted self	24.11 who I am
– unwanted self rejected as true self	24.24 hateful bit
– struggle to accept new self	1.8 hard to believe
– undesirable, destructive self	5.14 mean
– conflict of selves, me vs not me	7.11 me not me
– living with a new self	9.6 new me
2. A self that cannot be understood or controlled	
– lack over control over self	24.13 can't help
– rejection of change	1.7 still same
– avoidance of implications	10.3 no different
– responsibility, self vs pain	25.15 understand
3. Undesirable feeling	
– shame	5.15 disgusting
– anger and pain	24.09 snappy
– lack of passion	6.29 don't care

continued

*1.16: page 1, line 16.

하거나 설명한 부분은 무엇인가? 이 둘을 분명히 구별하여야 한다는 점이다.

제5절 | 요 약

저자는 질적 연구가 양적 연구를 대체하지는 못할지언정 보완을 넘어 양립할 만큼 의미있는(significant) 영역이 많다고 주장한다. 여기서 질적 연구에 가장 큰 문제점은 그 방법론이라고 본다. 그 방법론의 확립은 학문마다 차이가 있을 것이다. 그 확립은 그 분야의 전공 학자들이 해야 할 몫이다. 그런데 질적 연구의 방법론을 '관념의 유희'로 이끌 가능성이 많다. 이 점은 양적 연구로부터 시사점을 얻을 수 있다. 본문에 괴테(J. W. von Goethe)의 말을 인용하였듯이 "학문이나 이념에 대해 이상적 태도를 보이더라도 실제적 작업을 위한 구체적 방도가 보이지 않으면 공론이나 공담이 되기 쉽고 사회과학도는 그렇게 되지 않도록 실마리를 찾아야 한다"는 지적을 사회과학자는 유념하여야 한다. 즉, 사회과학적으로 (잠정적으로) 진리라고 여길 수 있는 것을 얻기 위해서는 그 징검다리, 즉 방법론의 정립이 필요하다는 함축이다. 이 점에서 현상학이 철학이나 인근 학문에서와는 달리 사회과학에서는 나침반이라고 할 수는 없겠다(학문으로서의 평가와는 달리). 따라서 그 대안으로 심리학에서 개발된 IPA에 주목하는 이유가 여기에 있다. 이 장은 이를 한국에 소개하고 함께 공부해 나가도록 요청하는 글이다.

제10장 분석적 해석학 : 소통론을 중심으로

제 1 절 | 언어게임과 의사소통

1. 소통을 위한 언어의 타당성 요구

신의 사자 헤르메스(Hermes)가 신의 말을 인간에게 전달하는 과정에서 문제가 되었던 것은 언어였다고 한다. 헤르메스는 인간이 신의 말을 이해하지 못하기 때문에 신의 메시지를 인간의 언어로 전달해 주는 것이 그의 과업이었다. 이 경우에 전달되어야 할 것은 신의 말 자체가 아니라 그 말의 의미로, 인간의 언어로 재구성되어야 전달이 가능하다. 이처럼 인간의 모든 인식은 언어를 매개로 해서 수행된다. 우리는 언어를 통해서 대상을 인식하고 언어를 통해서 서로 간의 의사소통을 진행해 간다.

그러나 언어가 인간의 사유를 단순히 전달하기만 하는 수단에 불과한 것일까? 하는 의문이 제기되었다(박순영, 2012). 18세기부터 여러 철학자와 언어학자들에게서 이런 문제가 다루어지기 시작하였다. 함만(J. G. Hammam)은 기독교의 로고스 이론에 근거하여 언어의 의미를 역사와 연결시켰는데, 언어란 이성과 계시의 어머니라고 말한다. 즉, 인간의 이성과 사유는 언어에서 비롯한다는 말이다. 헤르더(J. G. Herder)는 『이성 비판에 대한 메타 비판(*Metakritik zur Kritik der reinen Vernuft*)』이란 저서를 통해 칸트(I. Kant)를 비판하면서, 칸트의 실수는 언어가 가진 인식 형성적인 힘을 발견하지 못했다는 점을 지적하고 있다. 훔볼트(W. von Humboldt)는 언어는 실재가 아니라 인간에 의해 만들어진 실재를 구성한다고 한다(윤석빈, 2012: 33).[1] 더 나아가서 언어를 언어공동체와 연결시킨다. 그래서 언어는 인간의 역사적·문화적인 형상의 객관적 정신이라고 본다. 그러므로 우리는 언어 속에서 세계를 발견하고, 또 의미를 밝혀 보게 된다. 왜냐하면 언어란 인식된 진리를 서술하는 단순한 수단이 아니라 이전에 알려지지 않았던 진리를 언어 속에서 찾아내기 때문이다. 그래서 언어는 세계관의 모습으로 드러난다. 이러한 전체성에서 언어를 이해해야 한다. 해석학은 바로 이러한 언어관을 토대로 하여 성장하였다. 즉, 언어가 인간의 사유를 단순히 전달하기만 하는 수단이 아니라는 점이다.[2]

언어가 사유를 전달하기만 하는 수단이 아니라는 관점은 의사소통에서도 나타난다. 즉, 의사소통은 권력관계를 만들고 반영한다(Wood, 2000: 175-177). 더 나아가면 진정한 민주주의 정체(政體)는 의사소통 민주주의이고, 이는 말을 통한 권력구성의 양식을 의미한다. 이를 위해서는 ① 서로 말하고 듣기를 보장하는 공간과 일정, ② 공동의 사안에 대해 뭔가 말하려고 하는 사람들, ③ 누구나 말할 수 있는 권리, ④ 누구의 의견이 가장 그럴 듯했는지 판단하는 일반인들의 능력이 필요하다(이준웅, 2011: 40-41). 이를 보다 잘 설명한 하버마스에 따르면, 언어의 인지-목적적 또는 도구적 형태(cognitive-purpose or instrumental form)가 우선하는 것이 아니라 의사소통적 형태(communicative form of language)가 우선한다. 그 뜻은 언어를 도구로 사용하려는 성공에 대한 지향보다는 이해에 도달하려는 지향이 언어사용의 원래적 양식이고, 이해에 도달하려는 의사소통적 이성은 이성을 되살아나게 한다. 따라서 그는 의식의 철학(philosophy of consciousness)에서 언어의 철학(philosophy of language)으로 전환하려 한다(Farmer, 1995: 139).

해석학에서 해석이란 의미의 발견으로 언어적으로 고정된 진술을 넘어서는 소통적 이해의 차원을 공유하는 것이다(정연재, 2005). 그 중심되는 주제는 언어인데, 이

---

1) 이는 원래 Lorenzo Valla의 견해라고 한다(윤석빈, 2012: 33).
2) 제7장에서 소개한 대로 Hughes & Sharrock(1990)은 실증주의를 정통이론으로 여기고, 나머지는 해석이론으로 보고 있다. 그럼에도 행정학에서의 해석학적 논의가 변죽만 울리고 있다는 점이다. 그 해결책은 분석적 해석학에 있다고 보기 때문에, 이 장에서 논의하는 바는 그 방법을 찾으려 하는 데 있다.

언어는 역사적 산물이라는 점이다. 더욱이 언어에 의해 표현하려는 그 내용도 역사적 존재물이며, 역사적 존재물이라는 함축은 변화를 뜻한다. 해석학이란 이 변화를 다룸에 있어서 해석의 틀의 변화에 의존한다. 따라서 방법론으로서의 해석(학)이란 틀의 교체과정을 탐구한다(이명현, 1991: 310).

이 장에서 소통의 연구는 그 원류(源流)를 분석철학과 해석학에 두고서 사람들의 삶의 중대한 경험들을 어떻게 이해하는지에 초점을 둔다. 아울러 그 이해에 대한 구체적 성격을 파악하기 위해서 분석철학적인 언어의 분석에 기초를 두는데, 이를 여기서 분석적 해석학이라 하고 소통론에 적용하려는 것이다. 즉, 분석철학의 특징은 이미 구성된 '그 무엇(construction)'에 대해 해체(deconstruction)를 통해 새로운 눈으로 보아서 '어떤 것'으로 재구성할 수 있도록 하는 데에 특색이 있다. 특히 의미에 관한 논리적 분석이라는 해체의 전략(이명현, 1991: 303-315)이 소통에 공헌할 가능성은 상당히 높다. 따라서 실체(entity)가 나타날 수 있음에도 어떤 양식이나 구조 때문에 아마도 숨겨져 있는 의미를 찾는 것이 분석적 해석학의 방법론이다(Smith et al., 2009).

위에서 서술하였듯이 인간의 이성과 사유는 언어에서 비롯되었으므로, 해석학의 기초는 언어를 통해 전달되는 의미이다(이명현, 1991: 310; 박순영, 2012). 여기서 인간의 인식 능력이 언어 능력으로 전환되고 있다는 것이다.

사피어-워프(Sapir-Whorf) 가설은 언어가 세계관 형성에 결정적 영향을 준다는 이론으로 한편으로는 쿤(T. Kuhn)의 함축, 즉 학문공동체의 구성원은 합리적이라는 신념체계에 기초해서 선택한다는 것과 통한다. 더 나아가 진리라는 어떤 객관적이고 절대적인 것이 존재한다는 믿음도 믿음에 불과한 것으로 여기에 큰 힘으로 작용하는 것이 언어라는 함축이다(조승옥·김동식, 2002: 497).

사람 사이에서 소통이 이루어지는 가장 흔한 방식이 대화이다. 이와 관련하여 큰 기여를 한 학자는 하버마스(Jürgen Habermas)이다. 그는 대화의 이상적 상황을 설정하면서 거기에서는 네 가지의 타당성에 대한 요구가 채워져야 한다고 주장한다. 첫 번째는 우리가 언어로 표현하는 것은 모두 우리에게 이해될 수 있는 말 또는 단어로써 들어와야 한다는 것이다. 언어가 그 형태상의 차원·기호론적인 차원·문법상의 차원에서 언어로서 이해될 수 있는 것이어야 한다는 말이다. 두 번째는 언어가 말하는 것, 예를 들어 “백조는 희다”라고 말했을 때, 그 말의 내용이 그것에 대해 이야기하고 있는 사태와 일치해야 한다는 말이다. “백조는 희다”라고 말할 때 백조가 실제로 희어야만 한다. 그래야만 그 말이 참이라고 할 수 있다. 세 번째는 말하는 사람의 진실성이 전제되어야 한다. 이를테면, 남을 속이기 위해서 전체의 맥락을 숨긴 채 부분적 진리만을 이야기할 수도 있는데, 이 경우 올바른 의사소통이라고 할 수 없다. 네 번째는 명제의 정당성(올바름)에 대한 것이다. 이것은 사회성과 관련이 있는데, 예를 들어 “백조는 희다”라는 명제는 문맥에 맞아야 하고 이 문맥은 전체 텍스트에 맞아야 하며, 전체 텍스트는 그것이 지시하고 있는 실제 상황인 삶의 맥락에 맞아야 한다. 삶의 맥락적 정당성에서는 현재의 사회만이 문제되는 것이 아니라 사회의 정체성, 즉 역사도 문제가 된다. 다시 말해 거기에는 역사와 문화가 그 밑바탕에 깔려 있게 마련이다(이광석 외, 2016: iii－iv).

2. 의사소통 연구의 관점

언어게임을 통한 생활양식이 행정의 핵심 개념임을 탐구하기 위해서 먼저 의사소통에 대한 이해가 필요하다. 하버마스에 의하면, 이성은 도구적 이성과 의사소통적 이성으로 나눌 수 있다. 언어는 이성이 규범으로 나가는 통로이며(Habermas, 2004) 이에 따른 행위가 의사소통행위와 목적합리적 행위이다(목적합리적 행위를 전략적 행위로 표현되기도 한다. [그림 13－3]을 참조하라). 이에 기초하여 사회가 구성되는데, 체계와 생활세계가 그것이며, 법이나 행정의 바탕은 여기에 있다. 즉, 행정은 인간공동체와 함께하는 것이고, 인간은 무의식과 의식 및 행동으로 이루어진 존재라는 관점이다. 학문적으로도 언어공동체를 기반으로 하는 후기 비트겐슈타인의 철학, 무의식에 관심을 둔 구조주의, 의식에 연구초점을 둔 현상학, 행위를 위주로 살펴보는 행태주의 및 인문과학의 방법론을 지향하는 해석학은 이들 중에서 한 영역을 천착(穿鑿)한 것으로 이해할 수 있다. 사회적 관점으로는 사회공동체와 그 구조, 시대정신과 같은 사회적 의식, 사회적 행위 양식으로 이들을 확장할 수도 있겠다. 그 의미는 제1장에서 서술하였듯이 행정에서 정당성의 근거는 이성 → 언어 → 행위 → 사회 → 정부로 진행되므로, 이들을 포괄하는 개념이 의사소통이 된다.

Wood(2000)는 의사소통에 대해 다양한 관점을 정리하고 있는데, 이를 간단히 정리해 본다.

리처즈(I. A. Richards)로 대표되는 초기의 연구는 의사소통에 문제를 일으키는 오해를 연구하고 문제를 해결할 수 있는 방법을 찾는 데 초점을 두었다. 그 기본적 가정은 "의미는 사람에게 있다(meanings are in people)"는 가정이다.

의사소통의 사회학적 접근에서 중요한 발견은 의미가 맥락의존적(contextual-dependent)이라는 것이다. 맥락이란 우리가 의사소통의 상황에서 느끼는 생각이나 감정은 의사소통과 관련된 전체 경험 분야를 말한다. 따라서 의사소통에 참여하는 이들이 그들 나름의 경험의 독특한 분야를 가지고 있기 때문에 단어나 지칭(指稱)에서 정확히 같은 의미를 갖는 것은 불가능하다. 그러므로 의사소통에서 오해는 당연한 것으로 여긴다. 이들의 연구는 의사소통과 같은 매우 복잡한 문제를 지나치게 단순화하였기에 일상적인 의사소통에서는 작동하지 않는 경우가 많다. 예를 들어, "기타(etc.)"의 의미가 '모든 것'을 뜻하는가? 아니면 색인이 생성되었음(indexing)을 말하는가?(Farmer, 1995).

또한 의사소통을 입장이론(Standpoint Theory)의 시각에서 보면 문화는 모든 구성원에 의해 동일하게 경험되지 않는다. 즉, 문화는 계층적으로 정렬되어 서로 다른 그룹이 서로 다른 권력, 기회 및 경험을 제공하는 체계를 갖는다. 따라서 사회집단의 사회적 · 물질적 · 상징적 환경이 그 집단의 구성원들의 입장을 형성한다고 주장한다.

헤겔에 따르면, 사회가 불평등한 권력관계를 포함하기 때문에 사회생활에 대한 단 하나의 정확한 관점이 있을 수 없다. 각 개인은 예를 들면, 남성 혹은 여성의 사회집단 관점에서 경험한 바와 같이 사회를 인식하고 이해한다. 또 각 개인의 지위를 결정하는 요인은 사회에 따라 달리 나타난다. 따라서 특정 국가는 나름의 존경제도를 갖고 있는데, 예를 들어, 아시아는 주로 연령에 따른 존경제도가 있다거나 미국은 인종이나 경제적 계층 등에 민감하게 된다.

이렇게 서로 다른 입장의 차이를 잘 나타내는 것이 헤겔의 유명한 주인과 노예의 변증법 관계이다.[3] 사람들이 그들 자신, 다른 사람들, 그리고 사회에 관해 '안다'는

3) 이 책 제11장 인정투쟁론을 참고하기 바란다.

것은 속해 있는 집단에 달려 있다. 속박을 당하는 사람들은 속박하는 사람과는 법·출생·처벌과 같은 동일한 실재(reality)에 대해 서로 다른 관점을 갖는다. 주인은 사회에 설정된 구조에 의해 지지를 받기 때문에 주인은 주어진 세상을 바라보는 관점에 권력을 가진다.

의사소통을 사회적 상호작용으로 여기고 그 핵심에는 상징(symbol)형성이 있다고 보는 이론이 상징적 상호작용(Symbolic Interactionism)이론이다. 이 관점의 전제는 인간존재의 본질은 상징(즉, 언어)을 사용해서 의사소통할 수 있는 능력에 기초한다. 따라서 상호작용이란 '사회성원 + 소통'으로 규범화할 수 있는데, 소통은 타인의 행동이나 의도를 알아차리고 적절한 방식으로 반응하는 것을 말한다. 달리 표현하면 해석되리라는 믿음 아래 최초의 몸짓(gesture)이나 언어를 타인을 향해 제공하면, 그 몸짓이나 언어에 대해 다른 사람이 해석에 기초하여 반응을 보이고 행동을 이끌어 낸다. 즉, 사회적 상호작용은 공유된 의미를 가진 몸짓이나 언어를 통해 유의미한 상징(significant symbol)을 탄생시키고 이것의 확장이 사회의 탄생을 뜻한다. 따라서 의미는 타인과의 상호작용(즉, 의사소통)의 산물이며, 언어는 의미의 원천이고, 해석은 자신들의 사고과정(생각=minding)이 매개(내적 대화 & 행위자들이 의미들을 선택·중지·재편성·변형)되는 대인 간 메시지 교환으로 정리된다. 결국 의사소통이란 화자(speaker)는 청자(hearer)의 마음속에 이미지를 만들어 내기 위한 상호작용적이고 지속적인 언어적 및 비언어적 메시지 교환의 과정이다(Wood, 2000).

여기에서 중요한 개념은 <표 8-6>에서 정리된 바처럼 주관적 자아(주격 나: I)와 객관적 자아(목적격 나: Me)이다. 전자는 주체로서 작용하는 자아를 말하는데(acting subjects) 충동적이고, 창조적이며 사회적 규칙에 제약받지 않아서 개성(creative genius and individuality)의 원천이므로 사회변혁과 발전의 원동력이다. 이에 비해 후자는 주관적 자아(I)의 충동을 반영하여 자아를 사회적으로 의식하도록 하는 영역(socially conscious part of the self)이다.[4] 그런데 이들은 상호보완적 관계를 형성한다(wood, 2000: 98).

이와 관련이 있는 개념이 고프만(Erving Goffman)이 제시한 프레임(frames)으

4) 이를 Looking glass self라고 하는데, 그것은 다른 사람들의 눈에 비친 자신을 보게 됨을 의미한다.

로,[5] 상황에 대한 정의(definition)를 확립하기 위해 개념 틀에 의존한다는 시각을 가지고 있다. 즉, 개인의 개별적인 경험들은 서로 차이가 나지만, 일반화된 타자(generalized other)나 전체 사회(society as a whole)와 상호작용을 통해 공동의 틀(예를 들면, 결혼식 · 면접 · 장례식 등)을 공유하고 있다. 이들은 문화로부터 유래하는 것으로 각 문화마다 다른 틀을 가지고 있다. 예컨대, 미국의 학생들은 수업에 적극적으로 참여하는 것이 선호되어 나은 평가를 받지만, 중국에서는 겸손하고 덜 적극적인 것이 선호된다.

더 나아가 의사소통은 문화와 서로 밀접한 관련이 있다. 즉, 의사소통은 문화적 가치와 관점을 반영하는데, 언어학습과정에서 우리는 우리 문화의 가치 · 신념 · 규범을 학습하게 된다. 또한 언어는 개인정체성에 대한 문화적 관점을 반영한다. 여기서 나타나는 개념이 언어공동체(speech communities)이다. 언어공동체는 공통언어뿐만 아니라 구성원이 어떻게 말하기 활동을 연습하고 해석하는지에 대한 규칙과 규범을 이해하는 집단을 말한다. 나의 이야기이거나 너의 이야기 또는 우리의 이야기의 집합이라도 언어공동체가 요구하는 규칙과 규범에 따라서 표현된다는 의미이다. 이어서 의사소통과 의미확정을 고찰해 본다.

3. 의사소통과 의미확정

의사소통은 모든 인간 행위의 핵심(Littlejohn, 1982: 244; 구현정, 2009에서 재인용)으로 '전달자(話者)가 전하고자 하는 내용을 언어기호를 통해 전달되어 수신자(聽者)가 그 내용을 이해하는 것'을 말한다(구현정, 2009: 14). 즉, 의사소통이란 전달자가 수신자에게 전하는 내용과 매체로, 이 과정을 간단히 나타내면 [그림 10-1]이 된다.

[그림 10-1]에서 언급하고자 하는 것은 의사소통 과정을 전달자(speaker)가 수신자(audience)에게 전하는 내용(message)과 이를 전달하는 수단 등을 중심으로 고찰한다. 전달 수단인 언어와 관련해서는 언어의 논리성과 추상성, 잘못된 언어 사용

---

5) 이 책 제15장을 참고하기 바란다.

등이 지적되어 왔으나(박동서, 2005: 588), 행정학에서 많은 연구는 이루어지지 않았다. 다만 지금까지 이루어진 것 중 특히 설문지 작성에서의 언어문제를 다루는 실용과 결부된 연구가 있다(이 책 제5장 참조). 김광웅(1996)은 여론조사의 신뢰도를 저해하는 요인으로 '지역발전 · 개발'과 '지역경제활성'과 같은 개념이 중복되었음을 지적하고 개념 구성과 조작적 정의의 잘못을 저지르는 사례를 실무를 통해 짚어 주었다.[6)]

박동서(2005)에서는 1개 절을 의사전달이라는 이름으로 논의하고 있다. 오석홍(1999)에서는 일부 장을 할애하여 다루고 있다. 즉, 대표적인 행정학 저서들에서는

그림 10-1 의사소통의 과정

정보원 →	전달자 →	상징 →	수신자 →	반응
① 권위성 ② 신뢰성	① 말하는 것 ② 쓰는 것 ③ 행동하는 것 ④ 그림그리는 것	① 수단: 단어, 행동, 그림, 숫자 ② 내용: 명료성, 일관성, 적정성, 적시성	① 호의성 ② 무관심 ③ 반 감	① 수령 ② 거부

출처: 박동서(2005: 581).

6) 그 밖에 논문작성을 위한 지도용으로 출판된 책에서는 표현양식에 대해서 언급하지 않고 있다(김태영 외, 2003). 홍순이(2007)나 커뮤니케이션 스킬을 논의한 김은주(2005)처럼 실용적 목적의 논의는 조금 하고 있다. 반면, 신문방송학이나 언어학 등에서는 논의가 활발하다. 전자의 대표로는 강준만(2007)과 이상철(2009)을 들 수 있고, 후자의 대표로는 구현정(2009)을 들 수 있다. 이상철(2009)은 글의 구성에 대해 일반론에 기초하여 잘 설명하였다. 우선 아이디어를 주요 아이디어(key words), 세부 아이디어, 부연자료로 나누고 부연자료는 주요 아이디어의 타당성을 뒷받침해주는 근거(evidence)인데 ① 사실, ② 예증, ③ 통계, ④ 증언 및 인용, ⑤ 비교/대조의 방법을 이용해야 한다고 주장했다. 구현정은 지금까지 이루어진 대화에 관한 언어학적, 심리학적, 사회학적, 철학적 연구를 바탕으로 하여 대화의 기본 이론과 실제적 방법을 잘 정리하였다. "어떤이(전달자)가 전하고자 하는 내용을 언어기호를 통해 전달되어 다른 어떤이(수신자)가 그 내용을 이해하는 것"을 말한다(구현정, 2009: 14). 이때 전달자는 개념을 말소리로 바꾸게 되는데 이를 코드화(encode)라 하고 수신자는 전달된 말소리를 개념으로 되바꾸게 되는데 이를 코드해독(decode)이라 한다.

의사소통이 큰 주목을 끌지 못하고 있음을 보여준다고 할 수 있다. 그러나 행정을 언어게임으로 보는 관점에서는 의사소통은 중요한 지위를 점유한다.

제 2 절 | 의미확정의 기준으로 구조적 조직화

사회과학의 주제는 인간행위에 대한 이해가능성을 발견하는 것이며 그것은 또한 인간 활동의 의미와 연관되고, 알게 모르게 어떤 규칙을 지향한다(Winch, 1958). 여기서 규칙은 어떤 해석학적 노력과 연관되어 있다. 따라서 언어구조는 의식구조를 결정하고 언어가 다르면 사상이 다르다(Iggers, 2005). 그러면 언어와 학문은 어떤 상관성을 맺는가? 이에 관한 선행연구는 김종술(1983), 엄정식(1983), Bleicher (1983), 허발(1985), Lyons(1984; 1999), Palmer(1988), 강돈구 외(1990), Chomsky (1990; 2006), Osborne(1991), Alston(1992), Weisgerber(1993), 정시호(1994), 이규호(1980, 1989, 2007), 이명현(1994), 박영식(1995a, 1995b), Harris(1999), 김형엽(2001), Fann(2005), 박이문(2009), 하치근(2010), Brownrigg(2011) 등이 있다. 먼저 이들의 연구를 종합해서 설명해 보기로 한다.

20세기 학문에 있어서 특기할 만한 사항 중의 하나는 언어에의 관심이다. 여기에서 학문이란 논리적 분석을 말하고, 그 대상을 언어로 본다. 대체로 언어적 관점으로 설명할 때 언어관은 네 가지로 정리할 수 있다(이규호, 2007). 논리실증주의 언어분석,[7] 철학적 언어분석,[8] 과학적 언어이론과 구조주의,[9] 그리고 훔볼트(W. von Hum-

---

7) 논리실증주의 언어관에 따르면, 철학의 기본과제는 과학의 기초작업을 하는 일[과학기초론]로 과학적 언어를 획득하기 위한 '언어의 논리적 분석'이다. 여기서 언어는 하나의 순수한 기계적인 체계의 구조로 관찰되므로, 언어의 구조는 실재세계의 구조와 일대일 관계에 있다(이규호, 2007; 이명현, 1994).

8) 철학적 언어분석[비트겐슈타인의 후기 견해]에 따르면, 언어는 그 사용자인 인간의 삶의 조건과 밀접한 관련을 가진다. 그는 언어게임(말놀이: language game)이라는 개념을 도입하는데 언어의 '놀이'는 삶의 '놀이'의 표현인데 여러 가지 놀이들은 서로 다른 성격과 규칙을 갖고 있으며, 이 규칙들이 어떻게 해석되고 적용되느냐 하는 것은 그 언어 사용자의 삶의 양식에 의존한다. 따라서 규칙의 체계로서의 언어는 인간의 삶의 양식들 속에서만 그 생명을 얻게 된다. 이 흐름에서는 보편어(universal language)는 사라지고 화용론(pragmatics)의 중요성이 부각된다(이규호, 2007;

boldt)의 사상에 기초한 해석학적 언어관이 그들이다. 이 장에서 의미를 두는 언어관은 철학적 언어분석과 해석학적 언어관으로 여기서는 분석적 해석학이라고 부른다.

해석학적인 언어철학은 언어의 본질을 주체적인 인간과의 관계에서 이해하고 일상적인 언어현상을 삶의 현상의 핵심으로 해석한다(이규호, 2007). 이를 구체적으로 적용한 Osborne(1991: 5)에 따르면, 해석학은 세 가지 관점을 지닌다. 첫째로, 해석학은 해석원리(law of interpretation)를 위해 논리적이고 질서있는 분류(orderly classification)를 제공하므로 과학이라는 관점이다. 둘째로, 해석학은 관련된 text에 그 해석원리를 응용하는 능력과 상상력(imagination)을 필요로 하는 습득된 기교(skill)이므로 예술(art)이라는 관점이다.[10] 셋째로, 물리적 실체를 넘어 정신적 교감(spiritual act)의 관점으로 주체적이고 생동적인 힘으로 바라본다. 이 연구방법은 서구에서 유력한 질적 방법으로 자리잡은 IPA[Interpretative Phenomenological Analysis]로 발전하고 있다(Brownrigg, 2011; Smith, 2011). 한편 철학적 언어분석은 제1장과 이 장 각주 8)에서 서술하였다. 이를 기초로 좀 더 깊이 살펴본다.

1. 분석적 해석학의 방법론

일상적인 언어현상을 삶의 현상의 핵심으로 해석하는 이 방법론은 한국 행정을 다른 시각으로 보려고 한다(또 한국 행정의 질적 연구에도 많은 도움이 되리라 판단한

이명현, 1994).

9) 과학적 언어이론에서 언어는 객관적이고 체계적인 구조이기에, 그것을 사용하는 인간의 주체성에 의존함이 없이 분석하고 설명할 수 있다고 본다. 이 흐름은 일상언어의 밑바탕에 있는 모든 언어의 보편적인 구조를 연구한다. 이 보편적 구조는 인공언어의 규칙에 의하여 체계적으로 표현될 수 있고, 여기에 기초하여 번역을 위해 수학적 논리학이나 컴퓨터를 이용하기도 한다. 같은 흐름이지만 이와는 조금 다른 모습이 레비스트로스의 구조주의 언어관이다. 보편적인 언어체계의 법칙을 탐구하는 데는 셋째 유형과 같으나 의식적인 언어현상이라는 표층을 넘어서 무의식적인 심층구조에서 이를 찾는다. 즉, 언어가 인간의 삶의 형식이라는 철학적 언어분석의 기본전제에 기대어 언어에서 발견된 보편적 구조를 통해서 인간의 본질을 파악하려 한다(이규호, 2007; 이명현, 1994).

10) 이런 부류를 강조하는 분야는 신학이라고 한다(Osborne, 1991: 5). 대체로 해석학의 핵심은 과학주의 관점에서의 방법론이 아니라 정신과학의 관점에서 방법론적 원리의 결집체(이규호, 2005)로 보는 견해와 모든 이해의 성격과 조건들에 대한 철학적 해명으로 보는 견해를 포괄한다(양해림, 2011).

다). 제4장의 논의에 따르면, 이론(a theory)은 두 부분으로 이루어지는데 내재원리(internal principle)와 가교원리(架橋原理, bridge principle)가 그것들이다. 내재원리는 오로지 이론적 용어(theoretical terms)로 구성되며 이론적 실체(postulated theoretical entities)의 속성을 보여준다. 가교원리는 이론적 용어와 일상언어가 함께하는데, 그 기능은 이론적 실체를 관찰가능한 현상으로 연결시켜준다. 내재언어(internal language)는 내재원리에 녹아들어가고, 가교언어(架橋言語, bridge language)는 가교원리를 위한 것이다. 예를 들면, '복잡하다(complex)'는 언어학의 대상이 되는 일상언어이지만 '복잡인'은 행정학의 이론적 용어로서 내재언어이다. 여기 '복잡인'에서의 '복잡－'이나 '－인'은 가교언어로 볼 수 있다.[11] 여기서 일상언어는 내재언어나 가교언어의 원천이다. 이와 같이 이론구성을 위해서도 언어해석의 중요성이 인정되고 있다. 분석적 해석학의 행정이론적 관점에서는 행정이론의 연구목적이 이해와 해석, 의사소통에 있다고 본다(강신택, 2005; 박광국 · 오수길, 2009; 신혜영, 2010; 김명환, 2004). 대체적으로 행정학의 관점에서 해석학적 논의나 언어에 대한 해석 논의는 무척 부족하고, 또 초점을 행정학에 맞추려다 보니 불확실한 근거에 기초한 논의가 많다. 분석적 해석학의 방법론은 근거가 확실하다는 점이 장점이다. 이어서 구체적 방법을 살펴보기로 한다.

분석적 해석학의 방법론은 어떻게 하는가? 심리학 분야의 방법론으로서 self－dialogue, tacit knowing, intuition, indwelling, focusing, the internal frame of reference를 들고 있다(Moustakas, 1990). 신학적 해석학에 기초한 Osborne(1991)의 방법론은 맥락(context)과 언어, 그리고 장르로 먼저 나눈다. 맥락은 역사적 관점(historical context)에서 또 논리적 관점(logical context)에서 분석되고 이어서 grammar, semantics, syntax 등 언어적 분석을 행한다. 이어서 장르분석(genre analysis)을 통해 신학적 관점의 해석학을 보여주고 있다. 한편 외버만(U. Oeverman) 등에 의해 발전된 객관적 해석학은 두 번의 과정을 거치는 해석으로 이해되는데, 첫째는 해석자가 분석될 자료로부터 알 수 있는 연구대상자의 주관적 의미파악이며, 둘째는 그

11) '복잡－'이나 '－인'에서 hyphen(－)은 자립형식(free form)이 아닌 구속형식(bound form)임을 나타낸다. 즉, 가교언어의 특징 중의하나는 언어학적 자립형식을 고유한 학문영역에서 구속형식으로 바꾸어 주는 데 있다.

의미를 넘어 심층에 있는 객관적 의미구조를 밝혀내는 것이다(이효선, 2005: 203).

사회과학에서는 단계적 해석이 적합할 것 같다(Brownrigg, 2011). 해석의 단계를 넷으로 하여,[12] 첫째로 Noun phrase(NP), Verbal phrase(VP)와 prepositional phrase(pp)로 나누는 형태 중심의 고찰이며, 둘째로 나누어진 형태를 내용에 따라 살펴보는 내용 중심의 고찰, 셋째로 구조적 조직화를 하는 기능 중심의 고찰, 넷째로 그 의미 작용을 살펴보는 의미 중심의 고찰이 그것이다(허발, 1985: 86−90). 이 첫째와 둘째를 열거와 분류로 합쳐서 여기서 살피고, 다음 항에서부터 구조적 조직화를 하는 기능 중심의 고찰을, 이어서 그 심층의미를 파악하는 순서로 글을 이어간다.

Verbal phrase(Vp)를 보기로 하여 설명한다. 의미란 살아가는 삶 속에서 나올 때 그 힘을 갖는다고 본다(김재철, 2010). 그런데 살아가는 것은 행위(performance)함을 말하고 행위 속에서의 의미는 그 구성물과 연관을 맺는다. 예를 들어, '자다(sleep)'라는 행위는 '침대에서 자다(sleep in bed)'처럼 의식된다. '자다'는 것은 행위의미이고, '침대'라는 것은 내용의미(또는 구성물)이고, '에서'는 연관의미이다. 따라서 의미는 셋으로 나눌 수 있는데 행위의미, 연관의미(연관의미를 통하여 세계와의 관계를 맺는데 이것이 지향성이다), 그리고 내용의미이다. 이를 달리 표현하면 침대에서 자다(sleep in bed)는 V(자다: sleep)+pre(에: in)+N(침대: bed)으로 분석된다[V: verb, pre: preposition, N: noun]. 여기서 내용의미는 잠을 자는 삶을 위해 침대를 만들었다는 뜻으로, 삶의 경향성(다른 말로 자기만족성)을 위해 구성물(침대)이라는 과학을 창조해 내었다고 표현된다. Verbal phrase=Verb+preposition+Noun에서 사회규약은 Verb(행위의미)에도 제약이나 조장을 가하기도 하고, Noun(내용의미)에 정책과 관리가 이루어지며 사회적 영향력을 남기기도 한다. prepositional phrase는 Verbal phrase나 Noun phrase에 상관성을 부여하므로 따라서 방법론은 Noun phrase로서 어떤 주체가, Verbal phrase로서 어떤 행위를, prepositional phrase로서 어떤 지향으로, Noun으로서 무엇을 하였는가를 살펴보면 된다. 이를 요약하면,

---

12) Brownrigg(2011)은 Revisiting and reading the data set, Initial themes are identified which capture the essence of the experience, the research organizer's further conversation with the participants, the data analysis process로 요약한다. 허발(1985: 89−90)이 제시한 본문의 단계는 언어적 방법론이나 낱말밭 이론을 위해 개발된 것으로, 네 단계 중 마지막 단계는 원문에서는 작용중심의 고찰로 명명하나, 여기에서는 심층의미의 고찰로 본다.

첫째로 주체[누가(Np)] 행렬을, 둘째로 어떤 행위(Vp) 행렬을, 셋째로 어떤 지향(pre) 행렬을, 넷째로 객체 또는 대상[무엇(Np)] 행렬을 열거하고 분류한다. 그리고 구조적으로 조직화한다.[13] 구조적 조직화를 다음 항에서 좀 더 살펴보기로 한다.

2. 분석방법

색(色)은 하나의 연속체(continuum)이지만 특정한 언어체계에 기초를 둔 구조적 조직화(structural organization)에 따라 개념화된다. 영어의 red는 scarlet, crimson, vermillion 등을 포괄하고 따라서 이들 어휘는 같은 낱말밭에 있으므로[14] red를 일컫는 것으로 짐작할 수 있다. 앞서 보았던 Np(예를 들면, window라는 낱말)은 Vp(예를 들면, open이나 close와 같은 낱말)와 밀접한 관계를 갖는다. 이들 관계는 Np와 Vp의 구조적 조직화라 할 수 있다. 여기서 더 중요한 의미를 갖는 것은 Np와 Vp 내부에서도 구조적 조직화가 형성되고 이를 포착하는 것이 연구자의 임무라는 것이다. 예를 들면, go, march, run, step, tramp, walk, toddle, waddle, stride, trudge, shuffle, plod, tread 등의 어휘가 인터뷰 자료나 대화자료에서 나타났다면 이는 '사

13) 이는 Osborne(1991)을 기초로 하고 Chomsky(1990), Cook(1992), Smith & Wilson(2000) 등을 참고하였다. 물론 이 과정은 많이 섞여서 나타난다. 어떤 지향과 객체 또는 대상은 종종 섞인다. 여기서도 섞여서 나타나는 대로 적는다.

14) 이를 낱말밭 이론(field theory: 어휘장 이론)이라고 하는데, 낱말밭이란 내용상으로 보아 밀접하게 인접하고 있고, 상호 의존관계에서 그 기능이 규정되는 한 무리의 낱말들을 말한다. 이 이론은 훔볼트(Humboldt)와 헤르더(Herder)에서 유래하며 트리어(Trier) 등에 의해 1920년대와 1930년대에 발전되고 그 후 바이스게르버(Weisgerber)에 의해 승계되었다(정시호, 1994; 허발, 1985; 이정민 · 배영남, 1990). 실제로 이 방법은 조사방법론에서 많이 쓰인다. 예컨대, '절대 찬성－찬성－중간－반대－절대 반대'의 선택지를 부여하는 것은 이와 같은 이론이다(허발, 1985: 98). 이런 관점에서 설문지 방법도 언어적 방법론에 많이 의존한다. 더 나아가 설문의 방식도 응답자에게 영향을 미친다. 제5장에서 설명한 대로 예컨대, 2008년에 정부의 방침은 장기요양보험을 안정시키려고 가능한 한 더 많은 recipient에게 혜택을 주기로 하였다. 이에 따라 개개인의 적부심(適否審)의 인터뷰에서 '예'의 답변이 쉽게 나오는 질문 형식을 취했다(예를 들면, 답변이 '예'로 나오도록 하기 위해서는 "혼자서 식사를 못하시지요?"로 묻는다. 즉, 식사를 혼자서 못하므로 요양보험의 대상에 편입된다). 그 후 정부는 재정적 부담 때문에 recipient를 줄이는 방침을 취했고 이는 질문방식의 변화를 가져왔다. 즉, 질문의 형식이 긍정문으로 바뀌었다(예를 들면, 답변이 '예'로 나오도록 하기 위해서는 "혼자서 식사를 하시지요?"로 묻는다. 즉, 식사를 혼자서 하므로 요양보험의 대상에서 제외된다). 여기서 긍정형식의 물음과 부정형식의 물음 차이를 알 수 있다.

표 10-1 분석적 해석학 관점의 분석 틀

기술 \ 행렬	주체(Np)	객체(대상: Np)	어떤 지향(pre)	어떤 행위(Vp)
열거 및 분류 (description & classification)				
구조적 조직화 (structural organization)				

주) 이 〈표 10-1〉은 한국어 순서로 짠 것이다. 익히 알다시피 영어를 중심으로 하면 주체(Np)-어떤 행위(Vp)-어떤 지향(pre)-객체(대상: Np)의 순서이다.

람에 의한 장소 이동'을 나타낸다. 즉, Vp 내부에서 구조적 조직화가 이루어진 것이다(허발, 1985: 81). Np나 pp도 이와 같이 분석을 한다. 이를 나타내면 <표 10-1>이 되는데 이 틀로 이 장에서 연구대상인 시장에서의 의사소통을 분석할 수 있다.

<표 10-1>의 각 행렬에 들어갈 것은 연구주제를 확인하고 기술하는 핵심어(key terms and corpus)들이며, 연구자(researcher)와 연구참여자(participants) 사이에 어떻게 이해를 공유해 가는가를 보여주는 핵심어들이다(Brownrigg, 2011). 이런 방법을 시장에서의 의사소통을 실제로 적용하여 본 것이 제3절에서 논의하는 내용이다. 이를 위한 연구방법을 자세히 살펴보기로 한다.

이 글의 분석방법은 선택된 시장 현장에서 녹음하여 그 수록된 녹음자료를 분석하였다. 그 중 시장 현장의 특성을 잘 반영한다고 생각되는 대화 부분(또는 어휘)을 골라내어 그 의미를 형성하였다. 수록된 녹음자료는 2009년 5월 중순경 녹음·녹취·정리한 것으로 녹음 장소는 의성의 경우는 의성 장날 슈퍼마켓과 농기구 상회이고, 대구의 경우 동아백화점, 상주의 경우는 중앙시장이고, 부산의 한 슈퍼마켓이다.[15] 이들을 대상으로 택한 이유는 제도화와 관계가 있다. 즉, 인간관계가 섞이는 모습을 기준(즉, 자연발생성과 유통구조 지향)으로 제도화된 시장의 모습을 살펴볼 수 있다. <표 10-2>는 시장의 제도화 모습을 정리하였다.

15) 자연스러운 대화의 녹음을 위하여 일체의 인위적 조작은 하지 않았다. 다만 가게 주인과 백화점 점원에게는 그 취지를 설명하여 동의를 얻었다.

표 10-2 시장의 제도화 모습

유통구조 지향 \ 자연발생성	그렇다	아니다
아니다	(Ⅰ)	(Ⅱ)
그렇다	(Ⅲ)	(Ⅳ)

<표 10-2>에서 (Ⅰ)에 해당하는 모습을 농촌의 5일장 속에 나타난 가게로, (Ⅱ)를 도시 내 소규모 슈퍼마켓(흔히 구멍가게)으로 보고(장흥섭, 2010), (Ⅲ)은 '네이버 중고나라' 같은 카페들이 거기에 적합한 모형이다.[16] (Ⅳ)는 제도화된 백화점으로 본다. 이 분류는 앞서 언급한 생산과 교환 및 의사소통이 분리되는 폴라니(K. Polanyi)의 모형, 즉 전통사회와 시장사회로 나누는 방법과 유사하다(이병천, 2004; 홍기빈, 2009). 브로델(Fernand Braudel)의 모형도 기저에 있는 것을 의사소통의 장(場)으로 보는 데는 이와 유사하나, 다만 위층을 둘로 유형화하는 점에 차이가 있다. 두 모형 모두 의사소통[교환]과 경제학적인 가격 기능의 대비에 중점을 둔다.[17] 이에 기초하여 농촌의 5일장 가게(Ⅰ), 도시 내 소규모 슈퍼마켓(Ⅱ), 백화점(Ⅳ)에서의 대화나 의사소통을 녹음하여 그 자료와 <표 10-2>의 분석 틀을 matching하여 살펴보았다.

16) '네이버 중고나라'에 들어가면 일반인들이 옥션이나 지마켓등 대기업의 포털마켓을 이용하지 않고 개인들이 카페를 만들어 물품을 사고 파는 사이트이다. 이런 중고나라 같은 카페가 나타나게 된 것은 옥션이나 지마켓 등에 자신의 개인적인 물품을 판매할 경우 등록비 약간과 물품 판매금액의 10%를 대기업에 납부한 뒤, 물품을 판매한 나머지 금액에 대해 자신의 통장으로 입금되는 수수료를 아끼기 위해 자연적으로 생겨난 장터이며, 카페 회원으로 가입하면 누구나 거래할 수 있다. 물품을 등록하고 판매하며 배송하는 방법 또한 전자거래(안전거래)나 개인 통장으로 입금(약간의 위험성) 등으로 믿고 거래할 수 있는 장점이 있다. 이것이 자연발생적이면서도 유통구조 지향적(안전거래, 카페 내 카테고리별 등록 및 판매)에 해당한다고 하겠다.

17) 홍기빈(2009)에서 이를 '살림살이 경제'과 '돈벌이의 경제'로 나누어 설명했는데, '살림살이 시장'과 '돈벌이의 시장'으로 바꾸어 설명해도 본문의 분류와 비슷할 것이다.

제 3 절 | 시장의 개념과 이 연구에서의 유통 지향

1. 두 가지 유형의 세계

앞서 보았듯이 경제학에서의 시장 개념의 핵심은 가격이나 수량에 있지만, 하버마스 사회학의 체계에 따르면, 사회는 사회체계와 생활세계로 구성되는데, 이 사회체계를 행정학의 관점에서는 제1장에서 본 바처럼 행정체계라고 할 수 있고, 통칭하면 체계라고 표현될 수 있다. 사회체계는 "금전이나 권력과 같은 것을 매개로 한 일종의 자율적 행위체계"인데 비해, 생활세계는 "상징적 공간(symbolic space)으로서 문화전통 · 가치 · 윤리규범 등이 재생산되는 터전"(김문조, 1990)이라고 한다. 사회체계와 생활세계의 관련성을 살펴보면, 생활세계는 사회체계에 대응하여 개인 및 가정으로 대표되는 사적 생활세계와 지역사회 및 매스컴으로 대표되는 공적 생활세계로 나

표 10-3 사회체계와 생활세계

생활세계의 제도적 서열	교환관계	매체로 조정되는 하위체계
사적 영역	노동력(P) → ← 임금(M) 상품 및 서비스(M) ← → 수요(M)	경제체계
공적 영역	조세(M) → ← 조직적 행위의 결과(P) 정치적 결정(P) ← → 대중적 복종	통치체계

출처: 김문조(1990).

뉘지며 생활세계와 사회체계는 화폐(M)나 권력(P)이라는 체계의 매체에 연계되어 있다(김문조, 1990). 이를 나타낸 것이 <표 10-3>이다.

그러나 <표 10-3>는 전통적인 마르크시스트(Marxist)의 하부구조(economic infrastructure)와 상부구조(ideological superstructure)의 재해석에 불과하다(Lockwood, 1976; Rodger, 2000: 38-39에서 재인용). 따라서 의사소통의 분석을 위해서는 재편성할 필요가 있다. 재편성은 로저(Rodger, 2000)가 제시한 개념적 구분으로, 사회의 제도적 체계 안에서 갈등과 모순에 기초한 변화와 개인적 상호작용(interpersonal interaction)에 기초한 갈등에서 유래하는 변화를 구별하였다. 전자를 체계(system)로 부르고 이는 사회적 의미에서 조직체제이며, 공적 영역이다. 반면에 후자는 생활세계(lifeworld)로 부르고 사적 영역이다. 로저(Rodger, 2000)에서 제시된 생활세계(lifeworld)와 체계(system)의 구분은 브로델(Fernand Braudel, 1996; 김응종, 2006: 113에서 재인용)의 물질문명인 기저층과 시장경제와 자본주의가 있는 위층에 대응한다.[18)]

또 다른 들을 만한 견해는 폴라니(K. Polanyi)의 시장개념이다. 그는 경제의 문명사(文明史)라는 관점에서 전통사회, 시장사회, 사회주의로 분류하였으나, 이 글을 진행함에 있어서 폴라니의 시장개념 분류에서 사회주의는 의미가 없으며, 실제로는 전통사회와 시장경제의 2분법이라 할 수 있다. 폴라니는 전통사회 및 시장사회의 변별력을 경제와 사회의 관계, 경제의 기본성격, 경제의 의미라는 관점에서 고찰하였는데, 경제와 사회의 관계에서 사회에 착근된 경제(전통사회) vs 사회로부터 이탈된 경제(시장사회), 경제의 기본성격에서는 살림살이 경제(전통사회) vs 효율성과 탐욕의 경제(시장사회), 경제의 의미에서는 경제의 실체적 의미(전통사회) vs 경제의 형식적 의미(시장사회)로 정리할 수 있다[19)](이병천, 2004: 2009).

---

18) 브로델(F. Braudel)의 시장 개념은 실제로는 교환을 중심으로 하는 기저층, 경쟁(2층)과 독점(3층)이다. 기저층은 교환을 특징으로 하는 물질문명이며, 2층은 경쟁을 특징으로 하는 시장이고, 3층은 독점을 특징으로 하는 자본주의이다. 여기서는 기저층과 위층(2층의 시장과 3층의 자본주의)을 하나로 묶은 2분법을 취한다.

19) 여기서 실체적 의미란 인간생활에서 발생하는 여러 욕구들을 충족하는 데 필요한 물적 수단을 조달하는 행위로서의 경제를 의미한다. 반면에 형식적 의미란 무한한 욕구들을 충족하는 데 유한한 물적 수단을 조달하는 선택의 행위로서의 경제를 의미한다(홍기빈, 2009). 자세한 설명은 이병천(2009)을 참조하라.

위에서 언급한 하버마스(Habermas), 로저(Rodger), 브로델(Braudel), 폴라니(Polanyi) 등의 분류를 이 글의 연구에 알맞게 생활세계에 가까운 시장과 조직체제에 가까운 시장으로 나눌 수 있다(<표 10-7>을 참조하라). 전자가 주로 생활에 밀착된 인간관계를 보이는 데 비해, 후자는 그렇지 않다. 또 전자는 말에 의한 의사소통에 의존하는 데 비해, 후자는 글에 의한 의사소통[20]에 의존한다. 이를 두 유형 중에서 주류의 연구에서는 후자에 치중해 왔다.

생활세계에 가까운 시장을 잘 관찰한 장흥섭(2010)에 따르면, 생활세계에 가까운 시장은 인간미 넘치는 문화와 놀이의 터전(전통시장)이며, 조직체제에 가까운 시장은 유통구조의(고급화) 지향이라고 한다.[21]

2. 이 연구에서의 유통 지향

자원의 배분이라는 관점에서 배분의 주체에 따라(홍기빈, 2009; 이병천, 2004), 유인체제에 기초하는 시장은 공공서비스를 배분하는 국가 영역의 핵심인 행정과는 다른 유형이다. 시장은 경쟁을 의미하고 경쟁은 독점으로 이어질 가능성이 많다(Braudel, 1996). 요즘 기업형 슈퍼마켓(SSM: Super Supermarket)과 대형마트가 주된 흐름으로 형성되었다. 이는 목 좋은 곳은 SSM의 영향권으로 편입되었고 또 되고 있다는 의미로, 전통시장의 몰락을 막기는 역부족이다[22](한겨레신문, 2011.2.17). 이

20) 이런 관점에서 베버(Max Weber)의 관료제 이론은 상당한 의미를 지닌다고 하겠다. 즉, 관료제의 특징으로 문서에 의한 행정을 꼽은 형식화라는 비판(박동서, 2005: 314-315)을 넘어 글에 의한 의사소통을 나타낸다.

21) 장흥섭(2010)은 유통산업의 측면에서 백화점, 대형마트, 편의점, 온라인 쇼핑몰, 전통시장으로 나누어 고찰한다.

22) 길음동의 경우, 2006년 시장에서 1.5~2km 안팎의 거리에 현대백화점과 롯데백화점이 개관했고, 2008년 백화점 인근에 이마트가 문을 열었다. 뉴타운 입주가 마무리되던 지난해 9월께는 SSM 3곳이 아파트 단지 곳곳에 문을 열었다. 현재 길음시장 반경 1km 안에는 5개의 SSM이 영업을 하고 있다. 유통산업발전법에서 규정하는 전통시장은 지난해 12월 기준으로 서울시에 등록시장 142곳과 인정시장 54곳 등 총 196곳이 있다. 주요 SSM(GS슈퍼마켓 · 롯데슈퍼 · 이마트 에브리데이 · 홈플러스 익스프레스)은 지난해 12월 기준 191곳이었고, 서울시청이 추산하는 서울의 SSM은 220여 곳이다. SSM이 인구가 밀집한 아파트 주변 등 유리한 위치에 입점해 있다. 전통시장 주변 500m 이내 평균 아파트 가구 수는 2,939가구인데, SSM의 평균 가구 수는 4,200~5,300가구였다. 반경 1km의 경우 전통시장은 1만 2,025가구, SSM은 1만 5,000~1만 8,000가구이다.

그림 10-2 서울시 전통시장과 SSM 분포도

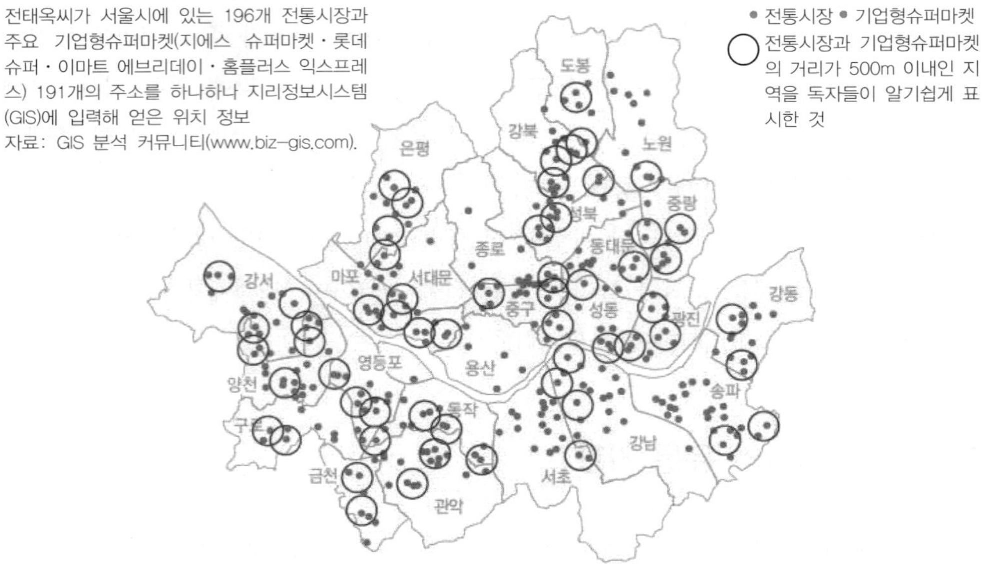

출처: 한겨레신문(2011.2.17).

를 나타낸 것이 [그림 10-2]이다.

[그림 10-2]가 의미하는 바는 경제적 효율성의 기준에 따라 전통시장의 몰락으로 나아간다는 점이다. 그러나 이에 대한 엄밀한 장 · 단점의 검토는 경제학적 · 경영학적 관점에서만 이루어지고 다른 영역에서는 거의 없었다(장흥섭, 2010). 대체로 정부의 정책은 SSM의 확산을 통한 경제적 효율성을 지향하지만, 지역 영세상인과 재래시장 등을 살리기 위해서도 노력하고 있다(서울신문, 2010.8.26; 박충렬, 2012). 이러한 분위기 속에서 전통시장의 영역도 그 나름의 역할이 있고 SSM이나 대형마트에서는 볼 수 없는 중요한 기능을 수행하고 있는데, 주류 학문에서 주목하는 방법과는 다른 분석적 해석학의 방법론을 통하여 그 중요한 기능을 지적하려 한다.

SSM이 새로 들어서는 아파트 밀집지역에 집중적으로 진출해서, 2006~2009년 4년 동안 SSM의 매출액과 영업이익은 2배 이상 오른 데 반해, 주변 상인들의 매출은 50% 감소한 것으로 나타났다. 서울을 벗어나도 마찬가지다(한겨레신문, 2011.2.17).

제 4 절 | 자료분석과 해석

앞서 설명한 대로 자료의 분석은 열거 및 분류(description & classification), 구조적 조직화(structural organization), 심층의미의 고찰 순서로 분석하는데 지면상 대표적인 대화만 나열한다. 가운데 부분 빈칸은 분류목적에 해당되는 대화가 없는 부분을 의미한다.

표 10-4 농촌의 5일장 가게에 나타난 의사소통

행렬 / 기술	주체(Np)	객체(Np) + 어떤 지향(pre)	어떤 행위(Vp)
열거 및 분류 (description & classification)	콩나물 무침 양파 …		(맛이) 있어 or 없어.
			싱싱한 거예요?
	주일, 교회	10시에	나가기도 하고
		10시 넘어서	나가기도 하고
	(나는)	오늘 아침도	안 먹고 왔다.
		여기서	먹을라꼬
	전국적으로 성냥은	의성에서	다 나온다니까
		동네	잔치할 때
		꽃 구경	가는가 보네.
		쥐포하고	주세요
		쥐포가 아니고	오징어포(거든)
			얼만교?
	옛날 생각이		많이 나네요.
		내말을	딱 듣는다.
		니 말을	안 들으면 안 된다.
		아저씨한테	이야기해야겠다(웃음).
		아이고 참~ 입에 침이라도	발라놓고 그러제?
		그게 다	말뿐이라니깐(웃음)
	빼빼 마른 사람이		무슨 기운이 있나?
		기운보고	데이트하나?(웃음)
	호미/농기구		요새 별 필요 없어…
		기계로	다 하니까 그렇겠죠?

	그렇지. 오늘은		또 주일이고…
		대충	신으면 돼.
		커피 한잔	드시고 가세요.
		술 쪼매	드시고
	이건	왜 이렇게	'쎄' 하노?
구조적 조직화 (structural organization)	① 식품, 농기구, 성냥 등 생활세계의 용어 ② 감성	① 시간개념 ② 공동체 ③ 정보의 교환	① 하대/존칭, 친숙한 언어와 사투리, 농담이 섞여 있어 격의없는 관계 ② 비엄격성(대충) ③ 배려

참고: ① 〈표 10-4〉에서 주체가 많이 생략되는 것은 한국어의 특색 때문으로 언어의 특수성에 기초한다.
② 동일한 주제의 대화일 때는 주체가 없으면 칸을 합쳐 놓았다.
③ [객체(Np) + 어떤 지향(pre)]의 칸에는 여기에 정확히 해당하지 않는 부분(부사어 등)도 포함시켰다.

<표 10-4>를 기초로 하여 심층의미를 고찰해 보자. 우선 생활에 밀접한 언어를 주로 사용하며, 친밀한 인간관계를 나타낸다. '옛날 생각이 많이 나네요'에서 보듯이 개인 단위로 개별화 현상을 보인다. 여기서 대체로 관계를 맺는 사람들은 이른바 단골, 또는 안면이 있는 관계이므로 개인적 감정의 표시나 배려, 비엄격성, 부담없는 자기 표현 등이 나타날 수도 있다. 즉, 인간 대 인간의 관계가 나타난다. 나아가 시간 개념이 엄격하지 않을 수 있는 이유도 여기에 기초한다. 즉, 도시생활이 빠듯이 짜여진 시간에 기초하는 데 비해, 정지된 시간 개념을 보이기도 한다.

이어서 슈퍼마켓이라는 골목 가게에 나타난 의사소통을 살펴보자.

표 10-5 슈퍼마켓이라는 골목 가게에 나타난 의사소통

행렬 / 기술	주체(Np)	객체(Np) + 어떤 지향(pre)	어떤 행위(Vp)
열거 및 분류 (description & classification)	우리 신랑 밥		있다.
		가서 얼른	먹이고 온나
		오늘 어디	안갔던교?
		소주 한 병	주이소.
		맨날 소주	묵노…
	이게		백세주여?
			아니 그거 말고
		거기 안에	백세주 있잖아.
		(웃음소리)아이고 고마	됐다.

장년이	몇 세부터 몇 세	까진데?
45세 미만은		청년부,
그 이상은	장년부로	해야 돼 …
40이		젊나?
40~45이면		젊지!
내가		환갑이구만,
	(고마)	됐다 …
	어떤 거? 대파?	
이거는		청량입니데이.
그거는		매운 거.
파가	(뭐 이렇게)	생겼는데?
이게		맛있는거다.
이거		피워볼랍니까?
에이,	그건 아저씨가*	피워야지.
말보로		있어요?
		있지.
이 사람들은	유럽	갔다왔단다.
	호주 시드니	가면,
	(별로)	볼 거 없다*
	거기 가면*	공원밖에 없다.*
	달성공원	같은 곳.
바다가		볼만하지.
	벌써	오래됐네.
신라면		있어요?
	거기 신라면 한번	찾아봐라.
	거기	가면
도로는	기가 막히게*	깔아놨다.
삼겹살은		사왔어요?
고기	너무 많이	필요없다.
	집에서는 자꾸	고기타령한다.
요새는 고기도*		비싸다.
그래도 이런건		구워먹으면
		맛있다.

구조적 조직화 (structural organization)	① 친밀성 ② 만남의 터전	① 공간개념(가깝고 접근성 좋음) ② 공간개념(시드니와 달성공원)	① 하대와 존칭의 병존 ② 친숙한 언어와 사투리, 농담이 섞여 있어 격의 없는 관계

참고: ① *표는 도치로 인한 강조이거나 지나친 분석이 대화의 자연스런 흐름을 해칠 우려가 있을 때는 엄격히 구분하지 않고 그대로 두었다.
② [객체(Np) + 어떤 지향(pre)]의 칸에는 여기에 정확히 해당하지 않는 부분(부사어 등)도 포함시켰다.

<표 10－5>를 기초로 하여 심층의미를 고찰해 보자. 우선 5일장에서의 대화와 큰 차이는 없다. 다만 여기서 중요한 모습은 장사를 위한 대화와 친밀한 사적 대화의 이중성이 보인다. 한쪽은 친밀한 사적 그룹이 형성되어 대화하고 있고, 그 사이에 물건 사러 온 사람과의 관계는 장사의 관계로 나타난다(스스로 찾아보라고 하는 부분: 신라면 있어요?/거기 신라면 한번 찾아봐라).

이어서 백화점에 나타난 의사소통을 짚어보자.

표 10–6 백화점에 나타난 의사소통

행렬 / 기술	주체(Np)	객체(Np) + 어떤 지향(pre)	어떤 행위(Vp)
열거 및 분류 (description & classification)	소득공제번호는	010–3828–0900	뽑아주세요.
		카드번호로 해서	포인트 찍어드릴까요?
		포인트 말고	그냥 결재해주세요.
	동아포인트		1% 올라가니까
		그걸로	해드릴께요.
	동아포인트카드		없으신가요?
	마누라가		가지고 있는데 …
		본인	명의시구요?
		현대카드	사용하시겠어요?
		5%	쓸께요.
		지금 비씨카드	
		포인트카드 있나요?	행사하고 있거든요.
			선착순이니까
		지하 2층에 가면 상품권을	받으실 수 있거든요.
		포인트카드	있나요?
			아니요.
		네.	여기 있습니다.

		빨리	내려 가셔야 될 거예요.
			선착순이거든요.
		어디로	가야 되는데요?
		엘리베이터로	내려가시면 됩니다.
		네, 안녕히	가세요.
	애들 모자 사이즈는	어디서	사야 되요?
	전부 큰 거 밖에		없던데.
	애들 모자는	전문 매장에	가셔야 되요.
		5% 할인에 3개월 할부로	하겠습니다.
		다른 거 구매할 거	있으시면
		여기서 4만 원만	더 보태시면
		상품권	받아가실 수 있습니다.
		여기 서명	부탁드릴게요.
			감사합니다.
			안녕히 가세요.
		포인트 번호	불러주세요.
	네, 고객님		고맙습니다.
구조적 조직화 (structural organization)	① 객관화된 용어(고객님, 본인) ② 친숙하지 아니한 언어의 사용: 소득공제	① 상업성 ② 목적성 ③ 언어보다 숫자	① 존칭이나 형식적, ② 거의 농담이 없는 격의를 느끼는 관계

<표 10-6>을 기초로 하여 심층의미를 고찰해 보자. 여기서의 대화는 격의를 느끼는 관계로 앞의 두 종류의 시장에서와는 달리 인간적 의미에서 단골이라는 개념이 희박하다. 언급된 용어도 객관화된 용어이거나 친숙하지 아니한 언어를 사용하는데, 이는 인간 대 인간의 관계라기보다 인간관계의 이익관계로의 전환이다. 따라서 대화는 오로지 물화(物化)된 대화로, 존칭을 쓰지만 진정한 존경의 의미와는 거리가 있다.

이상의 분석을 상호 간에 대조해 보면 <표 10-4>와 <표 10-5>는 상당한 유사성을 보이나 <표 10-6>과는 차이가 있다. <표 10-2> 시장의 제도화 모습에 적용하면 <표 10-4>는 (Ⅰ)과 어울리고, <표 10-5>는 (Ⅱ)에 상응한다. 한편 <표 10-6>은 (Ⅳ)에 대응한다. 즉, (Ⅰ)과 (Ⅱ)는 생활세계에 가깝고 (Ⅳ)는 조직체제에 가깝다. 브로델(F. Braudel)의 시장 개념과 구조를 원용하면 (Ⅰ)쪽으로 올수

표 10-7 시장 기능의 변화

	특 징	양 태	
생활세계에 가까운 시장	통합	장소적	생활세계와 통합
		기능적	의사소통의 장과 아울러 상품유통의 장으로
조직체제에 가까운 시장	분화	장소적	생활세계로부터의 분리와 외부 의존(Norberg-Hodge, 2006)
		기능적	의사소통의 장에서 상품유통의 장으로

록 기저층에 가깝고, (Ⅳ)쪽으로 갈수록 2층으로, 더 나아가 3층으로 이동한다고 이해된다. 폴라니(K. Polanyi)의 시장개념에 대입하면 (Ⅰ)과 (Ⅱ)는 전통사회에 가깝고, (Ⅳ)는 시장사회라고 할 수 있다. 이를 표로 나타낸 것이 <표 10-7>이다.

의사소통은 삶에 있어서 일상인데(정은, 2010), 생활세계에 가까운 시장은 일상적 의사소통의 장으로 통합의 의미가 충만한 곳이고,[23] 조직체제에 가까운 시장으로 갈수록 일상적 의사소통의 장에서 멀어지고 분화되어, 백화점에서의 카드나 포인트, 소득공제번호 등에서 보듯이 공식화된 의사소통의 속성을 보인다. 그렇다면 행정학적 의미는 무엇인가?

제 5 절 | 행정학적 측면에서의 함의

행정을 비롯한 사회현상은 언어현상으로 환원되며(Farmer, 1995; 이규호, 1980; Winch, 1958; Song, 1984; Kim, 2008), 분석적 해석학의 행정이론이 의사소통에 초점을 두는 것도 같은 맥락이다(강신택, 2005). 이 글에서는 5일장과 같은 전통시장(Ⅰ)과 소규모 슈퍼마켓(Ⅱ)이 의사소통의 측면에서 의미가 있으며, 이는 이들을 어떻게 보존하고 발전시킬 것인가를 여러 분야에서 고민해야 한다는 함의를 보여준다. 자료의 분석에서 보듯이 전통시장(Ⅰ)과 소규모 슈퍼마켓(Ⅱ)은 생활세계의 정보가 많이 형성되어 의사소통의 활성화로 이어지고 있는 점에서 많은 공헌을 하고 있다.

23) 예를 들면, 제3자의 일에 관한 gossip으로 '누구 집 딸 치운다더라'와 같은 담화가 전형적이다.

앞에서의 논의를 바탕으로 정책적 함의를 살펴본다.

의사소통의 시각으로 전통시장이나 이른바 슈퍼마켓이 SSM이나 대형마트에서는 볼 수 없는 중요한 기능을 수행하고 있는데, 이를 경제학이나 경영학에서 주목하지 않는다. 그 이유는 그들이 효율성 패러다임의 학문이기 때문이라고 짐작된다. 백화점이나 SSM으로 대표되는 조직체제에 가까운 시장은 경제적 효율성의 기준에서는 유용한 모습을 보여주었다. 그 결과는 나름으로 기능하고 있는 시장[이 글의 (Ⅰ)과 (Ⅱ)]과도 갈등을 불러일으킬 만큼 유통시장 점유율을 높여 왔다.[24]

효율성 중심의 패러다임과는 다른 의사소통의 기준에 근거한 행정학에의 함의를 살펴보자. 첫째로 행정 개입의 근거를 제공하고 있다(Doling, 1997). 대구 명소 약령시장(각주 24 참조)의 사례에서 보듯이, 생활세계에 가까운 시장으로의 방향이 효율성 패러다임 중심의 정책이 놓치고 있는 공동 선에로의 기여(the contribution to the common good)에 합치된다(Rawls, 1972). 둘째로 의사소통은 그 사회의 축약이므로 축약된 사회현상을 반영하여 정책화할 수 있다. 현재 전통시장이나 소규모 슈퍼마켓의 이용 고객이 다문화 가족으로 현재 서서히 바뀌어 가고 있다.[25] 이런 점에서 다문화 사회에로의 진행과 관련하여 정부 정책을 수립해야 한다는 함축을 지닌다. 예컨대, 한국어를 제외하고 부차적으로 그 시장에서의 많이 쓰이는 의사소통은 이른바 콜센터의 설립과 그 의사소통의 지원 등을 통해 고용과 즐거움으로도 이어질 수 있다. 셋째로 행정이념으로 승격된 형평성(equity)의 관점으로 볼 때(Burke, 1981: 150; 유민봉, 2010) 조직체제에 가까운 시장과의 관계에서 사회적으로 보호받아야 할 대상의 판단근거로 작용한다. 요즘 서울 자치구에서나 전주에서 선보이는 SSM 조례는 이런 점에서 시사적이다. 넷째로 요즘 한국이나 서구에서 논의되는 사회적 성격(the social)과의 결합이다. 이들 중 가장 대표적인 양식이 community business나 사회적 기업이다. 재래시장이 이들과 결합가능성이 높고(김태연, 2011), 이를 통한 경제 및

---

24) 400여 년의 역사와 전통을 자랑하는 대구 명소 약령시장은 대형 백화점 입점으로 존폐 위기에 처했다. 지난해 8월 현대백화점 대구점 입점 이후 급등한 건물 임차료를 견디지 못하고 약재상이 속속 떠나고 있다. 약령시장 일대 한방 관련 업소는 2005년 216곳에서 2009년 210곳, 지난해는 181곳으로 줄었다(매일경제, 2012.2.8).

25) http://blog.naver.com/PostView.nhn?blogId=marketagency&logNo=80115643097&redirect=Dlog&widgetTypeCall=true

사회활성화로 이어질 수 있다. 다섯째로 조직체제에 가까운 시장에 비해 상대화된 약점(labelling)을 그 지역 특유의 장점(Story-telling, 지구의 날 등)으로 인식의 변화를 통해 장소마켓팅으로 전환 가능하다(장흥섭, 2010; Somerville & Sprigings, 2005). 여섯째로 젊은이들이 오지 않는 재래시장에 이들을 끌어들일 수 있는 특유한 방법이 있어야 함을 의미한다. 영국의 거리나 고객이 모이는 조그만 모퉁이에서 행하는 공연[공연 이름: 유명해질 때까지는 돈을 받지 않습니다(free until famous)]처럼 여기서 연습하여 top level에로의 길을 열어주는 제도로도 발전할 수 있다. 이를 통해 내적 계기를 발현하는 (각 구성원의 potentiality를 최대한 발휘하도록 도와주는) 행정이 필요하다는 의미이다.

제 6 절 | 요 약

해석학적인 언어철학은 언어의 본질을 주체적인 인간과의 관계에서 이해하고 일상적인 언어현상을 삶의 현상의 핵심으로 해석한다. 한편 철학적 언어분석은 언어는 인간 삶의 양식 속에서 그 생명을 얻게 된다고 본다. 이들을 행정현상 분석에 알맞도록 변형시켜 이를 분석적 해석학이라고 하고 의사소통을 연구대상으로 하였다. 이를 살펴보기 위해 하버마스 사회학의 체계를 수정하여 생활세계와 조직체계로 나누고 이를 시장 형태에 적용하여 생활세계에 가까운 시장과 조직체제에 가까운 시장으로 나누었다. 해석의 단계를 넷으로 하여, 첫째로 Np, Vp와 pp로 나누고, 둘째로 나누어진 형태를 내용에 따라 살펴보고, 셋째로 구조적 조직화를 하고, 넷째로 그 의미작용을 살펴보는 의미 중심의 고찰을 행하였다. 그 결과 5일장 속의 가게에서의 의사소통과 소규모 슈퍼마켓에서의 의사소통은 상당한 유사성을 보이나 백화점에서의 의사소통은 이들과 차이가 있다.

이 내용의 행정에의 함의는 의사소통의 활성화를 위해 또 생활세계의 정보가 많이 형성되는 게 중요한데, 5일장과 같은 전통시장과 소규모 슈퍼마켓은 이런 점에서 많은 공헌을 하고 있다. 따라서 정부 정책인 SSM의 확산을 통해 효율화하려는 정책은 지역 영세상인과 재래시장 등을 살리기 위해 노력과 함께 가야 한다는 함의이다. 아무쪼록 이런 의사소통을 이용한 연구나 해석학적·언어철학적 연구가 많이 나오기를 바란다.

이어서 제4부에서는 다양성을 특징으로 하는 탈근대성의 방언인 인문주의 방언을 살펴보기로 한다.

제 4 부

행정학에서의 인문주의 방언

인문주의 방언의 토대는 탈근대성(post-modernity)이다. 따라서 탈근대성에 대한 이해가 필요하다. 이는 이미 제2장에서 논의하였으나 제11장부터 전개되는 인문주의 방언의 이해를 위해 다시 한번 정리해 보기로 한다. 탈근대성은 정보화 사회와 유전자 조작, 전자화 현상, 인공지능 등에 따른 관념체계와 사고방식의 지각변동(地殼變動)에 기인한다. 즉, 급속한 변화는 우리 자신을 분열시켜 '나'라는 관념에 확실한 의미부여를 어렵게 만들었다. 더욱 후기산업사회에서의 지식이란 시장의 값에 의해 결정되고 그것은 화폐 또는 자본의 힘이다. 이런 현상은 표면적으로는 진리에 기초한 과학의 승리인 듯 보이지만 사실은 진리가 용해되어 버린 과학의 패배를 의미하고, 달리 말해 주체나 진리의 소멸을 뜻하게 되었다. 이와 관련하여 행정학적으로 잘 정리된 견해는 Farmer(1995: 145-157)이다.

근대성의 핵심적 마음가짐(core mind-set)은 지난 오백 년 간 중요한 사고의 기반이 되어 왔던 가정들이다. 이 가정의 중심적 과제는 세상을 그림그리기(picturing of the world) 하는 일이다. 그 뜻은 세상에 대한 지식의 근거를 주체에 두는 것이며, 이성의 성격과 역할을 존중하고 거시이론(macrotheory)과 거대담론(grand narrative) 및 거대정치(macropolitics)를 긍정하는 것이다. 또 실재와 현상(reality and appearance) 간의 구별을 긍정한다.

탈근대성은 이들 가정들과 근대성의 세계관을 부정하는 것이다. 구체적으로 주체가 중심에 있다는 것을 부정하고 담론이 중심이 아니라는 것을 부정하며, 세상을 그림그리기 하는 것이 중심적 과제라는 것을 부정한다. 거대담론과 거대정치를 부정하고 미시이론 및 미시정치를 옹호하는데, 그것은 근대성에 있어서 철학의 중심이 되었던 기능주의적 및 인식론적 설계를 부정하는 것이다(Farmer, 1995: 145).

또 표준(standard rules)을 심각하게 받아들이지 않으며, 급진적 회의론(radical skepticism)에 뿌리를 내리고 있다. 어쩌면 근대성의 가정들은 탈근대성의 상식(common sense)을 구성하는 것으로 볼 수도 있다. 탈근대성의 특징은 제2장에서 설명한 대로 역사의 끝났는가?라는 역사의 끝 논쟁과(송두율, 1995), 제3장과 제4장 및 제6장에서 전개한 과학적 명제들의 인식론적 지위 및 <표 2-2>에서 보듯이 담론에 따른 지식의 전환(knowledge turn)이다. 데리다의 설명에 따르면, 의학 · 예술 · 법학 · 역사학 등 특정 지식 분야들은 그 분야에서 사물에 의미를 부여하고 진실을 구별해 내는 방식을 제시하는 권력을 행사하고 있다. 이를 담론이라고 한다. 이렇게 의미를 부여받고 진실이라고 규정하는 것이나 발견하고 묘사하는 과정은 그 특정 지식 분야가 설정해 놓은 테두리 안에서 결정된다. 이 테두리는 사회적·역사적으로 형성된 특정한 지식의 조건들에 좌우된다. 따라서 의미는 항상 그것에 적합한 장소를 가져야 한다(김상수, 2005).

역사의 끝이라는 논쟁은 근대성의 관점에서 문명의 진행을 서구(西歐)로의 이행이라는 역사관(歷史觀)에 대해, 탈근대성에서는 역사의 중심이 여럿이다라는 견해를 취한다. 과학적 명제들의 인식론적 지위에 대해서는 쿤(Thomas Kuhn)이 『과학혁명의 구조(*The Structure of Scientific Revolution*)』(1962)에서 전개한 대로 패러다임 간의 사고는 동일한 기준으로 비교할 수 없다는 지적에서 볼 수 있고, 또 파이어아벤트(Paul Feyerabend)의 "과학은 본질적으로 무정부의 영역(anarchistic enterprise)이다. 이론적 무정부주의(theoretical anarchism)는 그것을 대신하는 법과 질서에 의한 여러 방법들보다도 인도주의적이고 또 한층 더 확실하게 진보를 고무한다."(Feyerabend, 1975: 17)는 말에서 그 의미를 찾아볼 수 있다. 한편 행정(학)과 관련된 담론에서의 차이를 보면 POSDCoRB가 근대성에서의 담론의 대표이다. 이는 공과 사(私), 정치와 행정, 현실과 비현실의 분리 등에 기초한다. 이에 비해 탈근대성의 담론은 모든 학문에서 이론구성이나 과학적 구성요소들은 해체의 대상이 될 것이고 담론이 될 것이다. 또 실재와 현상(reality and appearance) 간의 구별을 긍정하는 근대성은 초현실(hyperreality)로 통합되는 탈근대성에 의해 부정된다. 구체적으로 행정(학)에서의 탈근대성은 상상(imagination), 해체(deconstruction), 탈영역화(deterritorialization), 그리고 타자성(alterity)이라는 담론이 된다(Farmer, 1995).

위에서 정리한 탈근대성의 이론적 기초 위에서 구체적으로 인정투쟁, 구조주의, 의식의 흐름, 질적 평가, 프레임 등은 행정언어의 관점에서 인문주의 방언으로 여기므로 이들을 차례로 살펴보기로 한다.

제11장 제 4 부 행정학에서의 인문주의 방언

인정투쟁론
: 지역사회에서 다문화 이주민의 인정투쟁을 중심으로

제 1 절 | 서 론

한국어 사용법에 '다르다'의 의미로 '틀리다'를 쓴다. 그 사용법 근저에는 다른 것은 모두 잘못되었다는 사고가 자리잡고 있다고 언어철학적으로 해석할 수 있다. 이를 좀 더 확대해 보면 우리와 다른 생활양식(form of life)에 대한 부정이라 할 수 있고 또 이른바 다른 사람들을 틀렸다는 생각으로 그렇게 살아왔음을 의미한다. 이제는 그런 시대가 아니다.

한편 서구 근대라는 개념에서도 변화가 이루어졌다. 근대성의 특징은 가장 확실한 토대 위에서 체계적인 학문을 구축하려 하였다.[1] 그 확실한 토대는 무엇이며 어떻게 발견할 수 있는가? 이것이 바로 데카르트의 명제 (나는 생각한다. 그러므로 나는 존재한다)였다. 그러나 자신의 존재 근거를 자신 속에서 찾는 행위는 진리는 '우리'라는 공동 작업에서 생산될 수 있다는 자명한 대화적 공리를 망각한 것이다. 여기에 대화의 중요성이 제기되었고(김영필, 1999), 이는 후술하는 합의패러다임으로 연결된다.

오늘날 국제사회에서든 국내사회에서든 인정이라는 용어가 우리 시대의 핵심어가

1) 이를 보통 '아르키메데스의 점'이라 부른다. 데카르트의 아르키메데스의 점은 바로 나-확실성이다. 즉, 나에게 가장 확실한 것은 세계도 신도 타인도 아닌 바로 나 자신이다(김영필, 1999).

되었다. 그 이슈가 어떤 국가의 독립운동 과정이든,[2] 원주민의 토지에 대한 권리든, 여성의 돌봄 노동이든, 동성애 결혼이든, 이슬람교의 히잡이든 간에, 인정받기 위한 노력으로 점철되어 있었고 이제는 정치이념으로 상승하고 있다(Haywood, 2007). 이 인정투쟁은 타자성(alterity)이나 다양성과 관련되는 개념으로 이들은 탈근대성의 핵심 주제 중의 하나이다(Farmer, 1995, ch.13).

이와 같이 국가적 규모에서부터 개인에게 이르기까지 인정받기 위한 노력이 늘 존재하며, 그 핵심은 인정투쟁이라는 점이다. 이 개념은 제10장에서 논의하였듯이 사람들이 그들 자신, 다른 사람들, 그리고 사회에 관해 '안다'는 것은 속해 있는 집단에 달려 있다는 것이다. 따라서 속박을 당하는 사람들은 속박하는 사람과는 법 · 출생 · 처벌과 같은 동일한 실재(reality)에 대해 서로 다른 관점을 갖는다. 우월적 지위에 있는 사람들은 사회에 설정된 구조에 의해 지지를 받기 때문에 그들은 주어진 세상을 바라보는 관점에 권력을 가진다. 따라서 사회갈등이 진행되는 사회에서, 특히 다문화 사회 속에서 상대적 박탈이나 사랑의 왜곡, 권리 보장의 은폐성, 연대와 상호주관성 측면에서 수많은 갈등의 도덕적 핵심을 잘 드러내고 있다(Fraser & Honneth, 2003). 즉, 삶이란 인정이며, 그 과정은 인정투쟁이며, 그 근저에는 정체성이 자리잡고 있다(Parekh, 2000; Taylor et al., 1994). 그렇다면 그 해결책 또한 이 일련의 과정에서 찾을 수 있을 것이다. 그럼에도 행정학에서 이 개념이 적용되지도 않고, 전통적인 개념인 갈등이나 협상에 기초하여 이론 전개를 하고 있다. 만약에 이 개념이 행정학에 도입된다면 갈등 현상에서 행정이 우위에 서거나, 다문화 현상에서 선주민이 우위에 서는 해결책이 아니라 상대방 존중의 해결책을 제시함으로써, 현실 세계에서 문제해결은 물론이고 이론화를 통한 사회과학 발전에 공헌할 가능성이 높다고 하겠다. 그 이유는 사회통합이라는 국가의제(agenda)에 상대방 존중이나 정체성의 인정이 중요한 기능을 할 것임이 분명하기 때문이다.

이 장에서는 오늘날 한국의 지역사회에서 보이는 다문화 현상을 인정과 인정투쟁이라는 개념의 도입을 통해 반추하고, 시민사회단체운동의 역할을 이와 관련시키고자 하는 뜻이 담겨 있다.

---

2) 1966년 팔레스타인 해방기구(Palestine Liberation Organization: PLO)의 뮌헨 올림픽 테러와 같은 인정받기 위한 극단적 사건이 있음을 상기할 수 있을 것이다.

제 2 절 | 인정투쟁의 맥락과 배경

인정투쟁의 맥락과 배경을 『다문화주의와 인정의 정치』를 따라 소개해 본다(Taylor et al., 1994). 공적 인정(公的 認定, public recognition)에 대한 요구가 일반화된 것은 전근대(pre–modern)에서 근대로의 이행 속에서 안정되어 있던 사회적 위계질서(social hierarchy)의 붕괴와 함께, 모든 개인들에게 존엄성이 있다는 생각이 싹텄기 때문이다. 지금은 귀하(Mr.)나 양(孃: Miss)이나 부인(夫人: Mrs.) 또는 씨(Ms.)로 불리는 사례에서 보듯이 모든 사람들이 평등하며 우리 모두는 그렇게 인정받기를 기대한다. 그렇지만 구(舊) 체제에서 소수자는 경(卿: Ladies and Lords)으로 불려 존중받았으며 다수자는 현실적으로 공적 인정을 받을 수 있다는 희망을 가질 수 없었다. 따라서 인정의 요구는 소수자에게는 불필요했고 다수자에게는 쓸모가 없었다.

현대 사회에서 모든 개인이 독자성이 있음을 인정하는 것은 정치적인 삶의 방식으로, 또는 개인적인 삶의 방식으로 이해되는 자유민주주의의 핵심이다. 그러나 공적인 영역에서 시민은 평등해야 한다는 주장은 구체적 사안에는 예상하는 것보다 많은 문제와 갈등을 잉태하고 있다. 자유민주주의는 시민권을 포괄적인 보편적 정체성으로 간주할 수가 없는데, 그 이유는 첫째로 인간이란 개성있고 독특하고도 창조적인 개체들이라는 점이다. 둘째로 인간은 '문화–담지(culture–bearing)'하는 존재이므로 자신들이 지니고 있는 문화들은 자신들의 과거와 현재의 정체성 인식에 의존해 서로 다르게 나타난다. 따라서 개인의 정체성은 그 개인들이 자신의 문화유산과, 그 문화유산 속에서 접촉하는 다른 사람들과의 관계에서 대화를 통해(dialogically) 생성되는 것이다. 만약 그 정체성이 대화를 통해 창조되고 구성된다면, 개인의 정체성이 부분적으로는 집단적 담화(collective dialogues)에 의해 구성되기 때문에 숙의(熟議) 민주주의(deliberative democracy)의 사회가 될 것이다.

모든 인간을 평등한 사람으로 대우해야 한다는 취지는 소수문화권(minority)의 구성원들과 관련된다. 이들을 동등한 사람으로 대우하는 까닭은 소수 문화가 다수의 문화와 뚜렷이 구별되는 특질을 가지고 있고 그에 따른 공헌을 하고 있음을 정치적으로 인정하는 하나의 방법이다.

인정투쟁을 비판이론(Critical Theory) 3세대 학자인 호네트(Axel Honneth)를 따라 논의해 본다. 그의 주장에 따르면, 자기보존을 위한 서로 대립하는 두 가지 모형이 있는데, 그 하나는 홉스나 푸코의 이론에서 보이는 인정패러다임이고, 다른 하나는 대화론자 또는 하버마스의 이론에 힘입은 합의패러다임이 그것이다. 따라서 먼저 합의패러다임과 인정패러다임을 정리한 후, 합의패러다임에서의 문제점을 살펴보고 이를 극복하기 위한 방안이 인정패러다임이라고 주장한다. 하버마스(J. Habermas)가 주장하듯이 합의가 실질적 내용으로 발전하기 위해서는 억압없는 이상적인 의사소통의 구조를 전제하는데, 이는 강요된 합의가 있을 수 있음을 간과하므로, 그의 사회이론은 의사소통 사회에서 일어나는 미시적 차원의 사회적 갈등과 투쟁의 계기를 드러내지 못하는 약점을 갖고 있다.

이에 대한 대안을 호네트의 인정패러다임에서 찾을 수 있다. 이 패러다임에 따르면, 사회적 상호작용들 속에는 타자존중 양식이 있는데, 이 양식에 기초하면 여전히 지역사회의 변방에 머무르는 이들의 문제해결에 도움을 줄 수 있을 것으로 판단된다(Honneth, 2014: 126).

인정투쟁의 요구는 신자유주의에서 더 확연히 나타난다. 신자유주의는 축적 기능에 우선권을 둠으로써 사회적 약자에 대한 보호를 등한시한다. 한국에서 사회적 약자의 한 부류가 다문화 사회를 구성하는 이주민들이고, 그 결과로 한국 사회에서의 주류와 동등하게 '인정되지 않는' 범주가 바로 이들이라는 뜻이다. 이를 극복하고 이들에게 그들 자신이 그 지역의 주민임을 당당하게 인정받도록 하여야 한다. 이 인정받기 위한 투쟁이 인정투쟁이고 이것은 지역 다문화 사회에서 발생하는 문제들을 가장 가까이에서, 그리고 갈등을 줄이는 방향으로 해결할 수 있다. 이 인정투쟁의 과정에서 사회적 연대성을 발휘해 온 전통을 가진 시민사회운동 단체들이 나름으로 공헌할 소지가 있을 뿐만 아니라, 새로운 비전이나 미션을 공유하고 전파하여 더 나은 미래를 열어가는 것을 뜻한다.

제 3 절 | 서로 보완하는 두 가지 패러다임: 합의와 인정

다문화주의 논쟁에서 지난 반세기(半世紀) 간 하나의 공통된 이상으로 입증된 것은 각 개인이나 집단이 자신들의 차이를 인정받거나 존중받아야 한다는 규범적 생각이다(Taylor et al., 1992). 이는 정의의 개념으로 상승하는데, 사회관계에서 단지 물질적 재화가 공정한 분배를 통해서만 측정되는 것이 아니며, 오히려 주체들이 서로를 어떻게, 무엇으로 인정하느냐에 있다고 한다. 이 지적을 오늘날 한국 사회의 다문화 현상에 적용할 때, 한국 사회에서 사회적 약자인 다문화 이주민에 대한 배려가 이러한 정의의 개념에 입각하여야 한다는 전제가 성립한다. 그럼에도 이러한 관점에서 다문화 현상을 바라보려는 시도는 미약하다. 따라서 오늘날 한국 사회에서 보이는 다문화 현상을 합의나 대화의 중요성의 제기를 넘어서, 인정패러다임과 인정투쟁이라는 개념의 도입을 통해 반추하고, 사회적 약자인 다문화 이주민에 대한 배려를 시민사회단체운동의 새로운 지지기반으로 보아야 함을 의미한다.[3)]

1. 합의와 인정: 그 개념과 문제점

자기보존을 위한 서로 대립하는 두 가지 모형이 있는데, 인정패러다임과 합의패러다임이 그것이다(Honneth, 2014: 15). 합의패러다임은 가장 큰 흐름으로 자리잡았는데(Cuff et al., 2016), 이는 현대 사회의 특징을 잘 파악하였기 때문에 가능하였다. 그 현대 사회의 특징이란 노동사회(Arbeitsgesellschaft)로부터 의사소통사회(Kommunikationsgesellschaft)로의 전환에 있다. 이는 행위이론적 구성의 측면에서 노동이라는 자기보존적 활동의 네트워크가 아니라 규범적 지향들 간의 갈등과 조정이 이루어지는, 따라서 인간의 공동체적 삶을 가능하게 하는 의사소통행위의 네트워크로 규정된다(서도식, 2008). 이러한 의사소통 패러다임을 받아들일 경우, 사회적 투쟁의 기초는 자연적 차원이 아니라 규범적인 차원에서 설명하는 것이 훨씬 더 설득력이

3) 여기서 말하는 '다문화'에 포함되는 당사자는 다문화가족, 이주노동자, 국내에 거주하는 외국인, 난민을 포함한다(이광석 외, 2014: 56-57).

있다(서도식, 2008).[4)]

대화론자에게서 또는 의사소통행위이론에서 유래하는 합의패러다임은 형식적 합의의 중요성과 모든 논제를 이끌어 낼 수 있다는 것이 장점이다.[5)] 사회구성은 근본적으로는 이 합의패러다임에 기초한다는 사상은 계몽사상 이래 깊은 영향을 끼쳐왔다(Heywood, 2007). 이와 관련하여 아펠(Karl-Otto Apel)은 이상적 대화를 가능하게 하는 윤리적 규범, 즉 대화의 참가자들이 지켜야 할 보편적 규범을 다음과 같이 예시하고 있다(김영필, 1999).

1) 모든 참가자들이 다른 사람의 의견을 경청하고 그에 답변하고자 하는 개방성을 가지고 있어야 한다.
2) 참가자들은 자기 자신이나 타인을 속일 의도나 생각을 갖지 말아야 한다.
3) 상대방을 성실한 주체로서 인정하고 동등한 인격으로서 대해야 한다. 누구든지 질문으로부터 제외될 수 있는 특권은 허용되지 말아야 한다.
4) 인종적 및 계급적 선입견에 의해 다른 사람의 말을 막기 위한 억압적 수단을 사용하지 말아야 한다.

여기에서 문제로 삼는 것은 4)이다. 한국에서 다문화 사회로의 진행에서 지켜지지 않는 것은 바로 이것이기 때문이다.

합의가 실질적 내용으로 발전하기 위해서는 억압없는 이상적인 의사소통의 구조를 복권시켜야 한다고 하버마스(J. Habermas)는 주장한다.[6)] 그 의미는 합의에 있어서는 억압이 있는 합의, 또는 강요된 합의가 있을 수 있음을 함축하고 있다. 실제행정에서

---

4) 따라서 대화론자들의 관점은 "한 사회의 질서는 개별적 행위자들 사이의 생존 투쟁의 타협적 산물이 아니라 각자가 영위하고자 하는 '좋은 삶'의 규범적 지향들 간의 투쟁이 조정된 결과이다"라고 호네트(Honneth)는 설명하고 있다. 투쟁모형에서 널리 알려진 마르크스주의의 계급투쟁은 '사회적인 것(the Social)'과 '경제적인 것(the Economic)'을 동일시하는 오류를 빚었다고 한다(서도식, 2008).

5) 여기에서 중요한 것은, 말하는 사람들 "사이에서" 생산된다는 점이다(김영필, 1999). 이 특성을 사이-존재라고 한다(이기상, 2015).

6) 하버마스는 철저하게 언어적으로 전환하여 전통적인 의식철학을 언어철학으로 대신한다. 그는 언어와 언어 이전의 두 지평 간의 대화를 강조하였던 가다머와는 달리 철저하게 언어에 대한 비판으로 나아간다. 언어에 대한 선험적 비판은 바로 왜곡된 사회적 구조를 드러내는 일과 연결된다. 언어는 체험된 내용을 표현하는 단순한 도구가 아니라, 오히려 언어가 우리의 사고와 행동 및 판단을 결정짓는 중요한 기체라는 사실을 강조한다(김영필, 1999).

이 합의의 형식성이나 강요된 합의가 많이 지적되었다(이광석, 2014). 물론 하버마스는 진정한 합의 또는 의사소통적 합리성을 복권시키기 위한 형식과 구조를 밝히는 데 초점을 두었다.

그럼에도 하버마스의 사회 이론은 의사소통 사회에서 일어나는 미시적 차원의 사회적 갈등과 투쟁의 계기를 드러내지 못하는 약점을 갖고 있다. 즉, 합의패러다임은 그 형식성으로 인해(Honneth, 2014: 126) 어떻게 대화의 상대가 되느냐?에 대해서는 설명해 줄 수가 없다. 또 이를 해결한다 하더라도 여전히 변방에 머무르는 이들에게 도움이 될 것인가는 여전히 의문이다.

이에 대해 호네트는 하버마스의 의사소통 패러다임을 수용하면서도 의사소통사회의 도덕적 발전을 추동하는 기제(機制)로서 인정투쟁 개념을 제시하고 있다. 인정패러다임은 마키아벨리(Niccolò Machiavelli), 홉스(Thomas Hobbes), 칸트(I. Kant)나 피히테(Johann G. Fichte) 등에게로 소급할 수 있지만, 보통은 헤겔(G. W. F. Hegel)에서 유래된 것으로 본다. 헤겔에 따르면, 인정 과정은 투쟁, 그것도 생사를 건 투쟁인데(Honneth, 2014),[7] 합의패러다임과 인정패러다임을 비교해서 정리한 것이 <표 11-1>이다.

인정의 기초는 자기의식으로, 자기의식의 발전과정에서 중요한 계기는 '욕구하는

7) 헤겔에 따르면, 인정 과정은 투쟁, 그것도 생사를 건 투쟁이다. 그러나 만약 자기 의식의 부정이 단지 죽음을 의미하게 된다면, 그것은 어떠한 발전도 가져오지 않는 결말을 맞게 된다. 부정이 단순히 타자의 죽음을 의미하게 된다면 이는 자기 의식에 대한 자신의 확신마저도 부정하게 된다. 생사를 건 투쟁에서 한편의 자기 의식의 죽음은 다른 한편의 자기 의식의 확신까지도 부정하게 되므로 두 자기 의식은 각자 타자의 승인 혹은 인정을 요구할 수밖에 없다. 이러한 승인·인정은 '하나의 자기 의식'에서 보자면 타자가 보존되는 가운데에 타자 스스로 자신을 부정하고 '그' 하나의 자기 의식을 승인·인정하는 것이어야 한다. 여기서 본질적 두 계기가 드러나는데, 하나는 '순순한 자기 의식'이요, 다른 하나는 '물성의 형태를 띠고 있는' 대타적 의식이다. 그런데 '이 두 계기는 일단 서로가 불평등한 대립적 관계'에 있다. 하나의 자기 의식은 자아를 끝까지 고수하고 다른 자기 의식은 생을 선택하는 방식으로 종결됨으로써 전자는 자립적 자기 의식의 지위를 유지하고 후자는 비자립적 의식이 된다. 전자는 주인이고 후자는 노예이다. 그런데 여기서 '일단'이라는 말을 그냥 지나쳐서는 안 된다. 그 관계는 곧 역전되기 때문이다. 인정투쟁을 핵심 개념을 하는 주인과 노예의 변증법의 귀결은 주인과 노예 쌍방에 있어서 자기 의식의 불충분성이 분명하게 드러난다는 것이다. 그래서 쌍방은 현실적인 세계 속에서 자기 실현을 충분히 달성하기 위하여 순순한 사유라는 내적 세계로 후퇴함으로써 자신들의 결함을 보충하려고 한다. 이러한 사실을 헤겔은 금욕주의(스토아주의), 회의주의, 불행한 의식으로 이어지는 서양 고대와 중세의 역사를 통해 예증한다(서도식, 2008).

표 11-1 합의패러다임과 인정패러다임

	합의패러다임	인정패러다임
의미	양 당사자의 합의	존중(respect)에 따른 인정
인간성에 대한 가정	성선설에 가까움	성악설에 가까움
원류	칸트, 로크, 루소,	헤겔

출처: Forst(2007), Owen & Tully(2007), Cuff et al.(2016), 문성훈・이현재(2014: 15)를 보충 및 변용.

자기의식'에서 '인정하는 자기의식'으로의 이행이다. 즉, 타자를 자아로서 의식하는, 자기의식에 대하여 또 하나의 자기의식이 있다는 것이다. 이러한 자기에 대한 의식은 사회학자 미드(George H. Mead)의 설명이 유용하고 이해하기 쉽다. 그에 따르면, 자기에 대한 의식은 '주격 나(I: 주관적 자아)'와 '목적격 나(Me: 객관적 자아)'로 나누어지게 되고(Coser, 1977), 여기에서 인정에 대한 욕구가 출현하게 된다(<표 11-4> 참조). 인정투쟁이 의미하는 바는 데카르트(R. Descartes) 이래의 ego로 향하는 흐름(Husserl, 1970)보다는 타자(alter) 없는 ego란 존재할 수 없다는 뜻이다(Coser, 1977: 500).[8] 이를 다문화 사회에 적용하면 인정의 의미는 더욱 선명하게 다가온다.

2. 한국에서 다문화의 현황과 선행연구 검토 및 연구방법

익히 알려졌다시피 인정패러다임의 연구는 앞서 설명한 호네트의 연구(1992)로부터 활성화되었지만 그 외에도 외국에서는 테일러(Taylor et al., 1992)를 비롯한 몇몇 선구적 연구가 있었다. 캐나다의 현실정치로부터 발화된 다문화주의를 규정한 인정의 정치(politics of recognition)라는 테일러(Charles Taylor)의 개념은 국제적이고 학제적인 반향을 일으켰다. 그 이전에도 테일러(Taylor et al., 1992)보다는 반향이 작았지만 후쿠야마(Fukuyama, 1992)에 의해 인정투쟁의 개념이 사회과학적으로 해석되었다. 후쿠야마의 주장은 역사를 진보의 관점에서 조망하고 진보의 원동력은 경제와 함께 인정투쟁이라는 것이다. 그런데 자유민주주의의 이념이야말로 이러한 인정투쟁의 완성이기 때문에 역사는 끝났다고 한다.

8) Martin Buber의 용어를 빌리면 '너(thou) 없는 나(I)'란 존재할 수 없다는 것이다(Coser, 1977: 500).

한국에서 인정투쟁의 개념이 적용될 수 있는 이들인 이주민 현황을 국가 통계포털에 나타난 자료를 통해 살펴본다. 먼저 고용허가제 외국인근로자 국가별 도입현황을 나타낸 것이 [그림 11-1]이다.[9]

그림 11-1 고용허가제 외국인근로자 국가별 도입현황(도입자수)

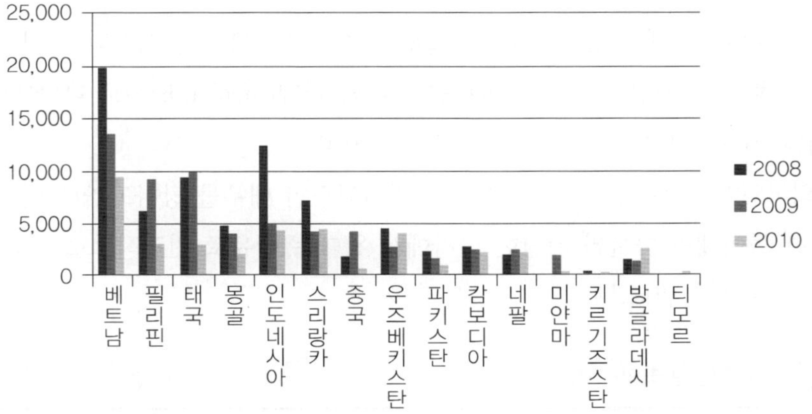

출처: 여성가족부(2012).

여기서 결혼이주여성의 현황을 그림으로 나타낸 것이 [그림 11-2]이다.

그림 11-2 결혼이주여성 현황

(단위: 명, 2015년 9월 말 기준)

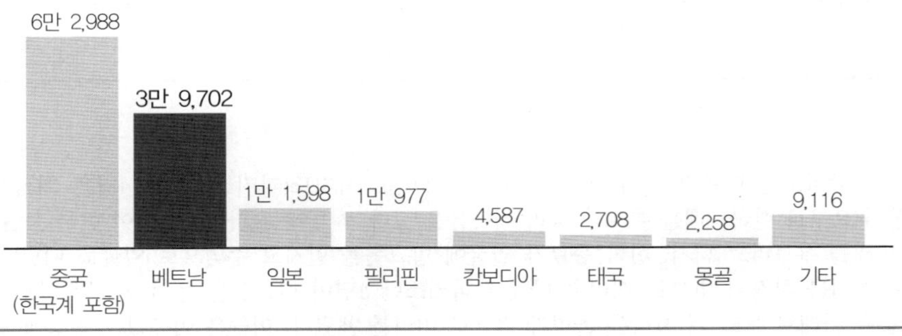

출처: 법무부출입국・외국인정책본부.

9) 이에 대한 국가적 차원의 조사는 2012년에 이루어졌으므로 이 자료를 이용한다.

표 11-2 체류외국인 현황

(각 연도 12월 31일 현재, 단위: 명)

연 도	2007	2008	2009	2010	2011	2012	2013.8
체류외국인	1,066,273	1,158,866	1,168,477	1,261,415	1,395,077	1,445,103	1,546,325
취업자격 체류외국인	476,179	548,553	551,858	557,941	595,098	529,690	543,438

출처: 장하나 의원실(2013).

이어서 체류외국인 현황을 나타낸 도표는 <표 11-2>에 제시되어 있다.

한편 이에 대한 행정의 대응은 이주민 관리의 기제(mechanism)로 나타낸다. 현재의 관리의 기제를 나타낸 것이 <표 11-3>이다.

체류외국인이 겪는 사례는 일상적으로 비인격적인 대우를 당하고 있으며, 다른 문화에 대한 몰이해와 아울러 가난한 나라에서 왔다는 이유로 인격적으로 대접받지 못하고 있는 사례가 많다.[10)]

표 11-3 이주민 관리의 기제

구 분	세부 구분	법적 지위	관리기제	한국 사회 통합여부	국민/비국민
국제결혼	국제결혼 여성	합법	다문화주의	통합대상	준국민
	국제결혼 남성	합법	–	–	준국민
아동	국제결혼 가정 아동	한국인	다문화주의	통합대상	국민
	이주노동자 자녀	불법	최소 인권	귀환대상	비국민
이주 노동자	등록 이주노동자	합법	고용허가제	귀환대상	비국민
	미등록 이주노동자	불법	단속, 강제추방, 의도적 묵인	귀환대상	비국민
재외동포 (중국)	동포	합법, 불법	방문취업제	통합 · 귀환대상	비국민

출처: 오경석 외(2007: 102).

10) 사례를 살펴보면 다음과 같다(장하나 의원실, 2013). 사지드(파키스탄) 등 4명은 회식자리에서 사장의 요구로 한국노래를 부르다 틀려 비웃음을 샀다. 서니라는 파키스탄인이 한국 사람에게 한국 노래를 부르라고 하자, 한국 동료가 얼굴에 밥그릇을 던지고 주먹으로 얼굴을 때렸다. 피 흘리는 서니를 차장이 밖으로 데리고 나갔고 파키스탄 4명이 한국인을 응시하자 "똑바로 보지 말고 눈을 아래로 보라"며 사장은 술병과 컵으로 머리를 때렸다. 이들은 이유없는 폭행에 수치심이 들었을 뿐만 아니라 이주노동자라는 이유로 당한 문화적인 치욕감을 느꼈다. 회사 측에 형사처벌과 피해보상을 요구했었지만 소정의 위로금과 사과를 받고 다시 회사에 출근하고 있다(대부분 이슬람종교인은 술을 마시지 않으며, 음주는 대단히 비종교적·반문화적 행위로 이해된다).

다문화 현상에 관한 연구나 이민정책에 관한 선행연구를 살펴본다. 비교적 근래에 이에 대한 관심이 증가하고 있기는 하다. 이 중 인정투쟁과 가까운 유형의 연구를 살펴보면, 사회학에서는 이희영(2010)의 연구가 있다. 이 연구는 남한 사회에 정착하는 북한이탈주민의 연구로서 이들은 한국 사회의 일반화된 타자와 상호작용하며, 대한민국 국적으로 환원되지 않는 시민의 권리를 확보하기 위해 일상적인 인정투쟁을 전개하고 있음을 보여준다. 즉, '친북이냐, 반북이냐'라는 정치적 양자택일의 논리, 또는 대한민국 국민이라고 하는 법적인 소속(belonging)을 넘어 헌신 · 동화 · 우월 · 비판과 같은 다양한 형태의 인정투쟁을 실천하고 있음을 보고하고 있다.

철학의 영역에서는 서도식(2008)의 연구가 있다. 의사소통 사회에 합당한 사회적 투쟁 모형은 인간의 자연적 자기보존이 아니라 그의 사회성이 지닌 규범적 특성을 고려하는 것이어야 한다.

서유석(2003)의 연구는 문명의 충돌을 인정투쟁과 관련하여 연구한 글로, 지금 현재 세계 현실은 갈등의 장(場)으로 갈등의 핵심은 전지구적 자본주의이고 세계화와 신자유주의의 흐름 속에서의 인간의 삶의 조건이 위협받고 있다는 것이다. 이를 극복하기 위해서는 상호 인정의 윤리, '너와 나'의 관계를 회복해야 한다고 주장한다.

왕혜숙(2013)의 연구는 복지제도나 복지국가의 발전을 주로 경제적 · 정치적 관점에서 설명하는 기존의 연구와는 달리, 한국의 의료(건강)보험의 확대 과정을 가족 인정투쟁이라는 문화의 관점에서 살펴보고 있다. 즉, 의료보험 가입자들이 가족들의 복지 수급권을 주장해 나가는 과정에서 초기 피부양자 제도가 표방했던 '부계' 중심의 '직계' 가족규범이라는 제도적 · 문화적 장애물을 극복하기 위해, 행위자들은 '여성' 가입자의 가족들과 '방계' 가족들의 피부양자 자격을 둘러싼 가족 인정투쟁을 펼쳐 나갔다고 주장한다.

이처럼 인정투쟁에 대한 연구는 이제 큰 걸음마를 떼고 있지만 사회갈등을 해결하거나 정책 입안에 있어서 사회과학에도 유용한 이론이 될 것으로 보인다. 이 글의 연구방법은 다문화 관련 보고서들 중에서 대구시와 경상북도에서의 현황을 잘 살펴볼 수 있는 보고서를 심층 분석하였고, 이어서 몇몇 연구자 및 활동가들과의 인터뷰를 실시하였다.[11]

제 4 절 | 인정패러다임

정체성의 인정을 핵심으로 하는 인정패러다임은 호네트와 테일러에게서 힘입은 것으로, 특히 헤겔의 철학에서 연유한다. 헤겔이 말하듯이 "인정 행위 속에서 나는 개별자가 아니다. 나는 당연히 인정 행위 속에서 존재하며 …… 인간은 필연적으로 인정받으며, 필연적으로 인정하는 존재이다. 이러한 필연성은 인간 본유의 것이며 …… 인간 자체는 인정 행위로서의 운동이며, 이러한 운동이 바로 인간의 자연상태를 극복한다"(Honneth, 2014: 97). 호네트는 이 철학적 논의를 사회학적으로 전환시킨다. 물론 이 전환의 공로는 미드(G. Mead)에게 있다.

미드는 "자아(self)는 반드시 함께 하여야 한다"(Self cannot be apart from society)는 명제에서 보듯이 자아와 사회적 관계를 강조한다(Coser, 1977: 334). 그러나 자아와 사회적 관계에서 헤겔(G. W. F. Hegel)이 주장한 자아 중심과는 달리, 미드는 자아와 사회적 관계를 역전시켜 자기의식의 형성에서 타인에 대한 경험이 우선함을 주장하였다(Honeth, 2014: 152). 그의 이론을 요약한 <표 8-6>을 재정리한 것이 <표 11-4>이다.

자기의식의 형성에서 타인에 대한 경험이 우선한다는 개념에서 인정이 도출된다(Honett, 2014: 176). 인정운동을 야기할 수 있는 힘은 주관적 자아(Ⅰ)의 통제할 수 없는 충들이다. 이 충들은 일반화된 타자의 동의를 얻을 때에만 자유롭고도 강제 없이 외화(外化)될 수 있다.[12] 주체들은 주관적 자아(Ⅰ)의 압력 아래서 '일반화된

---

11) 활동가와의 인터뷰는 4회에 걸쳐 이루어졌다. 첫 회는 활동가들로서, 장소는 ○○이주민 인권센터이고, 진술인들은 강○숙, 정○영, 김○주 등의 4인이며, 일시는 2015.10.15이다. 2회는 시민사회운동 관계자 및 담당 공무원 최○석, 정○영 외 3인과의 인터뷰이고 일시는 2017.3.18이다. 3회와 4회는 조○선, 김○선 외 3인이고 일시는 2017.3.24 및 2017.4.3이다. 기타 연구자들과의 간담회는 다문화와 관련된 주제를 연구하는 교수들로 수시로 도움을 주었다.

12) 하버마스가 시민사회의 이상적 모형으로 '커피숍 모형'을 꼽았지만 이것만으로 부족하다는 비판이 제기되었다. 호네트는 여기에 인정투쟁을 덧붙였다는 점이 그의 공헌이라고 저자는 판단한다. 호네트에 따르면, 이성적 토론의 결과로 사람들이 곧바로 사회 변혁에 뛰어든다기보다는, 존엄성을 무시당하는 경험에서 느끼는 '도덕적 울분'이 더 직접적 계기가 된다는 설명이다. 시민의 분노가 존엄성을 '인정받기 위한 투쟁'을 위한 힘이 될 때, 사회의 진보를 이끌어 왔다는 것은 인류 역사가 증명한다고 한다(하지율, 2016).

표 11-4 **미드의 자기의식의 형성과 타인에 대한 경험**

<table>
<tr><th>구 분</th><th>주격 나(Ⅰ)</th><th>목적격 나(Me)</th></tr>
<tr><td rowspan="2">정의</td><td>① 타자의 태도에 대한 유기체의 반응 (Coser, 1977: 496)
② 사회적인 나를 인식하는 나 (Mead, 1962: 173)</td><td>① 그 유기체가 가정하는 타자의 태도들의 조직화된 모습(Coser, 1977: 496)
② 인식하는 나의 사회적 측면 (socialized aspect of the person)</td></tr>
<tr><td colspan="2">타자 태도들의 조직화가 Me를 구성하고 다음에 유기체는 그 Me에 대해서 I로서 반응한다(Coser, 1977: 496).</td></tr>
<tr><td>설명</td><td>① 나의 모든 현재적 행위의 규정되지 않는 원천
② 비록 인지될 수는 없지만 행위상의 문제에 대한 창조적인 반응을 책임지는 개성의 심급(審級)
③ '주격 나'는 항상 '목적격 나' 속에 의식된 행위표현들을 사후에 새롭게 해석하는 관계</td><td>① 개인은 자기 자신을 대상화함으로써만 자신에 대한 의식을 가질 수 있다는 점
② 타인이 가지고 있는 나에 대한 상(像)
③ 지금 진행되고 있는 행위조차도 항상 이미 지난 것으로 보존</td></tr>
<tr><td>중요성</td><td colspan="2">① '주격 나'와 '목적격 나' 사이의 내적 마찰을 개인과 사회의 도덕적 발전을 설명할 수 있는 기본적인 갈등 형태
② '목적격 나'는 자신의 공동체를 대신하여 규약적 규범을 구체화한다.
③ 또한 주체는 항상 '주격 나'의 충동성과 창조성에 대한 사회적 표현을 제공하기 위해 이러한 규약적 규범을 스스로 확장하려고 한다.
④ 내면화된 전체의 의지와 개성화 요구 사이의 긴장관계와 이 긴장관계는 주체와 자신의 사회적 환경 사이의 투쟁으로 나아간다.
⑤ '목적격 나'의 존재는 주체로 하여금 '주격 나'를 위해 새로운 형태의 인정을 모색하게 한다.</td></tr>
</table>

출처: Mead(1962), Honett(2014: 151-165), Coser(1977) 요약 및 정리한 것임.

타자' 속에서 구현된 규범들을 해체할 수밖에 없고, 이는 권리인정 관계의 확장을 위해 전력을 다하도록 심리적으로 강제되어 있다(Honett, 2014: 170).[13] 객관적 자아(Me)의 상호주관성의 근거를 여기에서 찾을 수 있다. 이제는 이 인정패러다임의 유형과 그 정당성을 살펴보기로 한다.

13) 이를 미드의 사회심리학에서는 인정투쟁이라 부른다고 한다(Honeth, 2014: 170). 미드의 사회심리학에서는 하나의 '나'가 다른 '나'와 통신하게 되는 매체가 바로 정신이라고 한다(이훈, 1984). 그 의미는 나의 인식에 따라 승인된 규범이나 행동을 따를 때에만 자유롭게 행위할 수 있다는 점이다.

제 5 절 | 인정투쟁의 실현형태

일련의 상호인정 형태는 성공적 자아실현의 전제이며, 상호인정의 부재는 주체들로 하여금 자신에 대한 무시를 경험함으로써 인정투쟁의 동기를 부여한다(Honneth, 2014: 142). 인정패러다임은 인정모형과 인정투쟁모형으로 나눌 수 있다. 전자는 사회나 국가가 인정투쟁이나 합의 결과로 승인한 바를 말하는데 비해, 인정투쟁은 그 단계까지는 나아가지 못하고 인정을 위한 또는 합의를 위한 투쟁의 단계에 있음을 말한다. 인정모형과 인정투쟁모형으로 나누는 초점은 다문화 현상을 억누르기보다는 축복이라고 여기는 인식 전환과 그 인정 사이에는 상당한 기간이 소요된다는 데 있다(Watson, 2000).[14] 또 권리는 시혜와 다르다는 점도 중요한 근거이다. 예컨대, 1961년에 제정된 생활보호법과 1999년에 제정된 국민기초생활보장법과의 차이는 시혜와 권리의 차이이다. 따라서 인정투쟁은 정당한 권리를 위한 노력이다. 예컨대, 영국 대처(M. Thatcher) 정부 아래에서 북아일란드의 독립을 위해 투쟁했던 IRA 대원이 옥중에 단식투쟁으로 저항한 것은 아직 인정받지 않았기 때문이다.

그렇다면 인정투쟁의 정당성은 어디서 오는가? 그 정당성의 근거는 가치에 입각한 행위라는 것이고 그 가치란 상호존중(reciprocity)이다(Honneth,2000). 이를 통해 '나와 그것'의 관계를 넘어서서 '나와 너'의 관계로 발전시킴으로써 사회적 연대를 가능하게 할 수 있다(Buber, 1974). 또 다른 정당성은 사회적인 합의라는 것을 함축한다(Pierson & Thomas, 2002: 304). 즉, 인정이나 인정투쟁을 비롯한 개념의 이해를 위한 전제는 공적(公的)이고 합리적인 평가[public and rational evaluation]에 기초한다라는 점이다(Zutavern & Kohli, 2010). 사적 이익을 추구하기 위해서라든가 비합리적인 평가에 기초하게 되면 그 정당성을 잃게 될 것이라는 것은 쉽게 짐작할 수 있다.

호네트에게 인정투쟁 명제의 핵심 개념은 정체성과 상호인정관계이다. 이는 세 가지 실현형태를 지니고 있다. 사랑 · 동등한 권리의 인정 · 사회적 연대가 그것이다(문성훈 · 이현재, 2014: 옮긴이의 말). 따라서 이에 반대되는 것은 신체에 대한 폭행 ·

14) Watson(2000)에 따르면, 영국이나 미국의 경우 10여 년의 간극이 있다고 한다.

표 11-5 사회적 인정관계의 구조

인정 방식	정서적 배려	인지적 존중	사회적 가치부여
개성의 차원	욕구 및 정서 본능	도덕적 판단 능력	능력, 속성
인정형태	원초적 관계 (사랑, 우정)	권리 관계 (권리)	가치공동체 (연대)
진행방향	–	일반화, 실질화	개성화, 평등화
실천적 자기관계	자기 믿음	자기 존중	자기 가치부여
무시의 형태	학대, 폭행	권리부정, 제외시킴	존엄성 부정, 모욕
위협받는 개성의 구성요소	신체적 불가침성	사회적 불가침성	명예, 존엄성

출처: Honett(2014: 249).

법적 권리의 불인정이나 유보·사회적 연대에서의 배제는 해당 당사자에게 무시나 모욕으로 이해된다. 따라서 무시나 모욕은 일종의 도덕적 훼손으로 이해되는데, 이런 훼손 행위를 극복하려는 사회적 투쟁은 도덕적으로 정당하다. 이를 표로 나타낸 것이 <표 11-5>이다.

물론 호네트의 인정투쟁이 암묵적으로 근대 국민국가를 공동체적 행위공간으로 전제함으로써, 이론 적용에 한계가 있다는 점을 비판하기도 한다. 즉, 국가 사이의 경계넘기(border crossing)를 통해 실현되고 있는 이주 및 소수자로서의 삶을 포괄하기 어려운 한계를 시사한다(이희영, 2010). 그러나 "인정투쟁은 자아탐색에서 시작한다"는 명제에 초점을 맞추면, 낯선 땅에서 나는 누구인가?라는 질문을 던지는 이주 및 소수자에 관한 이론의 발전 가능성에 새 지평을 열어 주었다. 특히 이들에 대한 혐오·폄하·범죄에 노출된 이들에게 인정투쟁은 자신이 수행해야 할 목표를 명확히 해 준다는 장점이 있다.

인정투쟁의 실현형태는 앞서 지적하였듯이 로티(Richard Rorty)나 호네트에게 공통적으로 나타나는 것은 사랑·권리·연대성이다. 이 글도 이에 따라서 논의해 보기로 한다.

사랑이란 현실 속의 이상에 대한 예감으로 뜻매긴다. 즉, 사랑이란 인간으로 하여금 서로 대립하는 주체들이 단결할 수 있는 가능성을 믿게 하는 원초적인 경험으로 간주한다(Honneth, 2014: 89－90). 여기에는 도덕적 공동체의 통합 형태와 남녀 간의 정서적 관계나[15] 어린이가 독립과정 속에서 일어나는 상호작용을 포함한다(Honneth, 2014: 192). 이 사랑의 관점에서 보면 다문화 사회로의 진행에 걸림돌로 작용하는 것이 매매혼적 성격이나 한국 남성 중심의 다문화 가정 형성이다. 이른바 사랑의 숙성과정이 없는 결혼이다.[16] 예를 들면, 상당수 베트남 여성이 국제결혼 중개업체를 통해 한국에 오는 경우가 많은데 남편이나 시댁에 대한 신상·생활 정보 등을 정확히 모른 채 시집을 오면서 갈등을 빚을 수도 있다. 이들 중 일부는 가정폭력의 피해자가 되는 일이 적지 않고, 심지어 이들 여성이 목숨을 잃는 강력 범죄도 심심찮게 발생하고 있다.[17] 그 의식의 밑바탕에는 결혼이주여성이나 이주노동자를 '한국 사회의 부족분을 메꾼다'는 관점에서 바라보는 데 있다(강미옥, 2015).

사랑과 관련된 이슈는 순혈주의 관점에서 혼혈이 증가하는 것을 우려하여 이를 예방하기 위해 국제결혼을 중단시켜야 한다는 주장이나 그 연장선상에 있는 혼혈에 대한 비난과 더 나아가 이들은 우리와는 다른 '위협적인 이주민'이라는 부정적 시선으로 바라보는 이들에 대한 차별과 배제이다(국가인권위원회, 2011: 56－57).

사랑이라는 인정관계는 권리인격체의 구성요건이라는 틀에서는 일종의 불완전한 경험 영역이다. 왜냐하면 가족 구성원에 대한 사랑관계 속에서의 주관적 정신은 사회적 교류를 규율하는 포괄적이고 보편적인 규범들을 고려할 수밖에 없는 투쟁과는 다르기 때문이다. 즉, 권리와 의무는 개인들이 상호경쟁관계라는 사회적 상황 속에서 상호주관적 이념에 기초하는 인정관계이기 때문이다(Honneth, 2014: 92－96). 따

15) 헤겔의 설명에 따르면, 개인적 의지가 자신을 살아있는 주체로 경험할 수 있는 첫 번째 발전 단계, 즉 사랑이라는 인정관계가 그 내적 경험 잠재력을 확장하는 두 가지 형식을 가지고 있다고 한다. 에로틱한 사랑관계가 확립되면서 '타자 안에서 이루어지는 자기 인식'은 두 당사자의 공통된 인식으로 발전한다. 이 상호주관적으로 공유된 인식은 제도적인 부부관계에서 협동적 행위로 나타난다(Honneth, 2014: 90).

16) 이에 대한 자세한 사례는 조선일보(2006.4.21)를 참조하라. 이런 문제 때문에 일부 여성인권단체에서는 "제3세계 여성들과 한국 남성들 사이의 국제결혼이 이주와 인신매매의 경계 사이에 놓여 있다"고 한다(문경희, 2006).

17) 신문에 보도된 사례만 보더라도 드물지 않다. 그 중 하나를 보면 다음과 같다. 지난해 7월 어느 날, 전북 남원의 한 절벽 도로 아래로 추락한 차량 속에서 베트남 이주여성 S(28)씨의 주검이 발견됐다. S씨가 '코리안 드림'을 꿈꾸며 한국에 건너온 지 9년째 되던 때였다. 경찰 조사 결과 한국인 남편이 가정 문제로 다투다 둔기로 때려 숨지게 한 뒤 범행을 은폐하려고 사고사로 위장한 것으로 드러났다(세계일보, 2015.10.25).

라서 권리는 모든 개인으로 하여금 동일한 요구의 담지자로서 동등한 존중을 경험하게 하는 상호인정관계이다(Honneth, 2014: 122). 즉, 인정 그 자체가 인정투쟁의 완성은 아니지만 인정투쟁은 인정을 향한 과정이기에 권리관계에서 인정과 인정투쟁의 구분은 의미가 있다. 그럼에도 현재 이주민의 법적 권리는 훼손되거나 엄격하게 관리되는 경우가 대부분이다. 예를 들면, 이주여성은 자력으로 체류연장이 불가능하며 이주 노동자는 내국인과는 달리 출국 후에 퇴직금을 받는다(이른바 출국 후 퇴직금 정산제도). 이와 같이 국가인권위원회에 이주민이 진정한 사건에 대해 침해된 권리를 유형별로 정리한 것이 <표 11-6>이다.

표 11-6 이주민 관련 진정 사건의 침해된 권리

사건 유형	인간의 존엄성	평등권	신체의 자유	거주 이전의 자유	직업 선택의 자유	주거의 자유	사생활의 비밀과 자유	통신의 자유	종교의 자유	언론의 자유	학문 예술의 자유	기타	계
건수	1,978	11	150	62	6	2	5	6	4	1	1	54	2,280
비율 (%)	86.8	0.5	6.5	2.7	0.3	0.1	0.2	0.3	0.2	0.0	0.0	2.4	100.0

출처: 국가인권위원회(2011: 51).

여기서 주목할 만한 현상은 진정한 사건들을 볼 때, 이주민들이 침해받고 있다고 생각하는 법익이 거의 전 영역을 포괄하고 있다는 점이다. 이를 다문화가족에게로 확장하여 그들이 차별을 받은 경험을 조사하여 정리한 결과가 <표 11-7>에 제시

표 11-7 다문화가족의 차별받은 경험

구 분		2012년		
		있다	없다	합계
전체	수	9,167	57,369	66,536
	비율	13.8	86.2	100
성별	여성	12.2	87.8	100
	남성	15.3	84.7	100
연령	9~11세	14.8	85.2	100
	12~14세	12.7	87.3	100
	15~17세	9.5	90.5	100
	18세 이상	15.6	84.4	100

외국계 부모 출신 국적	중국	12	88	100
	중국(한국계)	12.4	87.6	100
	대만, 홍콩	11.2	88.8	100
	일본	15.9	84.1	100
	몽골	12.7	87.3	100
	베트남	12	88	100
	필리핀	17.1	82.9	100
	태국	15.9	84.1	100
	캄보디아	14.8	85.2	100
	파키스탄	29.4	70.6	100
	우즈베키스탄	15.6	84.4	100
	러시아	11.3	88.7	100
	미국	14.1	85.9	100
	캐나다	4.2	95.8	100
	동남아 기타	15.7	84.3	100
	남부아시아	13.7	86.3	100
	서유럽/대양주	12.3	87.7	100
	기타	27.4	72.6	100

출처: 여성가족부(2012).

되어 있다.

이를 자유권과 평등권과 같은 기본적 인권의 심각한 침해라고 일반적으로 인식되지만 방지하거나 회복하기는 쉽지 않다. 그 이유는 권력자원을 비롯한 자원들을 가진 자들과 그렇지 못한 구성원들과의 관계가 대칭적이지 않기 때문이다. 예를 들어, 사회의 주류에 속하는 구성원들 사이의 태도가 그들이 이른바 다문화가족들에게 대하는 태도와 차이가 있음은 익히 알려져 있다. 이들이 주류의 구성원들과 동일한 권리를 누리고 의무를 이행하도록 하기 위해서는 일정 단계에서는 누구의 도움이 필요하다는 의미에서 사회적 연대가 필요하다.

사회적 연대성이란[18] 어떻게 남을 향한 동기부여가 가능한가에 대한 논의이다. 철

18) 사회적 연대성의 기초는 상호존중(reciprocity)에 있다고 한다(Horton & Gregory, 2009: 226). 원래 연대(solidarity)라는 개념은 사회학자 뒤르켐(Emile Durkheim)에서 유래한다. 그는 가치합의(value consensus)와 구조적 통합(structural integration)에 관해 기계적 연대(mechanical solidarity)와 유기적 연대(organic solidarity)라는 두 가지 개념을 제시하였다. 전자는 사회구성원들

학자 로티(R. Rorty)는 연대성의 근거를 우리 각자의 내부에 있는 본질적 인간상에서 찾는데, 이는 '우리–의식(we–intentions)'을 통한 도덕적 의무에서 출발한다(Rorty, 1989). 연대성이 이루어지지 않은 세계를 '나와 그것(I and it)'으로 표현할 수 있는데, 나를 중심으로 하여 나머지 세계를 내 목적 달성을 위한 수단으로 보는 관점이다. 이에 비해 연대성이 형성된 세계(다른 표현으로 우리–의식이 형성된 세계)를 '나와 너(I and thou)'로 요약한다(Buber, 1974). 즉, 나와 세계와의 관계가 인격적 관계로 어울리는 관점으로 '우리'라는 개념이 형성될 수 있어야 한다(Rorty, 1989). 따라서 연대가 이루어지지 않는 '나와 그것'이라는 세계관과, 연대가 이루어진 '나와 너'의 세계관으로 양립된다.[19]

인정투쟁의 실현형태를 논의하는 의미는 무엇인가? 그것은 연대에서 공동체로 발전할 가능성이 있다는 점이다. 사랑이나 권리 및 연대와 같은 인정투쟁의 실현 형태의 의의는 돕는 일을 통해 우리의 일이 되고, 참여를 통해 소속감(we–feeling)으로 승화될 수 있다(이종수, 2015).[20] 사랑은 사랑의 공동체를 가능하게 하고 여기서 공동체 정신이 싹트는 터전이다. 여기서 전형적인 '나와 너'의 관계가 형성되고 이는 객관세계가 지향하는 '나와 그것'의 관계와 대조된다. 권리인정에서 특별권력관계가 해체되고 대등적 관계에서의 소통(또는 협상)로 나아가게 된다. 또 연대의 인정에서 제3섹터의 발전 가능성을 볼 수 있다.

의 개인적인 차이가 극소화되고, 공통의 번영이라는 목표를 향해 헌신한다는 구성원들의 유사성을 지닌 곳에서 나타난다. 이에 비해 후자는 구성원들 사이의 분업의 산물로, 구성원들 사이의 유사성에서가 아니라 차이점에서 발전되는 것인데, 그 이유는 한 사회 내에서 기능의 분화가 증대되기 때문이다(Coser, 1977: 131).

19) 복지의 영역에서 연대가 이루어진다는 것은 개인주의에 기초하면서도 그것을 넘어 집합주의를 강조한다(Powell, 2007: 47)는 뜻이다. 이것이 복지에서 실현되는 구체적인 방법은 욕구를 충족시켜주고 위험을 사회화(risk–pooling)하는 것이다(Jordan, 2010).

20) 이는 이론적으로는 돈으로 살 수 없는 것들이라는 명제로 표현되고(Sandel, 2012), 그 현실적 실현형태는 공동체라 할 수 있겠다.

제 6 절 | 지역사회에서 다문화 이주민과 시민사회단체의 역할

1. 지역사회에서 다문화 이주민을 위한 인정투쟁의 의미

민주주의의 원리의 핵심은 국가권력이나 사회구성원들은 시민들 모두에게 평등하게 대하도록 하는 것이지만 여러 이유로 현실에서는 평등하게 대우한다는 그 개념이 다르게 해석된다는 사실도 익혀 알려졌다(Taylor et al., 1992). 따라서 이들에게 필요한 지원 중에 하나는 연대의 권리를 인정하고, 이를 통해 지역사회에서 이주민의 권리옹호 활동을 돕고 나아가 인정투쟁으로 이끄는 방법이 있다.

지역사회에서는 인정투쟁이 어느 정도 인식되고 있으며, 어느 정도의 필요성이 있는가? 이와 관련하여 대구시와 경상북도에서 이주민의 범주를 이주노동자 및 결혼이주여성을 중심으로 살펴본다.

이주노동자는 두 가지 범주로 나뉜다. 산업연수생과 미등록(불법)체류 노동자로 나눌 수 있는데, '재한외국인 처우 기본법'이 보호해 주는 당사자는 합법적 체류에 한정하고 있다(대한변호사협회, 2012). 그런데 근래 이슈가 된 농축산업 이주노동자와 같은 이들의 인권 침해는 신체에 대한 권리 침해,[21] 생명권 침해,[22] 재산권 침해, 산업재해, 복지혜택이나 기타 기본적 권리의 향유 불가[23] 등 다양하다(대한변호사협

---

21) 본국에서 600만 원을 브로커 비용으로 지불하고 연수생 신분이라는 사실을 모른 채 입국한 방글라데시인 알롬 등 3명은 회사 측에 여권과 외국인등록증을 빼앗긴 것은 물론이고 사장과 한국인 직원들에게 이유도 없이 매일같이 폭행을 당해야 했다. 계속된 폭행에 심한 허리부상을 당한 후, 일을 쉬게 해 달라고 애원했으나, 억지로 끌려가 일을 해야만 했고 4~5개월 간 계속된 폭행에 견디다 못한 이들은 송출업체에 도움을 요청했다(연수생들을 관리 · 보호한다는 명목으로 1인당 매월 24,000원씩의 사후관리비를 월급에서 공제해 오던 상태임). 수차례에 걸쳐 도움을 요청한 끝에 사업장에 나타난 송출업체 측은 사업주의 말만 듣고 폭행당한 적이 없다는 진술서에 사인하기를 강요했고, 그렇지 않으면 본국으로 돌려보내겠다고 협박했다. 거기에다 원한다면 다른 회사로 옮겨 줄 테니 한 사람당 100만 원씩 추가로 내라며 이주노동자들을 우롱했다(장하나 의원실, 2013).

22) 타툇황옥씨는 2010년 7월 8일 한국인인 남편에 의해 살해되었다. 남편은 8년 동안 정신과 치료를 받고 그의 부모에게도 폭력을 행사하는 자였는데, 국제결혼 중개업자는 이런 정보를 전혀 제공하지 않았다. 결국 타툇황옥씨는 한국에 도착한지 8일 만에 남편으로부터 맞아 살해되었다(대한변호사협회, 2012).

23) <미디어오늘> 손가영 기자(2015.10.24)의 "외국인 계절노동자 제도는 현대판 머슴제도가 될

회, 2012; 장하나 의원실, 2013). 한편 인터뷰 자료에 따르면, 다문화가족에게 가해지는 성폭력과 같은 범죄에도 무방비 상태임을 증언하고 있다.[24)]

즉, 인권의 관점으로 결혼이주여성이나 이주노동자들을 바라보는 것이 아니라 결혼이주여성이나 이주노동자를 앞서 인용한 바처럼 '한국 사회의 부족분을 메꾼다'는 관점에서 바라보는 데 있다(강미옥, 2015). 그 결과 한국 남성과 외국인 여성 사이의 가정에 국가정책의 초점이 맞추어져 있다. 즉, 가족유지 vs. 인권이라는 도식에서 보면[25)] 전자에 초점을 두고 있으므로, 심지어는 다문화가족을 형성하려는 과정의 이면에는 과거에는 매매혼적 성격이 존재했다는 것이다.

앞서 보았던 사랑이니, 권리니, 연대니 하는 인정투쟁의 실현 형태는 신자유주의적 강력한 유인 수단 앞에서 거의 의미없이 된 증거가 바로 이 매매혼적 성격이다.[26)]

것" 제하의 기사를 인용하였다. 그 사례로는 캄보디아에서 온 딴 소푼(Tan Sophoeun)씨는 농축산업 이주노동자이다. 딴 소푼씨는 2012년 6월에 전남의 한 농장과 계약을 맺고 고용허가를 받아 한국에 들어왔다. 딴 소푼씨의 근로계약서에는 월 226시간을 근무하고 시간당 4,580원의 최저임금을 적용해 1,035,080원의 월급을 받는 것으로 되어 있다. 하지만 딴 소푼씨가 한국에서 처한 현실은 근로계약서와는 너무나 달랐다. 2013년 6월까지 약 1년 동안 딴 소푼 씨는 하루에 12시간을 넘게 일했으며 한 달에 쉬는 날은 하루밖에 없었다. 딴 소푼 씨가 직접 작성한 근무기록에 따르면 한 달에 330시간을 넘게 일한 경우도 있다. 300시간이 넘게 일해도 월급은 전혀 달라지지 않았고 결국 최저임금의 60% 수준에 불과한 임금을 받았던 것이다. 이러한 사실을 고용노동부에 신고했지만 딴 소푼씨에게 돌아온 것은 취업자격 상실이었다. 그 사이 앙심을 품은 농장주가 사업장 이탈신고를 하여 딴 소푼 씨는 취업자격 비자를 상실하였고, 기타 자격 비자로 변경된 상태이다.

24) 이는 본문에서 기술한 연구자 및 활동가들과의 인터뷰 결과이다. 이하 본문의 서술도 여기에 힘입었다.

25) 하버마스에 따르면, 여성이나 인종적 소수자 및 문화적 소수자 문제를 해결하는데는 법 앞에서의 공평한 보호(equal protection)를 핵심으로 하는 헌정주의적 민주주의(constitutional democracy)를 구성하는 것으로는 충분하지 않다고 한다. 여기서 더 나아가 그는 우리는 법 앞에서 공평하게 대우받아야 함은 당연할 뿐만 아니라 우리를 결합시켜주는 법의 제정자로서 우리 자신을 이해할 수 있어야 한다. 일단 우리가 민주주의와 헌정국가 사이의 내면적 관계를 진정으로 받아들인다면, 권리체계가 불공정한 사회적 조건들과 문화적 차이에 눈감아서는 안 된다고 주장한다(Taylor et al., 1994: preface).

26) 샌델(2012)은 시장주의 기제와는 다른 원리로 구성되는 범주가 있으며, 또 있어야 한다고 지적한다. 오늘날의 현상은 사회정의 차원에서 시장 규범을 적용해서는 안 되는 경우[예를 들면, 의료·교육·환경 등]에도 상품화하도록 한다고 한다(Sandel, 2012). 즉, 이 영역에서도 내 목적 달성을 위한 수단으로 보는 시장의 규범은 모든 것을 상품화하고 비윤리적 언어가 적용되고 있다(Sandel, 2012). 매매혼도 이와 관련이 된다. 다시 말해 사회적인 것(the social)을 인정하지 않고 개별적인 것의 관계인 '나와 그것'이라는 요소로 분해한다. 시장주의자들은 개별적인 것의 관계로 환원하는 것이야 말로 합리적인 것(the rational)이라고 주장한다(Brown, 1989). 이에 기초하면

그림 11-3 결혼이민자가 계약 당시 납부하기로 한 금액(평균)[연령별](2014)

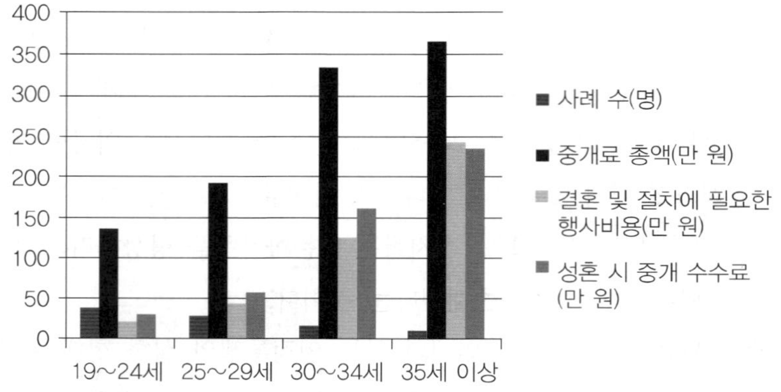

출처: 여성가족부(2012).

이를 나타낸 것이 [그림 11-3]이다.

인정투쟁이 필요한 이유는 이와 같은 현상에서 파생되는 폐해를 막고자 하는데 있다. 이주노동자도 마찬가지의 기제를 지니고 있다. 그들은 건설 분야에서 또 농촌에서 인력의 부족을 메꾸는 역할에 안주하기를 바란다. 따라서 일정한 기간이 지나면 귀국하므로 가족의 대동(帶同)은 엄격히 제한된다.

아울러 관련 단체도 이익집단으로 전환한 모습도 보인다고 한다. 다문화지원센터의 일부는 지원받는 데 관심이 있고 권리옹호는 뒷전이라는 비판을 받는다. 즉, 사회적 연대가[27] 돕는 일로 끝내는 것이 아니라 이를 이용하여 투쟁으로 동원하는 사례가 있다. 예컨대, ① 어떤 종교 단체(가톨릭 이주민 회관)에서는 "돕는다"로 끝내는 데 비해, ② 어떤 노동관련 단체는 "이미 탐색 다 끝냈다. 우리를 따르라"라는 모습으로 '동원'에 치중하기에 동원되는 다문화가족이나 이주노동자들은 '피곤'을 느끼는 현상도 보여준다.

상호존중에 뿌리를 둔 사회적 연대는 성립하기 어렵다.

27) 다시 하버마스의 견해를 들어보면(Taylor et al., 1994) 헌정주의적 민주주의는 다수자의 문화(majority cultures)와, "함께 생존할 수 있도록 하는 동등한 권리"를 소수자 문화(minority cultures)의 구성원들에게도 부여함으로써 본문에 서술된 대로 사회적 연대에 공헌한다고 주장한다.

2. 지역의 다문화 사회에서 시민사회단체의 역할

1990년대 후반 이후, 시민단체의 관심사는 공동체 운동으로 그 이념은 '더불어 살아가는 공동체 건설'이다.[28] 그 의미는 지구촌화가 되어가는 시대 환경 속에서 세대와 계층을 넘고, 민족과 인종의 구분을 넘어 지역과 국가를 초월한 '인류공동체의 번영'이라는 시대적 요구를 수렴한다(박영기 · 박정은, 2010). 그 연장선상에서 다문화가족을 위한 시민사회단체의 운동이 위치하고 있다.

운동의 이데올로기에 찬동하여 실천에 참여하려는 사람들의 범주를 의미하는 용어가 지지기반(support base)이다(Garner, 1996). 따라서 인정투쟁에서 시민사회단체의 운동을 주목하는 것은 바로 이 지지기반 때문이다. 예컨대, 과거의 새마을운동의 지지기반이 농촌사회였음에 비해, 현재 그 몫은 현저히 감소하였기에 새마을운동에서 그 지지기반이 흔들리게 되었다. 여기에서 보듯이 농업경제에 기초한 사회로부터 산업사회 또는 후기산업사회에 기초한 사회변화는 시민사회운동에서도 변화를 재촉하는데, 그 징후가 다문화 현상이고 따라서 이 변화에 동참하느냐의 여부는 시민사회운동 단체의 존속과 관련이 있을 것이다. 즉, 당사자들이 아직 인지하지 못하거나 힘의 미약을 느끼거나 다른 어떠한 연유로 인정투쟁에 나서려 하지 않을 때, 지역사회의 시민사회단체의 운동 관계자들이 그들의 권리를 일깨워 주도록 하는 역할을 함축한다.

이와는 약간 거리가 있지만 실제로 다문화 현상을 지역실정에 맞게 다양하게 추진한 경험이 있다. 예컨대, 그 주요사업으로 친정부모 초청사업, 명절음식 만들기, 다문화 가요제, 전통차례지내기, 예절교육, 장 담그기, 한글교실 등을 산발적으로 추진하였고 어떤 지역은 다문화지원센터를 위탁받아 운영하였다. 좀 더 부연 설명하면 첫째, 시민사회단체가 결혼이주여성들이나 이주노동자의 사회적응 지원 역할을 할 수 있는 지역밀착조직과 운동망을 갖추고 있다는 점이다.[29] 둘째, 결혼이주여성들이나

---

28) 더불어 살아가는 공동체 건설이라는 이념적 지향은 가족해체와 사회균열, 공동체 붕괴 등의 사회적 문제가 심화되고 있는 오늘날의 현실에 대한 반성으로, 그 이념은 나 혼자만이 아니라 내 이웃, 우리 모두가 함께 더불어 잘 살자는 것이다. 이는 궁극적으로 물질적 풍요는 물론 정신적 풍요를 동시에 누릴 수 있는 마을을 지향하는 것이다(박영기 · 박정은, 2010).

29) 특히 이주여성들에게 한국 적응에 필요한 정보를 제공하고 새마을부녀회장과 멘토-멘티를 맺어

이주노동자의 사회적응을 돕는 통로와 대화 창구로서 기능할 수 있으므로 다문화가족의 한국생활 정착에 많은 도움을 줄 수 있다는 점이다. 더 나아가 내국인에게도 다문화 사회에 대한 이해와 기본소양을 갖고 다문화 현상을 받아들이도록 시민사회단체가 노력하여야 한다. 이를 통해서 사회통합에 기여할 수 있다.

특히 시민사회단체의 이주여성이나 이주노동자들에 대한 적극적인 지원의 의미는 지금까지 해 왔던 사업에서 한걸음 더 나아가야 하는데, 그것이 인권의 보호이다. 여기에서 인정투쟁과 연결된다. 그럼에도 이에 대한 인식은 낮다. 예를 들면, 대구시 동구에서 실시한 글로벌새마을지도자 양성과정 결과보고서(영남대학교, 2011)에는 교육대상으로 다문화 가정 부부로 하였고, 유아동반 수강생의 편의를 위해 유아교육을 전공한 전문 지도교사를 배치하여 수강생들은 교육에 집중하고, 유아에게는 다양한 학습의 기회 제공하고 있다. 이와 같이 새마을운동 관련 단체에서도 다양한 활동을 제시하지만 인정투쟁과 관련된 활동은 없다.[30] 즉, 인정이나 인정투쟁의 함의는 찾아볼 수가 없다.

오늘날 한국의 지역사회에서 보이는 다문화 현상을 인정과 인정투쟁이라는 개념의 도입을 통해 한 단계 더 상승시키려면 전국적 조직을 지닌 시민사회운동 단체는 물론이고 지역사회에 뿌리를 둔 단체의 역할을 이와 관련시켜야 한다. 이런 관점에서의 새로운 시민사회운동이란 축적 기능에 우선권을 두는 신자유주의 아래에서 사회적 약자를 보호하되, 그 보호를 낙인효과(stigmatization) 없이 수행하는 것이 그 역할의 하나로 꼽을 수 있다.[31] 지역사회에서 사회적 약자의 한 부류가 다문화 사회

상호 방문 교류하면서 한국 사회 조기 적응에 도움을 주었고 또 줄 수 있도록 하였다. 그 성과를 보면 2009년부터 2013년까지 5년 동안 이주여성과 그 가족 8,623명이 한국인 멘토역 7,955명과 만나 문화의 다양성의 가치를 실현하는 자리가 되었고 이주여성의 어려움을 이해하게 되었다. 각종 정보의 부재로 사각지대에 있어 서비스 혜택을 받지 못하면 도움을 주었고, 동시에 교육 시행(부녀회장 7,955명)을 통해 차이의 인정과 문화공존 및 상호의존성 등의 가치를 확산하여 공동체 정신 함양 및 문화의 다양성 구현에도 기여하였다. 사업추진 검토시기인 2008년 5월 결혼이민자는 144,385명으로 2007년에 비해 17,430명 증가하였고, 자녀도 58,007명으로 이들의 한국생활적응은 매우 중요한 사회 문제로 대두되어 있다(https://www.saemaul.com/sub/information/museum_exhibition.php).

30) https://www.saemaul.com/sub/saemaul/emphasis_environment.php(검색일, 2017.4.4).

31) 이에 대해서는 많은 논쟁이 있었다(Taylor et al., 1992). 예컨대, 장애인 학생의 교육을 위해, 학교를 따로 세울 것인가, 같은 학교에서 그들을 위한 학급을 설치할 것인가, 같은 학급에서 공부하고 부족한 것이 있다면 보충해 줄 것인가 등이 그것이다. 같은 논리를 지역의 다문화 현상에도

를 구성하는 이주민들이고, 국가가 필요해서 정책을 전환하였음에도 이들에 대해 시혜적 관점을 지니기 쉽다는 함축이다(Taylor et al., 1992). 따라서 이들에게 필요한 것은 시혜를 넘어 그들 자신이 지역사회에서 인정받기 위한 노력(즉, 인정투쟁)이 필요하다.

이와 같이 시민사회단체의 운동의 새로운 역할과 기능을 위해서도 새롭게 이론을 갖춘 인정투쟁을 위한 노력이 필요하고 나름으로 공헌할 소지가 있다. 이것은 지역 다문화 사회에서 발생하는 문제들을 가장 가까이에서, 그리고 갈등을 줄이는 방향으로 해결할 뿐만 아니라 새로운 비전이나 미션을 공유하고 전파하여 더 나은 미래를 열어가는 것을 뜻한다.

제 7 절 | 요 약

이 글은 먼저 합의패러다임과 인정패러다임을 정리하고 합의패러다임에서의 문제점을 지적하였으며, 이를 극복하기 위한 방안이 인정패러다임이라고 주장하였다. 이 패러다임에 따르면, 사회적 상호작용들 속에는 타자존중 양식이 있는데, 이 양식에 기초하면 여전히 지역사회의 변방에 머무르는 이들의 문제해결에 시민사회운동의 역할이 있고 이를 통해 다문화 이주민들에게 도움을 줄 수 있을 것으로 판단하였다.

인정투쟁 명제의 핵심 개념은 정체성과 상호인정관계이다. 이는 세 가지 실현형태를 지니고 있다. 사랑 · 동등한 권리의 인정 · 사회적 연대가 그것이다. 따라서 이에 반대되는 신체에 대한 폭행 · 법적 권리의 불인정이나 유보 · 사회적 연대에서의 배제는 해당 당사자에게 무시나 모욕으로 이해된다. 바로 이 점에서 이주 및 소수자에 관한 이론의 발전 가능성에 새 지평을 열어 주었다. 특히 이들에 대한 혐오 · 폄하 · 범죄에 노출된 이들에게 인정투쟁은 자신이 수행해야 할 목표를 명확히 해 준다는 장점이 있다.

이와 같은 이론적 근거를 바탕으로 이 글은 이주노동자나 결혼이주민에 대한 인권

적용가능하다.

침해의 문제를 살펴보았다. 이들에 대한 인권 침해는 신체에 대한 권리 침해, 생명권 침해, 재산권 침해, 산업재해, 복지혜택 침해 등 다양하다.

이 글이 강조하는 바는 농업사회나 초기 산업사회에서와 비교하면 후기 산업사회나 초연결사회(Hyper Connected Society)의 삶은 현저히 달라졌고, 따라서 시민사회운동 단체의 지지기반이 변화하였기에 이를 받아들여 새로운 지지기반을 찾아야 한다는 주장이다. 이 지지기반이 다문화 현상이고, 현재 한국 사회에서의 주류와 동등하게 '인정'되지 않는 범주가 바로 이들이라는 뜻이다. 따라서 이들의 인정투쟁에 함께함으로써 이들에게 그들 자신이 당당한 주민이라는 인식을 심어주어야 하고, 이 목적을 달성하는 데 시민사회단체의 운동이 기여할 것이라고 이 글은 주장하고 있다.

제 4 부 행정학에서의 인문주의 방언

제12장 구조주의 접근법

제 1 절 서 론

학문의 목적은 진리의 탐구로서 이 진리의 개념이 19세기 이후에는 과학과 동일시될 정도로 과학이 초미의 관심사가 되었다. 행정학에서도 관심사 중의 하나는 행정학의 과학화로, 과거에서부터 현재까지도 그 열망을 보여주고 있다(Henry, 1980).[1] 그 열망이 행태주의에서는 행태만을 대상으로 과학화를 추구하여 성과와 아울러 한계를 노정하였다. 이 한계를 극복하고자 하는 노력은 현상학을 받아들인 후기행태주의의 대두로 이어졌다. 의식을 연구대상으로 포괄한 후기행태주의는 진일보한 것은 사실이나 여전히 주류의 흐름이 되지는 못하였다. 이 장에서의 서술은 의식과 아울러 무의식이나 심층구조의 탐구가 행정학에서 중요하다는 함축을 갖고 있다. 그것이 구조주의 접근법으로, 사회과학적 관점에서도 표층에서 시작하여 심층으로 탐색하는 그 방법론을 활용하면 유익할 것이다.

행정학을 풍요롭게 만들기 위해서는 방법론을 활성화가 필요하고, 이를 통해 행정학을 바람직한 방향으로 나아가게 할 수 있다(이광석 · 권기석, 2016). 이 중에 현상학적 접근법이나 해석학적 접근법, 또 구조주의 접근법 등의 방법론은 주류의 방법

1) 예를 들면, 김광웅(1983)에서는 행정학이라는 용어 대신 행정과학이라는 용어를 사용하고 있다.

론을 보완하는 데 적절하다. 현상학에서는 의식의 연구를 진리의 샘터로 여기는데(김형효, 2008: 50), 철학과 사회학에서는 많이 다루어져 왔고, 이 연구방법론에 기초한 흐름들도 인근 학문에서는 주요한 접근법의 하나로 자리잡았다. 행정학에서의 과제는 행정학과의 연계 속에서 의식의 연구나 이해의 연구를 어떻게 발전시키느냐 하는 것이다.

또 다른 의미의 과학화를 꾀한다면 '구조주의 과학'(Dosse, 1998: 36; Levi-Strauss, 1963; Sturrock, 1979; Caws, 1988; 김형효, 2008)의 관점을 받아들여 무의식을 연구하는 구조주의 접근법을 통해서 그 목적을 달성할 수 있을 것이다. 즉, 과학화는 알 수 있는 현상과 눈에 보이지 않는 구조, 그리고 그 둘 사이의 변형원리를 탐구하게 되면 의식이나 이해를 넘어 무의식도 과학화할 수 있다라는 전제가 된다(김형효, 2008).[2)]

구조주의는 이미 오래된 전통을 가지고 있다(제4장 제5절을 참조하라). 예를 들어, 하부구조에 초점을 둔 마르크스(K. Marx) 이론이나, 상부구조에 초점을 둔 레비-스트로스(C. Levi-Strauss)의 구조주의 등이 그것이다. 구조주의에서 구조란 어떤 영역에서 대립되는 어떤 요소에 의해 구별이 되는 경우에(set of opposition) 관계들의 조직이 이루어지며, 의미를 지닌다고 보는 견해이다.[3)] 교통신호등에서 빨강색이 '멈춤'의 의미를 지니는 것은 그 교통신호체계 내부의 관계에 따른 것이다. 따라서 상징들에 의해 상징되는 것들보다 상징 그 자체가 더 실재적이며, 기표는 기의에 선행하고 기의를 결정한다(Dosse, 1998: 61)[자세히는 제2장 각주 8)을 참조하라]. 또 구조주의는 실존적 개체를 비롯하여 그 근본이 사회적 관계의 함수로 보는 관점이므로(김형효, 2008: 43), 사회적 구조 외부와 어떻게 차이가 나며 구조 속에서는 어떤 짜임새(mechanism)가 작동하는가를 밝히는 작업이다.[4)]

구조주의를 떠받치고 있는 초석(楚石)인 언어는 세계에 대한 우리의 인식구조를

2) 주의할 점은 일상언어에서 실제로는 무의식을 의식이라고 (잘못) 사용되는 보기를 많이 볼 수 있다. 예컨대, 열등의식이니 집단의식이니 하는 용어들이 그것이다(이규태, 1985).

3) http://synnic.com.ne.kr/structure1.htm를 참조하라. 예를 들어, /곰/(bear)이 의미 있는 것은 /감/(persimmon)과의 모음 차이에 기인하는 것이다. 이러한 이항대립에서부터 고차원의 대립으로 관계를 설정할 수 있다.

4) 자세히는 제6장 각주 11)을 참조하라. 물론 과학주의 모형을 비판하는 모형도 중시되어야 한다. 대표적으로는 쿤의 이론에 바탕을 둔 사회적 구성주의(홍성욱, 2005)이다.

결정한다는 점이다(Churton & Brown, 2010: 88). 즉, 언어의 의미체계에 따라 문화의 서로 다름(相異)이 결정되며, 세계는 인간이 창안해 낸 의미체계에 따라 이 모양으로 혹은 저 모양으로 인식된다고 본다(이명현, 1991: 312). 이 사고는 데리다(J. Derrida)의 해체론이 주장하는 의미의 불확정성으로 이어진다. 이는 제3절의 후기구조주의에서 자세히 설명한다.

행정학에서 구조주의를 일종의 접근방법으로 보면,[5] 눈에 보이지는 않지만 구체적이라는 점이 그 장점이다. 그 장점을 활용하면 언표(言表)된 것을 통해 무의식으로 접근할 수 있다. 그 이유는 언어활동이 무의식의 조건, 즉 언어가 없으면 무의식도 존재할 수 없기 때문이다(김형효, 2008: 103). 이를 새마을지도자의 언표를 통해 그 시대의 의식의 밑바탕에 있는 심층구조를 고찰하려 한다.

제 2 절 | 사유체계로서 구조주의 접근법

구조주의를 이해하기 위해 먼저 여러 흐름들을 살펴보면 [그림 12-1] 및 [그림 12-2]가 유용하다(물론 <표 1-4> 및 <표 1-5>도 참조하라). 구조주의는 행정작용 그 자체에서 행정의 본질을 찾으려는 노력보다는 다른 작용과의 차이에서 행정작용이 의미를 나타낸다는 관점으로 주체의 소멸을 지향하는 철학이다.

21세기의 행정에 적용되어야만 할 사명을 행정 연구자에게 부여하였지만 이에 대해서는 기대만큼 이루어지지 않았다. 그 중 하나가 무의식화되어 있는 행정에 대한 탐구가 부족했다는 점이다. 그 사례들은 관존민비(官尊民卑)나 갑질문화와 같은 것도 있고, '좋은 게 좋은 것'이라는 풍토나 '우리-의식(we-feeling)'과 같은 전통에서 유래하는 것도 여기에 속한다. 특히 주어진 것을 운명으로 받아들이고 이를 의식을 통해 바꾸려 하지 않았다는 점이 중요한데(김광웅, 1983; 김욱동, 1997), 그럼에

5) 강신택(2002: 19)은 접근방법을 연구방향을 정해주는 문제와 자료의 선정기준을 지칭한다고 하며, 김광웅(1983: 151)은 어떤 시각에서 관심이 되는 대상을 분석할 것인가에 대한 답을 일컫는다고 한다. 유민봉(2015: 18)에 따르면, 접근방법이란 현상을 탐구하기 위한 도구 또는 현상을 연구하는데 있어서 일정한 지식제조의 공정과정이라고 정의하고 있다.

도 여기에 대한 논의는 부족하다.

이러한 점에 대한 고찰은 구조주의의 사유체계를 활용하여 설명할 수 있어서 유용하다. 구조주의는 어떤 대상들 가운데에 내재하고 있는 관계의 체계를 발견하려는 노력으로 그 관계 속에 우리가 생각하지 못한 조화(調和)에 대한 탐구이다(박옥출, 1977: 14). 즉, 다양한 현상 속에서 그 다양성의 배후에 있는 보편적이고 체계적인 구조를 발견하고, 이 관계의 체계를 하나의 언어로 환원시켜 분석하는 작업이다(박옥출, 1977: 15).[6] 이 작업은 오랜 역사를 지니고 있는데, 그 연구의 역사를 간단히 도표로 나타낸 것이 [그림 12-1]이다.

그림 12-1 구조주의와 관련된 연구방법론의 전개

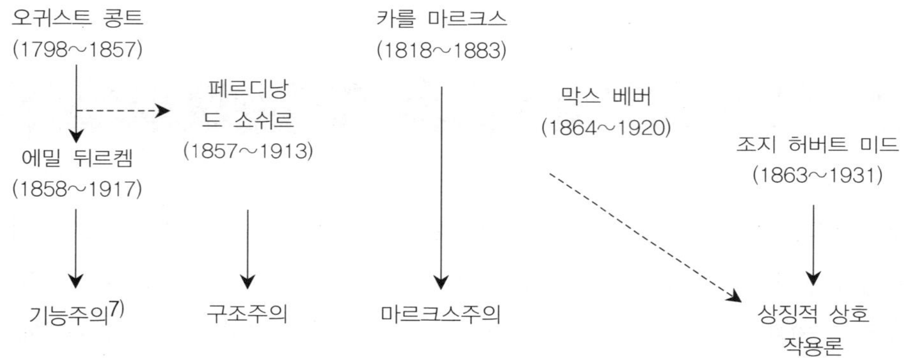

출처: Giddens(1994: 651).
참고: 실선은 직접적 영향을, 점선은 간접적 영향을 나타낸다.

구조주의의 원조(遠祖)는 [그림 12-1]에서 보듯이 소쉬르(Ferdinand De Saussure)이다. 그가 제창한 원리에 의하면, 언어를 모든 체계의 기본으로 상정하며 언어는 기호들의 체계로 인식한다. 따라서 개별적인 특성(파롤: parole)보다는 그것들의 근간

6) 구조주의에 관해서 세부적인 설명을 전개한 많은 좋은 책들이 있다. 전체를 조감하기에는 Caws(1988), Dosse(1997), Frank(1989), Glucksmann(1974), Harland(1988), Kurzweil(1980), Lash(1991), Sturrock(1979), Seung(1982) 등이 유용한 책들이다.

7) 이를 구조기능주의로 통칭되기도 하지만(강신택, 2002), 대체로는 Johnson(1975)[한글번역판 박영신(1980)]에서나 Giddens(1993)[한글번역판 김미숙 외(1994: 646)]에서 보듯이 기능주의로 서로 나누어 이해하여야 함이 더 나을 듯하다.

을 이루는 어떤 체계나 문법(랑그: langue)에 치중한다. 바로 이 체계나 문법이 구조이다. 또한 이는 공시적(synchronic)으로 살펴보아야 한다는 점이다. 이 관점은 다른 문화나 사회체제를 살펴볼 때도 그대로 적용되어 겉으로 들어난 외양보다는 그 근저에 숨어 있는 체계나 틀을 찾으려고 한다. 또 다른 구조주의의 특성은 체계는 공시적(synchronic)으로 살펴보아야 하므로 통시적(diachronic) 양상은 2차적인 중요성을 차지한다. 이 관계는 제1장과 제2장에서 논의하였듯이 행정 개념의 보편성 추구에서 전자는 보편성으로, 후자는 매개변인으로 작용하므로 행정학에 기여할 수 있다. 또 구조주의는 우리가 인지하고 경험하는 것의 서술적 분석을 통해 의미에 접근할 수 있다고 생각하는 현상학적 접근법을 배격하는 비인본주의적 · 비실존주의적 태도를 취한다. 그 핵심에는 의미의 중심이 현존하고 있다는 전제를 비판한다(윤호병 외, 1992: i-20). 여기서 의미의 중심이란 곧 확정된 근원(origin), 진리(truth), 목적(telos), 절대(absolute) 등을 말하는데, 예컨대 역사발전을 절대정신이라는 헤겔의 해명이나 경제적 요인이라는 마르크스의 설명이 그 보기이다(Farmer, 1995: 179).

구조주의에서 구조란 한 단위와 다른 단위와의 관계(the relationship of a unit to other unit)로, 그것이 심층적 실체라고 인식하여 '진정한 현실'로 간주한다(박형준, 1992). 따라서 "의식적인 것에 대한 무의식적인 것의 우위"를 함축하며, "나는 생각한다. 그러므로 나는 존재한다"는 데카르트의 인식을 넘어선다(박형준, 1992). 다만 이와 밀접히 연결되지만 구별하여야 할 흐름이 [그림 12-1]에서 보는 기능주의(functionalism)이다. 기능주의에서 기능이란 어떤 구조가 다른 구조들이 유지하도록 이바지하는 것으로(Johnson, 1975: 18),[8] 체계의 생존을 위해 작동하는 과정에서 일정하게 나타나는 사회적 관계의 패턴을 의미한다(박형준, 1992). 따라서 기능주의는 눈에 보이는 사회적 관계에 초점을 맞춤으로써 현상의 차원에 머무른다(Dosse, 1998: 40). 이런 관점에서 구조주의는 기능주의를 비판한다. 즉, 하나의 사회가 기능한다고 말하는 것은 옳다. 그러나 하나의 사회에서 모든 것이 기능한다고 말하는 것은 어리석다(Dosse, 1997: 274). 더욱이 구조주의가 사회의 구성에서 차이를 통한 공간화의 유의미성을 강조하고, 시간적 차원의 분석도 2차적으로 포함시킴으로써 의미

---

8) 원문은 the contribution that a structure makes to the maintenance of the other structures이다 (Johnson, 1975: 18).

있는 사회변동이란 패러다임 차원에서 구조의 변화라고 명확히 하였다. 이 관점에서도 구조주의의 우수성을 보여주었다(박형준, 1992).[9]

구조주의와 다른 관점에 서 있지만 상호 관련이 있는 접근법들을 좀 더 살펴보면, 이해에 바탕을 둔 해석적 관점이나 심리철학과도 연계될 수도 있다(강명윤, 2007a; 2007b; 박순영, 2012). 또 구조주의와 정반대로 의식을 중심으로 한 사유체계가 앞서 언급한 현상학인데, 이는 인간의 경험을 초월한다는 측면에서는 칸트(I. Kant)의 견해와도 맞물리며, 지향성에 기초한 노에시스 의식(noetic consciousness)이 어떻게 구성되는가에 관한 이론으로 주체 중심의 인간주의 철학이다(강명윤, 2007a). 따라

그림 12-2 구조주의 접근법과 관련있는 접근방법들

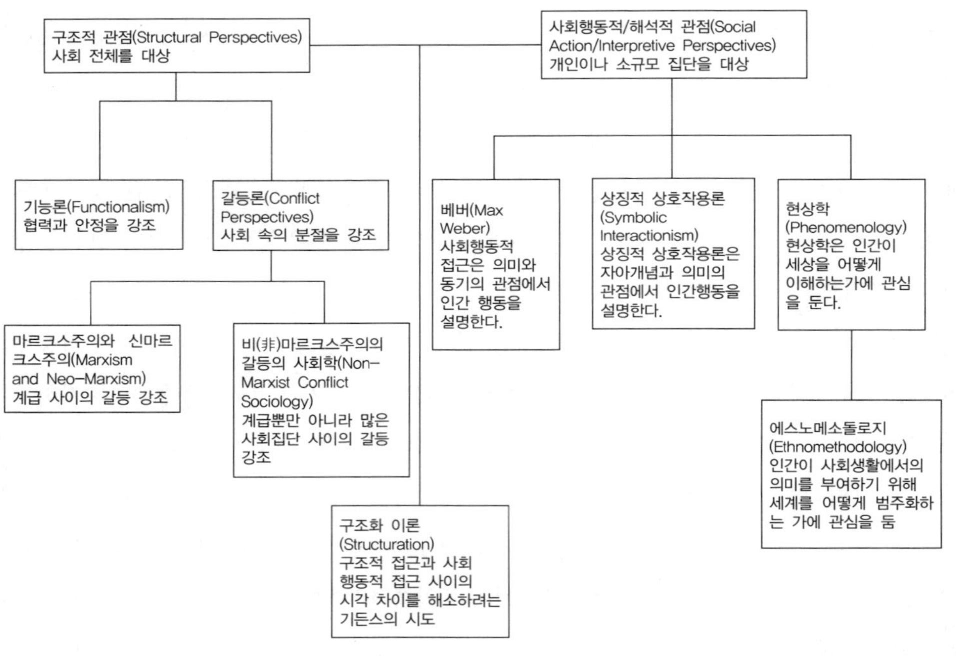

출처: Haralambos & Holborn(1995: 868).

9) 더욱이 후기구조주의는 구조를 행위나 의식의 내생적 요인으로 다루었다는 점에서 주체-객체의 이원론을 극복하는 데 기여하였다. 행정학에서도 구조주의의 시각들이 활성화되기를 바란다. 이에 관해서는 박형준(1992)을 참조하라.

서 어떤 면에서는 구조주의의 문제점을 보완할 수 있다. 이들을 정리하여 도표로 보인 것이 [그림 12-2]이다.

제1장에서 살펴보았듯이 볼 수 있는가(visible)와 알 수 있는가(knowable)라는 기준으로 <표 1-5>를 다시 설명하면 행태주의 접근법은 행태(behavior)를 대상으로 연구를 하는 흐름으로 객관주의(실증주의) 방언이다. 해석학적 접근법은 이제까지는 감추어져 있거나 해독할 수 없었던 것들에 도달하려 한다. 또 의식(consciousness)을 연구대상으로 하는 흐름이 현상학적 접근법이다. 따라서 해석학적 접근법이나 현상학적 접근법은 주관주의 방언에 속한다. 한편 구조(structure)를 연구대상으로 하는 흐름이 구조주의 접근법이다. 이는 인문주의 방언에 속하는데, 이들을 재정리한 것이 <표 12-1>이다.

표 12-1 행정학의 인식론적 접근법

		knowable	
		+	−
visible	+	행태주의 접근법	해석학적 접근법
	−	현상학적 접근법	구조주의 접근법

이어서 사회과학에 큰 영향을 끼친 후기구조주의를 중심으로 구조의 짜임새를 논의하기로 한다.

제 3 절 | 후기구조주의

1. 후기구조주의 개관

어떤 사상에 '후기(post)-'이 들어가면 개념정의가 어려워진다. 즉, 후기구조주의가 구조주의에 대해 어떤 관계인가가 논의의 초점으로 등장한다. 시기상 뒤에 오므로 후기구조주의인가? 또는 구조주의 성격을 간직한 채 부분적 변형을 이룩하므로 후기구조주의인가? 아니면 구조주의를 완전히 탈각한 탈구조주의인가? 등의 논쟁거리가 불거진다. 대체로는 구조주의 성격을 간직한 채 부분적 변형을 이룩한다는 관점이므로 여기서도 이 관점을 취한다. 즉, 후기구조주의는 구조주의가 이루어 놓은 '구조'를 구조주의의 내부에서 탈구성(disintegration)하는 것으로 바라본다(Dews, 1987; 윤호병 외, 1992).

후기구조주의 역사는 1960년대 자크 데리다(Jacques Derrida), 롤랑 바르트(Roland Barthes), 미셸 푸코(Michel Foucault), 질 들뢰즈(Gilles Deleuze), 장 보드리야르(Jean Baudrillard) 등 프랑스의 많은 사상가들 사이에서 구조주의와의 애증 관계가 형성된 시기를 출발점으로 삼고 있다.

후기구조주의는 구조주의에 대해서 다양한 비판을 하지만, 그 비판의 공통점은 구조주의의 완결성(self-sufficiency of structuralism)에 대한 거부와 구조를 구성하는 이항대립(二項對立, binary oppositions)에 대한 의문이다.[10] 구체적으로 살펴보면 첫째로 이성중심적 태도를 지양한다. 둘째로 개별적인 특성(parole)보다는 그것들의 체계(langue)에 치중하는데 반대한다. 셋째로 역사의 중요성을 인정하고 통시성도 이론의 중심으로 편입시킨다. 넷째로 구조주의에 비해서 주체와 자아를 중시한다. 다섯째로 이분법적 사고방식으로부터 탈피하여 타자(alterity)를 인정하고 포용한다. 여섯째로 모든 기호와 그것들의 표상(representation)능력을 불신한다(윤호병 외, 1992; Farmer, 1995).

후기구조주의의 방법론으로 널리 알려진 것이 해체인데, 해체의 방법은 눈에 드러난 것의 이면에 묻혀 있는 것을 캐내어 보여줌으로써 원래의 그 사고가 지니고 있는 어떤 치우친 방향성이나 억압성을 폭로하고, 이 과정에서 새로운 형태로 재창조하는 것이다(곽영순, 2011: 260-267). 해체하기 위해서는 구성된 것이 전제되어야 하며, 이를 위한 지침이 있어야 한다. 데리다는 이를 서구의 형이상학으로 본다(김상수,

10) 이 절에서 따로 인용 표시가 없는 것은 https://en.wikipedia.org/wiki/Post-structuralism를 참조하였다. 이항대립이란 남(男)/녀(女), 자음/모음, 우리/타자처럼 정반대의 특성을 나타내는 두 값의 대립을 말한다. 구조주의는 분석대상이 갖는 이항대립을 추적함으로써 이루어진다. 인류학자 레비-스트로스(Claude Levi-Strauss)의 '날 것'과 '요리된 것'과 같은 구분은 구조주의의 영향을 받아서 이항대립에 기초한 분석 사례 중 하나이다. 레비-스트로스는 이런 이항대립의 분석을 통해 신화의 구조, 부족의 문화적 구조 등을 파악하여 현대 인문학의 전형을 보여주었다(한국문학평론가협회, 2006; 이정민 · 배정남, 1990).

2005). 좀 더 구체적으로 해체는 데카르트의 이원론(외적 대상세계와 사유 주체로서의 정신)을 해체하고, 지시적 의미론(외적 대상세계보다 사유 주체의 우위)을 해체하고, 이성중심주의(사유 주체의 이성은 일체의 언어에 선행한다)를 해체한다(문장수, 1999). 지시적 의미론에 기초하는 구조주의의 가정(즉, 기호와 대상 사이의 연계성을 믿는 가정)에 대해 후기구조주의는 지시어(기호)와 지시대상 사이에 크나큰 단절이 있으므로 의미(또는 지시대상)는 유동적이고 일시적인 유보된 상태일 뿐이다. 즉, 의미의 의미(the meaning of meaning)는 차연(differance)인 것이다(윤호병 외, 1992; 김상수, 2005; 문장수, 1999). 그 뜻은 논리학을 활용하면 A는 'A가 아닌 것의 아닌 것'으로 정의된다(예컨대, 여성은 여성이 아닌 것의 아닌 것으로 규정). 그런데 전체 집합이 인간의 집합처럼 닫힌 집합이 아니라 열린 집합인 경우에는 A는 전체 집합 속에서 A가 아닌 다른 것에 의해 규정되므로 완결되지 못하고 미끄러지게 된다. 즉, 독(毒)과 약(藥)으로 나눠지는 것이 아닌 독이 약이 되기도 하고 약이 독이 되는 경우(파르마콘: pharmakon)가 있다는 것이다. 따라서 A의 대립항이 대립항이 아닐 수도 있다. 이 함축은 개념의 정의는 그 개념의 그물(概念網)에 포착되지 아니한 것들은 빠져 나가게 된다(예컨대, 무지개 색깔을 일곱으로 개념화하면 그 외의 색깔은 배제된다). 즉, 어떤 시대를 막론하고 특정 체제는 배제와 억압을 내장하고 있다. 해체는 배제와 억압으로 인해 밀려난 타자들을 다시 끌어들이는 방법으로, 지금까지 진리라고 믿어왔던 것들이 허구임을 밝히려는 데 있다(곽영순, 2011: 260-267). 따라서 진리는 복수(plural)의 형태로 존재하므로 지식의 조건들에 따라 달라짐을 의미하며, 의미는 항상 그것에 적합한 장소를 가져야 한다(김상수, 2005).

이성중심주의에 대한 문제 제기는 서양의 사유체계에서 궁극적으로는 절대정신이나 신(神)과 같은 논리를 마감하려는 것이고, 의식패러다임에서처럼 주체성에게 그 우선적 지위를 부여한 논리를 마감하려는 것이다(문장수, 1999; 이광래, 2007: 125-126). 그 함축은 인식의 밑바닥이 없다는 것이거나(한계없는 심연에로의 추락) 또는 항상 변하고 불안정하므로 과학적 명제나 논리적 사고가 본질적으로는 문학적 수사나 시적 언어와 다를 바 없다는 것이다. 즉, 과학의 권위를 보장해 주는 진리란 말놀이(언어게임) 또는 차이의 유희(遊戲)이라는 것이다(이규호, 2005a: 392-404; 문장수, 1999). 그 뜻은 핵심이라는 것은 사소한 것들(marginal)에 의해 창조된다는 전제에 서 있기 때문에, 사소하다고 억압하거나 은폐되고 배제된 것들을 드러내려고 하는데 있다(김상수, 2005).

그러나 후기구조주의에 대해 많은 논쟁이 있다. 이 흐름에 속하지 않는 일부 사상가들이 후기구조주의의 정당성에 의문을 제기함으로써 논쟁으로 떠올랐다. 미국의 철학자 존 설(John Searle)은 1990년에 "후기구조주의적 문학 이론의 확산은 재앙에까지 이르렀다고는 할 수 없지만 어리석은 현상의 가장 잘 알려진 보기일 것"이라고 주장했다. 인문학자 노먼 홀랜드(Norman Holland)의 비판은 후기구조주의는 소쉬르의 언어 모형(Saussure's linguistic model)에 의존하는데, 이 모형에 따르면 언어는 자신의 외부에 존재하는 무엇인가를 가리킬 능력이 없는 폐쇄체제라는 것이다. 이러한 결함을 지녔으므로 1950년대에 심한 도전에 직면했다. 또 후기구조주의는 과학주의의 무근거성(이규호, 2005a: 381)을 주장하는데, 이에 따르면 과학은 문학보다 더 확실한 인식론적 지위를 가진 것이 아니다(Farmer, 1995: 179). 그 이유는 '문학이나 예술은 이것이다'라고 말할 만한 본질적 정의(定義)는 없고 단지 사회적으로 공인이 되면 문학이나 예술이 되듯이, 과학에서의 진리도 과학자 집단이 공유하는 믿음에 불과하기 때문이라는 근거에 기초한다(곽영순, 2011: 144-145).

여기서 연유하는 인식적 태도는 자연과학자들과의 마찰을 불가피하게 만들었으리라 짐작된다. 가장 널리 알려진 비판은 물리학자 앨런 소칼(Alan Sokal)로부터이다. 그는 1997년 미국의 학계의 일부 부문에서 패권주의적이었던 탈근대성 또는 후기구조주의의 견해를 횡설수설의 집적이라고 비판했다(Sokal & Bricmont, 1998). 그 비판은 다음과 같이 요약된다. 첫째로 과학지식의 남용이다. 납득할 만한 설명도 없이 원래의 맥락에서 완전히 벗어난 과학적 개념을 아무런 논증도 없이 써 먹거나 개념의 정확한 뜻조차 밝히지 않고 전문 과학용어를 과학의 문외한인 독자들 앞에 쏟아붓는다.[11] 둘째로 인식론적 상대주의에 대한 비판이다. 인식론적 상대주의에 따르면, 현대 과학은 수많은 신화나 이야기 또는 사회적 구성물 중의 하나에 불과하다. 이를 정당화하기 위해 관찰의 이론의존성 같은 과학철학의 주제를 엉뚱하게 써 먹는다.

이제는 행정(학)에의 시사점을 살펴보기로 한다. 행정(학)은 구성되어 있지만 좀

11) "시(詩)를 선택공리로 분석하고 인간의 정신을 위상수학과 관련시키면 신나는 일일 것이다. 그런데 신이 나지 않는다"고 비판한다(Sokal & Bricmont, 1998).

더 깊은 차원에서 그 정체성이 구성되는 과정에 대해서는 관심을 두지 않았다. 그 뜻은 과학주의의 무근거성(이규호, 2005a: 381) 주장에 따르면 과학적 공공정책은 신화에 불과하다라는 함축이다(Farmer, 1995: 179). 해체의 행정(학)적 의의는 핵심이라는 것은 사소한 것들에 의해 창조되므로 이에 기초하여 '이것이 행정(학)이다'라는 주장은 '이것이 행정(학)이 아니다'라는 주장도 될 수가 있다. 즉, 기존에 확립된 논리정연한 행정(학)은 사실은 흔들리기 쉬운 믿음에 불과하다는 설명이다(김상수, 2005). 따라서 다양한 유형의 행정(학)이 존재할 수밖에 없다는 의미이다. 이 책이 보여 주려는 바는 바로 이것이다. 더 큰 의미는 언어체계는 폐쇄적이고 의미는 언어 내부에 존재하는 기호들 간의 상호관계에서 발생하므로 제1장에서 논의한 행정학의 정합성의 중요성을 강조하였다.

행정(학)에서의 후기구조주의의 의미는 상상(imagination), 해체(deconstruction), 탈영역화(deterritorialization), 그리고 타자성(alterity)이라는 담론이 된다(Farmer, 1995). 상상이란 행정(학)적 정신(administrative spirit)이나 이미지를 다루는 것이다. 구체적으로 각 부처나 행정기관은 나름의 조직 미션(mission)을 가지고 있는데, 이는 상상의 실현형태라고 할 수 있다(Farmer, 1995: 176-177). 타자성과 다양성의 표현형태인 다문화 현상은 이미 제11장에서 설명하였다.

탈영역화(deterritorialization)의 전제는 사고의 전환이다. 사회과학의 영역을 여러 개의 학문 분과로 분할하는 것은 규약화(code)의 함정에 빠져 있다. 이는 그 학문 분과에 일단의 방법론의 집합으로 한정하는 경향이 있다. 또 규약화는 지배적인 집단으로부터 지지를 받는데, 이는 범사회적으로 보는 시각을 상실할 수 있다. 따라서 이 경계들을 내파(內破, implode)하여 학제간 학문(interdisciplinary archipelago)이나 초학문(transdisciplinarity)을 건설할 수 있고 이를 통해 범사회적으로 보는 시각을 형성할 수 있다(Farmer, 1995: 218-226).

2. 의식과 무의식의 구조

<표 12-1>에서 보듯이 의식은 현상학적 접근법에서는 연구의 핵심대상이지만, 구조주의 접근법에서는 의식의 분석을 포기하고 무의식의 분석에 초점을 맞춘다.[12)]

무의식에 초점을 맞추는 그 접근법은 언어의 분석을 통해 무의식으로 진입할 수 있는데, 의식이나 행동을 생성하는 터전의 탐구이기에 행정학에서도 유용하다. 즉, 언어활동은 무의식의 조건이라는 주장이다(김형효, 2008: 51). 대체로 언어표현 이전의 단계에 초점을 두면 새로운 삶의 영역을 드러내 보인다(오교성, 2000). 이 방법에 따르면, 인간 내면의 의식구조를 상위와 하위로 구분하여, 정리된 이성의 경지인 언어표현의 단계(speech level)와 정돈된 언어로 표현할 수 없는 혼돈의 경지인 언어표현 이전의 단계(pre-speech level)로 나누고 언어표현을 기초로 언어표현 이전의 무의식을 탐구한다.[13]

무의식의 분석은 대체로 두 범주로 이루어졌다. 그 하나는 심리학적 또는 정신분석학적 무의식이고 또 다른 하나는 구조주의에서의 무의식 분석이다.[14] 무의식의 분석에서 핵심은 인간은 욕망의 존재이고,[15] 욕망 때문에 인간은 억압받게 마련이라는 것이다. 따라서 억압이라는 의미는 욕망이라는 개념과 거의 동일시하게 되고, 이 억압은 의식차원의 도덕적 죄의식보다 구조적으로 선행한다(김형효, 2008: 51).

심리학적 무의식 분석은 윌리엄 제임스(William James)로 거슬러 올라가는데, 그 이후 의식에 관한 연구는 프로이트 학파와 결합하여 더 풍요롭게 발전하였다. 여기에서 말하는 의식이란 의식, 전의식(preconsciousness), 잠재의식(subconsciousness),

---

12) 이를 데카르트가 주장한 "나는 생각한다"에 대응하여 라캉은 "나는 생각되어진다"라고 표현한다. 전자는 주체의 확고한 의식 위에서 진리를 찾아 나서는 철학인데 비해, 후자는 의식의 작용이 인식의 근본적 오해를 자초할 수 있다고 경고하면서 인간이 욕망의 존재임을 부각시킨다(김형효, 2008: 50-51). 의식에로의 접근은 현상학적 환원에 힘입은 방법인데, 이는 현상학의 핵심 개념 중의 하나이다. 이에 대해서는 Schutz(1941: 445-446) 및 Gurwitsch(1964) 등을 참조하라.

13) 물론 이 기술은 당사자의 의견을 뜻하는 description of와 외부인의 의견을 의미하는 description on을 포함한다(Zaner & Engelhardt, 1973; 신충식 외, 2010).

14) 이는 알튀세르(Louis Althusser)의 분석과 관련이 있다(Althusser, 1976). 그에 따르면, 마르크스(K. Marx) 철학은 1845년의 『독일 이데올로기』를 기준으로 전후로 나뉠 수 있다고 한다. 그 이전의 관심사는 인간의 소외였고, 그 이후는 몰주체적 반인간주의 이념을 지닌 구조주의로 파악된다고 한다. 서구에서 스탈린주의의 공산주의를 배격하고 마르크스주의를 재생시키기 위해 인간소외에 천착하여 인간주의로 재편성된 학파가 프랑크푸르트학파이고, 알튀세르는 구조주의로 파악하고 있다(김형효, 2008: 71).

15) 이를 좀 더 천착한 철학자들이 들뢰즈(Gilles Deleuze)와 가타리(Félix Guattari)이다. 그들은 『천개의 고원(*A Thousand Plateaus*)』이라는 책에서 욕망의 뿌리를 의미하는 리좀(rhizome)이라는 용어를 사용하면서 욕망을 잘 분석하고 있다(https://en.wikipedia.org/wiki/Rhizome(2017.10.26).

무의식(unconsciousness)이라는 층으로 이루어져 있는데(Hoffman, 1959; Levi－Strauss, 1963: 281－283; 곽호완 외, 2004), 이 잠재의식의 인정 여부에서 프로이트 학파와 차이가 있다. 레비－스트로스는 무의식(unconsciousness)과 하의식(subconsciousness)을 구분한다(Levi－Strauss, 1963; 김형효, 2008: 45).[16] 이를 그림으로 나타내면 [그림 12－3]과 같다(Hoffman, 1959: 129－131).

의식에 대한 프로이트의 생각은 의식이 무의식에서부터 보내져 와서 전의식(preconsciousness)에 의해 편집된 내용들을 받아들이는 수용자라는 것이다. 이렇게 편집하는 이유는 그 내용이 의식되지 않도록 억압하기 위한 것이다. 한 걸음 더 나간다면, 무의식적 의사결정, 그리고 의식에 의한 합리화의 흐름이 오직 비정상적이거나 문제를 가지고 있는 사고에만 적용될 이유가 없다는 사실을 보게 된다. 즉, 평소에는 억제되어 있던 무의식이 어떤 계기로 의식으로 튀어나오는 것이라 할 수 있고, 일상의 정상적인 의사결정도 바로 이러한 방식으로 이루어질 가능성이 매우 크다

그림 12-3 의식의 층과 억압

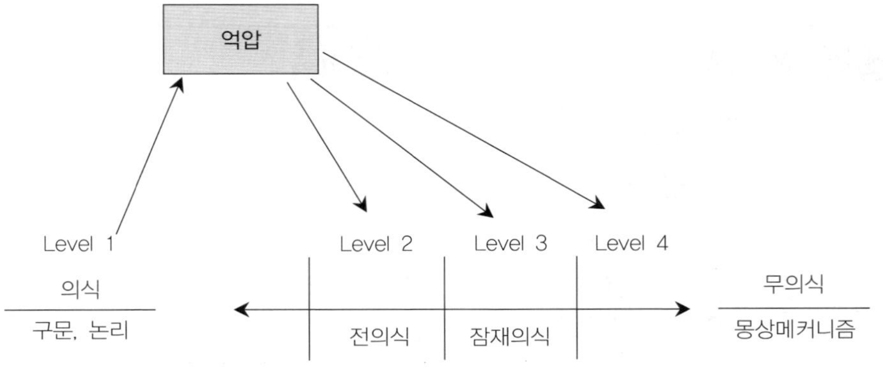

주1) 여기서 몽상(dream-mechanism)은 합리적・과학적 사고보다는 직관, 또는 직접적 체험으로 되돌아감으로써 비로소 파악할 수 있는 것에 대해 사유하는 의식 작용으로 문학적 용어이다(한국문학평론가협회, 2006).

주2) 앞서 설명한 의식의 선택성에서, 즉 그 대상의 어떤 일부분에 흥미를 지니고서 다른 것을 무시하게 된다(木田 외, 1994).

출처: Hoffman(1959: 130), 이광석(2014)에서 재인용.

16) 따라서 본문의 전의식은 레비－스트로스가 말하는 하의식과 유사한 듯하다. 또 잠재의식은 프로이트 모형에서는 존재하지 않고 문학적이거나 최면(hypnosis)과 같은 치유적 방식에만 적용된다.

(Schank, 2002; 이광석, 2014에서 재인용). 이를 구조주의 접근법에 따르면, 사람들의 신념이나 말이나 행동은 무의식의 구조에서 생성되어 나온다고 할 수 있다.

3. 분석의 틀로서 구조의 짜임새

구조주의는 그 흐름 안에서도 다양한 흐름이 있다(Lechte, 1995). 이 글의 전개와 부합되는 분석모형은 변형생성 모형(transformational–generative model, T–G model)로 부르는 촘스키(N. Chomsky)의 모형을 이용한다. 이 모형은 경험적인 연구에 기초하고, 개별성과 보편성 모두에 대한 매우 명시적이고 체계적인 이론을 제공하고 있다(강명윤, 2007a; Magee, 1978). T–G 모형에 따르면, 사회구조란 그 구조에 참여하는 이들에게 그러한 행동들의 성격이 의식되는 표층(surface structure)과, 일정한 행동들을 생성하게 하는 되고 그 성격을 한정하는 심층(deep structure)으로 구성된다(이광석·문유석, 2016). 이를 분석의 틀로 하기 위해 [그림 6–4]를 다시 그리면 [그림 12–4]가 된다.

그림 12–4 분석의 틀

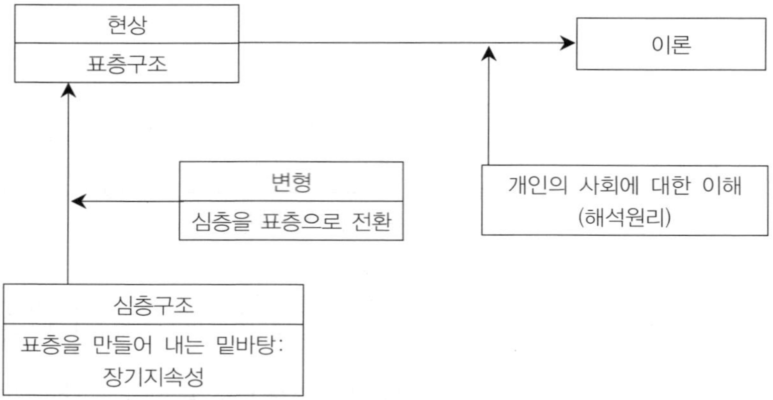

출처: Chomsky(1957; 1966) 수정.

[그림 12-4]의 모형을 보면 구조주의의 모습이 그대로 나타난다(제4장과 제6장을 참조하라). 구조주의에 의하면, 기저에 심층구조(deep structure)가 있는데, 심층구조란 "시간이 지나도 변함없이 오래 장기적으로 지속되는 것"으로(김응종, 2006: 38; Braudel, 1997; 2008), 표층을 창출하는 밑바탕이다. 그 위에 표층(surface structure)이 있다.[17] 이 두 구조를 연결하는 방법으로 변형(transformation)이라는 장치를 마련하고, 이에 관한 규범이나 근거 및 원칙을 변형원리라고 한다. 이 방법론에 따르면, 표층에 나타난 행위는 그 의미의 연원이 심층에 있고 변형과정을 통해 표층으로 옮아갔다는 것이다.

그러나 이 분석의 틀은 인간의 내재적인 측면으로 더 깊이 심층을 설정하게 되면 개인적으로는 표층의 잠재 형태(latent form)가 되고, 그 집합적인 관점에서는 공동체 또는 생활세계의 문화적 문법에 터 잡고 있다(polkinghorne, 1983: 149; 박순영, 2012; 이광석 외, 2017).[18] 즉, 개인적으로는 앞서 언급한 욕망의 기저(基底)로 작용하는 데 비해, 집합적으로는 고유한 속성을 가지면서 공동의 인간 행동방식이 있고, 그것을 통해 낯설음을 해석할 수 있는 관련 체계이다(Wittgenstein, 1953: No.123, S.49; 이규호, 2005b: 147-148). 이는 행동이나 의식을 무의식으로 전환시킬 수 있는 기제로 작용한다.

4. 구조주의 접근법과 변형

구조주의 접근법이란 실체의 발견보다는 뚜렷이 대립을 이루어 차이를 나타내는 변별적 자질(distinct feature)과 같은 관계의 발견에 중점을 둔다. 그 관계는 현상은 심층구조(deep structure)에서 유래하며 따라서 진정한 실체는 심층이라는 것이다.[19]

---

17) 역사학에서 논의되는 브로델 모형의 관점은 "인간은 구조와 국면이 만들어 낸 감옥에 갇힌 수인에 불과하다. 사건은 덧없고 개인은 무력하다. 사건과 개인은 존재했지만 존재하지 않았더라도 역사의 방향에는 변함이 없었을 것이다"라는 것이다[(제6장 각주 37)을 참조하라].

18) 문화적 문법이란 어떤 집단이 공유하는 의식과 행위의 규칙들로 구성원들이 내면화하여 장기적으로 지속하며, 잘 변하지 않는 것을 말한다[(제3장 각주 6)을 참조하라)].

19) 본문에서 언급하였듯이 이 또한 구조를 통해 이제까지는 감추어져 있거나 해독할 수 없었던 것들에 대한 해석학적 접근법이다. 예를 들어, 막스 베버의 이론을 여기에 적용시키면 심층구조란 지배(Herrschaft: Domination or Authority)이고, 표층구조는 자본주의와 합리화로 귀착된다(Mommsen,

그림 12-5 **변형**

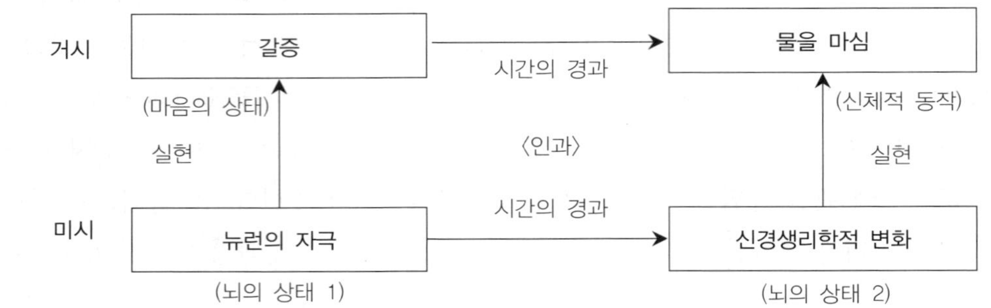

출처: 이승종(1999: 231).

따라서 현상의 차이를 추출해 내고 그렇게 만드는 심층의 구조를 밝히고 현상의 차이를 가져오게 하는 요인(즉, 변형)이 무엇인지를 찾는 것이다. 달리 표현하자면, 그 핵심 주제는 "사실이란 그 자체로 존재하는 것이 아니라 구성된다"는 관점과 "사실이란 그 자체로 존재한다"는 관점(Dosse, 1998: 58)을 중재하는 장치가 변형이다. 즉, 변형이란 무의식(또는 의식의 밑바탕)에 놓여있는 것을 끌어 올리는 기능을 하는 바를 말한다. 이를 갈증이라는 심리상태와 물을 마신다는 행위를 사례로 해서 그림으로 나타낸 것이 [그림 12-5]이다.

구조주의 접근법에서 knowable하지도 않고 visible하지도 않으면서 어떻게 과학성을 확보하는가? 구조주의 접근법에서 가장 강력한 연구 기법은 이항대립(binary opposition)이다(이정민 · 배영남, 1990). 이항대립이란 정반대의 특성을 나타내는 두 값의 대립으로, 자질을 부여할 때 어떤 자질을 함유하고 있으면 긍정 값(a positive value, [+])을, 그렇지 않으면 부정 값(a negative value, [-])을 표시하여 그 특징을 명백히 하는 방법이다.[20] 이를 건설↔파괴, 전쟁↔평화 등과 같이 2원적 기준으로 자질을 부여할 수도 있고, 단일자질로도 할 수 있다. 예컨대, A라는 자질에 [+A]를 부여하고 그 반대는 [-A]을 할당하는 방식이다. 그 하위분류에는 한편에서는 [+B]를, 그 대척점에 있는 다른 한편에는 [-B]를 할당하고, 그 중에서 [+B]가 선

1974; 금종우 · 전남석, 1981: 역자의 말).

20) https://en.wikipedia.org/wiki/Distinctive_feature_를 참조하라.

택되었다면 그 하위분류에는 같은 방식으로 [±C]를 부여하는 것과 같다(이정민·배영남, 1990). 이를 이용하여 새마을운동 지도자들의 의식구조를 밝힐 것이다.

제4절 | 구조주의 접근법의 실제 적용: 새마을운동 지도자의 의식구조

1. 새마을운동의 짜임

구조주의 접근법의 관점에서 새마을운동은 어떤 짜임새인가? 새마을운동을 연구대상으로 하여 분류와 범주화는 통시적(diachronic) 기준과 공시적(synchronic) 기준(Dosse, 1998)으로 구분하여 살펴볼 수 있다. 이러한 기준은 연구대상인 새마을운동의 시간적 범위와 공간적 영역을 명확히 함으로써 연구대상을 세분화·구체화할 수 있다. 이를 나타내면 <표 12-2>와 같이 된다.

표 12-2 연구대상의 분류와 범주화

		통시적 기준	
		1970년대	2016년 또는 2017년
공시적 기준	국내	A	B
	해외	C	D

여기서 A는 1970년대 한국 국내에서 이루어진 바로 새마을운동이 여기에 해당한다. 반면 B는 글로벌 새마을운동이라고 부르지만, 한국 국내에서 2016년이나 2017년에 해당하는 것은 김장담그기 등이라고 할 수 있다. C는 새마을국제개발협력에 해당하며, D는 같은 논리로 국외에서 2016년이나 2017년에 해당하는 것은 새마을공적개발원조라고 할 수 있다(이정주·이정락, 2016). 이 글에서는 A의 영역을 연구대상으로 하고자 하며, 1970년대의 새마을운동을 경험한 새마을지도자의 녹취록을 텍스트마이닝(text mining) 분석을 통해 중심워드를 범주화하고 구조화하고자 한다.[21)]

21) 텍스트마이닝 기법을 통한 새마을지도자의 의식구조 연구는 최초의 시도로서도 의미를 지닌다

2. 새마을지도자의 텍스트마이닝 분석

1) Term Frequency-Inverse Document Frequency(TF-IDF) 추출

1970년대 새마을지도자의 의식구조를 탐색하기 위해서 표층으로 나타난 그들의 구술을 Latent Dirichlet Allocation(이하 LDA) 토픽 모델링 기법(technique)을 활용하여 분석하였다. [그림 12-4]의 분석 틀에 기초하면 표층에서 심층으로, 또 그 심층의 변화를 가져오게 한 동인이 무엇인지를 살펴보아야 한다. 새마을운동이라는 주제는 현재 한국 사회에서 첨예한 대립을 불러 오기에, 객관성 확보가 필수적이다. 이를 위하여 비교적 동의할 수 있는 자료가 필요한데, 그 자료는 새마을운동에 대해 비판적 태도를 보여 온 성공회대학교 민주주의 연구소에서 2010년과 2011년에 걸쳐 1970년대 새마을운동을 경험한 40여 명의 새마을지도자를 대상으로 구술한 녹취록을 자료로 이용하였다. 연구의 대상인 녹취록은 주로 농촌지역에 거주한 새마을지도자를 대상으로 남성지도자 14명, 여성지도자 6명으로 되어 있다. 연구의 대상이 되

표 12-3 추출워드 및 TF-IDF

구 분	남성지도자	여성지도자	계
녹취 인원	14	6	20
생성문서 수	14	6	20
추출문장 수	13,880	4,262	18,142
추출최종워드 수	38,250	14,071	52,321
Words-TF-IDF	9,489	3,454	12,943

(이정락, 2017). 분석과정에는 녹취록을 텍스트파일로 전환하여 분석프로그램인 넷마이너4.3을 활용하여 연결중심성 분석과 LDA토픽모델링분석을 진행하였다. 연결중심성 분석을 위해 전처리 과정으로 텍스트파일에서 필요한 형태소로 일반명사를 지정하고, 이외의 품사와 영어, 숫자, 지명, 인명 등을 삭제어로 등록하여 사전작업을 거쳐 최종워드 52,321개를 추출하였다. 그리고 이를 기반으로 문서에서 나타나는 워드의 빈도수가 아닌 워드의 중요도를 기준으로 하는 TF-IDF를 추출하였다. 워드의 중요도는 한 문장에서 워드가 얼마나 중요한가를 측정하는 방법으로, 추출된 워드에 가중치를 두며 텍스트마이닝에서는 TF-IDF를 가장 많이 사용한다. 연결중심성 분석과 토픽모델링분석을 위한 워드네트워크로 전환하기 위해서 용어빈도(word frequency)는 1로 설정하고, 단어 간 인접관계 설정인 윈도우 사이즈(window size)는 3으로 설정하였으며, 워드의 방향설정은 제거하여 연구를 진행하였다.

는 남성지도자와 여성지도자의 녹취록에서 추출한 문장과 워드는 <표 12-3>과 같다.

2) 연결중심성 분석

새마을지도자의 녹취록을 대상으로 한 연결중심성 분석은 새마을지도자의 관점에서 1970년대의 새마을운동과 관련한 핵심어를 구조화할 수 있다. 더욱이 그 핵심요소가 어떠한 특징과 차이를 가지며 어떻게 구조되는지를 평가할 수 있다는 장점이 있다. 따라서 연결중심워드는 새마을지도자의 활동영역, 활동내용, 인적네트워크 및 의식구조를 설명할 수 있는 핵심요소이다. 새마을지도자는 마을주민의 지도자로서 농사와 새마을운동 및 새마을사업에 주력하였으며 정부기관과 공무원과 마을과 주민의 사이에서 매개역할을 한 것으로 나타나고 있다. 그리고 연결중심워드는 주로 새마을사업과 관련한 인적 요소(부녀회장 · 공무원 · 어른), 공간적 요소(마을 · 정부 · 국가 · 농촌 · 학교), 사업의 내용(농사 · 사업 · 지원) 등으로 구분되며 가난한 생활에서 벗어나 소득증대를 목표로 각종 지원과 지도 및 연수를 통해서 새마을운동을 추진하는 역할을 하였음을 보여준다.

연결중심워드의 분석 결과를 남녀 지도자와의 비교작업을 통해서 보면, 여성새마을지도자는 부녀회를 중심으로 새마을사업을 전개하였으며, 주로 마을의 영역 내에서 가용한 자원을 활용하여 마을회관을 중심으로 활동을 하였다. 또 가정과 가족을 중심으로 마을 내의 인적 네트워크를 중요시하고 있으며 공간적 영역 또한 가정 · 학교 · 회관 등에 기반하여 새마을부녀회사업을 전개하였다. 특히 농협을 이용하여 가정 내의 저축을 통해 자녀의 대학진학을 위해 노력하고, 구판장의 사업을 통해서는 마을의 자금을 확보하기 위해 노력하였음을 알 수 있다. 남성지도자는 마을과 지방정부와 매개적인 역할을 충실히 수행하여 새마을사업의 내용에도 영향을 주었다. 여성지도자의 공간적 범주인 가정과 마을에서, 남성지도자는 마을과 지방정부 사이라는 그 기능의 분화는 향후 연구에서 남녀 지도자의 역할과 개념정의의 척도로도 유용하다 하겠다.

3) LDA 토픽모델링 분석

연결중심워드를 기반으로 한 토픽모델링 분석을 통하여 주요 키워드를 도출하였다. 이러한 결과는 앞서 구조주의 접근법이 채택하는 기법인 이항대립의 관점에서 기술하면 [그림 12-6]의 블록모형으로 시각화할 수 있다. 또 <표 12-4>와 같이 논의를 확장하여 이항대립의 키워드를 추출하여 이용하면 이미 내재되어 있는 상징을 추출할 수 있다. 이 상징을 조직화하면 뚜렷한 기하학적 대칭임을 보여준다. 예컨대, 술/쌀의 대립은 소비적/생산적 관계의 함축으로 상징화할 수 있고, 그 중 일부는 매개항으로 기능한다. 매개항이란 양의적(兩義的) 성격을 지녀서 이항대립을 중화시키는 역할을 수행한다(신인철, 2009).[22] 개인/마을은 이항대립 관계이고, 가족이나 가정은 양의적이다. 마찬가지로 공무원/주민은 이항대립 관계이고, 지도자는 양의적

그림 12-6 이항대립의 윤곽

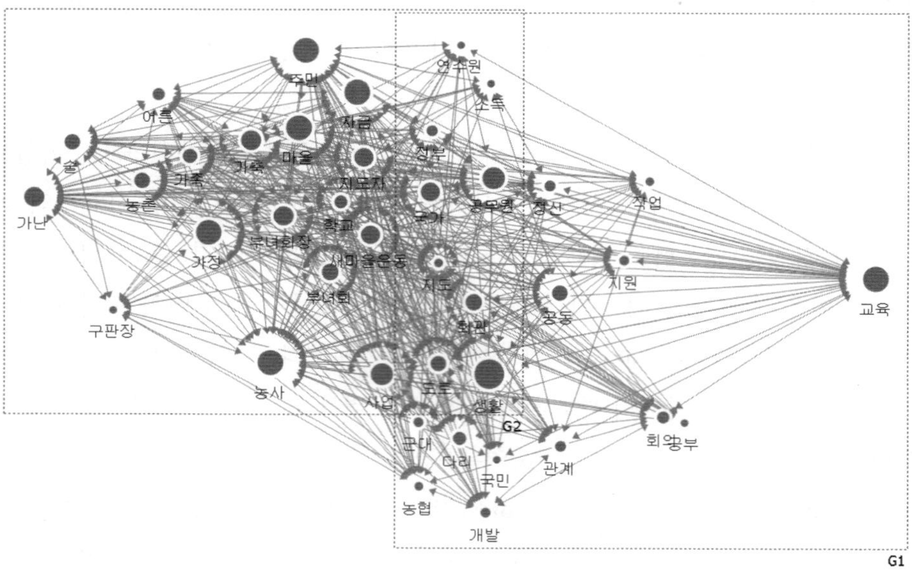

22) 그 보기를 성서의 해석에서 찾으면, 하느님의 계시를 받은 선지자들은 죽을 수밖에 없는 인간의 속성과 영원히 죽지 않는 하느님의 속성을 가져서 이항대립을 매개한다. 지리적인 관점에서는 이스라엘/이집트의 이항대립에서 광야는 매개항으로 존재한다(신인철, 2009).

표 12-4 토픽 키워드와 이항대립

토픽 키워드	+	양의적	−
1st 개인주의 vs 집단주의	마을	가정	개인
2nd 개발잠재력의 현재화(懸在化)	지원	경제생활	자립
3rd 잘 살 수 있다는 자신과 의욕	공무원	지도자	주민
4th 과학적 영농	농사	사업	교육
5th 생산적인 생활기풍	쌀	소득	술
6th 계획적인 노력	지도(lead)	계획	농촌
7th 체념의 극복	저축	농협	가난
8th 협동적 전체활동	추진사업	개선운동	개간
이하 생략			

주) 토픽 키워드는 내무부(1980)를 참조하였다.

성격이며, 지원/자립의 계열관계에서 경제생활도 그러하다. 그 전체적 윤곽을 보인 것이 [그림 12-6]이다.

[그림 12-6]을 토픽 키워드와 이항대립을 더 선명하게 계열관계를 구성한 것이 <표 12-4>이다.

이 분석 결과를 남성지도자와 여성지도자로 나누어 보면, 남성지도자 연결중심워드에는 자립을 향한 의지로, 정신적 측면에는 규약과 물질적 측면에서는 사업계획을 지도해 주며, 도박이나 술과 같은 부정적 요소를 없애서 소득의 증대를 꾀한 것으로 나타난다.

여성지도자 연결중심워드에는 공동성(共同性)을 향한 의지로, 정신적 측면에는 여성 교육에 새로운 기여를 하였고, 물질적 측면에서는 가족계획과 같은 지원을 해 주었다. 또 부녀회와 구판장을 이용하였으며, 미풍양속의 보존을 통한 긍정적 요소 늘리기가 특징이며 가족을 위한 저축을 꾀했다라고 평가할 수 있다. 따라서 새마을 운동은 <표 12-5>와 같은 자질을 갖는다.

표 12-5 남성지도자와 여성지도자의 연결중심워드

<table>
<tr><th colspan="7">남성지도자 연결중심워드</th></tr>
<tr><td rowspan="3">대상</td><td rowspan="3">자립</td><td colspan="2">지원</td><td colspan="2">부정적 요소 없애기</td><td rowspan="3">소득</td></tr>
<tr><td>정신적 측면</td><td>물질적 측면</td><td rowspan="2">도박</td><td rowspan="2">술</td></tr>
<tr><td>규약</td><td>사업</td></tr>
<tr><td>마을</td><td>+</td><td>+</td><td>+</td><td>−</td><td>−</td><td>+</td></tr>
<tr><th colspan="7">여성지도자 연결중심워드</th></tr>
<tr><td rowspan="3">대상</td><td rowspan="3">공동성
(共同性)</td><td colspan="2">지원</td><td colspan="2">긍정적 요소 늘리기</td><td rowspan="3">저축</td></tr>
<tr><td>정신적 측면</td><td>물질적 측면</td><td rowspan="2">부녀회와
구판장</td><td rowspan="2">미풍양속</td></tr>
<tr><td>교육</td><td>가족계획</td></tr>
<tr><td>가정</td><td>+</td><td>+</td><td>+</td><td>+</td><td>+</td><td>+</td></tr>
</table>

3. LDA 토픽 모델링 분석 결과의 해석

모델링 분석 결과를 해석하면 새마을운동 이전에는 표층에서 보면 욕망의 억압이 오랜 기간 지속되어 완전히 잠재되어 있었다는 점이다. 그 욕망의 억압이 개인(또는 공동체의 구성원)으로 하여금 '숙명'이라는 이름으로 침잠(沈潛)하게 하였고, 그들에게 '가난'을 벗어나려는 어떠한 동기도 부여할 수 없었다(술 · 도박 등의 단어 참조). 즉, 집합적인 관점에서 생활세계의 문화적 문법은 욕망의 잠재화였다. 달리 말해서 체념이 지배하는 숙명적 세계관이었다. 이를 극복하기 위해서는 새로운 이데올로기와 세계관이 필요한 상태였는데, 새마을운동이란 참여자에게 '잘 살 수 있다'는 기대치의 제공을 통한 동기부여에 그 본질이 있다. 즉, 동기부여 받은 개인이 욕망을 현재화(懸在化)시켜 '잘 살아보세'이라는 구호로 가난을 벗어나려는 동기를 부여받았다. 그 집합적인 관점에서 생활세계의 문화적 문법은 더 나은 삶을 향한 갈망으로 바뀌었다. 이를 나타낸 것이 <표 12-6>이다.

어떻게 해서 잘 살아보자는 의식을 주입하여 실제 행동으로 전환할 수 있었는가? [그림 12-7]의 변형을 중심으로 설명해 보기로 한다. 과학적 측면의 인과 관계는 뉴런의 자극에 기초하여 신경생리학적 변화를 일으킨다는 점을 기초로 하여, 전자는 갈증을 불러일으키고 후자는 물 마시는 것으로 실현된다. 이 짜임새(mechanism)를 사회적 차원으로 옮겨보면, 빈곤에 대한 갈증을 느끼게 하고 빈곤탈출을 향한 의

표 12-6 더 나은 삶을 향한 갈망

표층구조	가난과 체념, 전래답습	동기의 부여	소득향상, 생활세계 개선
변 형	기대치가 없어서 실현(동기화)되지 못함		기대치로 인한 실현(동기화)
심층구조	욕망의 억제	새마을운동 (잘 살아 보세: 의식의 개혁)	욕망의 현재화 가능
세계관	숙명적 세계관		발전적 세계관

그림 12-7 새마을운동의 인과의 의미

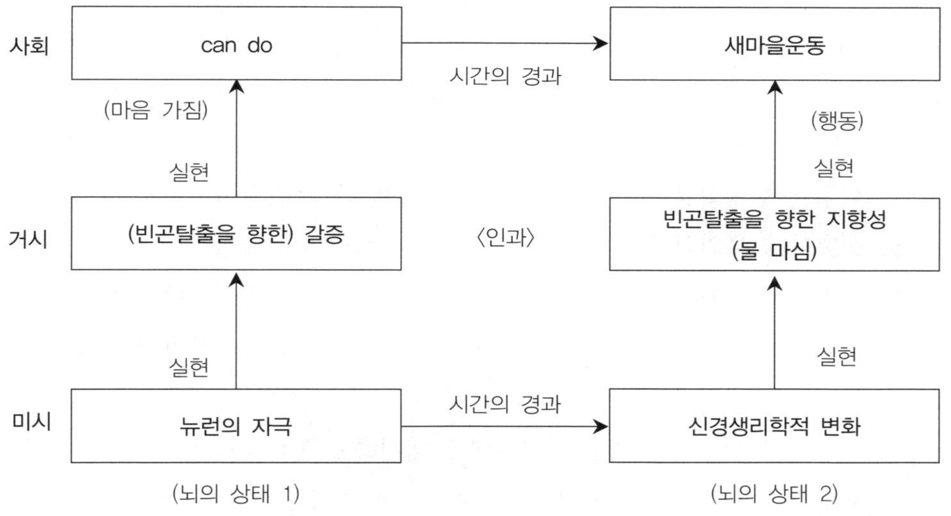

출처: 이광석(2015).

식을 생성시키게 된다. 그것이 '할 수 있다(can-doism)'는 마음가짐(mind-set)을 낳고 빈곤에 대한 갈증이 실현될 수 있도록 하는 과정이 새마을운동의 의의이다. 이 논리는 과학과 사회와의 관계를 미시적 법칙과 거시적 법칙이 관계 맺도록 할 수 있다. [그림 12-5]를 재구성하여 나타낸 것이 [그림 12-7]이다.

즉, 새마을운동의 공헌은 앞서 기술한 대로 욕망의 억압이 오랜 기간 지속되어 공동체 속에 완전히 잠재되어 있어서 숙명이라는 이름으로 가난을 벗어나려는 어떠한 동기를 부여받을 수 없었던 상태에서, '할 수 있다'는 새로운 이데올로기와 정책을 통한 '잘 살아보세'라는 동기부여였다. 그것이 기대치를 제공함으로써 성공으로의 의식이 전환되도록 하면서, 나아가 그 위로 전환되는 과정, 즉 노력하는 행동이 보상을 가져오고, 공동체 속에서의 경쟁이나 상향의식을 이끌어 내었다.

제 5 절 | 요 약

행정학이 연구대상으로 삼는 것은 행정현상이고, 행정현상은 행정사실에 기초한다. 행정사실은 사회과학적 측면에서는 행태, 의식 및 무의식으로 구성된다. 지난 시절은 물론이고 지금도 행태만을 다루는 행태주의 접근법이 과학화에 앞서 갔다. 그러나 그 한계를 노정하였고 이제는 다른 접근법에 기초한 시도가 이루어져 왔다. 즉, 의식을 다루는 현상학을 비롯하여 다른 방법론에 대한 관심이 그것이다. 그럼에도 아직도 심층이나 무의식에 입각한 연구방법은 활성화되지 않았다. 구조주의가 과학적이라는 관점을 받아들여 의식을 산출해 내는 구조, 즉 심층구조(무의식)를 연구하는 흐름인 구조주의 접근법이 행정을 연구하는 데 유용하다는 점에 이 글은 주목하였다.

구조주의 접근법은 어떤 대상들 가운데에 내재하고 있는 관계의 체계를 발견하려는 노력으로 그 관계 속에 우리가 생각하지 못한 조화(調和)에 대한 탐구이다. 즉, 다양한 현상 속에서 그 다양성의 배후에 있는 보편적이고 체계적인 구조를 발견하고, 이 관계의 체계를 하나의 언어로 환원시켜 분석하는 작업이다.

이러한 관점에서 변형생성 모형을 분석의 틀로 이용하였다. 이 모형에 따르면, 사회구조란 두 개 수준의 구조적 규칙성을 보이는데, 하나는 그 구조에 참여하는 이들에게 의식되는 표면적 구조인 표층이고, 다른 하나는 그 일정한 행동이나 의식을 생산하고 그 성격을 한정하는 드러나지 않는 심층이다. 이 둘을 연결하는 장치가 매개변인이다.

1970년대부터 전개되어 온 새마을운동과 관련해서는 새마을지도자들의 구술을 LDA

토픽 모델링 분석방법을 활용하여 새마을지도자의 의식구조를 파악하였다. 새마을운동 이전에는 욕망의 억압이 개인(또는 공동체의 구성원)으로 하여금 숙명이라는 이름으로 침잠(沈潛)하게 하였고, 그들에게 가난을 벗어나려는 어떠한 동기도 부여할 수 없었다. 달리 말해서 체념이 지배하는 숙명적 세계관이었다. 이 상황에서 새마을운동이 '잘 살 수 있다'는 기대치를 제공하고, 이를 통해 동기부여를 하였다. 즉, 동기부여를 받은 개인의 욕망이 현재화(懸在化)되어 '잘 살아보세'라는 구호로 가난을 벗어나려는 동기를 부여받았다. 그 집합적인 관점에서 생활세계의 문화적 문법은 더 나은 삶을 향한 갈망으로 바뀌었다. 즉, 숙명적 세계관에서 발전적 세계관으로의 전환이었다.

행정학을 풍요롭게 만드는 길은 방법론을 활성화하는 데 있다. 그 방향으로 나아가기 위해서는 의식을 다루는 현상학적 접근법이나 해석학적 접근법, 또 심층이나 무의식을 대상으로 하는 구조주의 접근법 등을 활용해야 한다. 이 장에서의 서술이 이런 방향으로 나아가는 데 작은 도움이 되었으면 한다.

제13장

의식의 흐름
: 행정과 생활세계의 충돌과 조화를 중심으로

제1절 | 서 론

밀양의 송전탑 사건은 2014년 12월 31일 현재 100여 명 부상 및 2명의 사망으로 얼룩져 있다. 밀양사태 시작 전과 후를 비교해 보면 주민들의 인간관계가 너무나 극적으로 변화하였는데, 이들의 인간 내면의 의식구조를 탐구할 필요가 있다.

의식의 흐름을 여기에 투영하면 무의식이 어떤 계기로 의식으로 튀어나오는 것이라 할 수 있다(무의식의 의식화). 그 무의식이란 행정이 내부 식민지화를 통해 생활세계와 인간가치를 홀대해 왔는데, 내부 식민지화의 수단으로 행정이 제공한 것은 상대적으로 기대에 미치지 못하는 경제적 가치와 벗어난 권력행사임을 깨달은 주민이 의식화하였다는 것이다.

행정은 다른 분야에서 문제 해결이 안 될 때 그 문제를 해결하기 위해 의존하는 관리 작용이다. 그러므로 행정이 강했던 로마의 서민의 삶과 행정이 약했던 서구 중세의 서민의 삶은 비교가 되지 않을 정도로 전자가 유복했다고 한다. 그러한 긍정적 역할을 수행하는 행정이 때로는 바람직하지 않는 모습도 보이는데, 100여 명 부상 및 2명이 사망에 이르는 밀양의 송전탑 사건이 바로 그 사례이다(이하 밀양사태로 부른다). 즉, 밀양사태 시작 전에는 평온과 화목으로 언어화할 수 있는 반면에 지금은 불화로서 특징짓는다. 지역에서 이웃사촌 간, 숙질 간에 원수로 변하였다. 뿐만 아니라 새로운 법률 제정으로 개별적 보상이 가능하도록 하였는데, 이것이 오히려 돈 받을 시기와 누구에게 주는지를 둘러싸고 불화의 원인이 되고 있다. 발전기금을 둘러싸고는 더더욱 그렇다.

윌리엄 제임스(William James)는 의식의 흐름(stream of consciousness)이라는 방법을 창안하여 미드(George Mead)에게 영향을 주어서 상징적 상호작용(Symbolic Interaction) 개념의 전개로 이끌었다(Coser, 1977: 335). 또한 후설(E. Husserl)의 현상학에 영향을 주었고, 이후 슈츠(A. Schutz)는 이 논의를 사회과학에 도입하였다. 한편 하버마스(J. Habermas)는 생활세계와 체계라는 2단계의 사회개념을 제시하고 생활세계를 의사소통행위와 결부시켰고, 더 나아가 생활세계의 내부 식민지화(inner colonization of the life-world)라는 개념을 창안하여 사회과학의 설명력을 높였다. 저자는 이들 개념을 이용하여 행정을 새로운 시각에서 보고자 하는 노력으로 밀양사태를 해석하려는 시도를 하였다. 즉, 이러한 논의는 개인의 가치가 중화됨(neutralization)을 당연시하는 것으로부터 탈피하여야 한다는 명제를 묵시적이든 명시적이든 받아들이는 데 보다 의미가 있다. 이는 연구주제를 생활세계가 아닌 체계에만 눈길을 돌리는 기존의 연구 동향에 대한 비판적임을 의미한다. 즉, 학문의 근본이 Logos라면 logos의 의미가 초기에는 우주 전체의 질서였으나 지금은 기호논리학(logic)으로 전화되었다. 인간은 이성적 동물이라는 명제에서 이성(ratio)은 rate로, 또 calculate로 바뀌어 간 현상은 기술과학 문명 속에서 사유는 측정으로 대체되고 있음을 함축한다고 볼 수 있다. 이는 본질을 평가가능성으로 전환하는 것을 의미한다. 행정학에서의 평가도 이에 의존하는데 계산적 사고를 증진시키는 데에는 공헌하였으나 그 대신에 본질 파악에는 늘 긍정적이라 말할 수는 없다. 지금의 학문에서 사유는 거의 없고 측정하는 것이 증대되고 있다는 지적은(Heidegger, 2008: 169) 행정학에서도 귀담아들을 만한 이야기이다.

이 장에서는 의식의 흐름을 개인적 관점에서 바라보는 것을 넘어서 제2장에서 언급한 바처럼 집합적 의식(collective consciousness)의 흐름에 기초한다. 또 밀양사태를 갈등관리 쪽으로 보는 것이 아니라 (물론 밀양사태가 장기적인 에너지 정책의 관점에서 바라보는 연구도 필요하겠으나), 밀양사태의 근본적 원인이 행정과 생활세계의 충돌에 기인하는 것이며, 행정이 생활세계의 인정에 인색하였기 때문이라는 주장이다. 이를 위해 행정과 생활세계의 두 유형의 의식의 흐름을 추적하여, 두 유형의 의식 사이에 서로 충돌이 진행되고, 행정(여기서는 정책주체)의 의식 쪽으로 이끌리도록 하는 과정을 보여주는 접근을 선택한다. 즉, 이 글에서 전체구도는 체계와 생활세계와의 관계로 이 관계를 살펴보기 위한 연구방법은 의식의 흐름이고 이를 위해 후술하는 <표 13-5>에 기초하여 의식의 흐름이 전개된 모습을 보여주는 것이다. 생활세계의 내부 식민지화는 체계가 생활세계에 간여하는 수단으로, 의식의 흐름이 바뀌어 가는 연유가 행정으로 인한 내부 식민지화라는 것이다. 이러한 연구방법의 기저에는, 체계에 기초하는 행정이 우리가 아는 행정으로, 생활세계를 잘 이해하려 하지 않는 데에서 오는 문제점이 밀양사태로 나타난 것이라는 관점이 배경에 깔려 있다. 행정학은 체계의 이해에는 많은 공헌을 하였으나 생활세계를 행정학의 연구대상으로는 포괄하는 데에는 실패하였다는 의미이다.

제 2 절 | 밀양사태의 전개와 핵심사항

밀양사태는 경상남도 밀양시 일원에 건설될 예정인, 한국전력이 행하는 765kV 신고리~북경남 송전선로 건설사업으로[1] 이 고압 송전탑의 설치공사를 둘러싸고, 일부 밀양 시민과 한국전력 사이에 벌어진 일련의 분쟁을 말한다. 한때 국가적 이슈가 되어 공사가 중단되었던 곳은 신고리~북경남 송전선(총연장 90.5km로 예정)의 제2구간으로, 송전선은 완공 이후 울산 신고리원자력발전소 3호기에서 생산한 전력을 창녕군의 북경남 변전소로 수송하는 역할을 맡게 된다. 그 개요는 <표 13-1>로 정리된다.[2]

---

* 인터뷰 자료(인용부호로 표시) 다음에 인명은 interviewee이다(<표 13-6>에 수록). 다만 사생활보호를 위해, 또 한국전력 직원들은 노출을 꺼리므로 성명 중간에 ○로 표시하였다.

1) 사업자는 한국전력으로 전원(電源)개발촉진법에 따라 원전 비중을 높여서 신고리 원전 3호기, 4호기, 5호기, 6호기가 건설되고 있는 상황에서(7호기와 8호기는 계획), 이들이 생산할 전기를 모두 밀양을 비롯한 몇몇 지역에 송전탑을 이용하여 운반할 예정이다.

2) 이들 출처(source)는 다음과 같다. http://kin.naver.com/qna/detail.nhn?d1id=6&dirId=60206&docId=172772727&qb=67CA7JaRIOyGoeyghO2DkQ==&enc=utf8&section=kin&rank=2&

표 13-1 사업내용

<table>
<tr><th rowspan="2">경과지역</th><th colspan="3">송전탑 수와 송전선로 길이</th><th rowspan="2">제2구간
(신고리~북경남)에서
밀양 지역</th></tr>
<tr><th></th><th>제1구간
(신고리~부산)</th><th>제2구간
(신고리~북경남)</th></tr>
<tr><td rowspan="3">부산 기장군
울산 울주군
경남 양산시
경남 밀양시
경남 창녕군</td><td>송전선로</td><td>20.756km</td><td>69.959km</td><td rowspan="3">상동면
단장면
산외면
부북면
청도면</td></tr>
<tr><td>송전탑</td><td>39기</td><td>123기</td></tr>
<tr><td>밀양 송전탑 수/
전체 송전탑 수</td><td></td><td>69기/123기</td></tr>
</table>

문제는 앞으로의 전력수급 계획에 따르면, 이것이 결말이 아니라 시작으로 이와 유사한 사태가 지속적으로 발생할 가능성이 아주 높다는 점이다. 예컨대, 강원도 지역에 원전이 들어서면 수도권이나 공업지역으로는 송전을 위한 배선에서 똑같은 사태가 발생할 것을 배제할 수 없다고 판단된다. 이 연구의 의미는 여기에 있다고 할 수 있다. 밀양사태는 한국전력을 비롯한 정책주체 측이나 주민 측이나 모두 인정하듯이 전국적인 문젯거리로 부상할 만한 일이 아니라는 점에서[3] 되짚어 볼 필요성이 있다고 하겠다. 사업 추진 경과를 정리한 것이 <표 13-2>이다.

표 13-2 현재까지의 사업 추진 경과

연 도	사 건
2001.5.	송전선로 경유지 및 변전소 부지 선정을 위한 용역 착수
2002.8.	경과대역 조사 및 후보대역 선정
2002.9.	경과 후보지 선정
2002.10.	예정 경과지 지방자치단체와 협의
2003.11.	최적 경과지 선정 및 상세 측량 착수
2005.7.	환경영향평가 초안 제출(낙동강유역 환경청)
2005.8.	주민설명회 개최 및 의견수렴
2006.3.	최종 경과지 확정
2007.3.	실시계획사업 승인 신청

search_sort=0&spq=0&pid=Rzt4JF5Y7t0ssa6Ybwsssssssud−152773&sid=UzBI7nJvLB0AAFKvGtU

3) 이는 저자와 인터뷰한 이들의 공통된 목소리이다(최상원 기자 등).

2007.7.	환경영향평가 협의 완료
2007.11.	정부(산업자원부) 실시계획사업 승인(최종 경과지 승인)
2008.7.	밀양주민들 송전선로 백지화 요구 첫 궐기대회(주민 반대투쟁 본격화)
2009.12.	국민권익위원회 주관 밀양지역 송전탑 갈등조정위원회 구성
2010.11.	경실련 주관 밀양 송전탑 보상제도 개선추진위원회 구성
2011.5~7월	밀양주민-한국전력 대화위원회 운영, 18차례 대화
2012.1.16.	이치우 노인(당시 74세) 분신자결
2012.3.7.	국정감사 예정 및 밀양 송전탑 구간 공사 중지
2012.6.11.	밀양 송전탑 구간 공사 재개
2012.7.	밀양 상동면에 헬기로 3t 굴삭기 및 자재 투입
2012.9.	밀양 송전선로 한국전력 대책위 구성
2012.9.24.	국회 현안 보고 이후 밀양 송전탑 구간 공사 중지
2013.5.15.	한국전력, 송전탑 공사 재개 방침 공식화
2013.5.18.	한국전력, 송전탑 공사 재개 관련 대국민 호소문 배포
2013.5.20.	한국전력, 밀양시 4개면 6개 지역 공사 재개 시도 2개 지역주민과 대치
2013.5.29.	한국전력-밀양 주민 공사 일시 중단 및 전문가협의체를 통한 대안 연구 합의
2013.9.11.	정홍원 국무총리 밀양 방문해 공사 강행 시사 밀양 송전탑 갈등 해소 특별지원협의회, 가구당 400만 원씩 개별보상·태양광 밸리 사업 추진 등을 핵심으로 한 주민 보상안 확정
2013.10.1.	한국전력, 10월 2일부터 송전선로 공사 재개 방침 및 공사 재개에 따른 호소문 발표
2013.12.6.	상동면 고정 마을 주민 유한숙(71)씨 농약 마시고 사망
2013.12.13.	권모(53)씨 자살 기도
2014.6.10.	No.127 및 No.128 등의 송전탑 터에 행정대집행 계고
2014.6.11.	위 장소에 행정 대집행으로 한국전력이 송전탑 터 확보

출처: 한국전력(2012) 및 wikipedia(http://ko.wikipedia.org) 정리.

지금까지의 비교적 그렇게 해결해 왔던 다른 지역하고는 달리 왜 여기만 해결이 어려운가? 그 특수성을 다음과 같이 요약할 수 있다. 첫째는 용량문제이다. 지금까지 사용된 345kV에 비해 이곳에서는 756kV가 사용된다는 점이다(한국전력, 2012). 둘째는 밀양지역에 가장 많이 건설된다는 점이다. 제2구간 송전탑 123기중에서 69개가 건설되고 있다. 셋째는 송전탑이 마을 입구나 논 등 생활공간과 가까운 곳에 건설된다는 점이다. 넷째는 전형적인 경제성 중심 분석인 '공사 빨리, 돈은 적게'라는 방식에 기초하여 사업을 실시하였다는 점이다. 즉, 한국전력이 "설득하고 소통하여 이해시켰다면 반발이 이렇게까지 커지지 않았을 것이고 비용도 적게 들었을 것이다"(최상원 기자). 여기에서의 교훈은 소통의 중요성이 등장하였다. 즉, 한국전력의 계속된 주장인 "이제는 돌이킬 수 없다. 시간이 없다///원자력발전소는 완공을 향해 다가가기에 따라서 밀어붙일 수밖에 없다"는 주장에 설득되지 않았음을 의미한다. 밀어붙이는 방법은 주민찬성률을 끌어 올리고, 반대자를 과격파 또는 강경파로 묶어 흑색선전(matador)을 흩날린다고 대책위원회 측은 주장한다.[4] 이 사태에 대해 많은 논쟁이 지펴졌는데 이들을 주제별로 간단히 정리하면 <표 13-3>과 같다.

표 13-3 논쟁의 주제별 정리

주 제	주민 측	한국전력 측
용역 보고서	한국전력의 의견을 반영한 치우친 보고서로 인문지리의 고려가 없었다.	GIS(지리정보시스템)를 활용한 경과지 선정이므로 객관적이다.
고압선의 전자파가 사람에게 끼치는 영향	인체 유해설[5]	인체 무해설[6]
노선변경	노선변경이 있었다.[7]	원래 계획한 대로 설치되었다.
송전탑의 필요성과 이격거리	송전탑이 꼭 필요하지도 않으며 마을에서 일정거리(거의 1km) 이상 떨어져야 함에도 심지어 200m 정도에도 설치되었다.[8]	일정거리(거의 1km) 이상 이격되었다.
지중화(地中化)	가능	수용불가능: 시간과 돈이 많이 든다.
전원(電源)개발촉진법	전원(電源)개발촉진법에 문제있다.[9]	전원(電源)개발촉진법에 따라 시행한다.
외부세력	외부세력은 없다. 있다면 탈핵운동 단체뿐이다.	외부인의 선동에 의해 증폭되었다.[10]
지역이기주의	지역이기주의가 아니다.	지역이기주의이다.
재산권	침해이다.[11]	법에 따른 규정이다. 만약 보상을 올리면 국민 혈세가 들어간다.

4) 이 부분의 정리는 최상원 기자와의 인터뷰와 그 자료 및 대책위원회 사무국장 이○삼 씨와의 인터뷰를 이용하였다.

5) 이 근거는 765kV 송전선로의 송전용량으로 인한 자기장에 노출될 위험성이다. 주민 측 주장에 따르면, 어린이 백혈병 발병률이 3.8배 높아지는 3mG(밀리가우스: 자기장 세기 단위) 전자파에 연중 노출되는 것으로 분석된다고 밝혔다.

이상의 논의를 참고하면 밀양사태를 다음과 같이 요약할 수 있다. 법적으로 하등 문제가 없다는 인식의 문제를 먼저 지적할 수 있다. 예컨대, "처음 분신자살한 이치우 노인의 경우는 논 가운데 송전탑이 서고 보상은 그 송전탑이 서는 곳과 선로가

---

6) 산업자원부 고시 전기설비기술기준은 국제가이드라인에 따라 833mG를 자계강도 허용치로 규정하고 있으며, 한국전력은 이를 토대로 765kV 송전탑 및 송전선로 주변의 자계 강도를 넘는 경우는 없으므로 아무런 문제될 것이 없다는 주장이다. 또 서울의대는 정부 연구과제로 지난 2002년 9월부터 2008년 8월까지 6년 간 환자군과 대조군 각 470명을 대상으로 역학조사를 벌여 송전선로 전자계 노출과 소아암 발병과의 관련성 연구를 진행했다. 연구팀은 "전자계가 소아암에 미치는 영향에 대해 국제적으로 논란이 있었으나 정부가 추진한 세계적인 규모의 역학 조사 결과 이 같은 논란을 불식시킬 수 있는 결과를 도출했다"고 밝혔다.

7) 경남도민일보, 2012.9.27(진영원 기자)와 Ohmynews, 2014.4.2(박석철 기자)의 기사를 참조하라.

8) 밀양시의 송전탑에 반대하는 주민들과 환경운동가들은 송전탑이 불필요하다는 근거로 "신고리 원자력발전소 3호기가 들어서더라도 다른 송전탑을 이용해 송전할 수 있다"는 것이다. 신고리 원자력발전소가 2014년 여름 가동되면 송전 용량이 초과되어 건설을 서둘러야 한다는 정부 측에 대해 "신고리 3호기도 원전 비리에 연관되어 시험성적서를 위조한 부품을 사용한 사실이 드러나 안전성이 확인되지 않았다. 확인되지 않은 부품을 사용하는 것은 위험하기 때문에 신고리 원자력발전소를 2014년에 가동시켜서는 안 되므로 밀양 송전탑을 2014년 여름까지 조속히 건설할 필요가 없다"는 주장이다. "용량이 초과되는 일은 신고리 원자력발전소 7, 8호기를 건설하면서 노후화되어 안전사고가 발생하고 있는 고리원자력발전소 1호기의 사용을 연장할 때나 일어나는 것으로 고리원자력발전소 1호기를 연장하는 것이나 이 지역에 원자력발전소를 집중적으로 건설하는 일 모두 위험하다"는 주장 등을 하고 있다(한○수, 이○삼, 이○우 등).

9) 전원(電源)개발촉진법 및 관련 규정들이 갖고 있는 재산권 침해의 문제점은 다음과 같다. 765kV 송전선로는 345kV 송전선로에 비해 송전용량이 5배에 달하며 전압이 높을 경우 거리에 따른 자계강도 감소 효과마저 희박해짐에도 불구하고, 765kV 송전선로 건설에 따른 피해보상이 345kV 관련 규정에 준하여 이루어지고 있다. 송전선로 건설과 관련된 피해보상 지역은 크게 송전탑 건설 부지와 송전선로 선하지로 구분되는데, 전자는 매입의 형태로 후자는 임대의 형태로 보상된다. 그러나 실제 매입이 이루어지는 송전탑 건설 부지는 극히 일부분이고, 송전탑 일대의 광범위한 토지가 아무 용도로도 사용할 수 없는 땅이 되어 버린다. 선하지(線下地)에 대한 보상의 경우, 송전선로 바로 아래 좌우 3m에 대해서만 임대하는 형식을 취하여 사실상 보상으로서의 의미가 전무하다.

10) 이는 대책위원회 이○삼 사무국장과의 인터뷰에서 아래에 제시된 자료에 대해 질문하였을 때 그가 제시한 서술에 근거한다. http://kin.naver.com/qna/detail.nhn?d1id=6&dirId=61401&docId=181959759&qb=67CA7JaRIOyGoeyghO2DkQ==&enc=utf8&section=kin&rank=4&search_sort=0&spq=0&pid=Rzt4JF5Y7t0ssa6Ybwssssssud-152773&sid=UzBI7nJvLB0AAFKvGtU. http://ko.wikipedia.org/wiki/%EB%B0%80%EC%96%91_%EC%86%A1%EC%A0%84%ED%83%91_%EC%82%AC%EA%B1%B4

11) 현실의 사례를 살펴보면, "시가 4억 원의 논에 송전탑이 건설되는데, 송전탑이 건설되는 면적에 대해서만 보상이 이루어지기 때문에 6천만 원의 보상금만을 받은 채 나머지 논은 모두 못쓰게 된다"고 한다. 더욱이 이른바 "선하지만 보상하므로 다른 지역의 경우를 보면 154kV 송전선로와 345kV 송전선로 주변 수km 일대의 토지매매가 중단되고 지가가 폭락하여 재산권 행사가 사실상 불가능하다"고 한다(이○우).

지나가는 이른바 선하지(線下地)보상이 전부이다. 매수청구권도 없다.[12] 이 토지의 현지 가격은 6억 원 정도로 이 액수가 이들이 일군 평생 재산이다. 그러나 송전탑으로 인해 토지가격은 하락하였다. 그럼에도 공사를 위해 법 절차에 따라 법원에 공탁금 6천만 원을 내고 공사를 강행하였다. 두 번째 자살한 노인(74세)의 경우 양돈사업을 경영하고 있었는데 300m 떨어진 곳에 송전선이 지나간다는 정보를 얻고 나름으로 이를 처분해 보려고 노력하였으나 허사였다. 더욱이 이들은 대체로 금융기관으로부터의 부채가 있는 형편인데, 송전탑이 들어선다는 방침으로 토지가격 하락으로 담보물권의 가치하락을 우려한 금융기관에서 대출금 상환을 요구하였다"(이○삼 및 최상원 기자). 이러한 법적 절차는 법적으로 하등 문제가 없으나, 행정은 대출금 파악과 조정을 통한 생활세계의 보호도 그 역할에 들어가지만, 그 역할을 하지 않았고, 그러한 고려없는 행정이 격렬한 대립으로 이어진다.

특히 언급되어야 할 요소가 소통의 부재와 그로 인한 불신으로 이는 상상 이상으로 컸다. "한국전력기술(주)이 GIS(지리정보시스템)를 활용하여 송전선로 경과지를 선정하였으므로 인위적인 송전선로의 선정이나 변경은 불가하다"(한전의 B)라는 해명에도 불구하고 신문보도와 주민들은 송전탑 건설과 선로 변경에 관해, "어떤 곳은 노선을 변경시켜 주는가 하면 주민이 요구하는 곳은 안 된다"(이○우)고 느낀다. 그 핵심은 불신으로 이는 "힘의 논리에 따라 노선이 좌우된다"는 인식을 심어 주었고,[13] 이른바 줄곧 반대하는 사람들의 관점에서는 "자신들이 힘이 없기 때문에 당하는 것"으로 인식하고 있으며(이○우), 이로 인해 좌절감과 굴욕감 등을 안기고 있다. 실체를 과정으로 보는 관점을 취한다면[14] 불신 및 좌절감과 굴욕감의 해소에 등한시한

---

12) 밀양사태의 진행 중에 제정된 송·변전 설비 주변시설 보상 및 지원에 관한 법률(이하 송주법)에서는 주택매수 청구권을 180m로 규정하고 있다. 이 이상의 이격거리에서는 전자파 영향은 없다는 의미이다. 그러나 토지에 관해서는 매수청구권 대신에 시행령에 감정가격의 28%를 보상해 주는데, 그 범위가 3m에서 33m로 확대되었다.

13) 대책위원회에서 일하는 주민 한 분의 증언에 따르면, "노선이 직선으로 지나가면 그 전파 영향력 범위 안에 지역 실력자의 인척 집이 위치하므로 선로가 굴곡이 졌는데, 이에 따라 이치우 노인의 논에 송전탑이 서게 되었다. 이에 분함을 어쩌지 못하고 자살하였다"고 주장한다.

14) 고대 헤라클리투스(Heraclitus)로부터 출발했다고 하는 이 관점은 불교 사상가들 또한 이와 같은 사상인데, 현실의 보편적 형태는 존재가 아니라 생성이라고 한다. 즉, 앞선 것들과 일정한 관계를 가지는 사건들의 연속적인 생성으로 보면서 실체의 개념을 거부하였다. 근대에서는 화이트헤드(Alfred Whitehead)가 어떤 실체가 생성되는 방식이 그 실체의 본질을 형성한다[이른바 과정의

정책주체(한국전력)에 더 많은 책임이 있다고 하겠다. 왜냐하면 여기서의 중요한 문제는 전원(電源)개발촉진법이기 때문이다. 한국전력은 "① 법적으로 하등 문제가 없다. ② 법에 따라 규정된 보상으로 해결하자. ③ 필요시에 행정목적 수행을 위한 수단은 결과에 의존한다"라는 등식이다. 반면에 주민들의 의식은 "① 국책사업이라도 잘못된 것은 잘못되었다고 지적하며, ② 보상 이야기하지 말라(심지어 돈 모자라면 우리가 십시일반 모아 줄게). 보상보다는 살던 그대로 살고 싶다. ③ 가능하다면 송전탑을 옮겨다오"라는 태도이다. 이 상충되는 접근은 공탁을 통한 공사 강행[15]으로 이어졌고 해당 주민들의 반발과 공권력 행사 등으로 충돌한 것이 밀양사태이다.[16] 결국 낡은 법(전원개발촉진법)이 주민을 설득시키지 못했다는 것으로 법이 시대를 못 따라 가는 데에 대한 의문과, 법 규정 만능의 행정에 의문을 제기하였다. 이는 행정목적 달성을 위해 주민의 생활세계를 무시하는 행정에 생활세계가 굴복하는 것으로 볼 수 있다. 이를 정리하여 서로 간에 주장을 변형하여 맞추어 보려고 하는 것이 다음 단계이다.

제 3 절 | 행정과 생활세계: 밀양사태 논의의 전제

헤겔(G. W. F. Hegel)의 명언 중에 "미네르바의 부엉이는 황혼에 난다"고 한다. 그 말을 여기에 적용하면 이제 거의 종결되었다는 이 사건에서[17] 그 의미가 무엇인지를 되돌아보고 이와 같은 불행한 사건이 다시 나타나지 않도록 하기 위해 무엇을 해야 할 것인가를 토론할 가치가 있다. 즉, 행정학에서 연구해야 할 것 중에 하나가 '생활세계와 행정과의 충돌 및 조화'의 연구에 있다고 하였다. 예컨대, 주민들이 아쉬

법칙]고 주장하면서 실재는 과정이라는 관점을 취한다(Lauer, 1992: 178－179).

15) 밀양사태가 아닌, 이와 유사한 다른 사례에서 사전에 동의도 없이 무단으로 송전탑을 설치한 한국전력에 대해 재산권을 침해당한 농민이 송전탑 철거소송을 제기하였는데, 이에 대해 대법원은 농민의 권리남용이라면서 소를 기각했다.

16) 이상은 밀양사태를 계속 취재한 최상원 기자와의 인터뷰에서 얻은 결과이다.

17) 이는 한국전력 당국자를 비롯하여 밀양사태를 줄곧 취재한 취재기자들의 말로서 후유증이 있기는 하나, 2014년 6월 11일로 종결되었다고 봄이 타당하다.

움을 내비치는 것 중에 하나는 “한국전력은 목적달성 후 떠나면 그만이지만 그곳에 남아서 살아가야 하는” 주민들은 “투쟁 과정에서 초지일관으로 투쟁한 이들과, 중도에서 방향전환한 이들과, 이들 사이에서 중재를 알선한 자들 서로 간의 앙금은 상상 이상”이라는 것을 지적하고 있다(최상원 기자). 선의로 중재를 알선한 자들이라 하더라도 “마을 간첩으로 불리며 상종을 하지 않으려 함이 비일비재하며 형제 간에서 제사도 가지 않는”(이○우) 사례도 보고하였다. 주민들이 공동으로 투쟁하였는데 방향 전환한 이들이 “재산적 이득을 누린 반면에 줄곧 투쟁한 이들은 엄동설한에서도 그 고생한 것에 대한 분함”(한○순) 등이 쌓여 있다. 행정이 이들의 분함을 줄여 주는 것도 하나의 의무가 아닐까?

1. 선행연구 검토

행정학적 관점에서 본 연구와 유사한 주제로 이루어진 최근의 선행연구는 김진호(2007), 김창수(2008), 심준섭(2012), 심준섭・김지수(2011a; 2011b), 은재호・김형성・최대용(2011), 은재호(2012) 등이 있는데, 거의 갈등 관리로 접근하고 있는 점이 특색이다. 또한 현상학을 방법론으로 이용한 선행연구들은 신충식 외(2010), 사공영호(2012), 한세억(2011) 등이 있다. 신충식 외(2010)에서는 생활세계 관점을 통해 맞춤형 경찰복지제도를 심층적으로 분석해 보았다. 맞춤형 경찰복지제도의 생활세계적 관점이란 경찰공무원의 대다수를 차지하고 있음에도 불구하고 자신의 목소리를 제대로 내지 못하는 하위직 경찰공무원들이 공유하는 입장이며, 현상학에 기초하여 질적 연구를 수행하였다. 사공영호(2012)의 연구는 제도의 수립을 가능하게 하는 몇 가지 조건, 즉 집단지향성, 공유언어, 준수동기 등이 생성되고 발전・확산되는 과정을 인간의 마음의 능력과 일상적인 상호작용관계에 기초하여 설명하고 있다. 한세억(2011)의 논문은 정보화 성취과정에서 드러난 사상적(事象的) 편린으로서 정보서비스 이용, 정보화 부처 관계, 인터넷 확장과정에서의 경험적 사건들이 개인과 조직, 그리고 생활세계에 미친 영향을 현상학적으로 접근한 것이다.

외국의 연구는 고전적 연구라고 할 수 있는 Mccurdy(1973), Harmon(1990), White(1990) 등이 있고, 최근의 연구는 Morçöl(2005), Andersen & Grush(2009)과 Holt &

Sandberg(2011) 등이 있는데, Morçöl(2005)은 현상학의 철학자들인 후설(E. Husserl), 하이데거(M. Heidegger), 그리고 메를로-퐁티(Maurice Merleau-Ponty)의 철학을 개관하고 이들 철학 사이의 차이를 논의하는 한편, 현상학과 복잡계 이론(complexity theory) 및 인지과학에서의 공통점으로 수렴되는 것은 데카르트의 객관적 세계관이 가지는 문제점이라는 함축을 제공하고 있다. Andersen & Grush(2009)를 행정학의 범주로 포함시키기는 어려우나, 심리학과 철학 발전에서 두 주춧돌(two colossal developments)은 윌리엄 제임스(William James)와 후설(E. Husserl)로 그들의 학문의 원천과 시간의식의 발전을 잘 소개하고 있다. Holt & Sandberg(2011)에서는 현상이란 그것이 나타나는 맥락과 관련된다는 것을 강조하고, 따라서 조직의 연구에서 이해되는 인식이란 일상생활에서 경험된 것이라는 관점을 향해 나아가야 한다고 주장한다.

2. 두 유형의 세계

생활세계는 기본적으로 개별적 주체만의 공간이지만, 사회적 관계를 형성하면서 새롭게 구성·재구성된다. 따라서 일상적인 생활세계는 평범하면서도 소박하지만, 견고하고 당연하게 여겨지는 세계이며, 단일하고 지속적인 개인의 정체성을 형성하는 세계이다(김영수, 2012). 철학에서 논의하는 생활세계는 추상성이 높은 단계에서 논의하기 때문에(이종훈, 1992), 사회과학적으로는 받아들이기 어려운 점이 많다. 물론 최근에 이를 지역학과 결합시킨다거나(최경섭, 2010; Choi, 2007) 욕망과 관련시키는 논의(김영수, 2010), 의사소통으로 이해하는 논의 등은 추상성을 구체화를 통해 사회과학적 접근이 가능하도록 한다는 점에서 긍정적이다.

김영수(2012)에서는 인간의 생활세계는 세 가지로 구성되는데, 그것은 주체로서의 욕망, 욕망을 실현하기 위한 물질적 조건의 형성, 그리고 노동능력이다. 생활세계는 노동능력을 형성하기 위한 생활공간의 필요성, 생활공간을 유지하기 위한 수단과 장치, 그러한 수단과 장치를 소유하기 위한 화폐의 획득, 화폐를 획득하기 위한 노동능력의 실현, 노동능력을 재생산하기 위한 생활공간의 필요성 등으로 구성된다고 할 수 있다.

최경섭(2010)은 생활세계를 뿌리 내려 살고 있는 지역을 중심으로 논의되고 있다. 즉, 지역으로 구체화되는 생활세계는 결코 추상적이거나 이념적인 것이 아닌 우리에게 직접적으로 주어진 것이다. 그러므로 생활세계는 학문, 예술 등등 모든 고도(高度)의 지적(知的) 결과물들의 근본토대로서 기능한다(최경섭, 2010). 여기서 생활세계로서의 지역은 구역과는 다르다. 전자가 물리적이고 사실적이면서도 유동적/역동적이고 다양/다채로우며 수없이 많은 가능한 모습들을 잉태하고 있는 반면에, 후자는 물리적이고 객관적인 것이라고 정의되기 때문이다. 더 나아가 지역이란 '나'라는 주체 또는 '우리'라는 상호 주체가 함께 연루되어야만 발생하고 구성되는 정신적인 결과물이라는 점이다(최경섭, 2010). 따라서 공간적으로는 지역, 인간적으로는 우리라는 정신적 결과물을 공유하는 주체들, 시간적으로는 과거와 현재 및 미래가 얽혀 있는 것이 생활세계라 할 수 있다.

박인철(2004)에서는 생활세계를 후설(E. Husserl)의 초국가성 개념을 의사소통적 공동체, 고향세계와 이방세계의 종합을 통한 상호문화적 공동체를 제시한다. 박인철(2006)은 하버마스의 의사소통적 합리성을 비판하는데, 이는 생활세계적 주체의 감성적이고 비합리적인 측면을 전혀 고려하지 않은 것이 문제라고 보고, 그 대안으로 후설의 사랑의 공동체론을 제시한다.

이를 사회과학적으로 승화시킨 슈츠에 따르면, 의식의 지향성이란 무엇에 대한 의식으로(being consciousness of something), 모든 경험이란 의식과 의식이 지향하는 지향적 대상에 의해 결정되고, 경험이란 조각조각 떨어져 있는 것이 아니라 그 속에 결합을 내포하는 동적인 전개이다. 새가 이 나무에서 저 나무에로 날아가는 것을 볼 때 새와 나무만 경험하는 것이 아니라 '이 나무로부터 저 나무로'라는 관계(from－to)도 동시에 주어진다. 즉, 항들뿐만 아니라 항들 간의 관계도 주어지는 근본적이고 원초적인 경험을 순수경험이라고 하며, 이는 유동적이고 변화이고 흐름이다(정윤정, 2011).

위에서 언급한 최경섭(2010), 김영수(2012), 박인철(2004), 박인철(2006), 정윤정(2011) 등과 후술하는 하버마스(1981; 1987) 등은 사회과학에 한발 더 가까이 다가오는 노력이라고 평가할 수 있다. 이들의 연구를 기초로 하여 객관세계와 생활세계를 비교한 것이 <표 13－4>이다(<표 8－7>을 다시 그린 것이다).

표 13-4 생활세계와 객관세계의 비교

	생활세계	객관세계
인간	① 개별화된 인간 ② '나' 또는 '우리'라는 주체가 함께 연루되어야만 발생하고 구성 ③ 삶의 의지, 욕망, 감정 등을 가진 피와 땀이 흐르는 인간	① 표준화된 인간 ② 인간 = Σ개인 ③ 삶의 의지, 욕망, 감정 등을 사상한 합리적 인간
공간	① 유동적/역동적이고 다양/다채로우며 수없이 많은 가능한 모습들을 잉태 ② '지역' 개념과 어울림	① 물리적이고 사실적 ② '구역' 개념과 어울림
시간	① 과거와 어울리는 시간 ② 전통, 권위 등이 개재되는 시간 개념	① 과거보다는 미래를 향한 단절된 시간 ② 전통, 권위 등이 개재되지 않는 시간 개념
기반	의사소통행위	화폐와 권력
접근방법	① 사이 관계를 중시(이기상, 2014) ② 의미론 중시 ③ 비타산적인 접근	① 편익이나 비용 분석을 중시 ② 형식문법 중시 ③ 합리적인 접근

사회과학의 관점에서 이 생활세계의 개념은 하버마스의 이론에서 2단계 사회이론을 구성하여 그 의미가 더 심화되었다고 이해할 수 있다. 따라서 다음 항에서는 하버마스의 두 유형의 세계를 살펴보기로 한다.

3. 하버마스에서의 두 유형의 세계

하버마스 사회학에서는 2단계의 사회개념을 제시한다(Swingewood, 1994: 289-295; Habermas, 1992; 전태국, 1996: 519; Heath, 2011). 이에 따르면, 사회는 체계와 생활세계로 구성되며 체계는 "금전이나 권력과 같은 것을 매개로 한 일종의 자율적 행위체계"인데 비해, 생활세계는 "상징적 공간(symbolic space)으로서 문화전통·가치·윤리규범 등이 재생산되는 터전"(Swingewood, 1994: 289-295; Heath, 2011: 74-90; 김문조, 1990)이라고 한다. 생활세계 개념은 후설(E. Husserl)의 현상학에서 유래하고 체계 개념은 파슨즈(T. Parsons)에서 끌어 왔다(전태국, 1996: 519). 따라서 이 견해를 받아들이면 생활세계 영역은 '언어적으로 달성된 합의'에 의해 조정되는 의사소통행위에 기초하는 데 비해,[18] 체계의 영역은 권력과 화폐의 매개에 의해서 조종되는 목적합리적 행동으로 개념화된다(Fultner, 2011: 54–73). 또한 전자는 행동주체의 참여자 입장에서 접근한 것인데 비해, 후자는 관찰자 전망에서 접근한 것이다(전태국, 1996: 519). 즉, 생활세계는 의사소통적 행동을 발전시키고 통치체계와 경제체계는 언어적 상호이해를 전혀 필요로 하지 않는 권력과 화폐의 매개를 통한 도구적 행동을 발전시켰다(전태국, 1996: 521). 체계와 생활세계의 관련성을 살펴보면, 생활세계는 체계에 대응하여 개인 및 가정으로 대표되는 사적 생활세계와 지역사회 및 매스컴으로 대표되는 공적 생활세계로 나눠지며, 생활세계와 체계는 화폐나 권력이라는 체계의 매체에 연계되어 있다(제10장의 <표 10–3>을 참조하라).

하지만 생활세계는 체계와 항시적 긴장 관계에 있고 현대 사회에서는 더더욱 심화되고 있다고 한다. 그 이유는 생산과 수익성을 지배하는 체계의 명령에 따라 화폐와 권력이라는 체계의 조종매체가 국가의 역할과 결합하여 생활세계의 구조에 침투하여, 언어적으로 매개된 상호작용을 왜곡하고 언어 속에 각인되고 있는 진리들이 갖는 합리적 · 보편적 요소들을 훼손하고자 한다(박지윤, 2011). 즉, 생활세계와 체계는 화폐나 권력이라는 매체에 의해 연계되는데, 이때 경제체계와 통치체계라는 하위체계가 각각 금전화(monitarization) · 관료화(bureaucratization)되어 화폐 및 권력이 본연의 매체적 역할을 벗어나 상징적 재생산이 진행되는 생활세계로 침범하는 현상을 생활세계의 내부 식민지화(inner colonization of the life–world)라고 한다(김문조, 1990). 하버마스는 이를 막기 위해 사람들이 의견을 내놓는 공간을 공론장(Offentlichkeit: public sphere)으로 명명하는 한편, 사적인 시민들이 공적인 사안들에 대해 이야기를 나누고 의견을 형성하여 정치에 참여하는 생활세계의 시공간적 조건을 공론이라고 명명하였다(Habermas, 1989). 공론장은 이성적이고 합리적인 토의에 의해서 공적 사안이 합의되거나 결정되는 시민의 정치 참여 영역이다. 강제 없는 참여 · 공적 사안에 대한 자유로운 대화 · 이성적인 토론과 비판이 공론장의 특징이다. 공론

---

18) 하버마스의 의사소통행위이론에서 가장 중요한 개념은 의사소통적 합리성인데, 여기서 말하는 합리성은 고독한 주체가 객관세계의 어떤 것을 성공적으로 인식하고 조작할 때 성립하는 합리성이 아니라 언어 및 행위능력이 있는 주체들이 어떤 것에 관해 서로 이해를 도모할 때 성립하는 합의성이다(장춘익, 2011: 6).

장은 전통적으로 집단의 구체적 목표·취향·선호 등 교환의 장소를 제공한다. 공론장에서는 정치 문제에 관한 합리적·비판적 담론이 활성화된다. 공론장의 논의 과정에서 비판적·합리적 토론은 개인에게 비판적 이성을 가지게 한다(박지윤, 2011; Goode, 2005; Habermas, 1989).[19)]

제 4 절 | 밀양사태의 의식의 흐름

1. 연구방법론: 의식의 흐름 방법

윌리엄 제임스는 1890년에 의식의 흐름이라는 개념을 도입하여,[20)] 또 다른 현상학의 한 갈래를 이루었다(James, 1990; Putnam, 1997; Gurwitsch, 1964). 윌리엄 제임스는 사람의 정신 속에서 생각과 의식이 끊어지지 않고 연속된다는 것을 인식하고 인간을 심리적 존재로 파악한다[21)](Myers, 1986: 54-72). 즉, 개인의 마음에 속하는 의식은 가변성·연속성·선택성의 성질을 갖고 있으며, 의식은 명료한 실질적 부분과 실질적 부분을 관계짓는 추이적 부분으로 이루어진다(木田 외, 1994). 의식의 흐

19) 그러나 현대 사회에 들어오면서 공론장은 훼손되기 시작한다고 한다. 그 이유는 공론장이었던 언론이 상업화하여 스스로 특정한 이해를 관철시키기 위해 정보를 제공하는 장으로 바뀌게 되었기 때문이라고 한다(박지윤, 2011; Habermas, 1989).

20) 정신분석학에서 의식은 무의식(unconsciousness)과 대립하며, 현상학에서 의식은 대상들의 중심이며 언제나 무엇인가에 대한 의식, 즉 지향성이다(한국문학평론가협회, 2006; Gurwitsch, 1964). 한편 문학에서 의식의 흐름은 William James(1976; 1990)에 많이 의존하고 있는데(Myers, 1986; Kumar, 1962), 의식의 언표(言表) 이전 수준(pre-speech)을 탐구하는 데에 중점을 두는 방법이다(Humphrey, 1954: 4). William James(1976; 1990)에서 전개된 의식의 흐름 방법과 후설(E. Husserl) 사상 사이의 유사성은 슈츠에 의해 지적되었다(정윤정, 2011; Schutz, 1941). 저자는 이 의식의 흐름 방법이 의식 그 자체에 관한 연구에 기초하는 현상학적 방법보다 행정학 연구에 더 적합하다는 견해를 가지고 있다.

21) 이에 대한 자세한 논의는 안세권(2006)을 참조하라. 심리주의 소설에서 인간의 행동은 그의 심리적 동기를 설명하는 증거로 활용되며, 인상, 회상, 기억, 반성, 사색과 같은 심적 경험이 소설의 주된 내용을 이루게 된다. 제임스 조이스(James Joyce)는 『피네간의 경야』라는 작품에서 무의식의 흐름까지를 서술하고자 했다. 우리 문학에서 의식의 흐름 방법은 이상의 『오감도』 등의 소설에서 펼쳐져 있다. 오상원은 한국전쟁을 배경으로 한 소설 『유예』에서 총살을 당하는 병사의 의식의 흐름을 치밀하게 서술하고 있다(한국문학평론가협회, 2006).

름의 방법에서 관심을 두는 것은 삶의 영역에서의 정신적인 경험인데, 그 경험의 무엇(whatness)과 어떻게(howness)를 포함하며,[22] 의식을 인간 경험을 지각하는 장소로 보고 있다(Humphrey, 1954: 7-8). 여기에서 말하는 의식이란 의식 · 전의식(pre-consciousness) · 잠재의식(subconsciousness) · 무의식(unconsciousness)이라는 층으로 이루어져 있는데(Hoffman, 1959; 곽호완 외, 2004), 이를 나타내기 위해 [그림 12-3]을 다시 그린 것이 [그림 13-1]이다(Hoffman, 1959: 129-131).

의식의 흐름 그 자체에 접근할 수 있다 함은 현상학적 환원의 방법으로 인해서이다(Schutz, 1941: 445-446; Gurwitsch, 1964). 대체로 의식의 흐름 방법은 사태 당사자의 의식의 모습을 그려내기 위해 언어표현 이전의 단계에 초점을 두어 새로운 삶의 영역을 드러내 보인다(오교성, 2000). 이후 인문학이나 문학 · 예술 등에 이 방법은 큰 영향을 미쳤다(정윤정, 2011). 문학에서는 전의식에 가까운 것을 내부독백(interior monologue)과 내적 분석(internal analysis)로 나누는데 그 차이점은 작가가

그림 13-1 의식의 층과 억압

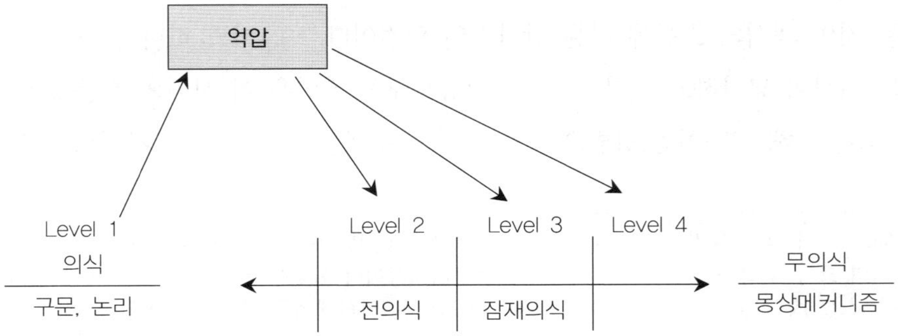

주1) 여기서 몽상(dream-mechanism)은 합리적 · 과학적 사고보다는 직관, 또는 직접적 체험으로 되돌아감으로써 비로소 파악할 수 있는 것에 대해 사유하는 의식 작용으로 문학적 용어이다(한국문학평론가협회, 2006).
주2) 앞서 설명한 의식의 선택성에서, 즉 그 대상의 어떤 일부분에 흥미를 지니고서 다른 것을 무시하게 된다(木田 외, 1994).
출처: Hoffman(1959: 130).

22) 여기서 '무엇'과 '어떻게'를 엄격히 나누는 것은 불가능하지만 대체로 무엇이란 감각 · 상상 · 개념작용 · 직관 등을 포함하며, 어떻게는 상징화 · 느낌 · 연상작용의 과정 등을 포괄한다(Humphrey, 1954: 7).

간여하지 않느냐 간여하느냐에 있다(Hoffman, 1959: 129; Bowling, 1968: 349).[23] 이 방법에 따르면, 인간 내면의 의식구조를 상위와 하위로 구분하여, 정리된 이성의 경지인 언어표현의 단계(speech level)와 정돈된 언어로 표현할 수 없는 혼돈의 경지인 언어표현 이전의 단계(pre−speech level)로 나누고, 관계자(<표 13−6> 참조)가 기술한 것[녹취자료]을 기초로 언어표현 이전의 의식의 흐름을 탐구한다.[24]

관계자가 기술한 것을 기초로 밀양사태에 적용하기 위하여 두 관점으로 나누는데, 그 첫째는 슈츠(Alfred Schutz)의 방법론인 주관적 해석과 객관적 해석으로 나누어 보아야 한다(Zaner & Engelhardt, 1973; 신충식 외, 2010). 여기서의 주관적 해석이란 정책주체의 주관적 해석과 정책대상인 주민의 주관적 해석으로 나뉘는데, "송전탑과 송전선로 건설이 국가적 사업"이라는 측면과 30년 전의 "전원개발촉진법에 근거를 둔 법 집행에 따라야 한다"(이상 한전의 A)는 인식이 전자이고, 30년 전의 법률에 근거하므로 개인의 재산권 침해가 현재의 경제적 가치를 반영하지 못한다는 인식이 후자이다. 즉, "국가적 사업이지만 이로 인해 평생에 모은 재산이 재산가치가 거의 없어졌다"(이○우)고 느끼는 것이 주민의 주관적 해석이다.[25] 그들의 말에 따르면, "아침에는 정부 방침을 수긍하고 저녁이 되면 정부의 방침에 분노"(김○목)로 반응하는 것이 의식의 흐름에 따른 당사자의 의견이다. 즉, 어느 하나가 다른 것을 억압하는 현상이 교차하고 있다. 어쩌면 밀양사태의 원인은 이 사이의 갈등으로 볼 수 있다. 객관적 해석도 이런 방법으로 둘로 나눌 수 있다. 즉, 주민들 자신의 객관적 인

23) 제임스 조이스의 『율리시즈』, 마르셀 프루스트(Marcel Proust)의 『잃어버린 기억을 찾아서』 등이 의식의 흐름 수법을 활용한 심리주의 소설의 대표작이다(한국문학평론가협회, 2006). 의식의 흐름은 소설 속 인물의 파편적이고 무질서하며 잡다한 의식세계를 자유로운 연상작용을 통해 가감 없이 그려내는 방법을 말한다. 그러나 이것은 하나의 문학적 방법이지, 실제 의식의 흐름 자체는 아니다. 의식의 흐름 방법을 사용하는 소설은 외적 사건보다 인간의 내적 실존과 내면세계의 실체에 관심을 집중한다(한국문학평론가협회, 2006; Humphrey, 1954: 7). 의식의 흐름에는 본문에 기술했듯이 내부 독백(interior monologue)과 내적 분석(internal analysis)이 있는데 이 글은 후자에 기초한다.

24) 그 방법론은 제12장 각주 13)에서 보듯이 하나의 기준은 description of와 description on이고, 다른 하나의 기준은 주관적 해석과 객관적 해석이다. <표 13−5>에서 보듯이 후자는 이 장의 분석을 위해 수용하지만 전자는 emic/etic으로 바꾸었다.

25) 이 주관적 해석의 결과가 극단적으로 자살로 이어지게 되었는데, 대책위원회 주장에 따르면 한 분의 죽음을 경찰이나 관계 당국에서 인정하지 않고 있었다. 이후 그 분의 유언이 공개되어 파란을 일으켰다.

식은 개인은 "국가의 장래를 위해 수용하여야 한다"(이○우)는 것으로 정책주체의 주관적 해석이나 외부인 그룹의 견해와 일치한다. 문제는 정책주체의 객관적 해석이다. 그것은 주민들의 요구가 "일방적 주장"(한전의 C)으로 들어 줄 것이 없다는 것이다. 정책주체의 객관적 해석이 정책대상의 주관적 해석과 일치하였다면 쉽게 이 문제가 풀렸을 텐데 여기에 아쉬움이 있다.

그 둘째는 에믹(emic)/에틱(etic) 방법, 즉 내부자 관점과 외부자 관점으로,[26] 하버마스의 참여자의 내적 관점과 관찰자의 외적 관점으로 나누어 설명하는 방식과 유사하다(최재식, 1999; Yates, 2011). 정책주체나 정책대상인 주민의 주관적 해석과 객관적 해석은 모두 에믹적 측면이다. 에틱적 관점이란 주변에 있는 외부인들, 예컨대 핵심적 이해당사자에 해당되지 않는 마을 주민이나 언론계, 시민 등이 어떻게 생각하는가 하는 것을 말한다. 이들의 주관적 해석은 "주민들의 주장은 이해는 하지만 밀양 발전을 위해 어떻게 해야 하는가"에 초점을 두고, 정책주체의 "보상이 이 지역의 활성화에 얼마나 도움이 될 수 있는가"에 관심을 둔다(예○식). 객관적 해석은 "국가의 장래를 위해 수용하여야 한다"(윤○선)는 견해로 주민들의 주장에 대해 비판적이다. 이러한 서술을 종합하여 <표 13-5>로 나타낼 수 있다.

표 13-5 언어표현 이전을 밝히기 위한 언어표현의 유형들

해석 기술	주관적 해석 (Subjective Interpretation: SI)	객관적 해석 (Objective Interpretation: OI)
당사자의 의견 [에믹(emic)]	I	II
외부인의 의견 [에틱(etic)]	III	IV

26) 에틱(etic)과 에믹(emic) 방법은 미국의 언어학자이자 인류학자인 케네스 파이크(Kenneth Pike)가 만든 것으로 용어는 Phonemics(음소론)에서 에믹(emic)을, 에틱(etic)은 Phonetics(음성론)에서 유래하였다. 에믹은 원주민들의 관점(folk perspective)을 말하는 것으로서 원주민들의 범주 그 자체(natives' own category)를 말한다. 에틱은 분석적 관점(analytic perspective)으로서 검증할 수 있는 과학적 판단(verifiable scientific judgements)을 말한다. 에믹은 실재에 대한 원주민적 모형의 설명과 표현이고, 에틱은 관찰자의 기준에 따른 사회문화체계의 기술이고 비교이다. 이 글은 이를 변형하여 의미를 생성하였다.

이 언어 표현의 유형들이 의미하는 것은 이렇게 분석하고 난 뒤에 주민의식의 흐름을 살펴보니, 참여자 자신의 의식의 흐름이 주관적 해석을 객관적 해석으로 바꾸고, 외부인의 주관적 해석에 맞추려고 하며, 결국 외부인의 객관적 해석을 수용하는 귀결하는 것으로 종결된다는 점이다. 즉, 후술하는 바처럼 Ⅰ에서 Ⅱ로, Ⅱ에서 Ⅲ으로, Ⅲ에서 Ⅳ로의 변화와 유사하였다.

또한 문학에서의 의식의 흐름이 개인의 의식의 흐름을 다루지만, 밀양사태의 경우에는 개인의 의식을 넘어 관련자들도 비슷하게 의식의 흐름이 형성된다는 점이다. 이 <표 13-5>의 기준에 따라 밀양사태의 참가자와 외부인 그룹 및 그들의 의식의 흐름을 살펴보기로 한다.

2. 밀양사태의 참가자와 외부인 및 그들의 의식의 흐름

밀양사태를 냉철히 살펴볼 시점이 되었다고들 하는데, 이로 인해 이 분야에 관심을 갖고 있는 많은 문필가·작가·연구자 등이 실제로 현장을 방문하고 인터뷰를 요청하고 있다고 한다.[27] 그러나 송전탑 건설 반대편에 서서 호소하고, 항의하고, 데모하고, 극렬하게 저항한 이들에게는, 그 과정에는 참여하지 아니하고 패배로 귀결될 것이 확실시되는 이 시점에 다가오는 많은 문필가·작가·연구자 등을 "고운 눈길로 바라보지 않음도 또한 사실임"을 그들이 고백하였다(이○삼). 그럼에도 불구하고 이 연구는 지속적으로 찾아다니며, 사전조사·현장조사 및 당사자 인터뷰·분석·결론의 4단계로 이루어졌다. 사전조사는 지금까지 출간된 보고서나 저서, 인터넷 자료를 숙독하고, 현장에서 취재한 담당기자들을 인터뷰한 자료와 토론을 통해 그 윤곽을 파악하였다. 이들 자료로부터 1차적으로 외부인 그룹과 참여자 그룹으로 나누어지며, 참여자 그룹도 정책주체와 정책 대상그룹으로 나뉘며 전자는 한국전력으로 특정하였다. 후자는 처음부터 현재까지 줄곧 반대하여 행정대집행을 당하는 그룹, 중도에서 방향전환한 그룹으로 나뉘고 있음을 파악하였다. 또 이들 당사자들 외에 그 후원자들이 존재하는데, 그 후원자들이란 대책위원회나 참여 전문가 그룹을 말한다.

27) 이들이 집필하여 펴낸 책이 미류 외(2014)이다.

표 13-6 밀양사태 관련 당사자 분류

<table>
<tr><th>1차 분류</th><th colspan="2">2차 분류</th><th>3차 분류</th><th>자 료</th><th>인터뷰</th></tr>
<tr><td>외부인</td><td colspan="2">(이해당사자가 아님)</td><td>일반 밀양 주민이거나 이에 관심이 있다고 판단된 이들</td><td>인터뷰</td><td>최상원 기자(한겨레신문)
강원식 기자(서울신문)
예○식(약국 경영: 2회)
윤○선(출향민: 3회)</td></tr>
<tr><td rowspan="8">참여자</td><td rowspan="2">정책 주체</td><td>직접적</td><td>한국전력</td><td>자료와 인터뷰</td><td>박○○ 차장(2회: A)
이○○ 차장(B)
박○○ 차장(C)</td></tr>
<tr><td>간접적</td><td>용역참가자
밀양시청,
보상협의회 등,
중앙정부(산업자원부)</td><td>자료</td><td></td></tr>
<tr><td rowspan="6">정책 대상</td><td rowspan="3">줄곧 반대</td><td>부북면 평밭마을</td><td>인터뷰</td><td>이○우
한○순
이○자</td></tr>
<tr><td>상동면 고답마을</td><td>–</td><td></td></tr>
<tr><td>단장면 용해마을</td><td>–</td><td></td></tr>
<tr><td>중도 방향전환</td><td>청도면 소태마을 등</td><td>인터뷰</td><td>김○목</td></tr>
<tr><td rowspan="2">후원자 단체</td><td>대책위원회</td><td>인터뷰</td><td>이○삼(사무국장)</td></tr>
<tr><td>참여 변호사 및 성직자</td><td>인터뷰</td><td>한○수(변호사)</td></tr>
</table>

이상을 도표로 보이면 <표 13-6>과 같다.

이에 따라 주민의식과 정책주체의 의식을 살펴보기로 한다. 주민의식은 통시적 흐름과 공시적 흐름으로 나누어 살펴본다.

1) 주민 의식의 흐름(Stream of Consciousness from residents' viewpoint)

위 <표 13-5> 유형들의 Ⅰ, Ⅱ, Ⅲ, Ⅳ를 통시적 흐름으로 파악하면 4단계로 나뉜다. 그것은 통시적으로 무지와 정부 신뢰 · 분노와 거부 · 타협 · 수용의 단계를 거친다는 고찰에 기초한다. Ⅰ단계는 밀양 주민들은 처음에는 얼마나 큰 규모인지, 구체적으로 어디에 설치되는지, 그것이 당사자에게 어떤 의미로 다가오는지 등에 무지했다. 그 후 국가적 사업이라고만 알게 되었는데, 그러면서도 정책주체에 대한 신뢰를 가지고 있어서 설사 무언가 잘못이 있더라도 요구사항이 이루어지리라는 믿음을 갖게 된다(예컨대, 노선을 바꿀 수 있을 것이라고 믿는 것이나 현실적 가치에 상응하는 보상의 기대 등이다). 그런데 이 요구사항이 실현되지 않음이 판명되는데, 이 시기는 대체로 2005년 또는 2006년쯤까지로 보인다(<표 13-2> 참조). Ⅱ단계에서는 사건이 확대된다. 그 과정은 국가적 사업이라고만 알고 있던 관련 주민에게 많은 정보가 전달되고, 이 정보에 기초하여 정책 당국에 대해 요구사항을 전달하였고, 요구하던 것이 이루어지지 않음이 판명되고 이에 대해 분노와 거부의 태도를 보인다. 예컨대, 해당 주민들의 증언에 따르면 "돈이 필요없다"거나 "내가 사는 땅이다. 조상 대대로 살아왔고, 살아갈 땅이다"(이○우)와 같은 강경한 투쟁의식이 자리잡고 이어서 투쟁이 조직화되는 시기이다[대책위원회 조직]. 이어서 자살과 같은 불행한 사건이 관심을 끌게 된다. Ⅲ단계로 접어들면서 보상협의회의 구성 등으로 '밀양의 이익'이라는 관점으로 전개된다. 시간이 지나면서 "투쟁도 힘들고 이탈자도 많아지면서 서서히 투쟁동력이 떨어지고 정부의 (보다 유리한) 제안에 타협"하게 된다(김○목). 즉, 방향전환이 이루어진다. Ⅳ단계에서 정부안의 수용(또는 변형된 수용)으로 종결된다.

이제는 주민 의식의 공시적 흐름(Stream of Consciousness from synchronic view-point)을 살펴보자. 이는 정책 당국과의 관계, 이웃과의 관계, 외부인과의 관계로 범주화할 수 있는데, 이웃마을과의 관계는 줄곧반대 그룹에게 대해서는 "믿을 만하고 동지적이고 미래를 생각하는 이들"(한○순)이라고 하나, 방향전환 그룹에 대해서는 배신감["우리가 그렇게 해 주었는데"](이○자)과 돈에 매수된 이들로 본다["자기 부모도 팔아먹은 놈들"](이○우). 그리고 그들에게는 더 큰 적대감을 보이고 있다. 이들 관계를 중심으로 표로 작성한 것이 <표 13-7>이다.

표 13-7 주민 의식의 공시적 흐름

관 계			공시적 흐름
정책 주체와의 관계	초기	신뢰 문제	국가적 사업이라는 당위성에 따라 손해를 감수할 수 있다.
		수단 문제	① 그 보상에 비해 피해가 너무 크다. ② 그럼에도 불구하고 돈으로 해결하자는 데 대해 반발
	후기	신뢰 문제	목적 달성 후 떠나면 그 뿐인 무책임한 당국
		수단 문제	① 얼마 되지도 않는 돈으로만 해결하려는 비열함 ② 분열시키고, 고립시키고, 협박하였다.

<table>
<tr><td rowspan="5">이웃과의 관계</td><td rowspan="3">from 줄곧반대 그룹</td><td>to 줄곧반대 그룹</td><td colspan="2">믿을 만한 동지이고 미래를 생각하는 이들</td></tr>
<tr><td rowspan="2">to 방향전환 그룹</td><td>배신감</td><td>우리가 그렇게 해 주었는데 …</td></tr>
<tr><td>더 큰 적대감</td><td>① 자기 부모도 팔아먹을 놈들
② 우리를 고립무원화시키는 결과</td></tr>
<tr><td rowspan="2">from 방향전환 그룹</td><td>to 줄곧반대 그룹</td><td colspan="2">① 미안함과 자괴감
② 그러나 결과는 달걀로 바위치기</td></tr>
<tr><td>to 방향전환 그룹</td><td colspan="2">이해한다: 어쩔 수 없다.</td></tr>
<tr><td rowspan="4">외부인과의 관계</td><td rowspan="2">초기</td><td>대의명분</td><td colspan="2">우리 잘 먹고 잘 살려고 이렇게 하는 것 아니다</td></tr>
<tr><td>연대의식</td><td colspan="2">① 알려 달라. 함께해 달라.
② 중재자가 문제될 듯</td></tr>
<tr><td rowspan="2">후기</td><td>냉소</td><td colspan="2">① 우리를 돕는 이들은 없다(?)
② 마을 간첩으로 오인받기</td></tr>
<tr><td>생활세계 의식의 파괴</td><td colspan="2">① 너희와 우리로 구분하는 방식(Benedict, 1935)
② 마을 간첩으로 오인받기 싫어함: 따라서 중재자로 나서기를 꺼려 함</td></tr>
</table>

2) 정책주체의 의식의 흐름 (Stream of Consciousness from policy authority's viewpoint)

정책주체 의식의 흐름도 Ⅰ, Ⅱ, Ⅲ, Ⅳ의 4단계로 나눈다. Ⅰ단계에는 "전원개발촉진법에 기초하여 법대로 집행하는 것"이라는 의식이다(한전의 C차장 및 최상원 기자). 따라서 상대방에 대한 배려 등은 크게 보이지 않는다.[28] 즉, 당국이 독립변수로 기능하였다. Ⅱ단계에서 물리력의 동원과 결사적인 저항과 같은 이유로 인해 사건이 확대된다. Ⅲ의 단계에는 "법대로의 집행이 불합리하다"는 점을 인식하기 시작한다. 또 "그 법 자체가 시대에 뒤진 것"임도 인식한다(한전의 C). 여기서 주민의식이 독립변수화하고 따라서 법대로의 원칙에 심각한 훼손이 발생한다. 이는 다른 접근을 찾아야만 하게 된다. 그 첫째는 "민심 다독이기라 할 수 있는데, 장관이나 지사, 총리 등의 방문"이라 할 수 있다(최상원 기자). 그 둘째는 보상협의회와 같은 대표기관의

28) 저자가 노선변경의 문제(경남도민일보, 2012.9.27. 전영원 기자; 오마이뉴스, 2014.4.28. 박석철 기자)를 한국전력 본사 갈등관리팀에 전화로 문의했을 때, 이른바 "전국지의 경우만 벤치마킹하고 지방신문이나 인터넷신문 등의 보도는 벤치마킹하지 않는다"고 대답하였다. 이는 한국전력의 방향과 어긋난 주장에 대한 반발이라고 볼 수도 있으나 지방에 대한 멸시의식의 표출이라고 볼 수도 있다.

변화이다. 셋째는 지역구 국회의원 등이 중심이 되어 '송주법'이 제정된 점 등을 들 수 있다. 넷째는 방법의 변질이라 할 수 있는데, 법대로 보다는 주민이 주장하는 소수화 전략의 채택으로 보인다.[29] 이어서 Ⅳ단계인 종결로 접어든다.

3) 두 흐름의 종합

정책주체 의식의 흐름에서 그 목적이 에너지 문제의 해결이고 그 수단이 법에 따른 행정이며, 그 구체적 수단으로는 소수화 전략(분열·고립·협박)인데 비해, 정책대상 그룹의 의식에서 그들의 목적의식은 생활세계 유지에 있고 그 수단은 연대와 단결 추구·집회·농성·하소연 등이라 하겠다.

이들 사이의 접점을 찾아가는 (물론 일부는 접점을 찾았다고 표현하기에는 주민의 앙금이 남아 있지만) 과정을 변형원리라는 이름으로 고찰해 보자. 정책주체의 의식은 법치행정에 따르고 있다. 즉, 근거가 없는 행정을 할 수 없다는 확고한 의식이 자리잡고 있다. 또 한편에서는 능률적 행정관에 기초하므로 정책대상 그룹의 생활세계 파괴 등 가치체계에 대해서는 무관심하다는 점이다. 이에 따라 "분신자살하고 이를 무마하기 위해 뒷거래(?)를 하고"(이○자), 따라서 사회적 비용이 더 들어가는 데 대해 다른 접근을 모색한다. 그것이 시대에 맞지 않는 법을 대신하는 새로운 법(송주법)을 만들겠다는 약속이다. 정책대상의 의식에서도 노선 변경이나 집단이주 또는 지중화의 불가방침을 인식하기 시작한다. 또 한국전력사장·장관·총리·도지사의 방문으로 민심을 다독이려는 노력에 기대를 걸기도 하였다. 이어서 어쩔 수 없다는 인식의 확산으로 점점 자괴감이 자라지만, "송주법 제정으로 보상에서라도 유리하게"(김○목)라는 의식이 자리잡게 된다.

---

29) 녹취록의 증언은 다음과 같다. "지금 한전에 한○○이라고 하는 … 차장이라고 하던가 … 글마가, 작년 재작년서부터 이 마을 할머니 할아버지들한테 공갈협박을 놓고, 또는 젊은 사람들 … 물질공세를 해서 … 술 받아주고, 밥 사주고 해서 매수를 하고 합의도장을 찍도록 만들고 있는데, 할머니 아들이 대구시청에 공무원으로 근무한다고 합니다. 그걸 인적조회를 해서 할머니한테 데모를 하면 아들에게 지장이 있다고 하니까 못 나오는거라 … 이렇게 공갈협박을 하고 … 왜 이렇게 비열한 방법을 하는가 이거라 … 주민 분열 다 시키고 … 우리 국민의 정신적인 문화를 황폐화시키고 있습니다"(이○우).

그림 13-2 의식의 흐름 종합

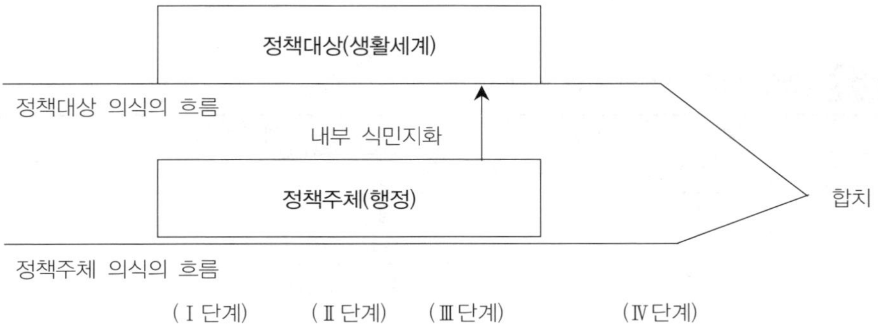

밀양사태의 의식의 흐름을 종합하여 윤곽을 나타낸 것이 [그림 13-2]이며, 여기서 보듯 정책주체 의식의 흐름 쪽으로의 굴절에 의해 종결됨을 나타내려 하였다.

의식과정만을 살펴본 것이 <표 13-8>로, <표 13-5>에 따라 변화하는 의식을 나타낸 것이다.

표 13-8 밀양사태의 정책 주체와 정책대상의 의식의 흐름

	의식과정			
	Ⅰ단계	Ⅱ단계	Ⅲ단계	Ⅳ단계
정책주체	법대로 집행	① (주민들의 보다 많은 정보에 기초한 객관적 상황인식에 정책주체가 대응) 정부의 물리력의 동원 ② (이로 인하여) 사건이 확대	① 법대로의 원칙에 심각한 훼손 ② 새로운 제안	종결 또는 해결
정책대상(주민의식)	① 무지하고 무관심 ② 정부에 대한 신뢰	① 분노와 거부 ② 주민의 저항	① 주민의식이 독립변수화 ② 투쟁동력이 떨어짐 ③ 새로운 제안과 타협	① 어쩔 수 없는 수용(방향전환 그룹) ② 공권력에 위해 종결(줄곧반대 그룹)
특징	에믹의 주관적 해석(SI)에 머무름	에믹의 객관적 해석(OI)으로 전개됨	에틱의 주관적 해석(SI)으로 전환: 보상협의회의 구성 등으로 '밀양의 이익'이라는 관점	에틱의 객관적 해석(OI)으로 전개: 국가의 장래를 위해 수용하였다.

이들을 기초로 정책주체와 정책대상의 의식과 변형원리를 표로 만든 것이 <표 13-9>이다.

표 13-9 밀양사태의 의식의 흐름 종합

<table>
<tr><th colspan="2">분 류</th><th colspan="3">역 할</th></tr>
<tr><td rowspan="2">정책주체의 의식</td><td>목적의식</td><td colspan="3">에너지 문제의 해결</td></tr>
<tr><td>수단의식</td><td colspan="3">① 법에 따른 행정
② 소수화 전략(분열 · 고립 · 협박)</td></tr>
<tr><td rowspan="5">변형원리</td><td rowspan="2">정책주체의 의식(법치행정에 따르는 유연성의 문제)</td><td colspan="2">① 법대로의 집행이 불합리하다
② 그 법 자체가 시대에 뒤진 것
③ 법 제정(송주법)</td><td rowspan="5">↑↓</td></tr>
<tr><td rowspan="2">합치 지점</td><td>(자발적) 동의에 의한 합치[30]</td></tr>
<tr><td rowspan="2">정책대상의 의식(어쩔 수 없다는 인식의 확산으로 점점 자괴감, 내부 분열, 해결 후의 굴욕감 증대)</td><td>강요에 의한 합치</td></tr>
<tr><td colspan="2">① 노선 변경이나 집단이주 또는 지중화의 불가방침을 인식
② 한국전력사장 · 장관 · 총리 · 도지사의 방문으로 민심 다독이기
③ 어쩔 수 없다. 보상에서라도 유리하게</td></tr>
<tr><td rowspan="2">정책대상의 의식</td><td>목적의식</td><td colspan="3">생활세계 유지: 내가 사는 땅이다.</td></tr>
<tr><td>수단의식</td><td colspan="3">① 집회 · 농성 · 하소연
② 연대와 단결 추구</td></tr>
</table>

3. 밀양사태에서 생활세계의 내부 식민지화

밀양사태에서의 내부 식민지화의 뿌리는 에믹 관점과 에틱 관점의 괴리에서 오는 강자연합과 소수화 전략이라는 방법과, 그 당사자 주민의 무력감의 표출에 따른 보상이다["어쩔 수 없다. 보상에서라도 유리하게"](김○목). 강자연합을 살펴보면 "인근 지방자치단체(밀양시)는 보상을 받는다. 이들에 비해 소수인 피해를 보는 마을들은 소수로 만든다. 역시 피해를 보는 마을들을 분리하여 소수로 만든다. 즉, 뭉쳐서 반대하기 힘든 사람들을 희생시키는 것"이다(김○목).

기본적으로는 힘으로 그들을 무시한다는 인식 때문에 "보상을 받는 인근 주민에

30) 바로 이 때문에 하버마스의 공론장 이론이나 의사소통행위이론의 적용가능성을 탐색하게 된다(Habermas, 1989; 2011).

게도 패배"의식을 안겨 준다. 내부 식민지화의 수단은 정책주체는 화폐매개체와 권력매개체를 이용하며, 구체적으로 보면 "지금까지 마을 단위로의 공동보상은 있었으나 이 사건에는 공동보상뿐 아니라 가구당 현금 지급 보상(현재 몇 10만 원 단위에서 1,000만 원 단위이고 평균 410만 원임)도 전개되었다. 이 결과 상당수는 찬성으로 돌아섰다. 따라서 이른바 줄곧반대 마을 몇 곳을 빼고 공사진행이거나 완료되었다"(이상 김○목). 권력을 이용한 것에 대한 보기는 유한숙 노인이 사망했던 날, 그 다음날 경찰이 수사 결과를 발표했는데, "수사 경찰관에게 당사자가 분명히 '송전탑 때문에 내가 약을 먹었다'라고 진술했는데 경찰이 사인을 왜곡하여 송전탑이라는 말이 한마디도 나오지 않고, 가정사로 인한 일반 자살 사건으로 발표를 했다"는 사례,[31] 및 각주 29)에서 소개한 이○우 증언이 그것이다.

이에 대항하려면 가진 것 없고 명분도 없는(?) 그들에게는 연대뿐이다.[32] 연대를 희망하지만 점점 고립무원화하는 자신들의 처지는 극단적 투쟁["목숨을 내걸었다"](한○순)으로 표현된다. 또한 그 과정에서 방향전환한 그룹에 대한 적대감이 증폭되고 있으며 더더욱 내부나 외부 변절자에 대한 증오감은 상당하다.

한국전력이 발주한 용역보고서에서 제안한 경과지 선정이라는 방식부터 시작된 밀양의 의미는 어디에 있는가? 첫째, "GIS system을 이용하였기 때문에 객관적"(한전의 B)이라는 주장은 객관이라는 이름 아래 생활세계를 희생시키는 대표적인 행정의 본보기로서 의미를 가진다. 지금 와서 보면, 현장에 가 보고 생활세계와의 관계를 고려하여 노선을 선정하는 절차를 밟는, 충실한 용역보고서가 사전에 필요했을 것이다. 둘째, 정치권이나 행정당국에서 주도한 '송주법' 제정의 의미는 보상으로 해결하

---

31) 가정사로 인한 일반 자살 사건으로 발표한 것이 그 유가족들에게 충격을 주고, 그로 인해 아직 장례를 치르지 못하고 있다고 한다. 즉, 국가 권력이 바르게 얘기를 하지 않고 있다고 주장한다. http://media.daum.net/issue/482/newsview?issueId=482&newsid=20140522060305512 및 http://media.daum.net/issue/482/newsview?issueId=482&newsid=20140508190307332를 참조하라. 현지 주민들의 요구사항인 본문에서 언급한 지중화가 수용되지 않은 것도 생활세계의 내부 식민지화 때문(그들이 힘으로 밀리기 때문)이라고 본다.

32) 무력감을 느끼게 하는 대표적인 사례는 공사재개와 관련이 있다. 주민들은 대화하는 동안은 공사중단을 요청했으나 무시되었다(본문의 <표 13-2> 참조). "공사 재개는 2013.10.2로 되어 있으나, 실제로는 2013.10.1이다"라고 증언하고 있다. "아마도 대통령의 국무회의에서의 질책(7년 동안 뭘 했느냐? 현장에는 가 보았느냐?는 질책)으로 인해 그 후 한국전력사장 · 장관 · 총리 · 도지사가 방문하였다"(최상원 기자 증언).

는 것이다. 지금의 태도는 “더 줄 터이니 우리 편이 되어 달라”는 방식이다. 셋째, 수단의 정당성이다. 주민 사이의 이해관계 차이 또는 그 틈을 파고든다. 이해관계의 차이란 “장사하는 사람과 농민의 관점은 다를 수밖에 없다. 따라서 떨어진 사람이 먼저 합의를 한다. 또한 경제적 사정이 안 좋거나 빚이 많은 몇 사람”(이○우)을 포섭한다. 그러나 그들 또한 피해를 보는 것이다. “나중에 합의한 자들은 더 많은 합의금을 받지만 이도 저도 아닌 쥐꼬리만한 금액을 받은 자들 또한 불만이다. 금액의 측면에서도 소수액”(김○목)이지만, 그들 생활세계에서 별의별 소리를 다 들으며 살아가야 한다.[33] 마지막으로 밀양 주민들은 송전탑 반대 운동의 과정을 통하여 학습과정을 거쳤다. 즉, 체계(system) 자체가 잘못이라는 인식을 갖게 된 것이다. 의식의 흐름을 여기에 투영하면 무의식이 어떤 계기로 의식으로 튀어나오는 것이라 할 수 있고(무의식의 의식화), 그 무의식이란 생활세계와 인간 가치가 홀대받아 왔다는 것이며,[34] 그 의식은 내부 식민지화의 수단으로 행정이 제공한 것이 상대적으로 기대에 미치지 못하는 경제적 가치와 벗어난 권력 행사라는 것을 깨달은 것이다. 구체적으로 송전탑이 지나는 지역의 주민들은 자신들의 재산권이 침해가 자신들과는 아무 상관이 없는, 예컨대 대도시 주민들을 위함이라는 사실에 대해 이해를 하지 못하고 있다. 즉, 원전이나 중앙집중식 발전이 환경파괴나 대도시 주민을 위해 시골주민을 희생시키는 구조적 문제임을 인식한 것이다. 주민이 원하는 것은 바로 여기에 있다. 즉, 돈으로 해결하는 것이 아니라 문제제기에 대한 답을 요구하는 것이다.

제 5 절 | 해결방안: 생활세계와의 조화와 의사소통행위

해결방안으로 우선 전체적인 윤곽을 제시하고 각 당사자의 관점을 정리하고 해결방안을 제시해 본다. 정책주체의 의식을 살펴보면 협상에 나서는 일선이나 중간관리자가 자율적으로 행할 수 있는 재량은 거의 없다. 물론 법치행정에 따라 임하여야 하

33) 지금 현재도 “서로 다른 길을 걸었던 사람들끼리는 함께 하지 않는다고 한다. 집안끼리 제사도 같이 지내지 않는다, 선후배, 친구 사이 등이 모두 파괴되었다”고 증언하고 있다(이○우).

34) 따라서 “목숨을 내걸었다”며 “가스통을 터뜨린다”(한○순)거나 쇠줄로 목을 묶는 일이 일어난다.

고 일관성이나 다른 지역과의 형평성을 고려하여야 하겠지만 유연성의 문제는 지적하지 않을 수 없다. 따라서 정책 수단이란 "동네의 시정잡배의 그것과 다름이 없다"(이○우).

슈츠(Alfred Schutz)나 후설(E. Husserl)의 학문에서처럼 어떤 현상에 대해서 의미 있다고 말할 수 있는 것은 바로 생활세계이며 이는 의사소통행위에 기반한다고 하는데(최재식, 1999), 정책주체의 접근은 본질적으로 이와는 어긋난 접근이었다. 소수자로 만들고 굴종을 강요하는 대책, 생활세계 파괴, 경제성 중심 분석에 전적으로 의지하는 접근 등이 문제를 얽히게 한 원인이었다. 이것이 주민에게는 패배의식·굴욕감 등을 안겨주고 평생 지우지 못하는 분노를 안겨준다. 목적을 달성하고 떠나면 그만인 한국전력과 그곳에서 살아야 하는 주민은 입장이 다르다. 따라서 그 해결방안은 슈츠에서 유래하는 당사자의 의견의 존중, 즉 생활세계의 존중에 기초하여야 한다는 의미이다(Zaner & Engelhardt, 1973). 구체적으로 요약하면 다음을 도출할 수 있다.

① 가장 중요한 것은 법 규정 만능의 행정이 화를 불러일으킨다는 점이다. 법적으로 하등 문제가 없으면 바로 절차를 진행하는 법함수설에 기초한 행정으로 인한 문제이다. 행정은 집행의 원활도 추구하기 위해서는 행정상의 일정만이 아닌 상대방 존중에 기초한 행정이 필요하다. 신고리 원전의 완공을 눈앞에 두고 송전탑이 건설되어야 하는 행정상의 일정에 따라 한국전력이 밀어 붙이려고 한 것에서 일어난 사건이다.

② 생활세계를 이해하는 행정의 원칙이 필요하다. 송전탑의 이격거리는 얼마나 되는가? 인터뷰 자료에 따르면, 자연적 이격거리보다 더 심각한 것은 심리적 이격거리, 즉 이격거리에 대한 인식이 핵심이었다. 마을 입구의 송전탑과 마을에서 단지 보이기만 할 뿐인 송전탑은 같은 물리적 거리일지언정 같은 이격거리가 아니다. 이를 존중했어야 한다. 생활세계를 무시한 이런 싸움 끝에 지역에서 이웃사촌 간, 숙질 간에 원수로 변하였다. 이는 이들에 대한 접근이 잘못되었음을 의미한다.[35]

---

35) "예를 들면, 2012년 1월, 지역주민 이치우(74) 노인이 분신자결하는 사태가 벌어졌다. 분신자결 사태 이후에도 공사가 재개되었으며, 주민들에게 10억 원의 손해배상청구소송을 제기하고 공사 방해금지 가처분신청을 하여 1인당 매일 100만 원의 벌금을 부과하였다. 이후 국정감사가 예정되자 9월 24일 돌연 공사를 일시 중단하였다. 이런 사례는 정책당국의 주장에 따르면, 법적으로 하등 문제가 없다고 한다." 여기서 말하고자 하는 바는 법적으로 하등 문제가 없다가 아니라 "상

③ 행정은 집행의 원활도 추구하여야 하므로 이를 위해 소통을 중시하는 행정이 필요하다. 하버마스의 이론에 비추어 보면 이 사건은 [그림 13-3]의 왼쪽 방향인 전략적 행위로의 접근을 선택하여 소통없이 밀어붙이다가 부닥친 문제였다. 몇 년 전에 완공하였어야 할 문제가 해결되지 않아 이른바 사회적 시간과 비용이 더 들어갔다는 현상을 고려하면 의사소통행위의 중요성을 읽을 수 있다. 국회에서 논의되는 송주법도 이 부분이 부족하다. 대책위와 한국전력 모두 소통하자고 하지만 전자는 지금 시행하고 있는 공사를 중단하고서 주민이 제기한 문제에 대해 설명하고 대화하자고 하며, 후자는 공사를 진행하면서 대화하자고 한다. 즉, 공사하면서 대화할 것인가, 중단하고서 대화할 것인가의 차이이다. 어느 쪽이 더 신뢰가 가는지는 제3자가 판단할 몫이다. 다만 사실판단으로 볼 때에 반대가 없으면 몇 달 안에 끝낼 수 있는 공사이다. 이를 하버마스의 관점으로 바꾸면 의사소통의 합리화에 있다(김득룡, 1988: 270-278; Fultner, 2011; Habermas, 1981; 1987). 이를 그림으로 나타낸 것이 [그림 13-3]이다.

주민 측에서 주장하는 정책주체(한국전력)의 대상 그룹을 "분열시키고, 고립시키고, 협박하는"(이○우) 야비한 수단의 문제 등이 한국전력의 전략적 행위일 가능성이다. 그것이 아니라면 의사소통의 왜곡에서 기인하는데,[36] 정보공개를 통해 왜곡된 진실이 진실로 둔갑하지 않게 조처를 처할 책무가 한국전력에게 있다. 따라서 이러한 왜곡을 막기 위해서는 하버마스의 의사소통행위가 대안이다. 앞서 언급한 대로 초기에는 정책주체가 독립변수였고 주민의식은 종속변수였으나, 후기에는 주민의식의 독립변수화하고 정책주체의 의식은 종속변수화하였다. 따라서 주민 측이 말하는 비열함과 분열시키고, 고립시키고, 협박하였다는 행태가 나온 것으로 보인다. 그 해결방안은 상호 간의 독립변수화이다. 이것이 바로 요즘 유행하는, 그리고 우리의 전통인 만민공동회 개최도 고려할 필요가 있다. 그 세부적인 사항은 협의에 따르면

대방 존중의 태도에 기초하여 사후약방문으로 한국전력사장이 자원봉사활동을 하고 사과를 하고 하였지만 이미 상대방 존중의 태도가 신뢰를 얻기엔 너무 늦었다"는 데에 있다(최상원 기자와의 인터뷰 자료에 의함).

36) 앞서 각주로 지적한 노선변경의 문제를 보도하였던 지방신문(경남도민일보, 2012.9.27. 전영원 기자)이나 인터넷신문(오마이뉴스, 2014.4.28. 박석철 기자) 등의 보도를 파악하지도 못하는 경우나 야비한 수단 등에서 그것이 사실이 아니라면 적극적으로 대응을 하여야 할 것이다.

그림 13-3 하버마스의 의사소통 이론

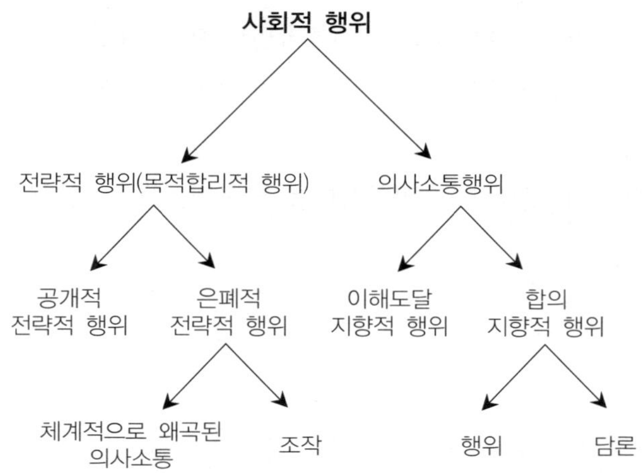

출처: 김득룡(1988: 277).
주) 이런 관점과는 좀 다른 자세한 설명과 그림은 Horster(1992: 26)를 참조하라.

될 것이다.

④ 법에 따른 행정이라는 이름이 가능하기 위해서는 법의 적정성을 검토하는 제도적 장치가 필요하다. 시간이 흘렀을 때도 그 법이 적정한가를 평가하는 제도가 도입될 필요성이 있다. 실제행정에서는 법을 거역할 명분이 없고 이 법의 기계적 집행에 충실하다 보니 밀양사태에 이르게 되었다. 사회적 비용을 고려할 때, 즉 실제로는 더 돈이 들었음을 고려할 때에 주민 측에서 행하는 기타 매수청구권 제도의 도입으로 갈등을 줄일 필요가 있다.

⑤ 행정처분에서 지금까지의 방식인 법칙적(nomothetic) 접근이 아니라 지역 특성에 알맞은 개성기술적(ideographic) 접근이 필요하다. 예컨대, 마을 어귀에서 가능한 한 멀리 떨어져서 시설물 설치를 설계하는 등이 그것이다. 이런 관점에서도 현상학과 지역학의 결합이 필요하다(최경섭, 2010; Choi, 2007). 또 조처 후에 지역주민을 하나로 아우르는 책임있는 자세도 필요하다. 이를 위해 상담이나 치유와 같은 healing system 도입이 필요할 것이다.[37]

37) 실제 이 사건 종결 이후, 박○○ 차장(A)과의 전화인터뷰(2014.7.30)에서는 "한국전력도 그 후유

결국 현재의 구조는 능률적 행정관으로 국가와 국민 사이의 평등한 관계라고는 할 수 없다.[38] 그러므로 그 방향은 인문주의 행정관이나 생활세계적 행정관이라 이름할 수 있는 쪽으로 옮아가야 한다. 즉, 국가와 국민 사이의 대등한 관계로 행정행위를 할 때에 상대방이 자괴감 · 내부 분열 · 굴욕감이 없도록 하고 해결 후의 남아 있는 생활세계의 미래를 고려하는 의사소통행위이론에 입각해야 할 것이다. 이제는 시대의 변화에 맞는 행정이 필요하다. 밀양사태를 타산지석으로 삼아야 할 일이다.

증을 인정하고 중시하여 healing system을 추진하고 있다. 구체적으로는 한국전력 소속의 변호사들은 무료법률상담을 제공하였고, 의사들은 마을 순회진료를 시작하여 정신과 상담도 수행한다" 고 증언하였다. 이는 크나큰 발전이라고 판단하지만 생활세계의 복원이라는 관점에서 추진하여야 한다.

38) 이에 대해 어떤이는 "능률적 행정관이어서 문제이고 시민의 생활세계는 긍정적이라는 것이 지나치게 부각되는 것은 일반화의 위험이 있다. 반대로 못된 시민이 공무원의 생활세계를 식민지화하는 것도 가능하기 때문이다"라고 지적하였다. 이 일반화의 위험은 대표성을 추구하는 질적 연구의 한계이다. 일반화에 관한 간단한 논의는 이광석 · 문유석(2014)을 참조하라.

제14장 행정학에서의 질적 평가

제 1 절 | 서 론

20세기 초반기의 논리실증주의의 유산 중에 행정학과 관련하여서는 평가의 중요성이 우리에게 다가왔다. 논리실증주의를 표방한 비엔나 학단(Vienna Circle)은 검증원리를 통해 평가의 씨앗을 뿌렸는데(Shadish, 2005: 339-366; Bergmann, 1967: 154-163; Ayer, 1982; Gross, 1970), 비엔나 학단을 이끈 슐릭(Moritz Schlick)에 따르면 과학이 진리를 추구하는 데 비해, 철학은 의미의 추구를 목적으로 한다고 한다.[1] 이 의미의 추구가 수많은 논쟁과 그에 따른 수정을 거치며, 특히 미국적 풍토 아래에서 경험주의와 결합하고 행정학에서는 기술성의 필요성 때문에 평가로 구체화되어 자리잡아 가고 있다. 행정학에서 현재 평가의 중요성이 강조되는 이유도 기술성(技術性)의 추구가 행정학의 본령(本領)으로 널리 인정받고 있기 때문이며(박동서, 2005), 이 기술성의 추구에서는 분명히 행정이나 행정학의 발전에 상당히 공헌하고 있다고 하겠다.[2]

1) 이 정의는 논리실증주의의 표어로 슐릭(Moritz Schlick)이 The future of philosophy라는 강연에서 한 말이라고 한다(엄정식, 1988).

2) 그러나 행정학이 학문으로 성립하려면 본질적으로 과학성을 추구하여야 한다는 전제 또한 무시하기 어렵다. 더욱이 오늘날의 행정학이 환경행정, 복지행정, 기후변화행정 등에서 보듯이 다른 영역의 학문과의 교류가 이루어질 때, 행정학의 경쟁력을 인정받기 위해서는 과학성의 추구를 지

정책연구는 대체로 실증주의에 기초하는데, 이는 보통 과학주의(scientism),[3] 행태주의(behaviorism), 양화주의(quantificationism)를 그 핵심요소로 한다(유문무, 2009; Phillips, 1977: 55－73; Stockman, 1983: 7). 행정학에서는 이를 따르면서도 그 구성요소의 강조에는 차이가 있는데, 예를 들면 양화주의에 기초하게 되면 명료성이 확실한 장점이 있지만 포퍼(K. Popper)가 주장하는 대로 과감한 가설정립이 어려워 전파하는 메시지가 작을 수밖에 없다(Chalmers, 1982).

이 글은 평가가 인과율에 바탕을 둔 과학주의에 기초하면서도 그것을 넘어 사회과학에 알맞게 이유(reason)를 고려하는 의도적 설명을 포괄하는 질적 평가를 중시해야 한다는 주장이다. 물론 이 경우에도 양화주의를 배격하지는 않으며, 또 과학주의에 치중하면 명료성이 떨어지는 점을 부인할 수 없지만 질적 평가의 가능성이 열리게 된다.

더욱이 행정학에서 논리실증주의에 기초한 양적 연구가 압도하였으나(Shadish, 2005) 후술하는 바처럼 한계가 있기에 질적 연구의 활성화를 향한 주장이 있어 왔다. 그 결과 만족할 만한 정도는 아니나 어느 정도의 수준과 분량의 연구가 질적 연구에 기초한 연구이다. 이제는 질적 연구에서 질적 평가로 방향을 잡아야 한다. 그 핵심은 어떻게 질적 평가를 행정학의 과학성에 발맞추느냐에 있다. 질적 평가란 질적 연구에서 한 걸음 더 나아간 것으로 양적 평가에서 수용할 수 없는 부분인 연구주제의 내부에서부터 그 관계들까지를 체계적이고 논리적으로 밝히는 것임과 아울러 경험이라는 잣대에 의해 수락되어야 한다. 따라서 이 글은 논의는 논리적으로 밝히는 것임과 아울러 경험이라는 잣대에 의해 수락되는 과정을 질적 평가로 이끌어 이를 활성화하고자 함이다. 이 목적을 위하여 그 제재(題材)를 새마을운동에 관한 논쟁에서 찾는데, 그 이유는 많은 논쟁이 있었기에 찬성과 반대가 확연히 구별되어 논의하기도 쉽다. 아울러 시간이 흘러 그 자료가 축적되어 있다는 장점도 있다. 따라

향하지 않을 수 없다. 행정학이 과학성을 추구한다 하더라도 검증이나 반증, 과학적 연구 프로그램이나 해석과 같은 논증에서는 현재 상당히 불만스럽고, 의미의 추구에 대해서도 이 이슈를 본격적으로 논의한 자료가 많지 않다는 점에서 의미를 추구하고 있지도 않은 듯하다.

3) 여기서 과학주의는 그 부정적 측면인 과학만능주의나 과학맹신주의를 의미하는 것은 아니다. 이에 관해 간단한 언급은 이 책 제6장과 황희숙(2009)를 참조하고, 과학주의에 대한 논의는 Stockman(1983)을 참조하라.

서 이를 중심으로 질적 평가를 논의하고자 한다.

제2절 | 양적 연구와 질적 연구

1. 양적 연구와 그 한계

Bryman(1988)에 따르면, 양적-질적의 차이는 서로 반대되는 인식론적 차이에 기인한다. '양적'의 성격은 실험적이고 가설연역적이며 실증적인데 비해, '질적'의 성격은 근본적으로 맥락의존적이고 해석적 접근이다. 좀 더 좁게 정의하면 질적 접근이란 숫자에 의존하지 않고(non-numeric character), 표준화된 도구를 이용하지 않으며, 언어에 의존하는 방법이다(Henwood & Pidgeon, 1993: 15; Shaw, 1998: 14). 질적 연구방법과 양적 연구방법과의 차이는 <표 9-1>에 제시하였는데, 이를 다시 보인 것이 <표 14-1>이다.

이 양적 접근은 엄밀성의 추구에는 상당한 기여를 하고 있지만 과감한 가설의 정립이나 패러다임의 전환에는 제약이 가해진다(Chalmers, 1982). 더욱이 대상을 중화

표 14-1 질적 연구방법과 양적 연구방법과의 차이

구 분	양적 연구방법	질적 연구방법
현실 인식	단일한 객관적 인식	주관적으로 도출된 다양한 현실이 공존
연구자의 역할	연구되는 변수에서 분리·독립되어 활동	연구대상 현상과 상호작용
연구자의 가치	가치와 관계없이 중립적	가치에 연관되어 가치편향성을 공개적으로 표명
추구 가치	보편성 추구	대표성 추구
특징	법칙정립적(nomothetic)	개성기술적(ideographic)
사용방법	객관성(objectivity)	인간관계(rapport)
연구언어 스타일	비인격적이고 공식적이며 규칙에 바탕을 둔 문장을 사용	개인적이고 비공식적이며 상황종속적인 언어를 사용
연구접근 방법론	상황에 관계없이 귀납법, 제한된 인과관계를 적용	상황에 적합한 연역법, 다변수, 다층적 상호작용(multi-process interaction) 등을 적용

(neutralization)시키므로 대상 하나하나의 특성을 살펴보는, 이른바 대표성이라는 점에서는 한계를 갖는다(조용환, 1999). 여기에 질적 연구방법의 필요성이 제기된다.

2. 질적 연구의 이론적 기초와 그 한계

질적 연구방법이란 제9장에서 설명한 대로 연구대상의 행동(actions)·언어(words)·생각(ideas) 등을 연구자의 눈을 통해(researcher's encounter) 행위 뒤에 숨어 있는 의미나 동기를 밝혀내고 그 행태의 사실(behavioral facts)과 함의(implication)를 찾는 방법이다(Mariampolski, 2001). 질적 연구의 특징은 인간존재에 대한 시각의 독특함이다. 즉, 인간은 범주를 만들고 평가하려는 속성이 있는데, 이를 통해 사회경제적 계급이나 조직 속에서의 칭호에서 보듯이 사회적 위계질서(hierarchy)를 만들어 간다는 점이다. 더 나아가 인간은 부정적(negative)인 개념을 고안해 낸 상징을 이용하여 의사소통하는 발명가라고 본다. 그래서 안돼(don't), 해서는 안 된다(Thou shalt not …) 등의 스스로 만든 도구에 의해 구체적인 상황에서 나타나는 인간의 전략적 반응(행동)을 만들고 사용하는 독특한 능력을 가진 존재이므로 죄의식(guilt)·혐오·수치심 등 모든 부정적인 감정들을 감지하도록 하여 동기(motivation)를 유발한다(Wood, 2000).

그러나 보다 더 긍정적인 측면은 다양한 사람들이 그 삶을 어떻게 이해하고 해석하는지에 관심을 갖는다는 점이다.[4] 따라서 의미의 파악과 해석이 중요하다. 의미의 파악과 해석에 이론적 근거를 제공하는 이론 중에서 중요한 것이 현상학(phenomenology)과 분석철학(Analytic philosophy) 및 구조주의이다(이명현, 1991: 303-315). 차례로 살펴본다.

현상학적 질적 연구는 생활세계라는 토대를 중시한다.[5] 이 생활세계로부터 추상

4) 그 특징은 다음과 같이 요약할 수 있다(곽영순, 2011: 30-31). 첫째, 질적 연구는 자연주의적이다. 즉, 실험실이나 연구자가 통제하고 조절한 상황 속에서 자료를 수집하는 것이 아니라는 것이다. 둘째, 서술적인 자료를 사용한다는 점에서 질적 연구는 서술적이다. 셋째, 질적 연구는 현재의 결과를 초래하게 된 연구과정 자체에 대해서 관심을 가진다. 넷째, 이미 지니고 있던 가설을 증명하거나 반증할 자료를 찾는 것이 아니라 연구 과정에서 추상적인 개념을 만들어 나가게 된다는 점에서 질적 연구는 귀납적이다.

5) 행정학이나 사회과학에서는 현상학(phenomenology)과 현상론(phenomenalism)을 혼동하는 경

화하여 개체의 가치를 중화하면(neutralization) 양적인 세계가 나타난다.[6] 이와는 달리 생활세계로부터의 추상이 개체의 가치를 중화하지 않는 다른 수단을 매개로 하면 다양한 유형의 세계가 나타나고 이를 기술하는 것이 질적 연구이다(이남인, 2014: 346－352). 현상학적 질적 연구는 의식에 비추어진 경험을 기술하므로 질적 연구에 큰 기여를 하였다. 행정학에서도 생활세계와 행정과의 관계를 밝혀줄 유력한 근거를 여기서 찾을 수 있다. 현상학적 질적 연구의 문제는 상호주관성이라는 개념을 간직하지만 "경험을 연구대상자의 의식 안에 주어진 감각자료에 한정하는" 유아론(唯我論, solipsism)에서 벗어나기가 쉽지 않다는 점이다(木田 외, 1994; 이명현, 1991: 306, 313). 더 나아가 기술(description)에는 큰 역할을 하지만 설명(explanation)에는 큰 도움을 주지 못한다는 단점도 노정된다.

분석철학은 양적 연구에 더 친화적이겠지만 질적 연구에도 이바지할 수 있다. 그것은 그 특징이 해체(deconstrution)와 재구성(reconstruction)에 있기 때문인데(이명현, 1991: 303－315), 양적 연구에 의해 구성된 '그 무엇'(예컨대, 어떤 이론)에 대해 해체를 통해 새로운 눈으로 보아서 '어떤 것'으로 재구성할 수 있도록 한다. 특히 의미에 관한 논리적 분석이라는 해체의 전략(이명현, 1991: 304)이 질적 연구에 공헌할 가능성은 상당히 높다고 하겠다.

구조주의가 질적 연구와 관련을 맺는 것은 세계에 대해 우리의 인식 구조를 결정하는 것은 의미로, 의미에 우선을 두기 때문이다. 즉, 언어의 의미체계에 따라 문화의 상이성이 결정되며 세계는 인간이 창안해 내고 의미체계에 의해 이 모양으로 또는 저 모양으로 인식된다고 보는 점이다(이명현, 1991: 312). 구조주의는 현상학이 설명하지 못하는 부분에 대해서도 설명해 줄 수 있을 뿐만 아니라 개인적 차원이 아닌 사회적 차원의 문제도 다룰 수 있다. 다만 이 구조주의는 역사적 성격에 대해서는 침묵하는 점이 단점이라 하겠다(김형효, 2008).

이러한 질적 접근의 문제점은 보편적으로 적용될 수 없으며 대다수의 지지(ma-

우를 많이 본다. 이들의 구별에 대해서는 제8장 각주 11) 및 박병철(2014), 이명현(1991: 313) 및 Park(1998)을 참조하라.

6) 이남인(2014: 346－352)은 이를 "수학적인 수단을 매개로 하면 양적"이라고 보는데, 이는 좁은 의미로 보인다. 예컨대, 경제적 관점에서 'Σ소비자'와 'Σ생산자'로 인하여 시장균형이 이루어진다고 할 때, 이도 양적인 접근이다. 따라서 본문처럼 수정하여 표현한다.

jority agreement)도 확보하기 어렵다는데 문제가 있고, 따라서 심한 비판에 직면함이 보통이다(Shaw, 1998: 12－14). 그러나 질적 접근과 양적 접근을 양립불가능한 패러다임 전쟁으로 볼 것이 아니라 상호 보완을 통한 혼합적 접근이나 통합적 접근으로 본다면 정책의 평가에 유용할 것으로 보인다(박승배, 2006).

3. 연구와 평가 및 그 한계

정책평가의 지배적 양식은 연구(research)에 있으므로(노화준, 2004: 44), 평가는 연구와 밀접한 관계가 있다. 그러나 평가와 연구의 관계를 명확히 규정짓기는 어렵다. 그 구별을 장기(long－term)와 단기(short－term)에서 찾기도 하고, 또 연구란 보편적인 사람들(universal audiences)을 상대로 한 일반화를 추구하는 데 비해, 평가는 특수한 영역에 있는 사람들(a particular audience)을 상대로 하는 맥락의존적(context－bound)인 결론을 도출하려고 한다고 주장함으로써 그 차이를 밝히려 한다(Shaw, 1998: 9－11). 구별의 기준을 실용적이냐 이론적이냐 하는 데에서 찾는 견해도 영향력을 남겼다(Shaw, 1998: 9－11). 이에 대해 캠벨(Donald Campbell)은 평가와 연구의 상호관련성을 강조하는데, 평가는 연구의 한 부분이며 유사한 인식적 관심사에 기초한다고 주장한다. Lincoln & Guba(2011)는 평가와 연구의 구별을 지지한다. 그들은 연구를 문제해결을 위한 것임에 비해, 평가는 가치를 확립하기 위해 행하는 것으로 구별한다. Shaw(1999: 8－9)는 연구와 평가의 관계를 세 가지 주제로 분석하고 있다. 그 첫째는 연구와 평가는 같을 수 있는가/다를 수 있는가? 둘째는 연구는 평가로부터 구별되는가? 셋째는 연구와 평가는 같아야만 하는가/달라야만 하는가?라는 세 가지 주제이다. 첫째는 이론적 질문이며, 둘째는 경험적인 질문이고, 셋째는 규범적 질문이다. 이 주제를 다룸에 있어서 혼란의 핵심은 이론적이고 규범적인 질문이 경험적인 것처럼 다루어지는 데 있다고 하면서 그 구별을 위해 <표 14－2>를 제시한다.

평가(evaluation)는 실용적 목적 달성을 위해 수행되며, 상황적 특성(시간과 장소)과 밀접히 관련된다. 또 평가는 어떤 효과를 가져 오기 위해서 의도적으로 고안된 어떤 프로그램이 가치가 있느냐 (또는 바람직스러운가)라는 의미가 명시적으로 내포되

표 14-2 평가와 연구

평가(Evaluation)	연구(Research)
실제적인 문제를 다룬다.	이론적인 문제를 다룬다.
행위에 초점을 맞춘다.	서술(description)에 초점을 맞춘다.
가치(merit/worth)를 판단한다.	서술한다.
단기(short-term)의 주제를 다룬다.	장기(long-term)의 주제를 다룬다.
평가방법에 의존한다.	연구방법에 의존한다.
학문지향적(non-disciplinary)이 아니다.	학문지향적이다.
내부자(insider)도 평가자가 된다.	언제나 외부자에 의해서 이루어진다.

출처: Shaw(1999: 8).
주) merit는 고유한 속성으로 맥락과 관련없는 자질을 말한다. worth는 맥락에 따라 결정되는 자질이다(Shaw, 1998: 10).

어 있다(노화준, 2004: 50-51). 질적 평가는 질적 연구방법에 기초한 평가방법을 넘어서 해석이라는 데 있으며(Shaw, 1999: 13), 질적 평가에 대한 비판을 극복하기 위한 대안으로 후술하는 확률원리 및 중범위이론이나 연구프로그램방법론 등으로 발전했다는 데 있다. 나아가 질적 평가의 의의는 정의(正義)의 관념과 결합한다는 데에 있다고 주장하기도 한다(Shaw, 1999; Newman & Yeats, 2008).

제 3 절 | 행정학에서의 질적 평가의 전제

질적 평가는 현재 상당히 불만스럽고, 과학성의 추구도 만족스럽지 않고 이 주제를 본격적으로 논의한 자료도 적어서 논의에 어려움이 있다. 그렇지만 위에 언급한 이유로 인하여 양적 연구나 양적 평가에서 볼 수 없는 특징이 있고 따라서 행정학에서 질적 평가가 필요하다. 행정학에서의 질적 평가를 수행하기 위한 전제 조건으로 두 가지를 지적할 수 있다. 첫째로는 정책이 영향을 주는 대상으로서의 생활세계를 전제한다고 함이며,[7] 둘째로는 과학활동으로서의 질적 평가를 논의한다. 차례로 살

7) 물론 정책이 생활세계에만 영향을 주는 것은 아니며 체계에도 영향을 미치지만 이 글의 전개에서는 전자에게 미치는 영향에 주목한다.

펴본다.

1. 정책의 대상: 생활세계

하버마스(J. Habermas)에 따르면, 우리는 생활세계와 사회체계라는 두 유형의 세계에 살고 있다(Swingewood, 1994: 289-295; Habermas, 1992; 전태국, 1996: 519; Heath, 2011). 사회체계는 권력과 화폐의 매개에 의해서 조종되는 목적합리적 행동으로 개념화되는 데 비해(Fultner, 2011: 54-73), 생활세계(lifeworld)는 "상징적 공간(symbolic space)으로서 문화전통, 가치, 윤리규범 등이 재생산되는 터전"(김문조, 1990)으로 "언어적으로 달성된 합의"에 의해 조정되는 의사소통행위에 기초한다. 즉, 생활세계는 의사소통적 행동을 발전시키고 정치적·경제적 체계는 언어적 상호이해를 전혀 필요로 하지 않는 권력과 화폐의 매개를 통한 도구적 행동을 발전시켰다(전태국, 1996: 521). 체계와 생활세계의 관련성을 살펴보면, 생활세계는 사회체계에 대응하여 개인 및 가정으로 대표되는 사적 생활세계와 지역사회 및 매스컴으로 대표되는 공적 생활세계로 나눠지며 생활세계와 사회체계는 화폐(M)나 권력(P)이라는 체계의 매체에 연계되어 있다(김문조, 1990). 이는 <표 10-3>에서 제시되었으나 다시 나타낸 것이 <표 14-3>이다.

생활세계는 체계와 항시적 긴장 관계에 있고 현대 사회에서는 더더욱 심화되고 있다. 그 이유는 생산과 수익성을 지배하는 체계의 명령에 따라 화폐와 권력이라는 체계의 조종매체가 국가의 역할과 결합하여 생활세계의 구조에 침투하여, 언어적으로 매개된 상호작용을 왜곡하고 언어 속에 각인되고 있는 진리들이 갖는 합리적·보편적 요소들을 훼손하고자 한다(박지윤, 2011). 즉, 생활세계와 체계는 조화가능성보다는 충돌가능성이 높다는 것을 시사한다. 하버마스는 이 충돌가능성을 막기 위한 대안으로 공론과 공론장을 중시하고 있다(Habermas, 1989).[8]

이를 행정학의 관점에 대입하면 체계에 속하는 행정은 정책을 통하여 생활세계를

8) 하버마스는 사적인 시민들이 공적인 사안들에 대해 이야기를 나누고 의견을 형성하여 정치에 참여하는 생활세계의 시공간적 조건을 공론이라고 하고, 사람들이 의견을 내놓는 공간을 공론장(public sphere)으로 명명한다.

표 14-3 사회체계와 생활세계

생활세계의 제도적 서열	교환관계	매체로 조정되는 하위체계
사적 영역	노동력(P) → ← 임금(M) 상품 및 서비스(M) ← → 수요(M)	경제체계
공적 영역	조세(M) → ← 조직적 행위의 결과(P) 정치적 결정(P) ← → 대중적 복종	통치체계

출처: 김문조(1990).

포함한 사회 전체를 더 나은 방향으로 나아가려고 한다. 이 과정에서 정책의 시행은 후자에 지대한 영향을 미치는 경우가 많고 특히 생활세계와 충돌을 일으키기도 한다. 따라서 이 두 세계 사이의 조화와 충돌이 이슈가 된다. 행정학에서의 이러한 연구경향은 이미 발전행정에서 취해 온 바로서 그런 관점에서 발전행정은 재평가되어야 한다. 마찬가지로 이 글에서의 연구대상인 새마을운동은 체계가 전형적으로 생활세계에 영향을 미친 정책들의 집합이다. 따라서 이를 과학적으로 검토할 가치가 있다.

2. 과학과 평가활동

전통적 의미의 과학활동은 사실의 관찰에서 출발하여 귀납적 일반화를 통해 이론을 구성하고 가설을 통해 관찰명제가 사실과 부합되는지를 검증하는 순환과정으로 이해되었다. 과학활동을 순환과정으로 보는 [그림 1-8]을 다시 그린 것이 [그림 14-1]

그림 14-1 과학적 방법

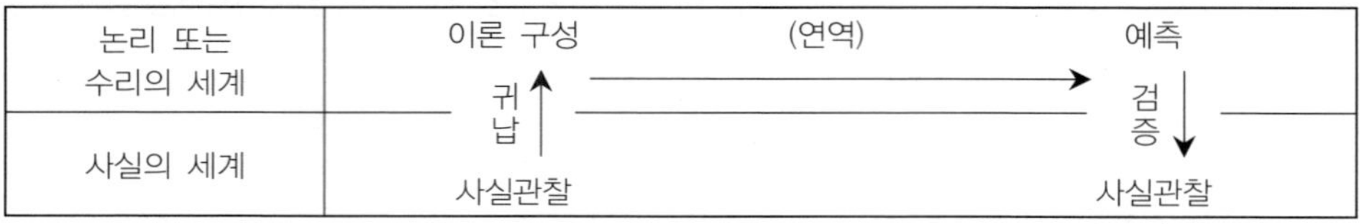

출처: 강신택(2005: 18), Kemeny(1959: 86).

이다.

[그림 14-1]이 의미하는 바를 발전시킨 흐름이 논리실증주의로[9] 과학이론이란 명제의 집합(totality of true propositions)(Phillips, 1977: 65)이며, 이 명제들은 이론언어와 관찰언어로 구성되며, 전자는 어떤 형태로든 후자와 연결되어야만 의미와 정당화가 이루어진다(이상원, 2008).

평가에서 필요한 요소가 과학성이며 논리실증주의자는 이에 공헌한다는 것이 널리 퍼진 믿음이다(Shadish, 2005: 341). 대체로 과학의 요건으로는 관찰적 적절성(observational adequacy), 기술적 적절성(descriptive adequacy), 설명적 적절성(explanatory adequacy)을 갖추는 것을 의미하고 후자로 올수록 과학화가 높아진다고 한다(Lyman, 1970: 42-45; 윤명로, 1980; Young, 1968; 이한구, 2011; Popper, 1972, 1976, 1979 등). 여기서 설명적 적절성은 예측과 관련될 수도 있지만 과학성의 개념의 최소한의 전제는 인과율의 지배 아래에서 귀납적 일반화를 통한 이론구성과 그 가설의 검증이라는 것이 전통적 견해이다(Salmon, 1973; Chalmers, 1982; Wright, 1971; Ayer, 1946; 조용현, 1992; 신중섭, 1992; 박은진, 2001; 김준섭, 1977). 그 핵심은 귀납적 일반화로 이는 검증을 통해 증명되는 과정이다.

논리실증주의에서의 과학적 방법이란 시간의 흐름에 관계없는 논리-경험적 방법론(the timeless principle of logico-empirical methodology)을 말하였는데, 쿤(T. Kuhn)의 등장 이래 많은 변화가 있었다(Philips, 1977: 64). 즉, 쿤 이후에는 과학활동을 전적으로 인간의 활동으로, 과학적 방법이란 규칙이나 규약(conventions) 및

9) 논리경험주의와 논리실증주의에 관해서는 Joergensen(1951)과 박은진(1997)을 참조하라.

문법으로 된 게임으로 본다(Phillips, 1977: 65). 이는 후술하는 바처럼 논리적 질적 평가와 역사적 질적 평가로 나누는 기준이 된다.

요약하면 평가란 어떤 것의 공헌과 가치를 결정하는 과정 및 그 과정에서의 산출물을 말하며, 목적의 달성 여부를 점검하고 성과를 향상시키려는 활동이다(Stern, 2005; xxi- xxv). 평가란 여러 목적으로 또 여러 방법으로 이루어지는데 이를 도표로 나타낸 것이 <표 14-4>이다.

표 14-4 평가의 두 축

		평가방법				
		기획/능률	책임성	집행	지식 생산	공동체 능력강화
평가 목적	자원할당	할당/경제적				
	기준과 목표		관리/성과			
	진보/변화			형성적		
	설명				인과적/ 실험적	
	발전적/ 참여적					참여적

출처: Stern(2005: xxix).

<표 14-4>에 따르면, 목적과 방법이라는 평가의 두 축이 마주치는 곳에서 평가방법이 나타나는데, 자원할당을 위한 경제적 평가(allocative/economic), 관리 및 성과 평가, 형성적 평가, 인과적 · 실험적 평가, 참여적 평가가 그들이다.

제 4 절 | 질적 평가의 유형과 특징

1. 인과율과 의도적 설명

평가를 위한 기초는 인과적 설명이냐 의도에 기초한 목적론적 설명이냐, 또는 원인(cause)과 이유(reason)가 서로 다른가 하는 문제이므로 이를 살펴보기로 한다.

인과적 설명에 관해 논의할 때 응용할 수 있는 이론이 존 설(John Searle)의 이론이다(Searle, 1983; 이승종, 1999: 231). 그의 이론에 따르면, 과학적이라는 의미 중에 하나는 인과율의 지배를 받는다는 것으로, 물리적 현상은 마음의 현상의 결과로 본다. 즉, 마음의 현상이 물리적 세계에 인과적 영향을 미치기 때문에 [그림 14-2]처럼 목이 말라 물을 마시는 사례에서 후자는 전자의 결과로, 거시적 관점에서 보는 것이다. 만약 이를 미시적 관점에서 보면 물리적 행위의 원인이 된다는 마음은 실제로는 뇌에서 실현되는 현상이며, 물리적 행위 자체도 행위가 일어날 때 뇌의 뉴런 체계에 수반되는(실현되는) 현상이다(이승종, 1999: 231). 이를 제시하시 위해 [그림 12-5]를 다시 그리면 [그림 14-2]가 된다.

그러나 사회과학에서는 다른 문제를 발생시킨다. 즉, 사회과학 방법론은 자연과학 방법론에 대해 독립적인가, 또는 이해와 설명이 어떤 관계인가에 먼저 정초하여야 하기 때문이다(이한구, 2011: 254; Wright, 1971; Toulmin, 1961). 특히 행정은 위에서 본 바처럼 과학활동에 기초하여 두 유형의 세계를 전제로 하여 정책을 펼칠 때, 의도가 개입하므로 원인을 넘어서는 이유(reason)가 필요하다. 이를 Wright(1971)의 삼단논법 도식(syllogism schema)을 빌려서 논의해 본다(Wright, 1971: 96; 이한구, 2011: 251).

그림 14-2 인과의 의미

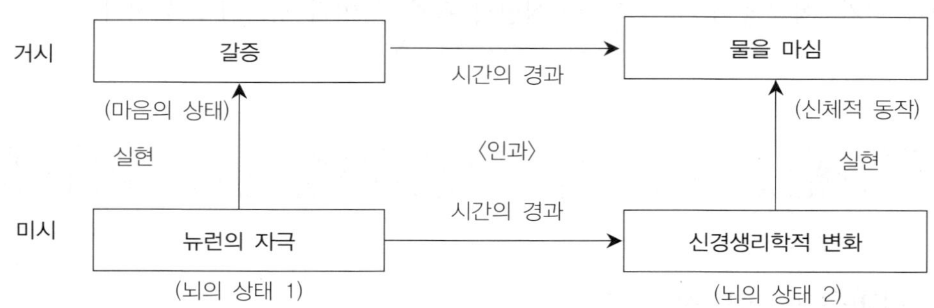

출처: 이승종(1999: 231).

대전제: A는 P를 목표로서 추구한다.
소전제: A는 자신이 a를 행하지 않으면 P를 목표로서 추구할 수 없다고 생각한다.
결론: 따라서 A는 a를 하고자 한다.

출처: Wright(1971: 96), 이한구(2011: 251).

이를 [그림 14-2]와 통합하여 도식화하면 [그림 14-3]으로 나타낼 수 있다.

[그림 14-3]이 나타내는 것은 의도적 설명이 필연성을 요소로 하는 인과적 설명을 포괄하여 설명가능하므로 사회과학에서도 이를 통해 과학적 방법에 기초한 질적평가를 지향할 수 있음을 함축한다. 즉, 질적 평가는 인과율에 기초하면서도 그것을 넘는 의도적 설명으로 연결될 수 있다. 이제는 질적 평가와 유사한 개념들을 살펴본다.

그림 14-3 **인과적 설명과 의도적 설명의 통합**

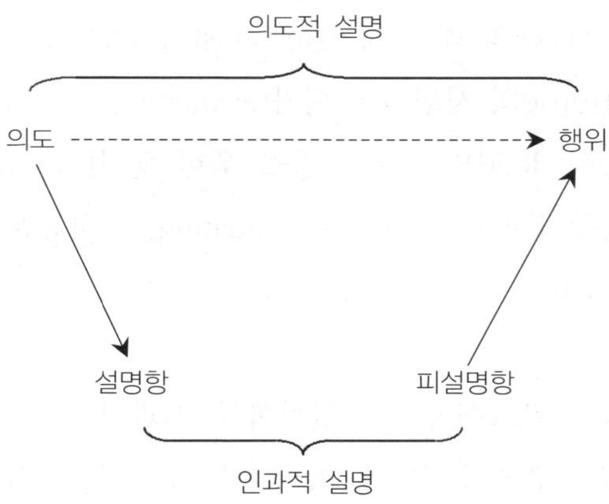

출처: 이한구(2011: 254).

2. 과학적 방법에 기초한 질적 평가와 유사한 개념

질적 평가와 관련하여 특히 유사한 개념들은 메타평가 및 메타방법론 등이 있다. 먼저 평가에 대한 평가로 정의되는 메타평가는 최협의로는 평가 결과의 종합이라는 의미를 지니고 그 주요 내용은 평가 결과에 대한 재분석이다. 협의로는 경험적 총괄평가에 대한 평가로 주요 내용은 평가의 오류 · 조작 · 타당성을 점검하는 것이다. 광의의 의미는 평가시스템에 대한 평가로 그 개념이 확장된다(김병철, 2009: 23).

메타방법론(meta-methodology)은 방법론 평가의 문제, 즉 이론의 평가 및 선택의 규범적 원리에 대한 연구로 그 방법론은 반드시 역사적 사실의 부합되느냐 되지 않느냐에 따라 평가받아야 함을 의미한다(이봉재, 1993). 메타방법론은 I. Lakatos에서 비롯하는데 그 개념이 제시된 이유는 여러 가지 과학방법론들 — 예컨대, 귀납주의, 규약주의, 반증주의, 연구프로그램방법론 등[10] — 을 비교하여 평가할 척도를 마련하기 위해서 제기하였다. 그의 지적에 따르면, 지식은 근본적으로 역사적인 것이며 방법론 또한 지식의 역사에 대한 이론일 수밖에 없다. 따라서 메타방법론이란 메타역사적(meta-historical) 이론으로 기능한다(이봉재, 1993).

질적 평가의 방법들은 Campbell의 원인탐구방법(causes-probing studies), Scriven의 목표중립 평가(Goal-free evaluation), Cronbach의 프로그램평가(evaluating within programmes), Stake의 대응 평가(responsive evaluation), Weiss의 정책평가(evaluating policy), House의 사회정의 평가(evaluating for social justice)와 비판적 평가(critical evaluation), Reid의 실제 적응을 위한 평가(evaluation for developing practice), Eisner의 성찰적 평가(reflective evaluating), Guba & Lincoln의 구성적 평가(constructivist evaluation) 등이 있다(Shaw, 1999: 21-41; 노화준, 2012; Stern, 2005).

이 중 Cronbach의 프로그램평가는 일반화와 인과적 설명 및 다현장 사례연구(multi-site case studies)로 이루어져 있고, 평가는 후기실증주의 · 비판적 평가(critical evaluation) · 구성주의 · 실용주의(pragmatism)로 되어 있다(Shaw, 1999: 21-62). Campbell의 원인탐구방법(causes-probing studies)은 포퍼(K. Popper)의 반증에 기초하고 있으나(Shaw, 1999), 반증을 위해서는 검증을 언급하여야 하고(Shadish, 2005) 검증을 언급하기 위해서는 명제를 먼저 추출하여야 한다.

대체로 질적 평가를 둘러싸고 전통이론에서부터 현대의 이론에 이르기까지 다양

10) 이에 대한 자세한 설명은 Lakatos(1978) 및 Chalmers(1982)를 참조하라.

한 논쟁이 전개되었는데, 이를 과학철학적 관점에서는 검증주의와 반증주의, 그리고 해석주의로 범주화할 수 있다.[11] 검증주의와 반증주의는 서로 반대되면서도 논리적 관점에서의 주장이고 어떤 면에서는 하나로 묶일 수 있다. 이들을 하나로 묶어 논리적 과학철학이라고 하는데, 이를 비판하면서 나타난 그 이후를 새로운 과학철학이라고 하거나(Brown, 1977) 역사적 과학철학이라고 한다(박은진, 1997). 이를 좇아 이 글은 검증주의와 수정이론, 반증주의와 수정이론을 묶어 여기서는 논리적 질적 평가라 하고, 해석이론을 중심으로 하나의 범주로 역사적 질적 평가로 하여 논의해 본다.[12]

3. 논리적 질적 평가

전통이론에 의하면, 이론이란 관찰에서 생겨난다는 견해를 지니고, 지식의 성장에 있어서도 지식은 누적적·축적적으로 성장해간다고 주장한다. 논리실증주의자들인 비엔나 학파가 주장한 검증원리에 따르면, 한 명제의 의미란 그 명제의 검증 방법이다(황희숙, 2009). 이 주장은 검증을 유의미성으로 전환시키는 것으로 이에 대한 비판은 의미의 기준과 과학의 기준은 구별되어야 하는데, 이를 혼동한 잘못이 있다는 것이다. 여기서 검증을 어떻게 볼 것인가가 핵심사항이다(제3장 참조).

1) 검증주의와 그 수정

검증주의가 명제의 논리를 주장하는데[13] 이는 비트겐슈타인의『논리철학논고』에서 제시된 것을 비엔나 학단(Vienna Circle)에서 정초하였다(이상욱, 2009). 검증(verification)은 관찰과 실험에 의해서 명제의 진위가 확인될 수 있고, 또 그러한 명제만이 과학적이라고 본다(송하진, 1985). 따라서 명제의 의미를 안다는 것은, 즉 명

11) 검증주의와 반증주의 및 역사적 질적 평가 모두 그 기초는 명제이고, 여기서 시작한다. 따라서 행정학의 과학화 논의도 명제에서부터 출발하여야 한다. 이 책 제3장을 참조하라.
12) 이런 구별은 소쉬르의 큰 업적인 통시(diachrony)와 공시(synchrony)의 구별에서 기원한다고 한다(박은진, 1997).
13) 명제의 논리란 유의미한 과학적 진술의 참-거짓으로 과학의 논리를 추구하는 것이다(박은진, 1997: 282).

제를 이해한다는 것은 그 명제를 검증하는 방법을 안다는 것이다. 만일 명제를 검증할 수 있는 방도가 없다면, 그 명제는 전혀 의미가 없는 것이다. 이 기준이 갖는 특징은 주어진 어떤 단어나 명제를 보다 확실한 요소들로 분해할 수 있다고 보는 입장이다. 예컨대, 논리실증주의는 "모든 백조는 희다"는 보편명제를 우리가 직접 관찰할 수 있는 사실들에 관한 명제들, 즉 "백조$_1$은 희다", "백조$_2$는 희다" …… "백조$_n$은 희다"는 단칭명제를 모두 모은 연접으로 바꿀 수 있다는 환원주의이다(이한구, 2013). 그러나 희지 않은 백조가 발견된다면(실제로 오스트레일리아에서 검은 백조가 발견되었다) 이러한 귀납적 일반화는 사실상 불가능하다(Stegmüller, 1995: 67). 따라서 검증원리의 수정이 불가피하다.

그 수정은 반증주의로부터의 비판에 대한 수정과 쿤의 논의에 따른 수정이 있지만[14] 전자만 살펴본다. 반증주의로부터의 비판에 대한 수정도 둘로 나뉘는데, 그 하나는 라이헨바하(Reichenbach, 2006)에서 보는 바처럼 과학을 발견의 맥락(context of discovery)과 정당화의 맥락(context of justification)으로 나누어 전자는 과학심리학이나 과학사회학에서 보듯이 경험적 방법을 통해 발견의 과정을 밝히는 학문인데 비해, 후자는 과학이론들의 논리적 구조나 논리적 관계를 밝히는 논리적 분석이다. 이 구별에서 후자만 과학철학의 논의대상으로 파악하는 것이다(한상기, 2010; 박은진, 1997: 284; Phillips, 1977: 62; 강신택, 1981). 또 다른 유형은 확률적인 의미로 검증가능성을 주장하는 흐름으로 이들도 검증주의를 고수한다(송하진, 1985). 카르납(R. Carnap)의 확률원리는 후술할 반증주의로부터 비판을 받고 검증원리를 수정한 이론이라 할 수 있다(Carnap, 1995; 1996; 2002; Schilpp, 1991; Giere & Richardson, 1996). 그는 검증가능성(verifiability)과 반증가능성(falsifiability)의 개념을 확증가능성(confirmability)과[15] 테스트가능성(testability)으로 대치한다. 명제들의 유한집합 K를 확인의 기초로 삼아 K에 속하는 명제들에 대해 어느 정도 경험적 확증이 어느 정도 이루어진다면 순수한 논리적 연역을 통해 얻어지는 모든 명제들은 같은 정도로 확증된다(Stegmüller, 1995: 71; Schilpp, 1991). 즉, "속성 P를 가진 어떤 종류

14) 쿤의 논의에 따른 수정은 슈테그뮐러(Wolfgang Stegmüller)가 주장한 합리적 재구성 이론이라고 한다. 자세히는 박은진(1996)을 참조하라.

15) 확증가능성(입증가능성)이란 확률적인 증명을 통해 검증하려는 시도이다. 통계적 일반화와 같은 사례에서 보듯이 일반적으로 널리 이용되고 있다.

의 사물들 b_1, b_2, …… b_n이 n에 대해서 확정된다고 가정해 보면(Pb_1, Pb_2, …… Pb_n), 제시된 종류의 범위 내에서 모든 대상들이 속성 P를 가지는 전칭일반화된 명제를 얻게 된다”(Stegmüller, 1995: 72). 확증가능성 개념 자체는 ‘관찰가능한’과 ‘실현가능한’이라는 두 개념을 사용하여 경험적 방법론 안에 도입될 수 있다(Stegmüller, 1995: 74).

2) 반증주의와 그 수정

검증원리를 비판하면서 대안으로 제시한 이론은 두 갈래로 나눌 수 있는데, 반증을 주장한 포퍼는 생물학적 관점의 대안을 제시했으며, 반증을 비판한 쿤이나 후기 비트겐슈타인(Later Wittgenstein)은 해석을 통한 사회학적 관점의 대안을 제시하였다(Munz, 1985; Brayrooke, 1987). 여기서는 포퍼의 제안과 라카토스의 방법을 살펴본다.

반증주의 인식론은 탐구의 논리를 주장하는데[16] 이론을 형성하는 보편명제와 단칭명제인 관찰명제 사이에서 모순대당의 관계를 이용한다. 즉, 만약 전칭긍정명제(이른바 A명제)인 이론은 관찰명제로 단칭부정명제(이른바 O명제)를 찾아낸다면 그 둘 사이에는 모순대당이므로(소흥렬, 1982) 둘 다 참일 수가 없다. 따라서 그 이론은 받아들이지 못한다는 주장이다. 여기서 포퍼는 지식의 성장이란 진리에 끊임없이 가까이 다가가는 것이라고 보는 진리근접성(verisimilitude) 개념을 제시한다. 어떤 이론의 참인 집합 모두를 진리－내용이라 부르고, 거짓인 집합 모두를 허위－내용이라 부른다면, 두 이론 t_1과 t_2의 진리－내용과 허위－내용을 비교해 보자(Chalmers, 1982: 250).

t_2의 허위－내용이 아닌 진리－내용이 t_1의 그것보다 많다. (식 1)
t_1의 진리－내용이 아닌 허위－내용이 t_2의 그것보다 많다. (식 2)

(식 1)과 (식 2)의 경우에서만 t_2가 t_1보다 진리에 더 근접하거나 사실에 더 대응한

16) 탐구의 논리란 과학적 진술의 참을 확인해 나가는 것이 아니라 거짓 아닌 것을 찾으려고 애쓰는 가운데 진리로 나아갈 수 있다는 견해이다(박은진, 1997: 281).

다고 말할 수 있다. 문제는 t_1이 기술하는 세계(및 여기서 유래하는 개념들)가 t_2가 기술하는 세계(및 여기서 유래하는 개념들)와 서로 다르고 따라서 비교가 불가능하다는 점이다. 더욱이 반증주의는 개별 과학에 적용될 방법론적 논의가 아니라 논리적 차원의 논의이고, 따라서 경험적 차원의 반증은 한계를 갖는 셈이다[17](박은진, 1999: 95-96). 또한 과학이론이란 간단한 단일명제로 구성되어 있지 않고 보편 명제의 복합으로 이루어져 있기 때문에 단순한 반증으로 뒤집히지도 않는다. 이러한 반증에 대한 비판은 새로운 이론이 처음으로 형성된 후에 명백한 반증에도 불구하고 유지되며 발전된다는 역사적 사례에 의해서 많이 지지된다고 한다(Chalmers, 1982: 130).

반증원리의 수정은 라카토스(I. Lakatos)의 연구프로그램방법론이 가장 대표적이다. 연구프로그램방법론은 부정적 발견법(negative heuristic)과 긍정적 발견법(positive heuristic)으로 구성되는데, 전자에 따르면 어떤 이론의 핵심은 거부되거나 수정될 수 없다는 것을 의미하고, 후자는 연구프로그램이 어떻게 전개되어야 하는가를 지침을 말한다(Chalmers, 1982: 137; 김보현, 1992). 연구프로그램이 나아가는가 후퇴하는가는 새로운 현상의 발견을 유도하는 데 성공하는가 실패하는가에 의해 결정된다. 그러나 이 수정원리도 경쟁관계에 있는 연구프로그램들 사이에서 선택할 수 있는 명확한 기준을 제시하지는 못하고 있으며(Chalmers, 1982: 147), 실제로도 잘 활용되지 않다고 한다(박은진, 1997: 1999).

4. 역사적 질적 평가: 해석주의와 응용

철학에서 해석주의(interpretationism)는 "어떤 것을 어떤 것으로 규정하는 것, 즉 낯선 것을 익숙한 개념체계 아래로 귀속시키는 것"을 말하는데(정성관, 2005), 사회과학에서는 해석적 방법론(interpretivism)을 의미한다.[18] 해석적 방법론은 현대 사회

---

17) 여기서 방법과 기법, 방법론의 문제를 논의해야 할 필요성이 제기된다. 개별 과학에 대한 논의가 기법(technique)과 방법(method)에 관한 것이라면 개별 과학의 방법에 대한 논의는 방법론(methodology)이고 메타 차원의 논의인 방법론과 구별한다. 포퍼는 전자를 Methodologie라 하고 후자를 Methoden-Lehre라 부른다고 한다(박은진, 1999: 96-97). 저자도 이들을 구별하여야 한다고 생각하며 후자는 방법철학으로 본다.

과학의 세 가지 흐름 중의 하나로(Brayrooke, 1987: 4-6), 여기에서는 해석학에 기초하는 것과 분석철학에 기초하는 흐름을 총칭하는 개념이다(이명현, 1991: 308-312). 사회과학적으로 해석이란 어떤 행동이 특정한 시점과 장소에서 적절한지, 또 그로 인해 어떤 예상을 불러일으키는지를 말하는 것으로(Brayrooke, 1987: 2), 삶이란 세계에 대한 주체의 끊임없는 해석이기에 해석적 방법론이 중요시된다. 이를 구조적으로 이론화한 공적은 쿤에게 있다. 그의 설명에 따르면, 과학의 진보는 "전과학-정상과학-위기-혁명-새로운 정상과학-새로운 위기 ……"로 이어지며(Chalmers, 1985: 151; Kuhn, 1962), 반증주의가 말하는 과학의 발견의 논리(logic of discovery)가 아닌 발견의 심리학(psychology of discovery)이라는 것이다. 그 의미는 과학은 논리적으로만 규명될 수 있는 것이 아니라 역사적이고 사회적으로 다루어야 참 모습을 드러낸다는 것이다(박은진, 1997: 288-289). 보다 더 중요한 설명의 틀은 반 프라센에 의해 제공되었다[19](van Fraassen, 1980; 이봉재, 1999: 257; 이한구, 2011: 271-272). 반 프라센에 따르면, 과학적 설명도 질문의 문맥에 관련된 상대적인 대답일 뿐이며 설명은 순수과학이 아니라 과학의 응용으로(최현철, 2011), 전적으로 화용론적(pragmatic)이라는 것이다(이한구, 2011: 272). 그 틀에 따르면, 설명이란 이론과 사실 사이의 단순한 2항관계가 아니라 이론과 사실 및 문맥 간의 3항관계이다. 즉, 왜-질문(why-question) Q에서 그 문맥에 따라 요구되는 답변이 여러 가지가 될 수 있음을 의미하며,[20] 이를 <표 14-5>에서 좀 더 상세히 볼 수 있다.

---

18) 데이비드슨(Donald Davidson)과 데닛(Daniel Dennett)은 해석주의를 '해석의 본질을 성찰함으로써 마음의 본질을 이해할 수 있음'을 의미하기도 한다(Child, 1996). 해석적 방법론은 사회과학에서 반실증주의 태도이며 질적 연구를 지향한다. Denzin & Lincoln(2011) 및 http://en.wikipedia.org/wiki/Interpretivism를 참조하라.

19) 그는 과학적 실재론(scientific realism)을 비판하고 구성적 경험론을 주장한다. 이에 대한 자세한 설명은 van Fraassen(1980)이나 이봉재(1999)를 참조하라.

20) 이를 보통 초점이 어디에 있느냐고 하는데, 예를 들면 왜 아담이 사과를 먹었는가(Why did Adam eat the apple)?라는데 대한 문맥에는 "사과를 먹은 사람이 왜 아담인가(p_1)?", "담이 먹은 것이 왜 사과인가(p_2)", "아담은 다른 행동이 아닌 왜 먹는 행동을 하였는가(p_3)" 등의 서로 다른 대조되는 요소를 지니고 있다(van Fraassen, 1980: 127; 최현철, 2011; 김유신, 1995). 이 중에서 어느 문맥인가에 따라 탐구하는 정답이 도출될 수 있다. 이는 제5장에서 논의한 유표문과 관련된다고 보인다. 제5장을 참조하라.

표 14-5 반 프라센의 '왜' 질문

Q: 왜 P_k인가?	선택된 주제(topic)	P_k
	대조 집합(contra class)	$X = \{P_1, P_2, P_3, P_4, P_k, \cdots\cdots\}$
	적합성 관계(relevance relation)	R

출처: 최현철(2011), van Fraassen(1980: 132-146).

따라서 그 틀을 형식화하면 질문 3항의 관계는 $Q = P_k, X, R$로 표현되는데, 왜-질문(why-question)인 Q의 일반적 형식은 "(어떤 문맥으로) X 중에서 P_k이다"로 실현된다(최현철, 2011; 박승억, 2008).

이상을 통시적으로 살펴보면 비엔나 학단의 검증원리가 반증주의에 의해 문제점이 명백해졌고, 반증주의도 쿤의 패러다임(Paradigm) 이론에 그대로 유지되기 힘들어졌다.[21] 그런데 쿤의 재해석은 Hanson(1958; 1969)이 주장한 관찰의 이론적재적(theory-laden) 설명을 의미하며,[22] 비트겐슈타인의 언어게임(language game)에서 유래하고 있다(Chalmers, 1985: 156; Hanson, 1958). 어떤 면에서는 비트겐슈타인의 귀환이 실현된 것이다(황희숙, 2009).

그 행정학적 의미는 무엇인가? 첫째로 캠벨의 원인탐구방법(causes-probing studies)은 포퍼의 반증에 기초하였듯이, 위에서 논의한 방법에 따라 질적 평가를 수행할 근거를 얻을 수 있다는 점이다. 둘째로 근거를 얻는다고는 하지만 그대로 적용하는 것이 아니라 행정학에 알맞게 수정하여야 한다는 점이다. 예컨대, 검증원리를 단칭명제를 모두 모은 연접으로 바꿀 수 있다는 환원주의까지는 아니더라도 중범위이론에서처럼[23] 일정 범위 내에서의 귀납적 일반화는 사실상 가능하고 또 필요하다.

---

21) 이에 관해서는 고인석(2010), 이정민(2012) 및 이상욱(2009) 등을 참조하라.

22) 이 기원은 20세기 초에 태동한 형태심리학(gestalt psychology)이라고 한다. 이에 관한 논의는 Chalmers(1982) 및 박승배(2002)를 참조하라. 자세히는 제2장 각주 24)를 보라.

23) 이론 중에서는 어떤 의문에 대한 정답을 역사적으로 긴 흐름의 시각에서(historical epoch) 찾으려는 시도도 있고(Marxist theory) 특정한 사회를 대상으로 짧은 시간 프레임 속에서(years or decades rather than centuries) 찾으려 하기도 한다(Garner, 1996: 47). 그 중간에서 어떤 의미로는 검증의 범위를 제한하려 한 것이 중범위이론(middle-range theory)이다(Merton, 1968). 머튼(Robert K. Merton)이 개발한 중범위이론이란, 실상은 이론이라기보다는 이론형성(theory construction)을 위한 접근방법인데, 이론과 경험적 연구(empirical research)의 통합을 목적으로 한다. 중범위이론은 사회체계(social system)과 같은 추상적 실체와는 반대되는 개념으로서의 경험적 현상에서 출발하여 자료에 의해 검증되는 이론명제(general statements)를 창출해 낸다. 중

셋째로 방법으로서의 해석의 중요성이다. 그 해석이 이루어지기 위해서는 어떤 과정을 겪었는지를 상세히 보고할 필요가 있다. 그 해석이 올바른지 여부를 판단하기 위해서는 그 과정을 확인할 수 있어야 하기 때문이다. 넷째로 실제의 이론의존성에의 주목이다. 행정현상이거나 행정학이거나 그 평가에 있어서 어떤 이론에 기초하는지를 분명히 명시할 필요가 있다. 이는 후속적인 평가를 가능하게 할 것이고 이론명제의 비판이 경험적 사실의 관찰명제까지 폐기하지 않을 것이기 때문이다. 이상에서 본 여러 질적 평가방법은 검증과 수정, 반증과 수정 및 연구프로그램방법론, 해석이다. 이들을 기초로 구체적 사례에 적용하여 질적 평가를 시도해 본다. 그 사례는 새마을운동에 대한 것이다.

제 5 절 | 사례연구: 새마을운동에 대한 질적 평가

1. 새마을운동에 대한 다양한 견해

앞서 논의한 대로 정책의 시행은 생활세계와 충돌을 일으키는 경우가 많지만, 두 세계 사이에서 조화도 찾아볼 수 있다. 조화를 살펴볼 수 있는 사례 중 하나가 새마을운동이라고 할 수 있다. 그 까닭에 여기서 새마을운동을 질적 평가의 주제로 삼는다. 새마을운동에 대한 선행연구를 먼저 살펴본다. 선행연구를 살펴보면 고원(2006), 김대영(2004), 김영미(2009; 2012), 김홍순(2008), 노화준(2013), 박보영(2011), 박진도 · 한도현(1999), 변형윤(1993), 엄석진(2011), 임한성 · 임재강(2013), 오유석(2002),

---

범위이론은 두 가지 특색을 가지는데, 그 하나는 실증적이라는 특색이다. 어떤 이론이 타당하다면 흩어져 개개의 사실로 존재할 수밖에 없는 가설들이나 경험적 규칙성(segregated hypotheses and empirical regularities)을 통합적으로 설명하려는 목표를 가져야 한다. 또 다른 특색은 부정적 성격인데, 이론이 할 수 없는 것과 관련이 있다. 모든 사회적 과정에서 작동하는 많은 것에 관련되는 중요한 독립변수를 결정하려거나 사회구조에서 필수불가결한 모습을 결정하려거나 모든 사회현상을 분석하는 데 충분한 개념들을 찾아내려는 것은 도움도 안 되고 비현실적이라고 본다는 점이다[(Merton, 1968: 39−72; http://en.wikipedia.org/wiki/Middle_range_theory_(sociology)].

정갑진(2008), 조희연(2007), 최외출(2014), 한도현(2010), 황병주(2000; 2011) 등 다수의 연구 결과가 새마을운동을 주제로 논의가 진행되고 있음을 알 수가 있다.

이들의 논지를 긍정적 평가와 비판적 이론 및 양면을 모두 인정하는 견해들이 표출하고 있으나 대체로 다음과 같이 나눌 수 있다. 부정적 견해를 살펴보면 "강제 증산 농정을 위한 농민 통제의 이데올로기이자 기구"(변형윤, 1993: 233) 및 "박정희 정권은 농민을 새마을운동에 동원하기 위한 수단으로 강력하게 조직된 관료적 국가기구를 핵심축으로 삼았다"(고원, 2006)거나 "새마을운동은 그 추진과정에서도 국가동원체계로서의 성격을 분명히 보여주며 새마을운동의 중심에는 내무부라는 행정조직이 자리잡고 있다"(김대영, 2004), 또는 "정부는 농민이 보유한 자원을 원활하게 동원하기 위해 강요, 획일성, 권위주의이고 집단주의적 가치가 실현된 것"(김홍순, 2008) 등이 부정적 견해에 속한다.[24)]

이에 비해 긍정적 견해로는 "정부는 인센티브와 상징조작을 통해 양적인 경제성장과 근대의식을 주입시키는 데 성공하였다"(김홍순, 2008)라거나 "물질적 근대화로 여성의 참여로 인한 여권의 신장과 여성 노동력의 집약적 이용" 등의 견해(이헌창, 2006: 516; 김홍순, 2008) 등이 대표적이다. 즉, 정부 또는 국가의 역할을 긍정적으로 평가하는 의견이다.

그 밖에 변화된 견해들도 눈에 띈다. 그러나 이들은 부정적 견해이거나 긍정적 견해의 진리함수적(truth-functional) 견해들이다. 따라서 부정적 견해나 긍정적 견해를 요소명제로 보고 논의한다.

2. 새마을운동에 대한 명제의 선정과 주장

1) 새마을운동 논의에서의 전제: 과학성과 인과 및 의도

새마을운동은 의식개혁, 환경개선 및 소득증대라는 세 가지 핵심사항이 있다. 특히 그 공헌은 의식의 개혁에 있었다고 한다(최외출, 2014). 그렇다면 의식이 어떻게

24) 이 글의 관점은 행정학적 관점이기에 정치적 해석은 채택하지 아니한다. 정치적 해석의 보기는 "체제의 위기와 함께 국민적 동의의 기반이 많이 약화되었는데 새마을운동은 그러한 점을 보완하려는 정치적 동원 운동의 성격"으로 규정짓는다(조희연, 2007: 164-165).

해서 잘 살아보자는 실제 행동으로 전환할 수 있었으며, 어떻게 그 목표를 달성할 수 있었으며, 그 과정을 과학적으로 설명할 수 있는가? 사회구조의 거시적 역사법칙의 연구에 따르면, 과학과 사회와의 관계를 미시적 법칙과 거시적 법칙이 관계 맺도록 할 수 있다고 한다. 과학적 측면의 인과 관계를 기초로 하여([그림 14-2] 참조), 더 거시의 차원(여기서는 사회의 차원)으로 의도에 의해 옮아 갈 수 있다고 주장한다(이한구, 2011: 301-326). 새마을운동을 옹호하는 측의 이 논리를 이용하여 [그림 12-7]을 다시 그린 것이 [그림 14-4]가 된다(최외출, 2014).

그림 14-4 새마을운동의 인과의 의미

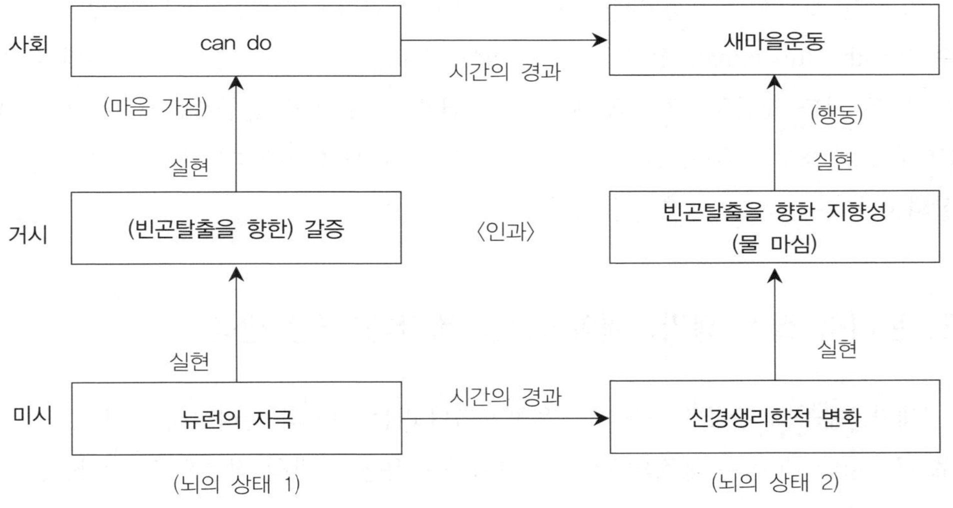

즉, 새마을운동이 빈곤에 대한 갈증을 느끼게 하는 과정은 인과 관계를 기초로 하였다. 이것이 공헌이기는 하지만 더 큰 공헌은 그 위로 전환되는 과정, 즉 행동이 결과를 가져온다는 기대[다음 (식 3) 참조]를 심어주어서 행동으로 옮기게 하였다는 것이다.

2) 명제의 선정

앞서 언급한 새마을운동에 관한 논문들에서 새마을운동에 대한 다양한 견해를 살펴보았다. 질적 평가를 하기 위해서는 꼭 필요한 것은 명제화와 그 논리형태이므로[25](이남원 · 이윤복, 2011), 위에서 언급한 다양한 견해에 기초하여 다음과 같이 명제를 선정한다(Salmon, 2012: 104).[26]

명제 1[긍정적 명제]: 새마을운동은 잘살기 운동이었다.

명제 2[부정적 명제]: 새마을운동은 관(官) 주도의 동원 체계이었다.

위 둘을 결합시킨 합성명제나 중도의 견해 및 변화된 견해는 위 두 명제의 진리함수적(truth-functional) 성격이므로 논의할 필요는 없다. 즉, (명제 1)을 논의의 초점을 두어 이를 검증하든지, (명제 2)에 초점을 두어 이를 반증하든지 하여야 한다. (명제 2)에 초점을 두어 반증부터 살펴보고 (명제 1)을 논의하는 것은 다음 4항에서 살펴본다.

3. 논리적 질적 평가: 새마을운동 비판에 대한 반증

'새마을운동이 관(官) 주도의 동원체계였다'라는 비판의 논리형태는 다음 두 가지로 구성된다. 동원은 행정의 우월적 지위를 이용한 일방적 작용으로, 새마을운동으로 인해 농가 부채의 증가와 도시와 농촌 간의 소득격차 심화로 귀결되었다고 주장한다[27](변형윤, 1993: 230-261; 조희연, 2007: 164-165). 따라서 그 반증은 두 방

25) 논리형태란 비트겐슈타인에 따르면, 명제가 현실과 공유하는 것을 말하는데(하상필, 2005), 이 책 제3장을 참조하라.

26) 과학철학에서의 명제 형성에는 '모든'이나 '어떤'과 같은 이른바 양화사가 도입된다. 이들을 둘러싸고 많은 논쟁과 수정이 있었고, 이 때문에 논리실증주의의 후퇴를 가져온 것은 익히 알려진 사실이다(Gross, 1970; Hempel, 1965). 사회과학에서의 이들 양화사의 도입은 설명력과의 관련성에 있어서 한정되어야 한다고 생각한다(이미 기술한 중범위이론 참조). 본문에서의 명제 형성도 논리학적 관점에서 — 예컨대, 전칭긍정명제(이른바 A 명제)에 대한 특칭부정명제(이른바 O명제) — 도 가능하겠으나 행정학에 기초한 질적 평가에는 적합하지 않은 듯하기에 본문과 같이 명제를 선정한다.

향으로 논의할 수 있다. 첫째는 행정의 우월적 지위를 이용한 일방적 작용이라는 주장에 대한 반증이고, 둘째는 새마을운동으로 인해 농가 부채의 증가와 도시와 농촌 간의 소득격차 심화이다. 전자 또한 두 방향으로 논의할 수 있다. 그들은 마을주민의 복지라는 관점과 반 프라센(B. C. van Fraasen)의 설명의 틀에 의해 반증될 수 있다. 먼저 마을주민들의 복지부터 논의하는데, 이는 다음의 공식으로 표현될 수 있다:

$$W = f(F, V, G) \qquad \text{(식 3)}$$

W: 마을주민들의 복지
F: 농민들 각자가 책임지고 해결해야 할 과제들
V: 마을주민들의 협동적 노력을 필요로 하는 과제들
G: 정부가 담당해야 할 정책과제들

출처: 박진환(1982)의 공식을 노화준(2013)에서 재인용.

(식 3)에서 핵심은 V, 즉 '마을주민들의 협동적 노력을 필요로 하는 과제들'이라는 관점이다. 이 V가 전근대적 환경 속에서는 작동하였으나 1960년대 후반기에는 전근대적 생활환경의 제약성이 뚜렷해졌다고 한다. 예컨대, 농산물을 지게로 나르는 환경 속에서는 새마을운동이 필요하지 않겠지만 경운기와 같은 테크놀로지가 도입되면 생활환경이 바뀌어야 효과를 낼 수 있음과 같다(노화준, 2013). 나아가 생활환경의 개선에는 (식 3)의 V와 F이지만 그 당시 농촌 마을주민들의 소득수준은 <표 14-7>에서 보듯이 무척 낮을 뿐만 아니라 <표 14-8>에서 보듯이 절대빈곤인구비도 압도적으로 높은 상황에서 정부가 일정수준 개입하지 않을 수 없었다. 이 새로운 공식이 새마을운동으로 다음과 같이 표현할 수 있다.

$$W = f(GF, GV, G) \qquad \text{(식 4)}$$

W: 마을주민들의 복지
GF: 정부의 부분적 지원 아래에서 농민들 각자가 책임지고 해결해야 할 과제들

27) 전통문화나 기존 마을공동체 자율성이라는 사회문화적 관점과, 의식개혁의 획일성이나 생활의 규율화 강제라는 이념적 관점에서 논의되기도 한다. 그러나 여기서는 지면상의 제약으로 논의하지 아니한다.

GV: 정부의 부분적 지원 아래에서 마을 주민들의 협동적 노력을 필요로 하는 과제들

G: 정부가 담당해야 할 정책과제들

출처: 노화준(2013).

(식 4)에 따른 지원액은 다음과 같다(사업총액은 GF + GV + G의 총액이며, 이 중에서 농민들 각자의 책임 몫과 마을주민들의 협동적 노력 몫을 제외한 G가 정부 지원액이다).

표 14-6 1970년대 정부 지원 현황

(단위: 억 원)

연 도	정부지원액	사업총액	연 도	정부지원액	사업총액
1971	41	122	1976	1,651	3,226
1972	33	313	1977	2,460	4,665
1973	215	984	1978	3,384	6,342
1974	308	1,328	1979	4,252	7,582
1975	1,653	2,959			

출처: 내무부(1980: 48)를 김대영(2004)에서 재인용.

이제 새마을운동으로 인해 농가 부채의 증가와 도시와 농촌 간의 소득격차 심화를 논의해 본다. 제시되는 자료가 서로 어긋나기도 하지만 이를 지지하는 연구는 변형윤(1993)에게서 볼 수 있다. 그 구도는 [그림 14-5]와 같이 구성된다.

그림 14-5 도시와 농촌 가계의 소득 창출 구도

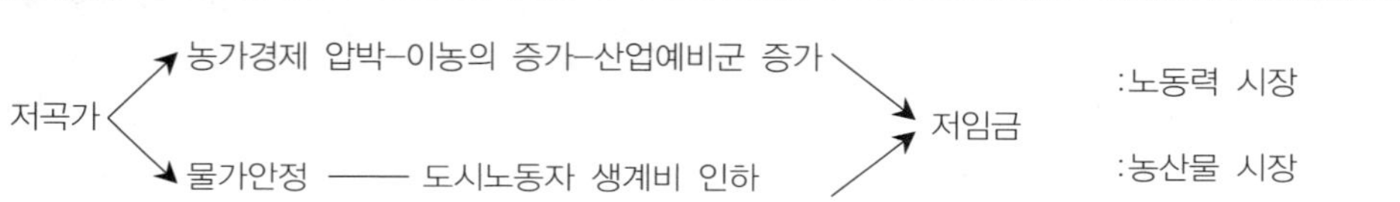

출처: 변형윤(1993: 230).

[그림 14-5]에 언급된 도식을 주장하기 위해 방증으로 든 농가소득은 <표 14-7>과 같다.

표 14-7 도시와 농촌 가계의 소득 비교

(단위: 천 원)

연 도	가구당 명목소득		가구당 실질소득(1975 가격)			1인당 실질소득(1975 가격)		
	농가	노동자	농가(A)	노동자(B)	A/B	농가(C)	노동자(D)	C/D
1967	150	249	493	733	0.67	81	134	0.60
1970	256	381	580	776	0.75	98	145	0.67
1972	429	517	761	832	0.91	133	158	0.84
1975	837	859	873	959	0.91	155	166	0.93
1977	1,433	1,405	980	1,106	0.89	178	232	0.77
1980	2,693	3,205	999	1,448	0.69	196	319	0.61
1982	4,465	4,427	1,145	1,538	0.74	230	339	0.68
1985	5,736	6,048	1,454	1,939	0.75	309	441	0.70

주: ① 농가(A)는 농가구입가격지수(1975=100)로 디플레이트한 것.
② 노동자(B)는 전도시 소비자물가지수(1975=100)로 디플레이트한 것.
출처: 변형윤(1993: 242).

<표 14-7>에서 초점은 새마을운동이 민간주도의 시기인 1980년까지의 기간이다. 달리 해석할 수도 있는데, 농가의 소득이 도시가구와 비교하여 1980년에는 악화되지만 대체적으로 1970년대에는 나아지고 있다는 해석도 가능하다. 실질소득의 관점에서 보면 1975년에는 거의 도시가구의 소득에 근접하고 있다. 또 새마을운동의 결과를 보면, 1970년을 기준으로 삼아 100으로 할 때, 1977년의 농가실질소득은 193.3으로 계속 상승한다고 정부 통계는 보여준다(변형윤, 1993: 231). 즉, 새마을운동의 부정적 평가와는 다른 해석으로 향할 수 있다고 하겠다. 그 다른 해석의 방향을 방증하는 자료가 <표 14-8>로 빈곤층 인구를 통해 발전의 정도를 유추해 보자.[28]

표 14-8 빈곤선과 빈곤 인구의 현황

	절대빈곤선 (1인/월; 천 원)	절대빈곤인구 (만 명)	절대빈곤인구비 (%)	상대빈곤인구비 (%)
1965	1.5	1,175.0	40.9	12.2
1975	8.8	519.8	14.6	12.4
1980	18.4	364.4	9.8	13.4

출처: 이헌창(2006: 524).

28) 물론 이 수치가 전적으로 새마을운동과 관련이 있다고는 할 수 없다. 다만 방증으로 유용함을 강조하고자 한다.

<표 14-8>을 보면 절대인구 및 절대빈곤인구비가 급감하고 있음을 보여주고 있다. 따라서 <표 14-7>과 <표 14-8>을 통해 (명제 2)를 상대적으로 반증할 수도 있다.

4. 논리적 질적 평가: 검증

새마을운동이 국가발전에 공헌하였다는 (명제 1)의 주장의 근거는 의식의 근대화에 있다고 한다(김홍순, 2008). 그 의미는 새마을운동이 '잘 살아보겠다'는 동기부여를 이룩하였다는 고찰이다. 새마을운동의 시작 전의 상태가 구한말(舊韓末)의 모습을 서술한 비숍 여사(Isabella B. Bishop)의 글처럼은 아니겠지만 가난을 체념으로 여기는 풍조가 있었음을 이미 지적되었다(김경동, 1995). 이를 극복하려는 데에 대한 논리형태는 잘 살아보려는 마음가짐(김경동, 1995: 196), 이른바 Can-doism의 의미와 Can-doism의 적용과정으로 표현된다(최외출, 2014; 임환성·임재강, 2013; 엄석진, 2011).[29] Can-doism의 의미는 동기부여의 이론으로 뒷받침할 수 있다. 즉, 새마을운동의 공헌이 의식의 근대화에 있다면(김홍순, 2008) 이는 기대이론으로 설명 가능하다. 익히 알려진 바대로 기대이론이란 욕구·만족·동기유발의 체계에 기대라는 인식론적 개념을 첨가하고 동기유발의 과정에 중심을 두어 설명한다(오석홍, 1999: 169). 기대이론의 표현은 다음 (식 5)와 같다.

$$MF_i = f\left[\sum_j (V_i P_{ij})\right] \qquad \text{(식 5)}$$

MF(motivational force): 동기의 강도
V(valence): 결과에 부여하는 가치
P(probability): 행동이 결과를 가져온다는 기대
i: 행동 I
j: 결과 j

출처: 오석홍(2014: 116).

---

29) Can-doism은 '할 수 있다(can do)는 정신'을 뜻하는 조어이다(최외출, 2014).

위 식을 간단히 표현하면 아래 (식 6)이 된다(오석홍, 2014: 116).

$$\text{동기의 강도} = f[\Sigma(\text{결과의 가치} \times \text{행동에 거는 기대})] \qquad (\text{식 } 6)$$

(식 6)이 의미하는 바는 동기가 강하게 부여되기 위해서는 결과에 대한 가치를 익히 알고 있어야 할 뿐만 아니라 당사자가 행동이 가능한 범위 내에 있어서 그 행동이 이루어질 수 있어야 함을 내포한다(오석홍, 1999). 새마을운동 이전에도 결과의 가치는 습득되어 있었다. 문제는 이를 어떻게 동기로 이끌어 내었는가에 새마을운동의 의의가 있다. 즉, 행동이 결과를 가져온다는 기대로 연결될 수 있는 그 구체적 방법이 문제였다. 체념화된 빈곤상태에서 '잘 살 수 있다'는 동기부여를 제공하고 이를 실천하여 보였다는 점에 그 의미를 두어야 하는데(최외출, 2014; 김경동, 1995: 196), 어떤 결과에 주관적으로 부여하는 가치가 크도록 관(官)이 유도하여 관에 따른 행동

그림 14-6 Vroom의 선호-기대 이론

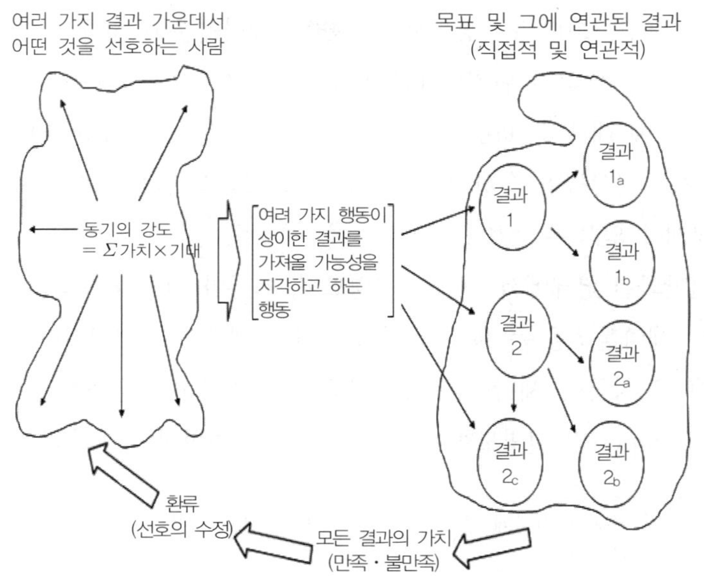

출처: 오석홍(2014: 119).

이 그런 결과를 가져올 개연성이 높다고 믿도록 하였음이 그 공헌이라고 할 수 있다.

기대이론 중에서 그 과정을 잘 설명한 것이 브룸(V. Vroom)의 동기유발모형이다. 이는 두 가지 명제로 구성되는데, 첫째는 행동을 하려는 사람의 정신적인 힘은 결과에 부여하는 효용과 그 결과의 달성에 그 행동이 가지는 유용성을 곱한 것이다. 둘째는 동기만이 어떤 행동을 유발하는 유일한 요인이 아니고 동기를 뒷받침할 능력이 있어야 한다는 데 주의를 환기시킨다(오석홍, 1999: 123). 이를 [그림 14－6]으로 나타낼 수 있다.

[그림 14－6]에 따르면, 어떤 결과에 주관적으로 부여하는 가치가 크고 어떤 행동이 그런 결과를 가져올 개연성이 높다고 믿을 때 행동할 동기는 커진다(오석홍, 1999: 192; 김경동, 1995: 196).

여기서 Can－doism에 주목하는 것은 새마을운동의 대표성이다.[30] 즉, 성공한 새마을운동을 "새마을운동$_1$은 성공하였다", "새마을운동$_2$는 성공하였다", …… "새마을운동$_n$은 성공하였다"는 단칭명제를 모두 모은 연접으로 바꿀 수 있다. 다시 이것은 P에 새마을운동의 성공적 결실이라는 속성을 대입하면, 예컨대 경북 청도군의 새마을운동 성공 사례를 P_1으로(전기우, 2014), 포항시 문성리의 새마을운동 성공 사례를 P_2(임한성 · 임재강, 2013)로, 경산시 남천면의 새마을운동 성공 사례를 P_3(Choi & Chae, 2013) 등으로 하여 단칭명제를 모두 모은 연접으로 바꾸면 앞서 기술한 b_1, b_2, …… b_n이 n에 대해서 (Pb_1, Pb_2, …… Pb_n)로 확정될 수 있고, 제시된 종류의 범위 내에서 모든 대상들이 속성 P(새마을운동의 성공적 결실의 이유)를 가지는 전칭일반화된 명제를 얻을 수 있다.

이 전칭일반화된 명제에서 헴펠의 설명모형, 이른바 설명과 예측의 대칭성 이론을 도입하면,[31] "새마을운동$_p$는 성공할 것이다"라는 예측으로 이어진다. 현재 아시아 · 아프리카 개발도상국이 새마을운동을 배우러 오고 새마을운동이 전파되는 현상은 헴펠(C. G. Hempel)의 설명모형이 현실적으로 또 경험적으로 유의미함을 보여준다

30) 이 점에서 질적 연구의 취지에 부합된다. 양적 연구가 보편성을 지향하는 데 비해, 질적 연구는 대표성을 지향하기 때문이다.

31) "설명과 예측의 논리적 구조는 동일하며, 둘의 구별은 설명항이 피설명항보다 먼저 발생한 것인가 아닌가 하는 시간의 선후 관계에 의해서만 구분될 수 있다. 따라서 모든 설명은 잠재적 예측이다"라는 것이 헴펠의 설명모형이다(최현철, 2011; Hempel, 1966).

고 하겠다.

5. 역사적 질적 평가

이를 달리 반 프라센의 설명의 틀을 이용해서 (명제 1)의 주장의 근거(즉, R)를 설명 가능하다. 앞서 서술한 "Q: 왜 P_k인가?"에서 Q = P_k, X, R로 이루어지고 여기서 P_k는 국가동원체계를, X = {P_1, P_2, P_3, P_4, ……}는 여러 대안들의 집합을, R은 적합성의 관계를 나타낸다(최현철, 2011; 박승억, 2008). 새마을운동을 여기에 대입하면, 새마을운동을 시작할 당시에 역량을 기준으로, X = {P_1, P_2, P_3, P_4, ……}의 집합에서, 루이스(L. Lewis)의 경제하려는 의지를 자극하여 가난을 벗어나도록 선도할(water-priming) 행위자는 국가에 의한 동원체계(P_k)뿐이었다. 즉, 선택할 만한 다른 대안이 없었으며(변형윤, 1993: 103), 다른 대안을 선택하였다면 이렇게 급속히 발전이 이루어지지 않았다는 이야기이다. 따라서 P_k가 선택될 수밖에 없었다. 이는 산업화에 대한 국민의 집단의지(collective will) 또는 공통의지(common will)가 산업구조에 영향을 끼친 사례로 해석된다(김진업 외, 2001: 130).[32] 이를 새마을운동 시행 직전의 5개년계획인 제1차 경제개발5개년계획을 중심으로 살펴보자.[33]

제1차 경제개발5개년계획의 기본 목표를 자립경제의 달성을 위한 기반 구축에 두고, 그 중점 목표로 농업생산력 증대에 의한 농업소득의 향상을 열거하고 있다(변형윤, 1993: 107; 이헌창, 2006: 440-448; 강광하, 2000; Cha et al., 1997). 이와 관련된 농업정책으로는 농산물가격정책과 새마을운동으로 요약할 수 있다(변형윤, 1993: 230). 농산물가격정책은 저농산물가격정책으로 이로 인해 해외 농산물이 도입되었고, 투자재원은 비농업·도시부문에 집중되어, 농·공 사이에, 도·농 간 격차가 점차 확대되었다. 그 결과 농촌의 문제에도 정책이 시행되어야만 하는 상황으로 진행

32) 여기서 집단의지(collective will) 또는 공통의지(common will)란 국가 혹은 정부의 정책 이면에 존재하는 것으로 정책과정에서 내재적으로 표현된다(김진업 외, 2001: 130).

33) 그 대표적인 보기가 경제기획원의 설치(1961)라든가 네 차례의 경제개발5개년계획으로 그 유용성이 입증되어, 국가경제의 발전을 위한 5개년계획은 이른바 문민정부까지 계속되었다. 1962년부터 시작된 경제개발5개년계획은 네 차례의 실시 이후(1962~1981), 1982년부터는 경제사회발전5개년계획으로 명칭이 바뀌고(1982~1991) 김영삼 정부 아래에서는 신경제5개년계획(1993~1997)으로 진행되었다(강광하, 2000).

되었데, 그 예는 고미가정책(1968) 및 이중곡가제(1969) 등이다. 이런 배경 아래에서 새마을운동이 등장하였다.

그렇다면 R은 어떻게 해서 적합하다는 판정을 내릴 수가 있는가? 이는 국가목표와 개인목표의 통합을 말한다. 익히 알려진 대로 국가목표와 개인목표의 통합을 설명하기 위한 모형에는 교환모형 · 교화모형 · 수용모형이 있는데 이를 중심으로 논의해

그림 14-7 조직목표와 개인목표의 통합

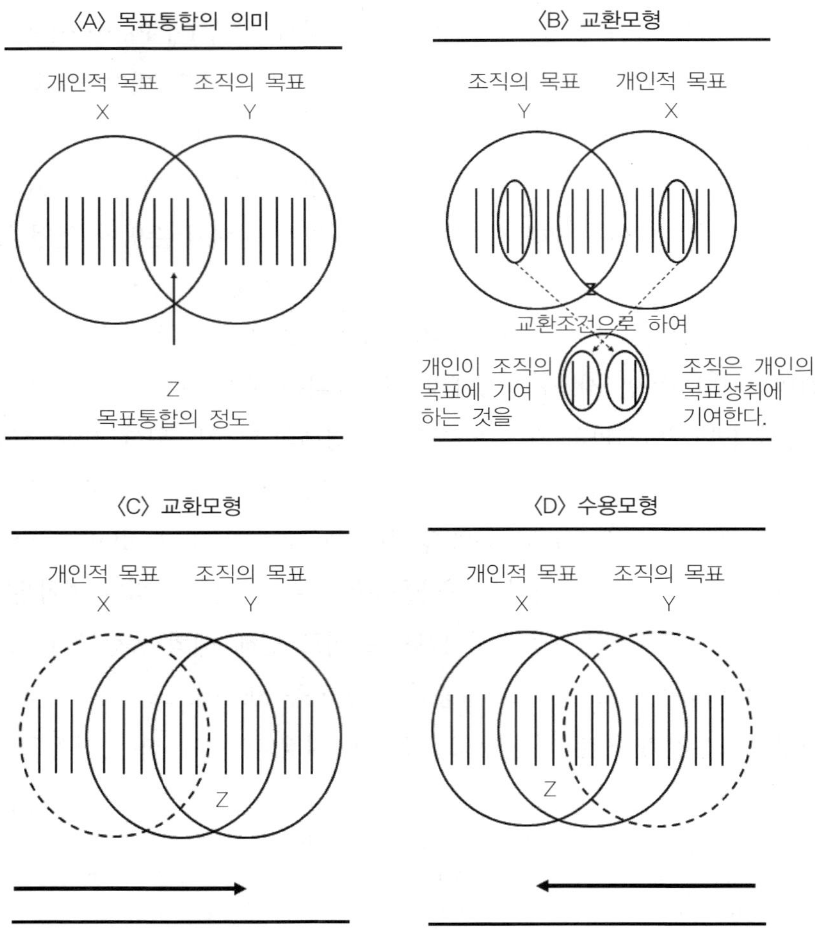

출처: 오석홍(2014: 258).

본다(오석홍, 1999: 124). [그림 14－7]의 A에서 X는 개인적 목표이고 Y는 국가의 목표이다(그림에서는 조직목표로 표현됨). 통합모형이란 수용과 교화를 통해 Z의 영역을 넓히고 개인이 국가의 목표를 내재화하게 된다. 이를 나타낸 것이 [그림 14－7]의 C(교화모형의 관점)와 D(수용모형의 관점)이다. 한편 [그림 14－7]의 B(교환모형의 관점)에서는 국가목표와 개인목표가 병존하는 상태에서 국가와 개인 사이의 거래관계에서 외재적 보상에 기초를 둔 모형이다.

국가동원체계이든 잘 살기 운동이든 중요한 것은 새마을운동에서 국가목표와 개인목표의 통합이 이루어졌다는 점이다. 즉, 새마을운동은 [그림 14－7] 모형 중에서 어디에 해당한다고 할 수 있는가? [그림 14－7] C의 교화모형의 관점을 함축한다고 하겠다.[34)]

제 6 절 | 요 약

행정학이나 정책학이 기술성에서는 많은 발전을 이룩했다는 점에서는 일치를 보인다. 그러면 과학성의 관점에서 높은 점수를 줄 수 있는가? 오늘날의 학문이 섞임의 특성을 갖고 있어서 행정학도 다른 학문과 많이 섞이고 있다. 복지행정, 도시행정, 기후변화행정, 다문화행정 등이 그 보기이다. 이런 흐름 속에서 행정학이 다른 학문에 대한 경쟁력이 있어야 함을 지적하였다. 경쟁력을 갖추기 위해 보완해야 할 것들 중에 하나가 질적 평가이다. 행정학에서는 거의 논의되지 않는 질적 평가를 어떻게 할 것인가에 대해, 하나의 질적 평가를 하는 틀을 보이고자 하였다. 그 제재를 새마을 운동을 꼽아서 하나의 시론(試論)으로 조명해 보았다.

현재의 시점에서 과학 연구의 태도는 발견의 논리가 아닌 발견의 심리학이 그 정초이다. 이 글에서는 과학의 의미를 발견의 심리학으로 보고 이제는 우리 역사의 한 부분이 된 새마을운동을 개인적 호불호나 그 정책을 시행한 정부의 호불호를 떠나 객관적으로 또는 합리적으로 평가할 필요성이 제기된다. 이에 기초하여 선행연구를

34) 이에 대해 자세한 설명은 Choi & Chae(2013)를 참조하라.

검토한 결과 명제 1(새마을운동은 잘 살기 운동이었다)과 명제 2(새마을운동은 관주도의 동원 체계이었다)라는 두 유형의 명제를 추출하고, 이에 대해 검증주의와 반증주의 및 해석주의라는 질적 평가의 틀을 이용하여 논의하였다. 더욱이 이 질적 평가의 사례는 행정과 사회와의 관계를 잘 설명해 주고 있기에 계속 연구의 필요성이 제기된다. 아무쪼록 많은 연구자들이 질적 평가에 대해 관심을 가져주기를 소망한다.

제15장 프레임
: 영국 스코틀란드의 지방자치와 독립 논의를 중심으로

제 1 절 서 론

프레임이란 세상을 보는 마음의 창으로 정의하기도 하고(최인철, 2007), 어떤 한 개념을 이해하는 데 결정적인 역할을 하는 일종의 배경지식이라고도 하며(오주영, 2010), 어떤 쟁점이나 사건을 어떤 체계로 보도하고 그것이 사람들의 현실 인식과 어떻게 연관되는지를 연구하는 분야라고 한다(Hakoda et al., 2010 : 498－499; 심준섭, 2012). 그 특징은 개념의 의미란 그 의미를 부여하는 프레임과 관련 속에서 정의된다는 것에 있으며(김동환, 1999), 이는 서양철학에서 인식 연구의 오랜 전통인 객관주의에 대한 도전이라는 의미를 지니고 있다(Lakoff & Johnson, 1981). 이 프레임을 이용하여 스코틀란드의 독립에 관한 주민투표 과정을 사례로 삼아 살펴보려 한다.[1)]

스코틀란드의 독립 여부는 지방자치의 확대인가 독립인가로 요약된다. 2012년 6월 14일 기준으로 독립찬성이 27%에 불과하여, London의 중앙정부도 독립을 주민

1) referendum을 주민투표로 번역하였다. referendum을 국민투표라고 번역하면 2016년 Brexit 국민투표처럼 웨일즈나 북아일란드를 포함한 전체 영국인들의 투표를 의미한다는 오해의 소지가 있어서 주민투표로 번역하였다. 또 영어 사용권에서 런던은 지명으로서의 런던과 정치권력의 중추, 즉 런던을 수도로 하는 정치권력으로서의 런던이 구별된다. 이 글에서는 후자를 표기하기 위해 London을 그대로 노출시킨다.

투표로 결정하더라도 부결될 것이라는 확신에서 독립에 관한 주민투표를 허용하였다(이른바 Edinburgh Agreement). 그러나 스코틀랜드 독립찬성 진영의 프레임 작동으로 예상하지 못한 방향으로 전개되어 중앙정부를 비롯한 독립반대진영의 프레임 전환을 초래하였고, 그 과정에서 몇 차례 급격한 변화가 있었다. 마침내 2014년 9월 18일의 주민투표는 16세 이상인 전체 유권자 428만 3,392명 가운데 84.6%가 참가해 독립 찬성표가 45%, 반대표가 55%로 약 38만 표 차이로 독립이 부결되었다.[2)]

양 진영은 상황의 흐름을 분석하고 바람직하지 않은 방향으로 여론이 흘러갈 때, 프레임이라는 방법을 사용한다는 것을 관찰할 수 있다.[3)] 이를 위해 이정표라고 말할 정도의 굵직한 사건들과, 현상을 바꾸어 보려는 쪽과 현상을 유지하려는 쪽이 누구냐라는 두 가지를 기준으로 삼아, 제1기, 제2기 및 제3기로 나누어 연구하였다. 각 시기의 프레임을 시맨틱네트워크분석 기법을 활용하여, 이해관계프레임, 통화동맹프레임, 인물프레임과 삶의 질 프레임으로 명명하였다. 프레임들의 검증은 콰인(Willard Quine)의 캘큘러스(calculus)를 변형하여 이용하였는데(이 책에서는 논리적 캘큘러스와 캘큘러스를 구별하여 사용하는데, 후자는 제15장의 프레임을 위한 설명에만 적용되는 개념이다), 그 자료는 여론조사 기관인 YouGov의 여론조사를 참고하였다. 이 논의의 시사점은 많은 이슈의 제기보다는 대중이 바라보도록 프레임을 걸어

---

2) 그동안의 영국 역사를 간단히 정리하면 1707년의 잉글란드와 스코틀란드의 연합은 대영제국(The United Kingdom of Great Britain and Northern Ireland)의 형성으로 이어져 세계를 지배하는 세력이 되었고, 애덤 스미스(Adam Smith)나 데이비드 흄(David Hume)에서 볼 수 있듯이 스코틀란드 사람들의 공헌은 문화의 융성으로 이어졌다. 그러나 1900년대 말 이래로 스코틀란드인들은 그들의 정치적 권한을 되찾기 위한 노력을 계속해 온 결과, 1999년에 권한이양(devolution)이라는 원칙 아래 스코틀란드 의회가 성립되었다[의회주의 국가이기 때문에 의회가 성립되었다는 의미는 정부도 아울러 성립되었다는 의미이다. 또 우리가 흔히 말하는 지방정부(local government)와는 다른 차원으로, 지방정부가 council에 대응하지만 스코틀란드 의회는 parliament와 상응한다]. 그 이후 새먼드(Alex Salmond)가 이끄는 스코틀란드 독립당(Scottish National Party, 이하 SNP)이 다수당이 되자 그가 스코틀란드 행정의 최고 책임자인 제1장관(First Minister)이 되었고, SNP는 스코틀란드의 독립에 관해 주민투표(referendum)를 요구하게 되었다. 영국 수상 데이비드 캐머런(David Cameron)과 새먼드 사이에 맺어진 에딘버러 협정(Edinburgh Agreement)에 따라 스코틀란드가 영국을 떠나는 문제를 2014년 9월 18일의 주민투표로 결정하기로 하였고 그 결과는 본문에 서술한 대로 부결되었다.

3) 그 프레임 중에는 한국의 사회과학계에서 논의하지 않았던 인물프레임도 중요한 요소로 등장하고 있다. 한국에서도 어떤 위기나 충격적 사건이 있을 때, 개각(改閣)하는 일은 이러한 사례의 반영이다.

서 대중이 그 시각에서 바라보도록 하는 것이 원하는 바를 성취하는 지름길이라는 의미이다.[4)]

이 과정에서 유럽연합(EU)－영국(UK)－스코틀란드－지방정부(county and borough)[5)]로 이어지는 중층 현상에 대한 비판으로 거버넌스 층이 얼마만큼이 적절한가에 대해서 관심을 불러 일으켰고,[6)] 통화동맹의 체결이 가져오는 주권제약(erosion of sovereignty)은 어떻게 할 것인가의 이슈도 수면 위로 끌어내었다는 평가를 받고 있다. 이 글에서는 스코틀란드의 자치권 확대와 독립 논의 과정에서 보여준 프레임의 명명과 그 전환 및 검증에 초점을 두고 연구하고자 한다. 즉, 어떤 상황을 바라보도록 이끄는 프레임을 연구하는 것은 상당한 가치가 있다고 말할 수 있다.

제 2 절 | 프레임 논의의 이론적 기초와 연구방법론

1. 프레임의 의의와 그 문제점

프레임(frame)은 세상을 바라보는 방식을 형성하는 특정한 정신적 구조물이거나 개념 틀을 말한다. 이 프레임 덕택에 우리는 실재를 이해할 수 있고 때로는 우리의 실재를 창조할 수 있다. 즉, 프레임이란 인간이 세계와 상호작용하는 과정에서 드러나지 않게 우리의 일상생활을 지배하는 어떤 비가시적인 구조를 지칭한다. 언어학자

4) 한국 언론의 보도를 보면 영연방과 영국을 혼동하는 표현을 볼 수 있다. 둘은 서로 다른 것으로 영연방은 Commonwealth이고 스코틀란드 독립은 United Kingdom(영국)의 내부 문제인 union의 해소문제이다(http://www.bbc.com/news/uk－scotland－scotland－politics－21618252). 즉, 307년 동안 계속되어 온 England와의 정치적 연합체(political union)의 해소 문제이다.

5) 물론 이 문제를 해결하기 위한 노력으로 광역과 기초자치단체를 통합한 unitary system이 존재하기도 한다. 이에 대해서는 이광석 외(2015)를 참조하라.

6) 1999년에 피터 히친스(Peter Hitchens)가 『영국의 해체(*The Abolition of Britain*)』라는 제목의 책을 발간하였다. 그는 영국의 해체가 논의되는 배경에는 유럽연합(EU)이 있다고 주장하였다. http://www.telegraph.co.uk/news/uknews/scotland/11080893/Scottish－independence－Decapitate－Britain－and－we－kill－off－the－greatest－political－union－ever.html. 독립찬성진영도 영국의 해체 담론과 연결될 수 있다. 독립찬성진영은 SNP를 중심으로 이루어져 있으며 스코틀란드 정부와 긴밀한 관계에 있다. 이에 비해 독립반대진영은 Better Together라는 단체를 중심으로 이어져 있으며 London과 연결되어 있다.

필모어(Charles Fillmore)는 언어 표현의 의미를 적절히 이해하는데 미리 조립된 어떤 지식구조의 다발이 작용하고 있는데 이를 프레임이라고 지칭한다. 레이코프(George Lakoff)는 머리 속에 자리잡은 이 지식구조의 다발이 세계에 대한 우리의 이해를 결정하고 우리의 정치적 사고를 지배하고 있다고 주장한다(나익주, 2017: 49). 그런데 대부분의 경우에 프레임을 무의식적으로 그리고 자동적으로 사용한다(Lakoff, 2006: 46).

프레임의 원류(原流)는 심리학에서, 언어학에서, 인류학에서, 사회학 등에서 찾기도 하지만(Tannen, 1993) 사회과학적으로는 고프만(E. Goffman)의 업적에 힙입고 있다.[7] 그는 미드(G. H. Mead)의 상징적 상호작용 이론에 기초하여 사회적 제도나 상황이 심적 구조(프레임)에 의해 형성되고 이것은 다시 그러한 제도나 상황에서 우리의 행동방식을 결정한다는 것을 알아냈다. 이 현상을 기술하기 위해 그는 '삶은 연극'이라는 은유를 사용했다. 예를 들어 병원 프레임을 살펴보면, 의사 · 간호사 · 병원잡역부 · 환자 · 방문객 · 건물관리인 등 명확히 정의된 역할이 있다. 또 수술실 · 응급실 · 회복실 · 입원실 등 이야기가 펼쳐지는 장소가 있고, 외과용 칼 · 붕대 · 휠체어 등 소도구가 있으며, 수술 · 체온측정 · 차트 점검 · 배뇨통 비우기 등 관행이 있다. 이 속에는 내적 논리가 있고, 역할들 사이에 정해진 관계와 위계가 있다. 반대로 어떤 행동은 병원 프레임에서 제외된다. 예를 들면, 병원잡역부나 방문객은 수술을 집도하지 않는다.[8] 마찬가지로 프레임은 정치제도를 구조화한다(Lakoff, 2006).

7) 심리학에서는 바틀렛(Frederic Bartlett), 러멜하트(David Rumelhart), 아벨슨(Robert Abelson)을 들기도 하고, 언어학에서는 민스키(Marvin Minsky), 샤페(Wallace Chafe), 필모어(Charles Fillmore) 등을, 인류학에서는 베이트슨(Gregory Bateson), 프레이크(Charles Frake), 하임즈(Dell Hymes) 등을, 사회학에서는 고프만(Erving Goffman)을 들고 있다.

8) 즉, 프레임이란 우리가 경험을 이해하기 위해 의존하는 모형인데, 일반화된 타자(the generalized other)나 사회(society as a whole)와의 상호작용을 통해 여러 가지 유형의 프레임을 배우게 되며, 그 중의 일부는 사회구성원들 사이에 공유하게 되는 공통의 프레임이 된다. 그 의미는 다양한 사회공동체 사이에서의 차이나 또는 개인적 경험의 차이에도 불구하고 첫 데이트 · 결혼 · 구직 · 장례 등의 상호작용하는 데 기본적 프레임을 공유한다. 프레임은 전형적으로 문화적 문법으로부터 파생하고, 문화에 따라서 차이를 나타낸다. 따라서 교사에게 또 학생들에게 정상적이라고 간주되는 행동의 범위를 익히게 된다. 예를 들면, 미국에서는 학생들이 수업에서 자기주장이 강하거나 참여적 행동에 대해 보상을 받지만 중국에서는 학생들이 자신의 역할이 더 교사를 존경하고 참여에 있어서도 덜 적극적임을 알고 있다. 이는 넓은 범위에서 상황을 정의하기 위해 사용하는 프레임은 특정한 문화와 사회공동체에 속하고 있다는 의식에 의해 만들어진다(Wood, 2000:

이를 언어학의 관점에서 보면(Lakoff, 2006) '고소하다(accuse)'라는 동사는 원고와 피고 · 범죄 · 고소의 의미역할을 지닌 고소 프레임을 참조하여 정의된다. 원고와 피고는 사람이나 법인이고, 범죄는 어떤 행동이고, 고소는 화행(話行)이다. 원고는 그 범죄를 나쁘다고(불법이거나 비도덕적이라고 생각하고) 피고가 실제로 그 범죄를 저질렀다고 공표하고 있다.

인지과학적 관점으로 전환하면(Lakoff, 2006a) 다음과 같이 요약된다. ① 우리는 뇌로 생각하므로 사고는 물리적이다. ② 언어의 반복은 뇌를 변화시키는 힘을 갖는다. ③ 대부분의 사고는 무의식적이다. ④ 모든 사고는 개념적 프레임을 사용한다. 즉, 프레임은 제한된 범위의 정신구조이며, 그 내부조직은 체계적이다. ⑤ 프레임에는 경계가 있다. ⑥ 언어를 사용하여 상황에 대한 프레임을 재구성할 수 있다. ⑦ 프레임은 개념의 특성을 결정한다. 이 프레임은 심층 프레임일 수도 있고 표층 프레임일 수도 있다. ⑧ 심층 프레임이 세계를 바라보는 방식을 구조화하는 프레임으로 깊은 곳에서 도덕적 · 정치적 원리의 특성을 결정한다. ⑨ 사고는 대부분 개념적 은유이다. ⑩ 대부분의 사고는 논리적 법칙을 따르지 않는다. ⑪ 뇌속의 프레임과 은유가 상식을 정의한다. ⑫ 프레임이 사실을 이긴다. ⑬ 보수주의자와 진보주의자는 서로 다른 프레임과 은유를 사용해 생각한다. ⑭ 논란의 대상이 되는 개념에는 이견의 여지없이 명확한 핵심 의미가 있다. 예를 들어, 자유라는 개념에 대해 그 의미를 각기 다르게 이해한다. 이러한 개념에는 거의 모든 사람이 합의하는 핵심적 의미가 있다. 논쟁을 일으키는 부분은 명시되지 않은 채 남겨져 있으며, 심층 프레임과 은유로 이 빈 부분을 채워 넣어야 한다.

선행연구를 살펴보면 심리학이나 신문방송학 및 행정학에서의 선행연구 등이 있는데,[9] 거의 갈등 관리로 접근하고 있는 점이 특색이다. 기존 연구의 공헌은 이 방법

124−125).

9) 심리학이나 신문방송학에서의 연구를 찾아보면, 김춘식 · 이영화(2008), 반현 외(2010), 이준웅(2000), 장덕현 · 김근배(2012)의 연구들이 있다. 행정학에서의 선행연구는 김진호(2007), 김창수(2007; 2008; 2010; 2011), 심준섭(2012), 심준섭 · 김지수(2011a; 2011b), 은재호 · 김형성 · 최대용(2011), 은재호(2012) 등이 있는데, 거의 갈등 관리로 접근하고 있다. 그 중 대표적인 논문들을 살펴보면 심준섭(2012)에서는 해군기지 건설을 반대하는 지역 주민들의 갈등 프레임은 분명한 정체성 프레임과 특징부여 프레임을 기초로 환경위험 프레임이 지배적인 프레임이고, 정부 측은 특징부여 프레임과 갈등관리 프레임이 지배적 프레임으로 주민의 반대를 손익 프레임의 관점에

론이 비교적 짧은 시간 내에 상당한 위치를 점유하게 하였다. 즉, 인기 있고 이용가능하게 제시한 것이 그 공헌이라 할 수 있다. 그러나 그 문제점은 표층에서의 현상에만 충실하고 심층 개념이 도입되지 않아 심층에서의 흐름을 포착하지 못하였다. 또 표층의 효과를 담보하기 위해 덧씌우기 효과(priming effect)가 많이 등장하지만 기존의 프레임 연구에서 놓치고 있다는 것을 지적할 수 있다. 선행 연구에서의 더 큰 문제점은 프레임의 명명(naming)의 과정에 관한 설명과 입증이 없다는 점이다.[10)]

2. 프레임의 방법과 기법(method and technique)

위에서 전개한 논의를 참조하여 이 책에서 프레임에서의 관점은 세 가지로 구성된다. 그 첫째는 구조적 관점으로 보는 것이며, 그 둘째는 시간적 관점으로 보는 것이고(Saussure, 1972), 셋째는 집합의 관점으로 보는 것이다.[11)]

첫째의 관점은 구조적 관점이다. 철학이나 심리학 등에서의 연구 결과가 보여주는 것은 무엇을 어떻게 인식하는가가 중요하다는 시사이다. 프레임이란 인식주체가 어떤 언어를 들었을 때(예를 들면, 의사) 떠오르는 생각체계를 말한다(앞서 보기인 병원을 참조하라). 그러므로 의미 창출이란 심층과 표층으로 나뉠 수 있고 따라서 심층 프레임과 표층 프레임으로 구별될 수 있다(Lakoff, 2006; Chomsky, 1966; 2006; Harris, 1988; Wittgenstein, 1978). 물론 용어는 약간 차이가 있는바, Tannen(1993)은 전자를 표층 증거(surface evidence)로, 후자를 심층 예상(underlying expectations)으로 부르고 있다. 여기서 중요한 것은 변형원리인데 리프레임(심준섭, 2012)이라고도 한다. 프레임을 걸었지만 그 기대효과가 만족스럽지 않으면 이를 수정하고 또 새

서 접근하고 있는 것으로 나타났다고 주장한다. 은재호(2012)의 연구는 국방·군사시설 입지를 둘러싼 현 시기 민·군 갈등의 원인은 인지적 원인과 구조적 원인 등의 2개 유형으로 요약된다고 주장한다. 김창수(2007)는 분쟁은 서로 다른 프레임이 작동할 때로 정의하고 선택적 주목(selective attention)이라는 전략을 사용함에 유의한다. 즉, 상대방의 부정적 속성에 낙인을 찍음으로써 자신들의 프레임에 유리한 입장을 확보하려고 한다고 주장한다.

10) 이에 관해 논의한 책으로는 Gibson(2004)을 참조하라.

11) 구조적으로 보는 견해를 구조주의라고 하고 이는 시간적 차이로 보는 견해와 아울러 소쉬르에게서 비롯하고 데리다가 발전시켰다(Saussure, 1972; Harris, 1988; Sarup, 1993). 자세히는 제12장을 참조하라. 집합으로 보는 견해는 러셀(B. Russell)에 의해 발전하였다(Doxiadis & Papadimitriou, 2009).

그림 15-1 **표층과 심층의 프레임의 구조**

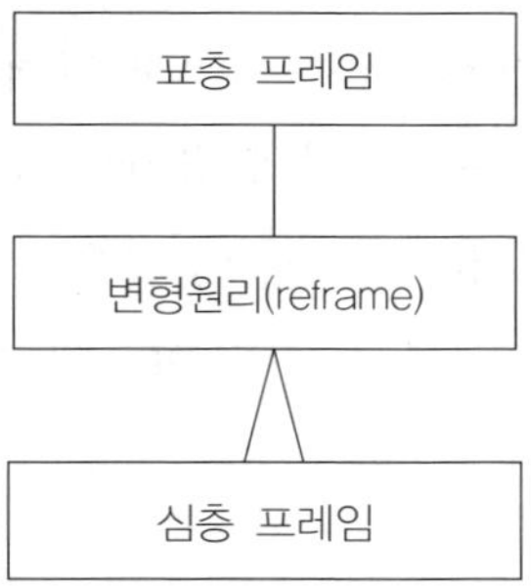

로운 프레임을 창출하려 한다. 이 과정에서 후술하는 덧씌우기 효과(priming effect)가 나타나기도 한다. 즉, 표층과 심층의 프레임 연결과, 표층 프레임에서 그 효과의 극대화를 위해 부정적 또는 긍정적으로 무엇인가를 덧씌우게 된다. 이를 [그림 4-4]를 활용하여 다시 나타낸 것이 [그림 15-1]이다. 이 프레임 구조는 경험성을 위주로 하는 인지과학, 심리학, 분석철학, 언어철학에서에서 입증되었다(Lakoff, 2006; 곽호완 외, 2004; Munz, 2004: 75).

둘째의 관점은 시간의 흐름이라는 관점에서도 바라볼 수 있다. 이는 지향을 통해 시각을 수정하기도 하는데, 이 중 미래를 향하여 올바른 프레임 선택을 선견지명라고 함에 비추어 과거로 향하여 판단하는 것을 후견지명(hindsight effect)이라 한다(최인철, 2007). 이 글에서의 구체적 내용은 앞서 시기를 3단계로 구분하였기에 이 기준에 따라 다음 제4절에서 살펴보기로 한다.

셋째의 관점은 집합의 관점이다. 이는 집합 A = {x, y, w, ……}의 프레임을 가지고 있다고 가정하고, 이 중에 가장 수용가능성이 있다고 판단되는 순서에 따라 제1프레임(primary frame)으로, 다음 것을 제2프레임(secondary frame)으로, 그 다음 것을 제3프레임(tertiary frame)으로 가정한 후에, 제1프레임부터 꺼내든다. 문제는 당사자 A의 프레임 A = {x_1, y_1, w_1, ……}와 당사자 B의 프레임 B = {x_2, y_2, w_2, ……}에서[12] 어느 한쪽에서 효과가 예상대로 나타나지 않다면 프레임 전환을 꾀한

12) 집합의 원소들 중에서 같은 원소들을 가지고 있는 비율이 높은 경우에는 같은 문제의 당사자들이

다. 즉, 집합의 관점에서 그 효과가 $x_1 > x_2$라면 집합 B의 당사자는 제1프레임을 x_2에서 y_2로 옮아가려 한다. 프레임이 효과가 있으면 제1프레임으로 이용하지만 시간의 경과 후 이익을 보는 쪽과 손해를 보는 쪽으로 나뉘는 경우 프레임 전환을 꾀한다.

앞서 지금까지의 연구들에서 프레임의 명명(naming)의 과정에 관한 설명과 입증이 없다는 점이 문제점이라고 지적하였는데, 이 글은 이를 보충하기 위해 Quine(1961: 134)의 캘큘러스(calculus)를 변형하여 이용한다.[13] 캘큘러스(calculus)를 변형하여 명명하고 정의하면 다음과 같이 된다.

<캘큘러스 1> 'α'는 'β'을 P에서만 명명한다.

<캘큘러스 2> 'α'는 모든 'β'에 대해 P에서 수용가능하다.[14]

이를 검증하면 다음 캘큘러스와 같은 형식을 밟는다.

<캘큘러스 3> 'α'는 'β'일 경우에만 P에서 유효성이 있다. (P: 특정한 시점)

여기에서 α에는 명명되는 프레임이 들어가고, 이 글에서 명명된 프레임들은 이해관계·통화동맹·인물·삶의 질 등이다. β에는 현실 상황, 즉 α에 상응하는 사태가 들어간다. 명명된 프레임들(α)과 현실(β)의 유효성 판단은 여론조사 기관인 YouGov에서 공표한 여론조사를 검증으로 이용하였고, 그에 따라 명명된 프레임이 그 시점에 어울리는지를 판단했다. 또 명명된 프레임이 <캘큘러스 2>에서 수용가능성이 있는지, 또 위 당사자 어느 한쪽에서 [A = {x_1, y_1, w_1, ……}와 B = {x_2, y_2,

---

라 할 수 있고, 같은 원소를 놓고 경쟁할 때 치열하다고 할 수 있다.

13) 캘큘러스에 대해서는 강신택(1981)을 참조하라. 여기서는 Quine(1961)의 관점을 변형시키는데, Quine의 원래의 캘큘러스는 다음과 같다.
<calculus 1> 'α' is true if and only if β.
<calculus 2> 'α' is true of every β and nothing else.
<calculus 3> 'α' names β and nothing else(Quine, 1961: 134).
이 과정에서 도입되는 것은 수용가능성과 유효성이다.

14) 이 수용가능성은 포퍼(K. Popper)의 주장인데 원어는 Acceptance로 라카토스(I. Lakatos)는 이를 Acceptability이라는 용어로 바꾸어 사용하고 있다. 수용가능성의 기준은 대상과 속성의 두 가지를 그 구성요소로 하는데(Charlton, 2011: 37－55), 누구를 주된 타깃으로 할 것인가?가 대상이라면, 명명된 언어의 효과 중 어느 측면을 강조할 것인가가 속성이다. 이에 관해 자세한 논의는 Lakatos(1978: 166－167), 박은진(1999: 79－144), Chalmers(1982) 및 제4장 제6절 등을 참조하라.

w_2, ……}] 중에서 설정된 프레임을 재평가하여 프레임의 유지 및 프레임의 전환을 꾀하게 된다는 의미이다.

이 연구의 기법으로는 시맨틱네트워크분석을 활용하였다. 이 분석은 단어들의 공유된 의미를 토대로 체계적 구조를 분석하는 데 주안점을 두고 있다. 시맨틱네트워크분석은 핵심단어(prominent word) 간의 의미론적 연관(semantic association)이 중요한 요소이고 핵심단어의 동시발생 빈도는 소셜네트워크 관점에서 중요한 관계가 된다. 시맨틱네트워크분석을 통한 텍스트 분석의 장점은 표준화되지 않은 텍스트 자료로부터 구조화된 형태의 정보를 추출함으로써 커뮤니케이션 과정의 패턴과 의미를 시각화할 수 있다는 점이다. 구체적으로 시맨틱네트워크분석은 텍스트에 나타난 주요 단어 간 연결을 통해 이루어진다. 여기에서는 시맨틱네트워크분석 프로그램인 KHCoder 2.beta.32d 버전을 사용하였다(http://khc.sourceforge.net). 분석 결과 영국 야후(www.yahoo.co.uk)와 영국 공영방송인 BBC(bbc.co.uk)에서 스코틀란드의 독립에 관한 보도자료는 1,119개의 문단과 1,500개의 문장으로 이루어진 것으로 나타났다. 가장 많이 출현한 단어는 'Scotland'로 469회, 다음으로 'UK'가 272회, 'independence'가 195회, 'NHS'가 162회, 'vote'가 95회로 나타났다. 즉, 주제가 'Scotland'로 469회, 다음으로 'UK'가 272회, 'independence'가 195회, 'NHS'가 162회, 'vote' 등임을 알 수 있다. 이를 도표로 나타낸 것이 [그림 15-2]이다.

[그림 15-2]는 지방자치와 독립 논의의 시맨틱네트워크로, 네트워크 내에서 군집을 표현한 그림이다. 군집형성의 알고리듬은 모듈래리티(Modularity)인데, 이는 군집 내의 연결이 군집 밖의 연결보다 많도록 노드를 그룹화한다. [그림 15-3]에 따르면, 'Scotland'를 중심으로 하여 'UK', 'Government', 'independent' 등의 단어가 중앙에 군집을 이루어 프레임의 주제를 보여주고 있다. 아래에 옅은색으로 'NHS', 'health', 'privatization' 등의 단어가 군집을 이루고, 오른쪽 중간부분은 'Salmond', 'Brown' 등이 있다. 왼쪽 상단에는 'independence'를 중심의 방사형으로 'referendum', 'campaign', '%', 'oil', 'revenue' 등의 단어가 군집을 형성하고, 오른쪽 상단에는 'currency', 'union' 등이 있다. 단어를 표현한 노드의 크기가 큰 것은 그 출현빈도가 높은 것을 의미하며, 연결을 의미하는 링크가 굵을수록 공동 출현이 많이 된 것이다. 최소한 30회 이상의 출현빈도를 가지는 69개의 노드만을 표현하였으며, 상위의 굵기

그림 15-2 시맨틱네트워크의 세부군집

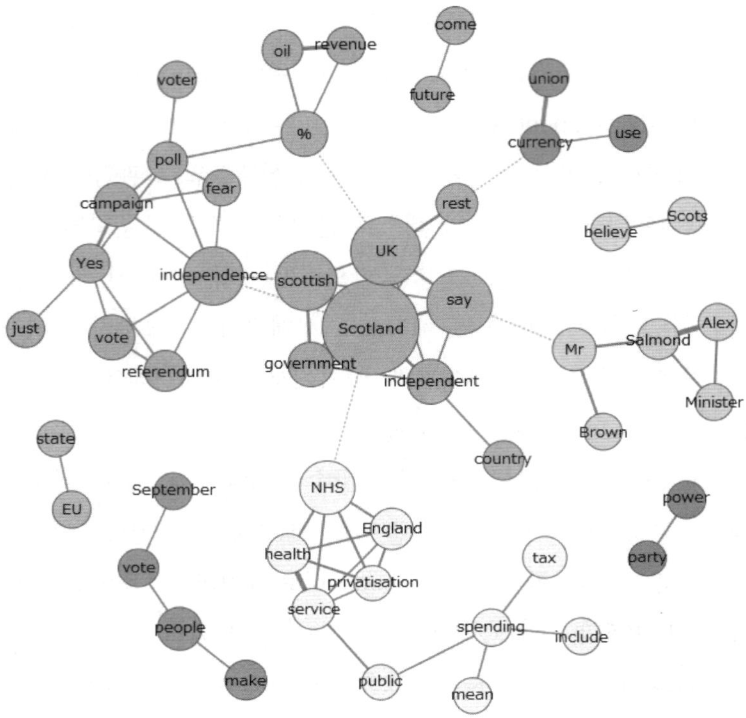

주) 노드의 크기는 빈도수, 링크의 굵기는 공동출현 횟수에 비례.

를 가지는 링크만을 표현하였다.

[그림 15-2]에서의 함축을 재정리하면 주제에 대한 프레임으로 이해관계프레임(그림에는 oil, revenue, %, fear, just 등 포함), 통화동맹프레임(그림에는 currency, union 등 포함), 인물프레임(Salmond, Brown 등 포함)과 삶의 질 프레임(NHS, privitization, health, service, public, spending 등 포함)으로 선정하였고, 연결되지 않는 용어나 영국(England) 민족과 스코틀란드 민족 사이의 감정 등 표면적으로 공식화하기 어려운 언어들은 구조의 관점에 포함시켰다.

제 3 절 | 스코틀란드 자치권 확대와 독립에 관한 개요

스코틀란드의 자치권 확대와 독립에 관한 일반 정보를 요약해 본다. 먼저 독립 전후를 영토와 인구를 중심으로 비교해 보면 스코틀란드가 독립하면 영국은 32%의 영토를 잃게 되어 현재 234,610km^{2}에서 164,523km^{2}로 축소된다. 인구의 경우는 8%가 축소되는데 현재 인구 64,100,000명에서 58,700,000명으로 줄어든다. 이 글의 주제와 관련된 여러 명제는 자치권 확대인가 독립인가(devo－max vs. independence)로 요약된다. 그러나 그 외의 여러 방법이 있는 바, 이를 요약하면 ＜표 15－1＞이 된다.

표 15-1 스코틀란드 자치와 독립에 관한 여러 방안

단일국가 (unitary state)	현재 상태 고수 (current status)	스코틀란드 법	자치권 확대 (devo plus)	자치권 최대 (devo-max)	연합 왕국 하의 독립 (Indy Lite)	완전 독립 (Full Indy)
직접 통치 (No scottish parliament)	스코틀란드 정부가 지출의 60%를 책임지지만 스코틀란드에서 창출되는 소득의 6%를 걷고 있음	소득세에 부가적인 권한을 부여	스코틀란드에서 지출되는 것에 대해 영국 정부와 스코틀란드 정부 공동 책임	스코틀란드에서 산출되는 대부분 또는 모든 소득세를 스코틀란드 정부가 책임	헌법적으로 분리된 국가	완전한 독립국가 독립된 국가원수 (예를 들면, 대통령)
					영국 여왕을 공동 국가원수로 함 (Use British Monarch)	
		2015년부터 인지세와 쓰레기세를 스코틀란드 정부에 넘김	스코틀란드 정부 책임 하의 조세: 소득세 및 법인세			
				스코틀란드 정부는 영국에 보조금(grant) 지급	방위동맹	통화동맹 없음
					통화동맹	
			영국정부 책임 하의 조세: 부가세, 사회보장세(NI)	영국 정부와 이양된 서비스의 적자 문제	영국 정부에 보조금 지급 없음	

출처: devoplus.com.

<표 15-1>에서 보듯 다양한 형태의 관계가 있으나 어떤 형태든지 초기에는 여기에 큰 관심을 두지 않아 이슈화도 되지 않은 듯했다. 이를 뒷받침하는 보기를 독립에 관한 여론에서 찾을 수 있는데 이슈가 되기 전에는 스코틀란드 정부가 아무리 독립투표를 주장하더라도 대체적으로 독립에 관한 여론 현황은 독립에 대한 부정적 여론이 찬성여론을 압도하였다. 이를 보여주는 것이 [그림 15-3]이다.[15]

그림 15-3 2012년의 여론 추이

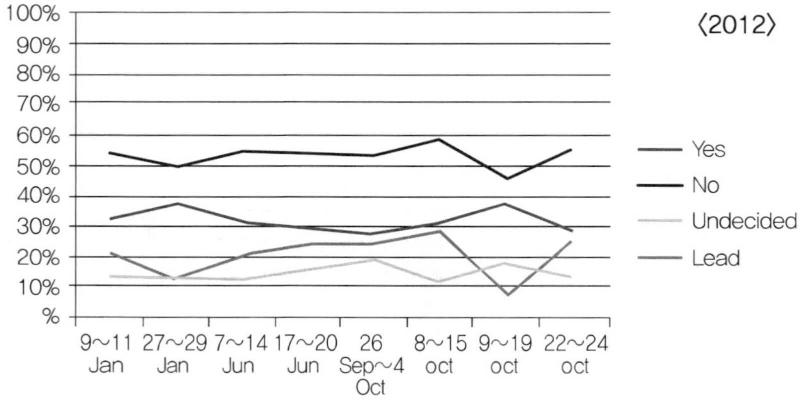

[그림 15-3]에서 2012년 6월 14일 기준으로 독립 찬성이 27%, 자치권 확대(devo-max)를 지지하는 비율이 41%, 독립을 반대하는 비율이 29%였다(D/K: 4%). 2012년 10월 15일의 에딘버러 합의(Edinburgh Agreement) 이후 2012년 10월 9일부터 19일 사이의 여론 동향도 대체로 독립 찬성(Yes)이 37%, 독립 반대(No)가 45%, 미정(undecided)이 17%로 나타난다. 다만 차이가 8%로 이전과 비교해 볼 때 많이 줄었다고 할 수 있으나 2012년 10월 22일과 24일 사이의 여론 동향은 예전 상태로 돌아와 독립지지율이 29%, 반대하는 비율이 55%, 미정이 14%로 나타나, 독립 반대가 26% 정도 앞서 있었다.

15) 이하의 자료는 http://ukpollingreport.co.uk/scottish-independence와 http://en.wikipedia.org/wiki/Opinion_polling_for_the_Scottish_independence_referendum,_2014 및 yougov scottish independence poll을 이용하였다.

초기에서부터 프레임 변화를 살펴보기 위해 시기를 구분하는데, 그 기준은 첫째는 언론이나 전문가들 사이에서 이정표라고 말할 정도로 영향력이 있는 굵직한 사건이며, 둘째는 그 사건들 사이에서 프레임을 거는 쪽, 즉 현상을 바꾸어 보려고 노력하는 쪽을 능동적 행위자(active actor)로, 현상을 유지하려는 쪽을 수동적 행위자(passive actor)로 명명하고 이들을 식별하는 것이라는 두 기준이다. 이러한 기준에 따르면, 시기 구분은 2012년 10월 15일의 에딘버러 협정(Edinburgh Agreement)이라는[16] 독립 논의의 공식화로부터 2014년 1월 19일 카니(Mark Carney) 영국은행 총재[2014년 당시 기준: 이하 같음]의 통화동맹의 가능성이 제기된 시기까지를 제1기로 볼 수 있다. 이 시기에 London은 스코틀란드 정부의 독립에 대한 주민투표를 어쩔 수 없이 수용하였으나 정책방향은 현상유지로 독립에 관한 논의는 애써 무시하였다. 한편 스코틀란드 정부는 오랫동안 바라왔던 주민투표를 성취하였고, SNP가 다수당이 되었던 사례에서 보듯이 투표에서의 승리 가능성을 믿고 적극적으로 독립투표에 대비하였다. 특히 스코틀란드 정부가 2013년 9월 『스코틀란드의 미래(*Scotland's Future: Your Guide to an Independent Scotland*)』를 출간한 것은 이 시기의 백미(白眉)였다. 이 시기는 스코틀란드 정부가 능동적 행위자로, 영국 정부는 현상을 유지하려는 수동적 행위자로 기능한다는 데 그 특색이 있다. 제2기는 2014년 9월 고든 브라운 전(前)수상의 등장까지의 시기이다. 이 시기는 2014년 2월 13일 영국 재무부 장관 오스본(George Osborne)이 통화동맹의 불가 선언으로 이 통화동맹의 프레임이 더욱 달아올랐다. 이 시기는 영국 정부가 능동적 행위자로, 스코틀란드 정부가 수동적 행위자로 기능하였다. 능동적 행위자인 독립반대진영의 핵심인물은 두 사람으로 보수당의 현(現)재무부 장관 오스본과 노동당 출신인 전(前)재무부 장관 달링(Alistair Darling)이다. 오스본은 잉글란드 사람으로, 경제위기의 극복을 위해 보수당 정부가 채택한 긴축재정(austerity) 정책 때문에 스코틀란드 사람들에게 고통을 안겨준 당사자로 인식되었으며, 스코틀란드 출신 달링은 아직 스코틀란드 사람들로부터 완전한 지지를 얻지 못하고 있었다. 제3기는 London 측에서 고든 브라운 전(前)수상의 등장에서부터(2014.9.8) 스코틀란드가 주민투표로 영국에 남아 있기로 결정한

---

16) 에딘버러 합의(Edinburgh Agreement)에서 독립투표는 ① 독립 찬반을 묻는 단일 문항(yes–no)으로 하고, ② 번복가능성은 불가하다(irreversible)는 데 합의하였다.

시기까지이다. 이 시기에 스코틀란드 정부가 National Health Service[이하 NHS]를 비롯한 삶의 질 프레임을 설정하였고,[17] London은 고든 브라운 전(前)수상이라는 스코틀란드 사람들로부터 신뢰받는 인물 교체를 통한 프레임 효과로 스코틀란드 정부의 삶의 질 프레임에 대응하였다고 할 수 있다. 따라서 London과 스코틀란드 정부 모두 능동적 행위자로 기능하였다. 이를 도표로 보인 것이 <표 15-2>이다.

표 15-2 시기 구분

<table>
<tr><th colspan="2">주요 사건</th><th>Edinburgh Agreement (2012.10.15)</th><th colspan="2">통화동맹이 핵심사항으로 등장 (2014.1.19)</th><th colspan="2">Gorden Brown 등장과 NHS를 비롯한 삶의 질 논쟁 (2014.9.8)</th><th>투표로 잔류결정 (2014.9.18)</th></tr>
<tr><td colspan="2" rowspan="3">시기 구분</td><td colspan="2">제1기</td><td colspan="4"></td></tr>
<tr><td colspan="2"></td><td colspan="2">제2기</td><td colspan="2"></td></tr>
<tr><td colspan="4"></td><td colspan="2">제3기</td></tr>
<tr><td rowspan="2">행위자</td><td>영국</td><td colspan="2">수동적</td><td colspan="2">능동적</td><td colspan="2">능동적</td></tr>
<tr><td>스코틀란드</td><td colspan="2">능동적</td><td colspan="2">수동적</td><td colspan="2">능동적</td></tr>
<tr><td rowspan="2">인물</td><td>영국</td><td colspan="2">David Cameron</td><td colspan="2">Mark Carney, George Osborne 및 Alistair Darling</td><td colspan="2">Gorden Brown</td></tr>
<tr><td>스코틀란드</td><td colspan="2">Alex Salmond</td><td colspan="2">Alex Salmond</td><td colspan="2">Alex Salmond</td></tr>
</table>

이를 기초로 자세한 것은 제4절에서 논의한다.

제 4 절 | 전개과정에서의 프레임 고찰

1. 지방자치와 독립 논쟁의 축

SNP는 스코틀란드 정부의 여당이 된 후에 독립에로의 강한 의지를 보여주었는

17) NHS는 National Health Insurance의 약자로 이용시점에서는 무료인 영국 특유의 보편적 의료제도이다. http://www.dailyecho.co.uk/news/11457464.United_we_stand__divided_we_fall/

데,[18] 여기서 독립을 어떻게 볼 것인가? 만약 독립이 아니라면 그 대안은 무엇인가? 등의 이슈로 환원된다. 이제는 이 화제(話題)를 놓고 네 가지 차원(즉, 인식 차원, 주체와 대상 차원, 주제 차원, 시간의 흐름 차원)을 기준으로 그 전개를 살펴본다. 다만 앞의 셋은 구조적 관점으로 묶고, 시간의 흐름 차원은 다른 항에서 설명한다.

1) 인식 차원

인식 차원이란 현재와 미래를 어떻게 바라보는가 하는 차원이다. 현실을 인정하는 관점에서는 바넷 공식(Barnett formula)을 중심으로 접근하는데,[19] "무역을 누구와 하는가? – 잉글란드"라는 문답으로 정리한다. 따라서 정답은 잉글란드와 '함께 더 나은 미래로(Better Together)'로 요약된다. 이들은 주로 독립반대진영 측인데, 현실인식에서 스코틀란드 미래의 (낙관적) 전망에 의문을 나타낸다. 즉, "스코틀란드의 애국심(patriotism)으로는 문제를 풀 수가 없다"라고 주장하고 냉철한 현실의 인식을 촉구한다. 예컨대, 석유자원의 평가에서도 낙관적 전망에 기초한 추계가 아니라 냉엄한 현실에 기초한 정확한 추계를 주장하고 그 결과 독립찬성진영 측의 추산은 과대평가이며 따라서 미래의 전망은 우울하다고 주장한다.

반면 독립찬성진영 측은 "스코틀란드의 일을 누가 제일 잘할 수 있는가? – 우리 스코틀란드 사람들"이라는 문답으로 정리한다. 따라서 앞서 서술한 중층의 거버넌스를 문제 삼으며, 유럽연합에 우호적인 태도를 취한다. 또한 그들은 독립반대진영 측의 미래 인식에 문제가 있음을 지적하는데, 위 석유를 예로 들면 "석유가 나지 않는 국가도 번영할 수 있는데, 석유가 나는 우리에게 미래가 우울하다"라는 주장은 난센스이며, "독립이 모든 문제를 해결해 주지는 않지만 독립 후의 전망은 밝다"라는 견해이다.

독립찬성진영 측에서는 독립된 스코틀란드가 독립국가로서 더 번영할 것이라고

---

18) 그 대표적인 보기가 1314년 스코틀란드 군이 잉글란드 군을 격파한 배녹번(Bannockburn) 전투의 700주년 기념일인 2014년을 투표일로 선정하는 것이나 16세까지 투표연령을 인하하는 데 동의한 데에서 볼 수 있다.

19) 바넷 공식은 스코틀란드를 우대하는 정책의 표본으로 예산 편성을 할 때에 스코틀란드를 먼저 고려한 후에 영국 예산을 편성하는 것을 말한다.

주장하는 반면에, 권한 이양을 주장하는 독립반대진영 측에서는 독립하게 되면 엄청난 손실이 예상되므로 독립은 좋지 않은 선택이라 주장한다. 이들 주장의 밑바닥에는 이미 많이 지적되었듯이 감성적 요인 대 이성적 요인(heart vs. head)이 자리잡고 있다.[20]

2) 주체와 대상 차원

주체(leader or leading group)들을 살펴보면 초기에는 캐머런(David Cameron) 영국 수상과 새먼드(Alex Salmond) 스코틀란드 제1장관이 대립하는 구도였다. 이 과정에서는 후자는 독립여부에 대해 주민투표를 요구하였고 이를 수락하면서 프레임 논의가 의미를 가지게 되었다. 이어서 독립투표에 대비하여 각각의 진영이 조직체를 정비하게 되었는데, 독립반대진영(no-campaign) 측에서는 달링(Alistair Darling) 전 영국 재무장관을 중심으로 Better Together라는 단체를 조직하여 자치권 확대를 통한 독립 반대를 이끌었고, 캐머런 수상이나 달링 Better Together 대표 외에 통화동맹 불가를 선언한 오스본(George Osborne) 재무장관도 포함시킬 수 있다. 문제는 이들이 스코틀란드 투표권자들에게는 비우호적인 인물들이었고, 이 점에서 인물프레임을 만든 고든 브라운(Gorden Brown) 전 수상과 차이가 난다.

독립찬성진영(yes-campaign) 측에서는 새먼드 제1장관(SNP 대표)이 지도하였다. 이 과정에서 독립반대진영 측에서 카니(Mark Carney) 영국은행 총재나 오스본 재무장관이 조역으로 등장하였다. 그러나 투표권을 16세부터 부여하는 선거연령 인하의 효과가 나타나 예상 외의 지지율 변동이 있었고, 이 현상을 바꾸려는 측과 현상을 유지하려는 측 사이에서 인물을 통한 프레임 변화를 보이는데, 이 새로운 인물이 브라운 전 수상이다. 이로서 제3기에 접어드는데, 제3기는 브라운과 새먼드의 대립구도로 전개되었다.

초기 London의 대체적인 시각은 "많은 스코틀란드 사람들은 이미 영국인이라는 감정(sense of Britishness)을 갖고 있으므로, 이를 자극하는 전략에 말려들 필요가 없다"라는 견해였다.[21] 따라서 독립찬성진영마저도 역사적 유대나 가족적 유대로 보

20) http://www.thetimes.co.uk/tto/life/article4195567.ece

아서 스코틀랜드는 독립 후에도 영국인(British)으로 남을 것이고, 영국 왕을 국가원수로 하는 왕정(Monarchy)을 주장하였다. 이는 2/3 스코틀랜드인들이 화폐(영국 파운드화)를 공유하고자 하는 욕구 및 BBC가 공유되어야 한다는 여론에서 보듯이 거의 하나의 문화로 보고 있음을 의미한다. 다만 그들은 미래를 향하여 새로운 국가형성이나 국민형성을 바랐다고 할 수 있다.

핵심은 이들을 얼마만큼 독립지지 또는 독립반대로 이끌어 내는가가 줄곧 쟁점이었다. 이들을 세대별로 또는 성별로 나누어졌는데 이를 살펴보기로 한다.

세대별로 살펴보면 세대 간의 다른 시각을 보여주었다. 재미난 것은 젊을수록 찬성, 나이가 들수록 반대라는 시각의 차이를 뚜렷이 보여주었다. 대체적으로 스코틀랜드 독립투표가 부결된 것은 변화에 불안을 느끼는 장·노년층의 독립에 대한 거부감이 결정적이었던 것으로 추측되었다.[22] 이를 도표로 보인 것이 [그림 15-4]이다.

그림 15-4 연령 세대별 찬반투표 추이

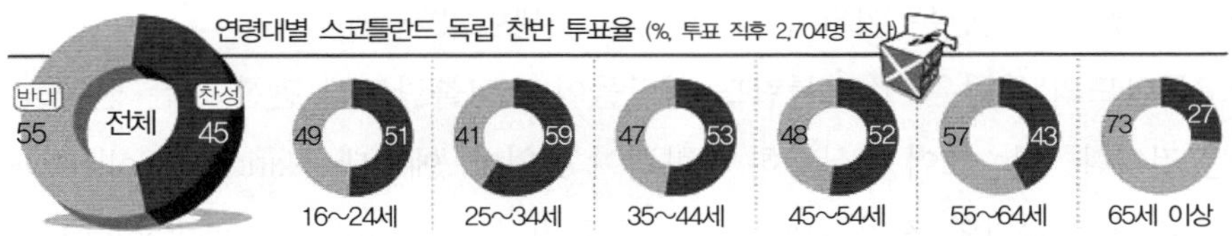

성별을 중심으로 살펴보면 남성은 찬성하고 여성은 반대를 보여 주었는데, 이 성별 기준으로는 여성이 불확실성에 대해 민감한 것으로 나타났다. 대체로 여성의 기준은 "미래를 모른다면 미래에 걸지 말라"의 태도를 보이는 바, 이는 남성의 "미래가 불확실하더라도 기회로서 알고 미래를 향해 나아가자"라는 태도보다 강한 것으로 나

21) 2014년 조사에서는 네 사람 중에 한 사람 꼴로 스코틀랜드 사람들이 영국인이 아니라 스코틀랜드인(Scottish not British)이라고 답했다. 따라서 이들은 London의 입장에서는 설득하기 힘든 대상으로, 독립찬성진영 측에서는 든든한 우군으로 보았다. 정체성에 대해 가장 많이 나온 답은 영국인보다는 스코틀랜드인(more Scottish than British)이거나 둘 다 해당한다(equally both)였다. 즉, 스코틀랜드인들이 영국인이라는 것을 자랑스럽게 여기고 있었다.

22) https://uk.news.yahoo.com/scotland-s-older-people-saved-union-192600108.html#GJzT10

타났다. 즉, 여성 유권자가 정치에 덜 관심이 있고(untested political propositions) 위험 회피적임을 보여 주고 있다. 이 태도들의 기저(基底)에는 정체성보다는 현실의 경제 사정(pocketbook issues)이 더 관심사임을 입증한다.

3) 주제 차원

이 독립의 이슈 이면에는 35년 전 1980년대의 대처(M. Thatcher)의 이른바 신자유주의로의 방향전환(Thatcher's program)과 관계가 있다. 대처의 방향전환에 가장 타격을 받은 곳이 스코틀란드였다.[23] 즉, 스코틀란드의 산업은 파괴되었고, 대량 실업이 발생하였고 더욱이 스코틀란드 사람들이 싫어했던 인두세(poll tax)는 가장 먼저 스코틀란드에 도입되었다. 1990년대 후반부터 2000년대에 노동당이 집권했을 때 그들은 신자유주의 정책을 포기하고 전후의 합의(post-war consensus)로 되돌아가는 것을 바랬다.[24] 그러나 그들은 또 다시 실망했다. 물론 그들이 받아낸 것은 63.5%의 찬성으로 자치권 확대(devolution)를 통한 스코틀란드 의회(Scottish Parliament)를 설치하였으나 권한은 이른바 세금 걷는 것뿐이었다.[25]

스코틀란드의 독립은 "스코틀란드 사람들이 스코틀란드에 관한 모든 권한을 행사하려는 것이다"라는 표어는 상당히 영향력이 있었다. 예컨대, National Collective라는 단체에 속한 예술가와 작가들의 단체는 문화적 부흥(cultural reawakening)을 외치며 독립을 지지했다.[26] 독립이라는 기회가 새로운 문화적 아이디어 · 자신감 · 표현의 새로운 물결을 불러올 것이라는 이유에서이다. 이는 문화에만 그치지 않고 정치적 면에서도 국제연합(United Nations) · NATO · 유럽연합(European Union)이나 많은 국제기구에서도 영국과 어깨를 나란히 하고 싶어한다. 만약 독립이 된다면 유

---

23) 1945~1979년 사이에는 영국 정부의 기본 방침은 (보수당이든 노동당이든) 이른바 전후의 합의에 충실하였다. 완전고용의 유지 · 정부의 개입 · 공적 소유권 제도 · 부의 재분배 등을 중심으로 하는 복지국가 형태였다. 이 합의는 대처(Margaret Thatcher) 정부의 신자유주의 정책, 즉 민영화 · 부자 감세(tax cuts for the rich) · 완전고용의 포기 등으로 금이 가게 되었다.

24) 전후(戰後)의 합의는 복지국가 건설을 지향하는 영국 정당 간 합의로 영국 정치의 근간이 되었다. 그러나 대처 정부 시절에 이 합의를 수정하였다.

25) http://www.thetimes.co.uk/tto/life/article4195567.ece 및 http://www.hankookilbo.com/v/04040dadb3f544888a4dab2991d8ffb9를 참조하라.

26) http://en.wikipedia.org/wiki/Scottish_independence

럽의회 의원(MEPs)의 선출에서도 스코틀란드 의석이 6의석에서 12의석으로 늘어날 것이라고 주장한다.

이에 비해 경제를 비롯한 삶의 수준에서는 우려하는 흐름이 주류를 이룬다. 여론조사 기관인 YouGov의 여론조사 결과(2014.9.2일자)는 스코틀란드 사람들은 독립 후 국가적 관점에서 경제가 나빠질 것이라는 생각이 44%로 그렇지 않다는 35%를 앞질렀다. 개인의 생활에서는 41% 대 21%로 거의 두 배의 수준으로 독립이 가정경제에 미칠 영향을 걱정했다. 스코틀란드 사회조사(Scottish Social Attitudes survey)의 2012 조사에서는 스코틀란드 사람들이 나빠질 것과 좋아질 것이 균등한 반응을 보였으나, 2014 조사에서 보듯이 비관적으로 돌아섰다. 이는 점점 현실 인식에 더 치중한 것으로 보였다. 그 대표적인 보기가 주택가격이었다.[27] 부동산 회사인 Zoopla 조사에 따르면, 만약 독립한다면 주택시장의 불확실성과 혼란 및 주요 기업들의 본사나

그림 15-5 스코틀란드의 주택가격 동향 영역

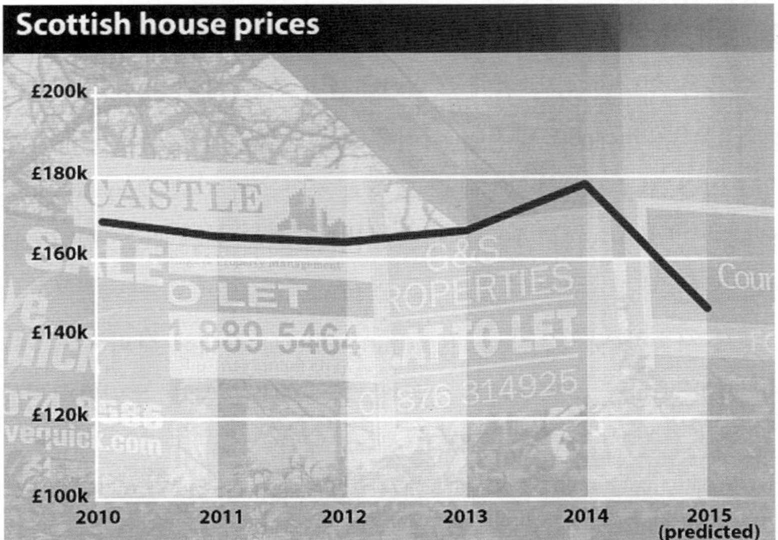

27) http://www.dailymail.co.uk/news/article-2756283/Scottish-independence-referendum-House-prices-fall-30-000.html#ixzz3DOexhmO8

사업지(事業地) 이동으로 인하여 주택가격이 ￡ 30,000 또는 17.5% 정도 떨어질 것으로 조사되었다.[28] [그림 15-5]는 이를 나타낸 것이다.

다만 경제생활에서 중요한 요소는 석유로 독립찬성진영 측의 효과적이고 강력한 구호였다. 이 구호 속에는 스코틀란드가 독립하여야만 스코틀란드 사람들을 위해 쓰일 수 있음을 함축한다. 스코틀란드 정부에 따르면, EU 석유 매장량의 64%가 스코틀란드 연안에 있다고 주장한다. 반면에 데이비드흄연구소(David Hume Institute)는 스코틀란드의 석유와 가스의 매장량은 4 조 파운드(￡ 4 trillion)에 불과하다고 주장한다. 한편 재생에너지의 경우에는 독립이 되면, 유럽 풍력의 25%, 유럽 조력에너지(tidal energy)의 25%, 그리고 유럽 물결에너지(wave energy)의 10%를 차지할 것이라고 보고하고 있다. 새먼드 제1장관은 이것들이 스코틀란드의 재산업화(re-industrialization)를 이끌 것이라고 밝혔다.[29]

스코틀란드 독립에 아주 중요한 요소인 북해의 원유와 가스의 매장량은 얼마인가?[30] 독립찬성진영 측은 스코틀란드 수입의 1/10[대략 ￡ 1 billion(이하 bn)/year] 정도의 석유생산기금을 형성할 수 있고, 이는 노르웨이에서 운용되는 정도는 가능하다고 말한다. 이 액수는 한 세대가 지나면 ￡ 30 bn의 국부(sovereign wealth pot)가 창출될 수 있음을 의미한다. 반면에 독립반대진영 측은 북해 유전은 점점 굴착이 어려워지고 새로운 유정(油井) 발견이 어려우므로 영국과 함께 할 때에 그 성공이 계속될 수 있으리라고 주장한다. 북해 유전 전문가인 이언 우드(Ian Wood) 경(卿)은 원유 채굴가능기간이 15년만 남았으며, 그 이전에 이미 원유채굴산업이 쇠퇴할 것이라고 경고하고 있다.

이제는 앞서 서술한 덧씌우기 효과(priming effect)에 대해 살펴본다. 여기에는 긍정적 덧씌우기와 부정적 덧씌우기가 있는데, 전자를 살펴보면 독립반대진영 측은 스

---

28) http://www.dailymail.co.uk/news/article-2756283/Scottish-independence-referendum-House-prices-fall-30-000.html#ixzz3DOexhmO8

29) http://en.wikipedia.org/wiki/Scottish_independence

30) 보통 본문처럼 표현하지만 실제로는 여기에서 나오는 세금 중 스코틀란드 몫은 얼마인가가 정확한 표현이라고 한다. 구체적으로는 북해 유전(North Sea oil)에서 나오는 원유는 40 bn 배럴(barrels)로 추정되고 24 bn이 채굴하였다. 향후 30~40년 생산가능하고 2018년까지 스코틀란드 정부에 따르면, ￡ 57 bn 정도의 세 수입(tax revenue)가 예상된다고 한다. 그러나 영국 정부 추계로는 2017~2018년까지 38% 정도의 조세 수입의 하락이 예상된다고 한다.

코틀란드가 있었기에 영국이 오늘날처럼 정치·경제·사회적으로 번영하는 정치체가 될 수 있었다고 추켜세웠다. 그러나 초점은 부정적 덧씌우기이다. 독립반대진영 측은 새먼드를 미래 계획이 없는 무모한 사람(man without plan)으로, 모든 스코틀란드 사람들의 생활에 질적 저하를 가져오는 일임에도 독립을 추구하는 것은 새먼드의 개인적 야심에 기인함을 부각시켰다. 이에 대해 독립찬성진영 측은 독립의 추구(Scottish independence)는 SNP나 새먼드의 개인적 야심을 위함이 아니라 정부 선택권을 돌려주고 보다 더 공정한 사회를 만들기 위함(building a fairer society)이라 밝혔다.[31] 한편 독립찬성진영 측은 캐머런 영국 수상을 헛소문 퍼뜨리는 사람

그림 15-6 스코틀란드 독립 프레임(구조의 관점)

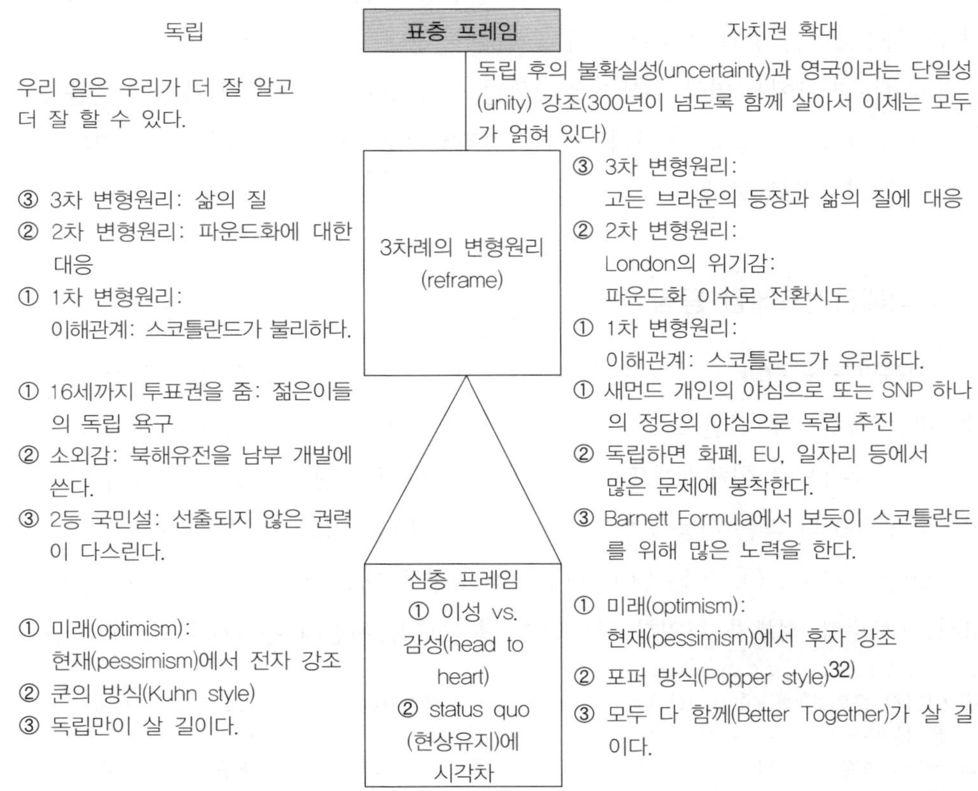

31) 2014.9.4. http://www.bbc.co.uk/ 보도를 참조하라.

(scaremongering)으로 매도하면서, 스코틀란드는 London의 영국 의회로부터 '족쇄(shackles)'에 채워져 있음을 강조하고 은연 중 지배자 또는 식민종주국의 의미를 내포하는 덧씌우기를 한다.

앞서 제시한 [그림 15-1]에 각 요소를 대입하면 [그림 15-6]과 같이 변형된다.

2. 독립 논쟁의 시간의 흐름

시간의 흐름에서 중요한 것은 스코틀란드가 미래지향을 이야기하는 데 비해, 영국은 과거지향을 이야기한다([그림 15-1] 및 [그림 15-6]의 심층 프레임 참조). 시간의 흐름의 관점으로 살펴볼 때에 에딘버러 합의 이전에는 독립지지율은 잘해 보아 25% 정도에 불과하였다. 따라서 London의 입장에서는 선불리 논쟁을 불러 일으켜 이슈화하기보다는 방관 및 무시로 일관하였다. 반대로 독립을 지지하는 측에서는 이슈화하려는 전략에서 영국 수상과 스코틀란드 제1장관과의 독립에 대한 토론을 줄기차게 요구하기도 하였고, 역사적 차이를 강조하기도 하였다. 이 과정을 시간의 흐름 순으로 살펴보기로 한다.

1) 이해관계프레임 등장

스코틀란드 독립과 자치권 확대 중 어느 쪽이 더 많은 이득을 안겨 주는가? 영국 재무부는 독립하게 되면 스코틀란드 사람들의 개인당 세금 증가가 평균 £ 1,000에 이른다는 주장으로 이해관계프레임을 걸었다. 독립찬성진영 측은 독립하게 되면 개인별로 £ 600 더 많은 이득을 안겨 준다는 보고서(blueprint)를 공표하여 현상타파를 꾀하였다(2013.11.26). 이는 영국 재무부의 주장에 대한 반박인 셈이다. 특히 이 보고서는 보수당 정부가 도입한 불합리한 복지개혁, 예컨대 빈방세(bedroom tax)[33]

32) 여기서 쿤의 방식(Kuhn style)은 우리 공동체가 결정한다는 시각이고, 포퍼 방식(Popper style)은 문제가 문제라는 관점이다(Chalmers, 1982).

33) 2013년 4월 1일부터 복지개혁의 일환으로 복지혜택을 받으면서 공공임대주택에 거주하는 사람이 빈 방(spare bedroom)을 가지고 있으면 복지혜택을 깎도록 하였다. 이 조처는 일할 수 있는 나이의 사람(working age)으로서 주택수당을 요구하는 이들에게만 적용되는데 이를 통상 bedroom tax라고 한다.

같은 정책을 폐지할 것을 약속했다. 뿐만 아니라 취학 전 아동 모두에게 무료로 아동보호서비스를 제공하겠다는 계획을 밝혔다. 이 제도의 목적은 일과 가정의 양립에 있고 이는 여성을 일터로 이끌어 낼 수 있으며, 이를 통해 경제성장을 이루고, 더 나은 국부를 창출할 수 있음을 분명히 하고 있다.[34]

이에 대해 옥스퍼드 대학의 맥리언(Iain McLean) 교수는 독립찬성진영 측의 주장을 환상에 불과하다고 비판하였다. 오히려 모든 스코틀란드 사람은 독립이 되면 개인당 £ 480의 생활수준의 저하를 가져올 것이라고 경고하였다. 그 근거는 석유 수입의 저하에 기인하는데, 공식 자료의 수치를 인용하여 만약 독립하면 스코틀란드 정부의 재정은 25억 파운드(£ 2.5 billion) 정도 더 적자일 것이라고 계산하였다. 이 수치는 스코틀란드 사람들이 현재 수준의 공공서비스를 향유하려면 개인 1인당 £ 480를 더 세금으로 내어야 함을 의미한다고 주장한다. 그 대안은 NHS나 교육, 또는 국민연금의 기초부문(state pension)의 축소뿐이다. 이 말은 가계부채나 주택구입 임차금에 더 높은 이자를 부담함을 의미하므로 독립된 스코틀란드가 장기적으로 더 부유해질 것이라는 주장은 난센스라는 것이다.[35] 즉, 새먼드 제1장관의 장담과는 달리 상당히 비관적(ridiculously pessimistic)임을 학계(the academic)에서 지적하고 있다고 하겠다. 그러한 의미에서 재정을 살펴보자. 스코틀란드의 재정적자는 <표 15-3>과

표 15-3 스코틀란드의 재정적자

		스코틀란드	전체 UK
population		8.3%	100%
2012~2013 회계연도		£ 12.1 bn	£ 114.8 bn
2012~2013 회계연도	tax revenue	9.1%	100%
	tax per head	£ 10,000	£ 9,200(except Scot.)
2011~2012 회계연도		£ 8.6 bn	£ 117.4 bn

출처: Government Expenditure and Revenue Scotland(GERS).

34) http://news.sky.com/story/1173661/scottish-independence-600-better-off-claim과 http://www.huffingtonpost.co.uk/nick-beecroft/scotland-economy_b_5796312.html?utm_hp_ref=uk&ir=UK 및 http://www.telegraph.co.uk/news/uknews/scottish-independence/11072339/Every-Scot-480-worse-off-under-independence.html를 참조하라.

35) http://www.telegraph.co.uk/news/uknews/scottish-independence/11072339/Every-Scot-480-worse-off-under-independence.html를 참조하라.

같이 나타낼 수 있다.

위에서 보듯이 2011/2012 회계연도 기준으로 2012/2013 회계연도를 볼 때에 스코틀란드의 결손분(deficit)이 35억 파운드(£ 3.5 bn)가 증가하였다. 원유 수입을 제외하면 그 결손분이 2012/2013 회계연도에 176억 파운드(£ 17.6 bn)로 GDP의 14%라고 한다. 물론 최근에는 점점 줄어들고 있기는 하다.

정부 통계(Office for National Statistics figures)를 더 살펴보면 스코틀란드의 견지에서 먼저 2012~2013 회계연도의 세금(tax)을 살펴보자. 스코틀란드에서 생성된 총세금수익(Tax revenue)은 530억 파운드(£ 53 bn)로 전체 영국의 9.1%를 차지하고 있다(스코틀란드 주민이 전체 영국 인구 중 8.3%). 개인당 세금을 계산하면 스코틀란드에서는 £ 10,000로 나머지 영국 지역에 개인당 세금은 £ 9,200과 비교해 볼 수 있다(Source: Government Expenditure and Revenue Scotland: GERS).

이를 지출의 측면으로 전환하면, 스코틀란드는 평균 이상이다. 2012~2013 회계연도의 공공지출의 총액은 652억 파운드(£ 65.2 bn)로 추산되며, 전체 영국 총지출의 9.3%를 차지하고 있다. 이를 1인당 기준으로 환산한 그림이 [그림 15-7]이다.

2012~2013 회계연도를 기준으로 이상의 수치를 종합하면, 121억 파운드(£ 12.1 bn)의 부족이라는 결론이다(£ 65.2 bn − £ 53.1 bn = £ 12.1 bn).[36]

그림 15-7 1인당 공공지출

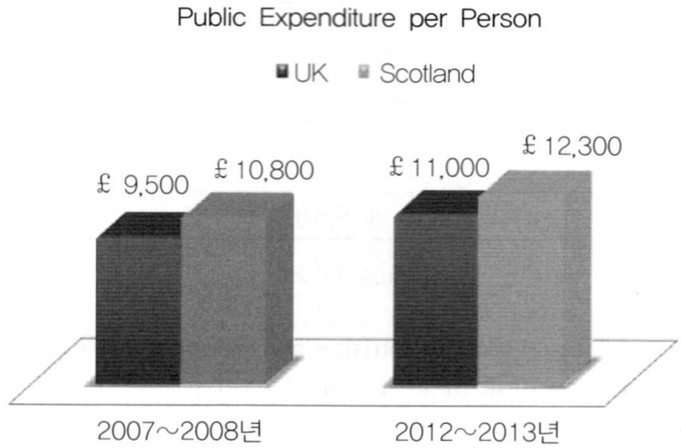

36) 같은 회계연도에 영국의 예산은 £ 117.4 bn이다.

그러나 이 프레임은 스코틀란드 사람들로 하여금 상당한 반응을 얻어서 독립의 효용성에 관심을 가지게 한 것으로 보인다. 그 결과 지지율의 상승을 견인하였다. 즉, 독립찬성진영 측은 성공으로 간주되었고, 독립반대진영 측은 프레임 전환의 필요성을 인지하였다. 다만 2013년에도 굴절이 있기는 하지만 여전히 독립 반대의 지지율이 우위를 차지하고 있는 상태였다. 이 중 특별히 언급할 만한 것은 독립의 청사진으로 2013년 11월 26일 스코틀란드 정부에서 발간한 『스코틀란드의 미래』의 영향으로 독립지지율이 높아진다. 예컨대, 그 이전인 2013년 10월 20일과 26일 사이의 여론조사에는 독립지지율이 26%, 반대하는 지지율이 42%, 미정이 32%로, 반대지지율이 16%의 리드를 보여주었다. 그러나 『스코틀란드의 미래』의 발간 이후 2013년 11월 29일부터 12월 5일 사이 조사한 여론에는 독립 찬성이 34%, 반대지지율이 57%, 미정(undecided)이 10%로, 독립 반대가 23%의 우위를 보였다. 이는 유권자가 점점 미정 쪽으로 바뀌어 불확실성이 증대되는 현상을 보여주고 있다.

[그림 15-8]에서 보듯이 London 측은 이를 상당히 심각하게 고려하였고, 그 결과로 나타난 프레임이 통화동맹프레임이었다.

그림 15-8 2013년의 여론추이

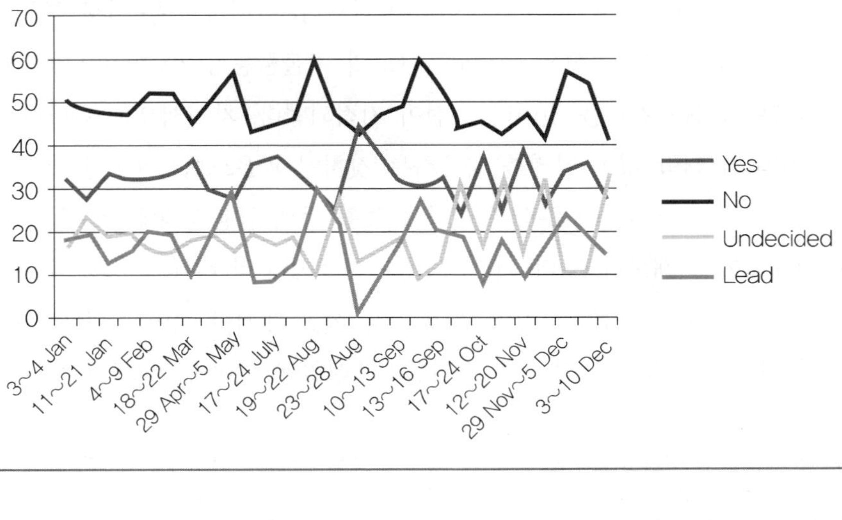

2) 통화동맹(Currency union)프레임으로 전환

통화동맹프레임이란 독립한 스코틀란드가 파운드화를 사용할 수 있을 것인가?의 시각이다. London은 사용할 수 있으려면 통화협정이 필요하고 통화협정은 주권이양과 관련되어 있고, 따라서 현실적으로 독립이 불가능하다는 표현의 다른 버전이다. 그러나 독립찬성진영 측은 파운드화는 공동의 자산으로 영국이 독점할 수 없으며, 또 공동으로 사용하는 것이 영국과 스코틀란드 모두에게 이득이라고 주장하였다. 이를 “당신의 주머니에 파운드화(pound in your pocket)”로 표현하면서 스코틀란드 유권자의 불안을 잠재우려 하였다. 이에 대해 London은 여·야 3당의 공동 성명으로 스코틀란드가 독립하면 파운드화를 사용할 수 없을 것임을 분명히 하였는데, 그 이유는 최후의 빚 청산인인 영국은행(Bank of England)이 법적으로·정치적으로 독립한 다른 나라의 빚을 보증해 준다는 것은 어불성설(語不成說)이라는 주장이다. 이 프레임으로 당분간은 효력이 있어서 찬성률이 정체를 기록하였다.

독립하더라도 스코틀란드가 EU에 가입하는 것도 어렵고[37] 그렇다고 통화동맹 없이 파운드화를 쓸 수도 없고, 독립하면 파운드화를 사용할 수 없다는 London의 완고한 태도로 독립찬성진영은 진퇴양난에 빠지게 되었다. 이에 독립찬성진영 측은 만약 공동의 자산인 파운드화를 나누어 가지지 않으면, 독립 후 영국의 부채를 영국과 나누어 가질 때 부채 인수를 거부할 것이라고 밝혔다. 그러나 이는 바로 역풍을 불러일으켜 부채의 인수거부는 신생국 스코틀란드의 지불불능상태(default)를 의미하며, 이는 더 나쁜 결과를 가져올 것이라는 점이 지적되었다. 차선책으로 파나마와 같은 국가에서 미국의 허락 없이 달러를 사용하는 것처럼 파운드화를 (무단으로) 사용할 수 있음을 비쳤다. 그러나 이 주장은 이자율 결정 등의 금융정책에 스코틀란드의 목소리가 배제되어 현재보다도 더 나쁜 이른바 신식민주의(新植民主義)라는 반론에 부딪혔다. 결국 SNP나 독립찬성진영 측이 가장 잘못 대처한 것이 바로 이 부분이라는 지적에 대부분 공감하고 있다.[38] 통화동맹프레임에서 실족(失足)하는 것을 보면

37) EU는 현재의 유럽 정치지형도에 기초하고 있어서 이에 변화를 꾀하는 데 반대한다. 스코틀란드의 EU 가입은 현재의 유럽 정치지형도의 변화를 꾀하기에 같은 상황에 놓여 있는 스페인 등의 격렬한 반발을 불러일으켜 스코틀란드의 EU 가입을 반대할 것이라 공언하였다. EU 가입은 회원국의 만장일치제로 인하여 회원국 어느 한 나라라도 반대하면 가입하기 어렵다.

서 이슈 생산이 많은 것이 중요한 것이 아니라 수용가능성이 높은 프레임이 중요함을 알 수 있다.

그럼에도 독립찬성진영 측의 시각인 "미래를 향해 낙관적으로, 또 젊은이를 위하여"라는 목표에 기초하여 투표연령을 16세까지 인하한 영향이 서서히 나타나기 시작하였다. 이후 여론조사에서 독립의 지지율의 정체를 극복하며 상승곡선을 그리고 있었다. 그러나 London의 관점에서는 아직까지는 독립 지지율이 과반수를 넘지 않아 조금은 여유가 있었고 따라서 통화 프레임을 계속 고집하고 있었다. 이를 보여주는 것이 [그림 15-9]이다.

그림 15-9 2014년의 여론 추이

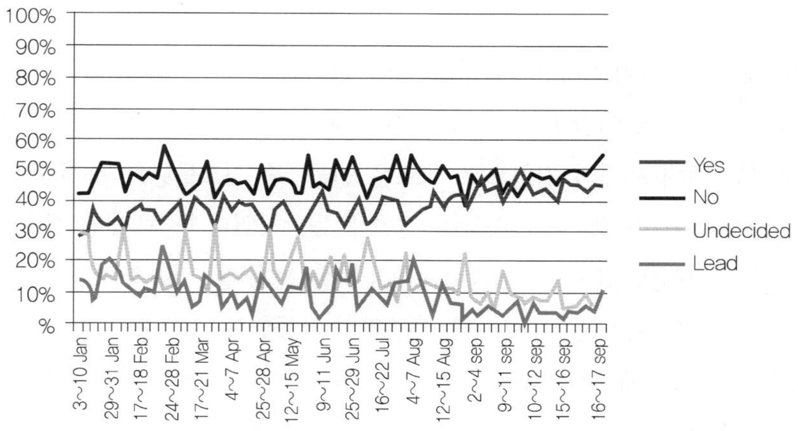

3) 인물프레임과 삶의 질 프레임 추가

시기적으로 제일 중요한 2014년 9월 6일경에 여론 조사 기관인 YouGov가 발표한 여론조사에서 처음으로 독립지지율이 독립반대를 근소한 차이이지만 앞질러 역전에 성공하였다(2014.9.6).[39] 그 이유는 이성(head)보다 감성(heart) 요소가 압도한 것이

38) http://www.bbc.com/news/uk-scotland-scotland-politics-29043878
39) http://yougov.co.uk/news/categories/scottish-independence/?page=2

그림 15-10 2014년 8월과 9월의 독립에 관한 여론 추이 현황

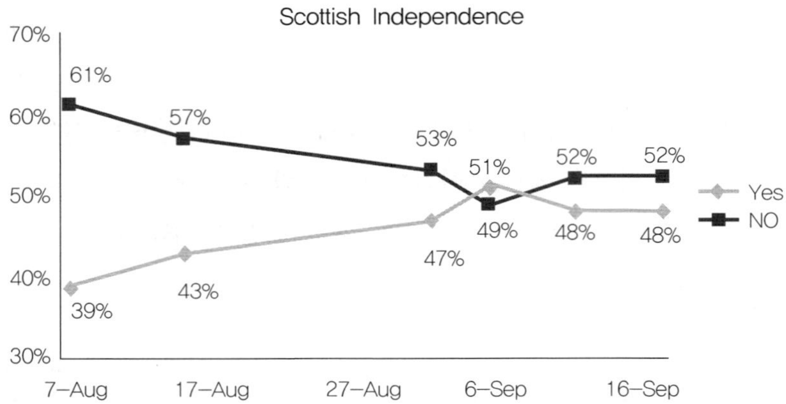

었고, 이에 관한 정보가 [그림 15-10]으로 나타나 있다.

이 지지율 역전으로 인한 London의 당황은 이 현상을 극복하기 위하여 새로운 접근이 필요했고 이에 프레임 전환으로 새로운 인물, 즉 스코틀란드 출신의 고든 브라운(Gordon Brown) 전(前)영국 수상이 전면에 등장하였다.[40] 브라운 전(前)영국 수상은 SNP의 독립에의 길(특히 후술하는 삶의 질 논쟁)을 비판하였을 뿐만 아니라, 캐머런 영국 수상이 이끄는 현 보수당 정부의 스코틀란드 정책도 신랄하게 비판하였다. 특히 부자들은 감세 혜택(tax cuts)을 받는데 비해, 스코틀란드 사람들의 뜻에 어긋난 대표적 정책인 현 보수당 정부의 빈방세(bedroom tax)에 대해 공격하였다. 그의 설득은 스코틀란드 사람으로 하여금 냉철한 판단이 가능하도록 하였다.

한편 독립찬성진영 측은 통화동맹 불가로 인한 곤란한 입장에서 벗어날 필요성이 대두되었다. 이에 따라 NHS를 논쟁의 핵심으로 등장시켜서 통화동맹프레임에서 벗어나려 하였다. 여기에서 독립의 핵심적 사항으로 NHS가 등장하고 삶의 질 프레임으로 전환이 이루어졌다.

독립찬성진영 측은 보수당 정부의 정책인 "잉글란드에서 NHS의 민영화"는 스코틀란드 사람들에게 심대한 타격을 준다고 주장하고, 이를 막기 위해 스코틀란드가

40) 지역구는 스코틀란드 Kirkcaldy and Cowdenbeath 출신이다.

독립하면 독립헌법에 무료 건강서비스(free healthcare)의 권리를 보장하겠다고 선언하였다.[41] NHS와 관련된 가장 큰 문제는 노령화인구(Aging population)로 그 중에서도 기대 수명(Life expectancy)만을 살펴본다. 스코틀란드가 독립하면 남자의 경우 79.1세로, 가장 장수하는 스웨덴에 근접하고(스웨덴: 79.9세), 여성은 82.9세로 가장 장수하는 스페인에 가까워진다(스페인: 85.1세). 이것이 의미하는 바는 상당한 예산이나 인력이 NHS에 투입되어야 하고 북해에서 나는 원유 이익으로 다른 재정 수요를 충족시키면서 동시에 NHS 비용을 커버할 수 있는가가 이슈가 되었다. 즉, NHS 미래가 독립찬성진영 측과 독립반대진영 측에 핵심이 되었음을 보여준다. 이에 브라운 전(前)수상은 잉글란드 사람들과 웨일스 사람들의 90%는 NHS가 공적(公的)으로 운영되어, 베버리지 보고서(Beveridge Report)의 원형인 "이용 시점에서는 무료"인 제도로 남아 있을 것이며[42] "NHS의 민영화는 불가능하다"는 메시지를 전달하였다. 미래의 스코틀란드 NHS의 방향을 둘러싸고 독립이 옳은지 자치권 확대가 옳은지는 2014년 9월 18일의 정치적 결정으로 막을 내렸다.

3. 프레임 검증

이상에서 제시된 프레임들을 이래의 잣대를 중심으로 검증해 본다. 그 기준은 앞서 밝혔듯이 YouGov의 여론조사를 참고하여 다음의 캘큘러스에 대입해 보는 것이다.

<캘큘러스 1-1> 'α'는 'β'을 스코틀란드 독립사태에서만 명명한다.

---

41) 그러나 이 또한 현장의 의사로부터 강한 반발을 샀다. 왜냐 하면 권한 이양의 협정에 따라 NHS가 이미 스코틀란드의 자치권의 대상이 되어서 정책결정은 스코틀란드 정부의 몫이기 때문이다. 또 어떠한 민영화도 모두 악(evil)으로 보는 것도 문제라는 비판도 나왔다. 예를 들면, 지금 현재도 치과의사(dentists)와 광학사(opticians)는 민영으로 운영되고 있으며 일부 환자들은 NHS에서는 대기시간이 길기 때문에 치료를 받으러 민영 병원을 이용하고 있다. NHS가 어떻게 노령화와 기술의 진보에 대처할 것인가, 또 이를 위해 의료서비스(health service)를 어떻게 환자와 지역과의 연관지을 것인가가 핵심과제로 부각되었다.

42) http://www.huffingtonpost.co.uk/2014/09/06/gordon-brown-blames-yes-surge-in-scottish-independence-battle-on-tories_n_5777710.html?utm_hp_ref=mostpopular

<캘큘러스 2-1> ‘α’ 는 모든 ‘β’에 대해 스코틀란드 독립사태에서 수용가능하다. 이를 검증하면 다음 캘큘러스와 같은 형식을 밟는다.

<캘큘러스 3-1> ‘α’는 ‘β’일 경우에만 스코틀란드 독립사태에서 유효하다.

표 15-4 프레임 검증

<table>
<tr><th></th><th>명 명</th><th>수용가능성</th><th>유효성</th></tr>
<tr><td>제1기</td><td>이해
관계</td><td>양측 수용가능</td><td>① London: 유효하지 않음
② 독립찬성진영: 유효</td></tr>
<tr><td colspan="4">① 독립찬성진영: 예상 외의 독립지지율 상승세
② London: 프레임 전환 필요성 느낌(통화동맹프레임으로 전환)</td></tr>
<tr><td>제2기</td><td>통화
동맹</td><td>① London은 통화동맹 불가로 프레임 전환
② 스코틀란드 정부: 통화동맹 가능 주장
③ London의 3당 합의: 절대 불가</td><td>① London: 유효
② 독립찬성진영: 유효하지 않음</td></tr>
<tr><td colspan="4">① 스코틀란드 정부: 파운드화 사용에 대한 대안이 없음이 밝혀짐
② 이성(head)보다 감성(heart) 요소가 지속적으로 압도
[통화동맹의 무산에 따른 당분간의 고통을 감수하고라도 독립운동의 확산]
③ 독립찬성진영: 프레임 전환 필요성 느낌(삶의 질 프레임으로 전환)
* 여론조사에서 독립지지율 역전
④ London: 이성(head)보다 감성(heart) 요소가 압도한 데 대한 프레임 전환 필요성 느낌
[스코틀란드 출신 고든 브라운(Gorden Brown) 등장]</td></tr>
<tr><td>제3기</td><td>Gorden
Brown
vs.
삶의 질</td><td>① London: Gorden Brown을 앞세워 ‘NHS의 민영화는 불가능하다’는 메시지
② 독립찬성진영 측: NHS의 민영화로의 정책이 계속된다는 메세지
③ 따라서 독립만이 이를 막을 수 있다는 메세지</td><td>① London: Gorden Brown 등장이 유효함. 독립찬성진영의 민영화 주장을 잘 방어함
② 독립찬성진영: 독립이 NHS의 민영화를 막는 길: 유효하지 않음</td></tr>
<tr><td>결론</td><td colspan="3">자치권 확대(Devo-max)의 제도화의 문제: 선거 기간 중 약속했던 공약 이행요구</td></tr>
</table>

제 5 절 | 한국에의 시사점

영국 스코틀란드의 지방자치와 독립 논의 프레임에서 본 시사점은 우선 많은 이슈의 제기보다는 프레임 설정이 중요함을 보여주었다. 시의적절한 이슈라 하더라도,

또 거기에 대한 대응(responsiveness)에 민감하더라도, 대중이 바라보도록 하는 프레임이라야만 의도한 바를 성취하는 지름길이라는 의미이다. 이해관계프레임이나 통화동맹프레임, 삶의 질 프레임 등이 그러하다. 다른 사항들을 요약해 본다.

① 양쪽 모두 어느 정도 근거 있고 설득력 있는 프레임인 경우는 비교적 오래 지속된다. 이해관계프레임이 바로 그러하다.

② 프레임이 어느 하나만이 선택의 범위에 있는 것이 아니라 몇 가지 옵션을 가지고 있다면, 그 중 어느 것이 효과적인지를 예상하여 프레임을 건다. 그 어느 하나가 효력이 있다면 상대방에서 프레임 전환을 시도한다. 즉, 어느 한쪽의 프레임이 수용가능성의 논리에서 밀리게 되면 상대방은 여론의 추이를 보고 프레임 전환을 꿈꾼다.

③ 통화동맹프레임에서 보듯이 일관성 있게 예상되는 논쟁에 대한 검토가 있어야 한다. 즉, 완벽한 논리로 프레임을 뒷받침해 주어야 한다. 프레임의 어느 한 부분이 결함을 나타내면 그 하위주장들은 계속 엉키게 된다. 통화동맹프레임에서 파운드화를 못 쓰게 하면 스코틀란드 몫의 국가부채를 인수하지 않겠다는 주장은 신생국에 지불불능상태(default)를 초래하고 이는 더 큰 문제를 야기한다는 지적이 여기에 해당한다.

④ 상대방의 프레임을 무력화시키기 위해 주도하는 인물의 교체를 통해 프레임 전환과 같은 효과를 누릴 수 있다. 즉, 일반 대중 또는 유권자에게 인물의 신뢰성이 중요하다는 점이다. 같은 지역 출신 달링 전(前)재무장관보다는 고든 브라운 전(前)수상을 신뢰했음은 그 이후의 여론조사가 보여주고 있다.

이상에서 영국 스코틀란드의 지방자치와 독립 논의를 프레임의 눈으로 살펴보았다. 이 논의의 시사점은 프레임 전쟁에서 이기는 것이 원하는 바를 성취하는 지름길이라는 의미이다. 이를 다른 관점에서 보면 <표 15-1>의 여러 자치 방법 중에서 자치권 확대(devo plus)가 스코틀란드인을 포함한 영국인들이 합의한 자치의 방식이라는 함축이다.

제 5 부

결 론

제16장 I 결 론

제16장

제5부 결 론

결 론

이 책에서 펼치려 하였던 생각은 지금까지의 행정 연구에서 주체와 대상의 두 기둥(pillar)만 있다는 인식에서 벗어나, 주체와 대상 사이에 매체(媒體)인 언어의 체계가 있다는 주장이 그 첫째이다. 이 언어가 투명한가 아니면 굴절을 가져오는가에 따라 인식에 심대한 영향을 끼친다는 것이다. 그것을 파머(David farmer)를 좇아서 방언이라 부르고 행정학의 방언에는 객관주의(실증주의) 방언, 주관주의 방언, 인문주의 방언이 있다고 주장하였다. 그 전제는 인간이 인식하는 세계는 문화적이고 언어적 구성물(cultural and linguistic constructs)에 의해 형성되고 구체화된다는 전제에서 있다.

둘째로 행정학의 지배적 패러다임인 효율성 패러다임의 문제점을 지적하고 다중의 패러다임으로 바꾸려 함이 또 다른 목적이다. 효율성 패러다임의 성과는 대단하였고 인정되어야 한다. 다른 한편에서는 인간을 효용성으로 바라보는 것을 넘어서, 인간다운 삶이라는 가치의 실현이 행정의 핵심이고 이 책에서는 이를 그 지향으로 삼았다.

셋째로 행정은 인간공동체와 함께하는 것이고, 인간은 무의식과 의식 및 행동으로 이루어진 존재라는 관점이다. 학문적으로도 언어공동체를 기반으로 하는 후기 비트겐슈타인 철학, 무의식에 관심을 둔 구조주의, 의식에 연구초점을 둔 현상학, 행위를 위주로 살펴보는 행태주의 및 인문과학의 방법론을 지향하는 해석학은 이들 중에서 한 영역을 천착(穿鑿)한 것으로 이해할 수 있기 때문에 이들에 대한 연구가 있어야 한다는 점이다.

넷째로 과학주의 지향이 가져온 문제점을 살펴보는 것을 넘어서, 과학주의의 극복을 향한 노력이 이 책의 주요한 주제로 등장한다. 주관주의 방언과 인문주의 방언의 도입을 시도한 까닭은 여기에 있다.

다섯째로 이 책에서는 후기 비트겐슈타인 철학에서 비롯한 생활양식 개념과 언어게임이론을 뼈대로 하여, 행정언어(the language of public administration)를 통해 앞서 지적한 문제점들을 극복하려 하였다. 여기서 말하는 행정언어란 심층(深層)에는 다양한 생활양식이 존재하는데, 이는 언어게임(language game)으로 표층(表層)에 나타나며, 가족유사성(family resemblance)이라는 개념으로 실제행정에 통합된다. 다시 말해서 실제행정은 다양한 생활양식의 조율이나 변화의 유도이다.

여섯째로 행정학은 이들의 분석명제와 종합명제와 같은 언어체계인데, 이들은 객관주의(실증주의), 주관주의, 인문주의로 정리되며, 각기 다른 행정학의 흐름은 각각 나름의 주제와 접근법을 지니게 되는데, 이를 방언(方言)이라고 부른다.

일곱째로 이 행정언어를 통해 현재의 행정학 접근법을 수정하거나 보완하여, 행정과학의 확립에 발맞추어 행정과학철학의 정립에도 이바지할 수 있기를 소망하였다. 이를 통해 행정이나 행정학에서 문제해결(problem－solving)을 넘어서, 언어가 있으면 모두 실재한다거나, 언어에 마술적인 능력을 지니고 있다거나, 맥락을 제거한 개념의 남용, 메타포(metaphor)에 대한 몰이해, 스스로 언어를 통한 문제만들기와 같은 사이비(似而非) 문제를 제거하는 문제해소(problem－dissolving)를 추구할 수 있을 것으로 보았다.

여덟째로 그렇게 하려면 행정학은 접근법에 튼튼한 뿌리를 가지는 방향으로 재편되어야 하고 다중의 패러다임(multiple paradigms)을 지닌 학문으로 나아가야 한다는 의미가 함축되어 있다.

이 책에서 전개한 내용을 요약해서 장별(章別)로 정리하면 다음과 같다.

제1장에서 행정이란 생활양식의 조율이나 변화 유도와 같은 목적과 관련된다고 정의한다. 이 생활양식은 언어게임으로 나타나고 언어게임으로 나타난 실제행정은 같지만 같지 않고 다르지만 같은 것들로 이루어지는데, 이를 가족유사성이라 하고 실제행정은 가족유사성으로 통합된다. 그동안 행정학의 연구주제는 정부의 통치능

력 · 통치양식 · 통치성을 중심으로 연구해 왔는데, 이것을 정부성(政府性, governmentalness)이라고 한다. 그 의미는 행정에는 보편성과 특수성이 있는데, 생활양식의 조율 · 정부성 · 정당성은 보편성에 속하는 것들이다. 더 나아가 행정의 지도원리나 공익의 추구와 같은 핵심가치도 행정의 보편성에 속한다고 볼 수 있다.

보편성에 매개변인의 작용으로 인하여 행정현상의 표출이 차이나게 되는데, 이들은 정부성을 구체화하는 행정체계, 그 행정체계가 하는 역할인 기본재(primary goods)의 공급(및 이를 통한 시민의 욕구충족), 그 행정체계가 생활세계에 미치는 영향이나 관계, 역사적 경로와 문화 및 국가철학 등이 행정을 구성하는 요소로, 이들은 매개변인으로 작용한다고 보았다.

한편 행정이론의 성립이란 어떤 행정현상이 그 언어현상으로 바뀔 때라고 정의하는데 이를 투사라고 한다. 이때 행정이라는 실체(reality)는 논리적으로 구성된 것(logical constructions)이라는 주장과 사회적 구성물이라는 견해 및 그와 유사한 문화적이고 언어적 구성물이라는 견해가 대립하는데, 그 차이는 행정현상이 그 언어현상으로 바뀔 때 현상을 그대로 반영하는가? 구성되는가? 변형생성되는가?라는 차이이다. 이 차이에서 반영(mirroring), 구성, 변형생성이라는 투사의 유형이 도출된다.

행정학의 학문적 대상의 구성을 단순화하면 둘로 나뉘는데, 행정학이 연구의 주제로 삼는 대상과의 관계인 대응성과, 행정학 내에서 일정한 체계를 갖추고 있어야 한다는 정합성이 그것이다. 지금까지는 대응성에서 상당한 성과를 올렸다고 볼 수 있고 그 공헌의 상당 부분은 과학주의 지향에서 비롯하였는데, 그 결과 행정학에서 과학주의 지향이 가져오는 부작용이나 바람직하지 못한 면에 대한 고려는 거의 논의되지 못했음을 지적하고 있다.

행정의 근거는 미시에서 거시로 이성 → 언어 → 행위 → 사회 → 정부로 진행된다. 지금까지는 행위로부터 사회로, 또 정부로의 진행을 논의해 왔다. 제2장에서는 그 배경을 언어까지 넓혀서, 마치 언어철학이나 언어학의 주제가 표준말과 방언이듯이 행정언어는 행정이나 행정학 속에서 표준말이 무엇이고 방언은 무엇인가를 탐구한다. 제1장에서 논의된 행정학을 방법론 관점에 따르면, 행태(behavior)에 중점을 두는 연구의 흐름이 행태주의 접근법이고, 보일 수는 있으나 알 수는 없는 것을 대상으로 하는 흐름이 해석학적 접근법이다. 보이지는 않으나 알 수는 있는 것인 의식(consciousness)을 연구대상으로 하는 흐름이 현상학적 접근이다. 또 보이지도 않고 알 수도 없는 것인 구조(structure)를 연구대상으로 하는 흐름이 구조주의 접근법이다. 행태주의 접근법은 객관주의(실증주의) 방언의 대표이고, 현상학적 접근법과 해석학적 접근법은 주관주의 방언의 대표이며, 구조주의 접근법은 인문주의 방언의 대표이다. 제2장에서 다루는 근대성(modernity)과 그 방언인 객관주의(실증주의), 근대에 대한 회의(懷疑, modernist opposition)와 그 방언인 주관주의 및 탈근대성(post-modernity)과 그 방언인 인문주의가 그것들이다. 이러한 변천이 어떤 과정으로 이루어졌는지를 탐구하고 제2부 객관주의(실증주의) 방언, 제3부 주관주의 방언, 제4부 인문주의 방언이라는 전개에 대한 기초를 제공하였다.

제3장에서는 행정학의 영역에서 언어적 전회를 다루었다. 언어적 전회란 지금까지의 연구 지향에서 언어의 중요성을 배제한 것과 달리, 언어가 행정연구의 한 부분임을 인정하는 학문적 관점을 말한다. 달리 말하면 현재 행정학은 학문적 엄격성에 대한 논의가 이루어지지 않고 있는데, 이를 극복하기 위해 논증의 중요성을 지적하고 있다. 논증에는 검증과 반증, 그리고 해석을 포괄하며 이를 통해 유의미한 명제가 증명되고 이들의 체계적 집합이 학문을 이루고 있다는 점을 지적하였다.

더 나아가 행정학이 언어체계라는 관점에서, 행정으로부터 어떻게 투사되느냐와 형성(形成)된 그 모습이 검증되느냐의 여부를 중점적으로 살펴보는 모형을 제시한 후, 사례를 통해 행정언어 모형의 적용가능성도 살펴보았다.

제4장에서는 그동안 행정학은 응용학문이라는 관점 아래, 행정현상에서 학문으로 옮겨가는 과정에서 외부에 나타난 모습이 언어로 그대로 옮아간다고 보고 그 과정에서의 굴절(refraction)은 없거나 그 편차를 예방할 수 있다고 간주하였다. 이 견해가 행정행태설이다. 이에 비교되는 이론이 행정언어이론으로 언어가 중간세계를 형성하고 이에 따라 현상이 굴절되는 점에 주목한다. 또한 행정학에서는 사실이나 현상에서 학문으로의 진행을 접근방법을 의미하는 것으로 축소해석해 왔으며, 그 외의 요소에 대해서는 탐구하지 않았다. 이 가정을 비판하고 현상이 학문으로 들어오는 과정도 과학 활동으로 중시해야 하며, 이 과정은 언어화로서 이를 투사라고 한다. 행정현상에서 행정학으로 옮아가는 데 있어서의 하나의 과정으로 투사를 설정하는 이유는 "행정학에서 학문으로 성립하게 하는 고유한 것은 무엇인가?"하는 문제에 대한

하나의 답을 제시할 수 있다는 점이다. 즉, 투사라는 과정에서 중요한 역할을 하는 lexicon들과 이들을 함유한 색인이 지금까지의 시각[지금까지는 찾아보기의 역할]을 넘어서 행정학을 행정학답게 만드는 핵심 영역이라는 것이다. 그 행정학적 함의는 진술이 언어적 진리 함축성(linguistic truth－bearers)을 가져야 한다는 기본 가정을 행정학에 도입한다면 행정학이 다른 모습을 보일 수 있다는 가정이다.

제5장에서는 설문지를 이용한 계량적 방법이 과학적이다라는 평가를 받기 위해서는 그 토대가 되는 설문지가 정밀하게 만들어져야 하고, 적절한 언어를 사용하여 문항이 구성되어야만 한다는 인식에서 출발한다. 이러한 인식 하에 행정학 연구에 사용된 설문지의 문안작성(wording)이나 언어적 구성의 실태를 통해 오류들을 분석해 보고, 보다 정확한 자료를 위해 어떠한 대안적인 방법들이 사용될 수 있는가를 제시한다. 구체적으로 2004년부터 2012년까지 8년 사이에 발간된 『한국행정학보』에 수록된 논문 중 인터뷰나 설문지를 통해서 자료를 획득한 논문들 중 설문지를 수록한 논문 29편에 사용된 설문지를 중심으로 분석하였다. 분석은 크게 어휘 수준과 어휘를 넘은 수준 등 두 부분으로 나누어 이루어졌으며, 이들 분석을 통해 연구자가 설문지를 구성할 때 유념해야 할 정리들을 도출하였다.

제6장에서는 행정학에서 암묵적으로 진행되어 온 두 흐름인 과학주의 지향과 과학주의 극복을 논의의 장(場)으로 끌어내어 그 개념을 정립하고 그 둘 사이의 관련성을 살펴보려 하였다. 여기서 과학주의란 연구주제를 대상화・객관화하는 맥락에서 사회과학의 자연과학화를 주장하는 흐름으로, 행정학에 지대한 영향을 미친 논리실증주의・후기실증주의・행태주의를 포괄한다. 인문주의는 과학으로 환원할 수 없음을 주장하는 흐름으로 포퍼(K. Popper)의 기준에 따르면, 현상학・해석학・비판이론・탈근대성 이론을 아우른다.

제7장에서 주관주의란 그 대상으로서의 확대된 생활세계를, 방법으로서의 해석학적 방법을 응용하여, 목적으로서의 해방과 사회적 행복을 지향하는 흐름이라고 정의하고 있다. 『한국행정학오십년』에서는 주관주의에 대한 언급이 없을 뿐만 아니라 방법론을 조사・분석론과 같은 범주로 묶고 있다. 이에 비해서 주관주의가 방법론의 하나로 논의되는 것은 『한국행정학오십년』의 발간 이후 10년만에 진보된 것으로, 행정학의 발전의 한 징표로 보인다. 전체적인 연구경향은 주관주의 비중은 매우 약하

다. 그러나 이는 실증주의 또는 경험주의에 대한 반론으로서 작용할 수도 있고, 상보적(相補的) 관계로서 기능할 수도 있다. 따라서 그 방법론으로서의 주관주의도 행정학의 주요한 영역으로 대두된다고 주장하였다.

제8장에서 인간의 삶에 비교적 충실하려는 의도로 설계된 국가형태가 복지국가임을 지적하고 있다. 그럼에도 복지국가마저 행정을 통치작용의 일종으로 간주하므로, 법칙정립(nomothetic)에 기초한 행정이나 복지를 보는 것이 일반화되어 있다. 그것은 나의 삶이나 나의 복지라고 체감하기에는 거리가 있는 평균인의 삶이나 평균인의 복지를 나열하는 성향이 있다는 의미이다. 이제는 패러다임을 바꾸어, 법칙정립을 넘어서 개인마다 차이가 있고 그 차이를 인정하며, 개인으로서의 삶과 밀접히 관련되는 주관적인 측면에서 보는 행정을 지향하여야 한다. 그 함축은 20세기 행정에서 나타났던 중심과 표준의 확립으로 인한 배제로부터 21세기 행정인 사람의 향기가 나는 행정을 실현하는 방법을 찾을 수 있다는 것이다. 이를 여기서는 현상학적 행정이라고 하고, 21세기 행정은 (모든 영역은 아니라 하더라도) 이를 지향할 필요가 있다고 주장한다. 이를 위해 현상학의 핵심 개념들과 특징을 살펴보고 뇌과학이나 심리과학과 같은 과학적 방법과 어떻게 차이가 나는지를 명확히 하였다.

제9장은 해석현상학적 분석(IPA)에 기초한 방법을 소개하고 있다. IPA는 심리학의 영역에서 최근에 개발된 질적 연구방법론으로 점점 다양한 분야에서 응용되고 있다. IPA는 세 가지 핵심요소를 가지는데 현상학·해석학·개성기술로서, 그 특징은 개인이 어떻게 자기의 경험을 통해 자신에게 남다른 충격을 준 경험을 의미화하느냐를 탐구하는 데 있다. IPA에 기반한 인터뷰 과정은 확실성을 검증하는 것뿐만 아니라 서술을 제공하고(사실적), 서사적 방식(이야기), 경험의 비교·평가(사전·사후 비교분석)하는 질문을 사용하는 것은 IPA 연구자들이 채택하는 유용한 연구수단들이다. IPA에서 자료분석 과정은 생성된 자료를 의미화하는 시간으로 제1단계에서부터 제5단계에 이르기까지 각 단계에서 해야 할 작업을 서술하였다.

제10장에서 학문이나 이념에 대해 이상적 태도를 보이더라도 실제적 작업을 위한 구체적 방도가 보이지 않으면 공론이나 공담이 되기 쉽고, 사회과학도는 그렇게 되지 않도록 실마리를 찾아야 한다는 괴테(J. W. von Goethe)의 지적을 받아들인다.

이를 위해 하버마스 사회학의 체계를 수정하여 생활세계와 조직체계로 나누고 이를 시장 형태에 적용하여 생활세계에 가까운 시장과 조직체제에 가까운 시장으로 나누었다. 행정에의 함의는 의사소통의 활성화를 위해 또 생활세계의 정보가 많이 형성되는 게 중요한데, 5일장과 같은 전통시장과 소규모 슈퍼마켓은 이런 점에서 많은 공헌을 하고 있다는 함의이다.

제11장은 오늘날 한국의 지역사회에서 보이는 다문화 현상을 인정과 인정투쟁이라는 개념의 도입을 통해 반추하고자 하는 뜻이 담겨 있다. 비판이론 3세대 학자인 호네트(Axel Honneth)의 논의에 따라서 합의패러다임과 인정패러다임을 정리한 후, 합의패러다임에서의 문제점을 살펴보고 이를 극복하기 위한 방안이 인정패러다임이라고 주장하였다.

하버마스(J. Habermas)의 주장은 의사소통 사회에서 일어나는 미시적 차원의 사회적 갈등과 투쟁의 계기를 드러내지 못하는 약점을 갖고 있다. 호네트의 인정투쟁 패러다임은 이를 극복하는데 그 의의를 찾을 수 있다. 이 패러다임에 따르면, 사회적 상호작용들 속에는 타자존중 양식이 있는데, 이 양식에 기초하면 여전히 지역사회의 변방에 머무르는 이들의 문제해결에 도움을 줄 수 있을 것으로 판단된다.

제12장에서 앞으로 행정학을 풍요롭게 만들 수 있는 방법론 중의 하나가 구조주의 접근법이라고 할 수 있다. 구조주의에서 구조란 어떤 영역에서 대립되는 어떤 요소에 의해 구별이 되는 경우에(set of opposition) 관계들의 조직이 이루어지며, 의미를 지닌다고 보는 견해이다. 교통신호등에서 빨강색이 '멈춤'의 의미를 지니는 것은 그 교통신호체계 내부의 관계에 따른 것이다. 따라서 상징들에 의해 상징되는 것들보다 상징 그 자체가 더 실재적이며, 기표는 기의에 선행하고 기의를 결정한다.

즉, 사회구조란 두 가지 수준의 구조적 규칙성을 보이는데, 하나는 그 구조에 참여하는 이들에게 의식되는 표면적 구조인 표층이고, 다른 하나는 그 일정한 행동이나 의식을 생성하고 한정하는 드러나지 않는 심층이다. 이 둘을 연결하는 장치가 변형이다. 사례로 1970년대부터 전개되어 온 새마을운동과 관련해서는 새마을지도자들의 구술을 언표(言表)로 하여 표층에서부터 심층으로 참뜻을 파악하려 하였다.

제13장은 밀양의 송전탑 사건을 갈등관리 쪽으로 보는 것이 아니라 행정과 생활세계의 충돌이라는 관점에서 의식의 흐름 방법을 적용하여 밀양사태를 분석하였다. 밀양사태 시작 전에는 평온과 화목으로 언어화할 수 있던 인간관계가 지금은 상호

간에 불신과 불화로 특징짓는다. 이들의 인간 내면의 의식구조를 정리된 이성의 경지인 언어표현의 단계와 정돈된 언어로 표현할 수 없는 혼돈의 경지인 언어표현 이전의 단계로 나누고 당사자가 기술한 것(녹취자료)을 기초로 언어표현 이전의 의식의 흐름을 탐구하였다.

주민의식의 통시적 흐름을 살펴보면 무지와 정부신뢰 · 분노와 거부 · 타협 · 수용이라는 과정을 거친다. 이에 상응하여 정책 당국의 의식의 흐름도 추적해 보았다. 이 논의는 개인의 가치가 중화됨을 당연시하는 것으로부터 탈피하여야 한다는 명제를 받아들여 체계에만 눈길을 돌리는 기존의 연구동향에 대한 비판임을 의미한다.

제14장은 20세기 초반기의 논리실증주의의 유산 중에 행정학과 관련하여서는 평가의 중요성이 우리에게 다가왔음을 지적한다. 행정학에서 논리실증주의에 기초한 양적 연구가 압도하였으나 질적 연구에 기초한 연구는 만족할 만한 정도는 아니나 어느 정도의 수준과 분량의 연구가 축적되었다. 이제는 질적 연구에서 질적 평가로 나아가야 하며, 이를 위해 평가가 인과율에 바탕을 둔 과학주의에 기초하면서도 사회과학에 알맞게 이유(reason)를 고려하는 의도적 설명을 중심으로 삼는 질적 평가를 중시해야 한다는 주장이다. 질적 평가는 과학주의에 기초하지만 양화주의를 배격하지는 않는다. 다만 행정학에서의 질적 평가를 수행하기 위한 전제 조건으로 첫째는 정책이 영향을 주는 대상으로서의 생활세계를 여기에서 고찰하며, 둘째는 과학활동으로서의 질적 평가를 논의하였다. 질적 평가의 구체적 전개를 위해서 그 제재(題材)를 새마을운동에 관한 논쟁에서 찾았다. 이를 검증주의와 반증주의, 그리고 해석주의로 범주화하여 검토하였다. 그 의미는 행정학에서 어떻게 질적 평가를 할 것인가에 대한 하나의 시도를 보이고자 함이다.

제15장은 스코틀란드의 독립투표의 과정을 사례로 하여 프레임 방법을 적용하였다. 스코틀란드의 독립 여부는 지방자치의 확대인가 독립인가로 요약된다. 2012년 6월 14일 기준으로 독립찬성이 27%에 불과하였던 독립 찬성여론이 2014년 9월 18일의 주민투표에는 45%까지 지지를 받았다. 물론 반대표가 55%로 나타나 약 38만 표 차이로 독립이 부결되었다. 어떻게 이런 변화를 나타냈는가를 프레임 변화를 중심으로 연구하였는데, 이를 위해 구조적 관점으로 살펴보고 시간적 관점으로 고찰해 보았다. 이 논의의 시사점은 많은 이슈의 제기보다는 대중이 바라보도록 프레임을 걸어

서 대중이 그 시각에서 바라보도록 하는 것이 원하는 바를 성취하는 지름길이라는 의미이다.

종합적으로 이 책에서의 함의는 행정학에서도 다중의 패러다임(multiple paradigms)을 지닌 학문으로 나아가야 한다는 것이고, 인간을 효용성으로 바라보는 패러다임을 넘어서 인간다운 삶을 실현하는 패러다임으로의 진행에 행정언어가 공헌할 수 있음을 보여주려 하였다.

참고문헌

[국내 문헌]

강경인(1987). 상황의미론, 『어학』(제14집), 전북대학교 어학연구소. 135-416.

강광하(2000). 『경제개발5개년계획』, 서울: 서울대출판부.

강돈구 외(1990). 『해석학과 사회철학의 제문제』, 서울: 일월서각.

강명윤(2007a). 촘스키 언어학의 현상학적 해석, 『생성문법연구』(제17권 제1호): 47-68.

______(2007b). 촘스키의 언어관을 다시 생각하며: 그 철학적 비판, 『인문언어』(제19집): 213-231.

강미옥(2014). 『보수는 왜 다문화를 선택했는가』, 서울: 상상너머.

강상진(2010). 아우구스티누스와 고전적 덕론(德論)의 변형, 『인간 · 환경 · 미래』(제5호): 135-156.

강신택(1981)(개정판 2002). 『사회과학 연구의 논리: 정치학 · 행정학을 중심으로』, 서울: 박영사.

______(2005). 『행정학의 논리』, 서울: 박영사.

______(2010). 행정학 연구에 있어서의 경험적 환원과 현상학적 환원, 『행정언어와 질적연구』(제1권 제1호).

______(2013). 『행정사상과 연구의 논리: 한국행정의 역사적 맥락에서』, 서울: 조명문화사.

강신택 외(1982). 『정책학: 과정과 분석』, 서울: 법문사.

강여진 · 권경득(2008). 중앙과 지방정부간 인사교류 운영실태 및 성과평가, 『한국행정학보』(제42권 제2호), 한국행정학회.

강정한 외(2013). 『현대 사회학 이론: 패러다임적 구도와 전환』, 서울: 다산출판사.

강준만(2007). 『역사는 커뮤니케이션이다』, 서울: 인물과 사상사.

강진호(2010). 촘스키와 비트겐슈타인의 지칭 의미론 비판, 『철학』(제102집).

경북대학교 국어교재편찬위원회(1986). 『한국언어와 문학』, 대구: 경북대 출판부.

고길곤 · 조수연(2012) 관행수용도와 부패: 시민의 관행수용도 영향요인에 대한 분석, 『한국행정학보』(제46권 제3호), 한국행정학회. 213-239.

고미영(2009). 『구성주의사회복지 실천기술론』, 서울: 집문당.

고병익(1996). 『동아시아사의 전통과 변용』, 서울: 문학과지성사.

고영복(1978). 현대사회와 인간, 고영복(편), 「조직 속의 인간」, 서울: 태극출판사.

고 원(2006) 박정희 정권 시기 농촌 새마을운동과 근대적 국민 만들기, 『경제와 사회』(제69호): 178-201.

고인석(2010). 빈 학단의 과학사상, 『과학철학』(제13권 제1호): 53-81.

곽영순(2011). 『질적 연구: 철학과 예술 그리고 교육』, 서울: 교육과학사.

곽호완 · 박창수 · 이태영 · 김문수(2004). 『실험심리학 용어사전』, 서울: 시그마프레스(인터넷판), http://www.cogpsych.org/dict/

구현정(2009). 『대화의 기법: 이론과 실제』, 서울: 경진.
국가인권위원회(2011). 『다르지만 평등한 이주민 인권 길라잡이』, 서울: 국가인권위원회.
국립국어원(2009). 『공공언어 어떻게 할 것인가』, 서울: 국립국어원.
권선필(2008). 행정학 연구에서 과학적 방법론의 진화와 질적연구방법론, 한국행정학회 하계학술대회 발표논문.
권택영(1990). 『후기 구조주의 문학이론: 포스트모던 시대의 논쟁들』, 서울: 민음사.
권향원(2014). 상징주의-해석주의 행정학 연구전략: 신제도주의의 '정당성 관리' 개념을 중심으로, 『한국행정학보』, 48(3): 121-145.
______(2015). 현상학의 이론적 이해 및 방법적 적용, 한국행정학회 동계학술대회 발표논문.
______(2016). 현상학과 사회과학연구: 정책연구에의 질적방법론적 적용을 중심으로, 『한국정책학회보』, 25(1): 355-394.
금종우・전남석(공역)(1981). 『지배의 사회학』, 서울: 한길사.
김대환(편)(1997). 『자본주의이행논쟁』, 서울: 동녘.
김경동(1978). 발전사회학의 방법론, 한국사회과학연구소(편), 『사회발전연구: 이론, 방법 및 역사』, 서울: 민음사.
김경동(1981). 오늘날 사회학이론을 둘러싼 쟁점들(I), 『현상과 인식』(제5권 제2호): 84-128.
______(1995). 『한국사회변동론』, 서울: 나남.
김광기(2005). 알프레드 슈츠와 자연적 태도: 철학과 사회학의 경계를 넘어서, 『철학과 현상학 연구』(제25집), 한국현상학회. 47-70.
김광수(2002). 설명과 기술: 후기 비트겐슈타인의 철학관 비판, 『철학연구』(제56집): 5-21.
김광웅(1975). 후기행태주의론: 실증주의, 역사주의 및 현상학적 방법론, 『行政論叢』, 13(2): 110-127.
______(1983). 『행정과학서설』, 서울: 박영사.
______(1996). 여론조사의 신뢰도를 저해하는 요인에 관한 소고, 김광웅(편), 『정당, 선거, 여론』. 서울: 한울.
______(2006). 『방법론강의: 기초・원리・응용』, 서울: 박영사.
김기덕(2003). 사회복지 지식의 인식론적 기초, 『상황과 복지』(vol.15).
김기봉(1998). 역사적 사실이란 무엇인가: 언어로의 전환 이전에서 이후까지, 제41회 전국역사학대회 수록.
______(1999). 언어로의 전환에서 문화로의 전환으로: 프랑스 혁명의 정치문화사를 중심으로, 『역사교육』(제71집), 역사교육연구회.
김대성(2009). 행정이론에서의 언어적 전회: 행정담론운동을 중심으로, 한국거버넌스학회 동계학술대회 발표자료논문.
김대영(2004). 박정희 국가동원 메커니즘에 관한 연구: 새마을운동을 중심으로, 『경제와 사회』(제61호).
김덕영(2003). 『논쟁의 역사를 통해 본 사회학: 자연과학・정신과학 논쟁에서 하버마스・루만 논쟁까지』, 서울: 한울아카데미.
김동식(1992). 로티의 언어관과 그 문제점, 『철학과 현실』, 철학문화연구소, 1992년 가을호(통권 제

14호): 267－291.
______(1995). 자연주의 인식론의 철학적 의의,『철학적 자연주의』, 서울: 철학과현실사.
김동윤(2009). 구조주의 서사학과 현대 해석학의 변증법적 만남 가능성 연구: 폴 리쾨르의 텍스트 서사 이론과 해석학을 중심으로,『텍스트언어학』(제27집): 189－214.
김동환(1999). 틀 의미론과 의미구조.『언어과학연구』(vol.16): 73－101.
김득룡(1988). 권위없는 사회를 향하여,『종교 · 인간 · 사회: 서의필 선생 회갑기념 논문집』, 대전: 한남대학교 출판부.
김명환(2005). 사회적 형성주의 관점에서의 정책연구: 대상 집단의 사회적 형성이론과 적용,『한국정책학회보』(제14권 제3호): 31－56.
김문조(1990). 하버마스의 의사소통행위론,『사회비평』(제4호), 서울: 나남.
김민강 · 박통희(2008). 신자유주의적 인사혁신의 맥락에서 인사공정성과 조직시민행동,『한국행정학보』(제42권 제3호), 한국행정학회. 261－291.
김병섭(2010). 한국행정학의 토착화: 제2세대의 역할과 공헌, 한국행정학회 하계 학술대회 발표 논문.
김병섭 외(2011).『학술원고 작성매뉴얼』, 서울: 대영문화사.
김병철(2009).『메타평가론: 메타평가 모형의 설계와 적용』, 서울: 한국학술정보.
김보현(1992a). 과학 이론에 관한 전체주의적 견해에 근거한 구조주의의 논증에 대한 반증주의의 변호,『철학연구』(vol.30, no.1).
______(1992b). 라카토스의 긍정적 발견법,『철학연구』(vol.118), 대한철학회.
김복태 · 조경호(2012). 문화콘텐츠산업에서 일 · 가정 양립 지원정책이 조직성과에 미치는 영향분석: 출산휴가 및 육아휴직제도의 Decoupling 가설검증,『한국인사행정학회보』(제11권 제1호): 199－216.
김삼룡(2008).『신구성주의적 과학이론: 포스트－모던 과학이론』, 서산: 학계사.
김상수(2005). 자크 데리다와 해체,『서양사연구』(제33집): 109－137.
김상환(2011). 데리다의 글쓰기와 들뢰즈의 사건: 구조주의 수용의 두 양상,『기호학연구』(제29집): 10－44.
김서용 · 조성수 · 박병주(2010). 공직동기(PSM)의 선행요인: 사회화 요인의 비교분석,『한국행정학보』(제44권 제1호), 한국행정학회. 147－177.
김석준(1994).『국가변동론: 현대국가의 흥망과 21세기 한국의 전략적 국가경영』, 서울: 법문사.
김선경 · 권정만(2008). 지식리터러시 개념에 관한 탐색적 연구,『한국행정논집』(제20권 제3호): 815－837.
김선명(2005). 공공부문 혁신의 접근방법에 관한 인식론적 비평: 현상학적 접근방법을 중심으로,『한국행정학보』, 39(4): 1－18.
김선욱(2011).『행복의 철학: 공적 행복을 찾아서』, 서울: 길.
김선하(2004). 새로운 과학문화를 위한 해석학적 모색: 설명과 이해의 변증법,『철학논총』(제38집 제4호): 165－183.
김여수(1980). 진리의 문제, 한국사회과학연구소(편),『사회과학의 철학』, 서울: 민음사.
______(1984a). 비트겐슈타인의 이해를 위한 소묘, 분석철학연구회(편),『비트겐슈타인의 이해』, 서

울: 서광사.
______(1984b). 비트겐슈타인과 본질철학의 종언, 『비트센슈타인의 이해』, 서울: 서광사.
______(1997). 『언어와 문화』, 서울: 철학과 현실사.
김연명(편)(2006). 『사회투자국가와 한국사회정책의 미래』, 서울: 나눔의 집.
김영건(2004). 소여, 현상학, 모순, 『논리연구』, 7(1): 41－65.
김영래(1983). 후기행태주의에 관한 고찰과 평가, 『현상과 인식』(vol.7, no.2): 117－134.
김영미(2009). 『그들의 새마을 운동』, 서울: 푸른역사.
______(2012). 식민지 주민 동원의 유산과 변용, 『한국학논총』(vol.38), 국민대학교 한국학연구소. 335－364.
김영수(2012). 생활세계와 모순적 주체: 주체적 욕망과 공공권력의 관계를 중심으로, 『人文科學硏究』(제30권), 성신여자대학교 인문과학연구소. 443－472.
김영정(1997). 『언어 · 논리 · 존재: 언어철학 · 논리철학 입문』, 서울: 철학과현실사.
김영진(2005). 『시장자유주의를 넘어서: 칼 폴라니의 사회경제론』, 서울: 한울아카데미.
김영필(1999). 『언어와 논리』, 대구: 태일사.
김영한(2001). 베티의 정신과학 해석학: 가다머의 현상학적 해석학과의 논쟁을 중심으로, 『해석학연구』, (8): 225－245.
______(2003). 『하이데거에서 리쾨르까지: 현대 철학적 해석학과 신학적 해석학』, 서울: 박영사.
______(2009). 『포스트모던 시대의 세계관』, 서울: 숭실대 출판부.
김영호(1997). 수공업의 발달, 국사편찬위원회(편), 『한국사33』, 서울: 국사편찬위원회.
김영희(2008). 한국어통사현상의 설명, 『나라사랑』, 서울: 외솔회.
김욱동(엮음)(1991). 『포스트모더니즘과 포스트구조주의』, 서울: 현암사.
김웅진(2000). K. Popper의 상황분석(Situation Analysis): 정치학적 적실성과 적용가능성, 한국외국어대학교 논문집(제32집): 417－426.
김유신(1995). 경험주의 설명 이론: 헴펠과 반프라센을 중심으로, 『철학연구』(vol.37), 철학연구회.
김응종(2006). 『페르낭 브로델: 지중해 · 물질문명과 자본주의』, 서울: 살림.
김 인(2006). 거버넌스 구조가 서비스 성과에 미치는 영향(설문지).
金日坤(1986). 『유교 문화권의 질서와 경제』, 서울: 한국경제신문사.
김재용 · 윤형식 · 이삼성 · 한정숙(편)(1996). 『명저의 세계』, 서울: 한길사.
김재진(1984). 『韓國經濟發展과 經營理論』, 대구: 경북대 출판부.
김재철(2010). 행정언어 특강 자료.
______(2011). 하이데거 현상학 강의, 경북대 철학과 강독자료.
김정도(2013). 신정부의 이민정책 추진방향 및 중점 추진과제, 한국행정학회 제1차 이민정책 세미나 발표문.
김정오(1985). 지각심리학에서의 현상학적 전통과 그 방법론, 한국현상학회(편), 『현상학과 개별과학』, 서울: 대학출판사.
김종기(1999). 『모순을 통해 본 근대와 탈근대』, 서울: 서광사.
김종술(1983). 『해석학 강의안』, 미출판 원고.

______(1987). 행정이론의 규범성, 『한국행정학보』, 21(1).
______(1991a). 『大學』과 『中庸』을 통해서 본 공무원 윤리관: 현상학적 해석. 『한국행정학보』, 25(4).
______(1991b). 政治哲學과 政治科學의 解體와 再構築: 政治學의 多焦點化, 『한국정치학보』, 24(1).
______(1992). 해석학과 정치사상, 『한국행정학보』, 26(4).
______(2010). 행정언어와 질적연구방법, 행정언어연구회 발표 논문, 2010.8.21~22.
김종현(2004). 의미 연구의 방법과 과제, 『논문집』(vol. 8), 청주교육대학교 교육대학원.
김주식(2003). 『의미론의 길잡이』, 서울: 한국문화사.
김준섭(1977). 『과학철학서설』, 서울: 정음사.
김준연(2012). 현상학적 복지철학의 가능성 연구, 『동서철학연구』(vol.66).
김지홍(2002). 내재주의 언어철학에 대하여, 『시학과 언어학』(vol.3): 150-198.
김 진(1998). 『아펠과 철학의 변형』, 서울: 철학과 현실사.
김진업 외(2001). 『한국자본주의 발전모델의 형성과 해체』, 서울: 나눔의 집.
김진영(1986). 반실증주의 사회학방법론에 대한 일고찰, 『제주대논문집』(제23집): 385-401.
김진호(2007). 군사안보시설 현지화를 위한 갈등해결방안 연구: 제주해군기지 건설논쟁을 중심으로, 『통일문제연구』(47): 65-103.
김창래(2001). 언어철학적으로 살펴본 정신과학의 의미, 『해석학연구』(vol.8): 67-116.
______(2008). 유일하게 옳은 해석은 있는가? 해석의 기준에 관하여, 『해석학연구』(vol.22): 99-136.
______(2008). 딜타이는 누구인가?: 가다머의 딜타이 해석에 대한 비판적 고찰, 『哲學探究』, 24: 245-286.
김창수(2007). 개발과 보전의 프레이밍 과정과 정책분쟁: 김해 매리공단 추진사례의 시간적 이해, 『정부학연구』(제13권 제3호), 고려대정부학연구소.
______(2008). 관료주의와 민주주의의 딜레마: 천성산 원효터널 분쟁의 프레임 분석, 『지방정부연구』, 12(1): 61-86.
______(2010). 개발과 보전의 딜레마: 구조와 프레임의 해부, 『한국사회와 행정연구』(제20권 제4호), 서울행정학회.
______(2011). 포스트 4대강 사업과 낙동강 상수원의 딜레마: 남강댐 물 분쟁의 제도적 프레임 분석, 『한국행정논집』(제23권 제2호), 한국정부학회.
김창익(2001). de re/de dicto 구분의 재고, 『언어연구』(제17권 제2호): 53-68.
김창호(1996). 하버마스의 체계와 생활세계, 김재현 외, 『하버마스의 사상: 주요주제와 쟁점들』, 서울: 나남출판.
김춘식 · 이영화(2008). 참여정부의 언론정책에 관한 뉴스 프레임 연구: '취재지원시스템 선진화방안' 보도 분석을 중심으로, 『韓國言論學報』(제52권 제2호): 303-327.
김태룡(2007)(개정판 2010). 『행정이론: 행정사와 이론을 중심으로』, 서울: 대영문화사.
김태성 · 성경륭(1999)(개정판 2009). 『복지국가론』, 서울: 나남.
김태연(2011). 영국의 커뮤니티 비즈니스 최근 논의 동향: 커뮤니티 비즈니스에서 사회적 기업으로,

영국 뉴카슬대 한인회 발표 논문.
김태환(2015). 『다문화 사회와 한국 이민정책의 이해』, 서울: 집사재.
김한식(2008). 말, 뜻, 삶: 폴 리쾨르의 해석학과 언어, 『佛語佛文學硏究』(제75집): 145－191.
김항규(2007). 『행정철학』(제4정판), 서울: 대영문화사.
김형엽(2001). 『인간과 언어: 언어학을 통해 본 서양철학』, 서울: 한울 아카데미.
김형효(2008). 『구조주의: 사유체계와 사상』, 서울: 인간사랑.
김형효 외(2000). 『민본주의를 넘어서』서울: 청계.
김호정(2001). 조직문화와 리더십(설문지).
김홍순(2008). 근대화 프로젝트로서의 새마을운동에 대한 비판적 고찰: 1970년대를 중심으로, 『한국지역개발학회지』(제12권 제2호): 21－38.
김홍우(2000). 『현상학과 정치철학』, 서울: 문학과 지성사.
______(2007). 『한국정치의 현상학적 이해』, 서울: 인간사랑.
김희봉(2007). 후설의 의식개념 비판과 지향성, 『哲學과 現象學硏究』, (35): 145－169. 한국현상학회.
김희연・유영성・고재경(2014). 복지공동체, 공공복지의 한계를 넘는다, 『이슈&진단』(vol.157): 1－26.
나익주(2017). 『조지 레이코프』, 서울: 커뮤니케이션 북스.
남경희(2005). 『비트겐슈타인과 현대철학의 언어적 전회』, 서울: 이화여자대학교 출판부.
______(1997). 『말의 질서와 국가: 근대 서구 정치철학의 비판과 재해석』, 서울: 이화여자대학교 출판부.
남기창(2002). 비트겐슈타인의 철학과 언어론: 크립키의 의미회의론을 중심으로, 한국철학회(편), 『현대철학과 언어』, 서울: 철학과 현실사.
남영신(2006). 『한 플러스 국어대사전』, 서울: 성안당.
______(2010). 공공언어의 오늘과 내일, 『세상과 어울리는 한국어와 한글』, 서울: 외솔회.
남지원(2010). 기존 행정학자들의 새로운 학문체계의 담론에 관한 연구: 행정언어연구회 회원들의 현상학적 모멘트를 중심으로, 『한국행정학보』, 44(1).
남찬섭(2002). 한국 복지체제의 성격에 대한 경험적 연구, 김연명(편), 『한국 복지국가 성격 논쟁』, 서울: 인간과 복지.
내무부(1980). 『새마을운동 10년사: 자료 편』, 서울: 내무부.
노양진(1999). 체험주의의 은유이론, 한국분석철학회(편), 『언어・표상・세계』, 서울: 철학과현실사.
노화준(2004a). 『정책평가론』. 서울: 법문사.
______(2004b)(개정판 2013). 『정책학원론』, 서울: 박영사.
______(2013). 『한국의 새마을운동』, 서울: 법문사.
대구시 동구청(2008). 성과관리시스템(BSC) 평가(설문지).
대한변호사협회(2012). 『2012인권보고서』, 서울: 대한변호사협회.
문경희(2006). 국제결혼 이주여성을 계기로 살펴보는 다문화주의와 한국의 다문화현상, 『21세기정치학회보』, 16(3): 67－93.

문장수(1999). 데리다의 해체주의 비판, 『대동철학』(vol.3): 55－88.

______(2004). 『의미와 진리』, 대구: 경북대 출판부.

______(2012). 외연논리학의 이상과 한계, 『철학논총』(제69집), 새한철학회.

______(2015). 『논리학에 있어서 구조주의와 구성주의』, 대구: 영한.

문장수 · 이우붕(2011). 루드빅 볼츠만의 과학 방법론에 대한 역사: 비판적 검토, 『철학연구』(제117집): 57－84.

미 류 외(2014). 『밀양을 살다』, 서울: 오월의 봄.

민성원 · 최유진(편역)(1998). 『현대사상: 연구입문』, 서울: 우석.

민현식 외(2010). 『공공언어 요건정립 및 진단기준 개발연구』, 서울: 국립국어원.

박경애 · 백지은(2018). 남성 고위직 관리자의 은퇴 후 삶과 일의 의미에 대한 해석현상학적 분석, 『진로교육연구』(vol.31, no.2): 193－221.

박광국 · 오수길(2009). 해석적 패러다임에 의한 행정학 연구동향, 『한국사회와 행정연구』, 20(1): 27－49.

박동서(2005)(초판 1972; 전정증판 1987). 『한국행정론』, 서울: 박영사.

박동서 · 김광웅 · 김신복(1973a). 『비교행정론』, 서울: 박영사.

______(1973b). 『발전행정론』, 서울: 법문사.

박만엽(2008). 포퍼의 사회과학 논리에 대한 비판적 고찰, 『철학』(제24집): 65－89.

박병철(2006). 『버트런드 러셀의 삶과 철학』, 서울: 서광사.

______(2014a). 비트겐슈타인 철학의 현상학적 측면: 박정일 박사와 김영건 박사의 비판에 대한 반론, 『논리연구』, 7(2): 47－70.

______(2014b). 『비트겐슈타인 철학으로의 초대』, 서울: 필로소픽.

박보영(2011). 지역사회개발사업과 발전주의 복지정치: 박정희 정권의 새마을운동을 중심으로, 『사회복지정책』(vol.38, no.3): 57－80.

박순영(1999). 가다머의 해석학과 해체주의, 『해석학연구』(vol.6): 262－466.

______(2011a). 질적연구의 철학적 배경, 행정언어와 질적연구학회 월례발표 원고.

______(2011b). 질적연구의 철학적 배경: 현상학 방법의 간호학적 적용에 대한 반성을 중심으로, 행정언어와 질적연구학회 월례발표 원고.

______(2012). 사회과학방법론의 철학적 근거: 사회과학적 연구대상에 대한 새로운 인식, 『행정언어와 질적 연구』(vol.3, no.1), 행정언어와 질적 연구학회. 1－22.

박승배(2002). 이론－적재적? 이론－중립적?, 『과학철학』(vol.9): 53－73.

______(2005). 수학적 도구론, 『범한철학』(제37집): 237－255.

______(2009a). 질적 연구와 양적 연구의 혼합 논리로서 프래그마티즘과 교육학 연구방법에 대한 듀이의 입장 고찰, 『교육과정연구』(vol.27, no.2): 63－81.

______(2009b) 과학에서의 법칙과 이론에 대한 고찰, 『범한철학』(제52집): 257－279.

박승억(2008). 통섭: 포기할 수 없는 환원주의자의 꿈, 『철학과 현상학 연구』(vol.36): 197－218.

박승윤(1990). 『기능문법론』, 서울: 한신문화사.

박영미(2009). 조직성격 유형과 사회자본과의 관계에 대한 경험적 연구, 『한국행정학보』(제43권 제1

호), 한국행정학회.
박영수(1986). 『변형생성문법론』, 서울: 형설출판사.
______(2004). 『한국어의미론』, 서울: 고려대학교출판부.
박영식(엮음)(1995a). 『언어철학 연구: 비트겐슈타인과 언어』, 서울: 현암사.
______(1995b). 『언어철학 연구: 현대언어철학』, 서울: 현암사.
박옥줄(1977). 해제, 박옥줄(번역), 『슬픈 열대』, 서울: 삼성출판사.
박은숙(2008). 『시장의 역사: 교양으로 읽는 시장과 상인의 변천사』, 서울: 역사비평사.
박은진(1996). 과학철학의 어제, 오늘, 내일, 과학사상연구회(편), 『과학과 철학』(vol.7), 서울: 통나무.
______(1997). 논리적 과학철학에서 역사적 과학철학으로, 김여수 외, 『언어・진리・문화』(2), 서울: 철학과현실사.
______(1999). 반증과 반증주의, 조인래 외, 『현대과학철학의 문제들』, 서울: 아르케.
______(2001). 『칼포퍼 과학철학의 이해』, 서울: 철학과현실사.
박이문(1981). 인식상대주의, 『현상과 인식』, 5(3).
______(1982). 『인식과 실존』, 서울: 문학과 지성사.
______(2009) 『현상학과 분석철학』, 서울: 지와 사랑.
박인철(2002). 현상학적 사회이론: 개인과 사회와의 관계에 대한 후설의 논의를 중심으로, 『철학연구』(제59집).
______(2004). 정치철학으로서의 현상학의 가능성: 아렌트의 눈으로 본 후설, 『철학과 현상학 연구』(vol.23): 122－150.
______(2006). 생활세계와 의사소통: 후설과 하버마스의 비교를 중심으로, 『철학과 현상학 연구』(vol.31): 1－33.
박정일(2003). 박병철 교수의 『비트겐슈타인 철학의 현상학적 측면』, 『논리연구』, 6(2): 161－172.
박종현(2008). 『시장경제를 위한 진실게임』, 서울: 김영사.
박지윤(2011). 온라인 뉴스 텍스트의 비판적 이해과정, 『텍스트 언어학』(제31호): 103－122.
박진도・한도현(1999). 새마을운동과 유신체제: 박정희 정권의 농촌 새마을운동을 중심으로, 『역사비평』(제47호), 역사문제연구소. 37－80.
박찬부(2011). 『라캉: 재현과 그 불만』, 서울: 문학과지성사.
박치성(2010). 한국의 행정학/정책학 연구에 있어서 사회네트워크 방법론의 자리 찾기, 『한국정책학보』, 19(4): 115－146.
박현채(1990). 농업에 있어서 자본주의 전개와 농민분해론, 石渡貞雄 지음, 『자본주의의 형성과 농민층 분해론』, 서울: 한울.
박형준(1992). 안토니 기든즈의 구조화이론과 근대성, 『한국사회학』(제26집): 167－186.
박홍립(1993). 『경제학원론』, 서울: 박영사.
반 현・백강희・김수정(2010). 한미(韓美)언론의 북핵 위기 프레임 효과 연구: 미디어 프레임, 수용자 프레임, 그리고 스키마를 중심으로, 『정치커뮤니케이션 연구』(vol.17): 123－168.
배상식(2007). 『하이데거와 로고스: 하이데거의 언어사상에 대한 해명』, 파주: 한국학술정보.
백승균(1982). 『변증법적 비판이론: 프랑크푸르트학파를 중심으로』, 서울: 경문사.

백승균 외(1996). 『해석학과 현대철학』, 서울: 철학과현실사.
백완기(2005). 『한국행정학 50년: 문헌검토를 중심으로』, 서울: 나남출판.
변형윤(편저)(1993). 『한국경제론』, 서울: 유풍출판사.
사공영호(2008). 정책이란 무엇인가?: 정책의 수단적 가치에 대한 반성, 『한국정책학회보』, 17(4).
______(2012a). 정책문제의 정의: 현상학적 접근, 『한국정책학회보』, 21(4).
______(2012b). 제도와 마음: 현상학 및 언어심리철학적 접근, 『행정논총』, 50(1).
서규환(1989). 하버마스의 신비판이론: 후기구조주의 비판, 『한국논단』, 제3권(11월호): 203－214.
서도식(2008). 자기보존과 인정: 의사소통사회의 사회적 투쟁 모델에 대한 반성, 『철학논총』, (51): 183－202.
서유석(2003). 문명의 충돌과 인정투쟁, 『대동철학』(21): 207－224.
설동근 · 이혜경 · 조성남(2006). 『결혼이민자의 가족생활: 심층면접기록』, 여성가족부.
성지훈(2016). 그들이 말한 '개나 돼지'는 구조주의적 메타언어일까? 인문학 100년사 1960~70년대(7), 르 몽드(제96호)[2016.9.1], http://www.ilemonde.com/news/article View.html?idxno=6324
소광희 외(1985). 『哲學의 諸問題』, 서울: 지학사.
소두영(1988). 『구조주의』, 서울: 민음사.
소영진(2004). 행정학에 있어서 현상학적 방법의 가능성 탐색, 『한국행정학보』, 38(4): 1－20.
소흥렬(1980). 사회현상의 원인 설명, 한국사회과학연구소(편), 『사회과학의 철학』, 서울: 민음사.
______(1982). 『논리와 사고』(증보개정판), 서울: 이화여대 출판부.
______(2000). 과학과 철학의 관계: 그 두 번째 만남, 『21세기와 분석철학』, 서울: 철학과 현실사.
손광락(2012). 언어학의 과학성, 그 탐구대상과 수단, 『언어』(vol.37, no.4).
송두율(1995). 『역사는 끝났는가』, 서울: 당대.
______(1996). 『계몽과 해방: 헤겔과 마르크스와 베버의 동양세계관』, 서울: 한길사.
송석랑(2003). 『언어와 합리성의 새 차원』, 대전: 충남대 출판부.
송찬섭(1997). 삼남지방의 민중항쟁, 국사편찬위원회(편), 『한국사36』 서울: 국사편찬위원회.
송하진(1985). 이론의 확증에 관한 소고, 『한국자치행정학보』(vol.1).
송현주(1985). 강한 확증과 약한 확증, 『사회과학연구』(vol.12), 전북대학교 사회과학연구소.
송호근(1992). 『시장과 이데올로기』, 서울: 문학과 지성사.
신경림 외(2005). 『질적연구방법론』, 서울: 이화여자대학교 출판부.
신상형(2001). 가족유사성의 의미와 그 배경, 『철학논총』(제23집): 135－168.
신오현(편)(1996). 『인간의 본질』, 서울: 형설출판사.
신용하(1997). 『조선후기 실학파의 사회사상연구』, 서울: 지식산업사.
신응철(1996). 철학적 해석학과 이데올로기 비판, 『사색』(vol.11): 173－196.
신인철(2009). 옮긴이 해제, 신인철(번역), 『성서의 구조인류학』, 서울: 한길사.
신일철(편)(1990). 『포퍼』, 서울: 고려대 출판부.
심준섭(2010). 질적 연구에 대한 소고: 질적 연구에서 '질적'의 의미, 한국행정학회 하계학술대회발표논문.
______(2012). 제주 해군기지 건설을 둘러싼 지역주민과 공무원의 갈등 프레임 비교분석, 『한국행

정학보』(제50권 제4호): 221－249.
심준섭 · 김지수(2011a). 원자력발전소 주변 지역주민의 갈등프레임분석: 후쿠시마 원전사고의 영향을 중심으로, 『한국행정학보』(제45권 제3호): 173－202.
______(2011b). 갈등연구에서 프레임 분석의 적용가능성: 문헌연구를 중심으로, 『국가정책연구』(제25권 제3호): 29－64.
신중섭(1990). 구획기준의 문제, 신일철(편), 『포퍼』, 서울: 고려대 출판부.
______(1992). 『포퍼와 현대의 과학철학』, 서울: 서광사.
______(2002). 과학적 연구프로그램의 방법론 역자해제, 『과학적 연구프로그램의 방법론』, 서울: 아카넷.
______(2011). 합리주의의 과학철학: 포퍼와 라카토슈 그리고 라우든, 강신익 외, 『과학철학: 흐름과 쟁점, 그리고 확장』, 서울: 창비.
신충식(2008). 현상학, 행정언어연구회 현상학 강독 자료.
신충식 · 이광석 · 오수길 · 박소담(2010). 생활세계 관점으로 본 맞춤형 경찰복지: 경찰업무 특수성에 따른 복지의 차별화, 『한국행정학보』(제44권 제3호): 115－140.
신혜영(2010). 해석학의 기본 전제와 행정학에의 함의, 한국행정학회 하계학술대회 발표논문.
심형구 · 김창수 · 양기용 · 김성우(2014). 고압송전선로 건설갈등의 프레임 분석: 기장군과 밀양시 주민인식조사를 중심으로, 『한국행정논집』(제26권 제2호), 한국정부학회.
안병직(1984). 조선후기 자본주의 萌芽 논쟁, 연세춘추 기획부(편), 『현대의 인문사회과학 논쟁』, 서울: 한울.
______(2004). 픽션으로서의 역사: Hayden White의 역사론, 『인문논총』(제51집), 서울: 서광사.
안세권(2006) 윌리엄 제임스와 자아동일성의 문제, 『철학과 현상학 연구』(제30권), 한국현상학회. 93－126.
안해균(1984). 『정책학원론』. 서울: 다산출판사.
안희남 · 정성범(2009). 시장의 이해: 시장에 관한 경제적 관점과 대안적 접근, 한국정부학회 동계학술대회 발표논문.
양병우(1981). 역사 · 사회과학 · 혁명이론, 李光周 · 이민호(편), 『역사와 사회과학』, 서울:한길사.
양해림(2000). 메를로－퐁티의 몸의 문화현상학, 한국현상학회(편), 『몸의 현상학』, 서울: 철학과 현실사.
______(2011). 『현대해석학 강의』, 서울: 집문당.
엄석진(2011). 동원과 참여 사이에서: 1970년대 농촌 새마을운동 과정에서의 지방공무원의 역할, 『한국행정학보』(제45권 제3호): 97－122.
엄정식(1984). 『확실성의 추구』, 서울: 서강대학교 출판부.
______(1995) 언어철학: 그 과제와 쟁점, 박영식(엮음), 『언어철학연구: 비트겐슈타인과 언어』, 서울: 현암사.
엄정식 편역(1983). 『비트겐슈타인과 분석철학』, 서울: 서광사.
여성가족부(2012). 『전국다문화가족실태조사』, 서울: 여성가족부.
연세춘추사(편)(1986). 『현대학문의 조류와 그 전망』, 서울: 연세대 출판부.

연효숙(1998). 가장 비트겐슈타인적인 철학으로의 귀환과 철학의 정체성: '과학적 철학의 꿈: Wittgenstein 오독의 유산'을 읽고서, 『大同哲學』(제47집).
영남대학교(2011). 『글로벌새마을지도자 양성과정 결과보고서』, 대구: 영남대학교.
오경석 외(2007). 『한국에서의 다문화주의: 현실과 쟁점』, 한울아카데미.
오교성(2000). 의식의 흐름 기법 연구: To the Lighthouse를 중심으로, 『군장대학 논문집』(제7집): 287－305.
오석홍(1999). 『조직이론』, 서울: 박영사.
______(편저)(2008). 『행정학의 주요이론』, 서울: 법문사.
오수길 · 신충식 · 이광석(2009). 생활세계의 행정학과 현상학적 접근방법의 적용 가능성 검토, 한국행정학회 동계학술대회 발표논문.
오수길 외(2009). 해석적 패러다임에 의한 행정학 연구 동향, 『한국사회와 행정연구』(제20권 제1호): 27－49.
오용득(2005). 『자기 쇄신의 학으로서의 철학적 해석학』, 부산: 책펴냄열린시.
______(2013). 과학주의자와 인문학주의자의 통약 불가능한 대화의 실질적 의미, 『서강인문논총』(제36집): 31－63.
오유석(2002). 박정희식 근대화 전략과 농촌 새마을운동, 『동향과 전망』(제55호): 57－177.
______(2010). 내재주의인가 외재주의인가: 스토아학파와 아카데미아 회의주의 논쟁을 중심으로, 『동서철학연구』(제58호): 381－418.
오주영(2010). 틀 의미론을 통한 인지적 의미학습에 관한 연구, 『비교문화연구』(vol.19): 295－311.
오창희(1993). 사회과학방법론: 전체론과 개체론, 그리고 제3의 입장들, 차인석(외), 『사회철학대계(제3권): 사회원리에 관한 새로운 모색들』, 서울: 민음사.
왕혜숙(2013). 가족 인정투쟁과 복지정치: 한국의 의료보험 피부양자 제도의 변화 과정을 중심으로, 『한국사회학』, 47(4): 67－106.
우실하(1990). 칼 포퍼 과학방법론의 논리적 배경과 그 전개, 『연세사회학』(10/11 합본호): 107－138.
유문무(2009). 홀리스틱 패러다임과 사회과학의 지평확대, 『홀리스틱교육연구』: 13(2), 17－39.
유민봉(1994). 정책분석 틀로서의 정책논변모형, 『한국행정학보』, 28(4).
유민봉(2012, 2014). 『한국행정학』, 서울: 박영사.
유상현(2019). 『보호관찰 청소년의 재비행 심리경험에 대한 해석현상학적 분석』, 서울벤처대학교 대학원 상담학 박사학위논문.
유재원 · 이승모.(2008). 계층제, 시장, 네트워크: 서울시 구청조직의 거버넌스 실태에 대한 실증적 분석, 『한국행정학보』(제42권 제3호), 한국행정학회. 191－213.
윤견수(2001). 약자의 설득전략: 어느 하위직 지방공무원의 개혁활동에 대한 현상학적 보고서, 『한국행정학보』, 35(1).
______(2008). 질적연구의 다양성과 공공조직 연구의 확장, 『한국조직학회보』, 5(3): 163－198.
윤광호(2002). 포퍼의 비판적 합리주의에서 인과성이 가지는 의미, 『철학논총』(vol.27): 173－190.
윤명로(1973) 현상학적 방법과 해석학적 방법의 비교연구, 『성곡논총』(제4집), 성곡학술재단.

______(1980). 과학의 개념, 한국사회과학연구소(편), 『사회과학의 철학』, 서울: 민음사.
윤민재(2010). 포퍼의 과학철학 방법론과 부정성, 『기독교철학』(제10호): 127－146.
윤석빈(2019). 언어공동체 존재의 토대로서 실존적 대화, 『철학연구』(149): 297－341.
윤영진(2013). 행정학 연구경향의 분석과 과제: 「한국사회와 행정연구」(1990－2012) 게재논문의 총괄분석, 『한국사회와 행정연구』(제24권 제2호).
윤평중(1989). 이해와 실천: 가다머와 하버마스의 해석학 논쟁을 중심으로, 『한신논문집』(vol.6).
______(1992). 『포스트모더니즘의 철학과 포스트마르크스주의』, 서울: 서광사.
윤현섭(1994). 『언어심리학』, 서울: 박영사.
윤호병 외(1992). 『후기구조주의』, 서울: 고려원.
은재호(2007). 문제정의가 정책변동에 미치는 영향: 프랑스 AIDS 정책을 중심으로, 『한국정치학회보』, 41(4): 243－265.
______(2011). 규율과 통치: 조직연구에 있어서 Michel Foucault 권력론의 함의와 기여, 『한국조직학회보』, 8(2): 1－33.
______(2012). 국방·군사시설 입지갈등의 원인 분석: 담론분석을 통한 원인진단지표 개발, 『한국행정학보』(제45권 제4호): 55－84.
은재호·김형성·최대용(2011). 국방·군사시설 입지갈등의 원인과 해법: 제주 해군기지 사례의 교훈, 『한국정책학회보』(제20권 제2호): 319－352.
이가종·김도훈·배득종(1991). 행정학분야 학술정보체제의 구성을 위한 기초연구, 『한국행정학보』, 25(1): 403－421.
이광래(2007). 『해체주의와 그 이후』, 서울: 열린책들.
이광석(2006a). 행정언어에 관한 연구: 도로명 부여사업에서의 도로명을 중심으로, 『한국행정연구』(제15권 제4호), 서울: 한국행정연구원.
______(2006b). 행정언어 연구의 범위와 대상: 행정학의 언어와 함께 행정의 언어로, 『KAPA포럼』, 2006년 겨울(통권116), 서울: 한국행정학회.
______(2009). 양적방법론의 기초로서의 언어적 구성에 관한 비판: 언어적 방법론에 관한 연구, 한국거버넌스학회 추계학술대회 발표논문.
______(2012) 해석적 방법론의 의의와 적용가능성연구: 시장에서의 의사소통 비교를 중심으로, 『한국공공관리학회보』(제26권 제3호), 한국공공관리학회.
______(2013a). 질적 연구와 질적 평가의 의의, 『질적 평가를 위한 행정정의』, 서울: 조명문화사.
______(2013b). 행정학으로의 투사에 관한 연구: 행정행태설과 행정언어 이론을 중심으로, 『한국사회와 행정연구』(제24권 제1호), 서울행정학회. 163－191.
______(2013c). 해석현상학적 분석(Interpretative Phenomenological Analysis)의 의의와 적용가능성에 관한 연구, 『질적연구』, 14(2).
______(2014a). 행정과 생활세계의 충돌과 조화에 관한 연구: 의식의 흐름방법을 적용한 밀양 송전탑 사태의 분석, 『한국행정학보』, 48(3).
______(2014b). 영국의 지방정부, 이광석(외), 『국제행정론』, 서울: 대영문화사.
______(2015). 행정학에서의 질적 평가에 관한 연구: 새마을운동에 관한 논쟁을 중심으로, 『한국행정

학보』(제49권 제2호): 373－407.

______(2016).『국어정책론』, 서울: 역락.

______(2017).『복지언어론』, 서울: 대영문화사.

이광석 · 권기석(2016). 행정학에서의 주관주의에 관한 연구: 행정학의 풍요로움은 새로운 방법론 논쟁에서부터,『한국행정학보』(제50권 제5호): 51－85.

이광석 · 문유석(2011). 행정학의 언어적 전회에 관한 연구: 행정언어 모델 정립을 중심으로,『지방정부연구』(제15권 제3호), 한국지방정부학회.

______(2014). 행정학의 논리형태와 논증에 관한 연구,『지방정부연구』(제18권 제2호).

______(2016). 행정학에서 과학주의와 인문학주의의 대립과 대립 넘어서기에 관한 연구,『지방정부연구』(vol.20, no.2).

이광석 · 오수길 · 김연수(2011). 메타행정학의 도입에 관한 연구, 행정언어와 질적연구학회 국제학술대회 발표논문.

이광석 · 원종학 · 김동룡(2015).『복지모순론』, 서울: 퍼시픽출판사.

이광석 · 이정락(2017). 행정학에서의 구조주의 접근방법 연구: 1970년대 새마을운동 지도자의 의식변화 및 그 구조와 관련하여,『한국행정사학지』(vol.41).

이광석 · 최정열 · 오수길 · 신충식(2009). 정부성 연구의 필요성과 방향성, 한국행정학회 춘계학술대회 발표 논문.

이광석 외(2014).『다문화행정론』. 서울: 조명문화사.

______(2015).『국제행정론』, 서울: 대영문화사.

______(2016).『소통학: 학문, 문화, 응용』, 서울: 대영문화사.

이광주(1981). 독일사학의 사회사적 전환: 구조사의 전개, 이광주 · 이민호(편),『역사와 사회과학』, 서울: 한길사.

이구슬(1996).『해석학과 비판적 사회과학』, 서울: 서광사.

이규태(1985).『한국인의 의식구조』, 서울: 신원문화사.

이규호(1971). 서구철학의 최근 동향,『신동아』(1월호 권말부록), 동아일보사.

______(1980). 사회과학을 위한 언어학적 접근, 이규호(편저),『사회과학의 방법론』, 서울: 현암사.

______(1974, 1989).『말의 힘: 언어철학』, 서울: 제일출판사.

______(2003)『거짓말, 참말, 그리고 침묵』, 서울: 말과창조사.

______(2005a).『철학적 인간학』, 서울: 연세대 출판부.

______(2005b).『해석학』, 서울: 연세대 출판부.

______(2005c).『언어철학』, 서울: 연세대 출판부.

이기상(1991).『하이데거의 실존과 언어』, 서울: 문예출판사.

______(2008). 이성과 언어의 소통: 사유하는 '홀로 주체'에서 말하는 '서로 주체'에로,『우리말로 학문하기의 사무침』, 서울: 푸른사상.

______(2011).『하이데거의 생애와 사상 그리고 그 영향』, 서울: 누멘.

______(2015a).『소통의 관점에서 본 학문론의 역사』, 미출간 강의교재.

______(2015b). 지구인 시대 문화인의 소통, 이광석(편),『국제행정론』, 서울: 대영문화사.

이기용(1998a). 『언어와 세계: 형식의미론』, 서울: 태학사.

______(1998b). 『시제와 양상: 가능세계의미론』, 서울: 태학사.

______(1998c). 『상황과 정보: 상황의미론』, 서울: 태학사.

이기형(2006). 담론분석과 담론의 정치학: 푸코의 작업과 비판적 담론분석을 중심으로, 『언론과 사회』. 106－145.

이남원 · 이윤복(2004). 『언어와 논리』, 서울: 정림사.

이남인(2014). 『현상학과 질적연구: 응용현상학의 한 지평』, 서울: 한길사.

______(2016). 『현상학과 해석학: 후썰의 초월론적 현상학과 하이데거의 해석학적 현상학』, 서울: 서울대학교 출판문화원.

이덕복(1993). 『공공정책의 정당화 논리에 관한 연구: 논리실증주의적 정당화 논리의 한계』, 서울대학교 박사학위 논문.

이도형(2004). 『행정철학』, 서울: 대영문화사.

이명현(1982). 『이성과 언어』, 서울: 문학과 지성사.

______(1984). 삶의 형식의 두 가지 국면, 분석철학연구회(편), 『비트겐슈타인의 이해』, 서울: 서광사.

______(1991). 분석철학과 현대철학의 좌표, 한국분석철학회(편), 『비트겐슈타인과 분석철학의 전개』, 서울: 철학과 현실사.

______(1994). 언어와 철학, 이정민 외, 『언어과학이란 무엇인가』, 서울: 문학과 지성사.

______(1995). 언어와 사고 그리고 존재 세계, 박영식(편저), 『언어철학연구(I): 비트겐슈타인과 언어』, 서울: 현암사.

______(1996). 모국어란 무엇인가, 『역사와 지성』, 서울: 한길사.

______(1997). 철학, 비트겐슈타인 이전과 이후, 김여수 외, 『언어 · 진리 · 문화』, 서울: 철학과현실사.

이문영(1996). 『논어맹자와 행정학』, 서울: 나남출판.

이민호(2008). 연금제도와 세대 간 형평의 문제: the－Old－Eat－the－Young 가설에 대한 검증, 한국행정학회 춘계학술발표논문집. 1－19.

이병천(2004). 칼 폴라니의 제도경제학과 시장사회 비판, 『사회경제평론』(제23호).

______(2009). 호혜의 경제, 공생의 사회: 칼 폴라니에게 배우는 공동체의 사회경제학, 『행복경제디자인』, 서울: 바로세움.

이병탁(2013). 『아도르노의 경험의 반란』, 서울: 북코리아.

이봉재(1993). 과학사와 과학철학: 자연주의 메타방법론의 검토, 『철학연구』(vol.33): 137－155.

______(1999). 과학적 실재론, 조인래 외, 『현대과학철학의 문제들』, 서울: 아르케.

이봉주(2008). 아동인지능력향상서비스 이용현황조사(설문지), 서울대 사회과학연구원.

이 삭(1985). 『철학사전』, 서울: 이삭 출판부.

이상욱(2009). 비트겐슈타인과 비엔나 모임: 과학철학적 접점, 『과학철학』(제12권 제2호).

이상원(2008) 인식적 확실성, 원초문장, 실험의 비단일성, 『철학탐구』(제23집): 199－226.

이상철(1980). 이해, 한국사회과학연구소(편), 『사회과학의 철학』, 서울: 민음사.

이상형(2013). 『철학자의 행복 여행』, 서울: 역락.

이석호(2001). 『인간의 이해: 철학적 인간학 입문』, 서울: 철학과 현실사.

이성과 현실 편집부(1989). 『알기쉬운 정치경제학』, 서울: 이성과 현실.
이성미(2012). 『다문화정책론』, 서울: 박영사.
이성우(2012). 후기 실증주의와 질적 연구방법의 정책분석평가연구 에의 적용가능성, 이광석 외, 『질적평가를 위한 행정정의』, 서울: 조명문화사.
이승권(2000). 언어에 관한 언어철학의 한 시각, 『불어불문학연구』(제43집), 서울: 한국불어불문학회. 393－415.
이승종(1999). 대칭적 전체론을 위하여, 한국분석철학회(편), 『언어 · 표상 · 세계』, 서울: 철학과현실사.
______(2010). 『크로스오버 하이데거: 분석적 해석학을 향하여』, 서울: 생각의 나무.
이시원 · 정준금 · 김준기 · 임도빈(2007). 행정부 내부 정책결정 소요시간 분석, 한국행정학회 동계학술대회 발표논문.
이어령(2009). 언력(word power)의 쓰나미가 몰려온다, 『월간중앙』(2009.3월호).
이영철(2005). 『한국사총론』, 서울: 고시연구사.
______(2016). 『비트겐슈타인의 철학: 언어에 대한 하나의 투쟁』, 서울: 책세상.
이영호(1977a). 생활세계 개념의 이해를 위한 서설: 후설의 사상 전개과정과 연관하여, 『인문과학』(제7집), 성균관대 인문과학연구소. 75－88.
______(1977b). 『현상학의 이념』 해제, *Die Idee der Phanomenologie*, by Edmund Husserl(1950), 서울: 삼성문화사.
이용일(2012). 민주적 법치국가에서의 인정투쟁들: 하버마스의 다문화주의와 헌법애국주의에 대한 단상, 『Homo Migrans』, 29－36.
이유선(1993). 『해석학과 과학: 독일학계의 세 가지 관점』 해제, 서울: 민음사.
이이화(1995). 『조선후기의 정치사상과 사회변동』, 서울: 한길사.
이익환(1986). 『의미론 개론』, 서울: 한신문화사.
이재승(2011). 언어 게임의 맥락, 『철학논총』(2): 391－409.
이전문(1986). 『그 세월 그 사람: 왕조시대의 인간상』, 서울: 사회발전연구소.
이정락(2017). 『새마을운동 관련 대통령 연설문에 대한 텍스트 분석 및 함의: 1972년－2012년』, 영남대학교 박사학위 논문.
이정민(1989). 『언어이론과 현대과학사상』, 서울: 서울대출판부.
______(2012). 쿤과 과학적 철학의 이념, 『과학철학』(제15권 제2호): 175－208.
이정민 · 배영남(1990). 『언어학사전』, 서울: 박영사.
이정민 · 이병근 · 이명현(1977). 『언어과학이란 무엇인가』, 서울: 문학과지성사.
이정복(1980). Gadamer에 있어서 해석학적 방법과 이해의 문제, 『철학연구』(제15집): 3－14.
이정주(2012). 『청도군 새마을세계화사업 개발에 관한 연구』, 영남대학교 박정희새마을연구원 새마을연구센터.
이종수(2015). 『공동체: 유토피아에서 마을만들기까지』, 서울: 박영사.
이종훈(1992). 『후설의 생활세계 개념연구』, 성균관대학교 박사학위 청구논문.
이좌용(1980). 지식의 체계성과 적합성, 한국사회과학연구소(편), 『사회과학의 철학』, 서울: 민음사.

______(1984). 진리성 기반에 관한 소고: 지식사회학과 후기 비트겐슈타인의 관점에 관한 연구, 분석철학연구회(편), 『비트겐슈타인의 이해』, 서울: 서광사.
______(2002). 유물론, 언어, 그리고 실천, 한국철학회(편저), 『현대철학과 언어』, 서울: 철학과 현실사. 51－75.
이주향(2005). 『현대 언어・심리철학의 쟁점들 Ⅰ』, 서울: 철학과현실사.
이주헌・박치성(2010). 지역사회서비스 전달네트워크 거버넌스 유형에 대한 탐색적 연구: 서울시 자치구를 중심으로, 『한국행정학보』(제44권 제3호), 한국행정학회. 1－35.
이준구(2004). 『시장과 정부: 경쟁과 협력의 관계』, 서울: 다산출판사.
이준웅(2000). 프레임, 해석 그리고 커뮤니케이션 효과, 『언론과 사회』(제29호): 85－153.
______(2011). 『말과 권력』, 서울: 한길사.
이지은(2008). 담론분석적 서술이론, http://blog.empas.com/jdyi8589/read.html?a＝28264775
이진경(2013). 『철학과 굴뚝청소부』, 서울: 그린비.
이진우・태정호(1996). 『인간의 조건 해제』, Arendt, Hannah(1958). *The Human Condition*, The University of Chicago, 이진우・태정호(1996)(옮김). 『인간의 조건』, 서울: 한길사.
이한구(2011). 『역사학의 철학』, 서울: 민음사.
______(2013). 『지식의 성장』, 서울: 살림.
이헌창(2006). 『한국경제통사』, 서울: 법문사.
이형순(1980). 『경제학원론』, 서울:박영사.
이홍균(1997). 하버마스의 이론적 전략: 의사소통이론으로의 패러다임 전환에 대하여, 한상진 외, 『하버마스: 이성적 사회의 기획, 그 논리와 윤리』, 서울: 나남출판.
이　훈(1984). 비트겐슈타인, 언어, 철학, 분석철학연구회(편), 『비트겐슈타인의 이해』, 서울: 서광사.
이희영(2010). 새로운 시민의 참여와 인정투쟁: 북한이탈주민의 정체성 구성에 대한 구술 사례연구, 『한국사회학』, 44(1): 207－241.
임규정(2004). 포퍼와 쿤의 과학관을 통해 본 진리, 『大同哲學』(제25집), 대동철학회. 1－19.
임기대(2012). 『시대의 지성 노암 촘스키』, 서울: 살림.
임석진 외(2009). 『철학사전』, 서울: 중원문화.
임의영(1995). 과학적 방법론과 현상학적 방법론의 이질동형성 비판: 대립적인 방법론에 나타나는 이성의 독재성을 중심으로, 『한국행정학보』, 29(4).
임일환(1993). 과학적 실재론과 설명, 한국분석철학회(편), 『실재론과 관념론』, 서울: 철학과현실사.
임지룡(1992). 『국어의미론』, 서울: 탑출판사.
임지룡 외(2016). 『어휘 의미의 인지언어학적 탐색』, 서울: 태학사.
임채원(2007). 『사회투자국가: 미래한국의 새로운 길』, 서울: 한울아카데미.
임한성・임재강(2013). 새마을운동의 성공요인에 관한 사례 연구, 『지방정부연구』(제17권 제3호): 153－176.
임헌규(편역)(1992). 『데리다와 푸코, 그리고 포스트모더니즘: 입문적 안내』, 서울: 인간사랑.
장덕현・김근배(2012). 시간 거리, 조절초점 프레임 간 적합이 선호에 미치는 영향: 정치적 설득에서 자아일치성의 역할을 중심으로, 『한국심리학회지: 소비자, 광고』(제13권 제4호): 617－644.

장덕희(2010). 조건부 지원금이 자치단체의 자체사업비에 미친 영향 분석: Fungibility 가설의 검증을 중심으로, 『한국행정학보』(제44권 제2호): 291－309.

장동희 · 최종연(2007). 『한국 行政史의 이해』, 서울: 대영문화사.

장세룡(2001). 언어와 문화로의 전환과 역사학 연구의 방향, 『계명사학』, 계명사학회.

장신재(1993). 『논리적 영문작법』, 서울: 신아사.

장인봉(2003). 옮긴이 서문, 『논증연구: 논증발언연구의 언어학적 입문』, Christian Plantin, *Essais Sur L'argumentation.*

장춘익(2011). Habermas 의사소통행위이론 서문, Jürgen Habermas(1981) *Theories des kommunikativen Handelns: Handelungsrationalität und gesellschaftliche Rationalisierung*, Frankfurt am Main: Suhrkamp Verlag, 장춘익(옮김)(2011), 『의사소통행위이론: 행위합리성과 사회합리화』, 서울: 나남.

______(2015). 열린 연단: 문화의 안과 밖, http://blog.naver.com/kcs7573/220622991465

장춘익 외(1996). 『하버마스의 사상: 주요 주제와 쟁점들』, 서울: 나남.

장하나 의원실(2013). 이주노동자 인권 침해 사례, 『국정감사 자료』.

장흥섭(2010). 『대구전통시장: 과거, 현재, 미래』, 대구: 경북대 출판부.

전기우(2014). 새마을운동 국제화, 이광석 외, 『국제행정론』, 서울: 대영문화사.

전영삼(2005). 논리주의의 세계구성: 카르납의 경우를 중심으로, 『과학철학』(제8권 제2호): 1－30.

전종섭(1994). *Philosophy of Administration*, 윤재풍 · 정희남 옮김(2001), 『행정철학』, 서울: 대영문화사.

전태국(1996). 인간 이성에 대한 굳건한 믿음과 새로운 사회, 김재용 · 윤형식 · 이삼성 · 한정숙(편)(1996), 『명저의 세계』, 서울: 한길사.

정갑진(2008). 『한국의 새마을 운동: 새마을 운동의 재평가와 활용』, 서울: 케이빌더.

정기철(1995). 해석학과 해체주의: 가다머와 데리다의 논쟁, 『해석학연구』(vol.1): 277－416.

정대성(2012). 서양철학의 수용과 언어의 문제: 이규호의 언어철학을 중심으로, 『철학논집』(제29집): 287－309.

정대연(1997). 『사회과학방법론사전』, 서울: 백의출판사.

정대현(1980). 생활양식 개념, 차인석(편), 『사회과학의 철학』, 서울: 민음사.

______(1986). 지칭: 언어적인가 존재적인가, 『철학』(vol.26), 한국철학회. 23－51.

______(엮음)(1987a). 『지칭』, 서울: 문학과지성사.

______(1987b). 『한국어와 철학적 분석』, 서울: 이화여대 출판부.

______(1995). 문맥적 실재론과 반사실적 고정지시어, 『철학과현실』(통권 제27호), 철학문화연구소. 356－363.

______(2000). 인식론의 종언인가, 한국분석철학회(편), 『21세기와 분석철학』, 서울: 철학과 현실사.

______(2010). 이론적 다원주의, 담론적 다원주의: 학문의 한국화 담론의 구조, 『한국행정학회 추계학술발표논문집』. 7－20.

정성관(2005). 니체와 해석주의, 『니체연구』(vol.7): 105－128.

정수복(2007). 『한국인의 문화적 문법』, 서울: 생각의 나무.

정시호(1994). 『어휘장 이론 연구』, 대구: 경북대 출판부.
정연재(2005). 대화와 해체, 그 간극을 넘어서, 『해석학연구』(vol.16): 171－220.
정용덕(2001). 『현대국가의 행정학』, 서울: 법문사.
정윤정(2011). 『여인의 초상』에 대한 현상학적 접근, 『영어영문학 연구』(제53권 제2호): 257－276.
정 은(2010). 장애인 언어복지정책의 과제와 전망, 『새국어생활』, 서울: 국립국어원.
정정길(1988). 『정책학원론』, 서울: 대명문화사.
______(2002). 정책과 제도의 변화과정과 인과법칙의 동태적 성격: 시차적 접근방법을 위한 제언, 『한국정책학회보』(제11권 제2호).
______(2003). 『행정학의 새로운 이해』, 서울: 대명출판사.
정정길 외(2005). 『행정의 시차적 접근』, 서울: 박영사.
정준금(2002). 정책과 제도변화의 시차적 요소, 한국행정학회 동계학술대회 발표논문.
정해창(편역)(1987). 『현대영미철학』, 서울: 대한교과서주식회사.
정호근(1996). 의사소통적 규범정초 기획의 한계, 『사회비평』(제15호), 나남출판. 46－93.
정화열(1999). 『몸의 정치』, 서울: 민음사.
조광제(2008). 『의식의 85가지 얼굴: 후설현상학의 주요 개념들』, 서울: 글항아리.
조기정(1999). 변형생성문법이론의 문법모형 발전과 그 의미, 『시민인문학』(7): 411－432.
조기준(2000). 『社會經濟史』, 서울: 일신사.
조맹기(2011). 『레토릭의 사상가들』, 서울: 나남.
조명원・이흥수(1991, 2004). 『영어교육사전』, 서울: 피어슨에듀케이션코리아.
조명환(1985). 『언어심리학: 言語와 思考의 認知心理學』, 서울: 민음사.
조승옥・김동식(2002). 『현대과학철학논쟁』 후기, 서울: 아르케.
조영훈(2002). 유교주의, 보수주의, 혹은 자유주의? 한국의 복지유형 검토, 김연명(편), 『한국 복지국가 성격 논쟁』, 서울: 인간과 복지.
조용현(1992). 『칼 포퍼의 과학철학』, 서울: 서광사.
조용환(1999). 『질적연구: 방법과 사례』, 서울: 교육과학사.
______(2010). ethnography, 행정언어연구회 강의 자료.
조인래(2018). 『토마스 쿤의 과학철학: 쟁점과 전망』, 서울: 小花.
조인래・박은진・김유신・이봉재・신중섭(1999). 『현대과학철학의 문제들』, 서울: 아르케.
조주환(2001). 현상학적 의미와 진리 문제, 『철학논총』(제26집 제4권), 새한철학회. 179－200.
조중걸(2009). 『플라톤에서 비트겐슈타인까지』, 서울: 베아르피.
조한상(2009). 『공공성이란 무엇인가』, 서울: 책세상.
조희연(2007). 『박정희와 개발독재시대: 5・16에서 10・26까지』, 서울: 역사비평사.
중원문화(2009). 『철학사전』, 서울: 중원문화사.
지동식(편)(1982). 『로마帝國은 왜 멸망했는가』, 서울: 대학문화사.
지양사(1985). 『모순과 실천의 변증법』, 서울: 지양사.
차수범(2006). 농어촌 소규모 초등학교 통합 정책 평가(설문지), 경북대학교 박사학위 논문.
차인석(1980). 사회과학의 과학론, 한국사회과학연구소(편), 『사회과학의 철학』, 서울: 민음사.

______(1985). 사회인식의 선이해 구조, 한국현상학회(편), 『현상학과 개별과학』, 서울: 대학출판사.
채종헌 · 이종한(2009). 『지속가능발전을 위한 사회적 기업의 역할과 활설화 방안에 관한 연구』, 서울: 한국행정연구원.
채 진(2009). 유비쿼터스 정보기술이 재난관리 효과성에 영향을 미치는 요인 분석, 한국행정학회 하계학술대회 발표논문.
철학사전편찬위원회(2009). 『철학사전』, 서울: 중원문화.
최경섭(2010). 엄밀한 학이 아닌 엄연한 지역학으로서의 철학: 후설의 후기현상학에서의 생활세계 개념의 지역학적 개진, 『철학』(제103집), 한국철학회.
최외출(2014). 더 안전하고 행복한 세상을 향하여: 새마을정신 공유와 실천을 중심으로, Global Saemaul Forum 2014 발표논문.
______(2016). 새마을운동의 학문적 정체성에 대한 연구, 『한국자치행정학보』(제30호 제2권): 81–100.
최인철(2007). 『프레임』, 서울: 21세기북스.
최인호(엮음)(2007). 『바른 말글사전』, 서울: 한겨레출판.
최재식(1999). 하버마스 생활세계와 체계이론 및 이에 관한 사회 · 문화 현상학적 비판, 『철학과 현상학 연구』(vol.13): 184–220.
최정규(2009). 『이타적 인간의 출현』, 서울: 뿌리와 이파리.
______(2011). Homo Economicus의 변천, 경북대 학술잔치 발표 논문.
최정운(1995). 푸코의 눈: 현상학 비판과 고고학의 출발, 『한국정치학회보』(제29집 제4호).
최현철(2011). 반 프라센의 설명 화용론에 대한 고찰, 『철학논총』(제66집), 새한철학회.
하상필(2005). 『논고』의 과학관: N. 가버의 해석에 대한 비판을 중심으로, 『철학적 분석』(제12집): 161–182.
하지율(2016). 필리버스터가 불러일으킨 집단열광: 앞으로가 중요하다, 『오마이뉴스』(2016.2.25).
하치근(2010). 언어능력과 인지능력의 상관관계, 『한글』(제287호): 5–44.
한국고문서학회(2000). 『조선시대 생활사』(2), 서울: 역사비평사.
한국리서치(2004). 『설문지 작성 점검 지침』, 서울: 한국리서치 교육팀.
한국문학평론가협회(2006). 『문학비평용어사전』, 서울: 국학자료원.
한국사회과학연구소(편)(1980). 『사회과학의 철학』, 서울: 민음사.
한국전력공사(2012). 『밀양지역 주민요구사항에 대한 설명자료』(2012.3).
한국정치연구회 정치이론분과(엮음)(1993). 『국가와 시민사회: 조절이론의 국가론과 사회주의 시민사회론』, 서울: 녹두.
한국조사연구학회(2006). 『조사연구를 위한 설문지 기획 및 작성』, 서울: 한국조사연구학회.
한국행정학회(2006). 『한국행정학오십년: 1956–2006』, 서울: 한국행정학회.
______(2018). 『한국행정60년: 1956–2016』(vol.1), 서울: 법문사.
한국현상학회(편)(2000). 『몸의 현상학』, 서울: 철학과 현실사.
한기욱(2009). 문학의 새로움과 리얼리즘의 문제, 『창비』(여름호), 서울: 창비.
한도현(2010). 1970년대 새마을운동에서 마을 지도자들의 경험세계: 남성지도자들을 중심으로, 『사회와 역사』(제88집), 한국사회사학회.
한상기(2015). 구획문제와 가족유사성 접근방식, 『범한철학』(통권 제77집), 범한철학회. 275－304.
______(2010). 발견의 맥락과 정당화의 맥락, 『동서철학연구』(제58호).
한상진(1981). 미셸 후꼬의 정치철학과 사회이론: 후기 구조주의의 한 흐름, 『현상과 인식』(제5권 제2호): 178－204.
______(1983). 구조주의적 방법론, 김동일 외, 『사회과학 방법론 비판』, 서울: 청람.
______(1996, 1997) 언술검증과 비판이론, 『사회비평』(제15호), 나남출판. 16－45.
한상진(편)(1988), 『국가이론과 위기분석』(서규환 · 박영도 옮김), 서울: 전예원.
한상진 · 오생근 외(1990). 『미셸푸코론』, 서울: 한울.
한세억(2001). 정보화의 현상학적 이해와 분석, 『한국정책학회보』, 10(3).
______(2011). 한국 정보화경험의 현상학적 분석, 『행정논총』(제49권 제3호): 121－147.
황병주(2000). 박정희 시대의 국가와 민중, 『당대비평』(제12집), 생각의나무. 46－68.
______(2011). 유신체제의 대중인식과 동원 담론, 『상허학보』(제32집): 143－186.
허만형(2009). 방법론적 관점에서의 한국정책학 연구경향에 관한 연구, 『한국정책학회보』, 18(1): 29－46.
허 발(1985). 『낱말밭의 이론』, 서울: 고려대학교 출판부.
______(2013). 『언어와 정신』, 서울: 열린책들.
허 수(2006). 근대의식과 담론분석: 언어는 권력이다, 『근대를 다시 읽는다』(2), 서울: 역사비평사.
허영식(1997). 『사회윤리, 이데올로기, 의사소통』, 서울: 평민사.
허 웅(1981). 『언어학: 그 대상과 방법』, 서울: 샘문화사.
혜 민(2010). 『젊은 날의 깨달음』, 서울: 클리어마인드.
홍기빈(2009). 칼 폴라니와 한국에서의 사회적 경제, 한국사회적 경제연대회의 · 한국사회적경제연구회 10월 월례포럼.
홍기용 외(2013). 『KOICA－경상북도 새마을리더봉사단 평가방안 연구』, 서울: 한국국제협력단.
홍성민(1990). 권력 개념에 관한 한 연구, 한상진 · 오생근 외(1990), 『미셸푸코론』, 서울: 한울.
홍성욱(2005). 토마스 쿤의 역사학, 철학, 그리고 과학, 『서양사연구』(제33집): 139－175.
______(2015). http://openlectures.naver.com/contents?contentsId＝classic
홍준기(1999). 『라캉과 현대철학』, 서울: 문학과지성사.
황희숙(1998). 과학적 철학의 꿈: Wittgenstein 오독의 유산, 『大同哲學』(제47집).

高橋允昭(1985). 데리다에서 사르트르까지, 김용구(편저), 『현대 사상사의 쟁점』, 서울: 전예원.
稻垣久和(2010). 『公共福祉という試み』, 岩波書店, 성현창(옮김)(2013), 서울: 예영커뮤니케이션.
毛澤東(1989). 『실천론 · 모순론』(李騰淵 옮김), 서울: 두레.
木田 元 · 野家 啓一 · 村田 純一 · 鷲田 淸一(1994). 『현상학사전』, 이신철(옮김)(2011), 서울: 도서출판 b.
尾崎壓太郞 외(편). 『모택동사상 연구(1)』, 서울: 미래사.
미우라 도시히코(三浦俊彦)(1997). 『可能世界の 哲學』, 박철은(옮김)(2011), 『가능세계의 철학: 필

연과 가능으로 읽는 존재와 세계』, 서울: 그린비.
미우라 쯔도무(1986). 모택동주의의 모순론과 마르크스주의 모순론의 차이, 尾崎壓太郎 외(편), 『모택동사상 연구(1)』, 서울: 미래사.
山脇直司(2004). 『公共哲學からのヒントー』, 岩波書店, 성현창(옮김)(2010), 서울: 이학사.
箱田 裕司 외(2010). 『認知心理學』, 강윤봉(옮김)(2014), 『인지심리학』, 서울: 한국뇌기반교육연구소.
松村一人(1986). 『모순론 해설』(김동춘 옮김), 서울: 미래사.
시오노 나나미(1997/2004). 『로마인 이야기』, 서울: 한길사.
齊藤純一(2000). 『公共性』, 岩波書店, 윤대석・류수현・윤미란(옮김)(2009), 『민주적 공공성』, 서울: 이음.
퇴케이, F.(1989). 『사회구성체론』(김민지 옮김), 서울: 이성과현실.
우치다 다츠루(內田 樹)(2002). 『寝ながら學べる構造主義』, 이경덕(옮김)(2011), 『푸코, 바르트, 레비 스트로스, 라캉 쉽게 읽기: 교양인을 위한 구조주의 강의』, 서울: 갈라파고스.

서울특별시(2016a). 2016년 예산서. 서울특별시 세금・재정・계약. http://finance.seoul.go.kr/archives/33438
______(2016b). http://stat.seoul.go.kr/jsp3/seoul100.jsp?link=4 서울 100대 통계.
대구광역시(2016a). 2016년 세입세출예산서. 대구살림 통합공개. http://jumin.daegu.go.kr/budget/information/informationBudgetBill.do#none
______(2016b). http://stat.daegu.go.kr/themestats/todayDg.do 오늘의 대구.
수성구(2016a). http://www.suseong.kr/index.do?menu_id=00030397 2016년 재정공시(예산서). 수성구청 정부3.0 정보공개.
______(2016b). http://stat.suseong.kr/2016st/0304.html 2016년 통계연보.
달성군(2016a). 2016년도 세입세출예산. 달성군청 정보공개 예산현황. http://www.dalseong. daegu.kr/new/dalseong/information/page.html?mc=2059
______(2016b). http://tong.dalseong.daegu.kr/0101.html 2016년 통계연보.
의성군(2016). 2016년 재정공시. 의성군청 정부3.0 행정정보・개방 http://www.usc.go.kr/ information_open/finance_whitepaper/finance_announcement/2016, http://kosis.kr/statisticsList/statisticsList_01List.jsp?vwcd=MT_ZTITLE&parentId=A#SubCont
증평군 https://www.jp.go.kr/kor/prog/yesanInfo/sub01_05_04/list.do
KOSIS 국가통계포털 http://kosis.kr/statisticsList/statisticsListIndex.do?menuId=M_01_01&vwcd=MT_ZTITLE&parmTabId=M_01_01#SelectStatsBoxDiv
아시아투데이 신문(2015.4.29). "전국 모든 지역 고령화 이상 진행"(김관태 기자). http://www.asiatoday.co.kr/view.php?key=20150429010018792

[국외 문헌]

Abel-Smith, B.(1985). The major problems of the welfare state: Defining the issues, in S. N.

Eisenstadt & O. Ahimeir(eds.), *The welfare state and its aftermath*, London: Croom Helm.

Adorno, Theodor W.(1966). *Negative Dialektik*, Suhrkamp Verlag, 홍승용(옮김)(2005), 『부정변증법』. 서울: 한길사.

______(et al.)(1969, 1976). *The Positivist Dispute in German Sociology*(trans. by G. Adey & D. Frisby), London: HarperTorchbooks, 김종호(옮김), 『사회과학의 논리』, 서울: 이문출판사.

Agassi, Joseph(1981). *Science and Society: Studies in the Sociology of Science*, Boston: D. Reidel Publishing Company.

______(2014) *Popper and his Popular Critics: Thomas Kuhn, Paul Feyerabend and Imre Lakatos*, London: Springer.

Allwood, Jens, Lars-Gunner Andersson, & Östen Dahl(1977). *Logics in Linguistics*, Cambridge University press, 천기석(옮김), 『논리의미론』, 서울: 정음사.

Alston, William P.(1992). *Philosophy of Language*, 곽강제(옮김), 『언어철학』, 서울: 민음사.

Althusser, Louis(1976). *Positions 1964-1975*, Edicions Sociales, 김동수(옮김)(1992), 『아미엥에서의 주장』, 서울: 솔.

Alvesson, Mats & Kaj Sköldberg(2000). *Reflexive Methodology: New Vistas for Qualitative Research*, London: Sage.

Andersen, Holly K. & Rick Grush(2009). A Brief History of Time-Consciousness: Historical Precursors to James and Husserl, *Journal of the History of Philosophy*, 47(2): 277-307.

Arendt, Hannah(1958). *The Human Condition*, The University of Chicago, 이진우 · 태정호(옮김)(1996), 『인간의 조건』, 서울: 한길사.

Ayer, Alfred Jules(1946). *Language, Truth and Logic*, New York: Dover Publications, 송하석(옮김)(2010), 『언어, 논리, 진리』, 서울: 나남.

______(ed.)(1959). *Logical Positivism*, New York: The Free Press.

______(1982). *Philosophy in the 20th Century*, London: Unwin Paperbacks.

Babbie, Earl R.(2007). *The Practice of Social Research*, London: Thomson, 고성호 외(옮김), 『사회조사방법론』, 서울: 톰슨코오퍼레이션코리아(주).

Baker, Lynne R.(2000). *Persons and Bodies: A Constitution View*, Cambridge University Press.

Baldock, J., Nick Manning, & Sarah Vickerstaff(eds.)(2003). *Social Policy*, Oxford University Press.

Barry, N.(1990). *Welfare*. Milton Keynes: Open University Press.

Barwise, Jon & John Perry(1983). *Situation and Attitudes*, Cambridge, Mass.: MIT Press.

Baum, William M.(2005). *Understanding Behaviorism: Behavior, Culture, and Evolution*, Malden, MA: Blackwell Publishing.

Beck, Ulrich(1992). *Risk Society: Towards a New Modernity*, SAGE Publications Ltd., 홍성태(옮김)(1997), 『위험사회』, 서울: 새물결.

Benedict, Ruth(1935). *Patterns of Culture*, London: Routledge and Kegan Paul, 황선명(옮김)(1987), 『문화의 유형』, 서울: 종로서적.

Benton, Ted(1977). *Philosophical Foundations of the Three Sociologies*, London: Routledge and Kegan Paul.

Bergalli, R. & C. Sumner(eds.)(1997). *Social Control and Political Order*, London: Sage.

Berger, Peter L. & Thomas Luckmann(1991). *The Social Construction of Reality*, London: Penguin Books.

Bergmann, Gustav(1967). *The Mataphysics of Logical Positivism*, Milwaukee: The University of Wisconsin Press.

______(1992). *Logical Positivism, Language, and the Reconstruction of Metaphysics*, in Richard M. Rorty(ed.), *The Linguistic Turn: Essays in Philosophical Method with two Retrospective Essays*, Chicago: The University of Chicago Press.

Berkun, Scott(2008). *Making Things Happen: Mastering Project Management*, Cambridge: O'Reilly.

Bernstein, Richard(1976). *The Restructuring of Social and Political Theory*, Univ. of Pennsylvania Press, 안병영(옮김), 『현대정치사회이론』, 서울: 나남.

______(1983) *Beyond Objectivism and Relativism: Science, Hermeneutics, and Praxis*, Philadelphia: University of Pennsylvania Press, 정창호·황설중·이병철(옮김), 『객관주의와 상대주의를 넘어서』. 서울: 보광재.

Bertram, Gerg W.(2011). *Sprachphilosophie zur Einführung*, Junius Verlag GmbH, 정대성(옮김)(2015), 『언어, 의미 그리고 철학』. 서울: 박이정.

Beveridge, William(1943). *Social Insurance and Allied Service*, London: Her Majesty's Stationery Office.

Bevir, Mark(2004). Governance and Interpretation: What are the Implications of Postfoundationalism? *Public Administration*, 82(3): 605-625.

Bhaskar, Roy(1987). *Scientific Realism and Human Emancipation*, London: Verso.

Bird, Graham(1999). *William James: The Arguments of the Philosophers*, London: Routledge.

Blake, D.(2004). Contracting out of the state pension system: the British experience of carrots and sticks, in Martin Rein & Winfried Schmähl(eds.), *Rethinking the Welfare State: The Political Economy of Pension Reform*, Cheltenham: Edward Elgar.

Bleicher, Josef(1983). *Contemporary Hermeneutics: Hermeneutics as method, philosophy and critique*, 권순홍(옮김), 『현대해석학: 방법, 철학, 비판으로서의 해석학』, 서울: 한마당.

Bowling, Lawrence E.(1968). What is the Stream of Consciousness technique? Shiv K. Kumar & Keith F. McKean(eds.), *Critical Approaches to Fiction*, New York: McGraw-Hill Book co.

Borre, O. & M. Goldsmith(1995). *The Scope of Government*, New York: Oxford University Press.

Braudel, Fernand(1986). Civilisation materielle, economie et capitalisme: XVe-XVIIIe siecle, Paris: Armand Colin Editeur, 주경철(옮김)(1997), 『물질문명과 자본주의』, 서울: 까치.

______(2008). *La dynamique du capitalisme*, Flammarion, 김홍식(옮김)(2012), 『물질문명과 자본

주의 읽기』, 서울: 갈라파고스.

Brayrooke, David(1987). *Philosophy of Social Science*, Englewood Cliffs: Prentice−Hall.

Brinton, C.(1965). *The Anatomy of Revolution*. New York: Vintage Books.

Brown, Gillian & George Yule(1983). *Discourse Analysis*, Cambridge: Cambridge University Press.

Brown, Harold I.(1977). *Perception, Theory and Commitment: The New Philosophy of Science*, Chicago: The University of Chicago Press, 신중섭(옮김)(1987), 『논리실증주의의 과학철학과 새로운 과학철학』, 서울: 서광사.

Brownrigg, Allan(2011). An Introduction to Interpretive Phenomenological Analysis, *Language of Public Administration and Qualitative Research*, 2(2).

Bruce, M.(1967). *The Coming of the Welfare State*, London: Batsford.

Bruner, Jerome S., Jacqueline J. Gooknow & George A. Austin(1956). *A study of Thinking*, New York: John Wiley.

Bryman, Alan(1988). *Quantity and Quality in Social Research*, London: Unwin Hyman.

______(2006). *Mixed Methods*, London: Sage Publications.

______(2008). *Social Research Methods*, Oxford: Oxford University Press.

Buber, Martin(1974). *I and Thou*(trans. by Walter Kaufmann), New York: Charles Scribner's Sons, 표재명(옮김)(1994), 『나와 너』, 서울: 문예출판사.

Burke, Gerald(1981). *Housing and Social Justice: Social policy in modern Britain*, New York: Longman Inc.

Burnham, P. Karin Gilland Lutz, Wyn Grant & Zig Layton−Henry(2008). *Research Methods in Politics*, London: Palgrave Macmillan, 김계동 외(옮김), 『정치학방법론』, 서울: 명인문화사.

Burrell, Gibson & Gareth Morgan(2006). *Sociological Paradigms and Organisational Analysis*, Aldershot: Ashgate.

Butler, Christopher(2002). *Postmodernism: a very short introduction*, Oxford: Oxford University Press.

Carnap, Rudolf(1967). *The Logical Structure of the World*, London: Routledge and Kegan Paul.

______(1995a). *The Unity of Sciences*, Bristol: Thoemmes Press.

______(1995b). *An Introduction to the Philosophy of Science*, Martin Gardner(ed.), New York: Dover.

______(1996). *Philosophy and Logical Syntax*, Bristol: Thoemmes Press.

______(2002). *Logical Syntax of Language*, London: Routledge.

Carr, David(1970). *The Crisis of European Transcendental Phenomenology: an Introduction to Phenomenological Philosophy*, Evanston: Northwestern University Press.

Carr, E. H.(1982). *What is History?* London: Macmilan, 김택현(옮김)(2016), 『역사란 무엇인가』, 서울: 까치.

Castles, Francis G. & Stephan Leibfried, et al.(eds.)(2010). *The Oxford handbook of the Welfare*

State, Oxford University Press.

Caws, Peter(1988). *Structuralism: The Art of the Intelligible*, Atlantic Highlands, N.J.: Humanities Press International, Inc.

Certeau, Michel de(1988). *The Practice of Everyday Life*(trans. by Steven Rendall), Berkeley: University of California Press.

Cha, Dong－se, Kwang－suk Kim, & Dwight H. Perkins(1997). *The Korean Economy 1945－1995: Performance and Vision for the 21st Century*, Seoul: Korea Development Institute.

Chalmers, Alan Francis(1982). *What is this thing called Science?: An assessment of the nature and status of science and its method*, St. Lucia: University of Queensland Press, 신일철 · 신중섭(옮김)(1985), 『현대의 과학철학』, 서울: 서광사.

Chandler, Daniel(1995). *The Act of Writing: A Media Theory Approach*, Cardiff: Prifysgol Cymru.

Charlton, William(1991). The Analytic Ambition: An Introduction to Philosophy, Oxford: Blackwell, 한상기(옮김)(2011), 『분석철학의 야심』, 서울: 서광사.

Child, William(1996). *Causality, Interpretation, and the Mind*, Oxford Scholarship Online (http://www.oxfordscholarship.com/view/10.1093/0198236255.001.0001/acprof－9780198236252－chapter－2).

Choi, Kyeong－seop(2007). Philosophy as Rigorous Regional Studies: A Parody of E. Husserl's Philosophy as Rigorous Science, *Idealistic Studies: an interdisciplinary journal of philosophy*, 37(3): 203－218.

Choi, Oe－Chool & Chae, Young－Taek(2013). *Field Note of Saemaul Undong in the 1970s*, Kyoung－san: Park Chung Hee leadership Research Institute.

Chomsky, Noam(1957). *Syntactic Structure*, Hague: Mouton.

______(1965). *Aspects of the Theory of Syntax*, Cambridge: M.I.T. Press.

______(1966). *Cartesian Linguistics: A Charter in the History of Rationalist Thought*, London: Harper & Row, 이환묵(옮김)(1971), 『변형문법의 이론적 배경』, 광주: 발행자 불명.

______(1990). *Knowledge of Language: Its Nature, Origin, and Use*, 이선우(옮김), 『언어에 대한 지식: 그 본질, 근원 및 사용』, 서울: 민음사.

______(2006a). *Language and Mind*, Cambridge: Cambridge University Press.

______(2006b). *The Chomsky－Foucault Debate: on Human Nature*, The4 New Press, 이종인(옮김)(2010), 『촘스키와 푸코, 인간의 본성을 말하다』, 서울: 시대의 창.

Churton, Mel & Anne Brown(2010). Theory and Method(2nd.), Basingstoke: Palgrave Macmillan.

Clandinn, D. Jean(2007). *Handbook of Narrative Inquiry: Mapping a Methodology*, London: Sage.

Clarke, John & Janet Newman(1997). *The Managerial State: Power, Politics and Ideology in the Remaking of Social Welfare*, London: Sage Publications.

Cohen, Jack & Ian Stewart(1994). *The Collapse of Chaos: Discovering Simplicity in a Complex World*, London: Viking.

Connolly, John M. & Thomas Keutner(eds.)(1988). *Hermeneutics versus Science? Three German*

Views: Essays by H. G. Gadamer, E. K. Specht, W. Stegmüller, Notre Dame: Notre Dame University Press, 이유선(옮김)(1988), 『해석학과 과학: 독일학계의 세 가지 관점』. 서울: 민음사.

Cook, Vivian J.(1992). *Chomsky's Universal Grammar*, 김상기(옮김)(1993), 『Chomsky의 보편문법: 입문서』, 서울: 한신문화사.

Coser, Louis(1971, 1977). *Masters of Sociological Thought: Ideas in Historical and Social Context*, New York: Harcourt Brace Jovanovich, Inc., 신용하 · 박명규(옮김)(1982). 『사회사상사』, 서울: 일지사.

Cuff, E. C., A. J. Dennis, D. W. Francis, & W. W. Sharrock(2016). *Perspectives in Sociology*. Oxon: Routledge.

Culler, Jonathan(1983). *On Deconstruction: Theory and Criticism after Structuralism*, London: Routledge.

Culpitt, Ian(1992). *Welfare and Citizenship: beyond the Crisis of the Welfare State?* London: Sage publications.

Cunningham, Suzanne(1976). *Language and the Phenomenological Reductions of Edmund Husserl*, The Hague: Martinus Nijhoff.

Dallmayr, Fred R.(1984). *Language and Politics: Why does Language matter to Political Philosophy?* London: University of Notre Dame Press.

Dawson, Catherine(2002). *Practical Research Methods: A Use-friendly guide to mastering research techniques and projects*, Oxford: Howtobooks.

Deacon, David, Michael Pickering, Peter Golding, & Graham Murdock(2007). *Reseaching Communications: A practical Guide to Methods in Media and Cultural Analysis*, London: Hodder Education.

Dean, H.(1991). *Social Security and Social Control*, London: Routledge.

Decker, Randall E. & Robert A. Schwegler(1992). *Pattern of Exposition*, New York: HarperCollins Publishers.

Denzin, Norman K. & Yvonna S. Lincoln(2005, 2011). *The Sage Handbook of Qualitative Research*, London: Sage.

Dews, Peter(1987). *Logics of Disintegration: Post-structuralist Thought and the Claims of Critical Theory*, London: Verso.

Dilthey, Wilhelm(1962). *Einleitung in die Geisteswissenschaften: Versuch einer Grundlegung fur das Studium der Gesellschaft und der Geschichte*, Stuttgart: B. G. Teubner Verlags-gellschaft, 송석랑(옮김)(2014), 『정신과학 입문』, 서울: 지식을 만드는 지식.

Dogan, M. & Higley, J.(eds.)(1998). *Elites, Crises, and the Origins of Regimes*, Oxford: Rowman and Littlefield Publishers.

Doling, John(1997). *Comparative Housing Policy: Government and Housing in Advanced Industrialized Countries*, London: Macmillan.

Dosse, François(1997). *History of Structuralism*(trans. by Deborah Glassman), London: University of Minnesota Press, 이봉지 · 송기정(외)(옮김)(1998), 『구조주의의 역사』, 서울: 동문선.

Doxiadis, Apostolos & Christos Papadimitriou(2009). *Logicomix: An Epic Search for Truth*, London: Logicomix Printed Ltd., 전대호(옮김)(2011), 『로지코믹스』, 서울: 랜덤하우스.

Dubin, R.(1978). *Theory Building*. London: The Free Press.

Dummett, Michael(1993). *Origins of Analytical Philosophy*, London: Duckworth.

Eagleton, Terry(1983). *Literary Theory: an Introduction*, Oxford: basil Blackwell, 김명환 · 정남영 · 장남수(옮김)(1990), 『문학이론 입문』, 서울: 창작과비평사.

Eco, Umberto(1973). *Il Segno, Milano: R.C.S. Libri S.p.A.*, 김광현(옮김), 『기호: 개념과 역사』, 서울: 열린책들.

Edmonds, David & John Eidinow(2001). *Wittgenstein's Poker: The Story of Ten-Minute Argument between Two Great Philosophers*, New York: HarperCollins Publishers, 김태환(옮김)(2001), 『비트겐슈타인은 왜?』 서울: 웅진닷컴.

Esping-Andersen, Gøsta(1990). *The Three Worlds of Welfare Capitalism*, Cambridge: Polity Press.

______(1999). *Social Foundations of Post-industrial Economies*, Oxford: Oxford University Press.

Esquish, Stephen L.(2006). John Rawls and Public Administration, in Thomas Lynch & Peter Cruise(eds.), *Handbook of Organization Theory and Management: The Philosophical Approach*, New York: Taylor and Francis.

Fairclough, Norman(2000). *New Labour, New Language?* London: Routledge.

Fann, K. T.(1969). *Wittgenstein's Conception of Philosophy*, Oxford: Basil Blackwell, 황경식 · 이운형(옮김)(1989), 『비트겐슈타인의 철학이란 무엇인가?』, 서울: 서광사.

Farmer, David(1995). *The Language of Public Administration: Bureaucracy, Modernity, and Postmodernity*, Tuscaloosa: University of Alabama Press, 강신택(옮김)(1999), 『행정학의 언어』, 서울: 박영사.

______(2010). *Public Administration in Perspective: Theory and Practice through Multiple Lenses*, New York: M.E. Sharpe.

Feigl, Herbert(1969). The Origin and Spirit of Logical Positivism, in Peter Achinstein & Stephen F. Barker(eds.), *The Legacy of Logical Positivism*, Baltimore: The Johns Hopkins Press.

Feldman, Martha S.(1995). *Strategies for Interpreting Qualitative Data*, London: Sage Publication.

Fetzer, James H.(1981). *Scientific Knowledge: Causation, Explanation, and Corroboration*, London: D. Reidel Publishing Company.

Feyerabend, Paul K.(1975). *Against Method: Outline of an Anachistic Theory of Knowledge*, London: NLB, 정병훈(옮김)(1987), 『방법에의 도전: 새로운 과학관과 인식론적 아나키즘』, 서울: 한겨레.

______(1981). *Realism, Rationalism, and Scientific Method*, Cambridge: Cambridge University Press.

Field, F.(2001). *Making welfare work: Reconstructing welfare for the millennium.* London: Transaction Publishers.

Fillmore, Charles(1968). The Case for Case in E. Bach & R Harms(eds.), *Universals in Linguistic Theory*, N.Y.: Holt, Rinehart & Winston, 남용우 외(옮김), 격을 알아본다, 『격문법이란 무엇인가: 격문법 이론 연구』, 서울: 을유문화사.

Finlay, Linda(2011). *Phenology for Therapists: Researching the Lived World*, Oxford: Wiley-Blackwell.

Flanagan, Owen(1997). Consciousness as a pragmatist views it, Ruth A. Putnam(ed.), *The Cambridge Companion to William James*, Cambridge: Cambridge University Press.

Fleck, Ludwik(1979). *Genesis and Development of a Scientific Fact*, Chicago: The University of Chicago Press.

Fodor, Jerry(1975). *The Language of Thought*, New York: Crowell.

______(1981). *Representations: philosophical essays on the foundations of cognitive science*, Cambridge, Mass.: MIT Press, 이영옥 · 정성호(옮김)(1991), 『표상: 인지과학의 기초에 관한 연구』, 서울: 민음사.

______(1984). *The Modularity of Mind: an Essay on Faculty Psychology*, London: MIT Press.

Foster, Roger(2008). Adorno: The Recovery of Experience, SUNY Press.

Foucault, Michel(1966). *Les Mots et les Choses: Une Archeologie des Sciences Humaines*, Editions Gallimard, 이규현(옮김)(2012), 『말과 사물』, 서울: 민음사.

______(1971). *L'Ordre du discour*s, Gallimard, 이정우(옮김)(1997), 『담론의 질서』, 서울: 새길.

______(1977). *Language, Counter-memory, Practice*, Ithaca: Cornell University Press.

______(2009). *History of Madness(Histoire dela folie a l'age classique)*, Routledge, 이규현(옮김)(2003), 『광기의 역사』, 서울: 나남.

Fox, Charles J. & Hugh T. Miller(2006) Postmodern Philosophy, Postmodernity, and Public Organization Theory, Thomas Lynch & Peter Cruise(eds.), *Handbook of Organization Theory and Management: The Philosophical Approach*, London: Taylor and Francis.

______(2007). *Postmoderen Public Administration*, London: M.E. Sharpe.

Fraassen, Bas van(1980). *The Scientific Image*, Oxford: Clarendon Press.

Fraser, D.(1973). *The Evolution of the British Welfare State: A History of Social Policy since the Industrial Revolution*, London: Macmillan.

Fraser, Nancy & Axel Honneth(2003). *Umverteilung oder Anerkennung? Eine politisch-philosophische Kontroverse*, Frankfurt am Main: Suhrkamp Verlag, 김원식 · 문성훈(옮김)(2014), 『분배냐, 인정이냐? 정치철학적 논쟁』, 서울: 사월의 책.

Frederickson, H. George(1980). *New Public Administration*, Alabama: The University of Alabama Press, 유낙근 외(옮김)(1983), 『신행정론: 새로운 행정이론의 흐름과 관점』, 서울: 박영사.

Freeman, Daniel & Jason Freeman(2009). *Know Your Mind: Everyday Emotional and Psychological Problems and How to Overcome them.* Oxford: Rodale.

Friedman, Melvin(1955). *Stream of Consciousness: a Study in Literary Method*, New Haven: Yale University press.

Frohock, F. M.(1979). *Public policy: scope and logic*. Englewood Cliffs, N.J.: Prentice-Hall.

Forst, Rainer(2007). A Critical Theory of Multicultural Toleration in Anthony Laden & David Owen(eds.), *Multiculturalism and Political Theory*, Cambridge University Press.

Fukuyama, Francis(1992). *The End of History and the Last Man*, London: Penguin Book, 이상훈(옮김)(1992), 『역사의 종말』, 서울: 한마음사.

Fuller, Steve(2004). *Kuhn vs. Popper: the struggle for the soul of science*, New York: Columbia University Press, 나현영(옮김)(2007), 『쿤/포퍼 논쟁』, 서울: 생각의 나무.

Fultner, Barbara(2011). Communicative Action and Formal Pragmatics, *Jürgen Harbermas: Key Concepts*, Durham: Acumen.

Gadamer, Hans-Gerg(1982). *Truth and Method*, New York: Crossroad, 이길우 외(옮김)(2012), 『진리와 방법』, 서울: 문학동네.

Gallagher, Shaun & Dan Zahavi(2008). *The Phenomenological Mind, An Introduction to Philosophy of Mind and Cognitive Science*, London: Routledge.

Garner, Roberta(1996). *Contemporary Movements and Ideologies*. New York: McGraw-Hill.

Garver, Newton & Lee Seung-Ching(1994). *Derrida and Wittgenstein*, Philadelphia: Temple University Press, 이승종·조승우(옮김)(1998), 『데리다와 비트겐슈타인』, 서울: 민음사.

Geertz, Clifford(2000). *Available Light: Anthropological Reflections on Philosophical Topics*, Princeton Univ. Press.

Gellner, Ernest(1973). *Cause and Meaning in the Social Science*, London: Routledge and Kegan Paul.

Gentner, Dedre & Susan Goldin-Meadow(eds.)(2003). *Language in Mind: Advances in the Study of Language and Thought*, London: Bradford Books.

George, Vic & Robert Pinker(1995). *Modern Thinkers on Welfare*. Hempel Hemstead: Prentice Hall.

George, V. & Wilding, P.(1985). *Ideology and Social Welfare*. London: Routledge and Kegan Paul.

______(1994). *Welfare and Ideology*, London: Pearson Education Limited.

Gibson, Martha I.(2004). *From Naming to Saying*, Oxford: Blackwell Publishing.

Giddens, Anthony(1993). *Sociology*, Cambridge: Polity Press, 김미숙 외(옮김)(1994), 『현대사회학』, 서울: 을유문화사.

______(2006). *The Constitution of Society*, 황명주·정희태·권진현(옮김), 『사회구성론』, 서울: 간디서원.

Giere, Ronald N. & Alan W. Richardson(1996). *Origins of Logical Empiricism*, Minneapolis: University of Minnesota Press.

Gilbert, B. B.(1973). *The Evolution of National Insurance in Great Britain: The Origins of the*

Welfare State, London: Michael Joseph.

Glock, Hans－Johann(2008). *What is Analytic Philosophy?* Cambridge University Press, 한상기(옮김)(2009), 『분석철학이란 무엇인가?』, 서울: 서광사.

Glucksman, Mariam(1974). *Structuralist Analysis in Contemporary Social Thought: A comparison of the Theories of Claude Levi－Strauss and Louis Althusser*, London: RKP, 정수복(옮김)(1983), 『구조주의와 현대마르크시즘』, 서울: 한울.

Goffman, Erving(1974). *Frame Analysis: An Essay on the Organization of Experience*, Boston: Northeastern University Press.

Goode, Luke(2005). *Jürgen Habermas: Democracy and the Public Sphere*, London: Pluto Press.

Goodin, Robert E.(1977) Laying Linguistic Traps, *Political Theory*, 5(4): 491－504.

Gorovitz, S., Merrill Hintikka, Donald Provence & Ron G. Williams(1979). *Philosophical Analysis: An Introduction to Its Language and Techniques*, McGraw－Hill College, 안건훈(옮김)(1993), 『철학적 분석』, 서울: 고려원.

Gough, I.(1979). *The Political Economy of the Welfare State*, London: Macmillan.

Graham, Keith(1977). *J. L. Austin: A Critique of Ordinary Language Philosophy*, London: Harvester Press.

Gros, Frédéric(1997). *Foucault et la folie*, Presses Universitaires de France, 김용권(옮김)(2005), 『푸코와 광기』, 서울: 동문선.

Gross, Barry R.(1970). *Analytic Philosophy: An Historical Introduction*, New York: Pegasus.

Guiness, Paul(2003). *Globalisation*, Abingdon: Hodder & Stoughton.

Gupta, Amitabha Das(1996). *The Second Linguistic Turn: Chomsky and the Philosophy of Language*, New Delhi: Intellectual Pub. House.

Gurwitsch, Aron(1964). *The Field of Consciousness*, Pittsburgh: Duquesne University Press, 최경호(옮김)(1994), 『의식의 장: 형태의 지각에 뿌리를 둔 선험적 현상학』, 서울: 인간사랑.

Haas, Peter M., John A. Hird, & Beth McBratney(2010). *Controversies in Globalization: Contending Approaches to International Relations*, New York: CQ Press, 김계동・전종규・권연도・안문석・황태식(옮김)(2010), 『세계화의 논쟁』, 서울: 명인문화사.

Habermas, Jürgen(1972a). *Toward a rational Society: Student Protest, Science, and Politics*(trans. by Jeremy J. Shapiro), London: Heinemann, 장일조(옮김)(1982), 『이성적인 사회를 향하여』, 서울: 종로서적.

______(1972b). *Knowledge and Human Interests*(trans. by Jeremy Shapiro), London: Heinemann Educational Books.

______(1973). *Theory and Practice*(trans. into English by John Viertel), Boston: Beacon Press, 홍윤기・이정원(옮김)(1982). 『이론과 실천』, 서울: 종로서적.

______(1981, 1986). *Theories des kommunikativen Handeeln: Handelungsrationalität und gesellschaftliche Rationalisierung*, Frankfurt am Main: Suhrkamp Verlag, 장춘익(옮김)(2011), 『의사소통행위이론: 행위합리성과 사회합리화』, 서울: 나남.

______(1989). *The Structural Transformation of the Public Sphere: An Inquiry into a Category of Bourgeois Society*(trans. by Thomas Burger), Cambridge, Mass.: The MIT Press.

______(1992a). *Legitimation Crisis*, Oxford: Polity Press.

______(1992b). Transcendence from Within, Transcendence in this World, Don S. Browning and Francis Schüssler Fiorenza(eds.), *Habermas, Modernity, and Public Theology*, New York: Crossroad.

______(1997). *Vom Sinnlichen Eindruck zum Symbolischen Ausdruck*, Frankfurt am Main: Suhrkamp Verlag, 홍윤기(옮김)(2004), 『의사소통의 철학』, 서울: 민음사.

______(2004). *Wahrheit und Rechtfertigung: Philosophische Aufsätze*, Frankfurt am Main: Suhrkamp Verlag, 윤형식(옮김)(2008), 『진리와 정당화: 철학논문집』, 서울: 나남.

Hacking, Ian(1975). *Why does Language matter to philosophy?* Cambridge: Cambridge University Press.

______(2000). *The Social Construction of What?* Cambridge. Mass.: Harvard University Press.

Hales, Steven D.(ed.)(2011). *A Companion to Relativism*, Chichester: Wiley-Blackwell.

Halfpenny, Peter(1982). *Positivism and Sociology: Explaining Social Life*, London: George Allen & Unwin.

Ham, Y. J.(2010). *Understanding Performance Measurement in the Social Housing Sector: the Case of Housing Associations*, Ph.D. thesis, The University of Birmingham.

Hanson, Norwood R.(1958). *Patterns of Discovery: An Inquiry into the Conceptual Foundation of Science*, 송진웅 · 조숙경(옮김)(2007), 『과학적 발견의 패턴: 과학의 개념적 기초에 대한 탐구』, 서울: 사이언스북스.

______(1969). *Perception and Discovery: An Introduction to Scientific Inquiry*, San Francisco: Freeman, Cooper and Company.

Haque, M. Shamsul(1996). The Intellectual Crisis in Public Administration in the Current Epoch of Privatization, *Administration & Society*, 27(4): 510-536.

Haralambos, Michael & Martin Holborn(1995). *Sociology: Themes and Perspectives*, London: Collins Educational.

Harland, Richard(1988). *Superstructuralism: The Philosophy of Structuralism* and *Post-Structuralism*, London: Routledge.

Harmon, Chris(1995). *Economics of the Madhouse: Capitalism and the Market Today*, Bookmarks, 심인숙(옮김)(2001), 『신자유주의경제학 비판』, 서울: 책갈피.

Harmon, Michael(1981). *Action Theory for Public Administration*, New York: Longman.

______(1990). Applied Phenomenology and Organization, *Public Administration Quarterly*, 14(1): 10-17.

Harmon, Michael M. & Richard T. Mayer(1986). *Organization Theory for Public Administration*, Boston: Little Brown and Company.

Harre, Rom(1960). *An Introduction to the Logic of the Sciences*, London: Macmillan and Co. Ltd.

Harris, John & Vicky White(2013). *Oxford Dictionary of Social Work and Social care*, Oxford University Press.

Harris, Roy(1988). *Language, Saussure and Wittgenstein: How to play games with words*, 고석주(옮김)(1999), 『소쉬르와 비트겐슈타인의 언어』, 서울: 보고사.

Hartnack, Justus(1965). *Wittgenstein and Modern Philosophy*, University of Notre Dame Press.

Harvey, David(1989). *The Condition of Postmodernity: An Inquiry of Cultural Change*, Cambridge, Massachusetts: Basil Blackwell.

Haywood, Andrew(2007). *Political Ideologies: Introduction*(4th ed.), Basingstoke: Palgrave Macmillan.

Heady, Ferrel(1966). *Public Administration: A Comparative Perspective*, Englewood Cliffs: Prentice-Hall.

Heath, Joseph(2011). System and Lifeworld, Barbara Fultner(ed.), *Jürgen Harbermas: Key Concepts*, Durham: Acumen.

Heidegger, Martin(1979). *Sein und Zeit*, Tübingen: Max Niemeyer Verlag, 이기상(옮김)(2003), 『존재와 시간』, 서울: 까치.

______(1982). *The Basic Problems of Phenomenology(Die Grund Probleme der Phänomenologie)* (trans. by Albert Hofstadter), Bloomington: Indiana University Press, 이기상(옮김)(1994), 『현상학의 근본문제들』, 서울: 문예출판사.

______(2005). *Wegmarken*, 이선일(옮김), 『이정표』 2, 서울: 한길사.

Heisenberg, Werner(1958). *Physics and philosophy: the revolution in modern science*. London: George Allen & Unwin, 최종덕(옮김)(1985), 『철학과 물리학의 만남: 현대과학의 혁명』, 서울: 한겨레.

Held, David(1980). *Introduction to Critical Theory: Horkheimer to Habermas*, University of California Press, 백승균(옮김)(1988), 『비판이론 서설』, 대구: 계명대 출판부.

Hempel, Carl G.(1965). *Aspect of Scientific Explanation and other essays in the philosophy of science*, New York: The Free press.

______(1966). *Philosophy of Natural Science*, Englewood Cliffs: Prentice Hall, Inc., 곽강제(옮김)(1981), 『자연과학의 철학』, 서울: 양영각.

Henry, Nicholas(1980). *Public Administration and Public Affairs*(2nd ed.), Englewood Cliffs, N.J.: Prentice Hall.

Henwood, Karen L. & Nick F. Pidgeon(1993). Qualitative Research and Psychological Theorizing, in Martyn Hammersley(ed.), *Social Research: Phylosophy, Politics and Practice*, London: Sage Publications.

Hertzberg, Lars(2010). Language-games and Private language, in Kelly D. Jolley(ed.)(2010). *Wittgenstein: Key Concepts*, Durham: Acumen.

Hesse, Mary B.(1969). Positivism and the Logic of Scientific Theories, in Peter Achinstein & Stephen F. Barker(eds.), *The Legacy of Logical Positivism*, Baltimore: The Johns Hopkins

Press.

Hinchliff, Sue., Sue Norman & Jane Schober(eds.)(1998). *Nursing Practice & Health Care: A Foundation Text*(3rd ed.), London: Arnold.

Hirsch, E. D.(1978). *Validity in Interpretation*, New Haven: Yale University Press.

Hobsbawm, E. J.(1982). *Bandits*. N.Y.: Delacorte Press, 황의방(옮김), 『의적의 사회사』, 서울: 한길사.

Hoffman, Frederick J.(1959). *Freudianism and the Literary Mind*, New York: Grove Press Inc.

Holt, Robin & Jörgen Sandberg(2011). Phenomenology and organization theory, Haridimos Tsoukas & Robert Chia(eds.), *Philosophy and organization Theory*, Bradford: Emerald Books Publishing Ltd.

Honneth, Axel(2000). *Das Andere der Gerechtigkeit*, Frankfurt am Main: Suhrkamp Verlag, 문성훈 · 이현재 · 장은주 · 하주영(옮김)(2009), 『정의의 타자』, 서울: 나남.

______(2003). *Kampf um Anerkennung*, Frankfurt am Main: Suhrkamp Verlag, 문성훈 · 이현재(옮김)(2014), 『인정투쟁』, 서울: 사월의 책.

Honor, Stanley M. & Thomas C. Hunt(1978). *Invitation to Philosophy: Issues and Options*(3rd ed.), Belmont, Cal.: Wadsworth Publishing Company, 윤찬원 · 곽신환(옮김), 『철학에의 초대』, 서울: 경문사.

Horkheimer, Max(1947). *Zur Kritik der instrumentellen Vernunft*, New York: Oxford University Press, 박구용(옮김)(2006), 『도구적 이성 비판: 이성의 상실』, 서울: 문예출판사.

Horster, Detlef(1992). *Harbermas: An Introduction*(trans. by Heidi Thompson), Philadelphia: Pennbridge Books.

Horton, Tim & James Gregory(2009). *The Solidarity Society: why we can afford to end poverty and how to do it with public support*, London: Fabian Society.

Howell, Kerry E.(2013). *An Introduction to the Philosophy of Methodology*, London: Sage.

Hoy, Colin(2011). Interpreting Interpretivism Interpreting Interpretations: The New Hermeneutics of Public Administration, *Public Administration*, 89(1): 167－182.

Hoy, David(1985). Jacques Derrida, Quentin Skinner(ed.), *The Return of Grand Theory in the Human Sciences*, Cambridge University Press.

Hughes, John & Wes Sharrock(1997). *The Philosophy os Social Research*, London: Longman.

Hummel, Ralph P.(2008). *The Bureaucratic Experience: The Post－Modern Challenge*(5th ed.), M.E. Sharpe Inc.

Humphrey, Robert(1954). *Stream of Consciousness in the modern Novel*, Berkeley: University of California Press, 천승걸(옮김)(1984), 『현대소설과 의식의 흐름』, 서울: 삼성미술문화재단.

Hung, Edwin H.(2006). *Beyond Kuhn: Scientific Explanation, Theory Structure, Incommensurability and Physical Necessity*, Aldelshot: Ashgate.

Huntington, Samuel P.(1997). *The Clash of Civilizations and the Making of World Order*, 이희재(옮김), 『문명의 충돌』, 서울: 김영사.

Hussain, A.(2001). *British immigration policy under the Conservative government*, Aldershot: Ashgate.

Husserl, Edmund(1966). *Zur Phänomenologie des inneren Zeitbewußseins 1983-1917*, 이종훈(옮김)(2003), 『시간의식』, 서울: 한길사.

______(1970). *The Crisis of European Sciences and Transcendental Phenomenology*(trans. with an Introduction by David Carr), Evanston: Northwestern University Press, 이종훈(옮김), 『유럽학문의 위기와 선험적 현상학』, 서울: 이론과 실천.

______(1973). *Die Idee der Phanomenologie*(trans). W. P. Alston & G. Nakhnikian, *The Idea of Phenomenology*, Haag: Martinus Nijhoff, 이영호 · 이종훈(옮김)(1988), 『현상학의 이념』, 서울: 서광사.

Iggers, Georg G.(trans.)(1958). *The Doctrine of Saint-Simon*, New York: Schocken Books.

______(2005). *Historiography in the Twentieth Century, from Scientific Objectivity to the Postmodern Challenge*, Middletown: Wesleyan University Press.

Ineichen, Hans(1998). *Philosophische Hermeneutik*, Munchen: Verlag Karl Alber Gmbh, 문성화(옮김), 『철학적 해석학』, 서울: 문예출판사.

Ishkanian, Armine & Simon Szreter(eds.)(2012). *The Big Society Debate: A New Agenda for Social Welfare?* Cheltenham: Edward Elgar.

Itokonen, Esa(1975). Transformational Grammar and the Philosophy of Science, in E. F. K. Koerner(ed.), *The Transformational-Generative Paradigm and Modern Linguistic Theory*, Amsterdam: John Benjamins B. V.

Jameson, Fredric(1972). *The Prison-House of Language: A Critical Account of Structuralism and Russian Formalism*, Princeton University press.

______(1991). *Postmodernism or the Cultural Logic of Late Capitalism*, London: Verso.

James, William(1976). *Essays in Radical Empiricism*, London: Harvard University Press.

______(1990). *The Principles of Psychology*, The University of Chicago.

Jänicke, Martin(1973). Krisen des Kreisenmanagement: Elementeeiner Politischen Kreisentheorie, in Martin Janicke(ed.), *Herrschaft und Kreise, Westdeutscher Verlag*, 한상진(옮김)(1988), 『국가이론과 위기분석』, 서울: 전예원.

Janik, Allan & Stephen Toulmin(1996). *Wittgenstein's Vienna*, Chicago: Ivan R. Dee, Inc., 석기용(옮김)(2013), 『비트겐슈타인과 세기말 빈』, 서울: 필로소픽.

Janin, Isbelle(2007). Governmentality, in Bevir Mark(ed.), *Encyclopedia of Governance*, Thousand Oaks: Sage Publications.

Jeffrey, Richard C.(1967). *Formal Logic: Its Scope and Limits*, McGraw-Hill Co., 이좌용(옮김)(1983), 『형식논리학』, 서울: 서광사.

Jennings, I.(1961). *Cabinet Government*, Cambridge: Cambridge University Press.

Joergensen, Joergen(1951, 1970). *The Development of Logical Empiricism*, Chicago: The University of Chicago Press.

Johnson, Alexander Bryan(1836). *A Treatise on Language*, Bibliolife.

Johnson, Benton(1975). *Functionalism in Modern Sociology: Understanding Talcott Parsons*, Morristown, New Jersey: Silver Burdett Company, 박영신(옮김)(1980), 『사회과학의 구조 기능주의: 탈콧트 파아슨즈 이론의 이해』, 서울: 학문과 사상사.

Johnson, Christopher(1993). *System and Writing in the Philosophy of Jacques Derrida*, Cambridge: Cambridge University Press.

Johnson, N.(1987). *The Welfare State in Transition*, Brighton: Wheatsheaf Books.

Jones, Margaret & Rodney Lowe(2002). *From Beveridge to Blair: The first fifty years of Britain's welfare state 1948–98*, Manchester University Press.

Jordan, Bill(2010). *What's Wrong with Social Policy and how to fix It*, Cambridge: Polity Press.

Julia, Parker(1977). *Social Policy and Citizenship*, London: Macmillan.

Jung, Wha Yol(ed.)(1972). *Existential Phenomenology and Political Theory: A Reader*, Chicago: Henry Regnery Company.

Jun, Jong S.(1994). *Philosophy of Administration*, Seoul: Daeyoung International, 윤재풍·정희남(옮김), 『행정철학』, 서울: 대영문화사.

Kann, Mark M.(1980). *Thinking about Politics: Two Political Sciences*, St. Paul, Minnesota: West Publishing.

Kaplan, Abraham(1964). *The Conduct of Inquiry: Methodology for Behavioral Science*, Scranton: Chandler Publishing Co., 권태환(옮김)(2015), 『탐구의 실행: 행동과학 방법론』, 서울: 한울.

Kaplan, David & Robert Manners(1972). Culture Theory, Englewood Cliffs, N.J.: Prentice Hall, 최협 옮김(1994). 『인류학의 문화이론』, 서울: 나남.

Karns, Margtaret P., Karen A. Mingst, & Kendall W. Stiles(2015). *International Organizations: The politics and Processes of Global Governance*(3rd ed.), London: Lynne Rienner Publishers.

Kelly, Thomas A. F.(1994). *Language and Transcendence: A Study in the Philosophy of Martin Heidegger and Karl–Otto Apel*, Berne: Peter Lang.

Kemeny, John G.(1959). *A Philosopher Looks at Science*, New York: D. Van Nostrand Company.

Kim, Hiheon(2008). Peter Winch's Idea on the Nature of Human Understanding, 『철학탐구』(제24집), 중앙대 철학과.

Kim, Min–sun(2002). *Non–western perspectives on human communication: implications for theory and practice*, Sage Publications, 범기수·박기순·우지수 옮김(2008), 『인간 커뮤니케이션: 비서구적 관점』, 서울 : 커뮤니케이션북스.

Kishik, David(2008). *Wittgenstein's Form of Life: To Imagine a Form of Life*, London: Continuum.

Kolakowski, Leszek(1968). *The Alienation of Reason; A History of Positivist Thought*(trans. by Norbert Guterman), New York: Doubleday and Company Inc.

______(1972). *Positivist Philosophy: from Hume to the Vienna Circle*(trans. by Norbert Guterman), Harmondsworth: Penguin Books.

Kraft, Victor(1953). *The Vienna Circle: The Origin of Neo−Positivism*, New York: Greenwood Press.

Kuhn, Thomas(1962, 1970). *The Structure of Scientific Revolution*, Chicago: Chicago University Press, 조형(옮김)(1981), 『과학혁명의 구조』, 서울: 이화여대 출판부.

______(1970). Logic of Discovery or Psychology of Research, in Imre Lakatos, and Alan Musgrave(eds.), *Criticism and the Growth of Knowledge*, Cambridge[Eng.]: Cambridge University Press, 조승옥 · 김동식(옮김), 『현대과학철학논쟁』, 서울: 아르케.

______(1979). Foreword, in Ludwik Fleck, *Genesis and Development of a Scientific Fact*, Chicago: The University of Chicago Press.

Kumar, Shiv K.(1962). *Bergson and the Stream of Consciousness Novel*, London: Blackie.

Kurzweil, Edith(1980). *The Age of Structuralism, Levi−Strauss to Foucault*, Columbia University Press, 이광래(옮김)(1995), 『구조주의의 시대: 레비−스트로스에서 푸꼬까지』, 서울: 종로서적.

Lacan, Jacques(1977). *Ecrits: A selection*(trans. by Alan Sheridan), New York: Norton & Co.

Lachenmeyer, Charles(1971). *The Language of Sociology*, London: Columbia University Press.

Lafont, Cristina(1999). *The Linguistic Turn in Hermeneutic Philosophy*(trans. by Jose Medina), Cambridge(Massachusetts): MIT Press.

Lakatos, Imre(1978). *The Methodology of Scientific Research Programmes: Philosophical Papers*, New York: Cambridge University Press, 신중섭(옮김)(2002), 『과학적 연구프로그램의 방법론』, 서울: 아카넷.

Lakatos, Imre & Alan Musgrave(eds.)(1970). *Criticism and the Growth of Knowledge*, Cambridge: Cambridge University Press, 조승옥 · 김동식(옮김), 『현대과학철학 논쟁』, 서울: 아르케.

Lakoff, George & Mark Johnson(1981). *Metaphor We live by*, Chicago University Press, 노양진 · 나익주(옮김)(2014), 『삶으로서의 은유』, 서울: 박이정.

______(2004). *Don't think of an Elephant: Know your Values and Frame the Debate*, New York: Chelsea Green Publishing Co., 유나영(옮김)(2006), 『코끼리는 생각하지마』, 서울: 삼인.

______(2006a). *Thinking Points: Communicating Our American Values and Vision*, Tides Center: Rockridge, 나익주(옮김)(2007), 『프레임 전쟁』, 서울: 창비.

______(2006b). *Whose Freedom?* Picador, 나익주(옮김)(2006), 『자유전쟁』, 서울: 프레시안 북.

Lash, Scott(1991). *Post−Structuralist and Post−Modernist Sociology*, Aldershot: Edward Elgar.

Lasswell, Harold & Abraham Kaplan(1998). *Power and Society: A Framework for Political Inquiry*, London: Routledge.

Lauer, Robert H.(1982). *Perspectives on Social Change*, London: Allynand Bacon, Inc., 정근식 · 김해식(옮김)(1992), 『사회변동의 이론과 전망: 변동의 유형 · 메카니즘 · 전략』, 서울: 한울아카데미.

Leach, Edmund(1983). *Structuralist Interpretations of Biblical Myth*, Cambridge University Press, 신인철(옮김)(2009), 『성서의 구조인류학』, 서울: 한길사.

Lechte, John(1995). *Fifty Key Contemporary Thinkers: from Structuralism to Postmodernity*,

London: Routledge, 곽동훈·김시무(옮김)(1995), 『현대사상가 50』, 서울: 현실문화연구.

Lee, Chulwoo(2013). Citizenship and the Status of Migrants in the European Union, 한국이민학회 발표논문.

Lee, H. B.(1968). *Korea: Time, Change, and Administration*, Honolulu: East−West Center Press.

Lee, Kwang−Seok(2004). *The Development of Korean National Pension Policy*: A Paradigmatic Analysis, Ph. D. Thesis, University of Newcastle Upon Tyne.

Lee, Kwang−Seok & Sae Won Chung(2019). Brexit from the viewpoint of Welfare Contradiction, *Episteme*(vol.21): 195−226.

Leibfried, Stephan & Steffen Mau(eds.)(2008). *Welfare States: Construction, Deconstruction, Reconstruction*. Cheltenham: Edward Elgar Publishing.

Lentricchia, Frank & Thomas McLaughlin(eds.)(1995). *Critical Terms for Literary Study*, Chicago: University of Chicago Press.

Levi−Strauss, Claude(1962). *La Pensée sauvage*, Paris: Librairie Plon, 안정남(옮김), 『야생의 사고』, 서울: 한길사.

______(1972). *Structural Anthropology*(trans. by Claire Jacobson & Brooke G. Schoepf), Harmondsworth: Penguin Books.

Lidz, Charles W.(1989). Objectivity and Rapport, in Barry Glassner & Jonathan D. Moreno(eds.), *The Qualitative−Quantitative Distinction in the Social Sciences*, Dordrecht: Kluwer Academic Publishers.

Lincoln, Yvonna S., Susan A. Lynham, Egon G. Guba(2011). Paradigmatic Controversies, Contradictions, and Emerging Confluences, Revisited, in Norman K. Denzin & Yvonna S. Lincoln(eds.) *The Sage Handbook of Qualitative Research*(4th ed.), London: Sage.

Lindberg, L. N., R. Alford, C. Crouch & Claus Offe(eds.)(1975). *Stress and contradiction in modern capitalism: Public policy and the theory of the state*, Lexington, MA: Lexington Books.

Lindblom, Charles(1977). *Politics and Markets: The World's Political−Economic System*, New York: Basic Books, 주성수(옮김), 『정치와 시장』, 서울: 인간사랑.

______(2001). *The Market System: What it is, How it works, and What to make of it*, London: Yale University Press, 한상석(옮김), 『시장체제』, 서울: 후마니타스.

Littlechild, S.(2000). *Privatisation, Competition and Regulation*, London: IEA.

Llewelyn, John(1986). *Derrida on the Threshold of Sense*, London: Macmillan, 서우석·김세중(옮김), 『데리다의 해체주의』, 서울: 문학과 지성사.

Locke, John(1966). *The second treatise of government*, Oxford: Basil Blackwell, 이극찬(옮김)(1977), 『통치론』, 서울: 삼성출판사.

Loney, M. et al.(eds.)(1991). *The State or the Market*, London: Sage.

Long, Roderick(2010), Wittgenstein on rule−following, in Kelly D. Jolley(ed.)(2010) *Wittgenstein: Key Concepts*, Durham: Acumen.

Losee, John(1980). *A Historical Introduction to Philosophy of Science*, Oxford: Oxford University Press, 최종덕 · 정병훈(옮김)(1985), 『과학철학의 역사』, 서울: 한겨레.

Lukes, Steven(1994). *Essays in Social Theory*, Aldershot: Gregg Revivals.

Lyman, Edmund(1970). *Philosophy and Science, Wittgenstein and Chomsky: An Examination of the Current Theory of Innate Ideas*, Austin: The University of Texas.

Lynch, Thomas D. & Peter L. Cruise(2006). *Handbook of Organization Theory: The Philosophical Approach*(2nd ed.), London: Taylor and Francis Group.

Lyons, John(1984). *Language, Meaning and Context*, London: Fontana, 현대언어학연구회(옮김), 『언어, 의미와 상황맥락』, 서울: 한신문화사.

______(1999). *Noam Chomsky*, HarperCollins Publisher, 서창렬(옮김), 『촘스키』, 서울: 시공사.

Macey, David(2001). *The Penguin Dictionary of Critical Theory*, London: Penguin Books.

Macdonell, Diane(1986). Theories of Discourse: An Introduction, New York: Basil Blackwell, 임상훈(옮김)(1992), 『담론이란 무엇인가』, 서울: 한울.

MacLennan, Bruce(2006). *From Pythagoras to the Digital Computer: The Intellectual Roots of Symbolic Artificial Intelligence*(vol.1), http://web.eecs.utk.edu/~mclennan/Classes/UH267/handouts/WFI/c8.pdf

Magee, Bryan(1978). *Some Creators of Contemporary Philosophy: men of ideas*, London: BBC, 이명현 · 이건원 · 이종권(옮김), 『現代哲學의 爭點들은 무엇인가: 거장들과의 대화』, 서울: 심설당.

Malcolm, Norman(1964). Moore and Ordinary Language, in V. C. Chappell(ed.), *Ordinary Language: Essays in Philosophical Method*, Englewood Cliffs: Prentice-Hall, Inc.

Marcuse, Herbert(1964). *One-Dimensional Man: Studies in the Ideology of Advanced Industrial Society*, Boston: Beacon Press, 차인석(옮김)(1975), 『일차원적 인간』, 서울: 삼성출판사.

Maren-Grisebach, Manon(1979). *Methoden der LiteraturWissenschaft*, München: UTB Franke, 장영태(옮김), 『문학연구의 방법론』, 서울: 홍성사.

Mariampolsky, Hy(2001). *Qualitative Market Research: A Comprehensive Guide*, London, Sage.

Marini, Frank(ed.)(1971). *Toward a New Public Administration: The Minnowbrook Perspective*, New York: Chandler Publishing Co.

Marshall, Donald(1986). Forward in Stephen W. Melville, *Philosophy beside Itself: On Deconstruction and Modernism*, Minneapolis: University of Minnesota Press.

Marsland, D.(1996). *Welfare or welfare state? Contradictions and dilemmas in social policy*. London: Macmillan Press Ltd.

Marx, K.(1990). *Das Kapital*, Washing D.C.: Regnery Publishing, 『자본론』(I권)(下), 김수행 옮김, 서울: 비봉출판사.

Mautner, Thomas(ed.)(2000). *The Penguin Dictionary of Philosophy*, London: Penguin Books.

McBride, Patricia(1993). *Excel at Interviews*, Suffolk: Hobsons Publishing.

McCloskey, Donald(1985). *The Rhetoric of Economics*, Madison: University of Wisconsin Press.

McCurdy, Howard E.(1973). Fiction Phenomenology, and Public Administration, *Public Ad-*

ministration Review, 33(1): 52–60.

McMillan, John(2002). *Reinventing the Bazzar: a natural history of markets*, 『시장의 탄생』, 이진수(옮김), 서울: 민음사.

Mead, George H.(1962). *Mind, Self, and Society: from the Standpoint of a Social behaviorist*, The University of Chicago.

Means, R., Sally Richards & Randall Smith(2008). *Community Care*, Basingstoke: Palgrave Macmillan.

Melossi, D.(1990). *The State of Social Control: A Sociological Study of Concepts of State and Social Control in the making of Democracy*, Cambridge: Polity Press.

Melville, Stephen W.(1986). *Philosophy beside Itself: On Deconstruction and Modernism*, Minneapolis: University of Minnesota Press.

Merleau–Ponty, Maurice(1945). *Phenomenologie de la Perception*, Éditions Gallimard, 류의근(옮김)(2002), 『지각의 현상학』, 서울: 문학과 지성사.

Merton, Robert(1968). *Social Theory and Social Structure*, New York: The Free Press.

Milkov, Nikolay & Volker Peckhaus(eds.)(2013). *The Berlin Group and the Philosophy of Logical Empiricism*, Dordrecht: Springer.

Miller, Eugene F.(1972). Positivism, Historicism and Political Inquiry, American *Political Science Review*, 66(3): 796–817.

Miller, Hugh T. & Charles J. Fox(2006). *Postmodern Public Administration*, London: M.E. Sharpe.

Mishra, R.(1984). *The welfare state in crisis: Social thought and social change*. Brighton: Wheatsheaf Books Ltd.

Mommsen, Wolfgang J.(1974). *The Age of Bureaucracy: Perspectives on the Political Sociology of Max Weber*, Oxford: Basil Blackwell.

Monk, Ray(1990). *Ludwig Wittgenstein: the Duty of Genius*, Jonathan Cape: Penguin Books, 남기창(옮김)(2013), 『비트겐슈타인 평전』, 서울: 필로소픽.

Morçöl, Göktuğ(2005). Phenomenology of Complexity Theory and Cognitive Science: Implications for Developing an Embodied Knowledge of Public Administration and Policy, *Administrative Theory & Praxis*, 27(1): 1–23.

Morton, Adam(2004). *A Guide through the Theory of Knowledge*, Oxford: Blackwell.

Moustakas, Clark(1990). *Heuristic Research: Design, methodology, and applications* London: SAGE Publications.

Munitz, Milton K.(1981). Contemporary Analytic Philosophy, New York: Macmillan Publishing Co., 박영태(옮김)(1996), 『현대분석철학』, 서울: 서광사.

Munz, Peter(1985). *Our Knowledge of the Growth of Knowledge: Popper or Wittgenstein?* London: Routledge and Kegan Paul.

______(2004). *Beyond Wittgenstein's Poker; New Light on Popper and Wittgenstein*, Aldershot: Ashgate.

Myers, Gerald E.(1986). *William James: his Life and Thought*, New Haven: Yale University Press.
______(1997). Pragmatism and introspective psychology, Ruth A. Putnam(ed.), *The Cambridge Companion to William James*, Cambridge: Cambridge University Press.
Nagel, Ernest(1961). *The Structure of Science: Problems in the Logic of Scientific Explanation*, London: Routledge and Kegan Paul.
Naoum, Shamil G.(2004). *Dissertation Research and Writing for Construction Students*. London: Elsevier.
Natanson, Maurice(1972). The Nature of Social Man, Hwa Yol Jung(ed.), *Existential Phenomenology and Political Theory: A Reader*, Chicago: Henry Regnery Company.
Newman, Janet & Nicola Yeats(eds.)(2008). *Social Justice: Welfare, Crime and Society*, Maidenhead: Open University Press.
Newmeyer, Frederick, J.(1986). *The Politics of Linguistics*, The University of Chicago Press, 한동완(옮김)(2006), 『언어학과 정치』, 서울: 역락.
Nickles, Thomas(1987). Methodology, Heuristics, and Rationality. edited by Joseph C. Pitt & Marcello Pera, *Rational Changes in Science: Essays on Scientific Reasoning*, Dordrecht: D. Reidel Publishing Company.
Nolan, Mike & Gorden Grant(1994). Mid-range theory building and the nursing theory-practice gap: a respite care case study, in James P. Smith(ed.), *Models, Theories and Concepts*, London: Blackwell Scientific Publications.
Norberg-Hodge, Helena(2006). *Ancient Futures: Learning from Ladakh*, 김종철 · 김태언(옮김), 『오래된 미래』, 대구: 녹색평론사.
Norris, Christopher(1986). *Deconstruction: Theory and Practice*, London: Routledge.
O'Connor, Daniel J.(1975). *The Correspondence Theory of Truth*, London: Hutchinson & Co.
O'Connor, James(1973). *The Fiscal Crisis of the State*, New York: St. Martin's Press.
______(1987). *The Meaning of Crisis*, New York: Basil Blackwell.
Offe, Claus(1984). Contractions of the Welfare State, in J. Keane(ed.), *Contractions of the Welfare State*, London: Hutchinson Co. Ltd.
______(1987). *The Zero-Option: Modernity and Modernization as Normative Political Criteria*, Praxas International.
______(1988). 한상진(편), 서규환 · 박영도(옮김), 『국가이론과 위기분석』. 서울: 전예원.
Ogden, C. K. & I. A. Richards(1923). The Meaning of Meaning, New York: A Harvest HBJ Book, 김봉주(옮김)(1990), 『의미의 의미』, 서울: 한신문화사.
Okun, Arthur(1975). *Equality and Efficiency: The Big Tradeoff*, Washington, D.C.: Brookings Institution, 정용덕(옮김)(1988), 『평등과 효율』, 서울: 성균관대학교 출판부.
Olson, Mancur(1968). *The Logic of Collective Action: Public Goods and the Theory of Groups*, Cambridge, Mass.: Harvard University Press.
Ongaro, Edoardo(2009). *Public management reform and modernization: Trajectories of admin-*

istrative change in Italy, France, Greece, Portugal, Spain, Cheltenham, UK and Northampton, MA: Edward Elgar.

______(2013). The administrative reform trajectory of the European Commission in comparative perspective: Historical New Institutionalism in compound systems, *Public Policy and Administration*, 28(4): 346-363.

______(2017). *Philosophy and Public Administration: an Introduction*, Cheltenham: Edward Elgar.

Oppenheim, A. N.(1992). *Questionnaire Design, Interviewing and Attitude Measurement*, London: Pinter Publishers.

Osborne, Grant R.(1991). *The Hermeneutical Spiral: A Comprehensive Introduction to Biblical Interpretation*, Downers Grove: Intervarsity Press.

Owen, David & James Tully(2007). "Redistribution and Recognition" in Anthony Laden & David Owen(eds.). *Multiculturalism and Political Theory*, Cambridge University Press.

Palmer, Richard(1969, 1988). *Hermeneutics*, Northwestern University Press, 이한우(옮김), 『해석학이란 무엇인가』, 서울: 문예출판사.

Parekh, Bhikhu(2000). *Rethinking Multiculturalism: Cultural Diversity and Political Theory*, Basingstoke: Macmillan.

Park, Byong-Chul(1998). *Phenomenological Aspects of Wittgenstein's Philosophy*, Dordrecht: Kluwer.

Parker, Noel & Stuart Sim(eds.)(1997). *The A-Z Guide to Modern Social and Political Theory*, Hemel Hempstead: Prentice Hall.

Parsons, Talcott & Edward Shils(1954). *Towards a General Theory of Action*(3rd ed.), Cambridge: Harvard University press,

Patton, Michael Q.(2002). *Qualitative Research and Evaluation Methods*, London: Sage Publications.

Pawar, Badrinarayan Shankar(2009). *Theory Building for Hypothesis Specification in Organizational Studies*, London: Response.

Peursen, Cornelis Anthonie van(1972). *Phenomenology and Analytical Philosophy*, Pittsburgh: Duquesne University Press, 손봉호(옮김)(1980), 『현상학과 분석철학』, 서울: 탑출판사.

Phillips, Derek L.(1977). *Wittgenstein and Scientific Knowledge: A Sociological Perspective*, London: Macmillan.

Pierson, John & Martin Thomas(2002). *Collins Dictionary of Social Work*. Glasgow: Collins.

Pinker, R.(1973). *The Welfare State: A Comparative Perspective*. London: Bookstall Publications.

Piven, F. F. & Cloward, R. A.(1971). *Regulating the Poor*, New York: Random House.

Polkinghorne, Donald(1983). *Methodology for the Human Sciences: Systems of Inquiry*, Albany: State University of New York Press, 김승현 외(옮김)(2001), 『사회과학방법론』, 서울: 일신사.

Popper, Karl R.(1972a). *Conjectures and Refutations*, London: Routledge and Kegan Paul, 이한구

(옮김)(2012), 『추측과 논박』, 서울: 민음사.

______(1972b). *The Logic of Scientific Discovery*, London: Hutchinson, 박우석(옮김)(1994), 『과학적 발견의 논리』, 서울: 고려원.

______(1976). *Unended Quest: an Intellectual Autobiography*, Illinois: Fontana Collins.

______(1979). *Objective Knowledge: An Evolutionary Approach*, Oxford: Clarendon Press, 이한구・정연교・이창환(옮김)(2013), 『객관적 지식: 진화론적 접근』, 서울: 철학과 현실사.

______(1983). *Realism and the Aim of Science: from the Postscript to the Logic of Scientific Discovery*(edited by W. W. Bartley III), London: Hutchinson.

Powell, Frederick(2007). *The Politics of Civil Society: Neoliberalism or Social Left?* Bristol: The Polity Press.

Pritchard, C. & Taylor, R.(1978). *Social Work: Reform or Revolution?* London: Routledge and Kegan Paul.

Putnam, Hilary(1975). *Mind, Language, and Reality*, Cambridge: Cambridge University Press.

______(1988). *Representation and Reality*, London: A Bradford Book, 김영정(옮김)(1992), 『표상과 실재』, 서울: 이화여대 출판부.

Putnam, Ruth Anna(ed.)(1997). *The Cambridge Companion to William James*, Cambridge University Press.

Quine, W. V.(1961). *From a Logical Point of View*, Cambridge, MA: Harvard University Press, 허라금(옮김)(1993), 『논리적 관점에서』, 서울: 서광사.

Raadschelders, Jos C. N.(1998). *Handbook of Administrative History*, New Brunswick, N.J.: Transaction Publishers.

Radnitzky, Gerard(1973). *Contemporary Schools of Metascience: Anglo-Saxon Schools of Metascience and Continent Schools of Metascience*, Chicago: Henry Regnery Company.

Ramsey, Frank P.(1964). Facts and Proposition, George Pitcher(ed.), *Truth*, Englewood Cliffs: Prentice-Hall, Inc.

Ravenscroft, Ian(2005). *Philosophy of Mind: A Beginner's Guide*, Oxford University press, 박준호(옮김)(2012). 『심리철학: 초보자 안내서』, 서울: 서광사.

Rawls, John(1972). *A Theory of Justice*, Oxford: Claredon Press.

Reese-Schäfer, Walter(1990). Karl-Otto Apel: Zur Einfuhrung, Hamberg, 권용혁(옮김)(1992), 『칼-오토 아펠과 현대철학』, 울산: 울산대학교 출판부.

Reichenbach, Hans(2006). *Experience and Prediction: An Analysis of the Foundations and the Structure of Knowledge*, University of Notre Dame.

Reisch, George A.(1991). Did Kuhn Kill Logical Empiricism? *Philosophy of Science*, 58: 264-277.

Reynolds, Frances(2003). Exploring the Meanings of Artistic Occupation for Women Living with Chronic Illness: a Comparison of Template and Interpretative Phenomenological Approaches to analysis, *British Journal of Occupational Therapy*, 66(12): 551-558.

Rheinstein, Max(1954). *Max Weber on Law in Economy and Society*(trans. into English by

Edwards Shils), Cambridge, Massachusetts: Harvard Univ. Press.

Rickert, Heinrich(1976). *Science and History: A Critique of Positivist Epistemology*, Princeton, N. J.: D. Van Nostrand Company, 윤명로(옮김)(1973), 『문화과학과 자연과학』, 서울: 삼성문화재단.

Ricoeur, Paul(1976). *Interpretation Theory: Discourse and the Surplus of Meaning*, Texas: Texas Christian Univ. Press, 김윤성 · 조현성(옮김)(2006), 『해석이론』, 서울: 서광사.

______(1986). *Du texte a l'action, Editions du Seuil*, 박병수 · 남기영(편역)(2002), 『텍스트에서 행동으로』, 서울: 아카넷.

______(2000). *Le Conflict des Interpretations*, 양명수(옮김), 『해석의 갈등』, 서울: 민음사.

Ritter, G. A.(1986). *Social Welfare in Germany and Britain: Origins and Development*, Leamington Spa: Berg.

Robson, William A.(1976). *Welfare State and a Welfare Society: Illusion and Reality*, London: George Allan and Unwin.

Rodger, John J.(2000). *From a Welfare State to a Welfare Society: The Changing Context of Social Policy in a Postmodern Era*, New York: St. Martin's Press.

Romanos, George D.(1983). *Quine and Analytic Philosophy*, Cambridge: The MIT Press, 곽강제(옮김)(1995), 『콰인과 분석철학』, 서울: 한국문화사.

Rorty, Richard(1989). *Contingency, Irony, and Solidarity*, Cambridge University Press, 김동식 · 이유선(옮김)(1996), 『우연성, 아이러니, 연대성』, 서울: 민음사.

______(1998). Against Unity, *The Wilson Quarterly*, 22(1): 28－38.

Rose, R. & B. G. Peters(1978). *Can Government Go Bankrupt?* N.Y.: Basic Books.

Rudner, Richard(1966). *Philosophy of Social Science*, Englewood Cliffs: Prentice Hall.

Russell, Bertrand(1914). *Our Knowledge of the External World as a Field for Scientific method in Philosophy*, Chicago: Open Court.

______(1947). *Philosophy and Politics*, London: Cambridge University Press.

______(1969). *My Philosophical Development*, London: George Allen & Unwin Ltd, 곽강제(옮김)(2008), 『나는 이렇게 철학을 하였다』, 서울: 서광사.

______(1994). *The Philosophy of Logical Atomism*, La Salle, Illinois: Open Court.

Ryle, Gilbert(1964). Ordinary Language, in V. C. Chappell(ed.), *Ordinary Language: Essays in Philosophical Method*, Englewood Cliffs: Prentice－Hall, Inc.

Sahakian, William S. & Mabel L. Sahakian(1993). *Ideas of the Great Philosophers*, Barnes & Noble Books, 이종철(옮김)(1994), 『위대한 철학자들의 사상』, 서울: 문예출판사.

Salmon, Wesley C.(1973). *Logic*, Englewood Cliffs: Prentice－Hall.

______(1990). *Four Decades of Scientific Explanation*, Minneapolis: University of Minnesota Press.

Samuelson, Paul A. & William D. Nordhaus(1989). *Economics*, New York: McGraw－Hill Book Company.

Sandel, Michael(2012). *What Money can't Buy: The Moral Limits of Markets*. Penguin Books, 안기순(옮김), 『돈으로 살 수 없는 것들: 무엇이 가치를 결정하는가』, 서울: 와이즈베리.

Sarup, Madan(1993). *An Introductory Guide to Post-Structuralism and Postmodernism*, London: Pearson Education, 전영백(옮김)(2005), 『후기구조주의와 포스트모더니즘』, 서울: 서울하우스.

Saussure, Ferdinard de(1916)(1972). *Cours de Linguistique Generale*, Paris: Payot, 최승언(옮김)(1990), 『일반언어학강의』, 서울: 민음사.

Sayers, Sean(1985). *Reality and Reason: Dialectic and the Theory of Knowledge*, Oxford: Basil Blackwell.

Schank, Roger C.(1999). *Dynamic Memory Revisited*, Cambridge: Cambridge University Press, 신현정(옮김)(2002), 『역동적 기억: 학습과 교육에 주는 함의』, 서울: 시그마프레스.

Scheller, Max(1924). *Philosophical Anthropology*, 신상호(옮김)(1987), 『철학적 인간학』, 서울: 정음사.

Schilpp, Paul A.(ed.)(1991). *The Philosophy of Rudolf Carnap*, La Salle, Illinois: Open Court.

Schmidt, Siegfried Johannes(1987). *Der Diskurs des Radikalen* Konstruktivismus, Frankfuhrt: Suhrkamp, 박여성(옮김)(1995), 『구성주의』, 서울: 까치.

Schumacher, E. F.(1989). *Small is beautiful: Economics as if People Mattered*, New York: Harper Row publishers, 이상호(옮김)(2002), 『작은 것이 아름답다: 인간중심의 경제를 위하여』, 서울: 문예출판사.

Schutz, Alfred(1940). *Phenomenology and the Social sciences*, 차인석(옮김)(1971), 『신동아』(1월호 권말부록), 동아일보사.

______(1941). William James' Concept of the Stream of Thought Phenomenologically Interpreted, *Philosophy and Phenomenological Research* 1(4): 442-452.

______(1973). *Collected Papers I: The Problem of Social Reality*, The Hague: Martinus Nijhoff.

Scottish Government(2013). Scotland's Future: Your Guide to an Independent Scotland.

Searle, John R.(1969). *Speech Act: an essay in the philosophy of language*, Cambridge University Press, 이건원(옮김)(1991), 『言話行爲』, 서울: 한신문화사.

______(1983). *Intentionality; An Essay in the Philosophy of Mind*, Cambridge University Press, 심철호(옮김)(2009), 『지향성: 심리철학 소론』, 서울: 나남.

______(1995). *The Construction of Social Reality*, New York: The Free Press.

______(1998). *Mind, Language and Society*. Brockman, Inc., 심철호(옮김), 『정신 · 언어 · 사회』, 서울: 해냄.

Sen, Biswarup(1990). *The Question of Method in Social Science*, Ann Arbor: U · M · I.

Seung, T. K.(1982). *Structuralism and Hermeneutics*, New York: Columbia University Press, 나경수(옮김)(2009), 『구조주의와 해석학』, 광주: 전남대학교 출판부.

Shadish, William R.(2005). Philosophy of Science and the Quantitative-Qualitative Debates: Thirteen Common Errors in Stern, Elliot(ed.)(2005), *Evaluation Research Methods*, London:

Sage Publications.
Shaw, Ian(1998). *Qualitative Evaluation*, London: Sage Publications.
Silverman, Hugh(2009). *Textualities: Between Hermeneutics and Deconstruction, London: Routledge*, 윤호병(옮김)(2009), 『텍스트성 · 철학 · 예술: 해석학과 해체주의 사이』, 서울: 소명출판.
Simon, Herbert A.(1957). *Administrative Behavior: a study of decision-making processes in administrative organizations*, New York: Free Press.
Skinner, Quentin(1985). *The Return of Grand Theory in the Human Science*, Cambridge University Press, 이광래 · 신중섭 · 이종흡(옮김)(1987), 『현대사상의 대이동: 거대이론에의 복귀』, 강원대학교 출판부.
______(2002). *Vision of Politics(vol.1: Regarding Method)*, Cambridge University Press, 황정아 · 김용수(옮김)(2002), 『역사를 읽는 방법』, 서울: 돌베개.
Smith, Jonathan A.(2011). Evaluating the Contribution of Interpretative Phenomenological Analysis, *Health Psychology Review*, 4(1): 9-27.
______(ed.)(2003). *Qualitative Psychology*, London: Sage Publications.
Smith, Jonathan A. & Mike Osborn(2003). Interpretative Phenomenological Analysis, Jonathan A. Smith(ed.) *Qualitative Psychology*, London: Sage.
Smith, J., Paul Flowers & Michael Larkin(2009). *Interpretative Phenomenological Analysis*. London: Sage, 김미영 · 이광석(옮김)(2015), 『해석 현상학적 분석』, 서울: 한겨레.
Smith, Neil & Deider Wilson(2000). *Modern Linguistics: the results of Chomsky's revolution*, Indiana University Press, 이기동 · 이용재(옮김), 『현대언어학: Chomsky 혁명의 결과』, 서울: 한신문화사.
Sokal, Alan & Jean Bricmont(1998). *Fashionable Nonsense: Postmodern Intellectuals' Abuse of Science*, St Martin's Press, 이희재(옮김)(1991), 『지적 사기: 포스트모던 사상가들은 과학을 어떻게 남용했는가』, 서울: 민음사.
Somerville, Peter & Nigel Sprigings.(2005). *Housing Social Policy: Contemporary Themes and Critical Perspectives*, London: Routledge.
Song, Tong Kun(1984) A Study of Peter Winch, 『사회과학논집』(4집), 서울: 이화여자대학교 법정대학.
Spiegelberg, Herbert(1982). *The Phenomenological Movement: A Historical Introduction*. London: Martinus Nijhoff Publishers, 최경호 · 박인철(옮김)(1991), 『현상학적 운동』, 서울: 이론과 실천.
Spurling, Laurie(1977). *Phenomenology and Social World: The Philosophy of Merleau-Ponty and its relation to the social science*, London: Routledge and Kegan Paul.
Stegmüller, Wolfgang(1969). *Main Currents in Comtemporary German, British and American Philosophy*, Dordrecht: Reidel Publishing Company, 이초식 · 김영남 · 정영기(옮김)(1995), 『현대 경험주의와 분석철학』, 서울: 고려대학교출판부.
Stern, Elliot(ed.)(2005). *Evaluation Research Methods*(vol.1), London: Sage Publications.
Stevenson, Leslie(1974). *Seven Theories of Human Nature*, Oxford: Oxford University Press, 임철

규(옮김)(1982), 『인간의 본질에 관한 일곱가지 이론』(1982), 서울: 종로서적.

Stockman, Norman(1983). *Antipositivist Theories of Sciences: Critical Rationalism, Critical Theory and Scientific Realism*, Dordricht, Reidel Publishing Company.

Stout, Rowland(2006). *The Inner Life of a Rational Agent: in Defence of Philosophical Behaviourism*, Edinburgh: Edinburgh University Press.

Strawson, Peter F.(1964) Truth, George Pitcher(ed.), *Truth*, Englewood Cliffs: Prentice−Hall, Inc.

______(1971). *Logico−Linguistic Papers*, London: Methuen & Co Ltd.

Sturrock, John(ed.)(1979). *Structuralism and Since: from Levi−Strauss top Derrida*, Oxford: Oxford University Press.

Sumner, L. W.(1996). *Welfare, Happiness, and Ethics*, Oxford: Clarendon Press.

Suppe, Frederick(1974). *The Structure of Scientific Theories*, London: University of Illinois.

Swanson, Richard & Elwood Holton Ⅲ(2009). *Foundations of Human Resource Development* (2nd ed.), San Francisco: Berrett−Koehler Publishers, Inc.

Swingewood, Alan(1994). *A Short History of Sociological Thought*, London: Macmillan.

Tannen, Deborah(1993). What's in a Frame? Surface Evidence for Underlying Expectations, in Deborah Tannen(ed.), *Framing in Discourse*, New York: Oxford University Press.

Tarski, Alfred(1995). *Introduction to logic and to the methodology of deductive sciences*(trans. by Olaf Helmer), New York : Dover Publications.

Taylor, Charles(et al.)(1994). *Multiculturalism: Examining the Politics of Recognition*, Princeton: Princeton University Press, 이광석 · 이상형(옮김)(2019), 『다문화주의와 인정의 정치』, 서울: 하누리.

Taylor, Daniel M.(1973). *Explanation and Meaning: An Introduction to Philosophy*, Cambridge: Cambridge University Press.

Thévenaz, Pierre(1962). *De Husserl à Merleau−Ponty: qu'est−ce que la phénoménologie? What is Phenomenology and Other Essays*(trans. by James M. Edie, Charles Courtney & Paul Brokelmann), Chicago: Quadrangle Books, 심민화(옮김), 『현상학이란 무엇인가』, 서울: 문학과지성사.

Thin, Neil(2012). *Social Happiness: Theory into policy and practice*, Bristol: The Polity Press.

Tomlin, E. W. F.(ed.)(1978). *Arnold Toynbee: A Seclection from His Works*, Oxford: Oxford University Press.

Toulmin, Stephen E.(1961). *Foresight and Understanding: An Inquiry into the aim of Science*, New York: Harper Touchbooks.

______(2008). *The Use of Argument*, Combridge: Combridge University Press, 고현범 · 임건태(옮김)(2003), 『논변의 사용』, 서울: 고려대학교 출판부.

Trattner, W. I.(ed.)(1983). *Social Welfare or Social Control?* Knoxville: The University of Tennessee Press.

Turner, Stephen P.(1986). *The Search for a Methodology of Social Science: Durkheim, Weber, and the Nineteenth-Century Problem of cause, probility, and Action*, Boston: D. Reidel Publishing Company.

Uchida, Tatsuru(2011). 이경덕(옮김), 『푸코, 바르트, 레비 스트로스, 라캉 쉽게 읽기: 교양인을 위한 구조주의 강의』, 서울: 갈라파고스.

Uttal, William R.(2000). *The War between Mentalism and Behaviorism: On the Accebility of Mental Processes*, London: Lawrence Erlbaum Associates.

Waldo, Dwight(1968). *The Novelist on Organization & Administration: An Inquiry into the Relationship between Two Worlds*, Berkeley: Institute of Governmental Studies.

______(ed.)(1971). *Public Administration in a Time of Turbulence*, London: Chandler Publishing Co.

______(1984). *The Administrative State: A Study of the Political Theory of American Public Administration*(2nd ed.), New York: Holmes & Meier Publishers.

Waller, Bruce(1977). Chomsky, Wittgenstein, and the Behaviorist Perspective on Language, *Behaviorism*, 5(1): 43-59.

Watkins, John W. N.(1970). Against Normal Science, in Imre Lakatos and Alan Musgrave(eds.), *Criticism and the Growth of Knowledge*, Cambridge[Eng.]: Cambridge University Press, 조승옥 · 김동식(옮김), 『현대과학철학논쟁』, 서울: 아르케.

Watson, Conrad W.(2000). *Multiculturalism*. Buckingham: Open University Press.

Watson, Robert P.(2005). On the Language of Bureaucracy: Postmodernism, Plain English, and Wittgenstein, in Lynch, T. D. & P. L. Cruise(eds.), *Handbook of Organization Theory and Management: The Philosophical Approach*, New York: Taylor and Francis.

Watson, Tony J.(2001). *In Search of Management: Culture, chaos and control in managerial work*, London: Tompson Learning.

______(2002). *Organising and Managing Work*, Harlow: Prentice Hall.

Waugh Jr., William L.(2006) The Existentialist Public Administrator, in Thomas Lynch & Peter Cruise(eds.), *Handbook of Organization Theory and Management: The Philosophical Approach*, New York: Taylor and Francis.

Waugh Jr., William L. & Wesley W. Waugh(2006). Phenomenology and Public Administration, in Thomas Lynch & Peter Cruise(eds.), *Handbook of Organization Theory and Management: The Philosophical Approach*, New York: Taylor and Francis.

Weber, Max(1968). *Economy and society: an outline of interpretive sociology*, Guenther Roth & Claus Wittich(eds.), Ephraim Fischoff and others(trans.), New York: Bedminster Press, 금종우 · 전남석(옮김)(2006), 『지배의 사회학』, 서울: 한길사.

Weick, Karl E.(1995). *Sensemaking in Organisations*, London: Sage.

Weinsheimer, Joel C.(1985). *Gadamer's Hermeneutics: A Reading of Truth and Method*, New Haven: Yale University Press.

Weisgerber, J. Leo(1993). Muttersprache und Geistesbildung, Goettingen: Vandenhoeck & Ruprecht, 허발(옮김), 『모국어와 정신형성』, 서울: 문예출판사.

Welton, D.(ed.)(1999). *The essential Husserl: Basic writings in transcendental phenomenology*, Indianapolis, IN: Indiana University Press.

White, Jay D.(1990). Phenomenology and Organization Development, *Public Administration Quarterly*, 14(1): 76-85.

Whorf, Benjamin(1956). *Language, Thought, and Reality*, The Massachusetts Institute of Technology, 신현정(옮김)(2010), 『언어, 사고, 그리고 실재』, 서울: 나남.

Winch, Peter(1958). *The Idea of Social Science and its Relation to Philosophy*, London: Routledge and Kegan Paul, 권기돈(옮김)(1997), 『사회과학의 이념』, 서울: 현대미학사.

Wittgenstein, Ludwig(1953). *Philosophical Investigation*, London: Blackwell Publishing Co., 이영철(옮김)(2006), 『철학적 탐구』, 서울: 책세상.

______(1921). *Tractatus Logico-Philosophicus*, London: Routledge and Kegan Paul, 이영철(옮김)(2006), 『논리철학논고』, 서울: 책세상.

Wood, Julia(2000). *Communication Theories in Action*, London: Wadsworth.

Wright, Georg Henrik von(1971). *Explanation and Understanding*, New York: Cornell University Press, 배철영(옮김)(1994), 『설명과 이해』, 서울: 서광사.

Yanow, Dvora(2000). *Conducting Interpretive Policy Analysis*, London: Sage Publication.

Yanow, Dvora & Peregrine Schwartz-Shea(eds.)(2006). I*nterpretation and Method: Empirical Research Methods and the Interpretive Turn.* London: M.E. Sharpe.

Yates, Melissa(2011). Postmetaphycal Thinking, in Barbara Fultner(ed.), *Jürgen Harbermas: Key Concepts*, Durham: Acumen.

Young, Michael(ed.)(1968). *Forecasting and the Social Sciences*, London: Heinemann.

Zaner, Richard M. & Tristram H. Engelhardt, Jr.(1973). *The Structures of the Life-World*, Evanston: Northernwestern University Press.

Zifonun, Gisela(2002). *Kommunikative Einheiten in der Grammatik*, 이희자(옮김), 『의사소통단위와 문장』, 서울: 한국문화사.

Zima, Peter(2010). *Modern/Postmodern: Society, Philosophy, Literature*, London: Continuum.

Zutavern, Jan & Martin Kohli(2010). Needs and Risks in the Welfare State, Castles. Francis G.(et al.)(eds.), *The Oxford Handbook of the Welfare State*, London: Oxford University Press.

찾아보기(색인)

인 명

사 항

ㄱ

ㅂ

ㅅ

ㅇ

ㅈ

ㅊ

ㅋ

ㅌ

ㅍ

ㅎ

이광석(李光錫, Kwang-seok Lee)

영국 뉴카슬대학교(University of Newcastle upon Tyne)에서 사회정책학 박사 학위를 받고 현재 경북대학교 행정학부 교수로 근무하고 있다. 관심 분야는 행정과학철학, 복지정책, 국제행정 등이며, 최근 논문으로는 행정학에서의 구조주의에 관한 연구(공저: 2017), 사회복지발달사에서 위기가설과 그 검증에 관한 연구(공저: 2018), 현상학적 행정에로 다가서기: 복지영역과 관련하여(공저: 2018), Brexit from the viewpoint of welfare contradiction(공저: 2019), 행정학사(行政學史)의 전개와 정립에 관한 연구: 행정과학과 행정철학 및 인문주의와의 상호관계를 중심으로(2019) 등이 있고, 주요 저서로는 『질적 평가를 위한 행정정의』(공저: 2013: 대한민국 학술원 2014년도 우수도서), 『복지모순론』(공저: 2015), 『국어정책론』(2016: 대한민국 학술원 2017년도 우수도서), 『복지언어론』(2017: 대한민국 학술원 2018년도 우수도서), 『한국행정학 60년: 1956~2016』(2017: 대한민국 학술원 2018년도 우수도서)("행정학에서의 주관주의" 집필) 등이 있으며, 번역서로는 『해석 현상학적 분석: 이론, 방법, 연구』(2015)(Jonathan Smith et al., *Interpretative Phenomenological Analysis: Theory, Method and Research*; 김미영 교수와 함께 번역), 『다문화주의와 인정의 정치』(2019)(Charles Taylor et al., *Multiculturalism: Examining the Politics of Recognition*; 이상형 교수와 함께 번역)가 있다.
(lightstone@knu.ac.kr)

행정언어론

펴낸날 제1판 제1쇄 2020년 3월 5일
지은이 이광석
펴낸이 임춘환
펴낸곳 도서출판 대영문화사
주소 (본사) 사무실: 경기도 고양시 일산서구 주화로 70
우신프라자 307호 ㉾ 10387)
(본사) 물류센터: 경기도 고양시 일산서구 덕산로
107번길 68-50 ㉾ 10205)

등록 1975년 12월 26일 제3-16호
전화 (031) 913-3062, (031) 914-3884~5
팩스 (031) 913-3839
홈페이지 http://www.dymbook.co.kr

ISBN 978-89-7644-739-5
값 32,000원